春秋全史

变局时代

上

醉罢君山 作品

中国出版集团 现代出版社

图书在版编目（CIP）数据

变局时代 ：春秋全史 / 醉罢君山著. -- 北京：现代出版社，2021.10

ISBN 978-7-5143-9329-3

Ⅰ. ①变… Ⅱ. ①醉… Ⅲ. ①中国历史—春秋时代—通俗读物 Ⅳ. ① K225.09

中国版本图书馆 CIP 数据核字（2021）第 141111 号

变局时代：春秋全史

作　　者：醉罢君山
责任编辑：张　霆　邓　翃
出版发行：现代出版社
通信地址：北京市安定门外安华里 504 号
邮政编码：100011
电　　话：010-64267325　64245264（传真）
网　　址：www.1980xd.com
电子信箱：xiandai@vip.sina.com
印　　刷：三河市宏盛印务有限公司

开　　本：710mm×1000mm　1/16
印　　张：42　　字　　数：680 千字
版　　次：2021 年 10 月第 1 版　　印　　次：2021 年 10 月第 1 次印刷
书　　号：ISBN 978-7-5143-9329-3
定　　价：108.00 元（全二册）

目　录

引子　西周的灭亡

公元前782年，一代“中兴之君”周宣王去世。

周宣王刚上台时，西周王国已是内忧外患，风雨飘摇。随着周边戎、狄等势力的兴起，国家面临空前的危机。前一任天子周厉王荒淫无道、鱼肉百姓，最终国人发动起义，把天子逐出国都。周宣王正是在此背景下登上历史舞台，他一改周厉王的做法，励精图治，锐意进取。在之后十几年里，周宣王取得征西戎、伐玁狁、讨淮夷、攻荆蛮、破徐戎等一系列重大胜利，在很大程度上重振周王室的声威，被史家誉为“中兴”。

然而，周宣王善始而不能善终。他在位总计四十六年，前半段政治清明、武功赫赫，后半段则内政混乱，对外征伐屡战屡败。公元前797年，周军讨伐太原之戎失利；公元前792年，周军讨伐条戎、奔戎失利；公元前790年，周宣王纠集南方诸侯，拼凑一支“南国之师”讨伐姜氏之戎，遭到空前惨败，几乎全军覆没。此后，周宣王再也无力发动新一轮反击战，中兴事业戛然而止。对此，史家颇为惋惜地评论说：“中兴之美未尽焉。”周宣王毕竟只是半截英雄。

周宣王去世后，其子周幽王继位。

起初，周幽王还是有雄心壮志的，想把父亲的中兴旗帜扛到底。即位伊始，他便积极筹划发动对戎人的战争。幽王三年（公元前779年），他任命伯士为统帅，率兵大举进攻六济之戎。然而，现实却给了周幽王沉重一击。王师不仅被戎人打得大败，连统帅伯士也被击毙。此后，周幽王一蹶不振，灰心丧气，甚至懒得上朝，把政事交给卿士虢石父处理。偏偏这位虢石父就是个奸佞之臣，史书称他“佞巧、善谀、好利”，在天子面前溜须拍马，背地里则是四处搜刮民脂民膏，国人都十分痛恨他。周幽王不理朝政，那他都干什么呢？天天喝酒泡女人去了。

一位绝色美女出场了，她就是褒姒。

“褒姒”并非姓“褒”名“姒”，而是姓“姒”，因为来自褒国，所以称为褒姒。值得注意的是，在春秋战国史料里，女人基本上都只有姓，没有名字。

褒姒的命运比较坎坷。据说她的生母是周宣王后宫里的一个侍女，可能与某个王子或宫人有私情而产下褒姒。这种事在宫中绝对是禁止的，因而她只能含泪把刚出生的女婴丢弃在路上，只希望有好心人捡到后能收养这苦命的女娃。当时正好有一对夫妇在镐京做小买卖，因为犯了事被官府通缉捉拿，两人只得匆匆逃亡。在逃亡路上，夫妇俩发现被遗弃在路上的女婴。当时女婴正哇哇啼哭，夫妇动了怜悯之心，加之两人膝下无子女，便抱了女婴带着上路，逃到褒国。在夫妇的悉心照顾下，女婴一天天长大，若干年后竟长成绝色美女，生得水灵灵的，如出水芙蓉，楚楚动人，可谓倾城倾国。

在古代，美女不可能像普通人那样默默无闻地生活，王公贵族们那一双双色眯眯的眼睛无时无刻不在人群中搜索着猎物。一起偶然的事件，彻底改变了褒姒的人生。

当时褒国有个贵族在周都镐京犯了法，被周宣王抓起来。为了赎罪，贵族赶紧说，褒国有一位绝世美女，有沉鱼落雁、闭月羞花之貌，我愿意把她进献给大王。这就叫作交换。这时周宣王老矣，早就失去早年的进取心，昏庸好色，有人要进献美女，自己何乐不为呢？就这样，褒姒被褒国进献给周宣王。

褒姒被送到王宫后，老年的周宣王自然龙颜大悦，宠爱有加。然而，不久后，周宣王就死了。继位的周幽王风流成性，早就对褒姒的美貌垂涎欲滴，正所谓色胆包天，他勇敢地冲破世俗观念的束缚，把父王的女人占为己有。

不过，周幽王得到褒姒的人，却未能得到褒姒的心。幽王热情如火，而褒姒却冷漠如冰，脸上从未露出过笑容。这恐怕跟她坎坷的人生经历有关，一出生便被抛弃在路上，后又作为褒国人的抵罪品送进王宫，被宣王、幽王父子轮番享用，一生的命运，都操之于人手，哪有自由可言？人性有时就是犯贱，女人越冷漠，男人越跪舔，贵为天子的周幽王也不例外，心想：老子没办法征服戎狄，难道还征服不了一个女人吗？于是周幽王各种讨好，想换来美人一笑，可是他所有的努力都以失败而告终。

怎么办？无聊的天子不想着国家大事，整天就琢磨着如何博美人一笑。干脆啊，我就让美女来看一出史诗级的大闹剧。

于是，便有了烽火戏诸侯的故事。

西周中后期，由于周边戎、狄等部落频频入侵，周都镐京附近筑有许多烽火台。烽火台在古代起到军事预警的作用，每当有外敌入侵时，前哨的烽火台就燃起狼烟，发出战斗警报。邻近的烽火台见到警报后，也会燃起狼烟，把情报传递给下一个烽火台。当一座接一座的烽火台不断地做着接力的游戏时，场面极其壮观。烽火台不仅向周天子传递预警信号，同时也向诸侯传递求援的信号。周王室领地附近的诸侯们见到狼烟警报，就得赶紧出动军队，火速驰援王城。

镐京并没有敌情，但周幽王下令烽火台燃起狼烟，他带上褒姒，坐在高台之上，准备欣赏这一出史诗级的闹剧，借此显示自己君临天下的无上权力。果不其然，附近的诸侯们远远望见狼烟升起，不禁大骇，以为戎人入寇，哪敢怠慢呢？他们当即备好战车，跃马扬鞭，率虎贲之师奔向国都。到了都城外，诸侯们举目四望，一脸茫然，敌人在哪儿呢？只见有狼烟，却不见有敌人的影子。抬头看时，只见周幽王坐在城头，乐得手舞足蹈，指着诸侯们的军队捧腹大笑，并转头对身边的美人说："你看这个好不好玩啊？"

说实话，周幽王的笑点也太低了。对于两千多年后的我来说，这种事一点也不好笑。但是褒姒真的笑了。笑是有很多种的，有大笑，有微笑，有开心的笑，有冷笑，有嘲笑，有讥讽之笑。冰美人褒姒的笑，应该是对周幽王无聊之举的嘲笑、讥讽之笑。

不管怎么说，褒姒笑了，周幽王心满意足了。

天子开心了，诸侯们却一肚子火，每个人都感觉自己被当猴耍了。要知道周代的诸侯制不同于秦以后的皇帝制，周天子虽然在名义上是天下共主，实际权力却远远比不上后世的皇帝，每个诸侯国在军事、行政、经济上都有高度自主权。实际上，在周宣王之前，由于周室衰微，很多诸侯都不朝见天子。直到公元前819年，周宣王取得一系列辉煌的中兴战绩后，在成周大会诸侯，才一扫过去诸侯不朝的颓势。如今周幽王为博美人一笑，竟然导演一出"烽火戏诸侯"的游戏，严重伤害了各路诸侯的自尊心。显然，周幽王是在玩火，而玩火者必自焚。

更要命的是，周幽王还不止一次"烽火戏诸侯"。屡遭戏弄的诸侯们恼羞成怒，再看到烽火狼烟时，谁都不肯出兵了。周幽王把诸侯们当傻瓜，可事实证明，他自己才是真正的傻瓜。

周幽王真的很想得到褒姒的爱，可是他情商太低了，只能靠不断付出去维系两人的关系。褒姒给国王生了一个儿子，名叫伯服。为了讨取心爱女人的欢心，周幽王竟然做出一个震惊天下的决定：废除王后（申后，申侯的女儿）及太子姬宜臼，改立褒姒为王后，褒姒的儿子姬伯服为太子。

显然，周幽王是个蔑视传统的人。当初他把父王的女人占为己有，已经是冒天下之大不韪；如今他又废掉王后及太子，把嫡长子继承制的传统抛到九霄云外。然而，他犯了大错。废黜王后及太子，这不是家事，在申后与太子姬宜臼背后，是一个势力庞大的政治利益集团。

申后的父亲是申侯，就是申国的国君。在西周众多诸侯国中，申国是比较特殊的一个，其国人主要是戎人，又称为申戎。申国与西戎的关系颇为密切，自西周中期始，西戎频频入寇，成为周王室的劲敌，申国多次充当调停人，以缓解周与西戎之间的冲突。在申侯看来，周幽王能过上花天酒地的生活，都是因为他坐镇西部，保卫西陲。岂料周幽王如此不识相，竟把自己的女儿一脚踢开，这口气如何咽得下去？

很快，申侯派人前往缯国与西戎，结为同盟，与周王室分庭抗礼。

周幽王并不把申侯放在眼里，就你那点实力，能与我对抗吗？幽王十年（公元前 772 年），天子在太室山召开诸侯大会，决定出兵讨伐申国。各诸侯国表面上举手赞成，内心里谁也不愿意，你把我们大家都当猴耍，还要我们出兵，门都没有。这次诸侯会议貌似一次盛会，其实一点实质成果也没有。

还没等周幽王出兵讨伐，申侯已经先下手为强。幽王十一年（公元前 771 年），申侯发难，他联合缯国及犬戎（西戎的一支），共同出兵进攻镐京。周幽王慌了，急忙下令燃起狼烟，向诸侯们求援。烽火台上的浓烟冲天，可是没有人出手相助。诸侯们是有自尊心的，无端遭天子戏弄，颜面尽失，是可忍，孰不可忍？管你是不是真有敌情，我自岿然不动。幸灾乐祸的诸侯们都按兵不动，周幽王确实成了孤家寡人。

犬戎军队在申、缯两国的配合下，如入无人之境，直捣镐京。可怜的周幽王左顾右盼，前瞻后眺，望眼欲穿，希望远处地平线上突然冒出一支勤王的队伍，可这是无法实现的奢望。无奈之下，他只能撒腿而逃，一路逃到骊山。

终于跑不动了。犬戎人如潮水般地涌来，包围骊山。这个时候，曾被尊为神的天子，才发现自己卸下王袍后，也不过只是一介凡夫俗子，也只是一具血肉之躯罢了。犬戎人的兵戈，轻而易举地刺穿他的胸膛。在死神面前，没有什么贫富贵贱，哪怕生前尊贵如天子，也不过是一具血泊中的尸骨而已。

一代绝色美女褒姒被如狼似虎的犬戎人掳走，结局如何，不得而知。周都镐京遭到史无前例的浩劫，犬戎人烧杀抢掠，把王宫洗劫一空，男男女女也像牲口一样成为野蛮者的战利品。曾经繁华一时的镐京，如今成了一座死寂的空城。

周幽王是中国历史上著名的昏君，不爱江山爱美人，到头来江山没了，美人没了，连自己的小命也丢了。申侯的外孙、前太子姬宜臼登上周天子的王位，是为周平王。由于镐京残破，已经不再适合定都，于是周平王开始漫漫的东迁之路，从镐京迁都到洛邑，这意味着中国历史上的西周时代结束，东周时代开始，这一年是公元前 770 年。

这是周王朝历史的转折点。

在此之前，周天子是天下之共尊。骊山之役后，幽王被杀，周王室赖以立威的军队也损失殆尽。没有武力为后盾，诸侯们谁会把天子放在眼里呢？于是，躲于幕后的诸侯们开始登上前台，你方唱罢我登场，城头变幻大王旗，纵横捭阖，争雄斗霸。自此历史为之一变，天子成了配角，诸侯成了主角，中国由此进入波澜壮阔的春秋战国时代。

本书要讲述的，就是以铁血与权谋为主线索的春秋故事。这是一个大动荡的年代，当一个旧的秩序消亡，一个新的秩序开始之时，一切都生机勃勃，活力四射。这是夏商以来千年未有之大变局，对中国社会、历史及文化产生了重大而深远的影响。春秋战国，是中国最尚武的时代，也是文化最繁荣的时代，诞生了孔子、孟子、荀子、老子、庄子、墨子、孙子、韩非子等文化巨擘，如巍巍山峰，耸立云端。这是中国历史之黄金时代，是中国历史之光荣时代。

故事，先从中原的一个国家说起：郑国。

第一章　中原雄狮

一、将欲取之，必固与之

骊山脚下，尸骨堆积如山，除了血肉模糊的周幽王外，不乏生前显赫的公侯贵族，其中有一人是周幽王的叔叔，周王朝的司徒姬友。他的另一身份是郑国的开国君主，史称郑桓公。

姬友是周厉王的小儿子、周宣王的异母弟弟。周宣王二十二年（公元前806年），姬友被封为诸侯，郑国的历史便自此开始。他在郑国当了三十三年国君，到公元前774年，周幽王征召他入朝辅政，任命为司徒（掌管土地与户籍）。

入朝后，郑桓公敏锐地察觉到周王室危机四伏。天子不理朝政，声色犬马，废长立幼，动摇国之根本，加之奸臣弄事，诸侯离心，长此以往，国将不国。郑桓公不能不为自己谋一条退路，便动了念头，打算把自己的领地迁移到长江流域，远离周都镐京。亲信太史伯认为南方的楚国正快速崛起，成为长江流域的霸主，不宜迁移到那里，不如迁移到洛河以东，黄河、济水以南的地区。于是郑桓公向周幽王提出申请，获得洛河以东的十座城邑。

然而，郑桓公还没来得及远走高飞，骊山之变就爆发了。这位郑国的开国君主没能逃过厄运，与周幽王一起被犬戎人杀了。

不过，由于郑桓公未雨绸缪，郑国得到一块新的地盘，为后来的崛起奠定了基础。继位的郑武公是郑桓公的儿子，也是少数效忠周王室的诸侯之一。在周王室威风扫地之时，他仍忠心耿耿，派出军队护送周平王东迁到洛邑，为周政权的重建立下了汗马功劳。感激涕零的周平王把郑武公提拔为卿士，卿士相当于太师、执政大臣，是朝廷的一把手。

作为新兴诸侯，郑武公颇有雄心。他开启诸侯兼并战的先河，先后吞并郐国与东虢国，并向东开疆拓土。为了巩固在朝中的地位，郑武公在公元前758年主动与申侯联姻，他娶了申侯的女儿武姜（姜是其姓，因嫁给武公，称武姜）。不过，这桩政治婚姻却为郑国未来的动荡埋下了伏笔。

武姜嫁给郑武公的次年（公元前757年），产下第一个儿子，取名为“寤生”。为什么叫寤生呢？有两种说法：第一种说法，“寤”的本意是睡醒，寤生就是刚从睡梦中醒来时，儿子出生了；第二种说法，是“逆生”的意思，一般婴儿在出生时是头先出来，但武姜的儿子却是脚先出来，分娩过程很不顺利。不管怎么说，武姜在产下寤生时，受了惊吓刺激，说不定得了产后抑郁症，所以她作为母亲，非常不喜欢这个儿子。

三年后，武姜又产下第二个儿子，名为叔段。这次生产估计比较顺利，武姜特别喜欢小儿子，更加冷落长子寤生。

没有母爱的滋润，对于一个孩童来说，是不幸的。

但不幸也可以使人变得更加坚强。

从童年时代开始，生活教会寤生第一堂课，就是人生是不平等的。公侯之家固然衣食无忧，显赫与荣耀更是常人所不敢奢望的，然而宫廷内斗争之残酷，亦非寻常人家所有。自西周以来，嫡长子继承制已经成为传统，武姜虽不喜欢长子寤生，但长子寤生仍然被郑武公立为继承人。

想到宝贝儿子叔段以后将臣服于哥哥，武姜心里就难过。作为申侯的女儿，武姜的性格与父亲颇为类似，为达目的可以不择手段。于是，一场夺嫡的阴谋开始了。女人有女人的武器，就是吹枕边风。为了让小儿子叔段获得继承权，武姜不断地挑拨是非，在郑武公面前说大儿子的坏话。

然而，武姜的阴谋并未得逞。两个原因：第一，有周幽王的前车之鉴。当年周幽王宠爱褒姒，废长立幼，导致申侯叛反，自己也落得个兵败被杀的下场。往事历历在目，郑武公岂敢重蹈覆辙呢？第二，长子寤生谨言慎行，并没有做什么出格的事，郑武公怎么能无缘无故剥夺其继承权呢？

母亲的偏心，无疑让寤生幼小的心灵受到严重的伤害。不过，事情有坏的一面，也有好的一面。缺乏母爱的寤生表现得比同龄人更早熟，他沉默寡言，能克制自己的情绪，小心地隐藏自己的真实想法，从不轻易泄露内心的感情，城府极深，令人捉摸不透。他很早就悟出人生哲学：人生下来后，就投入一个战场，直到死时才能离开，任何人都可能是敌人，包括自己的母亲在内。

公元前 744 年，郑武公去世，年仅十七岁的寤生继位，史称郑庄公。他是郑国第三任君主，同时也是春秋时代第一位风云人物。

武姜终究没能让心爱的小儿子当上国君，内心难免失落。这位奇葩母亲还没折腾完，她又抛出一个新的方案：要求郑庄公把制地封给弟弟叔段。

这个要求，郑庄公实在无法接受。

制地就是虎牢关，是一座险要关塞，也是兵家必争之地。当年郑武公灭东虢，东虢国君虢叔就是死于虎牢关。作为国君，郑庄公怎么能把战略要地拱手让出呢？他委婉地拒绝了母亲的无理要求，说道："制地是一个险要之邑，当年虢叔便是死在那里，还是另换一座城邑吧。"

武姜铁了心要为小儿子争取到最大利益，挑了一座最大的城邑：京城。京城的面积与郑国都城相当，按照周代的礼制，臣子的封邑，不得超过国都面积的三分之一。很显然，武姜的要求并不合理。郑庄公当然晓得母亲偏心，可是作为儿子，他能怎么办呢？让步是必要的，于是他同意了，把京城封给弟弟叔段。

由于武姜干涉内政，从郑庄公上台伊始，郑国实际上就存在两个政治中心。由于有武姜的支持，叔段的京城便成了针插不进，水泼不入的独立王国。与哥哥不同，叔段是在母亲的溺爱与呵护下长大的，人生一路开挂。尽管未能取代哥哥成为一国之君，好歹也是一城之主，要啥有啥。

不过，人苦于不知足。随着年龄增长，叔段的野心随之膨胀。他对哥哥的态度，显然是受到母亲的影响。有一句话说得好："受偏爱的有恃无恐。"自小受偏爱的叔段，打心底瞧不起自己的哥哥，不断挑战郑庄公的心理底线。作为封邑，京城的面积本就严重超标，叔段意犹不足，将城池进一步扩建，规模超过国都。

对于叔段的僭越行径，郑国诸大臣忍无可忍。祭仲警告郑庄公，如果不采取应对措施，形势可能会失控。但郑庄公只是轻描淡写地答道："这都是武姜的主意，我怎么能拒绝呢？”祭仲义愤填膺地说：“武姜是个贪得无厌的女人，若任由她胡作非为，国家很快会陷入动乱之中。”郑庄公仍不为所动：“多行不义必自毙，您还是耐心等待吧。”

其实，郑庄公并非忽视问题的严重性，而是有所顾虑。首先，叔段敢胡作非为，无非仗着母亲武姜的支持，打击叔段就是摆明与母亲决裂；其次，武姜的势力不容小觑，自从嫁给郑武公后，她便一直插手政事，从夺嫡之争到迫使郑庄公分封叔段，都可看出这个女人不简单；其三，武姜背后还有申国势力，不要忘了正是申国的叛反才导致西周的灭亡。

郑庄公选择隐忍，叔段则更加肆意妄为。他以“京城太叔”自居，独霸一方，还变本加厉，将郑国的西部与北部边区都划入自己的管辖范围，大有与哥哥分庭抗礼之势。

公子吕警告郑庄公，郑国已经出现两个政治中心。看着国君漫不经心的样子，公子吕十分气愤，扬言如果郑庄公想让位，他将去投靠叔段。郑庄公没有生气，仍不紧不慢地说：“他将会自作自受的。”

说实话，大臣们都摸不清郑庄公的真实想法。姑息养奸，郑庄公究竟要等什么呢？其实，这正是庄公的高明之处，用兵法来说，叫“示弱于敌”。后来伟大的思想家老子曾说过：“将欲弱之，必固强之；将欲废之，必固兴之；将欲取之，必固与之。”显然，郑庄公在下一步险棋，但他成竹在胸，一切尽在掌控之中。叔段虽野心勃勃，但不过是温室中长大的公子哥，一路顺风顺水，哪里有什么真本事呢？说到底，叔段只是游手好闲的纨绔子弟，平日只会飞鹰走狗、酗酒狩猎，贵为城主却不体恤民生，京城百姓苦不堪言。这种公子哥哪来翻江倒海的能量呢？

反观郑庄公，统治国家已有二十年之久，郑国社会稳定，经济繁荣。在众多的诸侯国中，郑国以商业发达闻名，这与郑庄公的大力扶持是分不开的。同时，郑庄公继承父亲的政治遗产，出任周王室的卿士，也就是朝廷的一把手。尽管周室衰微，天子毕竟在名义上还是天下共主，郑庄公近水楼台先得月，有了挟天子以令诸侯的资本。同时，郑庄公大力发展军事，打造一支能征善战的军队，曾经力挫老牌诸侯鲁国，并吞并邻近的戴国。

郑庄公一生城府极深，很少对人表露心迹。他并不残忍，骨子里是个感情丰富的人，心中仍有母子之情、兄弟之谊，只要叔段不铤而走险，公然叛乱，他未必会挑起兄弟间的战争。

然而，叔段阴谋反叛的迹象越来越明显，他自己的地盘由京城扩张到廪延。公子吕不得不再次向郑庄公进言，如果不及时采取行动，叔段的地盘将会越来越大。郑庄公的回答是：“叔段不仁不义，得到越多的土地，就越丧失民心，离崩溃的日子就近了。”

该来的终究会来。

庄公二十二年（公元前 722 年），叔段终于在京城公然反叛。

叔段为发动叛乱做了精心准备。首先完善京城的防御，新修城墙工事；其次储备充足的武器，并组建一支战车部队。太后武姜自然不会置身事外，她在都城当内应，只要叔段大军兵临城下，就打开城门。计划很周密，叔段自认为万无一失，就算不能攻克国都推翻郑庄公，至少也可以据京城自保，裂地称侯。

在叔段看来，一再忍让的郑庄公不过是只弱小可欺的绵羊。但是他错了，郑庄公不是绵羊，而是一头雄狮。

郑庄公反击速度之快，完全出乎所有人的预料。

叛军刚开始行动，郑庄公立即软禁母后武姜，切断叛军的内应。同时，他以公子吕为统帅，出动二百辆战车及五千人的部队，以迅雷不及掩耳的速度，直扑叔段的老巢京城。武姜被软禁，完全打乱了叔段事前的部署，无奈之下，他只能选择婴城固守。按理说，京城作为郑国最大的城池，有坚固高耸的城墙，不是那么容易被攻破的。然而，就在这个节骨眼上，京城百姓居然发动武装起义。

这次武装起义是民众自发组织的呢，还是郑庄公派去潜伏在京城的间谍们煽动的呢？后者的可能性比较大。叔段有反叛之心，不是一天两天的事，而是国人皆知的事。以郑庄公的智慧，不可能无所作为，肯定在京城内安插大量的间谍，一方面是收集情报，另一方面就是煽动、组织民众起义。一个明显的证据，就是叔段刚叛乱，郑庄公就软禁武姜，显然完全洞悉叛军的计划。

外有政府军，内有造反派，叔段的叛乱刚刚开始，就被郑庄公镇压下去。眼看大势已去，叔段仓皇败退到鄢邑。京城都守不住，何况是小小的鄢邑呢？政府军很快尾随而至，失魂落魄的叔段落荒而逃，远走他乡，跑到共国（卫国的附庸国）寻求政治避难，儿子公孙滑则逃往卫国。

郑庄公不露声色地容忍叔段在京城分庭抗礼达二十二年，而后一战平定之，足见其忍耐功夫与深谋远虑。在春秋战国初期，郑国只是一个中等诸侯国，却能叱咤风云数十年，凭借的正是郑庄公坚忍不拔的意志。

郑庄公并非一个冷酷无情的人。

软禁母亲武姜之后，郑庄公诅咒并发誓道："没到黄泉之下，就没有相见的机会。"黄泉之下就是墓穴，意为此生母子永不再见。但是冲动过后，他颇有悔意。谁不爱母亲呢？母亲再偏心，也是养育自己的至亲之人，谁能割断这种亲情呢？作为一国之君，既发下毒誓，又怎么能反悔呢？郑庄公长吁短叹，郁郁寡欢。

颍考叔看出郑庄公的心事，他便设了一个局。一次宴席上，颍考叔在吃饭时，把菜里的肉夹起来，放在一旁，舍不得吃。郑庄公就问："你为什么不吃肉呢？"颍考叔回答说："我家中有老母，没有尝过宫中肉的味道，我想把肉留给老人家品尝。"郑庄公喟然长叹："你比我幸运，你有母亲可以孝敬，我却没有。"

颍考叔故作惊怪状说："为什么这么说？"

郑庄公就把自己发的毒誓说了一遍，又叹了一声："我真后悔呀！"要知道郑庄公是个城府极深的人，若不是触景生情，也不会这样把心里话都掏出来说。

颍考叔听后微微一笑："这有何难？既然说不到黄泉不相见，那您可以挖一条地洞，一直挖到有泉水的地方，不就可以跟母亲相见了吗？这样做您也没有违背自己的誓言啊。"这一番话，顿时让郑庄公拨云见日。对呀，黄泉之下，既可以是墓穴，也可以是洞穴嘛。

很快，一条深达地下水的地道挖好了。武姜与郑庄公母子两人在地道里相见，果然是会于黄泉之下。郑庄公难掩喜悦之情，爬进地道时吟道："大隧之中，其乐融融。"母亲武姜在这一刻，似乎也被感动了，爬出地道后也吟道："大隧之外，其乐泄泄。"母子终于和解。

对郑庄公来说，这是迟来的母爱。

二、十年征战，十年经营

叔段的叛乱很快被镇压下去。然而，蝴蝶扇动的翅膀，最终引起一场大海啸。

郑国内战是一根导火索，引燃了旷日持久的中原大战。

有一个人密切关注着郑国的内战，此人便是卫桓公。卫国位于郑国东北面，两国土地接壤。与郑国相比，卫国是个老牌诸侯国，在西周初期开国，立国二百多年了。所谓“初生牛犊不怕虎”，作为新兴诸侯国，郑国大有后来居上之势，在连续灭掉郐国、东虢国、戴国后，土地不断扩张，让邻居卫国大感不安。

卫桓公本想借郑国内战捞取好处，不料叔段根本就是个扶不起的阿斗，扑腾一下就彻底没戏了。不过，卫国成了叛乱分子的保护伞，其附庸国共国成了叔段的避难所，而卫国收留了叔段的儿子公孙滑。显然，卫桓公对郑庄公发出了极不友好的信号。

郑国内战刚刚结束，郑、卫军事冲突接踵而至。卫桓公武装干涉郑国内政，他以支持叔段为由，大举出兵，侵占郑国的廪延。

这一战，开启了中原十年血战的序幕。

面对卫国的挑衅，郑庄公给予坚决反击。前文说过，郑庄公不仅是郑国的国君，同时也是周室的卿士，即朝廷的执政大臣。尽管王室衰微，却尚有一定实力，也有少数几个诸侯效忠天子，其中虢国是最重要的一个。郑庄公以卿士身份召集王师以及虢国军队，会同郑国军队讨伐卫国。卫桓公焉能抵挡，被打得大败，颜面扫地。

当一个社会旧有的秩序解体时，往往会陷入混乱无序之中，春秋初期的情况便是如此。在西周时代，诸侯国的叛乱、弑君事件是比较少的，因为弑君自立者，必定会遭到最高统治者周天子的讨伐与惩罚。如今周天子暗弱，朝廷已经没有实力约束诸侯，诸侯国内的叛乱与弑君事件开始蔓延，成为春秋初期一道血腥的风景线。继郑国的叔段之乱后，卫国的一起叛乱也在酝酿之中。

卫桓公企图武力干涉郑国内政，不想偷鸡不成反蚀了一把米，引起国人的强烈不满。这时，一个野心家出现了，此人便是卫桓公的弟弟，名唤州吁。公元前 720 年，州吁利用国人对卫桓公的不满，发动政变，杀死哥哥，篡位夺权。卫国的政变如同郑国的翻版，只是叔段失败了，而州吁成功了。

不过，杀兄篡位这种事，手段很卑劣，很难得到国人的支持。要让民众口服心服，州吁必须干出一番事业，证明自己是出色的领袖。只要打败郑国，一雪前耻，他的支持度就会直线提升。不过，州吁心里很明白，单靠卫国自身的力量，要打败郑国几乎不可能。自郑国开国以来，已经灭掉三个小国，势力正盛，又可以倚借王师、虢师为外援，谁可与之争锋呢？因此，组建一个反郑同盟，才是制胜的法宝。

作为老牌诸侯，卫国历十二代君主的经营，在中原地区有一定的影响力，除了附庸国共国之外，还有两个小跟班，一个是陈国，一个是蔡国。陈、蔡是卫的小喽啰，率先加入反郑同盟。为了确保对郑国的军事优势，卫君州吁又拉宋国入群。

原来宋国内部也出现权力斗争。

在州吁弑兄的同年，宋穆公去世。公子冯与公子与夷争权，最终公子夷获胜，登上国君宝座，史称宋殇公。在权力斗争中失败的公子冯则逃到郑国，郑庄公不仅收留公子冯，还扬言要用武力帮他夺回君位。这么一来，宋国与郑国的关系急转直下。州吁觑准机会，派人游说宋殇公加入反郑同盟，并许诺由宋国充当同盟的盟主。

事实证明人多力量大。

宋殇公以盟军总司令的身份，率领宋、卫、陈、蔡四国联军浩浩荡荡杀奔郑国。郑庄公虽是一代雄主，奈何以一敌四，劣势太明显了。好汉不吃眼前亏，郑庄公不敢硬拼，只得采取乌龟战术，闭门不出，婴城固守。四国联军在郑国都城外折腾了五天，无法破城，最后悻悻而退。

这一战虽然盟军没有取得什么实质胜利，但足以证明组建同盟是对付郑国的利器。为了进一步扩大反郑同盟，宋殇公又拉鲁国入群。鲁国是西周初期著名政治家周公旦的封国，在诸侯中有很有影响力。鲁国的加入，让反郑同盟如虎添翼。我们注意到一个事实，五个同盟国都属于立国超过二百年的老牌诸侯，因而它们联手打击郑国，可视为新老诸侯之间的较量。

很快，盟军卷土重来。

五国盟军再度兵临城下，郑庄公是战还是守呢？此时正是秋收时节，城外的粮食都熟了，但还没有收割。如果郑庄公不出城迎战，那么未收割的粮食就完全落入敌人手中了。为了保护粮食，郑庄公只能硬着头皮上了。不过，战争没有侥幸可言，以一敌五，郑庄公不仅没能保住粮食，军队也大败而回。五国联军把郊外的庄稼收割一空，满载而归。幸好郑国的经济不全依赖农业，商业也很发达，勉强度过粮荒。

面对反郑同盟的嚣张气焰，郑庄公如何破局呢？

这时，一个机会不期而至。

反郑同盟的始作俑者卫国竟然又一次爆发政变。自从州吁弑杀卫桓公篡位后，并非每个人都愿意臣服这位弑君者。老臣石碏发动政变，设计捕杀州吁，立卫桓公的弟弟子晋为新的国君，史称卫宣公。卫国政局动荡，郑庄公岂会错失良机？他当机立断，挥师越过国境，偷袭卫国，大败卫军，一雪前耻。

卫宣公刚刚上台，还未来得及烧三把火，就挨了一记闷棍。恼羞之下，他没来得及通知宋、鲁等盟友，就仓促发兵攻打郑国，企图挽回面子。只有一个南燕国前来助阵，只是南燕军的战斗力无法让人恭维。

郑庄公一瞧，鲁、宋军队都没来，怕你干什么，于是列阵出战。他制订一个作战计划，核心是避实击虚，先打弱敌，后打强敌。弱敌是南燕军，具体的战术是正面牵制，侧背袭击。

在春秋战国史上，郑庄公大约可以算是第一位名将。在中原大战期间，他多次展示出高超的军事指挥艺术。他亲率大军与卫、南燕联军正面对峙，暗地里派遣儿子姬忽（字曼伯）和姬突（字子元）率一支偏师，出其不意袭击南燕军的侧背。南燕军阵形大乱，郑庄公抓住机会，全线反击，重点打击南燕军。在郑军前后夹击下，南燕军大败，士兵丢盔弃甲，狼狈鼠窜。打掉南燕军，等于折断敌方的羽翼，卫军陷入孤军作战。论战斗力，卫军远不是精锐郑军的对手，很快就溃不成军，跟在南燕军的屁股后面逃了。

这一战，把卫宣公的锐气打没了。

郑庄公对自己的军队很有信心，他不怕单挑任何一个国家，怕的是对方抱团儿作战。所以郑国必须在敌人重新联合之前，各个击破对手。打垮卫军后，郑庄公马上把目标对准宋国。敌人会拉同伙群殴，难道我就不会吗？郑庄公又一次以卿士身份，调集周天子的王师以及郲国军队，以三打一的优势，进攻宋国。这次轮到宋国叫苦不迭，郑军一路挺进，如入无人之境，一直杀到宋国都城之下。

宋殇公吓坏了，赶紧派使者赶往鲁国，向鲁隐公求援。鲁隐公询问前线战况，宋使却刻意隐瞒实情。这种不诚实的态度，令鲁隐公大为不快，拒绝出兵救援。

鲁隐公拒绝援宋的消息传出，精明的郑庄公意识到敌人内部已开始分裂。

他不失时宜地向鲁国示好，提出两国和解的主张。与卫、宋两国不同，鲁国与郑国并没有实质上的利害冲突。鲁国虽然在宋国的忽悠下加入反郑同盟，但是表现并不卖力。对于郑庄公抛来的橄榄枝，鲁隐公是乐于接受的。

教训宋国后，郑庄公把利刃砍向陈国。陈国的国力远逊于宋、卫，哪里抵挡得住，很快被郑军杀得落花流水，被俘者甚众。

郑庄公不愧是中原雄狮，面对周边多国的围殴，不仅没被打趴下，反而一口气接连打击卫、宋、陈三国，越战越勇，令对手闻风而色变。

《孙子兵法》说："上兵伐谋，其次伐交，其次伐兵，最下攻城。"其实，比孙子早出生几百年的郑庄公，就已经悟出这个真理。敌人那么多，要在战场上一个个解决，太辛苦了。比打仗更重要的，是要有清晰的战略谋划以及外交上的纵横捭阖。

尽管郑庄公有高超的军事才能，有把握转瞬即逝战机的能力，但敌人太多了。战争对物力、人力都是巨大的消耗，长此以往，国家怎么承受得了呢？站在战略高度上考虑，郑庄公必须分化、削弱、瓦解敌人的同盟，同时建立自己的朋友圈，这样方可掌握中原大战的主动权。

为了实现战略转折，郑庄公展开一场凌厉的外交攻势。

公元前 716 年，郑庄公向宋殇公提出停战请求。鲁国已经退出反郑同盟，剩下四国中，陈、蔡是比较弱的，宋、卫则比较强。在春秋诸侯中，宋国比较有意思，它本是殷商后裔的国家，和平思想特别发达，在春秋时期有两次著名的弭兵运动，都是宋国人主持的，我们在后面会讲到。宋国与郑国打了几年，没捞到什么好处，国人对频繁的战争颇多怨言。宋殇公也见识了郑国军队的厉害，估摸着打不赢，便同意签下停战协议。

紧接着，郑庄公主动与陈国媾和。

陈国刚被郑国打得大败，被俘的士兵甚多，陈桓公焉有拒绝的理由？陈桓公甚至提出与郑庄公缔结姻亲，将女儿嫁给郑庄公的儿子姬忽。以前陈国一直是卫国的小喽啰，现在看到老大不行了，还是另找靠山吧。陈郑联姻，意味着陈国脱离以卫、宋为首的反郑同盟，这是郑庄公外交的重大胜利。

为了彻底瓦解反郑同盟，郑庄公又下了一步好棋，他提出与卫、宋两国签署全面和解条约。为此，他请来一位大佬级的人物，此人便是齐国君主齐僖公。

为什么要请齐僖公出面呢？原来啊，齐国拥有一项其他诸侯国都没有的特权。齐国的开国之君就是大名鼎鼎的姜尚姜太公，是西周的开国功勋，因此周天子授予齐国征伐四方诸侯的大权。由此可见，齐国的地位特别高，是一等一的大诸侯。

郑庄公请大佬出面调停，卫、宋两国君主岂能不给面子？很快，三国君主在温地会晤，订立盟约，捐弃旧怨，实现全面和解。

至此，反郑同盟全线瓦解。

如果当年有诺贝尔和平奖，我想这个奖项毫无疑问会颁发给郑庄公。

不过，我在前文说过，郑庄公是个极有城府之人，如果你认为他是个和平主义者，那你就大错特错了。和谈只不过是郑庄公的缓兵之计，他雄心勃勃，欲建立郑国在中原的霸业。在罢兵休战期间，郑庄公没有停止外交活动，他积极拉拢齐国与鲁国，寻求机会重新对宋、卫两国进行打击。

两年后，郑庄公找了一个发动战争的借口：宋国没有履行朝见周王的义务。欲加之罪，何患无辞！自骊山之变后，周王室权威一落千丈，各诸侯国多不朝见天子，岂止是宋国。当一个人要找碴儿时，他并不是要一个真相，而是只要一个借口。

公元前713年，郑庄公、齐僖公和鲁隐公三大巨头正式结盟，共同对付宋国。齐僖公与鲁隐公都想通过战争捞取好处，郑庄公更有雄心，他的目的是雄霸中原。仅仅数年时间，郑庄公就完全逆转被动挨打的局面，拆散敌方同盟的同时，建立自己的同盟，这就叫“上兵伐谋”。

该年五月，伐宋战役打响。郑军从西面突入宋国，齐、鲁两军则从东面发动进攻。宋国如同夹心饼干，两面受敌，而且任何一支敌军的实力都在自己之上。很快，宋国的抵抗土崩瓦解。六月一日，鲁隐公指挥鲁军在营地大败宋军；六月十五日，郑庄公指挥郑军攻占郜邑，十天后再克防邑。

在春秋时期，受制于人口、经济、技术等诸多因素，战争规模一般是比较小的，持续时间也比较短，很少有一场大战旷日持久，因此诸侯战争一般是点到即止，见好就收。攻下两城后，郑庄公就鸣金收兵，伐宋之战结束。

我们可以从一个细节看出郑庄公的高明之处。他把占领的两座城邑一转手，送给鲁隐公。对鲁隐公来说，真是意外之喜，他开心得合不拢嘴。不过，郑庄公只是慷他人之慨罢了。他出手大方当然有自己的意图，鲁国曾是反郑同盟的一员，只要收下两城，就铁定不会与宋国结盟。不仅如此，郑庄公更深一层的用意，是激化鲁、宋两国的矛盾，让这两个诸侯国互相牵制，以实现郑国利益最大化。馈赠出的礼物，有时只是烫手的山芋。

宋国当了一回冤大头，岂肯善罢甘休。郑庄公悍然发动战争，之前订立的和约也就作废了。宋殇公马上找了昔日的盟友，约请出兵伐郑。最初参加反郑同盟的四国，由于陈国退出，只剩下宋、卫、蔡三国。卫国向来是反郑急先锋，对宋国的提议当然举双手赞成，而作为小喽啰的蔡国，唯老大马首是瞻，跟在屁股后面狐假虎威。

很快，三国联军杀入戴国，攻占戴地。然而，三国同盟已经出现裂痕。由于蔡国实力较弱，又是卫国的小喽啰，宋殇公不免有居高临下的傲慢，对蔡国人颐指气使，盛气凌人。不仅蔡国人深受伤害，卫国人也颇为不满。

联军内部不睦，对郑庄公来说是个好消息。他率领主力部队奔袭戴地，矛盾重重的联军无心恋战，仅一天的工夫，戴地便被郑军夺回，大批联军士兵被俘。郑庄公挟胜利之威，攻入宋国，打了个胜仗后才耀武扬威地返回。

此役宋国先胜后败，郑庄公则捍卫了郑国中原强国的地位。

中原大战前后持续十年之久。这次大战最初是卫国挑起的，后来战争规模不断扩大，卷入战争的国家包括郑国、宋国、卫国、陈国、蔡国、鲁国、齐国、虢国、郕国、南燕国等，重头戏是宋郑之战。宋国与郑国前后交锋十次，起初宋国凭借“反郑同盟”的力量，打赢过几次，后来郑庄公通过高超的外交手腕，削弱敌方同盟的力量，从而牢牢地把握战争的主动权。

公元前 710 年，一起突如其来的政变，为十年中原大战画上一个休止符。这一年，宋国贵族华父督发动政变，杀害宋殇公。

推究政变的原因，竟是始于一位绝色美女。

话说宋国大司马孔父嘉有个美若天仙的妻子，平日养在深闺人未识。有一天，或许是在家里闷得慌，孔夫人坐上马车，在城里溜了一圈。正当她东张西望时，有一辆马车从旁边驶过，车上坐的人，正是宋国太宰华父督。华父督那双贼眼，正好望见对面的孔夫人，饶是他见多识广，也被该女子的美貌惊呆了，不禁呼出三个字：“美而艳！”真是又美丽又娇艳的女人啊。京城里居然有这等美女，我咋不知呢？他忙差人四处打听，原来竟是大司马的夫人。那一刻，他内心五味杂陈，羡慕忌妒恨一起涌上心头。

华父督是太宰，孔父嘉是大司马，都是宋国最有权势的人物，两人也是政坛上的对手。自己的政敌居然娶了一个大美女，华父督心里不是滋味。打从见了孔夫人后，华父督魂不守舍，满脑袋都是美人的倩影，挥之不去，怅然若失。换作其他人的老婆，他早就下手了，可偏偏是大司马的女人，鞭长莫及呀。

俗话说：色胆包天。为了美色，人有时是会铤而走险的。何不干脆干掉大司马孔父嘉呢？既消灭一个政敌，又可能把美女抢到手，岂不快哉？有机会干掉孔父嘉吗？还真有。孔父嘉的官职是大司马，掌兵权，相当于国防部长。当时宋国与郑国连年战争，屡战屡败，谁来负战败的责任呢？显然大司马要负首要责任。

为了干掉孔父嘉，华父督派人煽动民意，放出流言："自国君（即宋殇公）即位以来，十年时间，宋国打了十一次仗，民众生活痛苦不堪，这都是大司马孔父嘉的错。只有除掉孔父嘉，民众才有安定的生活。"宋国有和平主义的传统，针对民众厌战心理，华父督把矛头直指孔父嘉，为发动政变铲除政敌打下舆论基础。

春秋初期，各诸侯国政变迭出，这次轮到宋国。由于事先宣传做得到位，华父督的政变还是得到不少人的支持，他出兵攻打孔父嘉。孔父嘉稀里糊涂就成了刀下之鬼，只是他到死都不知道，自己被杀的原因居然是老婆长得太漂亮了。华父督杀害孔父嘉后，迫不及待便把孔夫人掳走了。

当政变的消息传来，宋殇公惊呆了。华父督竟敢自作主张杀掉大司马，还抢了人家的老婆，眼里还有没有国君？国家到底是君主的，还是华父督的呢？这不是谋反是什么？起初华父督被美色所惑，铤而走险发动政变，只想杀掉孔父嘉，并没想杀害国君。事到如今，他意识到殇公不死，自己迟早会被清算。索性一条路走到黑，把国君也干掉。于是华父督一不做，二不休，竟然率军直捣宫廷，杀害了宋殇公。

在古代弑君是最严重的罪行，弑君者往往会被处以车裂酷刑。为什么东周初期弑君案那么多呢？主要是周室衰微，朝廷已经无力干涉诸侯的政事。不过，对于华父督弑君这件事，还是有人要管的。

这个人就是郑庄公。

郑庄公为什么要插手宋国内政呢？有两个理由：其一，作为周王室的卿士，他在某种程度上代表天子，天子的金字招牌还是有些用处的，可以“尊天子以令不臣”，或“挟天子以令诸侯”，插手宋国内政，可以提高郑庄公在诸侯中的政治声望；其二，郑庄公收容宋殇公的政敌公子冯，如今宋殇公被杀，正好可以把公子冯送上国君宝座。

于是郑庄公邀请齐僖公、鲁桓公、陈桓公，在稷地举行四国君主会议，商讨解决宋国问题。华父督闻讯大骇，如果四国联手干涉宋国内政，追究弑君之罪，到时自己就死得很难看了。不过，华父督毕竟是个老谋深算的政客，岂会坐以待毙！郑、齐、鲁曾联合攻宋，三国君主岂会在意宋殇公的死活呢？特别是郑庄公，跟宋殇公斗了十年，岂会为敌人之死而打抱不平呢？看清这一点，华父督便祭出法宝，分别向四位君主大行贿赂。为了讨好郑庄公，华父督还允诺，由流亡郑国的公子冯出任宋国的新国君。

四国君主捞得盆满钵满，自然笑逐颜开，惩罚弑君者之事，就不了了之了。所以，这次四峰会实际上就是一次肮脏的政治交易。

郑庄公成了最大的赢家。公子冯被迎回宋国继任君位，史称宋庄公。从此，宋国的国策由反郑转变为亲郑。

宋国政变问题的解决，标志着一种新的政治秩序正在形成。在周天子丧失统治权柄后，大国的政治话语权越来越重。王室暗弱，则霸业兴起。

随着宋国立场的转变，持续十年之久的中原大战终于告一段落。这是一场春秋初期最大规模的诸侯战争，也是各国权力重新洗牌的开始。

中原大战初始，郑国只是一个不起眼的诸侯国，十年攻战，十年经营，至战争结束时，已经崛起为诸侯中的最强者，这与郑庄公的雄才大略是分不开的。在这场角逐中，郑庄公充分展示其军事天赋与外交天才，在战场上料敌制胜，在外交上纵横捭阖。后来，郑庄公被誉为“春秋小霸”，他虽然没有后来齐桓公、晋文公、楚庄王那样光彩夺目，但开启春秋霸业之先河，历史地位不容抹去。

当然，郑庄公能雄霸中原，也有一些客观因素。当时晋国正陷入长期内战，楚国埋头在南方发展，秦国则在西方开疆拓土，这些后来烈焰灼人的诸侯国，都没有工夫理会中原，这是郑国得以坐大的一个有利因素。

随着郑国的强大，郑庄公与周王室的矛盾越来越大，最终导致兵戎相见。

三、天子与诸侯之战

郑国与周王室的关系紧张由来已久。

骊山之乱后，周平王东迁，在重建周政权上，郑国是出过力气的，因而郑武公与郑庄公先后担任卿士，处于权力最顶端。

在中原大战期间，郑庄公多次假公济私。他以卿士的身份，屡屡调动王师出征。以前是诸侯为天子卖力，现在是天子为诸侯打工。这就叫“权力倒悬”。对此，周天子既愤怒，又无奈。

周平王搞起平衡术，起用西虢公，以限制郑庄公的权力。郑庄公岂是吃素的？他雷霆震怒：要不是我郑国撑腰，你周天子屁都不是！周平王慌了，他还真怕郑庄公拂袖而去，这年头只剩下少数几个诸侯愿意效忠朝廷，要是郑国不干了，朝廷还能倚靠谁呢？为了表示对郑庄公的信任，他想了个补救的办法：与郑国互换人质。周平王把儿子送到郑国当人质，郑庄公也把儿子送到周王室当人质。

当时互为人质的做法在诸侯国之间很普遍，但是天子与诸侯互换人质，这是破天荒的。其实，真正的信任根本就不需要人质，正是不信任，才需要人质。曾经高高在上的天子已跌下神坛，实际上已经沦落到诸侯的地步。

公元前 720 年，周平王去世，周桓王继位。周桓王年轻气盛，不想当一个窝囊天子，上台伊始便重用西虢公，削弱郑庄公在朝廷的权力。郑庄公暴跳如雷，当即以牙还牙，两次派遣军队闯进周天子的领地，割走成熟的稻谷。周桓王气得直吹胡子，却也无可奈何。

郑庄公虽是朝廷卿士，其实他并没有在周都办公，而是待在自己的郑国。周桓王继位时，他也没有前往祝贺。直到三年后，即公元前 717 年，郑庄公装模作样前往洛邑朝见周天子。

然而，周桓王对郑庄公的态度极其冷淡，两人基本上就是尬聊。周公黑肩实在看不下去，悄悄地对天子说：“周室经骊山之变，从镐京东迁到洛邑，郑国与晋国是有大功劳的。应该对郑国以礼相待，其他诸侯才会前来朝见。现在您这个态度，我看郑国不会再来了。”

不想周桓王一听便无名火起：老子刚登基时，郑庄公就派军队来抢粮食；

老子都当了三年天子，郑庄公才前来朝见；要老子尊重他，呸，门都没有。

天子非但不把周公黑肩的劝告当回事，还打算坑郑庄公一把。

桓王八年（公元前 712 年），周天子干了一件很失体统的事。

周王室打算与郑国交换土地。天子用十二块较小的土地，交换郑国四块较大的土地。郑国的商业很发达，庄公心里盘计一下，这笔买卖不吃亏，挺划算的，便一口答应。很快，郑国把四块土地交割给了王室，但在接收交换的土地时，郑庄公傻眼了。原来这十二块土地，竟然都不是周王室的财产，其所有权是属于一个古老的苏氏家族，这个家族的先祖名为苏忿生，在西周初期曾担任司寇。

这是一起彻头彻尾的诈骗案，主角居然是号称天下共主的周天子。交易的结果是，周王室得到四块土地，郑国最终落得个两手空空。精明过人的郑庄公被狠狠地坑了一回，周桓王则为自己的小聪明沾沾自喜。作为天子，为了那点蝇头小利而置规矩于不顾，这品行还比不上街头的小商小贩，可见格局实在太小。

周桓王的错，在于高估自己的实力。郑庄公虽然嚣张跋扈，至少还会去朝见天子，就凭这点，绝大多数诸侯就做不到。天子在诸侯中还有些薄面，靠的就是郑国的撑腰。可是周桓公显然认为自己的翅膀硬了，他要重振王室的权威。为了杀鸡骇猴，他决定先拿郑国开刀。

公元前 707 年，周桓王罢免郑庄公卿士之职，公开决裂。

不仅如此，天子还打算亲征，讨伐郑国。我们不禁要问，周桓王哪来的底气呢？如果是单打独斗，天子的王师当然不是郑军的对手，但是周桓王手上还有一张牌：郑国的宿敌卫国及其小喽啰蔡国、陈国。

自从宋殇公被弑，宋国由反倒转为亲郑，卫国独木难支，不敢挑战郑国霸权。现在周天子要亲率王师讨伐郑国，卫国又看到希望，遂拉上蔡、陈两国，加入讨逆军。周桓王把此战视为复兴周室的关键一役，只要打败小霸主郑庄公，诸侯势必纷纷来朝。然而，他统领的卫、陈、蔡诸军，无一不是郑庄公的手下败将，能有多少胜算呢？

对周天子的进犯，郑庄公哂然一笑，亲率强兵猛将，屯兵繻葛，严阵以待。

讨逆军看上去阵容强大，分为三大方阵：中间是天子坐镇指挥的王师，右翼是虢公林父指挥的卫蔡联军，左翼是周公黑肩指挥的陈军。一时间尘土嚣扬，车辚马啸，煞是雄壮，大有一战而荡平郑国的气势。然而细细分析，就会发现联军存在许多弱点：其一，陈国自从与郑国联姻后，关系大为改善，虽然被迫参战，显然并不卖力。其二，卫、蔡军队与郑军多次交锋，屡战屡败，恐战情绪严重。其三，王师虽是中央军，作战经验远不如郑军，并非精锐之师。

针对多国部队的布阵特点，郑庄公将主力置于两翼，只要打掉卫、蔡、陈三国军队，王师则不战而溃矣。他还别出心裁地推出一种全新的阵法，称为“鱼丽阵”。这个阵法就是战车与步兵之间协同作战，具体的安排是：在每辆战车后面配置步兵，步兵的位置是填充战车与战车之间的空隙。也有另一种说法：以二十五辆战车为一排，战车与战车之间配置五名步兵。这种阵法的特点是步兵和战车之间可以互相支援，战车可凭借其防御力和居高临下的优势，支援两边的步兵队伍，步兵则防止战车被敌军分割包围。

在春秋初期，郑国能脱颖而出，一枝独秀，与其先进的军事思想是分不开的。

郑军击鼓而进，率先发起攻击。公子忽率右翼兵团出击，直扑陈国军队；祭仲率左翼兵团进攻卫蔡联军。不出所料，卫蔡联军与陈军根本不是郑军的对手，很快阵脚大乱，一战即溃，狼狈鼠窜。作为三军总司令的周桓王，一下子丢了两个军，只剩下孤零零的中央军。郑庄公率三军一拥而上，围攻周天子的中央军，王师大败。

眼看周天子掉转车头要逃跑，郑国将领祝聃搭箭上弓，瞄准后“嗖”的一箭，正中周桓王的肩膀。别看周桓王是个窝囊货，关键时刻还是保持王者的尊严，他捂住伤口，强忍伤痛，指挥大军有序撤退。

祝聃正欲纵马直追，却被郑庄公阻止了：“君子不能逼人太甚，何况是侵凌天子呢？我们只求自卫反击，能保住国家社稷就知足了。”当晚，庄公派人前往周军的营地，探望并慰问周桓王。

这就是历史上著名的繻葛之战。

此役郑庄公表现得有理有节，值得点赞。周天子师出无名，郑国则是自卫反击，故而有理；在战斗中，郑国只击溃来犯的联军，并不实施歼灭战，善后工作做得好，故而有节。反观周天子，既无理取闹，又不自量力，还挨了一箭，名誉扫地。周桓王的初衷是想借此一战杀鸡骇猴，重振王室雄风，威慑诸侯。

可惜事与愿违，威望一落千丈，偷鸡不成还蚀把米，成了诸侯们的笑柄。

郑国的胜利，象征诸侯争霸时代的来临。周王独尊的时代已经愈行愈远，天子从政治中心走向边缘化。尽管后世不断有霸主提出“尊王”的口号，不过只是玩弄政治的把戏，历时五百多年的东周时代，没有出现过一次王室中兴。

在古老中国的大地上，旧的政治秩序已经被打破，一种新的政治秩序初露端倪。王权至尊已成过去式，霸主至强的时代正降临。

郑庄公是春秋霸业的先驱，赢得𦈡葛之战的胜利后，郑国的国力如日中天。

四、政变迭出

春秋时代的战争可归为两类：第一类是诸夏之间的战争，即诸侯之战；第二类是攘夷之战，即华夏族与少数民族的战争。后世有“攘外必先安内”的说法，但是在春秋时期，华夏诸侯在频繁内战的同时，在攘夷事业上也取得伟大的胜利。春秋时期是华夏族最尚武的一个时代。

自西周中后期始，戎狄势力兴起，对中原华夏族构成巨大的威胁，西周之亡，即亡于犬戎。王室衰微后，攘夷的重担便落在诸侯身上。作为“春秋小霸”的郑庄公，在攘夷战争中的表现也是可圈可点。

公元前 714 年，趁诸侯中原大战之机，北戎大举入侵郑国。

北戎以步兵为主，士兵力大无比，极为凶悍，单兵作战能力很强。但是戎人也有弱点，军队纪律比较涣散，整体的配合并不默契。为此，公子突提出一个作战方案：派出先头部队与敌人交锋，佯装不敌，迅速后撤，把戎人引诱进伏击圈，可一战消灭之。

郑庄公对公子突的提议非常欣赏，依计而行，设下三道埋伏，只等敌人上钩。戎人果然上当，见郑军退却，不免有轻视之心，遂奋起直追。进入伏击圈的敌人被截为数段，各个歼灭。还没进入伏击圈的戎人大骇，不敢恋战，夺路逃跑。郑军将领祝聃率战车出击，将其分割包围，一举全歼。北戎遭此重创后，数年内不敢骚扰中原。

这是华夏攘夷战争的一场重大胜利，大大提高了郑国在诸侯中的声望。

公元前 706 年，经过八年养精蓄锐，北戎走出失败阴影，卷土重来，兵锋直指齐国。彼时的齐国虽然在政治上是大国，但承平日久，军事上的实力令人不敢恭维。面对强敌压境，齐国向各路诸侯发出求援信，特别希望军事强国郑国提供援助。

戎狄的入侵虽是对中原的破坏，却有助于华夏族的团结。攘夷是华夏诸侯义不容辞的责任，郑庄公派遣公子忽率军驰援齐国。虎父无犬子，公子忽不负众望，他率援军抵达战场，一战俘虏北戎大良、少良两员大将，斩杀甲士三百多人，缴获大量的战利品。北戎军不敢恋战，引兵退去。

援齐攘夷战争的胜利，进一步捍卫了郑国中原小霸主的地位。

公元前 701 年，头顶笼罩着无数光环的郑庄公病逝，时年六十岁。

郑庄公十七岁即位，在位长达四十三年。在他统治前二十二年，叔段割据一方，郑国实际上处于分裂状态，他韬光养晦，隐忍待发，终于一举平定叛乱，开启郑国历史的黄金时代。此后二十年，郑庄公横行中原，远交近攻，纵横捭阖，逐一击垮对手，赢得中原大战的胜利。他还破天荒地与天子的王师展开大战，令周桓王挂彩，震惊天下。“小霸”之誉，庄公当之无愧。

不过，长期以来，由于受到儒家历史观的影响，郑庄公一直饱受指责批评。孔夫子在《春秋》中便以微言大义的方式，讥贬郑庄公。东汉著名学者杨震如斯说：“（庄公）从母氏之欲，恣骄弟之情，几至危国，然后加讨，《春秋》贬之，以为失教。”宋代学者洪迈称：“是其事君、事亲可谓乱臣贼子者矣！”另一位学者黄震干脆说：“郑庄公伐周，射王中肩，春秋初第一罪人。”大家都知道，儒学是讲君臣大义的，讲孝悌的，郑庄公以臣子身份抗衡天子、囚禁母亲、与弟弟兵戎相见，等等，哪一条不被儒者唾弃呢？

然而，站在今人的角度看，郑庄公可称为春秋时代第一位杰出的政治家。作为一个新兴诸侯，郑国的家底并不雄厚，内有叔段之乱，外有强敌环伺，庄公能在内忧外患之下脱颖而出，力压老牌诸侯，雄霸中原，实属不易。伟大领袖毛泽东主席有这么一段评价：“春秋时候有个郑庄公，此人很厉害。他对国内斗争和国际斗争都很懂得策略。”

郑国的辉煌离不开郑庄公非凡的才干与坚忍的意志，这位雄主去世后，郑国的衰落几乎成为必然，而频繁的内乱更加剧了衰落的速度。

在郑庄公诸多的儿子中，最出色的当属公子忽与公子突。两人长期追随父亲征战沙场，屡建战功，是出类拔萃的将领。庄公去世后，公子忽继位，史称郑昭公。

为了避免兄弟相残的悲剧重演，公子突被移居到宋国。公子突的母亲是宋国人，出自有权有势的雍氏家族。出于利益考虑，宋国政府想扶植公子突上台，取代郑昭公，于是精心设计了一场阴谋。不过，要颠覆一个国家政权可不容易，必须要有实权人物的支持，于是宋国把目标对准郑国辅佐大臣祭仲。

祭仲在郑庄公时代就是政坛重要人物，位高权重。为了把祭仲拉下水，由雍氏家族出面，假惺惺请他访问宋国。祭仲不知是计，刚踏入宋国土地，便遭绑架了。雍氏族人威胁他说："如果不立公子突为国君，就杀了你。"祭仲着实算不上英雄好汉，面对撕票的威胁，很快就妥协了。从史料看，公子突似乎无意卷入权力争夺战，雍氏族人索性把他也绑架了，别人可以不玩，你公子突要是不玩，这戏还怎么唱下去呢？

以前郑庄公干涉宋国内政，现在轮到宋国要干涉郑国内政。眼看一场兄弟内战就要爆发，但终究没有打起来。郑昭公不愿内讧，他不恋栈权力，与其兄弟内斗，不如自己悄然离开。于是他放弃君位，不辞而别，投奔卫国去了。祭仲回国后，迎立公子突为国君，史称郑厉公。

然而，宋国人还是失算了。郑厉公性格坚强果敢，有其父之风。宋国本以为有拥立之功，贪婪无度地向郑国索取贿赂。岂料郑厉公根本不理睬，一口回绝宋国的无理要求。于是两国关系急剧恶化，很快便反目成仇。

公元前 698 年，宋庄公纠集几个喽啰国，悍然发动战争。宋军队杀入郑国都城，攻下太庙，把太庙屋顶上的椽木拆了，作为战利品搬回国，还一把火烧了渠门。

此时距郑庄公去世仅仅三年，郑国就被宋国打得狼狈不堪，这是为什么呢？有两个原因：其一，郑厉公的政权得来并不光明正大，难以服众，不能得到大臣们广泛的支持。其二，郑厉公是祭仲所立，名为国君，实则权力受到权臣的掣肘，权力着实有限。

祭仲自以为有迎立之功，大权在握，无法无天。很快，郑厉公对祭仲专权心怀不满，决心发动政变除掉这个绊脚石。

作为政坛元老级人物，祭仲权势熏天，爪牙广布，根基极深，难以撼动。

郑厉公要扳倒祭仲，必须要有可靠的内应，而祭仲的女婿雍纠就是合适人选。雍纠对公室忠心耿耿，他以国家为重，决心帮助郑厉公铲除国贼。他精心设计一个刺杀计划：在首都郊外举办夜宴，邀祭仲出席，在宴席上由埋伏的甲士刺杀祭仲。

祭仲对女婿没有任何怀疑，欣然接受邀请。

然而在行刺前一天，雍纠不知是酒喝多了，还是搭错哪根神经，突然找到妻子雍姬，把刺杀计划一五一十全说了。雍姬听后慌了，不知要怎么办。她连夜跑回娘家，一见到母亲，就问道："父亲与丈夫相比，哪个更亲呢？"母亲想都没想就脱口而出："男人都可能成为你的丈夫，父亲始终就只有一个，怎么能比呢？（人尽夫也，父一而已，胡可比也？）"

看来还是爸爸亲啊。雍姬就跑去跟父亲说："我家夫君不在家里宴请您，却要跑到郊外开宴会，这件事女儿觉得奇怪，特来向爹禀报一下。"这句话一下子就把祭仲点醒了，对啊，不在家里开宴会，跑到那么远的郊外干吗呢，这里有阴谋！祭仲赶紧派人去调查，这一查，果然挖出一个巨大的阴谋。

祭仲马上逮捕并处死女婿雍纠，把尸体扔在池塘边示众，以警告幕后的郑厉公。

雍纠被杀，意味着政变计划流产，三十六计，唯有走为上计。郑厉公草草将雍纠尸体收裹后装上马车，一溜烟逃出都城了。他对着车上的尸体，恨恨地说："真是可恨！这么重大的事，竟然还跟老婆商量，死了活该。"

郑厉公先是逃亡到蔡国，不久后带着一帮亲信杀回郑国，夺取栎邑，组建了一个流亡政府。

郑厉公逃走后，祭仲从卫国迎回郑昭公。

郑国政变迭出，让各路诸侯有了出兵干涉的借口。鲁桓公与宋、卫、陈等国君主会晤磋商，打算以武力手段支持郑厉公复辟。以鲁国为首的多国部队两度进攻郑国，均被能征善战的郑昭公挫败。作为曾经打败北戎的攘夷英雄，郑昭公锋芒不减，郑国已渐渐走出低谷，重返巅峰时代。

然而，上天似乎并不眷顾这个新兴诸侯，正当郑昭公励精图治之际，却意外死于一场政治谋杀。

弑君者高渠弥是郑国大夫，为人阴险狡诈。郑昭公还是公子时就极其厌恶高渠弥，上台后更是对他刻意打压，限制其权力。君臣矛盾不可调和，高渠弥恶从胆边生，终于发动政变，杀害郑昭公。可惜郑昭公没来得及将父亲的事业发扬光大，就死于非命。

按理说，诸侯之上还有天子，诸侯国君被弑，天子理应惩罚弑君者。然而王室已经衰微，早就失去对诸侯的控制了。天子不管，总有人要管的。我在前面说过，齐国自立国始，就被授予征伐之大权，齐襄公打起“替天行道”的旗帜，要充当一回“国际法官”。很快，齐国兴师问罪，屯兵于郑国边境。

弑君者高渠弥慌了手脚，不知所措，只得硬着头皮前去与齐襄公谈判。当初华父督弑宋殇公，以重金贿赂众诸侯得以躲过一劫，高渠弥抱着侥幸心态，同样想以贿赂手段讨好齐襄公。不过，比起钱财，齐襄公更在乎政治声望。他下令逮捕高渠弥，以弑君罪判处车裂酷刑。车裂就是五马分尸，是古代最残酷的刑罚之一。比起后世，春秋时代酷刑是比较少的，车裂一般只用在弑君者身上。

高渠弥死后，祭仲立郑昭公的弟弟子仪为国君。比起郑昭公、郑厉公，子仪才能平平，他在位时间共计十四年。“火车跑得快，全靠车头带。”子仪这个车头动力不行，毫无郑庄公的进取精神，曾经雄霸中原的郑国由盛而衰，光荣与梦想渐行渐远。

当郑国霸业走向没落之际，南方的楚国却蒸蒸日上。这个带有浓厚蛮夷色彩的诸侯，比起中原诸国，更有开拓万里的雄心。

第二章　南方巨鳄的成长

一、我是南蛮我怕谁

楚国的历史可以追溯到鬻熊，他曾经辅佐周文王，由于死得早，没能得到封赏。周成王念及文王、武王创业之艰辛，没有众人扶助是不可能取得天下的，王室不能忘掉这些人的功劳，于是封鬻熊的曾孙熊绎于楚蛮，当时这里是南蛮地界，是为楚国。熊绎是子爵，在“公侯伯子男”五等爵位中，算是低等的。

起初，楚只是一个默默无闻的小国。到了西周中期，由于徐国叛乱，与周天子分庭抗礼，周穆王便把讨伐徐国的重任交给楚国，此役是楚国走向兴盛的起点。平定徐国之乱后，原先唯徐国马首是瞻的一帮小喽啰转而投靠楚国，楚国由是坐大。到了周夷王时代，由于戎狄不断扰边，周室开始由盛而衰，“山高皇帝远”的楚国则在南方强势崛起。熊渠是楚国第六位君主，有过人的才干。楚国先是攻打庸国，大肆扩张地盘，之后又攻略扬粤，即今天湖南长沙以北至湖北沔阳一带，一路挺进到鄂地（今湖北鄂城）。自此，楚国雄踞江汉之地。

正当郑庄公席卷中原之时，楚国正处于熊通统治的时代。这位后来被称为楚武王的统治者，是楚国历史上划时代的人物之一，他继承了先辈留下的政治资本，但并不满足于此。他雄心勃勃，欲开创楚国的全盛时代，成为无敌于天下的强者。

当楚国的疆域延伸到汉水流域时，汉水以东的诸侯们按捺不住惊慌与恐惧，如果不能联手抵御这头巨鳄游过汉水，迟早要被它的尖牙利爪撕扯得粉碎。于是“反楚同盟”应运而生，抱团取暖。作为汉水以东最大的诸侯国，随国成为同盟的轴心。

要摧毁反楚同盟，首先必须打垮随国。于是熊通举起长矛，挥师东向。

公元前 706 年，北方繻葛之战刚刚尘埃落定，南方战争车轮已轰隆隆地响起。熊通率楚国兵团越过边境线，宛如钉子插入随国的腹部。

面对咄咄逼人的楚国兵团入侵，随国震动，随侯紧急派遣宠臣少师为谈判代表，前往与熊通交涉。宠臣十之八九是佞臣的代名词，这种人最擅长讨好君主，却没什么真本事。

楚国谋臣鬬伯比提出一个“示弱于敌”的计策，他对熊通说：“少师为人骄奢，我们可将计就计，把精锐部队隐藏起来，留下羸弱的士兵。这么一来，他肯定会低估我军的实力。随国是汉水以东最大的诸侯国，只要它们对楚国抱有轻视之心，必然会骄傲自满，看不起其他盟友，那么反楚同盟就容易瓦解了。”

另一位谋臣熊率且比没那么乐观，他提醒说：“就算我们骗得了少师，也骗不了季梁，没什么用处。”据史书载，季梁是随国著名的贤臣，聪明、智慧、富有谋略，有敏锐的目光与广博的视野。

熊率且比提到季梁时，充满崇敬心。但鬬伯比不以为然，分析说：“少师是随侯的宠臣，随侯会听他的。”

于是熊通听从鬬伯比的建议，隐藏精兵猛将，军营中只留下看似瘦弱的士兵，松松垮垮且军容不整。

话说少师入楚营，见到楚君熊通后，劈头就问道：“我国并没什么过错，贵国为何大兵压境呢？”

熊通的回答颇为霸道，也颇为可爱，可以看出此人是直肠子：“我是‘蛮夷’，如今中原各国都背叛了天子，互相攻伐杀戮，我有军队，想来参与中原的政事，请周王室提高我的尊号。”要知道夏商周以来，“华夏”代表先进文明，而“蛮夷”则属于落后文明。“蛮夷”这个词，多少是带有贬义的。楚国虽是周天子分封的一个诸侯国，但由于地处南蛮区，沾染浓厚的‘蛮夷’色彩。熊通很有意思，开口就说“我是‘蛮夷’”，非常直爽。换作以前，说出“蛮夷”

两字，便觉得低人一等。现在不同了，文明的中原又如何，周天子不是还挨了一箭吗？如今不是竞于道德、逐于文明的时代，而是争于气力的时代。我是蛮夷，可是我有气力，我有军队，我也要当家做主。

在众多诸侯国中，楚国的级别是很低的，只是“公侯伯子男”五等爵中的“子爵”，别的诸侯称“某某公”“某某侯”，楚国的君主只能称为“楚子”。如今楚国已经是南方一大强国，爵位与实力却不能相匹配，熊通当然心有不甘。所以熊通对少师说，你们帮帮忙，去周天子那里疏通一下，提高我的爵位，得称楚侯才行。

为什么熊通要说这个事呢？一方面是迷糊一下少师，淡化楚国攻打随国的目的；另一方面，他确实希望能捞个侯爵，提高地位。随国是姬姓国，与周天子原本是一家，能说得上话。

少师踏进楚营时，就注意到楚国士兵军容不整，多是老弱之辈，如今又听得熊通有求于己，不免起了轻视之心。返回都城后，他迫不及待地向主子汇报，楚军并没有像传说中那么强大，随军应该大胆进击，必可一战而胜。

随侯对宠臣之言深信不疑，欲大张旗鼓，兵戈相迎。贤臣季梁站出来阻止说：“楚国人不过是略施小计，故意示弱罢了，那是为了诱使我们上当，万不可操之过急。楚国正得到上天的眷顾，跟之相比，我们只是小国，不可与之争锋。小国要与大国抗衡，就必须要有道义。什么是道义呢？就是忠于人民，信于鬼神。忠于人民，君主要时时刻刻想着做对百姓有利的事情；信于鬼神，在祭祀的时候不能歌功颂德，而要实话实说。这两点我们做到了没有呢？现在百姓饥馁而国君纵欲无度，祭祀鬼神时虚报功德，我们凭什么跟楚国抗衡呢？”

忠言逆耳。随侯面露不悦，说道：“我祭祀用的牲口又肥又壮，黍稷也十分丰备，怎么能说不信于鬼神呢？”

季梁答说：“人民是鬼神的主人，以前圣王先致力于让人民安居乐业，然后才致力于祭祀鬼神。现在人民心怀不满，鬼神无主，就算国君祭祀的物品再丰盛，又岂会得到鬼神的护佑呢？您应该要修明政事，结交友邻之国，这样才有可能避免被楚国消灭。”

这里，笔者不禁要为季梁喝彩。华夏文明是早熟的文明，自古以来就有崇尚“民本主义”的思想。大禹就曾说过：“民惟邦本，本固邦宁。”周武王曾说过："天视自我民视，天听自我民听。"在华夏文明中，什么是上天的意愿，什么是鬼神的意愿？说到底，就是人民的意愿。季梁就是继承大禹、周武王的"民本"思想，强调民心所向才是国家强大的根本。

随侯被季梁驳得哑口无言，只得放弃武力决战的念头，接受楚国的和谈要求——帮助熊通在周天子那里得到应有的爵位。

随侯赴洛邑觐见天子，提出提高熊通爵位的请求。

不料，周天子闻之色变。刚在繻葛之战中挨了一箭的周桓王，对诸侯们失去信心了。世道变了，这些诸侯都成了乱臣贼子。熊通早不提晚不提，偏偏在他声誉扫地之时来要求提高爵位，不明摆着是落井下石吗？真是欺人太甚！

周桓王黑着脸，二话没说，一口回绝了。

消息传到楚国，熊通"霍"地跳了起来，怒吼道："我的先祖是周文王的老师，死得比较早，后来周成王封熊绎为子爵，居住在楚地。自开国以来，南方蛮夷无不归服，功劳这样大，天子并没提高楚国的爵位。老子也不用他封了，老子自己来提高尊号。"

于是熊通自立为王，史称楚武王。

楚国称王，在当时是不得了的一件事。华夏一直以来的观念是"天无二日，民无二主"，天下只有一位共主，这个人才可以称为"王"。周王就是天下之共主，这是一种政治秩序。楚国就像一个正在茁壮成长中的孩子，要摆脱一切的束缚，就像楚武王所说的："我是蛮夷"，是蛮夷，就不用受到周礼文化的束缚，周王朝已垂垂老矣，呆滞、僵化、衰退、毫无生机；而一个充满活力、充满激情的楚国正在成长，乳虎啸谷，百兽震惶。

在春秋时代，楚国一直被中原诸侯视为"蛮夷"国家，甚至成了"攘夷"的对象。究其原因，就是楚武王打破华夏礼仪制度，自然被当作异端看待。熊通称王，表明楚国不再尊"周王"这个天下共主，划地割据，雄霸一方。

楚武王熊通是开拓型的君主，他胸怀大志，欲席卷江淮，将南方各诸侯国置于自己的控制之下。他以南方之王自居，号令江汉一带的诸侯。南方诸侯们岂肯俯首称臣？随侯拒绝出席楚武王召集的诸侯峰会。

自从季梁劝谏后，随侯对他越发疏远，对宠臣少师则越发信任。鬬伯比不失时宜地建议楚武王发动对随国的战争，他分析道："随国贤臣季梁已被架空，少师受到随侯重用，应乘机进攻随国，机不可失。"

好战的楚武王挥师东进，他要向随侯证明，究竟谁才是真正的王者。面对战争的威胁，随国高层有两种不同的声音。季梁强调先礼后兵，他认为："楚强我弱，不如先与之讲和，如果楚国拒绝，再与之决战不迟。如此一来，楚人的傲慢可以激起我军的愤慨与斗志，楚军也会因轻敌而露出破绽。"骄奢自大的少师流露出不屑的眼神，说道："必须速战速决，不然就会错失良机了。"

在少师的鼓动下，随侯下令列军出战。

只见楚国兵团车辚辚马萧萧，威武雄壮，不复是当初少师见到的老弱羸兵。尤其是楚武王亲自统领的左军，更是装备精良、士气旺盛。华夏文化尚右，所谓的蛮夷则尚左，楚国地处蛮夷区，深受蛮夷习俗之影响，故而以左军为主力。

季梁提议："楚人尚左，楚王的左军实力强大，不可与之交锋。应该集中力量攻击其右军，一定可以打败他们，只要右军溃败，楚国必然退师。"习惯于与季梁唱对台戏的少师不屑一顾地答道："不敢与楚王正面交锋，岂不让敌人小瞧了。"

随侯听了拍手叫好，咱也是个诸侯，不能让人看扁了。

季梁的建议被轻易地否决，这场实力不相称的战争也就失去悬念。随军兵败如山倒，大话王少师得到应有的下场，被楚军俘虏；随侯也差点沦为阶下之囚，他的战车被楚军缴获，幸好逃跑功夫一流，总算捡回一条性命。若非季梁临败不乱、镇定自若地指挥撤退，随军可能遭遇全军覆没的下场。

随侯逃回国都，后悔没有听从季梁的劝告，以致遭此耻辱。痛定思痛后，他做出一个明智的决定：把守卫国都的重任交给季梁。没有少师的掣肘，季梁从容布阵，加固城防工事，保家卫国的战争宣传激励每个国人拿起武器走向前线，大批粮食武器从各地运往都城，随国做好了持久抗战的准备。

季梁一方面备战，一方面积极展开外交活动，希望以谈判方式结束战争。在战场上大获全胜的楚武王只想得寸进尺，一鼓作气直捣随都。足智多谋的鬬伯比却认为，有季梁主持大局，随国难以攻破。

楚武王听取鬬伯比的意见，接受季梁的谈判请求，与随国签订停战条约。

经此一役，楚武王声威大振，由此楚国进入全盛时代。

二、楚武王挥鞭

随着楚国日益强大，周边的小诸侯国纷纷归附，其中有两个小国，分别是巴国与邓国。

巴国与邓国关系紧张，巴国希望楚国能充当中间人的角色，改善两国关系。楚武王既然当了老大，就有义务为小兄弟排忧解难，便派大夫道朔为特使，率巴国的使节团出发，前往访问邓国。不料节外生枝，使团刚行至邓国南部的鄾地，突然闯出一伙强盗，将巴国使团与楚国大夫道朔一行人全部杀死，并抢走了金银财宝。

楚武王闻讯大怒，派人前去向邓国问责。杀人越货这件事，虽然不是邓国政府派人干的，但是外国使团在邓国境内被劫杀，邓国政府至少应该缉拿凶手，给巴国与楚国一个交代。但邓国君主却认为自己没有过错，拒不接受楚武王的问责。

既然邓国不处理这件事，那就由楚国来处理吧。由于使团是在鄾地被杀，楚武王派大将鬬廉率领楚国与巴国的军队，包围这一地区。

邓国政府不甘示弱，出动军队救援鄾地。邓军由养甥、聃甥指挥，他们观察楚巴联军的阵地后，决定先进攻实力较弱的巴国军队。尽管这个战术没有错，但邓军的战斗力实在无法恭维，连续三次向巴军阵地发动进攻，均未能得胜。在楚军与巴军的夹击下，邓军大败而逃，鄾地沦陷。

楚军在鄾地战役的胜利，令汉水以东的诸侯国大为恐慌，随国与郧国、绞国、州国、蓼国再度结成军事攻守同盟。

面对反楚同盟的扩大，楚国积极展开外交攻势，远交近攻。公元前701年，楚武王派屈瑕出使贰国和轸国，目的是与两国订立同盟条约。反楚同盟的五个成员国紧急磋商，决定联手主动出击，截击屈瑕的部队，阻止楚与贰国和轸国的结盟。

反楚同盟把截击的地点选择在蒲骚，这里是郧楚边境的一座城邑，筑有城墙和防御工事。郧国军队率先抵达，安营扎寨，等候随、绞、州、蓼四国军队前来会合。由于边境线上楚军兵力不多，屈瑕忧心忡忡。楚军将领鬬廉沉着冷静，提出一个围城打援的作战计划：由他本人率部攻打蒲骚，屈瑕负责阻击四国援军，只要迅速攻克蒲骚城，便可一举打乱反楚同盟的计划。

屈瑕认为这个计划过于冒险，倘若不能速战速决，面对五国联军的群攻，数量居劣势的楚军将遭受灭顶之灾。保守的策略，应该坐等援军到来。鬬廉胸有成竹，答道："兵不在多，在于将士能否齐心协力，战机转瞬即逝，只要做好战斗准备，全力以赴，必可获胜，何必等待援军，错失良机呢？"

优柔寡断的屈瑕又想通过占卜的方式向鬼神讨问吉凶，鬬廉不以为然地说："有疑惑才要占卜，现在没什么好疑惑的，何必占卜呢？"

鬬廉必胜的信念拯救了楚军的命运。他在夜幕的掩护下，奇袭蒲骚城，守城的郧军在黑灯瞎火中无法判断敌人的多寡。由于联军迟迟未到，又不知楚军虚实，守军不敢恋战，选择了撤退，星夜弃城而逃。鬬廉在兵力居于劣势的情况下，大胆运用心理战术，兵行险招，出奇制胜。

得知蒲骚失陷后，随、绞、州、蓼诸国军队无心恋战，各自作鸟兽散。

屈瑕通往贰国和轸国的道路通行无阻，楚与两国订立盟约，打出一张漂亮的外交牌，令反楚同盟陷于被动之中。

为了瓦解反楚同盟，楚武王决心先拿实力较弱的绞国开刀。

反楚同盟有军事攻守协定，如果一国遭到楚国进攻，其他国家都得出兵相援。因此这一战必须速战速决，在援军到来前拿下绞国。

公元前 700 年，楚武王亲征绞国，兵临都城之下，并在南门外安营扎寨。绞国都城颇坚固，易守难攻，强攻难以奏效。屈瑕观察周围的地形，发现城的北面有一片山地，树木很多。他心生一计，向楚武王建议说："绞是个小国，缺少谋士，可以用智谋巧胜。我们先派些人到北山砍伐树木，作为诱饵，引诱绞军出城，就可歼敌于城门之外。"

楚武王便派三十名士兵到北山中砍柴，绞军见楚军人少，便杀出城去，很快将三十名楚兵全部生擒。这么轻松就抓到俘虏，绞国人非常开心。

当天晚上，楚武王悄悄地将主力部队转移到北城门外埋伏起来，同时在山中也埋伏一支部队。第二天，更多的楚兵进山砍柴。绞国守军一看，嘿，楚国人又前来送死了，于是打开北门，争先恐后上山搜捕楚兵。绞军刚上山，就遭到楚国伏兵的迎头痛击，抱头鼠窜，匆匆向城门逃去。岂料埋伏在城门外的楚军又杀出，把绞军的退路断了。一阵混战之后，绞军大败，死的死，伤的伤，其他人都成了俘虏。

至此，绞国已无力与楚军对抗，只得开城投降，与楚武王签下城下之盟，并退出反楚同盟。

短短几天的工夫，楚国便打垮绞国，此役赢得相当漂亮。

不过，楚国也有马失前蹄的时候。

征服绞国后，楚国盯上了位于彭水流域的罗国。

由于屈瑕在伐绞之战中有出色的表现，他被楚武王任命为远征军总司令。但是楚武王显然犯了一个大错，屈瑕是一个不错的谋略家，但并不是一个很好的指挥官。其实，在之前的蒲骚之战中，屈瑕就暴露出许多不足。当时楚军在兵力劣势下，鬭廉提出奇袭作战计划，屈瑕就优柔寡断，甚至求神问卜，很明显缺乏一位将领应有的决断力与魄力。他与三国时代的马谡一样，可以出谋划策，却不适合领兵出战。

屈瑕并没有意识到自己的缺点，自认为谋略过人，又有精兵良将，完全不把小小的罗国放在眼中，以为挥鞭一指，罗国就得缴械投降。

得悉楚国大举出兵的消息后，罗国沉着应对。罗国派出情报专家伯嘉，单枪匹马三次前往楚军兵营附近侦察，对楚军的人马、装备、行动了如指掌。伯嘉堪称春秋时代最早的谍报人员，他出色地完成了任务。为了增强军事实力，罗国又派人联系卢戎（南蛮的一支），出兵共同抗击楚国。

与罗国的精心备战相反，楚军统帅屈瑕趾高气扬，不仅对敌人不屑一顾，也听不进部将的意见。他下了一道命令："谁敢提意见，就得受罚。"于是谁也不敢开口说话了。楚军与其说在行军，不如说在游山玩水，全军上下弥漫着一种过度的乐观主义，松松散散地行进，抵达鄢水。

渡过鄢水后，楚军队伍更加混乱，毫无警戒心。他们理所当然地认为罗国军队应该龟缩在城中，等待他们发起进攻。然而罗国人已经做好战斗准备，他们联合卢戎军，主动发起进攻，兵分两路，对楚军形成左右夹击之势。楚军猝不及防，被杀得大败，丢盔弃甲，溃不成军。

统帅屈瑕遭此大败，羞愧难当，在荒谷自缢身亡。其他将领纷纷将自己绑起来，听候楚武王发落。楚武王叹道："不能怪诸位将领，全是我的过错。"

楚武王与后世的诸葛亮一样，都用错了人，明明是当参谋的料，你却用他当指挥官，焉能不败？

伐罗之役的失利，对楚武王是一次沉重的打击。此后十年，楚武王没有发动过大规模的战争，他把精力花在内政治理上，养精蓄锐，以图重振雄风。

直到公元前690年，楚武王才又一次大举用兵，征讨随国。

此时楚武王在位时间已超过半个世纪。他对着铜镜，不由得感慨岁月无情，尽管内心仍燃烧着年轻时的热火，身体还是一天天地衰老了，心脏总是“扑扑”地急跳，大概是患有心脏病。他可能意识到自己时日无多，希望能在死前征服随国，以遂平生之志。

临行前，他对挚爱的妻子邓曼说：“我心跳。”就是说心脏跳得厉害。

邓曼叹道：“夫君的福禄怕是到了尽头。大自然的规律，满盈则亏。大王临战之际，突然心跳得厉害，大概是先祖的英灵在召唤，如果大王薨于征途，军队能不遭到损失，就是国家之福了。”

听了夫人的话后，楚武王突然想起五十多年前的往事。当时他的哥哥、国君熊眴去世，熊眴的儿子继位，他发动兵变，杀死侄儿，登上国君宝座。五十年来，他南征北战，开疆拓土，自立为王，与周室分庭抗礼，一生的事业，何其壮也，何其快哉！即便这是最后一战，作为一名君王与武士，死于征途，亦死得其所也。

夫人邓曼不幸一语成谶，楚武王果然死于征途，死因是心脏病发作。

楚武王之死，给远征的楚国兵团带来不确定的变数。如果消息泄露，楚军上下将士气涣散，而敌人可能会乘虚而入。为了稳定军心，鬬祁与屈重决定封锁楚武王的死讯，命令军队继续挺进。楚军在溠水搭设浮桥，渡河后修筑军事营垒，制造持久作战的假象，随后兵临随国都城之下。随国举国震恐，随侯派出使者与楚国和谈。屈重以楚武王的名义，进入随国都城，与随侯签订盟约，而后井然有序地退兵。

这是楚国一次军事大冒险。在楚武王中途病逝的不利情况下，鬬祁与屈重利用各种手段迷惑随国，达到不战而屈人之兵的目的。由此可见楚武王十年的整顿，确实令楚国军队的素质跃上了一个新的台阶。

西渡汉水之后，鬬祁与屈重才正式宣布楚武王的死讯。随侯得知消息后，后悔莫及。

在春秋初期，楚武王是堪比郑庄公的一代雄主。郑庄公雄霸中原，楚武王则虎视南方。不同的是，郑庄公开创的霸业是个短暂霸业，人亡政息；而楚武王开创的霸业，则是长期霸业，维持两百年之久。

三、战争与女人

楚武王死后，其子楚文王继位。

与父亲一样，楚文王也是个意志坚强、雄才大略的君王。他继承楚武王的事业，开始将楚国的势力向中原地区渗透，从此楚国成为中原诸侯的心腹之患。在楚武王时代，楚国的势力仅限于淮河以南，如今这只南方巨鳄开始露出锋利的牙齿，随时准备游向淮河北岸，将这里的诸侯国一口吞进巨大的腹中。

申国成为楚国的第一个猎物。公元前 688 年，楚文王挥师北进，进攻申国。

不过，楚国与申国并不接壤，中间隔了一个邓国。

楚国与邓国的关系比较复杂微妙。在楚武王时代，邓国曾经归附楚国，楚武王的妻子邓曼就是邓国人，与邓祁侯的夫人是姐妹，当时两国是比较融洽的。但是在十五年前，楚国特使与巴国使团在邓国境内被一伙强盗劫杀，导致楚国与邓国爆发战争，邓国战败。此后，两国关系就降到冰点。

现在楚文王要进攻申国，就必须向邓国借道。要不要让楚军过境呢？邓国内部意见不一。由于楚文王是邓曼的儿子，邓祁侯是邓曼的妹夫，从辈分上说，楚文王是邓祁侯的外甥。因为有这么一层亲戚关系，邓祁侯同意借道让楚军过境。很显然，邓祁侯希望借此改善与楚国的关系。

然而，邓国的大臣们坚决反对。楚文王要越境攻打申国，若是灭掉申国，如何统治这块飞地呢？只能灭掉邓国，这样才能把邓、申连为一片。曾在十五年前与楚军作战的聃甥、养甥认为：“楚王是邓国的心腹大患，日后灭亡邓国的，必定是这个家伙。”他们提出一个建议：不如假装同意借道，待楚文王进入邓国后，动手把他干掉。这可是千载难逢的机会。

邓祁侯生气地说：“我要是这么做，定会被天下人唾弃。”

看来邓祁侯是君子，但楚文王绝对不是君子。

由于邓祁侯同意借道，楚文王得以率部越过邓国，出其不意地袭击申国。申国毫无防备，在楚军凌厉的攻击下，很快献城投降，遂为楚国吞并。

果然不出聃甥、养甥等人的预料，楚国灭掉申国后，矛头必定要指向邓国。在回师途中，楚文王突然翻脸不认人，偷袭邓国。这完全是恩将仇报，看来楚国自称“蛮夷”，果然颇有“蛮夷”之风，毫无信用可言。可怜邓祁侯被外甥坑了一把，引狼入室，自食苦果。在楚军的突袭下，邓国损失惨重。经此一役，邓国一蹶不振，更没实力与楚国抗衡。十年后，邓国终为楚国所灭。

后来孟子一语道破——春秋无义战，一切都是利益的博弈。

楚武王曾经说：“我是‘蛮夷’，如今中原各国都背叛天子，互相攻伐杀戮，我有军队，想来参与中原的政事。”

这句话，可以视为楚国的大政方针。

北进中原，是楚武王的梦想，也是楚文王的梦想。

楚文王六年（公元前684年），机会送上门了。

淮河北岸有两个姬姓诸侯国：一个是蔡国，一个是息国。两个国家原本关系不错，这一年，蔡哀侯娶了一位陈国女子为夫人，息侯娶了蔡哀侯夫人的妹妹，称为息妫。息妫从陈国出嫁到息国，路过蔡国，蔡哀侯想见一见小姨子，就挽留她小住几日。息妫年轻貌美，比姐姐还漂亮，蔡哀侯春心荡漾，言语之间流露出轻佻之情，勾引小姨子。

息侯得知此事后，吃醋犯酸，自尊心受到伤害，一门心思想着如何报复蔡哀侯。可息国毕竟是一个小国，没有能力挑战蔡国，怎么办呢？思来想去，息侯想到借刀杀人。楚国不是对中原虎视眈眈吗？干脆就借楚人之手，教训教训蔡哀侯。于是息侯派人前往楚国，对楚文王说：“您假装出兵攻打我国，我向蔡国求援，您就可以在半途袭击蔡国军队。”

对送上门的机会，楚文王没有回绝的理由。

于是楚国与息国联袂上演一出双簧戏。楚军佯攻息国，息侯向蔡国求援。蔡息两国关系不错，蔡哀侯也算讲义气，便亲自带兵前往救援。蔡军行至莘地，埋伏已久的楚军突然杀出。一阵混战后，蔡军大败，蔡哀侯当了俘虏，被押送到楚国。

息侯总算出了一口恶气，但事情还没完。

蔡哀侯被俘后，得悉自己被息侯算计，气不打一处来。你能算计老子，老子就不能算计你吗？于是他对楚文王说：息侯之所以报复我，就因为我多看了息夫人几眼。息夫人的美貌，天下无双，可惜嫁给息侯这样的小人，只有大王您这样的英雄才配得上息夫人。

这一番话，把楚文王听得心神荡漾。这该是多美的女人啊，竟然让两位国君为之反目成仇。若不能得到息夫人，枉作天下英雄了。明媒正娶当然不可能，但可以抢啊！

公元前 680 年，楚文王假装北上进攻蔡国，向息国借道通行。息侯巴不得楚国把蔡国灭了，便满口答应。楚军进入息国后，息侯还备足好酒好菜，款待楚文王。宴席上觥筹交错，喝得醉醺醺的息侯听到外面有乒乒乓乓的声音，心里正纳闷时，只见一队楚军拎着刀戈闯了进来。息侯大吃一惊，还没明白怎么回事，早有几把利刃刺穿他的身体，他哼了一声，倒毙在血泊之中。

息国就这样从地图中被抹去了。

当息妫出现在眼前时，楚文王惊呆了。只见她丰容靓饰，闪烁着耀眼的光芒，照亮整个殿堂。那一刻，楚文王的念头大约是：为了她，我宁愿与世界为敌。男人雄心的极致，是征服世界，但能征服男人的，只有女人。

西方有这么一句话：如果埃及艳后克里奥帕特拉的鼻子短一点，将会改写历史。在古希腊传说中，特洛伊人远远望见美女海伦时，轻轻叹了一声，为这个女人而战，值！人类的贪婪之心，在此时此刻，如火山般喷发出来。在男人你死我活的政治斗争旋涡中，女人的背影依稀可见，这一切，难道是美丽惹的祸？

美女息妫被掳掠到楚国，成了楚文王的女人。在古代女人长得太漂亮，有时真不是好事，人生的命运由人不由己，褒姒如此，息妫也是如此。我估计息妫嫁给息侯后，夫妻感情是不错的，毕竟初为人妇，第一次体验到爱情的甜蜜。被掳到楚国后，尽管楚文王百般宠爱，息妫却毫不动心，冷漠如冰，甚至从未主动跟他说一句话。

楚文王以几近哀求的语气说："怎样才能让你快乐呢？"

息妫没有正视楚文王，轻轻地说："我一女侍两夫，纵不能死，又有何言呢？"从这句话，我们大概可以感受到她对前夫的爱，而眼前这位男人就是杀害自己爱人的凶手，她怎么能去爱呢？

如果息伪的杀夫仇人是别人，楚文王会毫不犹豫为她报仇雪恨。可偏偏楚文王就是凶手，他总不能把自己杀掉吧。但是他有一套自己的逻辑，息国被灭，息侯之死，是蔡哀侯搞的鬼。这是什么鬼逻辑，只是自欺欺人罢了。于是楚文王大举发兵攻打蔡国，大胜而归。这是因这个绝色女人而爆发的第三场战争，但并不是最后一场。

后来，息妫生了两个儿子：一个叫杜敖，一个叫熊恽。日后熊恽成了楚成王，他是楚国历史上最杰出的君王之一。关于这位传奇女人的故事，留待后文继续说。

楚文王继位以来，先后灭掉申国与息国。公元前 678 年，楚国又灭掉邓国。

说实话，楚文王赫赫武功的背后，是极不光彩的手段。楚国先是向邓国借道，以闪击战灭掉申国，在返回途中，突然发难，重创邓国，为后来灭掉邓国打下基础。灭掉息国更是以下三滥的手段，同样以借道为借口，在宴席上下黑手干掉息侯，灭人之国，夺人之妻。由此可见，楚文王是毫无道德准则的，为了利益可以恩将仇报。

一个毫无道德准则的人，最终还是要遭报应的。

公元前 676 年的一起事件，几乎葬送楚国的霸业。

事情要从楚的盟国巴国说起。在楚国扩张过程中，巴国鞍前马后，出了不少气力。可是巴国人的卖力表现，没能得到回报。这并不奇怪，楚文王只会落井下石，从不知恩图报。面对这样的老大，巴国不愿当小跟班了。于是巴国人举旗反叛，出兵进攻楚国的那处（地名）。由于事发突然，守将阎敖毫无准备，被打得狼狈不堪，只得弃城而逃。

楚文王闻讯大怒，下令逮捕并处决了阎敖。阎敖的家族在楚国颇有势力，他的死激起了族人的强烈不满，叛乱随之而来。外有巴国的进犯，内有阎敖家族的叛乱，一时间楚国内忧外患，动荡不安。楚文王采取“攘外必先安内”的方针，重点镇压国内叛军。经过数月的血战，到公元前 675 年春天，阎敖家族的叛乱被镇压下去。然而，巴国利用楚国内战之机，攻城略地，已深入楚境。

经历内战后的楚军元气大伤，楚文王挥师迎战巴军，竟然被打得大败，只得灰溜溜地带着残兵败将退往都城。然而，当楚文王抵挡都城时，卫戍司令鬻拳竟然不肯打开城门！

在很多人眼中，鬻拳就是个怪人。以前他曾向楚文王进谏，楚文王不听，他便操起武器相威胁。楚文王见他要玩命，只得勉强同意。事后鬻拳充满自责：“我用武器威胁君王，没有比这更大的罪过了。”为了谢罪，他自残双腿。楚文王认为鬻拳忠心耿耿，便让他担任楚都卫戍司令。

鬻拳固然忠心，但他的行为怪僻难测，居然把国君挡在城外，不让进城，实在匪夷所思。以我的猜测，大概鬻拳认为国君吃了败仗是奇耻大辱，应该继续战斗，怎么能逃跑呢？我们看春秋史，楚国有一个传统，要是军队吃了大败仗，统帅往往自杀谢罪。比如伐罗之战失利，统帅屈瑕自杀；后来城濮之战失利，统帅子玉自杀。显然，鬻拳对楚文王当逃兵的表现十分不满，不肯让他进城。

遇到鬻拳这样的臣子，楚文王算倒了大霉。无奈之下，他带着军队去攻打实力弱小的黄国，取得一场胜利，算是挽回点颜面。然而在回师途中，楚文王病倒了，大概是积劳成疾，最终竟病死军营之中，总计在位十五年。

如果不是鬻拳阻止入城，楚文王也不至于病死军中。鬻拳非常内疚，认为文王之死，自己要负很大责任，最后他选择自杀谢罪。鬻拳行为有些古怪，但有自己的信念，视信念高于生命，从这点看，他是真正的武士。

楚文王之死，意味着楚国疾风暴雨般的扩张暂告一段落。与此同时，位于西部的两个诸侯国正冉冉升起，这就是秦国与晋国。这两个国家，有着怎么样的故事与传奇呢？

第三章　秦狼晋虎

一、浴血奠基：秦国开拓史

秦国开国于西周后期，第一任秦君非子，因为善于养马，得到周孝王的重用与赏识，将秦地封给他。此时的秦国并不是一个诸侯国，只是西周的附庸国。依照礼制，附庸国的面积，方圆不超过五十里，就是巴掌大的小国。由于戎狄势力兴起，成为中原周政权的大患。作为周王室的马前卒，秦国的任务就是安抚西戎。

中兴之君周宣王即位后，频频对戎狄部落用兵。此时秦国已历经四代，第四任君主秦仲在周宣王中兴事业的感召下，主动请缨讨伐西戎。周宣王遂任命秦仲为大夫，率军讨伐西戎。秦仲精神可嘉，但实力不济。西戎非常强大，而秦国则太弱小了。这是一场鸡蛋碰石头的战争，在戎人的反扑下，秦军节节败退。周宣王六年（公元前 822 年），西戎人攻入秦国，杀死秦仲，秦国沦陷。刚立国五十年的秦国，就这样悲壮地灭亡了。

秦仲死后，他的五个儿子狼狈逃到周都镐京，把唯一的希望寄托在伟大的周宣王身上。周宣王念及秦仲的忠勇，又被他五个儿子的复仇精神所感动，遂借了一支七千人的军队，交给秦仲长子，勉励他英勇奋战，收复家园。考虑到秦只是个附庸国，周宣王的出手也着实大方。借军队与借钱是不同的，打仗是要死人的，死了人你怎么还呢？所以在后来很长的一段时间里，秦国对此感恩戴德。到了春秋时期，周天子的地位一落千丈时，秦国仍有过几次勤王的义举，究其原因，就是对周宣王慷慨借兵的回报。

秦仲的长子，史称秦庄公，是秦国历史上一位划时代的君主。当时秦国只是附庸国，不在“公侯伯子男”五等爵位之内，国君不应当称为“公”，“秦庄公”这个尊号，显然是后世追赠的。

凭着七千精锐王师，秦庄公打败西戎，重新夺回土地。由于秦庄公的出色表现，周宣王扩大秦国的地盘，把秦之先祖大骆的封地大丘也划给秦国，并封秦庄公为西陲大夫。显然，周宣王希望秦国能成为捍卫周室、抵御西戎的铜墙铁壁。

收复失地，对秦庄公只是开始，远非结束。

为了全身心投入与西戎的战争，秦庄公把政事交给弟弟，自己带着三个儿子，常年奋战在第一线。后世秦人以尚武而著称，这种尚武精神，正是从秦庄公开始。秦庄公把坚忍不拔、百折不回的精神，灌注到军队中，使之成为秦国之血脉精魂。

秦庄公去世后，长子世父把君位让给弟弟（即秦襄公），自己接过父亲的大旗，继续与西戎血战。他曾经立下誓言：“戎杀我大父仲，我非杀戎王则不敢入邑。”就是说，戎人杀了我祖父秦仲，我若不手刃西戎之王，绝不敢踏入城邑半步。不过，在公元前777年的犬丘之战中，世父被戎人打败并当了俘虏。戎人并没有杀害世父，在关押一年多以后，把他释放回秦国。世父一心想要杀死西戎王以报仇，为什么戎人会释放他，史书语焉不详。最可能的一个原因，是戎人希望与秦国缓和关系。因为在之后几年，秦与西戎没有爆发新的战争。

襄公七年，犬戎大乱镐京，杀死周幽王，这就是著名的骊山之变。当时各路诸侯都按兵不动，坐视周幽王被杀，而不在诸侯之列的秦国却出兵相救。《史记》载：“秦襄公将兵救周，战甚力。”当年若非周宣王出手相救，秦国早就从地图上消失了。周王室的恩德，没齿难忘。然而，单凭秦国的力量，还是无法拯救周天子。

骊山之变后，一向重义气的秦人又充当勤王先锋，护送周平王东迁。对于秦襄公的义举，周天子当然要给予回报。然而，此时的周平王实在囊中羞涩，拿不出几样值钱的东西来赏赐，怎么办呢？天子毕竟是天子，灵机一动，计上心头。

首先，周天子大笔一挥，册封秦为诸侯。周平王虽然落魄，名义上还是至尊无上的天子，搞点虚名的权力还是有的。在此之前，秦不过是个附庸国，政治地位低下。为回报秦襄公的勤王义举，周天子封他为诸侯。这样，秦的政治地位大大提升，有了诸侯之名，就可以成就诸侯之业。

其次，周天子把岐山以西的土地赏赐给秦国。说是“赏赐”，实际上是“期权”，来看看周平王是怎么说的：“戎无道，侵夺我岐、丰之地，秦能攻逐戎，即有其地。”要封赏给秦国的岐西之地，早已落入戎人之手。能不能得到这块土地，那得看你秦国是不是有本事抢回来。

不管怎么说，秦国有了新的奋斗目标。公元前 767 年，秦襄公讨伐戎人，在岐山前线病故。夺取岐西的历史重担，落到其子秦文公身上。

秦文公十六年，即公元前 750 年，秦军取得重大胜利。是年，秦文公大举伐戎，终于击败戎人，收复岐山以西的地盘。依照与周天子的约定，秦文公把岐山以东的土地归还周室，岐山以西则归属秦国。这是秦国历史上的第一次大扩张，不仅土地面积大大增加，还得到大量人口。这些新的人口，主要是“周余民”，就是未跟随平王东迁的周人。

除了开疆拓土之外，秦文公还初步奠定了秦国的制度基础。长期以来，秦国在文化上极其落后。非子开国后，秦的任务就是养马，秦的君主相当于农场主。自秦仲死后，秦在之后七十多年时间里，为生存而战斗，加上地狭人少，只需简单管理就行了。正式成为诸侯后，秦国就必须在内政上多下点功夫了。

秦文公十三年，即公元前 753 年，秦国设立史官以记录史事。在周代，各诸侯国都有记史的传统，秦国显然不愿被视为毫无文化的诸侯。不过，由于秦国周边为戎狄势力所包围，因而其文明程度，是远远不如东方诸侯的。秦文公制定的律法，较其他诸侯国更有野蛮、残酷的色彩。公元前 746 年，秦文公制定诛三族的法律。所谓诛三族，有不同的说法，有些认为是父母、兄弟、妻子为三族，有些则认为是父族、母族、妻族为三族。不管怎么说，秦国的法律是相当严酷的。秦文公采取严刑峻法，原因在于秦的生存环境十分恶劣，强敌环伺，非以严厉手段不足以自保。以前当附庸国时，秦还有周王室可倚为靠山，如今周室衰微，秦只能单打独斗，稍有不慎，就有可能亡国。

尽管秦文公的制度建设是粗糙且野蛮的，但毕竟是从无到有，功不可没。

因此，在秦文公去世后，他的谥号是“文”，这是对他文治成就的肯定。

秦文公统治秦国长达五十年，刚好有半个世纪之久。这既使秦国有一段比较长的政治稳定期，同时也埋下后患。因为他把太子给熬死了，只能把君位传给嫡长孙。公元前 716 年，秦文公去世，嫡长孙秦宪公继位，年仅十岁。

宪公三年（公元前 714 年），秦军大举进攻戎人的一个聚居点荡社，其首领号称“亳王”。次年，秦军铲平荡社，亳王落荒而逃。宪公十二年（公元前 704 年），秦军进攻荡氏，消灭了这支戎人部落。

由于秦国文化落后，被华夏诸侯们视为异类，但其在西方的战斗，对捍卫中原华夏文明起到了重要作用。当时戎人的势力分布极广，与华夏诸侯的势力犬牙交错。倘若不是秦国英勇抗击，西戎的势力或许早就深入中原了。

秦军在伐戎战争上取得了令人瞩目的成就，但国内政坛暗流涌动。

公元前 704 年，秦宪公去世，年仅二十二岁。当时秦宪公的长子已被立为太子，但执掌权柄的弗忌、三父等人发动政变，废黜太子，立宪公幼子出子为国君。出子被立为国君时，年仅五岁。六年后，三父等人又一次发动政变，派人伪装为强盗，把出子杀了。三父为什么要杀出子，史书没有给出答案。不过，就当时的历史背景而言，弑君是春秋初期的一道血腥风景线。

春秋时代的一个特点就是权力下移。周天子失势，权力下移到诸侯；诸侯失势，权力下移到大夫。因此，孔子把这个乱世称为“礼崩乐坏”的时代。在出子被弑之前，卫国的州吁弑杀了卫桓公；鲁国的子翚弑杀了鲁隐公；宋国的华父督弑杀了宋殇公……在这样一个历史背景下，秦国爆发弑君事件，实在不足为奇。

三父弑杀秦君出子后，不知出于什么考虑，又把被废黜的前太子扶为国君，史称秦武公。秦武公的父亲秦宪公死时只有二十二岁，后出子又当了六年国君，可以推断武公继位时年龄也不过十几岁。三父显然把武公视为可以摆弄的傀儡，但经历过浮沉的武公在心智上较同龄人要成熟得多。他不动声色地培植自己的势力，终于在上台后的第三年（公元前 695 年）反戈一击，把三父等弑君者一网打尽，并采取最严厉的惩罚：诛三族。

从秦武公的谥号可以看出，他是一个武功赫赫的君主。武公元年（公元前

697 年），秦军讨伐彭戏氏（西戎的一支），进抵华山脚下；武公十年（公元前 688 年），秦军伐邽、冀之戎，占领其土地，并第一次置县，这也是中国历史上第一次设立县治。次年，秦武公又在杜、郑二地置县，同时灭掉小虢。这时的秦国，土地西起甘肃中部，东至华山，关中的渭水流域，基本上为秦所控制。

应该说，秦武公是个比较有作为的君主，他在位二十年，开疆拓土，并设立县一级行政区，为后来秦的郡县制奠定了基础。不过，在他死后，秦又暴露出文化野蛮的一面，竟然以六十六个活人为其殉葬。

从秦庄公向周王室借兵复国，到秦武公去世，秦国奋斗了将近一百五十年，终于从一个不起眼的附庸国，崛起成为西部的一大势力。

二、半个世纪的内战

晋国的出现，完全是一个意外，它只是游戏的产物。

时间要往前追溯到数百年前，西周王国的初期。西周开国君主周武王去世后，周成王继位，西北的唐国爆发了叛乱，很快被摄政者周公镇压下去。当时周成王只是个小孩子，他与弟弟叔虞两人未脱幼稚之气。在一次游戏之后，周成王拾起一片桐叶，用刀子裁成珪玉的形状，交给叔虞，开玩笑地说："我用这个为信物封你。"

过了段时间，史官向周成王请求选择良辰吉日，分封叔虞。周成王说："我只是跟他开玩笑的。"史官正色道："天子无戏言，话一出口史官是会记录下来的。"这是周朝的礼法制度，有点刻板，但是这句戏言却成真。叔虞被封唐地，在黄河、汾河之东，方圆百里，这就是晋国的开端。当然，无论是周成王还是叔虞，都不会料想到晋国以后将成为一个最有影响力的大诸侯国。在叔虞之后数代君主统治的时间里，晋国的历史几乎一片空白，这说明它的存在并没有引起多大的关注。

我们把时间快进到东周时代。周平王二十六年（公元前 745 年），新上台的晋昭侯把晋国大城邑曲沃封给叔叔成师（史称曲沃桓叔）。为什么晋昭侯会封叔叔一块地当领主呢？史书上没有记载，我们也不好武断地做出推测，但是晋昭侯的这个决定，埋下晋国长达半个多世纪战乱的伏笔。

曲沃是晋国的前国都，它的规模甚至大于首都翼都，这无异于在晋国境内，再建一个国中之国。曲沃桓叔颇有才能，善于笼络民众，深得人心，这一年他五十八岁。

六年以后（公元前 739 年），晋国爆发政变，大臣潘父杀死晋昭侯（内乱中第一位被杀的晋国君）。因弑君害怕遭到报复的潘父派人前往曲沃，想拥立曲沃桓叔为国君。曲沃桓叔也想过过当国君的瘾，不仅没有惩罚杀害亲侄儿的凶手，反倒带领若干人马，开赴翼都。

然而，潘父并没有控制住局势。反潘派赶在曲沃桓叔进入翼都之前，重新掌握军队，截击曲沃桓叔的人马。曲沃桓叔没当上晋国国君，狼狈逃回曲沃城。反潘派迅速控制翼都，擒杀潘父，拥立晋昭侯的儿子继任国君，史称晋孝侯。

至此，晋国分裂为两大势力：一方是翼都的晋政权，一方是曲沃的反政府武装。

晋国的内战由此拉开了序幕。

公元前 724 年，曲沃桓叔已经去世，继任者曲沃庄伯发动对晋政权的第一次大规模打击，大举出兵攻打翼都。

在这场惨烈的战斗中，晋孝侯被曲沃军队所杀（内乱第二位被杀的晋国君）。不过，反政府武装并没有取得完胜，翼都守军进行顽强的抵抗，曲沃军队最后被迫撤走。翼都臣民推举晋孝侯的儿子接任国君，是为晋鄂侯。

第二年（公元前 723 年），曲沃庄伯卷土而来，翼都告急。关键时刻，支持翼都政权的公子万率领援军赶到城下，翼都守军打开城门，果断出击。曲沃庄伯腹背受敌，苦战不支，终于撤围而去。

这次作战的失利，使曲沃庄伯意识到自己的军事实力还不足以对翼都构成致命的打击，便躲在曲沃养精蓄锐，接下来几年没有发生重大的战事。

曲沃庄伯并非无所事事，他积极开展外交行动。由于东周政府实际上已经失去号令诸侯的资本，周平王不能制止晋国的内战，然而曲沃庄伯仍然希望得到周王室的承认，以获得合法的地位。要得到周天子的认可，就必须得到郑庄公的认可。此时郑庄公担任周王朝的卿士，曲沃庄伯积极拉拢郑庄公，以期获得郑国及周王室的支持。

战争，对于平民百姓来说，无异于是生活在地狱之中，命悬一丝，晋国的百姓都盼望着战争结束、和平到来的那天。但是，晋国的天空似乎只是血色一片，每个人心中都在思量着，这场血战还将延续多久呢？

公元前719年，翼都的晋政权对曲沃进行了一次小骚扰，派一支小分队潜入曲沃附近，烧掉了农田里的粮食作物。

这个举动大大惹恼了曲沃庄伯。

公元前718年新年伊始，曲沃又开始一轮对翼都的打击。值得注意的是，这次军事行动得到郑庄公的大力支持。郑庄公不仅派出郑国军队参战，还以卿士身份调动邢国及周王室的军队加入曲沃庄伯一方。

郑庄公力挺曲沃庄伯，显然想在晋国的内战中捞取好处，希望扶持亲郑的曲沃政权。曲沃庄伯率反政府军、郑军、邢军以及周军，组成强大的阵容，进逼翼都。翼都晋政府望风而逃，晋鄂侯逃到了小城随邑避难。曲沃庄伯顺利占领翼都。

似乎晋国内战将很快地以曲沃一方的胜利而告终，但突然间形势急转直下。

这一年秋天，原本支持曲沃庄伯的周王室突然来了一百八十度的大转变，究其原因，很可能是新上台的周桓王与郑庄公失和。郑庄公飞扬跋扈，周桓王上台后，有意起用虢公取代郑庄公卿士的地位。曲沃庄伯一意拉拢郑庄公，周桓王不得不担心，一旦曲沃庄伯夺取晋国的政权，将成为另一个与周王室对抗的诸侯。

没有永远的朋友，只有永远的利益。

半年前，周王师还与曲沃军队并肩作战，现在突然从盟友变为敌人。

周桓王改变主意，决定扶植晋国的翼都政权，他任命虢公为总指挥，统率周王师进讨曲沃庄伯。曲沃庄伯被迫退出翼都，回到大本营曲沃。

把曲沃庄伯驱逐出翼都后，虢公立晋鄂侯的儿子为国君，史称晋哀侯。这时晋鄂侯逃到随地，无兵无权，算是自动下野。

由于周王室的干涉，曲沃庄伯剿灭翼都晋政权的计划功亏一篑，晋哀侯在周王室的庇护下苟延残喘。此后几年，双方均没有大的军事行动，唯一的变动就是曲沃庄伯在退出翼都后第二年去世，他的儿子继位，史称曲沃武公。

曲沃武公深知翼都政权有周王室撑腰，一时很难扫平，便按兵不动，静待战机的出现。到了曲沃武公六年（公元前710年），机会终于出现。

这一年，晋哀侯派军队扫荡位于翼都东南部一个叫陉庭的地区。在晋国内战中，陉庭可能保持中立，但是在晋哀侯派军队进击后，陉庭人开始倒向曲沃一方。陉庭人前往联络曲沃武公，表示愿意给曲沃军队当向导，以打击翼都晋政权。

此时的外部政治环境对曲沃政权十分有利。

曲沃的主要支持者郑庄公在中原战场取得了一系列胜利。公元前714年郑国击破北戎入侵、公元前713年伐宋取得全胜、公元前712年伐许之战又大胜。另一方面，对曲沃扩张采取遏制态度的周王室，与郑国关系不断恶化。公元前715年，周王室起用虢公担任右卿士，地位在郑庄公之上；公元前712年周王室以诈骗手段，骗得郑国四块土地。周郑关系持续恶化，这对曲沃武公打击翼都政权是有利的。

曲沃武公七年（公元前709年）新年，曲沃军队在陉庭人的帮助下，以陉庭为基地，第三次对翼都展开强大的攻势。翼都守军在汾水河畔与曲沃军队血战，大败而还。翼都大夫栾共叔被曲沃军包围，曲沃武公驱车上前，对栾共叔说："你若是投降，我便任命你为上卿，在晋国执政。"栾共叔回答说："如果我追随君主而有二心，您要我有什么用呢？"最后力战而死。更倒霉的是，晋哀侯在兵败逃跑时，战车的马匹被树木绊倒，车子停了下来，被追赶上来的曲沃军队逮了个正着，当了俘虏。

国君被俘后，翼都政权仍然很顽强，拒绝投降。大臣们立晋哀侯之子为国君，史称晋小子侯。曲沃武公本想利用晋哀侯来劝降翼都政权，但是没有奏效，于是在第二年处死晋哀侯（晋内乱中被杀的第三位国君）。

曲沃武公与晋小子侯之间的军事对峙达四年之久。

在此期间，曲沃武公还灭掉荀国，实力更加强大。

曲沃武公十一年（公元前705年）冬季，曲沃武公诱杀晋小子侯（晋内乱中被杀的第四位国君）。这么重大的事件，史书记载却相当简单，《左传》只有一句："曲沃伯诱小子侯，杀之。"从当时的情形分析，翼都晋政权在曲沃军队的紧逼之下，只有防守之力。估计曲沃武公以谈判为借口，诱擒晋小子侯，顺手把他干掉了。当然，这只是个猜测。

在王令不行、秩序崩溃的年代，尔虞我诈为权力场上所常见，为达目的无所不用其极。诱杀晋小子侯后，翼都政权轰然倒塌，曲沃武公耀武扬威地作为征服者再次踏入翼都。

但是曲沃武公做得太过分，公然诱杀周王室支持的晋国国君，对于立志想要重树周室威风的周桓王来说，是可忍，孰不可忍？此前不久，周桓王在繻葛之战中败北，并挨了一箭，颜面扫地。天子急切地想打一场胜仗，挽回周王室的面子。

很快，周桓王命右卿士虢公讨伐曲沃武公。曲沃武公心里盘计一下，自己羽翼未丰，不好以下犯上，便主动撤出了翼都，又回到曲沃。虢公率部进入翼都，再次重建晋政权，立晋哀侯的弟弟为国君，史称晋侯缗。这一年是公元前 704 年。

第二年（公元前 703 年），虢公联合芮国、梁国、贾国、荀国四国，对曲沃发动军事打击。这里的荀国其实有名无实，土地已经被曲沃所占据，估计只是流亡政权。这次军事打击虎头蛇尾，草草结束。

在虢公伐曲沃后，晋国内战史进入一个静默期。这个静默期特别长，总计有二十五年。这段时间没有留下什么晋国史料，这在一定程度上说明晋国内战并没有引起广泛关注。史书重新记录晋国史料时，内战已经进入尾声。

曲沃武公三十七年，晋侯缗二十六年（公元前 679 年），曲沃武公大举进犯翼都。在没有外援的情况下，翼都终于被攻破，晋侯缗被杀死（晋内乱中被杀的第五位国君）。

至此，翼都政权垮台，晋国所有土地都落入曲沃政权手中。从公元前 739 年晋昭侯被杀，到公元前 679 年翼都陷落，晋国内战整整持续六十年，最终以曲沃一方的胜利而告终。

在这场内战中，翼都晋政权共有五位国君死于非命，可见内战之惨烈程度，惜乎史料残缺，终不能窥六十年战争的全貌。

消灭翼都晋侯缗后，曲沃武公以大量宝器贿赂周僖王。周僖王比起前任周桓王，显得底气更不足，毫无雄心壮志（虽然周桓王只是半桶水）。周天子接受曲沃武公的贿赂，封他为诸侯，改称为晋武公，这就是所谓的“武公代晋”。

统一后的晋国，将以火箭般速度蹿起，成为北方一大强国。

三、假虞灭虢：奇袭战之范本

晋武公被封为诸侯后，周王室允许晋国拥有一个军的兵力。

根据周王朝的军制，一个军整编为一万二千五百人。周王室可以有六个军的兵力，即计七万五千人；大诸侯国可以有三个军，即三万七千五百人；中诸侯国可以有两个军，即二万五千人；小诸侯国只能有一个军，即一万二千五百人。当然，到东周时代，这个军制实际上被破坏了。

武公代晋后，只有一个军的兵力。可以看出，此时晋仍只是一个小国。不过，军事力量的强弱，并不能只看数量，还必须看质量。晋国虽然只有一个军，却是数十年内战锤炼出来的钢铁雄师，战斗力极强。凭借这支王牌军，晋国开始走上向外扩张的军事强国道路。

第一个受害者是周大夫夷诡诸。

晋武公出兵占了夷诡诸的采邑夷地，还把人给抓了。另一位周大夫苏国出面求情，晋武公虽野心勃勃，但内战刚结束，不宜树敌过多，便顺水推舟卖了个人情，释放夷诡诸，撤出夷地。

按理说，夷诡诸大难不死，采邑失而复得，得报答苏国的救命之恩。但有的人就是没有感恩之心，似乎别人为他做的事都是应该的，夷诡诸不仅毫无报答之心，甚至连感谢的话也没有。苏国气坏了，这种人真不该救，于是他派人对晋武公说："请晋国共同出兵，夺取夷地。"

这不啻为天上掉下的馅儿饼，晋武公求之不得，便爽快答应了。晋军在苏国协助下，势如破竹，再次占领夷地。再也没人替夷诡诸说情，这位周大夫最终被晋武公处死。苏国出了怨气，晋国人则捞得了地盘。

占领夷地后一年，晋武公去世。他在位共计三十九年（从曲沃政权算起），其子晋献公继位。

晋献公上台后，面临一个棘手的问题。

在内战期间，曲沃政权的前两任君主曲沃桓叔与曲沃庄伯都有很多儿子，除了晋武公、晋献公这一嫡系外，旁系支族势力也相当强盛。对于有内斗传统的晋国来说，庞大旁系支族的存在，对晋献公的权力是巨大的威胁。也许是半个多世纪的内战，早使晋国人习惯了兄弟、亲戚间的相残，即使同属一个大家族，仍然缺乏一种安全感。

这些家族的存在，会引发新的内战吗？晋献公不寒而栗。

在士蒍的协助下，晋献公极力制造这些家族的内讧。不可否认，晋国人确实热衷于内斗，士蒍略施小计，引发了旁系支族公子间的矛盾。可怜这些公子哥们并没有洞悉士蒍的阴谋，相互残杀，晋献公则坐收渔翁之利。

一不做，二不休。晋献公决定对旁系支族的势力做斩草除根的清洗。

公元前 669 年，晋献公在聚地筑起一座崭新的城邑，将旁系支族的公子们迁居到聚城。当这些公子哥们乐呵呵地赶到聚城的新房子时，晋献公派出军队包围聚城，将他们一网打尽。像晋献公这样对公室支族的大规模清洗，在春秋初期绝无仅有。

大清洗是一柄双刃剑，一方面加强了晋献公的独裁统治，另一方面则大大削弱了公室的力量，为后来晋国公室大权旁落埋下了伏笔。

不过，仍有一些旁系支族的公子侥幸躲过屠戮，逃到虢国避难。

虢国是少数效忠周王室的诸侯之一，在晋国内战中旗帜鲜明地反对曲沃政权。虢公先后两次率领军队干涉晋国内政，扶植翼都政权，打击曲沃政权。曲沃武公（即晋武公）完成晋国统一后，虢国理所当然地成为头号敌人。

为支持曲沃桓叔、曲沃庄伯一族的流亡公子，虢国于公元前 668 年两次发动对晋国的武装干涉，但没有取得预期的效果。晋献公恨得咬牙切齿，他厉兵秣马，准备报复虢国。谋臣士蒍劝阻道："现在不是讨伐虢国的时机，虢公为人骄傲，两次进犯我国，势必更加狂妄自大，这样就会脱离民众。等到他失去民众的支持，我们再出兵讨伐，到时谁能阻挡呢？"

晋国刚从内战阴影中走出，百废待兴，况且军事实力也不足以消灭虢国。晋献公听从士蒍的意见，暂停讨伐虢国，致力于内政建设。

晋献公是晋国走向辉煌的关键人物，他是从内战中成长起来的一代，与父亲晋武公一样，极度崇尚武力。公元前 661 年，晋献公在军队建设上迈出重要一步，将常备军由一个军扩编为两个军，分为上军与下军，总兵力约有二万五千人。晋献公担任上军主帅，太子申生担任下军主帅。从军事编制的变化可以看出，晋国已经具备中等诸侯的规模。

军队大幅扩编后，晋献公开启了疯狂的扩张之路。新兴的晋国频频对外用兵，连续灭掉耿国、霍国、魏国三个小国后，又发兵攻打赤狄皋落氏部落。这个盘踞在西北、长期被忽视的诸侯国，开始令世人刮目相看。

与此同时，晋国的头号敌人虢国也有不俗的表现。自出兵干涉晋国内政后，虢公穷兵黩武，四处出击。公元前664年，虢公讨伐周王室叛臣樊皮，攻陷樊邑；公元前660年，虢国军队大举出击，进攻犬戎至渭水河畔，大获全胜。不过，虢公为人暴虐无道，国内百姓怨声载道，这是虢国致命的软肋。

经过几年苦练内功，晋国已经具备与虢国全面抗衡的实力。晋国大夫荀息提出一个进攻虢国的作战计划，这是春秋时代最杰出的战略谋划之一。

作战计划的核心，是向虞国借道，进攻虢国。表面上看，这个计划与当年楚国向邓国借道攻打申国颇为类似，实则不然。楚国与申国并不接壤，伐申国只能向邓国借路通行。但晋国与虢国却是接壤的，为什么荀息却提出要借道虞国呢，这不是脱裤子放屁——多此一举吗？

有两个原因。

其一，虢国北部与晋国接壤，在这条边境线上，分布有许多客舍。客舍就是旅馆，本来是为来往过客行人而设，作为虢国的一项财政收入来源。自从虢晋交恶后，虢公就把客舍改造为军事堡垒群，绵延分布，进可攻，退可守。如果晋国直接进攻虢国，就会遇到很大的麻烦，要逐一清除这些堡垒，不仅费时费力，也会付出重大代价。因此，荀息认为不能正面硬刚，应该实施迂回政策，攻敌守备薄弱之处。虢国西部与虞国接壤，虞是一个弱国，虢国在西线并没有部署重兵，也没有强大的防御工事。

其二，达成战役的突然性。虢国是一个军事强国，在春秋初期的战争舞台上，总是闪现虢军的身影。由于虢国是少数效忠周王室的诸侯，在中原大战时，郑庄公多次以朝廷卿士身份调用虢军参加战斗，打击宋、卫等国。在晋国内战中，虢国更是急先锋，多次拯救翼都政权。在攘夷战争中，虢国也不含糊，打败华夏族的劲敌犬戎。由此可见，虢国的军事力量不容小觑。从以往交战记录看，晋军并无优势可言。要打败甚至消灭虢国，一定要兵出奇招，攻其无备，出其不意，这样才有必胜的把握。借道虞国攻伐虢国，就是要达成战役发起的突然性与隐蔽性。

晋献公对荀息“假道伐虢”的作战计划大为赞赏。不过，这个计划能否实施，有一个前提：虞国会同意晋国军队借道吗？

荀息分析说："虞国君主喜欢收藏珍奇宝物，主公不是有一匹宝马与一块宝玉吗？只要把这两样东西送给虞君，他肯定会同意。"

晋献公内心纠结："这两样东西是我的宝贝！"

荀息说："只要虞国同意借道，这两样宝贝只是暂时寄放在那里，主公有什么可担心的呢？"言下之意，只要灭掉虢国，虞国也是囊中之物，到时两件宝贝不是又回来了吗？我们不得不说，晋国实在有厚黑的传统。

晋献公还是有些担心，问道："虞国有个贤臣宫之奇，我看计划不一定行得通。"

荀息答："宫之奇虽然贤明，但生性懦弱，没法坚持己见，虞君不会听他的。"

计划确定下来后，荀息带上宝物，前往虞国访问。见到虞公后，荀息献上宝马美玉，只见这匹骏马驰骋追风，美玉温润无瑕，真是稀世珍宝。虞公欢喜得不得了，荀息乘机说："虞国曾受到冀国欺负，是晋国为贵国出气，国君可还记得？"

虞公赶紧说："当然记得。"

几年前，冀国曾攻打虞国，晋国出兵相救，重创冀军。荀息重提起此事，暗示虞国曾受过晋国的恩惠，现在得帮晋国个小忙。于是他说道："虢公暴虐无道，在北边利用客舍修筑堡垒群，打算入侵晋国。我主公要向贵国借个道，让晋国军队过境，向虢国讨伐问罪。"

虞公一听，就这点小事呀，不就是借个道吗？他心里琢磨，晋国曾经帮助过虞国，现在又送上两件宝贝，自己怎么好意思拒绝呢？于是他拍拍胸脯说道："没问题，攻打虢国的事算寡人一份，寡人将亲自打头阵。"

荀息一听乐坏了，只要虞公同意借道，他就算完成使命，不想这个糊涂的君主还心甘情愿充当晋国的马前卒。

虞国大夫宫之奇暗暗叫苦，忙进谏道："晋国已经吞并好几个诸侯国，狼子野心，世人皆知，怎么能把晋国军队引到国境之内呢？"虞公心不在焉地答说："晋国与虢国有仇，它们要攻打虢国，对我们有什么损失呢？"

虢公把边境线的客舍改造为堡垒群，是军事防御工事的杰作。但是这条坚固的防线，与二千五百年后法国的马其诺防线一样，在对手的聪明作战计划之下，完全失去意义。荀息的战略设想，与“二战”中德国的“曼斯泰因计划”如出一辙。在“曼斯泰因计划”中，德国主力部队绕过强大的马其诺防线，借道第三国，突进法国境内，使得马奇诺防线形同虚设。“荀息计划”同样的高超精妙，避开虢国的堡垒防线，借道虞国，突入防守薄弱的西线。

伟大的战略家，思路往往殊途同归。

公元前 658 年，伐虢之战打响。

晋军在里克、荀息的指挥下，借道虞国，会同虞公的军队，对虢国发动闪击战。虢国精锐部队都集中于北线，而晋军却出其不意攻击西线，一时间虢军被打蒙了。虢公犯了一个严重的错误，就是低估了对手的实力。虢公曾四次进攻晋国，在两国军事冲突中是占上风的，因而他颇轻视晋国。然而，彼一时，此一时，完成统一后的晋国实力突飞猛进，不仅吞并耿、霍、魏等国，军队也从一个军扩编到两个军，实力已悄然超越虢国了。

在晋军的闪击战下，虢军溃不成军，虢公慌乱之下弃城而逃，都城下阳沦陷。这次突袭战非常完美，“假道伐虢”被写入古代军事教科书《三十六计》中，成为闪击战的经典战例。

下阳失守后，虢公纠集残余部队，退守上阳。按理说，虢公当务之急是收复旧都下阳，把晋国侵略军赶出去。可是他的做法实在让人看不懂，他竟然置晋军于不顾，带着军队去征讨犬戎。虢军的战斗力还是不容小觑，在桑田一战中大破犬戎。站在华夏族的立场看，虢公无疑可算是攘夷英雄；但是站在国家立场看，虢公在国都沦陷后，不去反击晋军，而去征讨犬戎，无疑是不明智的。

晋国的卜偃有这样的判断：“虢国必然会灭亡。虢公丢失都城下阳，不仅不感到畏惧，还贪图武功，发动对犬戎的战争，好大贪功，置国民利益于不顾，不能爱护百姓，国运肯定不能长久。”

这场伐虢战争旷日持久，晋军攻克虢都下阳后，双方又对峙三年之久。为了彻底消灭虢公，晋献公决定派兵增援前线。公元前 655 年，晋国再次向虞国提出借道伐虢的请求，意图非常明确，就是要吞并虢国。

宫之奇又一次站出来，坚决反对晋军借道通行。他声泪俱下地说：“唇亡则齿寒。虢国是虞国的屏障，如果虢国灭亡，虞国怎么保得住呢？晋国狼子野心，让其军队过境，一次就非常过分了，更何况是第二次呢？一定要拒绝它们。”

虞公不听，说：“晋国与我是宗亲，怎么会加害于我呢？”

宫之奇长叹道：“虞国挨不过今年了。”他带上家人，离开虞国，远走他乡。这既是明哲保身，也是不忍心看到虞国灭亡的下场。

晋国军队第二次借道虞国，大批生力军投入战场，吹响灭虢之战的号角。由于晋国援军参战，战场的平衡态势迅速被打破，晋军完全掌握主动权，取得压倒性的优势。八月，上阳包围战打响，晋军对上阳城完成合围。攻坚战持续了两个月，到了十月份，晋军发动全面进攻，在战斗中夺取虢军的战旗。上阳城再也守不住了，虢公一看情形不妙，走为上计，慌忙驾车逃跑，逃往周都洛邑。虢公出逃后，上阳沦陷，虢国灭亡。

灭虢之役是晋国扩张史上的重要一战。春秋初期的诸侯兼并战争，多是大鱼吃小鱼，小鱼吃虾米，被兼并的一方多是弱国。虢国却是个例外，它在当时可以算是一个军事强国，不仅多次挑战晋国，还两度打败犬戎，实力不俗。晋灭虢之战持续三年多，赢得并不轻松。晋国能够吞并与自己实力相当的诸侯国，有两个关键因素：其一，荀息“假道伐虢”的计划相当出色，避实击虚，出其不意，一举捣破虢都，赢得战争的主动权。其二，虢公在战略上犯下大错，在晋军入侵、国家岌岌可危之时，他居然还大举出兵讨伐犬戎，本末倒置，错失收复旧都的机会。

晋国灭掉虢国后，又顺手牵羊把虞国灭掉了。宫之奇一而再地警告虞公，晋国狼子野心，灭掉虢国后一定会灭掉虞国。果不其然，晋献公灭虢后，班师回国，突然不宣而战，进攻虞国。虞公做梦都不会想到，晋国竟然会如此不讲道义，他根本就没有任何防备，在晋军的闪击下，很快便亡国了，自己也沦为阶下之囚。

其实，虞国并非没有人才，除宫之奇外，还有一个著名的政治家，他就是百里奚。虞国灭亡后，百里奚当了俘虏，后来成为秦国崛起的关键人物。可惜的是，宫之奇与百里奚遇上虞公这样的昏庸之主，英雄终究无用武之地。

虞国灭亡后，荀息把献给虞公的宝马拉回晋国，原物奉还晋献公。晋献公轻抚宝马，笑道：“马还是原来的马，就是老了一些啊。”

自晋献公上台以来，晋国连续灭掉耿、霍、魏、虢、虞等诸侯国，开疆拓土，狂飙突进，在西北刮起一阵旋风，强势崛起为西北一大势力。

在晋国冉冉升起的同时，东方中原大地上，老牌诸侯齐国一枝独秀，力压群雄，尊王攘夷，开拓出一代霸业。

第四章　齐桓霸业

一、兄妹的乱伦之恋

齐国是历史悠久的东方大诸侯国，开国者便是大名鼎鼎的姜太公。武王伐纣，推翻商王朝后，分封有功之臣，作为两代帝王师的姜太公受封于齐。到周成王时，授予齐国征伐四方诸侯的特权："东至海，西至河，南至穆陵，北至无棣，五侯九伯，实得征之。"因此，在众多诸侯国中，齐国是非常特殊的，地位凌驾于其他诸侯之上。

不过在春秋初期，齐国的表现并不出彩，反倒是新兴的郑国出尽风头。面对戎人入侵，齐僖公甚至束手无策，不得不请郑庄公出手相援，给人一种暮气沉沉的感觉。先辈的荣耀给齐国人留下太多的优越感，却一点点地丧失进取精神，贵族们沉醉在纸醉金迷的享乐生活中，宫廷更成为荒淫纵欲的场所。这种风尚也影响到新生的一代，太子姜诸儿与妹妹文姜的乱伦之恋便是一例。春秋历史特别精彩，当时人们思想比较开放，不像后世条条框框特别多，所以能看到许多后世难得一见的故事。

本来公侯家的女儿不愁嫁，但乱伦丑闻让许多求婚者望而却步。齐僖公特别喜欢女儿文姜，想给她找个好婆家，打算许配给郑国太子姬忽（即后来的郑昭公），不想却遭到拒绝。最后鲁桓公当了接盘侠，他之所以娶文姜，不是出于爱情，而是出于政治联姻的需要。

婚后数年，文姜倒表现得中规中矩，她给鲁桓公生了一个儿子，儿子的生日与父亲正好是同一天，所以就取名为姬同。

一晃过了十年，齐僖公去世后，文姜的哥哥姜诸儿继位，史称齐襄公。

公元前 694 年，鲁桓公到齐国进行友好访问。

鲁夫人文姜思念哥哥兼初恋情人，吵着要一同出访齐国。鲁桓公拗不过，便答应夫人的要求。大夫申缥警告说：“女有家，男有室，无相渎也，谓之有礼。易此必败。”这是一句暗示性很强的话，意思是说，文姜有了丈夫，齐襄公也有妻室，不要让他们相见，不然旧情复燃，干柴遇烈火，到时要出事的。

可是鲁桓公比较实诚，没放在心上，毕竟兄妹当初年少不懂事，现在都是成年人了，自然会有分寸。不出申缥所料，到了齐国后，鲁夫人便偷偷幽会哥哥齐襄公。兄妹俩是真爱，我们也不应当去贬低这种被世俗所排斥的爱情。常言说女人对初恋情人难以忘怀，鲁夫人也不例外，只是她的情人比较特殊，是自己的哥哥。幽会之事虽然很隐秘，但天下没有不透风的墙，最终还是传到鲁桓公耳中。

鲁桓公火冒三丈，对夫人文姜一顿咆哮，甚至说了一句狠话：“太子姬同根本就不是我的儿子，是你哥哥的儿子。”鲁国太子姬同是文姜出嫁三年后才生下的，不太可能是齐襄公的儿子，显然鲁桓公说的是气话。

这句话实在太伤人了，文姜非常委屈，跑去向齐襄公倾诉，以泪洗面。齐襄公不听则已，一听就暴跳如雷，那一刻，他对鲁桓公动了杀心。

齐襄公假意设宴款待鲁桓公，出于外交礼节，鲁桓公不便推辞，只得勉强赴宴。这些天他因为夫人红杏出墙而心烦意乱，不免借酒消愁，多喝了几杯，宴席未散就醉倒了。齐襄公派大力士彭生把鲁桓公送上马车，鲁桓公上车前还是个大活人，上车后就成了一具死尸。

我在前文说过，春秋初期反复上演国君被杀的事件，多数是臣子所弑。鲁桓公则是在出访齐国时被谋杀，凶手不言自明，就是齐襄公下的毒手。因个人私愤而谋杀他国君主，实属骇人听闻。

令人惊讶的是，鲁国政府的抗议软弱无力，全文如下：“寡君畏君之威，不敢宁居，来修旧好，礼成而不反，无所归咎，恶于诸侯。请以彭生除之。”意思是说：鲁桓公对齐国进行国事访问，是为了修好两国关系，却无端遭此横祸，永远回不来了。鲁桓公并无过错，如果齐襄公不严惩凶手，势必会影响其政治声誉。

这叫抗议吗？连理直气壮也谈不上，甚至不敢直指齐襄公就是幕后主谋。齐襄公虽然嚣张跋扈，但把人家一国之君杀了，不找个替罪羊是不行的。既然鲁国政府指名道姓要严惩凶手彭生，就只好借彭生的人头一用了。可怜彭生还自以为立下大功，不想稀里糊涂丢了性命，光有一身肌肉与气力有什么用呢，到头来不过是政治的牺牲品。

鲁桓公被谋杀后，夫人文姜不敢返回鲁国，怕被大臣们的唾沫淹死，便留在齐国。由于政府软弱，鲁国人只能选择另一种报复手段。鲁国史官不厌其烦地记录齐襄公与妹妹幽会的时间与地点，在孔老夫子整理的《春秋》中，我们可以看到如下记录："(公元前692年)冬十有二月，夫人姜氏会齐侯于禚""(公元前690年)夫人姜氏享齐侯于祝丘""(公元前689年)夏，夫人姜氏如齐师""(公元前687年)春，夫人姜氏会齐侯于防""(公元前687年)冬，夫人姜氏会齐侯于穀"。

孔老夫子的春秋笔法，非常吝惜文字，独在文姜与齐襄公幽会一事上，完全不惜笔墨。夫子用这种笔法，揭示两人的乱伦关系，口诛笔伐，把这对兄妹钉在历史的耻辱柱上。还好，到公元前686年，齐襄公死于内乱，要不然孔老夫子可能还要一直记录下去。

齐襄公谋杀了鲁桓公，可他万万没想到，自己也将成为另一起谋杀案的受害者。

齐襄公统治时，意气用事，政令无常，国内政治相当混乱。齐国有两位大夫：一唤连称，一唤管至父，都因得罪齐襄公被逐出朝廷，贬到葵丘。起初齐襄公允诺他们一年后可以返回国都，但这个允诺并未兑现。连称与管至父心怀不满，遂决定发动政变，除掉齐襄公，另立一个国君。

连称有个堂妹，被齐襄公选入宫内为妃，但不受宠爱，心中颇有怨言。连称就利用堂妹做内应，掌握齐襄公的动向。

同时，连称与管至父还物色到一个国君人选：齐襄公的堂弟公孙无知。公孙无知的父亲夷仲年是齐僖公的亲弟弟，齐僖公非常喜欢这个侄子，让他享受与太子同等的待遇。齐襄公还是太子时，就非常痛恨公孙无知，凭什么他跟自己平起平坐呢？等到继位后，齐襄公开始报复，剥夺公孙无知的特权，不时给他小鞋穿。因此，公孙无知与连称、管至父一拍即合，三人共同策划政变。

齐襄公有个爱好，喜欢狩猎。公元前686年冬季，他前往姑棼游猎。连称认为这是绝佳的政变时机，便与管至父、公孙无知谋划刺杀行动。

这时发生一件离奇的事。齐襄公在狩猎时，突然闯出一只野猪，随从惊呼道："这只野猪就是彭生变的。"这就十分奇怪了，为什么随从会把野猪跟彭生联系起来呢？我怀疑这个随从被连称收买了，故意装神弄鬼。古代人认为一个人要是冤死，就会变成厉鬼前来报复。彭生帮齐襄公干脏活，谋杀鲁桓公，最后却当了替死鬼，死得相当冤。随从故意说野猪是彭生冤魂附体，显然是利用齐襄公心虚的弱点。如果齐襄公被吓住，被野猪拱死，那么政变就完美收官，甚至不露痕迹。

但是齐襄公没被吓住，就算是彭生的冤魂又如何？他怒喝道："彭生还敢来见我。"说罢对准野猪"嗖"的就是一箭。说来也怪，野猪挨了一箭后，竟然像狗熊那样两脚站立起来，发出凄惨的叫声。这下子齐襄公真是惊呆了，从来没见过野猪还能站立的。一惊之下，齐襄公从车上摔了下来，脚脖子扭了，鞋子也弄丢了。

齐襄公回到行宫，心情恶劣，对奴仆们大发脾气。他让一个名为费的奴仆去找回丢失的鞋子，费出门找了半天，没能找到，两手空空回来。齐襄公更气了，拿起鞭子狠狠地抽打费一通，把费打得鲜血淋漓。

在齐襄公鞭打奴仆的同时，连称与管至父纠集一批亡命之徒，包围行宫。遍体鳞伤的费拖着沉重的步伐出了寝宫，就与叛军遇个正着。叛军一拥而上，把费按倒在地，捆得结结实实。费大呼道："你们没看我刚被主公打得浑身是血吗？我怎么会跟你们作对呢？"

叛军一看，果然如此，便相信了费。费表示愿意合作，自告奋勇入宫打探虚实，叛军没有怀疑，便放了他。

费跑回寝宫，见齐襄公还在生闷气，便大呼道："主公快躲起来，外面已经被一伙叛军包围了。"齐襄公脸色大变，一面派卫兵去抵挡叛军，一面找来个替死鬼，让侍臣孟阳躺在床上，自己则躲到门后。

叛军见费进去大半天没出来，情知上当了，便开始围攻行宫。费与卫兵拼死抵抗，终究寡不敌众，全部战死。叛军一脚踹开寝宫大门，只见床上躺着一个人，瑟瑟发抖，便蜂拥而上，你一刀我一戟，把床上的人捅了几十个血洞。这时有人瞅了瞅尸体，说：“床上这个人好像不是国君。”众人一看，果然不是齐襄公，只是个替死鬼。

有个家伙眼尖，喊了一声：“门下有一双赤脚。”大家扑到门边，拉开门扇，正是浑身打战、肝胆俱裂的齐襄公。叛军不容分说，将他拖出来，争先恐后，数十把刀砍瓜切菜般乱劈一番，一摊鲜血在众人脚下蔓延开，齐襄公已倒毙在血泊之中。

齐襄公死后，连称与管至父拥立公孙无知为新的君主。不过，公孙无知宝座还未焐热，就死于一场新的政变。

政变的主谋名为雍廪，与公孙无知积怨甚深。早年公孙无知受宠于齐僖公，享受太子般待遇，位高权重，加之年少轻狂，目中无人。有一回，他与雍廪闹矛盾，自恃后台强硬，蛮不讲理，把雍廪抓起来狠狠揍了一顿。雍廪对此事耿耿于怀，一心想报仇雪耻。齐襄公被弑后，公孙无知篡位夺权，雍廪意识到机会来了。叛乱者虽然掌权，然而根基未深，连称与管至父被逐出朝廷多年，公孙无知也失势已久，加上弑君夺权名不正言不顺，因而得不到诸大臣的支持。

雍廪挺身而出，振臂一呼，果然得到众人的响应。于是大家抄起家伙，发动政变，一下子就打倒伪政权，杀死公孙无知、连称等叛乱者。政变成功后，雍廪发表声明：“公孙无知、连称等弑君自立，我已经为国君报仇。为国除奸，是我职责所在。至于要立哪位公子为国君，请诸大臣共同商议，我唯命是从。”

谁能成为齐国新的统治者呢？齐襄公两个弟弟的呼声最高，一为公子纠，一为公子小白。但是这俩公子都没在国内，一个去了鲁国，一个去了莒国。谁能先返回，谁就可能登上君主的宝座。

于是，公子纠与公子小白为争夺最高权力展开了一场惊心动魄的赛跑。

谁会是这场竞赛的胜利者呢？

二、通往权力之路的赛跑

齐襄公统治时，政令混乱，倒行逆施。有一个人敏锐地察觉到齐国政坛必有血雨腥风，不可不未雨绸缪，此人便是后来成为一代名相的管仲。

管仲找来好朋友鲍叔牙与召忽，三人对时局都忧心忡忡，认为明智的做法，是先到邻国避一避，静观国内势态发展。管仲与召忽是公子纠的老师，鲍叔牙是公子小白的老师，他们分别带着小主人去了鲁国与莒国。不久后，齐国果然陷入大动荡，接连爆发政变，齐襄公、公孙无知等先后死于非命。由于管仲的先见之明，公子纠、公子小白都安然无恙地躲过灾难。

齐国君位空缺，最有资格继承大权的人，便是公子纠与公子小白。他们本是同父异母兄弟，然而在权力巨大的诱惑面前，兄弟成了死敌。他们都把对方的存在视为通往权力之路的最大绊脚石，必除之而后快。

公子纠的优势在于得到鲁国政府的大力支持。鲁庄公就是鲁桓公的儿子姬同，父亲被齐襄公谋杀时，他年仅十二岁。十年过去了，鲁庄公正是血气方刚的年龄，如果能插手齐国内政，就可以大大提升鲁国的声望与地位。

不过，公子小白胜出的机会更大。两个原因：其一，公子小白得到齐国权臣高傒的支持。高傒与小白是从小玩到大的好朋友，公孙无知被杀后，他马上派人秘密前往莒国，催促小白立即启程回国。其二，莒国距离齐国都城临淄比较近，如果两人同时出发，无疑小白将抢先一步抵达。

然而，公子小白怯场了，迟迟未动身，显然对这场权力争夺战缺乏信心。首先，公子纠是哥哥，按长幼顺序排，应该是第一继承人。其次，公子纠有两个得力助手，一是以智慧闻名的管仲，一是以勇武著称的召忽，都是不可多得的人才。

鲍叔牙急了，问道："胡不行矣？"怎么还不走呢？公子小白怯怯地说："不可。夫管仲智，召忽强武，虽国人召我，我犹不得入也。"一想到管仲、召忽那么厉害，他就底气不足。机会不等人，鲍叔牙拍胸脯说："事之济也在此时，事若不济，老臣死之，公子犹之免也。"事情成不成就在此时，如果不成，他愿以生命保护小白的安全。

权力的诱惑毕竟太大了，公子小白被鲍叔牙说动了，决心豪赌一场。

公子小白的车队向临淄城方向疾驰，行至半途，突然杀出一队人马。原来管仲担心小白先赶到临淄，便亲自带一支突击队昼夜疾走，埋伏在车队必经之地。双方一阵混战，管仲拉开弓箭，朝公子小白就是一箭，这一箭不偏不倚，正好射在小白的肚子上。只听小白"啊"的一声惨叫，瘫倒在车上一动不动。大家想想，利箭射穿肚子，还有活命的机会吗？管仲估摸公子小白必死无疑，任务已经圆满完成，便撤兵而去。

然而，管仲做梦都没想到，公子小白不仅没有死，甚至都没受伤。这怎么回事？难不成小白练成了江湖上传说的金钟罩铁布衫神功吗？其实答案很简单，管仲的这一箭，确实射中了公子小白，但小白的运气实在太好了，箭被腰带上的铜钩挡住了，根本没有伤及皮肉。不过，小白能死里逃生，除了运气外，还有机警。明明没受伤，小白却假戏真做，惨叫一声后倒下，把管仲都骗过去了。从这点上可以看出公子小白机警过人，应变能力之强非常人可比。

管仲把小白已死的消息告诉公子纠，公子纠大喜，竞争者已经出局，没人跟自己抢君主的宝座了。于是他一路气定神闲，并不着急赶路，饶有兴致地欣赏沿途的风景，花了整整六天时间，才抵达齐都临淄。然而，他们来得太迟了。被“射死”的公子小白抢先一步入城，被诸大臣拥立为新的君主，这便是春秋五霸之一的齐桓公。

公子纠与管仲都傻了眼，为自己的大意捶胸顿足。城都近在咫尺，可是已经没有他们的容身之地，无奈之下，只得返回鲁国。公子纠不甘心失败，他还有一个选择：武力夺权。于是他请求鲁庄公出兵，并许诺给鲁国不少好处。原本是兄弟间权力争夺战，最终演变为齐鲁两国的战争。

公元前685年秋，鲁庄公挥师入齐，齐桓公亲率大军迎战。这几年齐国内乱频频，实力有所下降，但瘦死的骆驼比马大，对付鲁国还绰绰有余。

此役鲁军大败，鲁庄公差点当了俘虏。当时鲁庄公的指挥车遭到齐军重点围攻，眼看摆脱不了，他便跳下车，换了另一辆战车继续逃命。鲁庄公是全军总指挥，车上要挂起一面帅旗，这样在混乱的战场上士兵们才能知道统帅在哪里。但是帅旗挂出来后，齐国战车又追了上来。鲁庄公一看不妙，便扯下帅旗，交给两个御车夫，让他们驾另一辆战车从另一条路跑。齐国果然上当，都去追击这辆插着帅旗的战车，最后把两名御车夫活捉了。鲁庄公则趁此机会，逃之夭夭。

鲁国的武装干涉彻底失败，齐桓公得理不饶人，报复随之展开。

鲍叔牙率精锐齐师攻入鲁国，他的任务是斩草除根，杀掉公子纠。鲁庄公刚刚捡回一条命，哪有力量抗衡齐军，唯有谈和一条路。鲍叔牙开出两个条件：第一，处死公子纠。第二，逮捕管仲、召忽，押回齐国。

本是同根生，相煎何太急！在权力面前，没有亲情可言。

作为战败的一方，鲁庄公没有讨价还价的余地，只能无条件地接受鲍叔牙的条件。公子纠最终被处死，这是失败者的下场，可悲但并不可怜。如果上台的人是公子纠，他也会毫不犹豫地杀死自己的弟弟，如果不是公子小白命大，早就死于管仲箭下了。

公子纠死后，召忽自杀殉主，管仲则被逮捕。

鲁国大夫施伯密禀鲁庄公："切不可将管仲交给齐国。管仲的才华无人可及，若楚国得到他则可得志于天下，晋国得到他则可得志于天下，狄人得到他也可得志于天下。齐国人一定不会杀他，管仲不死，必成为鲁国心腹之患。依臣之见，不如杀了管仲，再把尸体交给鲍叔牙。"

鲍叔牙得悉施伯的阴谋后，严厉警告鲁庄公："敝国君主一定要活捉管仲，以报一箭之仇。如果鲁国杀了管仲，这不是敝国君主的初衷，恕我不能接受。"在鲍叔牙的恐吓下，鲁庄公终不敢下黑手，把管仲捆绑后移交给齐国。

这里我们有必要说说管仲与鲍叔牙的交情。

管鲍的交情可以追溯到青年时代。当时管仲家里很穷，鲍叔牙则比较富有，但这并不影响两人的友谊。管仲博学多才，智慧过人，鲍叔牙对他非常佩服，认为他定能干出一番伟大的事业。最初两人合伙做生意，管仲总是给自己多分一些，给鲍叔牙少分。换作别人，肯定认为管仲是个不值得交往的小人，但鲍叔牙不这么看，他很懂人性，认为管仲不是贪财，不是占朋友便宜，只是家境比较穷而已。

后来管仲从政，我估计是鲍叔牙帮他在政府中谋到的差事。管仲想报答朋友，帮助鲍叔牙出谋划策，或许是他对政治潜规则不了解，每次都帮倒忙，反令鲍叔牙陷入窘境。鲍叔牙并没有因此认为管仲很蠢，只是时机有利与不利。后来管仲参加三次战斗，三次都吃了败仗，每次都当了逃兵。鲍叔牙不认为管仲胆小怕死，而是因为他放心不下家中年迈的老母。一个人一生若能遇到鲍叔牙这样的朋友，真是值了。

倒过很多次霉后，管仲有了出头之日，才干得到认可，成了公子纠的老师。鲍叔牙也很出色，他成了公子小白的老师。然而，他们不会想到，有一天朋友成了敌人。古代的伦理传统，君臣伦理是排在第一位的，朋友关系只能靠后。

当公子纠与公子小白为最高权力而生死角逐时，管仲与鲍叔牙便分属两个敌对的阵营。朋友交情只能让位于君臣大义，两人各为其主。

公子小白在权力之争中胜出，成了齐桓公。上台后，齐桓公打算拜鲍叔牙为相，鲍叔牙却说："臣才能平庸，治理国家的重任，非我所能担当，只有管仲有这能力。"然后他列举自己不及管仲的五个方面："宽惠爱民，臣不如也；治国不失秉，臣不如也；忠信可结于诸侯，臣不如也；制礼义可法于四方，臣不如也；介胄执枹立于军门，使百姓皆加勇，臣不如也。"

齐桓公不高兴了："管仲亲射寡人，射中铜钩，差点就没命，现在要拜他为相，这样行吗？"

鲍叔牙当然理解齐桓公的报仇心理，但仍坚持己见："管仲不过是尽自己职责而已，如果主公能赦免其罪，他也会对主公竭忠尽力。"

如果是别人为管仲脱罪，齐桓公未必会听。但鲍叔牙的身份很特殊，他既是齐桓公的老师，更是第一功臣。没有鲍叔牙的坚持，公子小白也许早早退出权力争夺战了，哪来今日的地位呢？

齐桓公担心的是管仲会不会为己所用，鲍叔牙回答说："非为君也，为先君与社稷之故。君若欲定宗庙，则亟请之。"从这句话可以看出，鲍叔牙果然是管仲的知己，他太了解管仲的为人了。"非为君也，为先君与社稷之故。"这句话非常重要，管仲是个爱国者，他做事不是为了哪个君主，而是为了国家社稷。如果要振兴齐国，非管仲不可。

在鲍叔牙的力谏下，齐桓公转变了思想。这是管仲的幸运，也是齐桓公的幸运，更是齐国的幸运！

当管仲的囚车进入齐国境内后，鲍叔牙马上释放好朋友，为他沐浴洗尘。齐桓公亲自到郊外迎接管仲，不管是出于作秀还是真诚，这位齐国新君主展现了自己的胸襟与肚量。他迫不及待地召见管仲，向他询问国家大政方针。管仲从容应对，提出种种精辟之见解，齐桓公心服口服。

这次历史性的会晤，不仅消弭了两人之间的成见，也为之后四十年的合作打下了基础。齐国在管仲的治理下，国力迅速提升，成为诸侯国中当之无愧的霸主。

齐国的内乱结束了，一个伟大的时代正在来临！

这个时代属于齐桓公，属于管仲。

三、管仲：治国天才

管仲无疑是春秋时代最伟大的政治家，他的伟大在于开启一个崭新的时代，这就是霸业时代。

当周天子的地位一落千丈时，中国实际上已经没有中央政权的存在，而是分裂为无数个大大小小的诸侯国。这些诸侯原本只是周王室的臣属国，当中央政权名存实亡之时，诸侯已经成为各自独立、不听命于中央的主权国。在旧的政治秩序被摧毁之际，新的政治秩序并没有建立起来，一切陷入混沌无序之中。就像周天子无法控制诸侯一样，诸侯也无法控制贵族的叛乱。

这是一个动乱频频的年代，几乎每个诸侯国都陷入君主被弑的旋涡之中，内乱大大消耗了诸侯国的实力。更可怕的是，潜伏于四周的夷狄部落虎视眈眈，对华夏族诸侯构成了巨大的威胁。

管仲的事业，用最精练的四个字表达，就是“尊王攘夷”。“尊王攘夷”的背后，是重建一种政治秩序。诸侯如何联合起来，共同对付华夏族的敌人呢？必须要有一个向心力，这个向心力本应是作为天下共主的周天子，但周天子已经没有实力统御群雄，必须由一位霸主作为诸侯联盟的领袖，肩负起历史重任。

在管仲看来，齐国的使命，就是建立“天子至尊，霸主至强”的政治新秩序。

齐国欲成就霸业，政治要稳定，经济要繁荣，军事要强大。

在管仲看来，首先要维持政府稳定。如果权臣弑君的恶性案件一再循环出现，国家将动荡不安，永无宁日。因此，管仲提出“尊君”的口号。

春秋时代，继承宗法封建社会之余风，君主并非专制，而是与贵族分权而治，此为弑君潮流之内在原因。管仲力主加强君主专制权力，他认为“安国在乎尊君”，因为“令不高不行，不专不听”，没有一个强有力的专制权力，无法令国家法令得以执行，“故明主之所操者六：生之、杀之、富之、贫之、贵之、贱之，此六柄者君主之所操”。

必须注意一点，管仲之所以强调君主专制，并非为讨得君王的欢心，而是认为这是平息国内纷争祸乱、使国家走向强大的途径。他强调的是国家利益，而非对君主愚忠。在公子纠死后，召忽选择自杀时，管仲说：“夷吾（管仲之名）之为君臣，将承君命奉社稷以持宗庙，岂死一纠哉？夷吾之所死者，社稷破，宗庙灭，祭祀绝，则夷吾死之。非此三者则夷吾生，夷吾生则齐国利，夷吾死则齐国不利。”从这些话中可知，管仲乃是爱国主义者，而非忠君主义者。

管仲强调君权的同时，也大力提倡顺从民意，他说：“政之所兴在顺民心，政之所废在逆民心。民恶忧劳，我佚乐之。民恶贫贱，我富贵之。民恶危坠，我安存之。民恶绝灭，我生育之。”在另一个场合，他对齐桓公说；“丹青在山，民知而进取之；美珠在渊，民知而取之。是以我有过为，而民毋过命。民之观也察矣，不可遁逃。我有善则立誉我，我有过则立毁我。当民之毁誉也，则莫归问于家矣，故先王畏民。”

有一回，齐桓公对管仲说：“我欲胜民，为之奈何？”管仲严厉地驳斥道：“此非人君之言也。胜民为易，然胜民之为道，非天下之大道也。使民畏公而不见亲，祸亟及于身，虽能不久。”

不是人民惧畏君王，而是君王应惧畏人民。

在管仲庞大的政治构想中，尊君只是一块基石。管仲敏锐地意识到时代的变化，过去诸侯国只要做到国泰民安即是大治，不必过多考虑其他，自骊山之乱后，诸侯的兼并战争与日俱增，南方的楚国虎视眈眈，开疆略地，雄视一方，已经威胁到中原的安全。诸国争雄的时代已经到来，唯有强者才能生存。

管仲的目标，是成就齐国的霸业。

齐桓公曾问他：“社稷可定乎？”管仲答道：“君霸王，社稷定；君不霸王，社稷不定。”只有成就霸业，才能确保国家安定。齐桓公没那么高远的理想，只是说：“吾不敢至于此。其大也，定社稷而已。”

我们都知道齐桓公是春秋五霸之首，许多人一提到齐桓公，可能会认为他很有雄心壮志，其实不然。历史上的齐桓公在性格上有很多缺点，比如胆小、优柔寡断等，但是他有一个长处，弥补了所有缺点，这个长处就是用人不疑，绝对信任管仲。

在齐桓公看来，只要能安定国家，就心满意足了，他的理想也就止于此。管仲说要称霸，齐桓公说称霸我不敢想。管仲一听竟拂袖而走，以辞职相威胁。

他说："我之所以没有为公子纠殉死，是为了国家社稷，国君既然不同意我的政策，齐国难以长治久安，我不能白领俸禄而不为国家尽力，所以不敢做官。"齐桓公才勉强说："勿已，其勉霸乎！（好吧，我听你的，勉为其难吧！）"这样，齐国的基本国策定下来了，对内尊君，对外称霸。

管仲是非常值得推崇的政治家，他的许多政治思想震古烁今，直至今天仍有重要参考价值。我们先来说说管仲的法治思想。作为先秦法家之先驱，管仲法治理论之纵深，虽商、韩有所未逮，略萃其要者，以览大概。

对于法的起源，管仲如是说："古者未有君臣上下之别，未有夫妇妃匹之合，兽处群居，以力相征，于是智者诈愚，强者凌弱，老幼孤弱，不得其所。故智者假众力以禁强虐而暴人止，为民兴利除害，正民之德，而民师之。"这个起源论，与后世荀子所论略同，亦与英国十七世纪霍布斯所论略同。

法对于一个国家之所以重要，是因为"法者天下之仪也，所以决疑而明是非也"，"法者所以兴功惧暴也"，也就是说，法律是为了维持社会秩序，抑强除暴，为民兴利。

立法权操之于君主，然而不能随心所欲制定，须以人类自然天性为准则。何为人类之自然天性？管仲分析道："人主之所以令则行，禁则止者，必令于民之所好而禁于民之所恶也。民之情莫不欲生而恶死，莫不欲利而恶害。故上令于生利人则令行，禁于杀害人则禁止。"法令之条款，不得超越人之承受能力："明主度量人力之所能为而后使焉。故令于人之所能为则令行，使于人之所能为则事成。乱主不量人力，令于人之所不能为，故其令废，使于人之所不能为，故其事败。"如果法令违背人之天性及承受能力之外，即为恶法。

值得注意的是，管仲虽然认为君主有立法权，然亦应受限于法，他说："君臣上下贵贱皆从法，此之谓大治。"又说："明君置法以自治，立仪以自正也。"又说："不为君欲变其令，令尊于君。"在管仲的法治思想中，法令乃是国家之权威，虽君主不得凌驾其上。其见解可千古不朽矣。

然而一个问题产生了，君主握有生杀赏罚之大权，将大大膨胀君主的私欲，怎么办呢？对于这点，管仲有清晰的认识："凡私之所起，必生于主"，"有道之君，善明设法，而不以私防者也。而无道之君，既已设法，则舍法而行私者也。为人上者释法而行私，则为人臣者援私以为公"。然而如何限制君主之私欲横流，如何限制君主超越法律之上呢？管仲并没有给出一个方案，只是警告君主违法纵欲的后果，“为人君者背道弃法而好行私谓之乱”，后果将是国家陷入混乱之中，君位也将岌岌可危，相反，“圣君任法而不任智，故身佚而天下治”。

法治只是手段，而非目的。管仲的目的是富国强兵，立国威以称霸诸侯。

与楚国、晋国、秦国等强国相比，齐国的军事实力也并非特别强大。齐国之所以能成就霸业，在于强大的综合实力，特别是经济实力。在这个方面，管仲贡献尤多。

管仲是第一流的经济学家，他强调经济对于国家之重要性，“为国不能来天下之财，致天下之民，则国不可成”。“财不盖天下，不能正天下。”这句话的意思是，要雄霸天下，则财力亦应当富甲天下，以今日之美国视之，仍然是这样。管仲有一句非常有名的话：“仓廪实而知礼节，衣食足则知荣辱。”又说：“民不足，令乃辱；民苦殃，令不行。”只有人民衣食无忧，国家才不致动乱，法令才可得以实施。

管仲的经济政策范围颇广，包括振兴农业、商业，加强公共设施建设，轻税赋，建立社会保障，扶助穷困等方面，具体为：“辟田畴，利坛宅，修树艺，劝士民，勉稼穑，修墙屋，此谓厚其生。发伏利，输墆积，修道途，便关市，慎将宿，此谓输之以财。导水潦，利陂沟，决潘渚，溃泥滞，通郁闭，慎津梁，此谓遗之以利。薄征敛，轻征赋，弛刑罚，赦罪戾，宥小过，此谓宽其政。养长老，慈幼孤，恤鳏寡，问疾病，吊祸丧，此谓匡其急。衣冻寒，食饥渴，匡贫窭，振罢露，资乏绝，此谓振其穷。”

货币金融是政府调控经济的最重要手段，管仲极端重视货币政策，他说：“五谷食米，民之司命也；黄金刀币，民之通施也。故善者执其通施以御其司命，故民力可得而尽也。”即以货币政策调控物价，以确保劳动者的生产积极性。

管仲认为，物价之贵贱，受两个因素的影响：一是物品数量的多寡，物多则价贱，物寡则价贵；一是货币流通数量的多寡，流通量大则贬值，流通量小则升值，即“物多则贱，寡则贵，散则轻，聚则重”。政府的职能是利用金融手段平抑物价。那如何平抑物价呢？

齐桓公曾向管仲询问丰收之年，如何来遏制粮食价格的过度下滑。管仲认为应当减少粮食的流通量，政府必须采取强制手段，他说："请以令与大夫城藏，使卿诸侯藏千钟，令大夫藏五百钟，列大夫藏百钟，富商蓄贾藏五十钟。内可以为国委，外可以益农夫之事。"在春秋时代，粮食不仅是一种商品，同时也具备一定的货币功能。管仲认为强制减少粮食流通量，自然可以制止价格的下滑，既可以增加国家的粮食储备，又可以维护农民的利益。相反，在歉收之年，则将储备之粮食投入市场，以遏制粮商囤积哄抬价格，又可以使政府得到一笔收入，所以管仲说："夫民有余则轻之，故人君敛之以轻；民不足则重之，故人君散之以重。敛积之以轻，散行之以重，故君必有十倍之利。"

以上是通过调节商品的流通量以达到平抑物价的目的，另一种方式则是采取货币手段来调控物价。

首先是货币的发行量上，不可过多，也不可过少。管仲认为应当依据国家生产实际情况，估计全国所需货币的数量，以此为基准，铸造公币。政府调控货币的流通量，管仲认为："国币之九在上，一在下，币重而万物轻，敛万物，应之以币。币在下，万物皆在上，万物重十倍。"银根紧缩，货币流通量少时，物价便低；银根宽松，货币供应量增加，则物价上涨，通货膨胀。以此规律，则可以利用货币之手段，达到调控物价的作用。

管仲货币思想之精深，很多见解以今日来看，仍然充满真知灼见，真乃中国旷世的经济学家。

管仲的经济见解乃是服务于政治，他对人性有着极其深刻的理解。他认为贫富悬殊乃是国家之危害，"贫富无度则失"，但他并不相信平等分配土地、财物的制度。他认为"分地若一，强者能守，分财若一，智者能收。智者有十倍人之功，愚者有不赓本之事"。即便社会实行完全平等的田地、财物分配制度，但是人在能力上的差异，最后还是会形成贫富的分化，智者可以收取十倍的利润，而愚者则无法将此资本增值。

管仲认为各人能力差别无法制止贫富分化的形成，但是政府应该干涉经济，抑制豪强，阻止兼并。这种干涉措施并非采取"均贫富"的强制措施，而是采取宏观调控的经济政策，主要有以下三个措施：第一，政府以货币手段调控市场价格，以制止豪强在丰年打压粮食价格，在荒年囤积以哄抬价格，换言之，即打破商人豪强在经济上的垄断权。第二，将盐、铁这两项生活与生产必需品收归国家专卖，同时矿山与森林均国有化，既大幅提高政府的财政来源，又避免这些必需品的价格为奸商所操纵，造成贫富失衡。第三，政府尽量解除贫民对豪强的债务，并且提供给农民贷款与耕作器具，即政府兼有银行之职能。

管仲之种种政治经济政策，究其核心在富国强兵，称霸天下。

齐国之所以称霸，并不全赖武力，更多是赖其对外的经济政策，以今日的话言之，是一种经济攻势，两千多年前的管仲的深刻见解，令人惊叹。

齐国濒临渤海之滨，为诸侯国中盐业最发达者，内地的卫国、宋国等诸侯国之盐都要从齐国进口，故而齐国对于盐有垄断地位。管仲采取限产政策，使各国的盐价大幅上涨，获利万余斤金。齐国政府将万余斤金储备不使之流通，造成金价上涨，又由于齐国之金价高于其他诸国，各国的黄金涌入齐国境内，齐国黄金储备量居各国之首。各诸侯国在黄金储备量大幅下降之后，金价也大幅攀升，由于黄金是通用货币，金价的飞涨，使得齐国作为黄金储备最多的国家，获益最大。此时齐国凭借黄金储备的优势，以高于诸国的价格收购粮食，诸国的粮食大量涌入齐国，齐国以此方式一举控制粮食这一重要的商品。

管仲以异乎寻常的金融知识，凭借货币政策，使得齐国在盐、金、粮食等重要物品上均取得压倒性的优势。这种金融政策，见识之非凡，实在令人叹为观止，此亦齐国得以称霸的重要原因。

在军事方面，管仲亦有深刻之见解，他曾说道：“为兵之数，存乎聚财而财无敌，存乎论工而工无敌，存乎制器而器无敌，存乎选士而士无敌，存乎政教而政教无敌，存乎服习而服习无敌，存乎遍知天下而遍知天下无敌，存乎明于机数而明于机数无敌。”这个主张又称为“八无敌”，即国家财力、工艺制造水平、器械、将士择选、政教、训练、情报、时机八个方面，是决定军事力量强弱的关键。对于管仲而言，军事乃是一国综合实力的体现，军事的胜负取决于多方面的因素，并非单纯武力而已。

在军事编制上，齐国有常备军三万人，这已经是不小的数目了，更惊人的是，齐国还建立了一支庞大的预备役部队，总数有十万人。这些人要参加军事训练，平时从事生产活动，有需要的时候可以投入战斗。这样，齐国可动员的兵力达到十三万人之多。此外，齐国还拥有八百辆战车，在当时诸国中首屈一指。在春秋初期，各国的战车数量较少，随着战争规模的日益扩大，战车数量也开始急剧上升。

以上所述管仲之治国方略，并非一蹴而就，而是一个循序渐进的过程，这里所述的也只是蜻蜓点水而已。这位罕见的天才在许多方面的真知灼见，远远超越他的时代，特别是他的经济思想，更远非常人所能理解，以至于后世的一些学者，对《管子》一书中最深刻体现其经济思想的《轻重》篇抱以轻蔑的态度。如傅玄认为“《轻重》诸篇尤鄙俗”，叶适认为“尤谬妄者无过于《轻重》诸篇”，至十九世纪末西方经济学东渐，管子的精辟见解才为人所理解。

四、刺客列传之柯邑惊魂

齐国要实现霸业，需要跨越两道门槛。第一道门槛是得到鲁、宋、郑等中原诸侯的承认；第二道门槛是遏制南方楚国向中原的扩张及北方狄戎的入侵。

自齐襄公谋杀鲁桓公，齐鲁两国关系跌至冰点。鲁庄公试图扶植公子纠以扭转局面，最终以失败而告终，被迫杀公子纠以自保。然而，齐桓公并未因此而善罢甘休。即位后第二年（公元前 684 年），齐桓公又大举兴兵，进攻鲁国。对此，管仲是反对的，认为齐国“内政不修，外举事不济”，当务之急是先稳定内政，而非对外用兵。

论军事实力，齐国强于鲁国，这点毋庸置疑。不过，影响战争胜负的因素很多，并非人多势众就一定会获胜。这一次，一位平民英雄挺身而出，拯救了鲁国。此人便是春秋时代著名的英雄曹刿。

据史载，曹刿是隐匿于市井之间的勇士，精于剑术，富有谋略，只是时运不济，活了半辈子还是一介布衣。鲁国政府对外软弱无能，令曹刿十分痛心。正所谓“国家兴亡，匹夫有责”，国难当头，他无法袖手旁观。此时鲁国政府暮气沉沉，缺乏锐意进取的精神，曹刿对朋友说：“肉食者鄙，未能远谋。”作为一名充满责任感的国民，理应躬入时局，挺膺责任。

曹刿来到宫廷外，求见鲁庄公。春秋时代虽是君主制，却不像后世那么专制。高度集权专制是秦汉以后的事，后世寻常百姓想见君王一面，绝非易事。

春秋时期诸侯国面积比较小，就是几座城池，老百姓要见君主，并不是特别难。此期大抵可称为开明专制时代，君主虽地位尊崇，并没有到被神化的地步。

鲁庄公是个不错的君主，客客气气接见曹刿。曹刿问："主公凭什么跟齐军作战呢？"

鲁庄公回答说："有吃的穿的，寡人不敢独占，一定要分些给别人，他们会为寡人而战的。"

曹刿摇摇头道："小恩小惠，不过少数人享用得到，不能指望多数人为您战斗。"

鲁庄公说："寡人在祭祀祖先时，祭品都是挑选最好的，不敢有所遗漏，祖宗会保佑的。"

曹刿答道："这只是小诚小信罢了，祖宗不会保佑的。"

鲁庄公又说："老百姓大大小小诉讼案件，寡人虽然不敢说每件都明察，但是尽力根据事实做出判决。"

曹刿点点头道："凭这点是可以得到百姓的支持，可以跟齐国一战。我有一个请求，希望与主公一起到前线。"

为表示亲民立场，鲁庄公答应了。

齐、鲁两军对峙于长勺。

鲁庄公亲临战场，跟曹刿共乘一辆战车。齐桓公自恃兵强马壮，率先发起进攻。鲁庄公准备迎战，曹刿阻止道："且慢，请先按兵不动。"

只听得齐军"咚咚咚"地擂起战鼓，战车部队发起冲锋。鲁庄公听从曹刿之言，并不出击，只是下令防御。作为保家卫国的一方，鲁军众志成城，连续挫败齐军两次冲锋。齐桓公大怒，第三次擂响进攻的战鼓。然而，两度进攻失利后，齐军的士气已经遭到重大打击，疲态已露。

曹刿见状，对鲁庄公说："可以迎击齐军了。"于是鲁军也擂响进攻的战鼓，将士们全速出击，奋勇拼杀，大获全胜。眼看齐军溃败，鲁庄公大喜，正要下令追击，曹刿说："先不着急，我下车看看情况。"他跳下战车，检查齐国战车溃逃时留下的轨迹，又跳上战车眺望后，说道："可以下令追击了。"鲁军大举追击，一鼓作气将齐军赶出国境。

这就是历史上著名的长勺之战。

按理说，齐国军队兵多将广，阵容强大，优势明显，为什么鲁军反而赢得胜利呢？鲁庄公向曹刿请教其中的奥妙。

曹刿答："打仗，靠的是勇气。齐军第一次击鼓进击时，士气旺盛；第二次进攻，士气就衰减了；第三次进攻，士气就衰竭了。他们士气衰竭，我们则士气旺盛，所以能打赢。不过齐国毕竟是军事强国，我担心他们诈败，故而察看他们的车辙轨迹，逃跑时留下的轮迹很混乱，旌旗东倒西歪，判断是真的溃逃，而不是诈败，才能乘胜追击。"

这一席话，让鲁庄公大为叹服。

长勺之战是春秋时代一次以弱胜强的著名战役，此役的胜利，曹刿固然立下头功，但鲁庄公也功不可没。他没有因为自己是一国之君而高高在上，而是礼贤下士，听从一位平民的作战建议，胸襟不可谓不宽广。

齐桓公很沮丧，但他并不甘心失败。

半年后，齐桓公卷土重来，还拉宋国助阵。齐、宋军队一路疾进，挺进到距鲁都曲阜不远的郎地。一个齐国就难对付了，何况多了一个宋国，敌强我弱，是战还是降呢？

公子偃坚决主战。他打探到宋军统帅是南宫长万，此人虽有万夫不当之勇，但有勇无谋，军队阵容不整，并不是带兵打仗的料。公子偃便向鲁庄公献策，集中优势兵力，先打败南宫长万，就能迫使齐军退兵。

这个作战计划过于冒险。用大部队迎战宋军，如果不能速战速决，齐军将乘虚而入，直捣国都，得不偿失。鲁庄公没有批准公子偃的作战计划。

战争本来就需要冒险。公子偃固执己见，战机转瞬即逝，如不果断出击，将陷入完全被动的局面。他断然抗命，自行调集战车部队，用虎皮蒙在马匹上。春秋是中国军事艺术高度发展的时代，出现很多新的战法，鲁军别出心裁地把虎皮蒙在马匹上，敌方的马匹不被吓死才怪。公子偃的"虎军"果然出奇制胜，宋军大败，南宫长万无法控制混乱局面，只得弃阵而逃。

这时，鲁庄公得悉公子偃出击的消息，担心有闪失，便亲率精锐部队赶往增援，正好遭遇四处逃窜的宋军。鲁庄公远远望见战车上的南宫长万，吩咐左右："快将我的宝弓拿来。"驾手将弓递上，鲁庄公搭上一支宝箭，这箭唤作"金仆姑"，是特制的箭。后来南宋大词人辛弃疾写有这么一句词："燕兵夜娖银胡簶，汉箭朝飞金仆姑。”其中“金仆姑”的来历就是鲁庄公使用的这种箭。

话说鲁庄公拉弓瞄准南宫长万，金仆姑应声飞出。一箭飞出，南宫长万“咕咚”一声，从战车上摔下，被鲁军生擒。

统帅被活捉，宋军更是无心恋战，拼命鼠窜。友军溃败的消息传到齐军兵营，齐桓公见鲁军不好惹，知趣地撤兵回国了。

两度出兵都无功而返，齐桓公心情郁闷，恨恨地对管仲说：“若是兵力有鲁军的三倍，他们怎么抵挡得了，我们应当扩充兵力到十万人。”管仲劝道：“主公应胜之在道义上，而不应在武力上纠缠。”

争强好胜的齐桓公不听，全力扩充军队，积极备战。从齐桓公的话里，我们可以判断鲁国总兵力大约三万多人。我在前一节说过，在齐桓公时代，齐国的军事力量得到长足的发展，可动员的兵力最多达到十三万人。为了打败鲁国，齐桓公真的拼了。

三年后，即公元前681年，齐桓公带着三倍于鲁军的军队，又一次挞伐鲁国。这是齐国历史上最强大的阵容，以铺天盖地、风卷残云直捣鲁都。这个兵力对比实在太悬殊了，即便鲁国有曹刿、公子偃这样的名将，也束手无策。在巨大的压力面前，鲁庄公被迫选择谈判。

弱者凭什么与强者谈判呢？当然少不了割地。鲁庄公许诺割让土地、尊齐国为盟主。这种丧权辱国的让步实是无奈之举。齐桓公接受鲁国的谈判请求，并将会盟地点设在齐国的柯邑。

齐鲁会盟这天，出席会议的鲁国代表有鲁庄公、曹刿，齐国代表有齐桓公、管仲。心情沮丧的鲁庄公难掩羞愧之情，他怀里揣了一把短剑，倘若谈判不成，宁愿血溅会场，也不苟且偷生。曹刿也怀揣一把短剑。我很奇怪齐国一方为什么没有安检，也许认为有主场优势，不怕对方搞鬼吧。

谈判开始了。齐桓公狮子大开口，要求鲁国将国都五十里外直到边境的大片土地割让给齐国。这种苛刻的条件，鲁庄公无法接受。要知道鲁国是老牌诸侯国，开国于西周初期，是著名政治家周公的封国，在诸侯中一直享有很高的地位与声望。若是按齐桓公的方案，鲁国将从一个中等诸侯滑落为小诸侯，而且齐国军队可以随时光临都城，跟亡国没有多大区别了。

谈判陷入僵局。鲁庄公绝对无法接受如此苛刻的条件，而齐桓公自恃有武力为后盾，丝毫不肯让步。

作为一国之君，祖宗基业竟要毁于自己手中，鲁庄公悲从中来，忽然从怀中拔出短剑，在场的人都吓坏了，气氛顿时紧张起来。鲁庄公的剑不是要杀人，只听他叹息道："都城距离国境只有五十里的距离，鲁国也快灭亡了。"他冲着齐桓公说："反正迟早都是死，倒不如先死在您的面前。"

鲁庄公想自杀，一死了之。他还没来得及挥剑自刎，突见曹刿从座位上冲到齐桓公跟前，居然也从怀里掏出一把短剑，一下子架到齐桓公脖子上。堂堂齐国国君，转眼间沦为人质。这一切发生在电光火石瞬间，令所有人都来不及反应。

曹刿毕竟出身市井，胆大路子野，齐国欺人太甚，我也不跟你讲武德了，抄家伙硬刚。他厉声质问齐桓公："齐强鲁弱，敝国没有得罪贵国，贵国却多次进犯，太过分了。鲁国城墙倒了，就要紧挨齐国边境，您可要仔细想想后果。"这是赤裸裸的威胁啊，老子认得你，老子的剑不认得你。

管仲再怎么神机妙算，也料不到有此突变，担心齐桓公有闪失，得先稳住曹刿的情绪，便说：有事好商量，有什么要求尽管提。

曹刿也不客气："请贵国归还所占的鲁国土地。"

别看齐桓公刚才还很牛逼，现在成了软脚虾。前面说过，齐桓公其实是比较胆小怕死的人，论勇气甚至还比不上鲁庄公。鲁庄公还打算杀身成仁，不失为一条汉子，而齐桓公在生死面前，显然没那么淡定。为了保命，他不加考虑就同意了，答应归还鲁国的土地。

曹刿警告一句："国君无戏言，不要违背承诺。"他把剑一扔，若无其事回到座席之中，气定神闲，似乎啥事也没发生过。

这则史事，被司马迁放入《刺客列传》首篇。在《刺客列传》中，司马迁笔下的英雄叫"曹沫"，而《管子》和《春秋穀梁传》的记载，都指名"曹刿"，可见曹沫与曹刿是同一个人，这点是无疑的。但是在故事细节上，各本记录有所差异。《管子》载有鲁庄公暗怀短剑的记录，其他诸本均没提到。

在春秋史上，鲁国出现过许多勇士，曹刿就是其中之一。这个人不简单，在长勺之战中指挥鲁军以少胜多，以弱胜强；在柯邑会盟中又展现匹夫之勇，颇得无赖精神，难怪太史公将他列为刺客第一人。

齐桓公有没有遵守承诺呢？他还真遵守了，把侵略来的土地归还鲁国。有人就会奇怪了，虽说有承诺，但那是被劫持时的权宜应变，谁都知道不是出于真心。齐桓公完全可以推翻此允诺，但为什么没有呢？为什么要把吃进去的肉又吐出来呢？

其实齐桓公本来也想要无赖，但管仲的一句话让他醍醐灌顶："国君如果反悔自己承诺的话，终究是不好的，不如把土地归还鲁国，不要因贪图小利而失信于天下。主公若要号令天下，这不是一个很好的机会吗？"

化不利为有利，这是管仲的智慧。

曹刿保住了鲁国的国土，齐桓公则赢得了各诸侯国的一致赞誉。《春秋公羊传》评论道："桓公之信著乎天下，自柯之盟始焉。"这是一次双赢的结果，一方赢得有形资产，一方赢得无形资产，这是历史的喜剧。

尽管齐国未能扩张土地，却仍然成为齐鲁战争中的胜者。此后，鲁国不得不屈服于齐国之下，成了小跟班。

解决鲁国后，齐桓公下一个目标是宋国与郑国。

五、齐国霸业的狙击者

在春秋初期，宋国也曾雄心勃勃。宋殇公执政的十年，作为反郑联盟的带头大哥，他纠集卫、陈、蔡等国，与郑庄公血战十年，但负多胜少，最终民怨沸腾。贵族华父督利用民众对政府的不满，发动政变，杀死孔父嘉与宋殇公。

华父督执政时间长达二十余年，在这段时间里，宋国仍幻想重振旗鼓，充当中原诸侯的带头大哥。公元前 684 年，宋国与齐国联手，进犯鲁国，不料事与愿违。宋军被鲁军打得溃不成军，统帅南宫长万沦为俘虏。

为了挽回颜面，宋国对鲁国发动报复性的战争。宋军战斗力着实令人不敢恭维，两军对垒，宋闵公还没来得及摆好战斗阵形，鲁军便掩杀过来，宋军一触即溃，身为统帅的宋闵公落荒而逃。

鲁国虽两度击败宋国的进攻，但面临与齐、宋两线作战的巨大压力，鲁庄公穷于对付。正好宋国发生水灾，鲁庄公趁此机会向宋国示好，并提供大量抗洪救灾物资。此后，宋国重新与鲁国修好，并希望鲁国释放南宫长万。鲁庄公爽快答应，很快南宫长万就重获自由。

可是宋闵公万万没料到，南宫长万竟成了宋国动乱的根源。

南宫长万回到宋国后，官复原职，仍受到重用。有一回，他陪宋闵公外出打猎，在路上跟人发生争执，他一怒之下，把那人揍了一顿。宋闵公对这种野蛮行径看不惯，挖苦南宫长万说："起初我很尊敬你，你现在却十足像鲁国的俘虏，我不再尊敬你了。"

宋闵公的话充满讥讽意味，刺到南宫长万的痛处，伤了他的自尊心。南宫长万恼羞成怒，无名火起，在心里埋下仇恨的种子。

公元前682年，宋闵公前往蒙泽巡视，只带了少数贴身卫士。南宫长万瞅准机会，假装有要事禀报，入见宋闵公。宋闵公见南宫长万进来，正想开口问话，不想南宫长万突下杀手，照着宋闵公就是一拳。就这么一拳，宋闵公便轰然倒地，当场被击毙。

大夫仇牧听到有异样的动静，带着兵器跑了进来，一眼看到宋闵公满脸鲜血倒毙在地上。他大叫一声，抄起武器向南宫长万扑过去。南宫长万一个闪身，躲过仇牧的一击，又朝他一记重拳。仇牧晃晃荡荡，脑袋往门板上一撞，也死了。

连杀两人后，南宫长万打算开溜。正巧遇上权臣华父督，一不做，二不休，他索性抡起拳头，把老迈的华父督也打死了。当年华父督为了美人，杀死宋殇公和孔父嘉，不想一大把年纪时，被南宫长万一拳打死，真是报应。

杀了宋闵公与华父督后，南宫长万举兵造反，杀回都城。宋闵公的弟弟公子御说逃往亳邑，其他公子则逃往萧邑。

为了斩草除根，南宫长万派儿子南宫牛围攻亳邑。亳邑守军奋起反击，南宫牛无法破城，只得采取围城战术。

亳邑攻防战陷入僵局的同时，萧邑成为另一个抵抗中心。萧邑大夫叔大心与诸公子誓师起兵，讨伐南宫长万。讨逆军的首要目标是解亳邑之围，军心涣散的叛军全线溃败，南宫牛在战斗中被击毙。

亳邑解围后，讨逆军声势大振，萧邑与亳邑联手反击，进攻南宫长万。叛军一哄而散，南宫长万成了光杆司令，好汉不吃眼前亏，三十六计，走为上计。力大无比又杀人不眨眼的南宫长万是个孝子，逃跑时没忘带上母亲。他把母亲安置在车上，自己拉着车大步流星地飞奔，逃到陈国去了。

公子御说被拥立为国君，史称宋桓公。

宋桓公开始对南宫长万秋后算账，派人携重金入陈国，要求引渡南宫长万。陈国是小国，又收人钱财，便打算把南宫长万移交给宋国。但南宫长万武艺高强，铁拳何等厉害，要生擒他并非易事。俗话说："英雄难过美人关"，陈国祭出美人计，派一名美女陪酒，把南宫长万灌得酩酊大醉。等南宫长万不省人事时，一群武士一拥而上，用牛皮把他裹起来，捆得紧紧的，用马车载回宋国。

南宫长万醒酒后暗叫不好，用尽全身力气挣扎。他果然天生神力，竟然把牛皮捅破了，但仍无法挣脱捆绑。宋桓公动用最残酷的刑罚，将南宫长万活生生剁为肉酱。这位宋国著名的勇士，最终落得如此惨的结局，也是咎由自取。

宋国内乱给了齐桓公一次表现的机会。

公元前 681 年，齐桓公邀请宋、陈、蔡、邾、遂五国君主在北杏召开会议，主题是关于宋国内乱的善后事宜。这是齐桓公第一次召集诸侯会议，但是遂国君主不给面子，拒绝出席会议。

为了震慑诸侯，齐桓公决定杀鸡骇猴。他以遂国不从为由，悍然入侵，将遂国从地图上轻轻抹去。在此之前，齐国已经吞并谭国，遂国成了齐桓公称霸路上的第二个牺牲品。

北杏会议签署了一系列协定，齐国开始有了主导诸侯事务的话语权。管仲设计出一种新型霸业模式，即由霸主召集诸侯会议以解决各国争端。

表面上看，齐国是要解决宋国内乱的善后问题，实际是以北杏会议的决定约束宋国。不谙此道的宋国人很快付出代价。不久后，齐桓公借口宋国没有履行北杏会议的决定，出兵讨伐宋国。

为了凸显伐宋之战的合法性，齐桓公抬出周天子的旗帜，向周僖王请求派遣王师参战。长期被忽视的周天子也想通过此战来维护王室的尊严，遂命令单伯率军前往。齐周联军大举出动，内乱后的宋国焉能抵挡，除了投降外，别无选择。

宋国政府承诺遵守北杏协定的内容，在外交上完全倒向齐国，成为最忠实的小喽啰。据史料载，齐桓公总计召集过十五次诸侯会议，宋国是唯一全程参加的国家，一次也没缺席。

公元前 679 年，齐国召集宋国、陈国、卫国、郑国在鄄城举行诸侯会议，由于郑、宋、卫都是中原有影响力的诸侯，故而此次会议也被史家认为是齐国霸业的真正开始。

诸侯会议有点类似今天的联合国大会，齐国则是会议的主席国。通过召开诸侯会议来解决各国争端，是一种政治新秩序的体现，这是在周王室衰落的背景下，应运而生的崭新政治模式。鄄城会议有一个看点，就是曾经雄霸中原的郑国也出席参加。我们前文说过，郑昭公被弑后，祭仲立子仪为国君，郑国走向闭关自守，几乎消失在中原政治舞台上。那么，是什么原因让郑国重返“国际舞台”呢？

原来是郑厉公复辟成功，王者归来。

当年郑厉公密谋诛杀权臣祭仲未果，逃到栎邑，组建一个流亡政府。郑国实际上两个政权并存：一个是子仪政权，一个是栎邑流亡政权。在子仪统治的十几年，郑国失去往日雄风，国人对子仪的无能越发不满，支持厉公归来的呼声越发高涨。在此背景下，郑厉公复辟时机已成熟。经历十七年的流亡，郑厉公更加成熟老练，栎邑政权羽翼渐丰，具备全面夺权的实力。

公元前 680 年，郑厉公开始他的复辟之战，挥师向国都进军。流亡政府得到多数国人的支持，郑厉公系名将出身，通晓兵法，兵锋所及，战无不胜，攻无不克。

子仪的宠臣傅瑕杀死君主献城投降。郑厉公兵不血刃占领都城，重登君位，做的第一件事就是杀掉贪生怕死的傅瑕。

复位之后的郑厉公开始清算十七年前的旧债，当年参与祭仲杀害雍纠的人受到严厉的惩罚。主谋祭仲已经去世，主要党羽公子瘀被处死，强鉏被砍掉双脚。

郑厉公的复辟，意味着郑国重返中原政治舞台。他试图再现郑国昔日的辉煌，可惜生不逢时，齐国正以巨龙之雄姿崛起于东方。

在烈日灼人的齐国面前，郑国只能充当配角。

公元前 679 年，郑国参加齐国主持的鄄城会议。在这次会议上，齐国挟灭谭亡遂、征鲁伐宋之威，理所当然被推为诸侯之首，奠定其作为中原领袖的地位。

不过，郑厉公显然不甘心屈居人下，他要捍卫郑国的强国地位。

鄄城会议后，郑厉公对宿敌宋国发动侵略，事实证明这是在错误时间发动的错误战争。他的思维还停留在郑庄公时代，不知时势已发生变化，齐国主导下的会盟运动，已成为一种国际新秩序。郑厉公对宋国的偷袭，违背鄄城会盟的精神。很快，齐国联合宋、卫等国进攻郑国。

与此同时，南方巨鳄楚国也蠢蠢欲动。楚文王借口郑厉公复辟后没有及时通告，是对楚国心存蔑视。楚军大举北上，进攻栎邑。郑国腹背受敌，断难两线作战，于是郑厉公选择与齐国媾和。该年冬季，齐、郑、鲁、宋、卫、陈、许、滑、滕九国在幽地召开会议，郑国与齐、宋等和解，参加会盟的九国组成联盟。

郑厉公是一位有理想的君主，他雄心未灭，谋图恢复郑国的强国地位。公元前 675 年，周王室爆发一次政变，给郑厉公提供一次大展拳脚的机会。

政变的原因是这样的：周惠王上台后，喜欢贪小便宜，他手下有五个大臣，有的被天子夺了菜园，有的被抢了房产，有的被夺去田地或者俸禄。作为天下共主的周天子，很有点流氓样。五大臣心里恨恨的，便勾结周惠王的弟弟子颓，密谋推翻周惠王。这次政变得到卫国与南燕国的帮助，与叛军里应外合，周惠王不敌，狼狈逃出都城。

继繻葛之战周桓王挨了一箭之后，周王室又一次陷入狼狈不堪的窘境。

郑厉公明智地利用周室政变的机会，重新树立郑国的权威。公元前 674 年，郑厉公着手解决周王室的内部纠纷，将参与政变的南燕国君仲父抓起来。紧接着，他把四处流浪的周惠王迎到郑国，并派人潜入首都洛邑，把传国宝物给偷出来，向外界表明，周惠王仍是天子。

为了寻求帮手，郑厉公前往虢国（此时虢国尚未被晋国所灭），与虢公商议周惠王复辟计划。虢国一直是周王室的左膀右臂，虢公同意与郑厉公共同出兵讨伐子颓伪政府。

公元前 673 年，郑、虢联军发动对子颓伪政府的进攻。洛邑很快被攻破，子颓和叛乱的五大臣均被杀死。这场周王室内部的叛乱以失败而告终，周惠王复辟成功。

郑厉公成为周惠工复辟的第 功臣，凭借勤王功勋为各诸侯所侧目，大大地提高了郑国的政治声望与威名，也捞到一些实惠。为了感谢郑厉公，周惠王将虎牢关以东的土地赏赐给郑国，郑国土地得以扩张。

在天子蒙难之际，齐桓公只是充当看客，被精明过人的郑厉公抢得先机，这不得不说是一大失误。手握王命的郑厉公在与齐桓公的较量中，第一次占有主动权。令人惋惜的是，郑厉公在事业巅峰时溘然长逝。他的离世，意味着郑国失去与齐国争雄的机会。他的后继者才干平平，郑国也一步步沦为二流国家。

郑厉公以勤王一役名扬诸侯，险些威胁到齐国的霸业。齐桓公意识到周室虽然衰微，但是仍有巨大的利用价值。此后，齐国吸取教训，高举“尊王”与“攘夷”两面大旗，将霸业推向巅峰。

第五章　尊王攘夷

一、蛮夷的威胁

“尊王”与“攘夷”是霸业的一体两面，王道丧失所以霸道兴起，华夏混战所以蛮夷窥边。因此，霸主有两大职责：其一，代替天子发号施令。其二，团结诸夏抵御各少数民族。

为什么要尊王呢？

周天子的权威荡然无存，“王命”的旗帜却有很高的利用价值。用后世的话说，叫“挟天子以令诸侯”，或“尊天子以令不臣”。说好听点叫“尊”，说难听点叫“挟”。把周天子这尊泥菩萨供养起来，就可以用“中央”的名义号令四方诸侯，这就名正言顺。否则你是诸侯，我也是诸侯，凭什么我要听你的呢？

齐国要借用“天子”的招牌，同样，周天子也希望得到实力派诸侯的支持。在周室内乱中，卫国充当一个不光彩的角色，支持叛乱的一方，驱逐周惠王。周惠王对旧仇耿耿于怀，想借齐桓公之手报仇雪耻。而齐国也想借此机会，表明“尊王”的立场。

公元前666年，齐桓公伐卫，齐军势如破竹，卫国很快举白旗投降。齐桓公以天子的名义批评卫国的“政治错误”，卫国人一面唯唯诺诺地接受霸主训斥，一面塞了不少奇珍异宝。齐桓公既捞得政治资本，又发了一笔横财，可谓是名利双收。

其实，齐桓公尊王只是做做表面工作，他从没想过恢复周天子的无上权威。讨伐卫国只是雷声大、雨点小，板子举得高高，打下却是轻微无力。除了卫国重金贿赂外，还有一个重要原因：华夏诸国面临着周边各族的巨大威胁，过多的混战只会自损实力，让它们有机可乘。

中原面临的夷患主要有两个：其一是以戎、狄为首的各族，文明程度比较落后，主要是游牧民族，集中于北方及西北地区，还有一部分居住在山区。其二是以楚国为首的南方“伪蛮夷”。楚国原本是周的一个封国，也算华夏成员，但是楚国地处南方蛮夷聚居区，在扩张过程中又吞并了许多少数民族部落，故而文化习俗受其影响很深。

楚武王自立为王时，公然宣称“我是蛮夷”，拒绝听命于周王室。这样，楚国实际上挣脱中原文明圈，理所当然成为攘夷的对象。

夷患的兴起，与西周灭亡、东周没落有直接关系。骊山之变前，周王朝实施分封制，虽然松散，却有统一的领导，可以集中诸侯的力量对付各族的威胁。进入春秋时代后，天子的权威不再，各诸侯国则陷入纷争，各自为战，各族势力得以坐大，不断发动进攻，已成中原诸国之心腹大患。

要遏制夷患的蔓延，中原诸国必须团结起来，一致对外，实行攘夷政策，捍卫华夏文明。这是齐桓公称霸所必须完成的事业。

先来看看南方楚国的情况。

自武王、文王两代雄主挥鞭，楚国疆土纵横千里，面积远超过任何一个中原诸侯国。楚文王死后，息妫的儿子杜敖继承楚王位。杜敖五年（公元前671年），楚国内乱又起，杜敖打算杀死弟弟熊恽，熊恽逃往随国。在随国军队的支持下，熊恽返回楚都，杀死杜敖，夺取君位，史称楚成王。

这起政变，史料所记不详。杜敖与熊恽都是息妫的儿子，楚文王强抢息妫是在公元前680年，而政变发生于公元前671年，此时杜敖与熊恽都不足十周岁。几岁大的孩子能玩什么政变呢？因此，政变的背后肯定涉及楚国贵族间的利益博弈。最终攫取大权的是熊恽的叔父子元，他是楚武王的儿子，楚文王的弟弟。子元大权独揽，担任楚国令尹，相当于宰相。

由于楚成王熊恽年龄尚幼，军政大权完全操控在子元手中。子元执政后，大力推行改革，对内布德施惠于民众，对外与各国恢复友好外交，一反先王与周王室分庭抗礼的传统，主动派人向周天子进贡。周天子便是贪小便宜的周惠王，楚国的进贡令他龙颜大悦，遂赐给楚成王祭肉，并传达王命："好好镇守你的南方，平定夷越的叛乱，不要侵犯中原地区。"

此后几年，子元对南方蛮夷发动讨伐，开疆拓土。此时楚国土地东西、南北均超过一千里，成为唯一可以与齐国平分秋色的超级强国。

由于楚成王熊恽尚年幼，子元有机会取而代之。但他没有这么做，是因为迷恋熊恽的母亲息妫。

息妫的传奇故事还没结束。男人们为她拼死拼活，甚至把国家都输掉，把命都丢掉。子元绝对是个大情痴，为了向息妫示爱，他想出一种别出心裁的方式。他在王宫旁建了一座大宅院，正对着息妫的住处。为了吸引美女的眼球，他摇起振铎，大跳万舞。铎是一种摇铃，万舞是楚国的一种舞蹈，这位公子哥对自己的舞技颇为自诩，想以帅气的舞姿撩拨美人之心。

不料息妫听到舞乐声后，非但没动心，反而流泪说："先王用这个舞蹈来演习战备，令尹不将此用于仇敌，却用于我这个未亡人，不是很荒唐吗？"子元听说后非常惭愧："女人尚且不忘仇敌，我反倒忘了。"

问题是，谁是仇敌呢？

子元找来找去，把郑国列入"仇敌"。这个说来荒唐，郑国与楚国向来井水不犯河水，哪来的仇恨呢？两国唯一的矛盾，是几年前郑厉公复辟时，没有及时通告楚国，楚文王以此为借口，进攻郑国的栎邑。这只是小冲突，并非大矛盾，更谈不上深仇大恨。我怀疑子元讨伐郑国，只是为了向息妫证明自己是个男子汉。

这纯粹是一场作秀的战争。子元出动六百辆战车，气势汹汹杀奔郑国，直抵都城外。春秋时代的大城一般分为内城与外城，楚军攻破外城的两个城门，战车耀武扬威开进城内，抵达郭内大道的市集。按理说，外城失守后，郑军应该紧闭内城，严阵以待。可奇怪的是，内城的城门竟然洞开，郑国人是玩什么把戏呢？

这大概是中国历史上最早版本的空城计吧。子元没有进内城，他愣头愣脑地看了一番，吐出一句话："郑国有人才！"便下令退兵观望。郑国是不是设了陷阱等着楚军钻进来呢？史书上没说，我们也不好妄测。但是可以说明两件事：第一，子元是比较谨慎的。第二，楚国并没有打大仗的决心。

与此同时，齐桓公本着老大对小弟负责的态度，纠集齐、鲁、宋三国军队，驰援郑国。子元一看敌众我寡，连夜开溜，撤兵回国了。

说起来子元也挺可怜，宅也建了，铎也摇了，舞也跳了，仗也打了，想方设法要撩息妫，奈何遇到一个冰美人，根本没用。从史料透露的信息看，息妫被掳掠到楚国后，没爱过楚文王，也没爱过子元，自从前夫息侯被杀后，她的内心就如一潭死水，再也没有泛起过波澜。

然而，子元仍旧没放弃。为了更接近息妫，他索性搬到王宫去住了。虽说子元是楚成王熊恽的叔叔，但王宫怎么是可以随便住的呢？子元的做法引起大臣们的强烈不满，鬬廉是三朝老臣，更是极力反对。子元大怒，干脆把鬬廉逮捕入狱。这位楚国宰相为了美女，不惜与天下为敌，最终断送了自己的性命。

鬬氏是楚国名门望族，出过许多政治家。在读春秋史时一定要记住一点，在东周初期贵族的势力是非常大的，别说一国之相，就是一国之君，也不知被屠了多少人。齐国、郑国、鲁国、宋国、晋国、秦国、卫国这些重要诸侯国，无一不上演屠龙的剧本。子元只是楚国令尹，他高估自己的权力了。

为了捍卫家族尊严，申公鬬班发动政变，杀死令尹子元。鬬氏家族由是控制楚国大权，鬬穀於菟(wū tú)被推举为令尹。鬬穀於菟这个名字很古怪，"於菟"就是老虎，"穀"泛指粮食，为什么起这么个名字呢？鬬穀於菟的父亲鬬伯比，年轻时爱上郧国公主，公主怀孕产下儿子。郧国夫人认为伤风败俗，便把婴儿扔到荒郊野外。没想到婴儿没死，一头母老虎竟给婴儿喂奶，后来就取名"穀於菟"，意为老虎喂奶。

鬬穀於菟是楚国历史著名的政治家，子元被杀引发政坛的恐慌，为安抚其他贵族，鬬穀於菟把私人家产全部捐献出来，帮助楚国渡过这段政治危机。自从楚文王死后，楚国对外扩张势头趋缓，中原诸侯压力顿减。不过北方戎人、狄人频频入侵，中原华夏诸侯与各少数民族之间的血战，由此拉开序幕。

二、华夏的攘夷之战

中原华夏对四境蛮夷有一个笼统的称呼：北狄、西戎、东夷、南蛮。诸少数民族与华夏族的最大差距在于文明。中原文明与四境少数民族相比，至少领先一千年，地处边缘的诸侯如楚国、秦国、晋国等，文明程度逊于齐、鲁、宋等国，颇染蛮夷之习俗，好勇尚武之风甚浓。

骊山之变后，北方及西北之戎狄势力臻于鼎盛，对中原文明构成巨大的威胁。诸侯与蛮夷戎狄的战争不断增加，秦国人以无比的勇气连续击败西戎，大大缓解中原的外患。公元前 713 年，秦军大败西戎亳王，铲平其基地荡社；公元前 704 年，秦军进攻荡氏，消灭这支西戎部落；公元前 697 年，秦军讨伐彭戏氏（西戎的一支）；公元前 687 年，秦军击破邽戎、冀戎。

在中原诸侯中，以郑庄公的攘夷成就最为杰出。公元前 714 年，北戎南侵，在郑军的打击下几乎被全歼；公元前 706 年，北戎入侵齐国，郑军救援并且再次击退强敌，取得攘夷之战的胜利。

到了齐桓公时代，北方的山戎、赤狄再次成为中原华夏诸侯的严重威胁。

齐桓公二十二年（公元前 664 年），山戎军队入侵燕国，燕国抵挡不住，紧急向齐国求援。齐桓公与鲁庄公在济水畔会晤，商讨联合出兵讨伐山戎。鲁庄公借口道路遥远，劳师远征，于事无补，拒绝出兵。

鲁庄公的暧昧态度令齐桓公十分不快，但军情吃紧，在管仲的提议下，齐国毅然独自承担救援燕国的使命。

齐桓公挂帅亲征，管仲、隰朋为先锋，率领齐军进入燕国，发动一系列攻势，山戎败退，撤出燕国。齐军发扬“宜将剩勇追穷寇”的精神，反客为主，向山戎盘踞的腹地挺进，以扩大攘夷成果。这是一次规模空前的攘夷军事行动，在齐军的凌厉进攻下，山戎伤亡惨重，被迫向北逃窜。管仲、隰朋一路追击，一直打到令支（今河北迁安）、孤竹（今河北卢龙）一带，方才收兵。

由于对地形不熟，齐军在返回途中迷失方向。此时正是严冬时节，天寒地冻，如果不能迅速找到归途，军队将面临灭顶之灾。关键时刻，管仲、隰朋以智慧挽救了齐军的命运。

管仲根据“老马识途”的经验，让几匹老马在前带路，大军跟在后面行走，终于找到了返程的路。但军队又遇到麻烦：缺少饮用的水源。隰朋分析说：“蚂蚁冬天住在山南，夏天住在山北，只要找到蚂蚁，蚂蚁窝口堆的土如果有一寸厚，向下挖一仞（八尺）就会找到水源。”在隰朋的提示下，果然找到水源。这样，齐军终于安全返回燕国。

这是齐国攘夷战略的一次巨大的胜利。北方的山戎遭此役重创后，很长一段时间无力发动新的进攻。

燕庄公对齐国出兵援助感激涕零，齐桓公班师回国，燕庄公一路相送，一直送到齐国境内。齐桓公又不失时宜地作秀，他说：“除了天子之外，诸侯相送是不出国境的，我不可以对燕国无礼。”于是将燕庄公踏入齐国境内的这片土地，全部割让给燕国。

齐桓公这次表演堪称经典，出人出力帮燕国打仗，非但没收取好处费，还慨然赠地，俨然成了正义的化身。其实，齐桓公并非一无所获，他收获的是政治资本，是巨大的政治影响力。齐国以一个负责任大国的形象出现在世人面前，《史记》写道：“诸侯闻之，皆从齐。”这是攘夷之战的最大回报。

然而，华夏的夷患远未结束。另一支赤狄部落比山戎更凶悍、更野蛮，对中原的破坏性更大。

赤狄是北狄的一支，居山西东南，是华夏族最强悍的劲敌。

公元前662年，赤狄军队进攻邢国。邢国不能抵挡，向齐国发出告急文书，请求给予军事支援。在前年救燕之役与伐山戎之战中，齐军伤亡不小，对邢国的请求，齐桓公犹豫不决。管仲劝道：“戎狄像豺狼一样贪得无厌，中原诸国是我们同族，相互亲近，不能见死不救，要忧患与共，同仇敌忾，应该出兵援救邢国。”

齐桓公以大局为重，于公元前661年率领大军救援邢国，击退赤狄的入侵。两年后（公元前559年），赤狄卷土重来，再次入侵邢国。齐桓公联合宋国与曹国，第二次出兵救援邢国。当三国援军进入邢国后，苦战中的邢军正面临崩溃，一见援兵赶到，再也无心恋战，“哗”的一声全撤向联军兵营。由于齐国援兵及时赶到，赤狄军队最终败走，邢国得以死里逃生，但都城基本毁于兵燹，由此可见这场战争的残酷。

在齐国的主持下，邢国战后重建工作有条不紊地进行。首先是重建都城，地址选在夷仪（山东聊城西南），齐、宋、曹三国联军帮助邢国修筑都城，为了防止赤狄再次入侵，齐国留下一千名战士与一百辆战车，帮助邢国守卫都城。

在进攻邢国的同时，赤狄的兵锋又指向卫国。

公元前660年，赤狄入侵卫国。卫懿公有个癖好，喜欢养鹤，还给这些鹤封了禄位，每当外出时，让鹤乘坐大夫专用的马车，在卫国鹤可真比人还高贵。卫懿公荒唐侈靡，国内民怨沸腾。赤狄军队来犯，卫懿公命令军队出战，士兵们嚷嚷道："派那些鹤抵抗敌人吧，它们比我们待遇高，我们哪能打仗啊？"

国难当头之时，士兵这个时候责备卫懿公，时机不对头。大家抱着幸灾乐祸的心理，殊不知如此一来，造成的局面是全盘皆输，覆巢之下，岂有完卵？由此可见，卫国的国家不够强大，更缺乏像管仲这样具有远见卓识的政治家，国难当前，大家只知推卸责任，不亡国也难。

卫懿公虽然荒淫，但还是有点骨气，没有一跑了之。情知军队没有什么战斗力，他仍亲自指挥大军前往迎战赤狄，从这点看，尚有可悯之处。可惜最后一败涂地，卫军士气这么低，卫懿公要负主要责任。此役卫懿公被赤狄军队杀死，据说死得很惨，被狄人尽食其肉。

赤狄军队在卫国大肆屠戮。这是春秋初期有记录的最大规模屠杀，卫国都城及周边的城邑居民几乎被杀殆尽，死里逃生的卫人跑到黄河边，河的对岸是宋国。宋桓公发扬国际主义精神，伸出援助之手，亲自到黄河边指挥救援。由于狄人追兵在后，卫国难民不得不在夜晚强行渡河。在宋人的帮助下，卫人总共有七百三十人渡过黄河。除此之外，卫国的共邑与滕邑（此二地似乎未遭狄人屠杀）共四千余人也陆续前来会合。经此一役，卫国的总人口只剩下五千人左右。

宋桓公将卫国难民暂时安置在曹邑（河南滑县西南），齐桓公得知这一事变后，派公子无亏率领三百辆战车及三千名战士赶到曹邑，帮助协防，防止狄人再度进攻。齐国还给难民带来赈济物品，包括车辆、马匹、牛、羊、猪、鸡、狗各三百，还有重建房屋所需的材料等。

齐国真不简单。几年前，齐桓公还以"王命"讨伐卫国，在卫国落难时，他不惜伸手相援，正是管仲"华夏一家亲"思想的体现。在救援卫国的行动中，只有宋、齐两国的身影，可见当时诸侯各国并不具备管仲的远见卓识，也没有意识到中原正遭遇严峻的挑战。

三、庆父不死，鲁难未已

齐、鲁是一对冤家。

齐桓公在柯邑之盟被曹刿劫持，被迫将所占的土地吐出来。鲁国虽在外交上侥幸取得胜利，从此却不得不屈居齐国之下。公元前664年，齐桓公北征山戎，约鲁庄公共同出兵，遭到鲁庄公拒绝。齐桓公对此事耿耿于怀，一心想报复鲁国。管仲劝道："伐远诛近，邻国不亲，非霸王之道。如果讨伐鲁国，鲁国一定倒向楚国，这样一来，岂非一举两失。"齐桓公心胸还是比较宽广的，放弃了报复的念头。

两年后，鲁庄公病逝。鲁国政坛再现动荡，君位争夺出现白热化局面。

鲁庄公的正娶夫人是哀姜，哀姜是齐国人，她的身份不太确定，可能是齐襄公的女儿。她是公元前670年嫁到鲁国，八年婚姻，没有生儿子。鲁庄公去世后，君位由谁来继承，就成了一个问题。

最有资格的继承人，是鲁庄公的弟弟庆父与庶子子般。

鲁庄公年轻时风流倜傥，曾爱上党氏家族的一位小姐，名叫孟任。年轻的鲁庄公颇似楚国情痴子元，他搭建了一座高台，站在台上可以俯瞰党氏家。他远远望着孟任小姐，心荡神迷。鲁庄公亲自上门求爱，不想却吃了闭门羹，任性的孟任小姐闭门不见。鲁庄公情急之下，许诺只要孟任嫁给他，就立为正式夫人。不知是被鲁庄公的花言巧语哄开心呢，还是贪图富贵，孟任小姐终于答应鲁庄公，两人割臂以血起誓。

这是一个浪漫的爱情故事，后来孟任生了一男一女，男孩儿叫子般。

然而，鲁庄公并没有践行承诺，立孟任为夫人，而是立哀姜为夫人。夫人的儿子才是嫡子，才有继承权。但是由于哀姜没有生育，作为庶子的子般仍有继位的可能。

弥留之际的鲁庄公犹豫不决，是由弟弟庆父继承大统，还是庶子子般呢？

鲁庄公有三个兄弟，分别是庆父、叔牙、季友。

叔牙认为庆父有才能，应该立庆父。季友则认为应该立子般，他甚至放言："我将以死来侍奉子般。"

当季友得知叔牙想立庆父时，决定除掉叔牙。由于鲁庄公病重，季友串通鲁国大夫鍼巫，谎称得到鲁庄公的密令，赐叔牙毒酒。叔牙当然不从，鍼巫威胁道："喝下这杯酒，你的子孙尚且可保荣华富贵，否则将断子绝孙。"无奈之下，叔牙被迫喝下毒酒，毒发身亡。季友的行为有些奇怪，为了保侄子上台，不惜杀掉自己的哥哥，令人怀疑他是不是与子般的母亲孟任有暧昧关系。

不久后，鲁庄公去世。季友先下手为强，将子般扶上君主宝座。庆父与君位失之交臂，心有不甘，暗地里策划推翻子般，夺取大权。季友知道庆父有野心，担心他谋害子般，便把子般迁到母家党氏府中居住。

季友考虑得很周全，但子般仍难逃被害的命运。

庆父收买一名刺客，此人单名叫荦。春秋时期不是每个人都有姓氏，低贱的人只有名没有姓氏，我们姑且称呼阿荦吧。几年前，有一回鲁庄公搞祭祀彩排，子般与妹妹在一旁看热闹，养马的阿荦看到小公主漂亮可爱，忍不住说了几句调戏的话，这下可就闯下大祸。子般一怒之下，将阿荦绑了起来，用鞭子抽打。鲁庄公得知此事，对子般说："这个人是不能用鞭子打的，还不如杀了他。阿荦的力气很大，能够把车盖从宫中扔到都城的南门呢。"

要刺杀子般，阿荦就是合适人选。阿荦四肢发达、头脑简单，当年被暴打一顿，身上的伤好了，心里的伤却抹不去。在庆父怂恿下，阿荦的报复心被唤起，当即答应。阿荦是个马夫，有机会进出党氏家，他找了个机会，将子般刺死。可怜子般上台不满两个月，就到九泉之下与父亲会合去了。

子般一死，庆父就跳出来，大义凛然地将阿荦逮捕，以弑君罪将他处死。看上去庆父继承君位已经没有悬念，季友担心哥哥秋后算账，便一溜烟逃到陈国去了。

然而，结果出乎所有人意料，庆父并没能登上国君宝座。齐桓公突然出手干涉鲁国内政，扶植鲁庄公另一个庶子公子启为君主。为什么齐国会突然闯进来搅局呢？

只要看看公子启的出身就会恍然大悟。他的母亲叔姜是齐国人，随姐姐哀姜陪嫁给鲁庄公。有这层特殊背景存在，就不难理解为什么齐桓公要将公子启推到前台。霸主下达指示，鲁国人连屁都不敢放，只能顺从其意，立公子启为国君，是为鲁闵公。

庆父又一次与君主宝座擦肩而过，岂肯甘心！既然他能杀掉子般，也同样能杀掉鲁闵公。庆父有一个强有力的支持者，就是鲁庄公夫人哀姜。诸位看客，鲁闵公的母亲是哀姜的妹妹，为什么哀姜不支持鲁闵公，而偏要支持庆父呢？原来哀姜与庆父关系暧昧，两人有一腿。权力，让亲情走开。季友杀兄，庆父杀侄，季友与庆父势不两立，现在哀姜与叔姜俩姐妹也成了敌人。大家细品一下，鲁国政坛混乱到什么程度。

此时鲁闵公不到十岁，母亲叔姜在朝中没有羽翼，如何与庆父抗衡呢？齐桓公可以扶鲁闵公上台，可是不能保护他呀。谁可以保护这对孤儿寡母呢？只有一个人，就是逃到陈国的季友。于是鲁闵公向齐桓公提出请求，由霸主出面，召季友归国。

季友终于回到鲁国，鲁闵公仿佛握住一根救命的稻草，迫不及待亲自前往迎接救世主。

其实，齐桓公意识到庆父势力强大，他准备了两套方案：其一，如果季友能控制住局面，齐国就扶植鲁闵公。其二，如果季友控制不住局面，齐国就趁鲁国混乱，将其吞并。

为了进一步评估时局，齐桓公派大夫仲孙出使鲁国。

仲孙表面上是外交访问，实则暗中观察鲁国政坛实情。他发现鲁闵公虽有季友的支持，但仍像是惊涛骇浪中的孤舟，随时有覆亡的危险。庆父与哀姜通奸合谋，其势力盘根错节，难以撼动。

回到齐国后，仲孙报告说："庆父不死，鲁难未已。"

齐桓公问："既然如此，怎么除掉庆父呢？"

仲孙答道："祸难不止，将自取灭亡，您就等着吧。"

齐桓公追问道："可以趁机吞并鲁国吗？"

仲孙摇摇头说："不可以的。鲁国执掌周礼，周礼是治国之本。鲁国虽动荡，但没有抛弃周礼，不能去动它。应当帮助鲁国平定动乱的局面，和睦相处。亲近礼义之国，离间叛贰之国，颠覆昏乱之国，这才是霸业之道。"在仲孙看来，鲁国是先进文明的代表，保留着华夏文明的精华，不宜将其兼并。

齐桓公听从仲孙的建议，暂时观望鲁国的政局变化。

鲁国政局如仲孙所说，危机四伏。鲁闵公视季友为救星，可季友不是救世主，没能阻止庆父的阴谋。

庆父又一次故伎重施，物色到一个杀手。此人名叫卜齮，是鲁国大夫，有一块田地被太傅强夺，便找鲁闵公评理。鲁闵公只是个十岁小孩，对这类争端没有能力解决，未采取任何措施。卜齮认为鲁闵公有意袒护太傅，心生怨恨。庆父利用君臣的矛盾，挑拨离间，怂恿卜齮杀害鲁闵公。意气用事的卜齮果真铤而走险，寻找机会刺死了鲁闵公。

鲁闵公一死，季友担心自己将成为下一个目标，遂带着鲁闵公的弟弟公子申逃往邾国。要知道鲁闵公是齐桓公扶植的君主，庆父此举大大激怒了齐国。作为中原老大，齐桓公决定出兵武力干涉鲁国内政，铲除庆父。

庆父本非英雄之辈，闻风而逃，跑到莒国避难，他的情人哀姜逃往邾国。在齐国支持下，季友重返鲁国，立公子申为君主，是为鲁僖公。

鲁国新政府发布通缉令，缉拿两度涉嫌谋害国君的主谋庆父。在鲁国重金贿赂下，莒国将庆父逮捕，移交给鲁国。庆父企图通过各种关系，求新政府赦免其罪，遭到拒绝后，他绝望地选择自杀。庆父的情人哀姜也没好下场，齐桓公勒令邾国交出哀姜，将她处死，以表明自己大义灭亲的立场。

庆父之乱，对鲁国历史有极深远的影响，鲁庄公的三个兄弟，叔牙被毒死，庆父自杀，季友最后掌握大权，这是一场兄弟间的残杀。有意思的是，叔牙与庆父虽死，家族并没有没落。季友、庆父、叔牙的后人，成为掌握鲁国命运的三大家族，分别称为季孙氏（季友之后）、孟孙氏（庆父之后）、叔孙氏（叔牙之后），因季友、庆父、叔牙都是鲁桓公的儿子，故而三大家族又称为“三桓”。一直到春秋时代结束，“三桓”仍然牢牢地控制鲁国的军政大权。这里从一个侧面可以看出，春秋政治相对后世专制时代，很少对政敌采用斩草除根的灭族手段。

鲁国内乱能平息，齐桓公居功至伟。此后，鲁国完全倒向齐国，成为齐国最重要的盟友。齐国在中原的霸业已经稳如泰山，真正的威胁是南方的楚国。只有力压楚国，齐国才能成为天下至尊。

四、伐楚之战：雷声大，雨点小

经过几代君主的扩张，楚国的势力范围已经抵淮河流域，申、江、黄、蔡等国，或被兼并，或是屈服于楚国。楚国的雄心不止于此，逐鹿中原是历代君王的梦想。

公元前659年，楚成王牛刀小试，率师北进，进攻郑国。此时楚成王已经是二十出头的小伙子，血气方刚，有初生牛犊不怕虎的闯劲。反观郑国，自郑厉公死后，后继者平庸，国家日益没落。

楚国的进攻，被视为对中原联盟的挑战。中原盟主齐桓公马上召集宋、鲁、郑、曹、邾等国，共同商讨联合抗楚的大政方针。会议决定首先斩断楚国的左膀右臂，策反楚的小喽啰江国与黄国。这两个诸侯国都位于淮河流域，是楚国进入中原的一个缓冲区。在齐国的策反下，江国、黄国脱离楚国的南方联盟，转而投奔以齐国为首的中原联盟。

齐国在外交上大获成功，而楚国在战场上则势不可当。

公元前659年到前657年，连续三年时间，楚国三次伐郑。在楚军凶悍的攻势下，郑文公几乎丧失斗志，打算举旗投降。大夫孔叔反对说："齐国正策划出兵，这时投降楚国，不是背信弃义吗？这样做不会有好结果的。"郑文公觉得有理，得了，还是硬扛吧。

春秋初期的战争，规模一般比较小，时间也短，能扛个十天半月，敌人差不多就得退师了。郑国虽然没落，但有郑庄公、郑厉公打下的底子，实力也是不弱的。楚国要攻破郑国并非易事，但每年都来打，这谁受得了呢？

作为中原盟主，齐国积极筹划对楚战争。楚国军力强大，硬碰硬绝非上策，只能出其不意，攻其无备。于是齐桓公与管仲想出一个计策，以惩罚蔡国的名义出兵，偷袭楚国。

蔡国本是中原诸侯，最早跟在卫国后面屁颠屁颠地跟郑国为敌。后来因为蔡哀侯多看息妫几眼，引来战祸，自己沦为楚军的俘虏。后来，蔡国投靠楚国，成为楚国中原棋局中的一枚棋子。蔡国的处境颇为尴尬，一方面它是中原诸侯，蔡穆侯的妹妹是齐桓公的夫人；另一方面却屈从楚国，与中原联盟对抗。

古代讲究一个师出有名，要攻打蔡国，得找个理由。欲加之罪，何患无辞，很快齐桓公便有了借口。

齐桓公夫人蔡姬是蔡穆侯的妹妹。某天，她与齐桓公泛舟池塘。或许是蔡姬心情不错，在船上晃动着娇躯，小舟也随之左右摇摆。齐桓公生气了，让她别晃，可蔡姬正在兴头上，把船晃得更厉害。船靠岸后，齐桓公一声不吭，气乎乎走人。蔡姬做梦也想不到，自己撒娇的后果，是换来一纸休书，被遣回娘家蔡国。

蔡穆侯闻讯大怒，咱好歹是个诸侯，妹妹竟然被赶走，齐桓公是不给咱一点面子呀。那行，我也不给你面子。于是蔡穆侯索性把妹妹改嫁到楚国。大家想想，前任齐桓公夫人，竟然成了楚国人的老婆，这下子齐桓公的脸丢大了。老子正找不到出兵的借口呢，这下子有了，得教训教训蔡国。

公元前656年初，一支庞大的联军浩浩荡荡杀向蔡国。蔡穆侯两眼发愣，我把妹妹嫁到楚国，至于八国兴师动众讨伐吗？杀鸡焉用牛刀，对付蔡国，齐国就绰绰有余了，咋来了八国呢？八国是齐、宋、鲁、陈、卫、郑、许、曹八个国家，显然齐桓公醉翁之意不在酒，表面是伐蔡，实际打算神不知鬼不觉奔袭楚国。

联军的攻势如泰山压顶，蔡军一触即溃。蔡穆侯驾车狂奔，但还是被追上，当了俘虏。伐蔡只是第一阶段，只是障眼法，是为了迷惑楚国。攻取蔡国后，联军没有休整，马不停蹄，以迅雷不及掩耳之势，直扑楚国。

然而，楚国早有防备。

联军刚进入楚国，楚成王的特使马上抵达联军司令部。

楚国军事力量之强大，并非浪得虚名，对军事情报的分析判断很准确。齐桓公集八个诸侯国的力量，攻打小小的蔡国，无疑不合常理。楚成王判断，联军伐蔡后，必定攻楚。

楚成王派特使传话给齐桓公："君处北海，寡人处南海，风马牛不相及，不想阁下不远千里前来，这是何故？"

对楚使的质责，齐桓公一时语塞。突袭楚国的战略意图已经暴露，奇袭战是打不成了。这种情况下，齐桓公得找一个出兵的理由，语气上又不能过于强硬，因为楚国毕竟是一个军事强国，倘若两军交锋，齐桓公没有必胜把握。

此时管仲说道："周王朝成立之初，执政的召康公曾对齐国姜太公说：'五等诸侯、九州方伯，如有不听命者，你都可以征伐，以辅弼周室。'征伐之范围，东至海滨、西至黄河、南至穆陵、北至无棣。楚国没有向周王进贡包茅，致使天子祭祀时缺了这种物品，我们就是为这件事而来的。还有，当年周昭王南征，到了荆楚就没能返回，此事也要查一查。"

管仲的回答十分圆滑，也表明联军对抗楚国的底气稍显不足。

要堂而皇之地说一个伐楚的理由并不难。首先，自楚武王以来，楚君僭用王号，公然与周王朝分庭抗礼，就是一大罪状；其次，楚国最近三年不断地向北进攻郑国。以这些理由对楚宣战，可谓师出有名，管仲却故意避重就轻，小题大做，责备楚国没有进贡包茅这种微不足道的事情，显然是为了留下回旋的余地。齐国虽虎视中原，但对楚国心怀畏惧。

管仲说的周昭王南征是怎么一回事呢？周昭王是西周第四位天子，晚年荒于政事，巡狩南方。据说他渡汉水时，当地百姓痛恨他，在座船上做了手脚，周昭王行至江心船破人亡。这事已经过去数百年，管仲却拿来当作出兵楚国的一个借口。

楚使何等精明，一眼洞穿齐国人的心理。首先，作为中原诸侯盟主，面对楚国的咄咄逼人，齐桓公不得不做出抗衡的姿态，这是霸主的责任；其次，齐国并不想公然与楚国为敌，管仲找的借口显得软弱无力，暴露齐国的真实意图：一方面要做做样子给其他诸侯看，另一方面则避免与楚国进行大决战。

做出如上判断后，楚使心里有数，回答道："没有进贡包茅，确实是我们的过失，以后会及时进贡。至于周昭王南巡没能生还的原因，您还是到汉水之滨问问吧。"

齐桓公见楚国早有防备，要不要继续深入呢？他与管仲商量后，倘若因楚使一番话便撤军，显得没面子，至少也要炫耀兵威一下。于是大军又向前挺进，抵达陉地，安营扎寨。

面对联军，楚成王也很紧张，避免开战是最好的选择。他派屈完为使者，前往会晤齐桓公。屈完首先责备八国军队的入侵行径，对于管仲提到的理由，楚国已做出答复，如果联军拒不撤兵，楚国将决一死战。

屈完的强硬表态，让齐桓公不得不考虑最坏结果。为表示和谈诚意，联军后撤到召陵。齐桓公的目的已不是打仗，而是耀武扬威，他在召陵举行大规模的阅兵演习，邀请屈完一同观看。屈完与齐桓公坐一辆战车，检阅八国军队雄壮威武的阵容。

齐桓公颇为得意，对屈完说："列国兴兵，并非为我一人，是因为列国与齐国有深厚的传统友谊，寡人希望与贵国建立友好关系，如何？"

屈完答道："与贵国友好共处，是我国所愿。"

齐桓公指着阵容齐整的联军，对屈完说："您瞧瞧，这支伟大军队一旦投入战斗，谁人可以抵挡？用来攻城，哪个城池不被攻破？"

屈完冷冷地答道："您若是以道义为上，哪个诸侯国敢不听从呢？若仅凭武力，楚国以方城山为城墙，以汉水为护城河，您兵力虽多，面对如此坚固的防御，恐怕不能有大作为吧。"

两方各自吹嘘一通后，言归正题，就结束军事冲突展开谈判。

齐桓公精心准备的伐楚之战，雷声大雨点小，草草而终。究其原因，是齐桓公对战胜强楚缺乏信心。齐国的霸权，主要是政治意义上的霸权，而非军事意义上的霸权。齐桓公甚至在伐鲁战争中都吃过两次败仗，军事实力与霸国地位似乎不太匹配。参加伐楚之战的八国军队，用来装点门面、摆摆花拳绣腿是可以的，若打起仗来，能否团结一致尚是问题。譬如当年救燕伐戎之役，鲁国就拒绝出兵；卫国被狄人所破，国民总数不足万人，派出的军队能有多少？明显只是象征性的，毫无战斗力可言。

同样，楚国也没有决心与八国开战。

自楚武王以来，楚国辟地千里，俨然成为超级大国。但是楚国吞并的都是弱国、小国，从未与强国交过手。能否打败齐国为首的多国军队，楚成王同样心里没底。双方谨慎小心，谁也不愿主动开战。最后，齐、楚在召陵订立盟约，战争阴云随之散去。

对齐、楚来说，谁也没有损失。

齐桓公以中原盟主身份主持伐楚，充当八国军队的统帅，好不威风。击破蔡国，算是给楚国一个侧面打击；联军深入楚境，楚军未敢迎战，至少齐桓公挣足了面子。对楚国来说，敌人知难而退，自己毫发未损，也可算是胜利。

不过，伐楚之战暴露齐桓公外厉内荏，因而召陵盟约并不能阻止楚国的北进政策。楚国这只南方巨鳄仍虎视北方，随时准备游向淮河北岸，张开血盆大口，把中原诸侯撕咬得粉碎。

五、南北对峙

伐楚之战虽无实际战果，却巩固了齐桓公的霸主地位。得意之下，齐桓公干了一件荒唐事：他擅自做主，越俎代庖，把虎牢关赏赐给郑国大夫申侯。

虎牢关是郑国的土地，申侯是郑国的大夫，齐桓公自作主张，完全没把郑文公放在眼里。在齐桓公称霸过程中，唯一曾对他构成威胁的中原诸侯就是郑厉公。郑厉公死后，齐桓公刻意打压郑国，甚至直接插手郑国内政，令郑文公非常气愤。

确实，齐桓公的手伸得太长了，他连周王室的内政也要干涉。

此时周惠王已年老，按理说长子姬郑应继承王位，但王后宠爱小儿子姬带，周惠王禁不起女人的枕边风，心生更换太子的念头。以“尊王”为口号的齐桓公马上召集各诸侯，商讨解决周王室内部问题。齐、鲁、宋、卫、陈、郑、许、曹八国君主齐聚一堂，达成共识，坚决拥护姬郑为王太子。

齐桓公插手周王室内政，令周惠王气急败坏，积极拉拢郑文公。当年周惠王落魄时，正是在郑厉公支持下复辟成功，周、郑关系因此得以改善。周惠王派密使会晤郑文公，转告说：“我支持你联合楚国，并让晋国支持你，这样郑国就可安定了。”楚、晋两国不受齐国的制约，周惠王情知中原诸侯多听命于齐桓公，扛出楚、晋两国给郑文公打气，怂恿他背叛齐国。

郑文公得到周天子支持后，决心退出中原联盟。在八国会议即将签订支持太子姬郑的盟约前，郑文公中途退场，脱离中原联盟，转而与南方的楚国联合。

郑文公立场的改变，令楚成王喜出望外。郑国背齐联楚，证明中原联盟并非铁板一块，各诸侯国只是貌合神离。

有郑国的加盟，楚成王决心再度实施北进计划。

北进的第一个目标是淮河流域的弦国。弦国与黄国、江国、柏国、道国等国相邻，组成军事攻守同盟，背后还有齐国的支持。楚国要拿弦国开刀，以震慑其他小诸侯。

弦国拒绝归附楚国，从这点看颇有骨气，可惜弦国国君是个庸才，既不投降，也不修武备，只是将国家命运寄托在同盟国身上。鬬穀於菟率楚军进攻弦国，弦国守军溃不成军，国君落荒而逃，投奔黄国去了。这个淮河南岸的小国遂被楚国吞并。

面对楚国新一轮进攻，齐桓公纠集齐、宋、陈、卫、曹五国军队，对背信弃义的郑国发动进攻，包围新密城。齐国攻打郑国，楚国便攻打许国。许僖公十万火急向齐桓公求援，齐桓公不得不从郑国撤军，以解许国之围。郑国的险情已经排除，楚成王无意与中原联军纠缠，便引军撤去。

齐桓公虽解了许国之围，许僖公非但没有感激，反而投入楚国阵营。这是怎么回事呢？原来这是出于蔡穆侯的怂恿。前文说过，齐桓公在伐楚之战前先击破蔡国，俘虏蔡穆侯。在齐、楚召陵会盟后，蔡穆侯被释放了。他对齐桓公耿耿于怀，便主动游说许僖公，分析利害，认为楚国比齐国强大，怂恿他背叛齐桓公，投靠楚成王。许国只是小国，邻近楚国，朝不保夕，不可能每次都靠齐国援救。于是许僖公听从蔡穆侯的建议，投靠楚国。

为了争取同情，许僖公反绑双手，嘴里衔着玉璧，官员穿着孝服，抬着一口棺材，跑去见楚成王。

楚成王没见过这种架势，这个"南蛮之王"显然对复杂的中原礼节缺乏了解，他找来了学识渊博的逢伯，询问怎么办。逢伯说："当年周武王灭商，纣王的哥哥微子就是这样做的，周武王亲自为他松绑，接受玉璧，烧掉棺材，恢复他原来的地位。"

楚成王一听，心里很佩服，中原不愧是文明发达，道道这么多。他效法周武王的做法，给许僖公松绑，烧了棺材，接受他的归顺。

郑国、许国先后投靠楚国，齐楚争霸的格局已经形成。两大强国争霸的方式是通过争夺诸侯国的控制权来赢得，齐桓公与楚成王就好比棋盘里的将帅一样，并不面对面决一高低，而小诸侯国则成两大霸主手中的棋子。

齐桓公很快反击了。

齐桓公三十三年，楚成王十九年（公元前653年），齐军兵临郑国都城之下。郑文公是够倒霉的，郑国的地理位置决定其国家命运波澜起伏，楚国视其为北进中原之跳板，齐国则视其为阻挡楚国的缓冲区。

大夫孔叔对郑文公说："俗话说，心志不坚强，何必怕屈辱呢？现在齐国来进攻，既不能坚强，又不能软弱，那么国家就会灭亡。老臣恳请向齐国屈服，以拯救国家。"

郑文公没有更好的选择，掂量了一下，毕竟齐国在中原是老大，郑国的邻国都唯齐国马首是瞻。好汉不吃眼前亏，他心一横，厚着脸皮又投奔了齐国阵营。

齐桓公在与楚成王的较量中，扳回一局。

六、九合诸侯，一匡天下

齐国霸业不仅体现在武力上，更体现在政治上，即建立了一种新的国际政治关系，史称齐桓公“九合诸侯、一匡天下”。

九合诸侯意指多次召集诸侯会议。古文中“九”字经常是虚指，泛指“多”的意思，根据钱穆《国史大纲》统计，齐桓公主持召开诸侯会议多达十五次。这十五次会议，参与最积极的是宋国，每次都参加；鲁国、郑国、陈国各十次；卫国九次；曹国和许国各七次。与会诸国主要是黄河下游东部及黄河中游南岸的中原各国。

在齐桓霸业之前，周王朝陷入极端混乱之中。

首先，以周天子为天下共主的中央政府暗弱无力。旧有的等级秩序被打破，用传统的话说就是“礼乐崩坏”。其次，诸侯国内乱不断，弑君政变有愈演愈烈的趋势，祸变不断，此起彼伏。其三，诸侯之间的兼并战争不断升级，大国吃小国，强国并弱国。其四，戎人、狄人等部落频频向华夏诸国发动大规模的侵犯，南方楚国强势崛起，窥伺中原。

为了解决以上问题，中原诸夏（华夏诸国）必须要联合起来，组建政治同盟，恢复政治秩序。在管仲的主持下，齐国在建立政治新秩序上做出许多前所未有的创举。

齐国第一次召集诸侯会议是公元前 681 年的北杏会议，参加的国家有齐国、宋国、陈国、蔡国、邾国等五个国家，这是齐国充当主角的开始。史书一般都把齐国称霸的时间定在齐桓公七年（公元前 679 年），该年齐桓公主持鄄城会议，参加的国家有宋国、陈国、卫国、郑国。之所以把这次的鄄城会议作为齐桓公霸业的开始，很可能是因为这次国际会议得到周王室的认可，周王室派出代表单伯出席，这意味着齐桓公召集诸侯会议得到周王室的承认。

齐桓公高举“尊王攘夷”的旗帜，尊王并非无条件地遵从周天子的政令。比如齐国联合各诸侯干涉王室内政，使周惠王改立太子的计划破产。

公元前 653 年，周惠王当了二十四年天子后去世。王权更替之际，便是多事之秋。太子姬郑担心天子宝座被弟弟姬带夺去，便秘不发丧，封锁周惠王死讯，派人前往齐国求援。齐桓公当即声明，坚决拥护姬郑继承王位，并召集宋、鲁、卫、许、曹等国君主，在洮地开会，支持姬郑就任周天子。姬郑因而顺利登上王位，史称周襄王。

公元前651年，齐国在葵丘召集诸侯大会。周襄王派特使前来参加，并送来天子祭祀用的祭肉，作为对齐桓公的赏赐。

赐祭肉是王恩浩荡的体现，齐桓公准备下阶跪拜，接受祭肉。周王特使说："天子有令：伯舅年龄大了，功勋卓著，爵加一等，不必下阶跪拜。"

为什么周襄王管齐桓公叫"伯舅"呢？根据周代礼法制度，周天子对异姓诸侯的长者称伯舅，如果是同姓诸侯，则叫伯父或叔父。

齐桓公正色道："天威近在咫尺，小白我岂敢贪天子之命而不下拜呢？"说罢他走下台阶下拜，恭恭敬敬地接受祭肉。

齐桓公"尊王"的表现令周襄王大为感动，同时也捞得政治上的声誉。他雄心勃勃，打算制订一个协调诸侯之间矛盾、解决各国纠纷的一揽子方案，这个方案最终在第二次葵丘会议上确定下来。

第二次葵丘会议是齐桓公"九合诸侯"的一次重要会议，与会诸国达成以下的盟约，共有五款：

其一，"诛不孝，无易树子，无以妾为妻。"这一条款是用以防止国内动乱的产生，对诸公子中不孝者，坚决诛杀，以免引发政变；不得随意废立太子，不得将妾室立为正妻。这个原则是针对春秋初期各国内乱频繁而制定的。

其二，"尊贤育才，以彰有德。"各国都应当重视人才，以求华夏族之繁荣稳定。

其三，"敬老慈幼，无忘宾旅。"这是突出华夏文明的美德，体现各诸侯国道德立场的一致性，为攘夷事业打下共同的文化基础。

其四，"士无世官，官事无摄，取士必得，无专杀大夫。"意思是说，士人官职不搞世袭制，不兼任几个差事，录用士人要得当，不得专横杀戮大夫。这是规定诸侯国内政的一些原则，其中士官不搞世袭制这点很有意义。

其五，"无曲防，无遏籴，无有封而不告。"曲防就是在河流上做手脚，比如位于河流上游的国家将水源截断。在葵丘会议上，严申各国不得擅自截断水源以涸下游国家。“无遏籴”就是不阻止邻国购买粮食，事实上就是打破贸易壁垒，结盟国之间实现商品交易自由化。各诸侯国如果有重大的封赏事件，要互相转告，就是要求政务公开。

以上这五条盟约的内容，针对性是非常强的。齐桓公所做的努力，是顺应时代与民心的。除了这次葵丘之会，历史没有留下其他会议的详细记录，所以葵丘盟约只是反映齐桓公、管仲政治新秩序的一个侧貌。这个政治新秩序，就是所谓的“霸业”。霸业不独是武力之霸，关于霸业的说法，钱穆的看法可以参考。

钱穆在《国史大纲》中列举霸业的四个基本标义：第一，尊王。尊王不仅要尊重周王室，还要尊重霸主的命令，如同代替周王行使王权，即将霸权等同于王权。第二，“攘夷”。这里的夷主要有戎、狄，还有楚国，其中以楚国为患最大。春秋时期的华夷之分，在于文化而不在种族。第三，禁抑篡弑。遇到某国有篡弑，同盟国互不承认，共同出兵平乱，另立新君。第四，裁制兼并。同盟国之间互不侵犯，有事端提交盟主公断。

不过话说回来，盟约归盟约，事情总是人在做。即便盟约力主裁制兼并，事实上齐国在兼并小国上也是不含糊的。齐桓公的外交原则，有点类似美国总统西奥多·罗斯福的“大棒政策”，罗斯福的名言是：“说话要和气，但手中要有大棒。”齐桓公手中也有大棒。

齐桓公二年（公元前684年），齐国灭掉谭国；齐桓公五年（公元前681年），齐国借口遂国不参加北杏会议，灭了遂国；四年后，遂国掀起复国运动，组织者是四大家族（因氏、颌氏、工娄氏、须遂氏）。当时四大家族举办一次大型宴会，以犒劳齐军为名，邀请驻遂齐军前来喝酒。当齐军官兵喝得不省人事时，遂国的复国分子将他们一一杀死。不过，遂国的复国运动很快遭到血腥的镇压，齐国出兵平乱，参与叛反的四大家族全被杀光。

齐桓公二十二年（公元前664年），齐国攻取鄣邑，纪国灭亡。二十六年（公元前660年），齐国强迫阳国百姓迁移他处，吞并阳国。由此可见，齐国表面上声称抑制兼并，实际上自己不断兼并小国，扩张领土。

不可否认，齐国主导下的新政治秩序，尤其“尊王攘夷”的主张，对捍卫华夏文明起到至关重要的作用。“尊王攘夷”思想的背后，折射出管仲犀利、富有前瞻性的政治见解。怪不得百年后的孔老夫子十分佩服地说："微管仲，吾其被发左衽矣。"

攘夷之路，任重道远。

葵丘会议后第三年（公元前 649 年），盘踞在扬拒、泉皋、伊雒一带的戎人进攻周都，攻入王城，一把火烧了东门。秦国与晋国出兵勤王，王城得保无虞，由于齐国距离周都甚远，没来得及赶上勤王之战。事后，齐桓公派管仲作为戎、周的调停人，隰朋作为戎、晋的调停人，实现戎人与周、晋的和谈，同时派一支军队入王城，以协助王室防备戎人的进攻。

戎人在西北对华夏族构成严重威胁，东部的淮夷也蠢蠢欲动，袭击杞国。公元前 647 年，齐桓公主持咸地会议，与会诸国讨论杞国安全问题，最后达成协议，援助杞国迁都，以避开淮夷锋芒。次年，以齐为首的中原诸侯在缘陵为杞国修筑新的国都，将百姓迁移至此。

与戎人、淮夷相比，楚国威胁更大。

公元前 648 年，楚国进攻黄国。自黄国倒戈投靠齐国后，拒绝向楚国进贡，黄国君主认为："从郢都（楚国都）到黄国相距九百里，楚国能奈我何？"这种麻痹大意葬送了黄国，楚成王挥师北上，一举灭掉黄国。

三年后，楚成王进攻淮河下游的徐国。齐桓公召集诸侯在牡丘会晤，决定对徐国实施军事援助。然而中原联军在宋国集结后，却逗留不前，各国貌合神离。

该年齐国发生一件大事，霸业的灵魂人物管仲去世。管仲之死，使得齐国霸业之大厦摇摇欲坠，各国虽不敢挑战齐国的领袖地位，却各自心怀鬼胎，静观其变。最后，只有曹国参加援徐行动，齐曹联军进攻楚国的小喽啰厉国，企图迫使楚军回援，以解徐国之围。

就在齐曹联军南下进攻厉国时，宋国突然发难，进攻曹国。联盟内讧顿起，令齐桓公的援救徐国计划遭到挫败。士气涣散的齐曹联军竟然连一个小小的厉国都没拿下，调动楚军回援的计划流产。徐国被迫独自与楚师会战，在娄林一役中被打得大败。

在称霸四十年后，随着管仲离世，失去臂膀的齐桓公开始感到力不从心。联盟内讧与伐厉之战的失利，预示着齐国正从巅峰急剧下坠。更令人担忧的是，齐国内政被一群小人所操纵，弑君的故事即将再次上演，被弑的主角，就是风云霸主齐桓公。

七、霸主的惨淡结局

齐桓公的事业，就是管仲的事业。

没有管仲，齐桓公的好运就到头了。

公元前 645 年，辅佐齐桓公四十年后，管仲与世长辞。他的离世对齐国是无可挽回的巨大损失，他的地位任何人都无法取代。齐桓公并没有意识到，后管仲时代对自己意味着什么。

管仲病重期间，齐桓公亲临病榻探望，并问道："大臣之中，谁有资格接替您的位置呢？"

管仲没有直接回答，只是说："最了解大臣的人，莫过于国君，想必国君心中已有答案吧。"

齐桓公说："易牙对我忠心耿耿。我吃腻了各种宫中美食，觉得没可口的东西，有一回开玩笑说：山珍海味我都吃腻了，只是没吃过人肉，不知人肉的味道。易牙回家后就将他儿子杀了，制成鲜美菜肴给我品尝。知道内情后，我很不舒服，但易牙爱我超过爱儿子，让他办事，我是放心的。"

管仲答道："易牙杀儿子，并非爱戴君主超过爱儿子，只是为了取悦国君罢了。连自己儿子都烹杀的人，还有谁不能杀呢？"管仲的原则是，君主有自己的癖好，只要不涉及国政，他不会干涉。长期以来，有管仲打理政事，齐桓公耽于享乐，久而久之就丧失了对人性的判断力。

齐桓公又说："开方怎么样？开方十五年来一直服侍我左右，没有回过一次家看望父母，父母死时也舍不得离开我回去奔丧，他爱戴我超过对父母的孝顺，忠心为国，当国相是合适的。"

管仲答说："开方根本谈不上孝顺，对有生养之恩的父母，他都忍心抛弃，还有什么人不会背弃呢？"

齐桓公又说出第三个人选："竖刁一定可以胜任。他没有杀儿子，也没有抛弃父母，为了侍候我，把自己给阉了，这样心无杂念的人，可说是忠心无比。"

管仲听了直摇头："竖刁为了得到您的宠幸，自己的身体都可以残毁，这种人无情到了极点，决计不可当国相。"

齐桓公很不太高兴，便问："此三人在我身边很久了，您觉得他们一点也不好，为什么以前从未提起呢？"

管仲回答说："君主的生活不可太枯燥，享受些快乐是应该的。我身为国相，能控制着他们，不使之为非作歹。现在我快不行了，大堤要垮了，水要泛滥了，您要当心啊！"

在临死之前，管仲肯定后悔自己没及时铲除这三个佞臣。有一个原因，管仲虽然没对齐桓公明说，但管仲的真实想法是让齐桓公去沉迷于花天酒地的享乐，不要过多干涉自己做事。再说了，铲除佞臣，剥夺齐桓公的享乐，容易造成君臣间不信任甚至相互猜疑。如果齐桓公死得早，管仲肯定会杀掉三个佞臣，但是管仲先死，这就给齐国埋下巨大的隐患。

管仲之死，不仅意味齐国霸权时代的结束，也意味齐桓公政治生命的结束，甚至是个人生命的结束。管仲临终前的善言，没能改变齐桓公的看法，他对易牙、开方、竖刁三人的宠幸有增无减。

除了齐桓公外，其他诸侯心里都清楚，齐国的霸业是管仲一人撑起的。管仲一死，各诸侯开始对齐桓公阳奉阴违。齐国号召各国援徐抗楚，诸国军队止步不前，最后只有曹国参战。宋国趁曹军出国作战、国内空虚，竟然出兵攻打曹国，明摆着要挑战齐国老大的地位。

宋国的君主是宋襄公，在"春秋五霸"的一个版本里，便有宋襄公。春秋五霸指的是谁，有多种说法，其中两个比较流行的版本：一是指齐桓公、晋文公、宋襄公、秦穆公、楚庄王；二是指齐桓公、晋文公、楚庄王、吴王阖闾、越王勾践。

宋襄公于公元前651年继承君位。他颇有政治才干，上台后以庶兄目夷为左师。目夷是著名的政治家，在他的治理下，宋国国力有了显著提升。管仲去世后，宋襄公以为时机到了，便有了取代齐国、谋取中原盟主宝座的野心。

公元前644年，齐桓公召开诸侯大会，议题是帮助鄫国抵御淮夷的入侵。齐桓公提议诸国派出劳力前往鄫国，帮助修筑城墙，议案得到诸侯大会的通过。

可当筑城工程进行到一半，某天夜晚有人在山上高喊道："齐国出现动乱啦。"各国劳力一听，拔腿就跑，城墙没筑成，成了烂尾工程。这个谣言后来被证实是空穴来风，但从一个侧面反映出大家对齐国政局持极度悲观的看法。

对于霸主的指示，各诸侯阳奉阴违，这让齐桓公非常不满。更让他愤怒的是，鲁国竟然破坏联盟规定，吞并项国。

齐桓公决定以铁腕手段约束各诸侯，他在淮地召开诸侯大会，公开指责鲁僖公违背盟约，兼并小国，将他扣押起来。这下可急坏了鲁僖公夫人声姜。声姜是齐桓公的女儿，她亲自出面为丈夫求情。女儿的眼泪让齐桓公于心不忍，最后释放了鲁僖公。

没有管仲的齐桓公已经力不从心。对外镇不住宋、鲁等诸侯，对内则政治混乱，奸臣用事。易牙、开方、竖刁等佞臣在朝中一手遮天，为所欲为。

齐桓公已在位四十三年，垂垂老矣，不得不考虑选立太子。桓公三任正娶夫人王姬、徐嬴、蔡姬都没有生育，太子只能从庶子中挑选。齐桓公很好色，宫中女宠非常多，其中最受宠幸的六位，被称为“如夫人”，虽不是正式夫人，但享受夫人的待遇。这六人分别是长卫姬、少卫姬、郑姬、葛嬴、密姬、宋华子，她们都为齐桓公生了儿子，分别是公子无亏、公子元、公子昭、公子潘、公子商人、公子雍。

在管仲生前，齐桓公曾与其商量过太子人选，内定由公子昭继位。由于担心兄弟相残，为保证公子昭安全，齐桓公早早把他送到宋国，托付给宋襄公。

这个决定对易牙和竖刁很不利，两位佞臣都受长卫姬的宠幸，自然想拥立其子公子无亏，以确保自己地位不受动摇。在易牙、竖刁的周旋下，老迈昏庸的齐桓公改变立场，决定立公子无亏为太子。

然而，此举遭到诸公子的强烈反对，大家一哄而上，个个要争当太子。

易牙、竖刁等为确保公子无亏顺利上台，对反对者采取打击报复手段，一时间宫廷内遍布杀机。遗憾的是齐桓公没有意识到危险，对宫廷政局的微妙变化麻木不仁。

年老力衰的齐桓公病倒了。

易牙、竖刁等开始露出狰狞的面目，为了防止齐桓公临终改变决定，两人决定把国君完全架空，切断齐桓公与外部的所有联系。于是他们把齐桓公的卫队全部打发走，换上自己人，将寝宫团团围住，任何人不得出入，既不给齐桓公治病，也不提供食物和水。佞臣的目的，是加速齐桓公的死亡，把他活活饿死。

一代雄主齐桓公在他生命的最后时刻，完全失去人身自由。寝宫的门被锁上，四周垒起高墙，只留下一个用于观察的小洞，可窥视寝宫里面的动静。曾几何时，齐桓公“九合诸侯，一匡天下”，华山论剑，笑傲江湖，岂料人生命运难测，谁能想到中原霸主竟沦落为高墙里的囚徒，甚至比囚徒还不如。

早已习惯发号施令的齐桓公，已经呼不来一个卫兵或奴婢。原来一个人的地位无论多么尊贵，哪怕有神一般的地位，终究也只是凡夫俗子。在偌大的中原，他仍是被供奉的盟主，而在一宫之内，一室之间，他已失去人的资格，成了为生存而挣扎的动物。病痛、饥饿、悔恨一一袭来，他只能在绝望中哀号。

这位曾经叱咤风云，令诸侯胆战心惊、开拓一代伟大事业的英雄，最终竟然死于几个小人之手。他活活饿死在高墙之内。在他死后六十七天，封闭的高墙才被破开，呈现在人们眼前的是一具狰狞可怖的尸体，从腐烂的皮肉中，爬出一群肥大的蛆虫。

一代天骄竟如此下场，令人唏嘘。

齐桓公死后，五位公子为了最高权力，在京城大打出手。公子无亏在易牙、竖刁的支持下，击败其他四位公子，登上国君宝座。

管仲和齐桓公一死，齐国霸气荡然无存。宋襄公早就认为自己是中原霸主的不二人选，齐国内乱给他提供了千载难逢的机会，因为他手中握有一张王牌，被齐桓公、管仲内定为太子的公子昭。只要用武力把公子昭护送回国夺取大权，宋襄公就有再造齐国之功，到时自己不当霸主，谁能当呢？

公元前642年，宋襄公宣布公子无亏的政权是非法的“伪政权”，他召集宋、曹、卫、邾四国，组建联军，发动针对公子无亏的讨逆战争。与此同时，齐国的反对派也掀起反对公子无亏的运动。外有宋襄公的四国联军，内有反对派武装暴动，伪政权很快就被打垮了，公子无亏被杀。在宋军的护送下，公子昭回到齐都继承君位，史称齐孝公。

然而，齐孝公久居宋国，在齐国根基甚浅，既无实力派人物支持，更无军方的拥护。如果齐孝公是齐桓公的嫡子，大家也无话可说，但他也是庶公子，其他几位庶公子当然不服气。于是，原本相互斗殴的四位公子，联手对付齐孝公。齐孝公落荒而逃，跑回宋国向宋襄公求援。

危难之中，宋襄公再次伸出援手，宋军二度入齐，在甗地（今山东济南西）之战击败反对派的军队。齐孝公得以重返齐国，但他并没能铲除四位公子。反对派势力依然强大，割据一方，与孝公分庭抗礼。

经历内战后的齐国实力衰退，政治影响力不断下降。为重振雄风，恢复霸主地位，齐孝公于公元前634年发动讨伐鲁国之战。在齐桓公没死时，鲁国就对霸主阳奉阴违，还违背盟约，吞并项国。瘦死的骆驼比马大，齐国虽衰退，但仍比鲁国强大。为了自保，鲁国也不讲武德了，干脆把楚国引入中原战局。鲁国派人向楚国求援，早对中原虎视眈眈的楚成王岂能错失良机？楚军大举出动，把战火烧到齐国，占领谷城，并把该城交给齐孝公的政敌公子雍。

丢失谷城后，齐孝公的雄心壮志被击得粉碎，忧愤交加，不久后便去世。齐孝公死后，齐国再次陷入政变之局，齐孝公之子被公子潘所杀，公子潘自立为君，史称齐昭公。

齐国的霸权时代是短暂的，人亡政息，一去不返。只有在历史的天空中，还闪烁着管仲与齐桓公伟大事业的光辉。

八、宋襄公：狗尾续貂

谁将成为新的中原霸主呢？宋襄公显然认为非自己莫属。

宋是中原最重要的诸侯之一，只是时命不济，运途多舛。在郑庄公的时代，宋国与郑国争锋十年，以失败而告终；在齐桓公时代，宋国只能屈居齐国之下，充当小喽啰的角色。直至宋襄公上台，励精图治，宋国国力大为改观。

在中原诸侯中，追随齐国最卖力的便是宋国。齐桓公生前召集十五次诸侯大会，宋是唯一全程参与的诸侯国，宋襄公因此成为齐桓公霸业最忠实的助手。正因如此，齐桓公与管仲才会把内定继承人公子昭安心托付给宋襄公。

宋襄公没有辜负齐桓公所托，两次将公子昭送上国君的宝座。当然，他这样做有自己的目的，想通过安定齐国，取而代之成为中原盟主。后齐桓公时代，中原以齐国为霸主的政治体系摇摇欲坠，如果没有新的盟主，华夏诸国势必难以联合起来，抵制蛮夷的入侵以及南方楚国的进攻。宋襄公认为自己是盟主的最佳人选，宋国是中原联盟最积极的参与者，又有平定齐国内乱之功劳，新的霸主，舍我其谁？

宋襄公担心其他诸侯不服，便想了一个立威的办法。

首先，他找了个借口，逮捕滕国国君滕宣公。紧接着，他以鄫国君主的血来祭祀。关于这次祭祀，有两种说法：一种是宋襄公杀了鄫国国君，另一种说法是割破鄫国国君的鼻子，把血涂在祭品上。后一种说法可能更贴近真相。

宋襄公连续羞辱两位小诸侯，庶兄目夷叹道："齐桓公保存了三个将亡的国家（指鲁国、邢国、卫国），诸国归附，义士们还指责他刻薄寡恩；现在国君以虐待两位诸侯的手段来称霸，我看是很难的，能得以善终就算是走运了。"

用恐怖手段达到令其他诸侯屈服的目的，看来不现实。

首先起来反对宋襄公称霸的是曹国。当年曹国军队追随齐桓公讨伐厉国，宋襄公在背后插上一刀，进攻曹国，两国关系恶化，曹国国君岂肯听命于他？宋襄公气急败坏，率领大军第二次侵略曹国。

目夷批评宋襄公的政策，他说："国君德行还有欠缺，却去攻打别人，我看还是先撤兵反省一下，等到德行圆满再出兵不迟。"

宋襄公一味欺负弱国，肯定得不到大国认同。

公元前641年，即齐桓公死后两年，齐、鲁、陈、蔡、郑、楚六个国家召开诸侯峰会。这次峰会楚国居然参加了，而连续十五次参加诸侯大会的宋国却被排斥在外，无疑让宋襄公十分难堪。

宋襄公心有不甘，决定亲自主持一次诸侯峰会。

公元前640年，宋襄公开始策划诸侯大会。他想当盟主的野心，各诸侯都心知肚明。鲁国大夫臧文仲评论说："让自己服从众人的意愿是可以的，要众人服从自己的意愿，那是不能成功的。"

第二年（公元前639年）春季，宋襄公与齐孝公、楚成王会晤。宋襄公向楚成王提出要求，希望楚国支持他成为中原诸侯的盟主。这件事就奇怪了，楚国明明是中原诸侯攘夷的对象，为什么宋襄公想当盟主，要寻求楚成王支持呢？

一个重要的原因，中原的郑国、陈国、蔡国等都已归附楚国，只要老大点头，这三国就会支持宋襄公。宋襄公对齐国有恩，他自认为齐国理所当然会支持自己。要是齐、郑、陈、蔡四国都拥宋襄公为盟主，即便鲁国、卫国等国反对，也无济于事。

对宋襄公的要求，楚成王满口答应。宋襄公沾沾自喜，目夷却忧虑地说：与齐、楚相比，宋只是个小国，小国想争当盟主，会大祸临头。难道宋国要亡国吗？”

宋襄公沉浸在盟主的美梦中，俨然以诸侯领袖自居。

该年秋季，宋襄公发出文书，召集楚、陈、蔡、郑、许、曹等国在宋国盂地会盟。宋襄公显然没有自知之明，楚成王答应支持他，只是想扶植亲楚的傀儡，而宋襄公真把自己当霸主了，竟以居高临下的态度，召楚成王前往会盟。

楚成王勃然大怒，大吼道：“召我？我将好往而袭辱之。”意思是说，宋襄公也配召我，老子就陪他玩玩，给他点颜色瞧瞧。于是楚成王带上人马，前往盂地参加会议。

目夷不安地对宋襄公说：“楚国是蛮夷之邦，强横且没有信义，还是带些战车前去赴会的好。”宋襄公不肯听从目夷的建议，说道：“不行，我与楚王约定乘坐普通车子会面，这是我提出来的，我不能破坏规矩。”便只带少许人抵达盂地。

宋襄公很快就明白谁才是真的霸主。

与会七个国家，除了宋、楚之外，还有五个国家。郑、陈、蔡、许四国已归附楚国，肯定只听从楚成王。剩下一个曹国曾被宋国欺负，肯定不愿听从宋襄公。事实就这么明显，这哪里是宋国主持的会议，分明是楚国主持的会议。但大会开始后，宋襄公仍端出盟主的臭架子，高高在上。很快，他就察觉气氛不对了。根本没有一个国家支持他，都唯楚国马首是瞻。宋襄公心虚了，想撒腿开溜。楚成王毫不客气将他逮住，发兵攻打宋国都城。

盟主没当成，沦为阶下之囚。

宋襄公后悔莫及，对目夷说：“你赶快逃吧，回去保卫国家。现在宋国就是你的，我不听你的劝告，才落得这样下场。”目夷握着宋襄公的手说：“就算您不说，宋国始终都是臣的家园。”他想方设法逃出来，回到宋都，秣马厉兵，积极备战，打算与楚军决一死战。

楚成王威胁说：“若不投降，就杀了你们的国君。”

守城军民回话说：“我们有社稷神灵的保护，有新国君了。”

如果杀了宋襄公，深得人心的目夷很可能成为新国君。宋国的复兴，目夷贡献最多。我们从目夷与宋襄公的对话中可以看到，目夷的政治智慧绝对远超宋襄公。若目夷继位，显然不符合楚国的战略利益。权衡利弊后，楚成王索性把宋襄公释放了。

宋襄公心里很惭愧，没脸见江东父老，躲到卫国去了。忠心耿耿的目夷派人传话："我为您保卫宋国，您为什么不回来呢？"宋襄公这才回到宋国。

不过，他的闹剧还没有结束。

备受羞辱的宋襄公要报复了。

论国力，宋国远不是楚国的对手，宋襄公不敢贸然对楚宣战，便把矛头对准附楚的郑国。公元前638年，宋襄公纠集宋、卫、滕等国军队，大举进犯郑国。楚成王毫不客气，当即出兵进攻宋国。宋襄公赶紧从郑国撤围，打算回师与楚军决一死战。

目夷劝道："宋国是殷商的后裔，很久没得到上天眷顾，您想实现中兴的梦想，恐怕不可能了，不要与楚国正面交锋。"

想当年齐国何等强大，集八个国家入侵楚国，最后都不敢与楚军交锋。宋国比起齐国如何？宋襄公竟不知天高地厚，要跟楚国硬刚。他非常固执，不听目夷劝阻，挺进到泓水北岸。此时楚军抵达泓水南岸，双方隔水相对。宋襄公派人向楚军下战书，约定在泓水北岸决一死战。楚国方面同意了，大批楚军开始渡过泓水。

宋军已排好阵势，做好战斗准备。目夷说："楚军人多势众，趁他们还未全部上岸，赶紧出击，先下手为强。"

一向奉行霸权的宋襄公在这时候，居然打起"仁义"的旗帜，他说："不行。我听说君子不乘人之危，虽然我是险些丧失国家的人，但是还是不忍心这样做。"

不一会儿工夫，楚军全部渡过泓水，还没来得及排好阵列。目夷又提醒说："敌人阵形混乱，我们赶快出击。"

宋襄公摇摇头说："不行，进攻没有摆好阵势的军队，非君子所为。"以前宋国偷袭曹国、逮捕滕宣公、以鄫国君主的血来祭祀，这些事哪件是君子所为呢？哪件是"仁义"呢？现在他倒要学习周文王以德服人，以仁义服人。

以德服人是没错的，但不是在两军对垒之际。兵者，诡道也，凭着所谓的"仁义"能打垮对手吗？

这位理想颇高、能力颇低的宋襄公只得再尝苦果。

楚军渡过泓水，摆好阵势，宋襄公才下令击鼓进攻。结果不出人意料，在兵力与战斗力都占上风的楚军面前，宋军一败涂地。宋襄公的近身侍卫全部战死，他本人大腿挨了一箭，落荒而逃，好歹捡回一条性命。

事后，宋人都怪宋襄公冥顽不化，他却振振有词地辩道："君子不会杀掉已经受伤的敌人，不俘虏头发苍白的敌人，古代用兵之道，不以险隘取胜，我虽是殷商亡国者的后代，但不对没摆好阵势的敌人发动进攻。"

从这点看，宋襄公有值得称许的地方，他具有古代武士的某些品质，既有一种道义感，又有一种从容不迫的精神。如果他仅是一名武士，无疑是出色的，但作为国君，注定只能是眼高手低的平庸君主。

泓水之战，宋襄公受伤不轻。次年，箭伤复发，引起伤口的感染，这位狗尾续貂的"霸主"不治身亡，在位共计十四年。

宋襄公是一位幸运的君主，他居然入选"春秋五霸"名单，其实他从来没有真正成为霸主，更没有霸业可言。他在泓水之战中的拙劣表现，已经成为一则历史笑话。至于为什么他会被列入"五霸"其中，就有些让人匪夷所思了。

真正接过齐国霸业的，乃是雄踞西北的晋国。

晋国发生的历史故事，总是惊心动魄，扣人心弦。

第六章　亡命天涯

一、晋太子申生之死

晋国的扩张激情，一点也不亚于楚国与齐国。

公元前672年，晋献公讨伐骊戎。骊戎是西戎的分支，主要居住在骊山一带，故称为骊戎。晋献公灭了骊戎，得到一个意外的战利品，就是一位艳丽无比的女子：骊姬。骊姬和她的妹妹一同被晋献公召入宫内，这对戎族姐妹极其受宠。过了不久，骊姬给晋献公生了一个儿子，名叫奚齐。

在“母以子贵”的古代社会，骊姬虽深得晋献公宠爱，但是宠爱很难持久，年老色衰之时，便是恩宠断绝之日。要永葆荣华富贵，就必须让儿子成为下一任国君。为了达到目的，骊姬充分利用“宠妃”这张王牌，不择手段。

晋献公有八个儿子，其中太子申生、公子重耳、公子夷吾三人非常有才干，口碑甚好，被誉为“贤人”。骊姬要让儿子成为储君，就必须将三人一一铲除。她找到晋献公的软肋——气量狭小、猜忌心强，容不得任何人挑战他的权力。

骊姬经历了亡国到受宠的大起大落，深知权力斗争的潜规则。

第一步，她得把申生、重耳、夷吾三人调离京城，削弱其势力，淡化晋献公与他们的父子感情。要达此目的，绝非易事，光凭她一人做不到。于是骊姬收买晋献公的两个男宠：一个名叫梁五，另一个名叫东关嬖五。她用重金贿赂，这两人就想方设法离间晋献公与太子的关系。

有一天，趁晋献公心情不错时，梁五便与东关嬖五说：“晋政权是从曲沃发迹，曲沃的重要性是不言而喻的，却没有一个很好的地方官，当地百姓刁钻，不怕官府，这对曲沃安全是个隐患。曲沃作为陪都，应该由强有力的人来领导，没有人比太子申生更合适了。”

两人把晋献公的心思都摸透了。

晋献公常恐发生对自己统治不利的事，猜忌心强。曲沃是内战时期的根据地，确实是战略要地，让太子申生去管理，总令人放心些。这样，太子申生被调离京城前往曲沃。

骊姬下一个目标是公子重耳和公子夷吾。梁五和东关嬖五又故技重施，对晋献公说：“蒲城和二屈这两个地方，是国家的边疆重镇，离戎狄近，容易引起戎狄入侵，一定要派有能力的人去镇守，公子重耳和公子夷吾都很有才干，只有他们能胜任。”晋献公同意派重耳和夷吾前往镇守两城。

骊姬把最有威胁的三位公子都清理出京城，开始不断地拉近晋献公与儿子奚齐的感情，希望有一天奚齐能成为太子。但是，骊姬深知欲速则不达，她还得耐心等待。

太子申生驻守曲沃的几年时间，把城市治理得很好。公元前 661 年，晋国灭了耿、霍、魏三国，在这场战争中，申生担任下军司令，立下赫赫战功。然而，功劳再大，也抵不过从暗处射出的冷箭。

晋献公不时听闻中伤太子申生的小报告，久而久之，对申生越发冷落，对奚齐则越发疼爱。不知不觉，晋献公便掉进骊姬设下的陷阱，有了废掉太子申生的念头。

公元前 659 年，晋献公派太子申生讨伐皋落氏（赤狄一支），这是骊姬的一个阴谋。作为太子，申生若打胜仗凯旋归来，也不能加官晋爵，可万一战败，就得负主要责任。大臣里克力谏献公，晋献公竟然说：“我有好几个儿子，谁能当继承人还不知道呢。”这位冷酷君主的内心深处，已经考虑废掉太子了。

太子申生意识到问题的严重性，对里克抱怨道：“我恐怕要被废黜了。”太子党的几名干将说，背后肯定会有巨大的阴谋，不如趁兵权在手，发动政变。性格决定命运，申生从未想过发动兵变夺权，他是极为孝顺之人，并不适应那个时代的政治潜规则，最终只能沦为政治的牺牲品。

申生强顶着巨大压力，在稷桑击败了皋落氏。这次军事上的胜利，让他暂时保住了太子的地位。

但该来的，终究会来的。

四年后，申生终于落入骊姬设计的罗网之中。

骊姬是非常工于心计的女人。她从来不在晋献公面前说太子申生的坏话，背地里却唆使亲信中伤太子申生。晋献公扬言要废掉申生，改立奚齐为太子时，她又假惺惺地哭道："怎么可以因为我的缘故，废嫡立幼呢？如果大王这样做，妾只能选择自杀了。"说罢泪眼汪汪，直把年老的晋献公看得心疼，更加宠幸骊姬。

晋献公老了，骊姬不能再等，必须要尽早除掉申生。

公元前655年正月，申生从曲沃回到都城，欲与家人团聚。骊姬假惺惺地说："昨晚大王梦到你死去的母亲，你快回曲沃，到母亲的庙里去祭祀一下，把祭祀用的酒肉拿回来。"申生有个优点，也是弱点，就是很孝顺。听了骊姬的话，他就赶回曲沃祭拜母亲，又回到京城，带回祭祀的酒肉。正好这时晋献公外出打猎，骊姬把酒肉收下来，放在宫中。她悄悄在酒肉里下毒，等晋献公打猎回来，便端出酒肉。

晋献公正要吃，骊姬阻止道："酒肉是太子从老远的地方拿来的，不知有没有变质，应该先验一验。"晋献公脸色一变，将酒泼在地上，地面像灼蚀似的泛起泡沫；献公大吃一惊，拿肉喂狗，狗吃后立即倒毙，又让一个宫中内臣吃一口，也马上倒毙。

骊姬见此情形，演了一出好戏，跪在晋献公面前哭道："太子怎么忍心做出这种事？连自己的父亲都想杀害，大王已经这般岁数，他还迫不及待。太子这样做，都是因为妾与儿子奚齐，请大王让我们母子到国外避难吧，不然妾就早点自杀，以免受太子欺负。以前大王要废太子时，妾还维护太子，是妾看错人了。"

这一番话说得可怜兮兮的，晋献公气得鼻子直冒烟，震怒之下，立即下令捉拿太子申生。

消息灵通的太子党火急通知申生。太子大吃一惊，来不及细想事情的来龙去脉，一溜烟逃回曲沃去了。晋献公一听太子跑了，认定他是做贼心虚，更加愤怒，把太子的老师杜原款抓起来杀了。

回到曲沃后，太子党的干将们对申生说：“明明是骊姬在搞鬼，太子何不向国君解释清楚呢？”太子申生说：“唉，父亲年老，离不开骊姬，要是没有骊姬，寝食不安。如果怪罪她，父亲生活就失去乐趣；要是他袒护骊姬，我就算解释也没有用。”

又有人建议说：“这儿待不下去了，不如到国外避难吧。”申生长叹一声，说：“我逃到国外，大家一定会认为是我下毒的，背着企图杀父弑君的恶名，谁会接纳我呢？”申生既不想造反，又不想逃亡，走投无路，最终选择自杀。

申生在政治斗争中彻底失败，这与性格软弱有关。其实他手握重兵，即使不能自立为君，至少可以拥兵自重，割据曲沃。但他没有这样做，以一死摆脱残酷的权力斗争。

太子之死并不是结局。

骊姬下一个目标是公子重耳和公子夷吾，她又向晋献公诬告：“太子申生在祭肉中放毒，重耳和夷吾两位公子都有参与。”

晋献公听后不分青红皂白，下令追究到底。重耳与夷吾得知后很害怕，两人都逃离京城。重耳回到蒲城，夷吾回到二屈。

政府军很快尾随而至蒲城，重耳叹道：“国君与父亲的命令都不可违背。”于是下令全城放弃抵抗，政府军顺利入城。宦官勃鞮进城后，传献公旨令，命重耳自杀谢罪。

怎么办？坐以待毙还是逃跑？

重耳虽放弃抵抗，却并不甘心不明不白死去。他跟哥哥申生不同，不肯糊里糊涂束手就擒，便打算弃城逃亡。

前来执行捕杀任务的宦官勃鞮动作迅速，他生怕重耳逃跑，急匆匆追上来，正好看到重耳翻墙而逃，便大喝一声冲上前，拔出佩刀，“哗”的就是一刀劈下。重耳正翻到墙头，这一刀劈下，没有伤及身体，把他的衣袖斩下一截。

重耳狗急跳墙，一翻而过，跳上一辆准备好的马车，没命地逃跑了。宦官勃鞮登上墙头，只看到马车扬起尘埃渐行渐远，不禁捶胸顿足。重耳逃到赤狄，他母亲是狄人，他有一半狄人血统。跟着重耳一起逃亡的，还有几个有名人物：

赵衰、狐偃、贾佗、先轸和魏武子等。

同样，公子夷吾遭政府军的围捕，他没有退路，只得步重耳后尘，打算逃亡到赤狄。冀芮说："您别逃往赤狄，重耳已经流亡到那儿，您再去的话，晋国大军必定会对赤狄大举用兵，到时赤狄屈服了，只有死路一条。不如逃到梁国吧，梁国背靠强大的秦国，以后国内出现机会，就可以迅速回来。"于是夷吾逃到梁国。

果然，狄人收容重耳引起晋献公的报复。公元前653年，晋国军队由里克率领，侵入赤狄境内，在采桑一战中击败赤狄。但赤狄势力不弱，次年展开反报复，入侵晋国，算是打了平手。晋国无法战胜狄人，重耳总算在赤狄的地盘安顿下来。

二、韩原之战

公元前651年，垂垂老矣的晋献公一命呜呼。

晋国政局变得扑朔迷离。谁将成为下一任国君呢？重耳、夷吾、奚齐三位竞争者浮出水面，背后都有实力派的支持。

申生自杀后，骊姬的儿子奚齐被立为太子。支持奚齐的实力派人物是荀息，就是制定"假道伐虢"计划的战略大师。晋献公是个明白人，知道晋国高层许多人支持流亡在外的重耳与夷吾，他让荀息担任奚齐的老师，希望以其智慧，让奚齐顺利接班。

晋献公病危，召来荀息，对他说："我把幼小的孤儿托付给你，你打算怎么办呢？"忠诚的荀息叩头答道："臣会竭尽所能，忠贞不贰辅佐公子奚齐；如果事情不成功，唯有一死报之。"

由于骊姬逼死太子、逼走重耳与夷吾，朝中许多大臣并不支持奚齐。晋献公死后，大将里克主张由重耳回国继位。里克是晋国名将，是灭虢之役与征狄之役的战场总指挥。要迎回重耳，必须要先除掉奚齐及其母亲骊姬。

里克决定发动政变，铲除骊姬。他与荀息关系不错，事先通风说："申生、重耳、夷吾三方势力都要清算骊姬，得到国内民众的支持，秦国也表示支持，您打算怎么办？"

荀息回答说："作为公子奚齐的辅佐大臣，我会为他而死。"

里克说："您死了也于事无补。"

荀息答道："我向死去的国君保证过，不能改变。一个人，不能既要实践诺言，又想保全性命。即便死亡于事无益，我也不能躲避。"

里克见荀息心志不可动摇，不再多说，告辞而去。

十月，距晋献公去世仅一个月，里克发动政变。当时晋献公还未下葬，奚齐在茅屋里守丧，里克率军队闯进来，杀死奚齐。

荀息得知奚齐被杀，准备自杀殉主，手下人劝道："不如拥立卓子。"卓子是骊姬的妹妹所生，荀息接受建议，改立卓子为国君。

里克没有给荀息机会，他率军攻入宫中，杀死卓子，彻底断绝骊姬一党的希望。绝望之下，荀息自杀身亡，以一死完成对晋献公的承诺。失去庇护的骊姬虽然聪明，但靠山已倒，一个文弱女子如何翻云覆雨，最终也被里克杀死。

晋国内乱引起大国密切关注。

首先是东方的齐国。齐桓公称雄中原，然而势力尚未到达晋国，晋国内乱对他来说，是一次绝佳的机会。在齐国的号召下，中原诸侯组成联军，以平定内乱为由，出兵晋国，抵达高梁城。

另一个企图干涉晋国内政的大国是秦国，此时正由雄才大略的秦穆公统治。逃亡到梁国的公子夷吾，与秦穆公达成一项秘密协定。该协定的核心是：秦穆公帮助夷吾返回晋国当上国君，晋国割让土地给秦国作为酬谢。这是一份出卖主权的协定。

秦穆公得到夷吾的许诺后，当即派出军队，护送公子夷吾回国。齐桓公乐得顺水推舟做个人情，他令大将隰朋率多国联军，加入护送行列。

在齐、秦两大军事强国的支持下，公子夷吾顺利返回晋国，登上国君宝座，史称晋惠公。

晋惠公即位后，立即逮捕里克。理由很荒谬，称里克是造成晋国动乱的罪魁祸首。如果没有里克铲除骊姬、奚齐，夷吾哪有机会成为晋惠公呢？真正的原因，是里克打算拥立公子重耳。晋惠公派人给里克传话："没有你，我当不了国君，可你接连杀死两位国君与一位大夫。我是国君，你让我很为难。"言下之意，你里克杀国君像踩死蚂蚁一样，说不定哪天轮到我头上。

里克听得明白，他说："我不杀奚齐和卓子，哪能轮到你当国君呢？欲加之罪，何患无辞！我明白你的意思了。”说罢伏剑自杀。

不久后，晋惠公清洗里克的同党，里克手下干将丕郑、祁举以及七位高级军官全部被杀。

晋惠公能登上权力之巅，与秦穆公的武力支持分不开。根据两人秘密约定，晋惠公必须要割让土地给秦国。但晋惠公翻脸不认账，拒绝交出土地。

这样一来，晋国与秦国的关系陡然恶化。

公元前 647 年，晋国发生大规模饥荒。晋惠公厚着脸皮派人到秦国，请求秦穆公将粮食卖给晋国。秦穆公正为晋惠公违约而愤愤不平，现在晋国人找上门来，要不要提供粮食援助呢？

公孙枝说：“还是先提供粮食援助吧，如果晋国知恩图报，就会把土地割让给我们；如果晋国国君又忘恩负义，百姓必然离心，一旦政府失去人民支持，我们前去攻打，他们必败无疑。”

秦穆公又问百里奚：“要不要给晋国提供援助？”百里奚回答说：“天灾流行，是各国都难免发生的事情，救灾恤邻，是符合道义的，多做善事，国家会有福报。”

流亡秦国的丕豹，是丕郑的儿子，他父亲受里克案的牵连，被晋惠公所杀。他把晋国饥荒看作报仇良机，便对秦穆公说：“现在是攻打晋国的时候。”秦国大臣都力主对晋国实施人道主义援助，晋国流亡者却幸灾乐祸，秦穆公正色说：“晋国国君着实可恶，但人民是无罪的。”

救急的粮食，从秦的雍城到晋的绛城，通过水路源源不断输送到灾区。这次大规模的粮食运输，被称为“泛舟之役”。

秦国的援助，没有让晋惠公感恩戴德。

风水轮流转，第二年轮到秦国闹饥荒。

秦穆公派人赶往晋国，请求晋惠公提供粮食援助。晋惠公是十足的地痞无赖，又一次忘恩负义，拒绝卖粮。

大夫庆郑愤怒地说：“忘恩负义者无亲，幸灾乐祸者不仁，贪图小利者不祥，激怒邻国者不义。不亲、不仁、不祥、不义，请问将如何守国呢？”

晋惠公的舅舅虢射反驳说：“我们没有按约定割让土地给秦国，秦国心怀怨恨。即便卖粮食给他们，也不能平息怨恨，还会增强其实力，还是不要卖。”

庆郑说："忘恩负义、幸灾乐祸，这些行为即使老百姓也是要唾弃的，何况是一个国家呢？对亲朋好友背信弃义，都会招致反目成仇，更何况一个与我们有宿怨的国家呢？"

自私自利的晋惠公不为所动，坚持不卖粮食给秦国。

晋惠公干了三件不光彩的事：第一，他曾答应割让五座城邑给秦国，但是食言了。第二，他曾答应姐姐（即秦穆公夫人），回国后照顾好前太子申生的遗孀贾君并让重耳归国，可当上国君后，他与贾君通奸，拒绝重耳回国。第三，晋国闹饥荒，秦国慷慨提供援助；而秦国闹饥荒，他却拒绝提供援助。

秦国人凭自己的坚强，度过最艰苦的饥年。第二年灾情缓和，秦穆公要报复了。

秦国大举发兵，越过边界，杀入晋国，三战三胜，渡过黄河，兵临韩原。

面对秦国凶悍的攻势，晋惠公手足无措，慌慌张张地问庆郑："敌人已经深入，要怎么办？"

庆郑没好气地答道："都是您惹来的祸，还能怎么办？"

晋惠公大怒道："你好大胆，竟敢出言不逊。"说罢把庆郑轰出去。好汉做事好汉当，他决定亲征，与秦穆公一决高低。

出征前，晋惠公以占卜的方式挑选战车护卫，占卜结果是庆郑最合适。晋惠公不高兴，庆郑老跟他过不去，不能用，便另挑一个人。对于战车所配马匹，晋惠公对郑国产的小驷马情有独钟。爱管事的庆郑跳出来说："打仗要使用本国马匹。本国马熟悉当地气候地形与道路，外国马遇到意外时，难以控制，会出乱子的。"晋惠公不听，偏偏要挑郑国马。

九月，晋惠公亲抵韩原前线，派大将韩简前去侦察秦军的虚实。

韩简回来后汇报说："秦军人数比我们要少，但斗士比我们多一倍。"

晋惠公很纳闷，问道："此话怎讲？"

韩简答道："秦国曾多次帮助晋国，晋国一次也没有报答，他们才兴师问罪。您非但不反省自己，向秦军求和，反倒倾国家之力迎战。我军士气低落，秦军士气高昂，如此看来，秦国斗士何止比晋国多一倍呢？"

晋惠公怒气冲冲地说："一个普通人都不能受人轻侮，何况是一个国家呢？"他让韩简充当先锋，向秦军挑战，并传话给秦穆公："寡人不才，只能把军队集合起来，不能解散。您如果不退兵，将无处逃命。”

秦穆公派公孙枝答复道：“您未返回晋国时，寡人为您忧惧；您地位未稳固时，寡人为您担心；现在您地位稳固了，我岂敢不接受挑战的命令呢？”

韩简知道秦军上下同仇敌忾，气势如虹，回到兵营对左右说：“我们如果能活着当俘虏，就算幸运了。”

连晋国大将都失去了信心，更不用说普通将士了。

九月十三日，秦晋两军在韩原展开决战。

秦军如饿狼扑食，晋军如猛虎下山；秦军士气旺盛，晋军人多势众。这是勇者的时代，两位国君亲自挥戈上阵，各自在战车上参加战斗。晋军将领韩简的战术是擒贼先擒王，他的战车迅速插入秦军阵中，直扑秦穆公，在韩简身边，还有庆郑的战车。

韩简战车与秦穆公战车纠缠在一起，打得难解难分。他回头示意庆郑战车从侧面夹击秦穆公，只要将其生擒，秦军群龙无首，不战自败矣。

庆郑正打算攻击秦穆公时，突然听到晋惠公的求救声。原来晋惠公战车使用郑国马匹，关键时刻掉链子，不听使唤，跑入泥潭中，马蹄拔不出来。晋惠公慌了手脚，要庆郑赶快过去帮忙。庆郑只得丢下秦穆公，驾车去营救晋惠公。一看是郑国马匹惹的祸，他的气一下子上来了。早就劝晋惠公不要用郑国马，晋惠公就是不听，现在自作自受了吧。庆郑发牢骚说：“国君太任性了，既不听我的劝谏，又不让我当战车护卫。现在出事了，是自己找死，逃不掉的。”不听老子话，活该！庆郑一时赌气，竟自个儿驾车跑了，不理会晋惠公的死活。

韩简打算与庆郑夹击生擒秦穆公，不想庆郑跑了，计划落空。就在这时，秦军一拥而上，将陷入泥潭中的晋惠公抓获。国君被擒，晋军大乱，被打得大败，被俘虏者甚众，其中包括不少晋国大夫与将领。

按理说，晋国在献公时代军力极盛，开疆略地，战斗力不应如此不济。可晋国内乱频出，名将荀息、里克均死于非命，受其牵连的高级将领也遭无情的清洗，大大削弱了晋军的战斗力，以致韩原一役遭到惨败。

垂头丧气的晋惠公被押解到秦国，被俘的晋国大夫们为战败深感耻辱，把头发弄得散乱，蓬头垢面地露宿草地上，无精打采。

秦穆公安慰道："你们不要忧伤，我陪晋国国君西行，只是为了履践妖梦之言，不然我怎么敢这样呢？"秦穆公说的妖梦之言是怎么回事呢？

此事说来颇为神秘。

据说晋惠公上台那年，曾经侍奉过太子申生的狐突回到曲沃，在路上竟然见到死去的太子申生。当时申生驾着一辆马车，出现在他身边。申生对狐突说："夷吾（即晋惠公）无道，我已求得上天同意，要把晋国送给秦国，秦国人会祭祀我的。"

狐突说："这怎么行呢？听说神灵是不享用别族的祭品，百姓也不祭祀别族的神灵，您这样做，恐怕会断了祭祀吧。"申生的鬼魂沉吟片刻后，说道："好吧，我将重新向上天请求。你等我七天，七天之后，你到新城西边，会遇到一个巫师，他会代我传话的。"说完后，太子申生就不见了。

七天之后，狐突前往约定的地点，果然来了一个巫师，替申生传话说："上天允许我惩罚有罪之人，他将在韩原遭遇失败。"

这则故事，就是秦穆公所说的妖梦之言。

故事惊悚离奇。站在唯物主义的立场，我们不相信有鬼神之说，应该是太子申生的支持者杜撰出来的故事。晋惠公即位后，与申生夫人通奸，无疑惹怒了前太子党，便编了这么一个鬼故事来吓唬他。

秦穆公利用妖梦传说，表明冥冥中有上天的旨意。这个鬼故事流传很广，晋国大夫们都知道，听秦穆公这么一说，吓出一身冷汗，跪拜道："您履后土而戴皇天，皇天后土都听到您说的话，我们甘拜下风。"

晋惠公被俘，有一个人非常不安。她就是秦穆公夫人，唤作秦穆姬，也是晋惠公的异母姐姐。秦穆姬是个有人情味的女人，想方设法救自己的弟弟，怎么办呢？她决心以死相要挟。

秦穆姬带着两个儿子、两个女儿，登上高台，在台下堆满柴火，派人告知秦穆公说："天降灾难，使秦晋两国兵戎相见。如果晋国君主白天被押进秦都，妾就在晚上自焚；如果晚上押进秦都，妾就在早晨自焚。这件事，请您做出决断。"

秦穆公没料到夫人来这么一手，叹道："俘虏晋君，我本以为可凯旋而归，如果好事变成丧事，拘执晋君有什么用呢？"

公子縶说："不如把晋君杀了，以免回国后与我们作对。"

公孙枝不同意，提出一个解决方案："最好的办法是把晋君释放，作为交换条件，晋国太子到秦国来当人质。晋是一个强国，我们无法消灭它，杀了晋君，只会加深两国仇恨。"

秦穆公认为公孙枝言之有理，既能与晋国和解，又对秦国有利。

晋惠公已成阶下之囚，孤家寡人，没有资本谈判。在征得秦国同意后，他派郤乞回到晋国，把情况告诉执政大臣吕甥，并指名要吕甥前往秦国谈判。

春秋战国时人名叫法颇多，也很复杂。比如吕甥，并非姓吕名甥，吕是他的采邑，甥是指晋惠公的外甥，其实他的名叫饴，字为子金。吕甥是一个有智慧、有政治抱负的人，考虑问题十分周到。晋惠公吃了败仗，沦为俘虏，名声扫地，就算回到晋国，国人也会看不起他，无法收拾民心，怎么办呢？吕甥想出一个办法，并吩咐郤乞应该怎么办。

郤乞依吕甥之计，召集国人集会。他以晋惠公的名义，对参加大会的民众发放赏金，并说道："国君托我向国人转告一句话：他即便可以回国，也有辱社稷，你们可以用占筮立太子圉为国君。"有些人听到这些话，感动得哭了。

这时吕甥宣布一项重大的土地改革措施，称为"作爰田"，就是将公室的土地分配给国人，成为各家长期固定占有的土地。也有其他的观点，如杜预认为是将公田的税收，分赏给国人。不管怎么说，这个改革措施，对老百姓是有益的。

吕甥思路很明确，就是要讨好民众，收拾民心，他对大家说："国君被俘流亡在外，没有为自己操心，反而为民众操心，这是无上的恩惠，我们应该怎么报答呢？"

众人你一言、我一语说开了："是呀，怎么报答国君呢？"

吕甥又高声说道："我们要做的事有这么几件：征税赋以充实国库，修军备巩固国防，辅佐太子圉为国君。各诸侯国听说我们立了新君，团结一致，战士越来越多，对我们抱有恶意的国家，就会惧怕我们，对我们友善的国家，就会勉励我们。这样对晋国应该有好处吧。"

吕甥的话，令所有人心悦诚服。在战争失利、国君被俘、士气凋零之际，国家艰难之时，吕甥大胆改革，重振士气，收拾人心，为晋国的复苏打下坚实的基础。同时他很巧妙地将自己的改革设想以晋惠公的名义来推行，既减轻了来自内部的反对，也给晋惠公挣足了面子，即便晋惠公返回国内，也难以毁掉改革的成果。

晋国一直人才辈出，吕甥便是其中一个。

以晋惠公名义强制推行土地改革之后，吕甥前往秦国，参加谈判。作为战败国，晋国割让黄河以西的土地，以及一部分河东之地，同意太子入质秦国。在此之前，秦国一直处于东周政治的边缘地带，凭韩原一战重创晋国，令诸侯为之侧目。秦穆公一战成名，成为那个时代最杰出的君主之一。关于秦穆公的霸业，后面还会说到。

秦穆公问吕甥："和谈一事，晋国内部的观点一致吗？"

吕甥回答说："不一致。有些人以国君被俘为耻，为阵亡的人悲伤，不怕征税赋、修兵革之苦，立太子圉为国君，他们说：宁可侍奉戎狄，也要报仇。有些人爱戴国君，知道其过错，因此不惜征税赋、修兵革以待秦国释放国君的命令，他们说：必定报答秦国之恩，虽死无二心。所以说晋国民众的看法并不一致。"也就是说，晋国内部虽有意见分歧，在捍卫国家这一点上是一致的。

秦穆公又问："晋国人怎么看待自己的国君呢？"

吕甥回答说："有些人表示担忧，认为国君很难幸免于难。他们说：我国得罪秦国，秦国岂肯释放国君回国呢？有些人抱着宽恕之心，认为国君能安全返回。他们说，我们承认犯了过错，秦国必然会释放国君，这是天大的恩德，也是一种威严，秦国凭借此恩德与威严，可以称霸诸侯了。如果秦国废掉晋侯，只会把以前的恩德变为怨恨，这对秦国有什么好处呢？"

吕甥的回答非常得体，不卑不亢。秦穆公称赞道："您的话正合我的心意啊。"尽管晋惠公刻薄寡恩，忘恩负义，但是晋国还是有人才，未可轻视呀。

晋惠公被俘三个月后，终于被释放了。

回到晋国后，晋惠公干的第一件事，就是下令杀掉庆郑。

晋国大夫蛾析与庆郑的私人关系不错，他得知消息后，急急忙忙跑去对庆郑说："你怎么还不逃走哇？"

然而，庆郑并不想逃跑，他回答说："国君陷入危险时，我一时赌气，没有去营救，致使我军战败；军队战败，我又没有战死疆场；如果为了躲避刑罚而逃跑，就没有尽到臣子之职。作为臣子，不能尽其职责，我能投奔谁呢？"

庆郑曾多次规劝晋惠公，为人刚直。虽在战场上一时意气用事，没有营救国君，招致晋军大败，但他从容赴死的精神，正是晋国武士之写照。晋国为什么能强大，从这些武士身上可以看出个端倪。

这年对于晋国来说多灾多难，不仅在韩原遭到大败，而且又一次陷入饥荒之中。

关键时刻，秦穆公再伸出援助之手。

秦国又向晋国输运大量粟米。秦穆公解释说："晋君这个人，我很不喜欢，但我怜悯晋国百姓，以前箕子曾经预言，晋国开国君主唐叔的后代一定会强大，这是我能图谋的吗？"秦穆公确实很了不起。

遭遇韩原之败后的晋国，军事实力已经大打折扣。周边的狄人虎视眈眈，趁晋国新败之机，出兵进攻，夺取了三座城邑。

内忧外患之下，晋惠公对秦国低头了，将太子圉送抵秦国作为人质。秦穆公有意与晋国实现全面和解，没有把太子圉当作人质看待，还把女儿嫁给他。同时秦国归还晋国所割让的河东之地，可谓有理、有节。这位春秋时代杰出的君主，既展现了他的铁腕，也体现了其大度。

狄人的进攻令晋惠公感觉到威胁，威胁不仅来自狄国，也来自他的兄弟重耳。自从重耳为躲避骊姬毒手远走狄国后，已经整整十二年，这并没有令晋惠公放心。首先，重耳的口碑很好，晋国内部有许多大臣支持他；其次，重耳周围有一群忠诚的追随者，皆是富有勇气与谋略的一时才俊。

只有除掉重耳，才能永绝后患。

狄人实力强大，晋国无法以武力手段迫使他们交出重耳。明的不行，就来阴的，晋惠公打定主意，搞暗杀。派往狄国执行暗杀任务的，便是当年追捕重耳的急先锋勃鞮，那次他砍断重耳的一只衣袖。

三、天涯何处可栖身

重耳投奔狄国后，从公子沦落成逃亡者。所幸狄国对他还不错，他得以在这里安静地度过十二年。

有一回，狄人征讨一个部落，俘获了两个女子：一个叫叔隗，一个叫季隗，将这两名女子交给重耳处置。重耳娶了季隗，叔隗则嫁给赵衰；季隗为重耳生下两个儿子，叔隗则生下赵盾，后来赵盾成为晋国历史上重要的人物。

重耳虽逃亡在外，但在国内有不少支持者。晋惠公派杀手潜入狄国的消息，很快传到他耳中。重耳认为狄国不够安全，得换个避难所，要逃到哪呢？当时中原最强大的国家，当属齐国，此时齐桓公尚在人世。齐国离晋国远，又是大国，晋惠公不敢派出杀手前去搞暗杀。于是重耳离开狄国，前往齐国，继续他的流亡生涯。

这一年是公元前 644 年。

临行前，重耳对狄人老婆季隗说："你等二十五年，如果我没有回来，你就改嫁吧。"这时重耳五十多岁，让季隗等他二十五年，言外之意就是如果自己死了，就改嫁他人吧。季隗说："我已经二十五岁，再等你二十五年，都五十岁了，快进棺材了，还改嫁给谁呢？我等你就是了。"

重耳一行人风尘仆仆，经卫国赶往齐国。

卫文公不愿意接待重耳，因为重耳与狄人关系紧密，甚至还有狄人血统。前文说过，卫国曾被狄人攻破，卫懿公被杀，如果不是齐桓公的援助，卫国早就灭亡了。卫文公继位后，励精图治，减轻税赋、平断狱事，亲自耕作，是个有作为的君主。出于对狄人的仇恨，卫文公对重耳持不欢迎的态度。

不仅是卫文公，百姓也不欢迎这群晋国流亡者。

有一回，重耳一行人行至名叫五鹿的村落，饿得发昏，便到乡里讨饭吃，却碰了一鼻子灰。乡里人不给他们食物，反给了一把泥土。重耳气坏了，抡起鞭子，就要往对方身上打去。

狐偃吓一大跳，赶紧拉住重耳。他们本来就不受卫国欢迎，要是动手打人，岂不是闯大祸？狐偃反应敏捷，急中生智说："土就是土地，这是上天要把土地赏赐给您，您赶快收下。"

重耳转怒为喜，毕恭毕敬磕个头，接过泥土，扬长而去。

又赶了一段路，终于抵达繁华的齐都临淄，重耳前去拜见齐桓公。重耳身份是晋国公子，齐桓公没有怠慢，好酒好菜款待，又安排住宿。

齐桓公有自己的算盘。齐国是中原盟主，晋国却不在其势力范围内。当年晋献公去世，政坛动荡，齐桓公乘机出兵，与秦国一起拥立晋惠公，想借此建立一个亲齐的晋政权。不过晋惠公是个忘恩负义之人，对秦穆公尚且恩将仇报，更不用说报答齐桓公。重耳是流亡公子，仍然有当国君的资格，故而齐桓公有意拉拢培植。

不仅如此，齐桓公还把一位公主嫁给重耳，并赠送八十匹马作为嫁妆。重耳在齐国娶了娇妻，生活上又宽裕，便乐不思蜀了。大政治家管仲去世后，重耳觉得自己有机会在齐国政坛发展，显然他并没有返回晋国的打算。然而，齐国政坛却被几个奸佞把持，混乱不堪。公元前 643 年，一代霸主齐桓公意外死于非命，使得重耳计划受到挫折。

在齐国生活五年后，重耳快六十岁了。他的生活轻松自在，有年轻妻子相陪，无忧无虑，只想在幸福中安度晚年。他甚至说："人生下来就是为了享乐，谁知道别的目的呢？"

然而，晋国公子的特殊身份，注定让重耳无法像平常人那样生活。当年追随重耳流亡的谋臣，如赵衰、狐偃等，将赌注押在重耳身上。重耳有未来，他们才有未来。现在重耳挥一挥衣袖说不玩了，那哪成呢？你重耳安享安年，我们这些人喝西北风去呀？只有重耳回国夺回大权，大家才有好日子过。你只想过拥妻抱妾的生活，门都没有！

于是赵衰、狐偃等人一起商量，如何让重耳振作起来，恢复斗志。狐偃认为，齐国已经衰落，不可能帮助重耳回国夺权，必须离开齐国，寻找其他支持者。

某日，赵衰、狐偃等又碰头聚会，商议离开齐国的计划。这次聚会选择在一棵桑树下，可谁都没注意，桑树上竟然有人。当时有个侍女正爬到树上采桑，无意中听到众人的谈话内容，回去后便告诉重耳夫人。重耳夫人暗暗叫苦，侍女听到不该听到的东西，这些内容都是绝密，不可外泄。作为齐国公主，重耳夫人知道政治的险恶，如果侍女口风不严，泄密出去，就可能有严重后果。于是她心一横，把侍女杀了灭口。

杀了侍女后，夫人跑去对重耳说："夫君有远大志向，但你们的计划被侍女偷听了，我已经把她杀了。"

重耳听了一脸困惑，说道："我没有什么计划啊。"

夫人说："夫君你走吧，不要因为贪恋妻子和安逸的生活，毁了事业与名声。自你离开后，晋国没有一年安宁，人民盼望有一位老成持重、能使国家安定的君主。能够领导晋国的，除了夫君之外，还有谁呢？夫君你自勉吧，上天眷顾你，如果犹豫不决，会带来灾祸的。”

重耳已是六十岁的老人，他说：“我走不动了，我就老死在这里。”

夫人说：“古人夙夜征战行军，连坐下来歇一歇的时间也没有，何况是纵欲安乐呢？一个人如果不去追求，终究不能到达目的地；日月如果停止运行，人类怎么获得安宁呢？古人说过：安逸与享乐是成就大事的天敌。齐国的政治已经腐败，晋国没有道义的时间很长了，您的追随者还忠心耿耿。现在时机成熟了，您归国的日子近了。返回国内，可以救济百姓，如果不去做，就不算仁义。齐国政治腐败，不可久处，机不可失，忠不可弃，安逸不可放纵，您必须速速动身。晋国诸公子中，只有您能担此重任，您一定可以得到晋国，为什么还要迷恋安逸的生活呢？”

重耳早就下决心在齐国终老一生，不去追逐什么权力，死活不肯离开齐国。

夫人只好与狐偃、赵衰等人商量。狐偃态度坚决，认为不可继续留在齐国。要去哪儿呢？除了齐国之外，中原诸侯中实力较强的只有宋国。宋襄公有当盟主的野心，狐偃、赵衰等人认为，不如先前往宋国，看看宋襄公是否帮得上忙。

问题是重耳根本不想离开齐国，怎么办呢？夫人提出一个方法：把重耳灌醉，趁他不省人事时，偷偷送出齐国。

狐偃依夫人之计，把重耳灌醉，安置在一辆马车上，向宋国飞驰而去。重耳酒醉醒来后，发现自己躺在车上，车队已离开齐国。他气得说不出话，从车上跳下来，操起一把戈，冲着狐偃杀过来。狐偃吓得撒腿便跑，重耳追了一阵子，刚醒酒还头重脚轻，追不上，停下来骂道：“如果事情不成，我就吃舅父的肉，不知能不能吃得饱。”

狐偃的身份是重耳的舅舅，他风趣地说：“如果事情不成，我都不知会死在哪里，您不会跟豺狼抢我的肉；如果事情成功，您不是可以在晋国吃鲜美的食物吗？我的肉腥臊，您哪吃得下啊？”

得，不上路也已经上路了，重耳依依不舍地望着齐国的方向。唉，又要告别安逸宁静的生活，未来的路，是布满阳光呢，还是遍地荆棘？不管怎么样，他只能硬着头皮走下去。

重耳离开齐国，大约是在公元前 638 年。

重耳一行人抵达的第一个国家是曹国。

曹是一个小国，国君是曹共公。曹共公是把重耳当作逃亡人士看待，并不十分热情。更有甚者，共公听说重耳的肋骨是连在一起的，心中好奇得很，顾不上国君的尊严，居然在重耳洗澡时，躲在帷帘后面偷看。

曹共公的所作所为，让大臣僖负羁十分不安。回到家后，他把这事告诉妻子。僖夫人对丈夫说："我看晋公子重耳手下的谋士个个都十分杰出，能够成为国家重臣。有这些人辅佐，他有机会夺取政权，到时定能称霸诸侯，势必要讨伐曾经对他无礼的国家。曹国恐怕是第一个灭亡的诸侯，夫君为什么不先跟他套套交情呢？"

僖负羁一听，夫人说得有道理，他也觉得重耳是不能惹的，不如趁早做点投资。于是私底下赠送给重耳一盘山珍海味，在山珍海味之下放了一块玉璧。重耳将食物留下，把玉璧退还。

僖负羁的投资在七年之后获得了回报。彼时已经是晋文公的重耳攻打曹国，活捉曹共公，但赦免了僖负羁和他的家族。僖负羁仅用一盘美食换来这个结果，很划算了。

离开曹国之后，重耳及其随从到了宋国。

在泓水一战中大败且负伤的宋襄公倒是对重耳客客气气，赠送八十匹马。宋国大夫公孙固与狐偃是老朋友，他善意地提醒道："宋只是小国，又刚吃了败仗，根本没有能力帮助你们，你们还是找大国寻求帮助吧。"狐偃觉得有理，宋襄公眼高手低，不足成大事。

狐偃与其他谋士商量后，中原诸侯中，实力比较强的国家，只有郑国了。如今之计，只能先到郑国观察一下情况。

重耳打点行李，离开宋国，前往郑国，又一次踏上流亡之路。

公元前 637 年，重耳抵达郑国。

此时的郑国早已没有庄公时代的霸气。郑国之所以无法成为一个超级强国，其中一个原因，就是处于四面受敌的地理位置，不像楚、晋、秦等国家背靠面积广阔、人烟稀少的荒凉之地，有巨大的拓展空间。齐国虽然面积较小，但背靠渤海和黄海，也不会出现腹背受敌的情形。郑国受制于齐、楚两大超级强国，不得不成为风吹两边倒的墙头草，齐桓公死后，更是一边倒向楚国。

对重耳的到来，郑文公采取一种冷漠的态度。

在郑文公看来，重耳只是一名外国流亡政客，没有必要热情接待。大臣叔瞻有几分担心，他善于观人，暗中观察重耳一行人的举动，得出一个结论：重耳这个人不简单！狐偃、赵衰、贾佗等人的才干都足以成为国家重臣，却心甘情愿追随他漂泊流浪十数年。如今晋国的政局并不稳定，重耳仍有机会回国执掌大权。这样的人，郑国是不可得罪的。

叔瞻对郑文公说："重耳十分贤能，手下个个才华出众，仍是未来晋国君主的有力争夺者；他的祖先是周武王，与我们同属姬姓，主公还是应该以礼相待，否则留有后患。"

郑文公不以为然地说："逃到郑国的诸侯流亡公子多的是，我怎么可能对每个人都以礼相待呢？"

叔瞻说："如果不能以礼相待，就将他们杀了，以免日后祸患无穷。"

郑文公没有采纳叔瞻的建议，在他看来，已经六十多岁的重耳，是即将作古之人，着实不用费太多心思。以后的事实证明叔瞻的判断是正确的，郑文公为这次冷漠的接待付出了代价。重耳登位后七年，对郑国进行报复，当初提议杀死重耳的叔瞻更是上了黑名单，最后不得不自杀身亡。这些是后话，先略过不提。

在郑国碰钉子之后，狐偃、赵衰等人深感中原各诸侯要么实力不济，要么不肯接待，只能到最强大的南蛮楚国去碰碰运气。此时楚国势力已经深入中原地带，郑国、陈国、曹国等均成为其势力范围，只是在中原人士的眼里，楚国仍然是一个蛮夷国家。

这个蛮夷国家却有中原诸侯所没有的气魄与胸襟，楚成王热情地接待晋国流亡集团。接待规格之高，可谓是空前绝后。

当重耳及其随从入楚后，楚成王以诸侯的礼节隆重接待。重耳大吃一惊，自认为只是流亡在外的晋国公子，怎么可以享受诸侯的待遇呢？他打算推辞，赵衰却力劝他接受。赵衰分析说："咱们在外流亡十几年，连曹国这样的小国都看不起咱们，更不用说是宋国、郑国这些比较大的国家。楚国是最强大的国家之一，却以高规格的礼节来对待您，正好可以提高我们的影响力，以后其他国家也不敢瞧不起咱们。公子还是别推辞。”

赵衰言之有理，重耳接受了最高规格的接待。

比起曹共公、宋襄公、郑文公等君主，楚成王显然更了解重耳流亡集团的潜力。他愿意进行风险投资，这是一笔投资小、收益大的交易。

楚成王用试探性的语气问重耳：“公子如果返回晋国执政，将何以回报寡人呢？”

重耳以谦卑的态度回答说：“楚国地大物博，羽毛齿角玉帛这些贵重品，楚国不仅盛产，还出口到晋国；奴仆婢女大王也不欠缺。楚国应有尽有，我真不知道要如何报答才好哩。”

楚成王微微一笑说：“话虽如此，但总要回报点什么嘛。”

毕竟楚国有蛮夷之风，楚成王说话心直口快，不拐弯抹角。

重耳想了想说道：“如果我能回国执政，晋楚两国不幸发生战事，愿意退避三舍（九十里），以求得大王的谅解，作为对大王的回报。如果得不到谅解，就只好左执强弓、右佩箭袋，与大王周旋一番。”

此话一出，满座皆惊。

楚国大将子玉听后勃然大怒，对楚成王说：“大王对晋公子如此敬重，晋公子却出言不逊，不如把他杀了。如果不杀，一旦他回到晋国，一定会是楚国的劲敌。”

楚成王摇摇头说：“晋公子十分贤能，志向远大，才思敏捷，有很高的修养，处于困境之中却不卑不亢。流亡在国外受困遭厄十多年，他的随从皆有独当一面的才能，态度端庄，气量恢宏，这大概是上天有意安排的。上天如果要他兴起，谁又可以违抗天命呢？如果楚国军队有一天因他而恐惧不安，那一定是我的德行不够，如果我的德行不够，杀了他有什么用呢？上天若保佑楚国，谁能让楚国军队害怕呢？”

子玉又说道：“重耳的谋士中，狐偃是灵魂人物，如果大王不杀重耳，就把狐偃拘留起来。”

楚成王又拒绝了，说道：“不行，明知是错的事情，却要去做，这不是仁义之道。”比起父亲楚文王，楚成王的道德修养要高出一大截。

这样，重耳等人在楚国被奉为贵宾。然而，最终帮助重耳上台的并不是楚国，而是秦国。

数月后，秦国特使抵达楚国，邀请重耳一伙人前往秦国。在流亡十几年后，重耳通往权力巅峰的第一道门打开了。

究竟秦国发生了什么事情，秦穆公为什么要帮助公子重耳夺取晋政权呢？

四、时来运转

事情还得从一年前说起。

一年前，在秦国当人质的晋国太子圉突然不辞而别，偷偷回国了。太子圉是在韩原之战后入质秦国，秦穆公对他客客气气，招待得挺周全，还把女儿嬴氏嫁给他。秦穆公有自己的政治算盘，太子圉是晋国储君，又是自己女婿，无疑秦国对晋国将拥有更多话语权。

很明显，秦穆公的意图是把太子圉培养成为亲秦的势力。

太子圉对秦穆公始终抱着十分戒备的心理。首先，自己是堂堂大国的太子，居然作为战败国人质，在秦国一待就是六年，这不能不说是奇耻大辱；再者，太子圉出生于梁国，母亲是梁国公主，公元前 641 年，梁国被秦国所灭，对于太子圉来说，这是旧怨添新仇。

公元前 638 年，晋惠公病重的消息传到秦国。

太子圉对自己的政治前景忧心忡忡，他入质秦国已六年之久，国内还有好几个同父异母的兄弟对国君宝座虎视眈眈。近水楼台先得月，如果他不能及时回国，恐怕会夜长梦多。

太子圉想秘密返回晋国，但身为人质，要逃跑谈何容易，一定要得到秦国妻子嬴氏的支持。他对妻子说："我父亲病倒了，生命危在旦夕，如有不测，我远在秦国，大臣们会另立其他公子为国君。我离开晋国这么久，在国内没有支持的势力，本来还可以依靠梁国的力量，但是梁国被秦国灭了。我在秦国不过是受人轻视的人质，我想离开秦国返回国内，趁父亲尚在人世，巩固太子的地位。夫人你也跟我一起逃走吧。"

嬴氏对太子圉说："夫君贵为一国太子，忍辱含垢在这里充当人质，着实委屈了夫君。父亲命我嫁你，是要安你的心，现在你要逃回晋国，我可以帮你。但我不便跟随，也绝不会泄露任何机密。"

在妻子嬴氏的帮助下，太子圉成功逃出秦国，返回晋国。

太子圉未必不知道秦国就是自己最好的外援，但是六年近似囚犯的人质生涯，使他对秦国一点好感也没有，更不想继位后，受到秦穆公的摆布。

太子圉的逃离，令秦穆公雷霆震怒。当初秦穆公让太子圉入质秦国，并将女儿嫁给他，是苦心经营的一盘棋局，现在人质跑了，六年所耗费的心血也付诸东流。

公元前 637 年，晋惠公病逝，太子圉继位，史称晋怀公。

年轻的晋怀公绝非善良之辈，他上任后发布的第一道命令，是针对重耳集团成员在国内的家属，要求他们必须在限定时间内召回追随重耳的家族成员，否则将治以重罪。

狐突的儿子狐毛与狐偃都追随重耳，晋怀公威胁老人说："你把两个儿子召回来，我就放过你。"

狐突回答说："按照传统的礼法制度，只要儿子有一官半职，做父亲的就要教导他们忠诚不贰。如果三心二意，就是不忠诚。臣的两个儿子在重耳手下已经有好多年了，如果召他们回来，是教导他们不忠诚。如果一个父亲教导自己的儿子不忠诚，又如何对国君忠诚呢？"他拒绝召回狐毛与狐偃。

因没有在限定时间内召回狐氏兄弟，狐突被晋怀公逮捕，处以死刑。

晋怀公的做法大失人心。这位年轻的君主还不满二十岁，在秦国当了六年人质，在国内并没有一个稳固的统治基础，一上台就大开杀戒。卜偃评论说："自己不贤明，却杀人以图快意，这能让人心服口服吗？人民看不到君主的德行，只见其杀戮，他的后代怎么能享有禄位呢？"

重耳流亡集团在国内有许多同情者甚至是支持者，在国际上也得齐桓公、楚成王等政治巨头的礼待，声名卓著。晋怀公年龄不大，却是心狠手辣，上台清洗反对派，而这却给了秦穆公一个报复的机会。

秦穆公想到流亡到楚国的晋公子重耳，何不支持重耳，推翻晋怀公呢？因此，他派出使者前往楚国，邀请重耳投奔秦国。

重耳的谋士们认为这是天赐良机，不可错过。重耳流亡在外十九年，离开故国时正值壮年，如今已步入老年，岁月不饶人哪。楚成王虽对重耳礼待有加，无奈距离晋国遥远，不太可能劳师动众护送重耳回国。秦国与晋国则是接壤，更为重要的是，太子圉继位后，晋秦两国关系跌至冰点。

这个时候，秦穆公向重耳抛出橄榄枝，自然别有深意。重耳手下那些精明的谋士，窥见回国的机会已趋成熟，秦穆公必定会以强有力的手腕，助重耳一臂之力。

重耳入秦国后，受到秦穆公的热情接待。

为了拉拢重耳，秦穆公送给他五个美女，这位六十出头的晋国公子艳福非浅。在五个美女中，竟有太子圉（现晋怀公）的夫人嬴氏。去年太子圉逃离秦国时，嬴氏虽然没有随他逃跑，却出了不少力。丈夫跑了，秦穆公不忍心让心爱的女儿守寡，想给她找个夫家。

起初，重耳并不知道嬴氏的身份，以为她与其他女子并无不同，便呼来喝去，当女仆使唤。有一次，重耳令嬴氏端来一盆水，洗了手后，把水甩到嬴氏身上。嬴氏忍无可忍，冲着他发泄怒火，说道："秦国与晋国的地位差不多，你为什么要瞧不起我呢？"

重耳吓了一大跳，普通女子怎么会说出这种话呢？他下意识地察觉此女身份非同一般，便赶忙脱去新衣服，一个劲地谢罪。

秦穆公把嬴氏许配给重耳时，并没有告知其身份。后来秦穆公对重耳解释说："我女儿中，属她最有才能。当年子圉作为人质，我把这个女儿许配给他，现在子圉跑回晋国，我心里最疼女儿，想将她许配给公子，又怕公子落得个坏名声，没敢举办盛大的婚礼。现在出了这件事，让公子受辱，都是我的过错，我女儿就听凭公子处置吧。"

重耳脑袋里冒出的第一个念头，就是这个女人不好惹，还是推掉婚约吧。

谋士胥臣反对道："公子跟子圉形同陌人，他不要妻子，你把她娶过来，以便成就大事，有什么不好呢？"

重耳没有主意，瞅了瞅身旁的狐偃，问道："你看这事怎么办？"

狐偃绝对是个实用主义者，毫不迟疑地回答说："您就要夺取子圉的政权，娶他的妻子算什么呢？您还是依从秦国君主吧。"

重耳还是不太放心，又问赵衰："你看这事怎么办呢？"

赵衰说："以婚约的形式同秦国交好，您接受秦君所爱的女儿，秦君必然欢喜；您听从他的主意，他就对您有好感。现在我还担心他不把女儿嫁给您，您还有什么可疑惑的呢？”

得，既然大家都这么说，干脆就明媒正娶吧。这一大群人就忙起来，先把嬴氏送回到秦穆公那儿，然后重耳送上聘礼，举行迎亲仪式，正式迎娶嬴氏。嬴氏之前嫁给太子圉时，称为怀嬴，后来嫁给重耳（晋文公），改称为文嬴。

这桩政治婚姻，对重耳来说，是人生的转机。他不仅是晋国的公子，也是秦穆公的女婿，文嬴的前夫子圉（晋怀公），则是秦国的敌人。

秦穆公设宴招待重耳，重耳要试探穆公的态度，让狐偃一同去参加宴会。狐偃推辞说："宴会上有朗诵诗歌的节目，我的文采不如赵衰，还是让赵衰去吧。"

秦、晋都属于比较僻远的诸侯国，在文化上与中原诸侯有些差距，越是这样，越要展示自己的文化修养。在宴会上，秦穆公对重耳以国君之礼待之，朗诵一首《采菽》，这首诗是描写诸侯朝见天子，其中有几句是这样的："乐只君子，天子命之；乐只君子，福禄申之。"

赵衰听罢，对重耳说："您快到台阶下拜谢吧。"重耳起身，下堂拜谢秦穆公，秦穆公赶紧下一个台阶辞谢。重耳说道："国君朗诵《采菽》篇，是期望重耳得到周天子的命服，重耳岂敢安逸享乐，哪能不下阶拜谢您呢？"这些话，是赵衰教他的。拜谢完后，重耳又登上台阶，继续酒宴。

接下来轮到公子重耳的表演，赵衰让他朗诵《黍苗》："芃芃黍苗，阴雨膏之；悠悠南行，召伯劳之……"朗诵完毕后，赵衰站起身说道："我公子仰慕君主的美德，就像黍苗仰赖着雨水，如果君主能细加荫护与滋润，黍苗将长成好谷，可以进荐到宗庙之内，这岂不是您的功劳吗？贵国先君秦襄公在骊山之变时，率领军队，东渡黄河，再建周室，功劳何其大，君主您如果能发扬先祖的荣耀，协助我公子返回晋国，成为国君，到时秦国的命令，晋国敢不听从吗？四方诸侯，还有谁不听从您的命令呢？"

秦穆公谦虚地回答："以后能号令诸侯的，我看就是眼前的这位晋公子了，我哪能做得到呢？"他又朗诵一首《鸠飞》（即诗经中的《小宛》），其中有几句："温温恭人，如集于木；惴惴小心，如临于谷；战战兢兢，如履薄冰。"这是一首劝勉的诗篇。

赵衰又让重耳朗诵一篇《河水》："嗟我兄弟，邦人诸友，莫肯念乱，谁无父母！”意思是说，时值国家动乱之际，兄弟、邦人、诸友都没能制止混乱，现在只有秦穆公可以施以援手了。

这次诗歌朗诵会颇有意思，古人说诗以言志，果然不假，双方通过诗歌委婉表达真实意图。秦穆公又朗诵一篇《六月》，这诗篇中有“以匡王国”“以佐天子”和“以定王国”等诗句，暗示重耳如果当上晋国的国君，一定会为周王国立下奇勋。

赵衰听出弦外之音，他非常机智，对重耳说：“快拜谢恩赐吧。”重耳心领神会，便走下台阶向秦穆公行礼叩头，秦穆公也起身走下台阶，表示不敢接受大礼。赵衰说：“您把辅佐周王的重任交给太子重耳来承担，他怎敢不拜谢呢？”

经过这次诗歌外交，秦穆公决定以武力手段护送重耳回国。

重耳及其谋士表现机智，进退有度，秦穆公意识到这老头绝不是普通的角色。此时的晋国政局，已是暗流涌动。

晋怀公上台后，在国内镇压异己势力，大开杀戒，处死狐突，大失人心。更重要的是，晋怀公曾作为人质长期居住在秦国，在国内缺乏稳固的根基，只得到晋惠公旧臣吕甥、郤芮等少数人支持；而以大夫栾枝、郤縠为首的另一派政治势力则暗中策划迎回重耳。作为晋献公九个儿子中硕果仅存的一个，重耳自然成为国内反晋怀公一派势力眼中最合适的国君人选。

该年十二月，栾枝、郤縠派人到秦国与重耳秘密联络。一切水到渠成，流亡在外十几年之久的重耳，迎来他人生的转折。

五、苦尽甘来：通往权力之巅

回国的准备工作就绪。

公元前636年，新年刚过，秦穆公派遣大军护送重耳返回晋国。逃亡十九年之后，重耳即将第一次重返祖国，且是冲着最高权力而来。苦尽甘来之时，有一个人却陷入深深的焦虑之中，他就是狐偃。

流浪十九年后，一切梦想都快成真，但可以共苦的人，未必可以同甘。鸟尽弓藏、兔死狗烹，一旦重耳登上权力之巅，还会与旧臣共同分享吗？狐偃多次得罪重耳，是他设计将重耳灌醉后强行带离齐国，重耳醒来后操起武器要杀他，还扬言要啖其肉以解恨。

眼看重耳要大功告成，可是谋士们的前程是喜还是忧呢？

狐偃要做一次试探。

行到黄河边，他拿出一块宝玉献给重耳，说："公子在外流亡十几年，这段时间里，我得罪公子的地方实在太多，现在公子即将回国，我就此向公子辞别。"

重耳十几年的流亡生涯没白过，经历那么多坎坷后，是何等的练达，听出狐偃话中有话，便回答道："我与诸位同苦共难，如果不能同舟共济，请以此河水做证。"说罢把宝玉扔到河中，表明自己绝不是忘恩负义之人。

重耳这一扔，扔掉了狐偃心中的忧虑。

护送重耳的秦国军队渡过黄河，进入晋国，随即展开军事行动，连续击败晋怀公的政府军，攻占令狐、桑泉、臼衰三座城邑。重耳召见三城军政长官，这些人很识相地向他表示效忠。

政府军的失利，令晋怀公大惊失色。他命令吕甥、郤芮率领军队驻扎在庐柳，与秦军对峙。秦穆公派公子絷与吕甥、郤芮谈判，吕甥心里明白，晋怀公得不到国人的拥护与支持，军队也没有斗志可言。他接受谈判，将军队后撤退到郇地。

重耳派出得力干将狐偃参与谈判，晋军阵前易帜倒戈，宣誓效忠重耳。重耳抵达郇地，接管这支军队。晋国的局势陡然之间失衡，胜利的天平倾向重耳一方。

获得晋军的效忠后，重耳率领这支倒戈的军队攻占晋国最重要的城池：曲沃。曲沃是晋武公的发迹之地，是晋国的陪都。重耳祭拜晋武公的祖庙，而后向首都绛城进军。

与此同时，肝胆俱裂的晋怀公匆匆逃往高梁。重耳大军兵不血刃占领都城，在大臣的拥护之下，登上国君宝座，他就是历史上著名的晋文公。

从晋国太子申生冤死、重耳受牵连亡命天涯，到重返晋国，总计在外流亡十九年之久。在这段时间里，重耳遭遇晋国统治者的追捕、讨伐、暗杀，遭遇卫国、曹国、郑国等诸侯的冷遇甚至受辱，从西流亡到东，又从东流亡到西，备尝艰辛。正如孟子所说："天将降大任于是人也，必先苦其心志，劳其筋骨，饿其体肤，空乏其身，行拂乱其所为，所以动心忍性，曾益其所不能。”

从流亡公子到一国之君，年逾六旬的晋文公，如何在他生命最后几年，完成无与伦比的历史勋业呢？

一国不容二主。晋文公上台后，马上派人到高梁，将逃亡至此的晋怀公刺死，晋怀公只当了不到半年的国君。

晋怀公之死，令吕甥、郤芮两人惶恐不安。

吕甥与郤芮当初拥立晋惠公，后又拥立晋怀公。这两位君主正是对重耳施加迫害的罪魁祸首。现在重耳上台，吕甥与郤芮担心晋文公会秋后算账。

在吕甥看来，晋怀公被处死，是内部大清洗的信号。他与郤芮商议，与其坐以待毙，不如铤而走险，拼他个鱼死网破。他们手握兵权，制订了一个暗杀计划：打算在晋文公的住所纵火，能烧死省事，如果不能烧死，在他逃出时，埋伏一队甲士，半路伏击。

为了做到计划万无一失，还需要一个对内宫非常熟悉的人做内应。谁是最佳人选呢？吕甥想到当年追杀重耳的急先锋勃鞮。勃鞮是个宦官，在《左传》中称为寺人披，在《史记》中称为勃鞮。他对内宫的熟悉自然不在话下，最重要的是，当年追捕时，他曾经拔刀砍断重耳一只衣袖，只差一点点就要了重耳的命；后来勃鞮又奉命潜入狄国刺杀重耳，迫使重耳离开狄国流亡到中原。这样的人，重耳能饶过他吗？

吕甥与郤芮找到勃鞮，告知谋杀晋文公的计划，拉他入伙。勃鞮唯唯诺诺地答应下来，但是一出门，他就径直奔向晋文公处。

晋文公一听来人是勃鞮，恨恨地想：“此人三番五次要置我于死地，今日尚未找他算账，他还胆敢来此见我？”

晋文公吩咐手下传话说：“你是追杀寡人的急先锋。当年围攻蒲城时，献公让你第二天行动，可你当天就赶到蒲城。后来惠公命令你潜入狄国刺杀我，要求在三天之内赶到，你第二天就到了。在杀我这件事上，真是不遗余力、急不可待。当年被你一刀砍掉袖子的那件衣服，寡人还留着呢，你胆敢来见寡人。”

勃鞮听后也不慌不忙，禀报道：“我以为您在海外流亡这么多年，应该明白做国君的道理了，没想到我看错了。作为一名臣子，执行国君的命令一定要全心全意，当然要竭尽全力才行。当年主公命我到蒲城和狄国，我眼中的您就是主公的心腹大患，所以我拼命追杀。现在您已经是新的国君，可难道就没有人对您构成威胁吗？没有人是您的心腹大患吗？当年齐桓公被管仲射中一箭，尚且可以任用他为相，我还以为国君是像齐桓公那样有胸襟气度的人，看来是我错了。”

晋文公一听，勃鞮说的不无道理，臣下尽忠职守，本分所在。作为成熟的政治家，晋文公心胸坦荡，宽恕勃鞮，宣他入宫。宽恕别人，就是宽恕自己。回报如期而至，勃鞮将吕甥与郤芮的阴谋全盘托出，晋文公听罢不由得倒吸一口冷气。

吕甥与郤芮手握兵权，两人要谋反，晋文公没有足够的力量来应对。经再三考虑，他决定秘密离开晋国，亲自前往秦国求援。

由于吕甥与郤芮耳目众多，为了避开这些人盯梢，晋文公出行非常隐蔽，不走大路，只走小道，日夜兼程抵达秦国。晋文公出走的消息没有走漏，吕甥与郤芮全被蒙在鼓里，一直以为晋文公还在宫中。

三月某日，吕甥与郤芮发动政变，派兵包围行宫，纵火焚烧宫殿。令叛军没有想到的是，晋文公根本不在宫中，吕甥与郤芮的计划从一开始就失败了。宫廷卫戍部队与叛军展开激烈的交战，吕甥与郤芮因袭杀晋文公没有成功，心里大失方寸，无心恋战，便纠集叛军，离开都城，逃往边境。

得知晋国叛乱的秦穆公派出大军，在秦晋边界处严阵以待。吕甥与郤芮的叛军残余行至黄河边，秦军假装不明真相，对他们友好相待，诱骗两人入军营。吕甥与郤芮不知是计，刚进入秦军营地，军队便被缴了械，两人一起被逮捕，秦穆公下令就地处决。

这样，晋国危机在秦军的援助下得以解决。秦穆公派遣三千名精兵，护送晋文公以及夫人文嬴返回国内。

自武公代晋，晋国迅速崛起为军事大国。与齐、楚争雄斗霸不同，晋国长期陷入内部争斗，没有精力逐鹿中原。晋文公的上台，给晋国带来前所未有的生机。平定吕甥、郤芮之乱后，在未来一段时间里，晋国政局稳定，内部精诚团结。历经磨难的晋文公老骥伏枥，志在千里，终于使晋国从区域强国走向超级大国，开启百年霸业。

晋文公的成功，首先归结于他的胸襟。

此前的晋献公、晋惠公、晋怀公等，都是猜忌心强、心胸狭隘之人，忘恩负义、恩将仇报，损人不利己。在内政上，晋文公采取宽大政策，稳定局势。与前几任君主相比，晋文公心胸坦荡，除了吕甥与郤芮两人因叛乱而被杀之外，他并没有因为一己之私而对惠公、怀公时期的官僚进行清洗，甚至对曾经两次要取他性命的勃鞮，也没有追究责任。

除了勃鞮外，还有一事可看出晋文公的胸襟。

重耳原本有一名手下，名叫头须，跟随他逃亡到狄国。后来头须偷走钱财，返回晋国，使得重耳一行人狼狈不堪。后来听说重耳即将回国夺权，头须心里害怕，便把当初卷走的钱财拿出来，帮重耳疏通各个关节。

由于头须在重耳落难时卷款而逃，把大家坑惨了，重耳非常痛恨这个无耻小人。重耳登位成为晋文公后，头须硬着头皮求见。晋文公懒得理睬，借口正在洗头，要把他打发走。头须说："留在国内的人是为主公守卫国家，追随逃亡的人是为主公执缰牵马，这两种人都是对的，怎么能认为留在国内的人就有罪呢？作为一国之君，如果还对小人物记仇，恐怕会让很多人恐惧不安。"

这个头须真是小人，属于见风使舵之徒，脸皮比城墙还厚。考虑到他将功补过，还有可称许之处，晋文公最终召见头须，并赦免其罪。

对追杀者、背叛者以宽恕之心待之，这足见晋文公的气量。正因为如此，无论是追随自己十九年的亲信，或是惠公、怀公时的旧臣，晋文公均一视同仁，量才录用。狐偃、赵衰、先轸等人，都是在流亡过程中始终追随他的谋士，理所当然地成为左膀右臂；对栾枝、郤縠等旧臣，文公仍委以重任。这样晋国的权力核心中既有旧官僚集团的代表，也有流亡集团的成员，这无疑对新旧交替之间政权的稳定起到重要的作用。

晋文公之所以能开拓一代伟业，并非无源之水。

自晋国统一后数十年间，先后吞并荀国、耿国、霍国、魏国和虢国，国土面积大大扩张，具备大国的规模。晋文公上台后，又出台一系列的政策，刺激经济，维持社会稳定。主要有如下措施：废止旧债、减少赋税，救济贫困，保障最贫困人口的最低生活水平；降低关税，整治道路交通，打击路匪，保障贸易的畅通；鼓励农业生产，推广农耕器具，节省用度，提高人民的收入。这使得“政平民阜，财用不匮”。

同时，整个中国的政治大环境对晋国也十分有利。

在晋文公之前，晋国奉行不结盟政策，不参加中原会盟。在流亡过程中，晋文公接触到中原崭新的政治思想，特别是管仲“尊王攘夷”与“会盟称霸”的思想，他对以“霸主”为核心的政治新秩序有了更深刻的理解。自从齐桓公去世后，中原诸夏，没有一个国家有实力领导诸侯，面临楚国咄咄逼人的北进势头，诸侯们渴切希望有个华夏族强国出来主导中原局势。

晋文公抓住难得的历史机遇，为晋国百年霸权奠定坚实的基础。

第七章　大器晚成

一、老骥伏枥，志在千里

晋文公上台这年（公元前636年），中原爆发了一场战事。

这是郑、滑两国之间的战争。为了惩罚滑国投靠卫国，郑文公出兵进攻滑国。周王室出面调停两国的军事冲突，劝郑文公放弃进攻。

郑文公认为周襄王有意偏袒卫、滑两国，一怒之下，不仅拒绝周襄王的命令，还扣留周王特使。郑国与周王室的关系恶化，周襄王很没面子，想讨伐郑国。只是周王室实力不济，周襄王左思右想，想到借助狄人的力量。

当年齐桓公尊王攘夷，如今周天子却借助狄人力量来搅动中原战争。狄人应周襄王之邀，出兵进攻郑国，攻占栎邑。为了感谢狄人的帮助，周室与狄人联姻，周襄王娶狄人女子隗氏，立为王后，岂料却导致周王室的一桩丑闻。

王后隗氏与周襄王的弟弟王子带通奸。周襄王非常震怒，废除隗氏的王后名位。奸情败露后，王子带一不做，二不休，发动政变，率领反政府军进攻周襄王。在狄人的支持下，王子带大败王师，周襄王被迫逃往郑国的氾城避难。

不久前周襄王还联合狄人进攻郑国，现在反而在狄人的进攻下避难于郑国，真是搬起石头砸自己的脚。郑文公还算大度，没有因为周襄王曾引狄人入侵而拒绝接纳，毕竟周王名义上是天下共尊。他派人前往氾城，向周天子表示问候，并提供生活必需品。

为了夺回王位，周襄王只得求助于诸侯，分别向鲁国、晋国、秦国发出勤王令。

对勤王令反应最积极的是秦穆公，他敏锐地发现这是尊王称霸的良机。公元前635年，秦穆公率军队出发，行至黄河，打算渡河后向东挺进，迎接周天子。河东是晋国的土地，秦军要通过，必须向晋国借道。

相比之下，晋文公反应迟钝，对勤王一事并不上心。狐偃听说秦军已抵黄河，非常着急，跑去对晋文公说："晋国军队要赶快出发，赶在秦国之前迎接周王。要称霸天下，最好的办法莫过于尊崇王室，得抓住这次效力王室的机会，这将成为晋国成就霸业的资本。"

在晋文公之前，晋国的外交政策是比较保守的。晋文公及其谋士群浪迹中原多年，眼界开阔许多，在外交上由保守走向积极，谋求在中原更大的政治话语权。

经狐偃一提醒，晋文公感到事情的急迫性。他双管齐下，一方面婉言谢绝秦军借道通过，一方面亲自率领大军南下。晋军兵分两路：一路包围王子带与隗氏所在的温地——周襄王一逃，这对情人就公然同居了；另一路晋军则径直奔向汜城，迎接周襄王。

王子带的叛军岂是晋军的对手，很快被打得丢盔弃甲。王子带兵败被俘，后遭处死。晋文公亲自入汜城迎接周襄王，护送天子回到首都洛邑。晋文公入主晋国的第二年，便立下再造王室的伟大功业，晋国的霸业已呼之欲出。

回到首都后，晋文公正式朝见周襄王。

周襄王以高规格的仪式款待晋文公，亲自敬酒。与齐桓公相比，晋文公对待周王室显然欠缺谦恭之心。他冒冒失失地提出一个请求，希望死后能享用天子的葬礼。这在时人眼中是非常严重的僭越无礼，是对周天子权威地位的挑衅。

周襄王十分不痛快，怫然道："那是天子的礼仪，现在还没到取代周室、改朝换代的时候，如果叔父以天子之礼安葬，岂不是有两个天子吗？大概叔父也不同意吧。"

晋文公颇有几分尴尬，不过还是因勤王有功得到丰厚回报，周襄王将阳樊、温、原、欑茅四座城邑赏赐给晋国。

所谓"赏赐"，实际上是周王室处境窘迫的表现。在周室衰微、诸侯崛起之际，周王室可控的越来越小。有迹象表明，这次“赏赐”的背后，是周天子受晋国的胁迫不得不做出的让步。

勤王之役，对于晋国而言意义重大。晋国已经从一个政治边缘国家，一跃成为在舞台中心的主角。

尊崇王室是霸业的开端，也是晋国树立霸权的筹码。

周襄王将四邑“赏赐”给晋国，实属无奈之举。

这四座城邑居民不愿成为晋国的臣民，首先起而反抗的是阳樊。阳樊抵抗派领袖仓葛怒喝道：“德是用来感化中原华夏族的百姓，武力是用来威慑四境蛮夷。现在晋国凭恃武力，把我们当作蛮夷看待，我们是不会屈服的。这里的人哪一个不是天子的姻亲呢？晋国要把我们所有人当作俘虏吗？”

晋文公不想充当暴君的角色，也不想扔掉到口的肥肉，他下令将阳樊不愿意归附晋国的居民迁移到他处。

接收另一座城池原邑时，晋国仍然遇到当地民众的反抗。晋文公动用大军，包围原邑。军队出发前，士兵们只携带三天的粮食。晋文公宣布，如果三天内原邑不投降，将撤军回国。三天过去了，原邑的居民仍然没有投降。晋文公恪守诺言，下令全军撤退。就在这时，从原邑传来消息，城中民众已经顶不住压力，准备要投降了。

在承诺与利益之间，晋文公选择信守诺言。他仍下达撤退令，并说：“当初我说过，如果三天内原邑不投降将撤兵，作为国君，必须要讲信用。信用是治国的法宝，依靠它才能得到民众的拥护，如果得到原邑，却失去了信用，就得不偿失，到时民众如何拥护呢？”

晋国军队撤退到三十里外，原邑也派人正式请求归附晋文公。

晋文公一举两得，既得到原邑，又赢得重信用的美誉，这使他在国内的民众支持度大大上涨。原邑的归降，是一次守信用的示范。在政府的带动下，晋国商人们并不一味贪图多赚钱，而是信守所定的契约，以诚信为本。日后在中国历史上闻名的晋商，其重信守诺之传统，是否可以追溯到晋文公时代呢？

晋国不缺硬实力，但缺乏软实力。

与齐、鲁、宋等国相比，晋国文明略显落后。从地理位置来看，晋国地处北方，不仅文化上受戎狄影响颇深，而且与戎狄通婚现象也甚为普遍。晋献公宠爱的骊姬是戎人，晋文公的母亲是狄人，他也娶狄女为妻，其手下得力谋士赵衰也娶狄女为妻。

政治眼光长远的狐偃认为，国家强大要仰赖国民的思想素质。当晋文公跃跃欲试争霸中原时，他劝阻道："现在还不行，人民还不知晓道义，生活还未安定。"经过一段时间的推广教育，晋文公问："现在行了吧？"狐偃摇了摇头说："现在还不行，民众还不晓得信誉，也不晓得信誉的用处。"又过了一段时间，晋文公又问："现在行了吧？"狐偃仍然回答说："还不行呢，民众还不晓得礼仪，没有恭敬之心呢。"

在狐偃的主持下，晋国大力推广道义、信誉、礼仪等诸多方面的精神文明建设，统一国民的思想意识。后来晋国军队以剽悍善战雄视天下，强大战斗精神的背后，就是文化的力量。

然而，虎视中原者绝不止晋国，南方巨鳄楚国早有窥伺中原之野心。晋国的雄图霸业，势必要面对来自楚国的强大挑战。

一山不容二虎，晋国与楚国均有染指中原的雄心，一场具有真正意义的南北大战，就此拉开序幕。

二、城濮之战（上）

齐桓公去世后，中原诸侯群龙无首。

短短十余年，原本秩序井然的中原发生了翻天覆地的变化。齐国的霸主地位不再；宋国所谓的"霸业"昙花一现；其他大大小小的诸侯被卷入无休止的战争中去。

中原乱局，使楚国成为最大的赢家。鲁国、郑国、卫国、蔡国、陈国、许国、曹国等陆续归附楚国，在中原重要的诸侯中，只剩下齐国与宋国孤军奋战。只要打垮齐国与宋国，楚成王就可以名正言顺地成为中原霸主，实现楚武王、楚文工两代君王的梦想。他仿佛已经看到胜利的曙光。

公元前634年，楚国联合鲁国进攻齐国，攻克谷城。与此同时，另一支楚军进攻宋国，齐、宋两国陷入岌岌可危的境地。第二年，宋国局势更加恶化。楚成王亲自出马，纠集楚、陈、蔡、郑、许五国联军，大有将宋国踏平之意。

宋国难以抵挡五国联军的轮番攻击。大司马公孙固亲赴晋国，请求晋文公给予军事上的援助。同时，齐国使臣也抵达晋国，同样请求晋文公出兵相援。

晋国已经成为宋国与齐国唯一的希望。

局势紧急！晋文公与他的臣僚们必须做出决定：是参战，还是观望？

公元前633年冬季某日，晋文公召开高层军事会议，就援宋救齐一事展开讨论。

首先发言的是先轸。这位富有谋略的将领力主援宋，他说："国君流亡时，宋国曾有恩于我们，今日宋国有难，晋国有义务给予援助。晋国要在列国中树立威望，创立霸业，就在今日。"

宋国虽然有恩于晋文公，楚国又何尝不是？出兵最真实的理由，是与楚国逐鹿中原，奠基霸业。

狐偃则提出避实击虚的战略：不直接救援宋国与齐国，而是进攻归附楚国的曹国与卫国，迫使楚国分兵救援，以达到解救宋、齐两国的目的。这种后来被称为"围魏救赵"的战术，其实并不始于战国，在春秋时代已经广泛为诸侯所应用。

经过一番争论，主战派的观点占据上风，志向高远的晋文公岂肯错过奠定晋国霸业的机会呢？

晋国利用冬季进行战争动员。这次会战关系到晋国未来前途，晋文公在军事上做了两个准备：第一，举行大规模的军事演习；第二，将晋国兵力由两个军扩充到三个军，即中军、上军、下军。

晋国的兵制，以中军元帅地位最为尊崇，是军队的总指挥。晋文公在中军元帅人选上十分慎重，赵衰推荐由郤縠出任，理由是："他饱读诗书、爱好礼乐，诗书是道义的宝藏，礼乐是品德的准则，道义与品德是利益的基础。"晋国强武力，当时并没有纯粹文人的概念，大家都是清一色的战士。在这种背景下，军人的文化素养便成为其综合素质的一个重要指标，这也是赵衰推荐郤縠的原因。

晋文公听从赵衰的意见，任命郤縠为中军司令（元帅），副司令是郤溱；任命狐偃为上军司令，狐偃将司令职位推让给狐毛，自己担任副司令；任命赵衰为下军司令，赵衰推让给栾枝与先轸，最终栾枝担任下军司令，副司令为先轸。

狐偃与赵衰作为追随晋文公流亡时最重要的左膀右臂，都体现出谦让的高风亮节。这可以看出狐、赵两人以大局为重，不在意个人利益，也体现出晋军内部的团结，这是军队无敌于天下的根本。

由于中军元帅郤縠不久即病逝，晋文公破格将下军副司令先轸提拔为中军元帅。事实证明这是非常明智的选择，不久后先轸将证明自己是一名伟大的将领。

我们再来看看晋、楚两强各自的同盟国。

表面上看，楚国的实力更强大。楚国拥有众多南方诸侯的支持，同时中原诸侯中的鲁国、曹国、卫国、陈国、蔡国、郑国、许国等，都是其喽啰国。晋国的同盟国主要有秦国、齐国、宋国，从数量上看，远逊于楚国。

这场战争，注定是一场国际大战。

大战前夕，楚国高层也出现变动，子玉接替子文（即鬬穀於菟）成为楚国令尹（宰相）。子文自公元前 664 年执政以来，已经整整三十个年头，为楚国强盛做出巨大贡献。但他已经衰老了，感到力不从心，便推荐以勇猛著称的子玉为接班人。

大战前的人事变动，为楚国埋下隐患。

子玉虽骁勇，却很残暴。他上任后举行一次军事演习，整个演习过程中，有七名军士受鞭刑，三名军士受贯耳之刑。

楚国大夫蔿贾对子文说："今天子玉检阅军队，滥用刑罚，倘若让他领兵作战，肯定要吃败仗。他不是帅才，指挥三百辆战车以下的部队还行，如果超过三百辆战车，大概就有去无回了。"

这场南北大决战的主角晋国与楚国，从一开始双方在择帅的标准上，就出现重大的差异。晋国的选帅原则是道义为先，楚国选帅的原则是勇猛至上，究竟哪方的将领更能胜任呢，这还得在战场上见分晓。

晋军的作战任务，是解除楚军对齐、宋两国的围困。

为达到这一目的，晋文公采纳狐偃的建议，进攻楚国的喽啰国曹国与卫国，迫使楚军回援，以解齐、宋之围。当然，晋文公把主攻目标选择曹国与卫国，可能带有某些个人恩怨。在他流亡时，卫国与曹国的国君都曾经羞辱过他。

从作战计划可以看出，晋文公与当年的齐桓公一样，避免与楚军发生直接交锋，只要达到救齐、宋的目的，就是胜利。任何一支军队，在强大的楚军面前，都没有必胜的把握。

冬去春来，时间已是公元前632年，准备就绪的晋国军队誓师出征。

晋军先对卫国实施军事欺骗。

卫国的军事力量不容小觑。二十八年前，卫国遭狄人血洗，卫懿公被杀，国家差点灭亡。卫懿公的儿子卫文公是非常杰出的君主，在他统治的二十五年里，卫国军事力量得到突飞猛进的发展，战车数量从三十辆增长到三百辆，成功抵挡住狄人的进攻，并灭掉邢国；西面与郑国对抗，东面联合鲁国对抗齐国，这是卫国的黄金时代。可惜卫文公在公元前635年去世，继任的卫成公才能平平，只得投靠楚国。

卫国的地理位置靠近晋国，曹国则位于卫国东侧，晋国军队开赴卫国边界，并不直接进攻，故意派一名使者抵达卫都，要求向卫国借道，进攻曹国。这是向卫国传达一个信息：我们的目标是曹国，不是冲着卫国来的。

卫国政府当然不肯答应。晋文公便下令军队从卫国边境掉转方向，向南迂回，在南津渡过黄河，绕了一个大弯路，攻入曹国。眼看晋国人渐行渐远，卫国人终于喘了一大口气。然而，令卫国没有想到的是，晋文公醉翁之意不在酒，表面是去进攻曹国，实际上主要目标仍然是卫国。

晋军取道黄河南岸，对曹国发起进攻，卫国自以为可以置身事外，这正中了晋文公的奸计。该年正月初九，晋军出其不意地攻入卫国，占领五鹿。

对晋文公来说，五鹿是一个值得回味的地方。十二年前，晋文公重耳在流亡途中，经过卫国，卫文公不肯接待他。到五鹿时，更遭当地农民白眼，不仅不施舍粮食，反而抓一把泥土给重耳。机智的狐偃以泥土大做文章，称泥土代表土地，表示上天要赐土地给重耳。如今已经是晋文公的重耳，果然前来索要土地了。真是风水轮流转，昨日的落魄公子，今天已经是拥有雄兵猛将的晋国君主。

初战告捷后，晋军一鼓作气，扩大战果，又攻克卫国的城邑敛盂。

晋军的胜利令齐国备受鼓舞，齐昭公前往敛盂，会晤晋文公，两国签订正式的同盟条约。

晋、齐两个大国的结盟，令卫国惶恐不安。卫成公心知不是晋军的对手，派人向晋文公请求参加敛盂会议，与晋、齐两国结盟。晋文公痛恨卫国政府当初对自己无礼，拒绝卫成公的请求。

议和被拒绝，卫成公只能硬着头皮撑下去。凭卫国的实力，难以阻止晋军的深入，怎么办呢？卫成公决定求助于楚国，他派人向楚成王请求军事援助。但是卫国民众显然不愿意将战争进行到底，国都爆发平民暴动，卫成公被驱逐出国都，逃到东部一座名为襄牛的城邑。

这场战争，从一开始就注定是多国战争。

鲁国与卫国曾签订过同盟条约，现在卫国有难，鲁国当然不能坐视不理。鲁僖公派公子买协助卫国抗击晋军的侵略，在强大的晋国面前，鲁国人没有占到便宜。

狡猾的鲁僖公有见风使舵的本领，他开始考虑要给鲁国留一条退路。晋国与楚国，谁能成为胜利者，现在还不知道，形势不明朗的情况下，最好采取观望的态度，尽量不要卷入战争，他下令召回在卫国协防的鲁国军队。前线总指挥公子买却没能领会鲁僖公的意图，现在卫国快顶不住了，怎么能撤呢？鲁国人讲究礼义那是有名的，帮人得帮到底，做人得有信用，公子买抗命不撤兵。

鲁僖公大怒，派人逮捕公子买，以“未能完成守戍任务”为理由，判处死刑。公子买死后，鲁军全线撤出卫国。

一场南北大战即将上演，鲁僖公搬了凳子，要坐山观虎斗。

卫成公被驱逐后，卫国基本上被晋国控制。晋军全力以赴，进攻曹国。

曹国人抵抗之顽强，实出乎晋文公之意料，战斗十分惨烈。

晋文公亲自指挥大军对曹国都城发动攻坚战，先锋部队奋勇登上城墙，但不是被赶下来，就是被杀死在城楼之上。晋国人的进攻没有奏效，为了打击晋军的士气，曹国人使出阴招，将晋国士兵的尸体挂在城墙上羞辱。这一招确实有震慑力，想想自己某一天也可能像这些士兵一样，被杀死后还要吊着示众，不禁让人毛骨悚然。

晋军内部出现人心浮动的现象，晋文公很担心，得重振士气才行。他到兵营去巡视一番，听到一些军士在窃窃私语地讨论说：“曹国人羞辱我们战士的尸体，我们干脆也去他们的祖坟那儿，羞辱羞辱其先祖。”晋文公一听，好办法，来而不往非礼也，这就叫以毒攻毒。

晋国人到城郊曹国人祖坟附近，肩扛锹铲，摆出挖掘祖坟的架势。

要知道中国人很早就有祖先崇拜的观念，在城头上看到这一幕的曹国人吓坏了，慌了手脚，冲着晋国人喊道：“你们不要挖坟，有事好商量。”商量的结果，曹方把晋国士兵的尸体归还，从城头上扛下来，用棺木装好，交还给晋国一方；晋国人也不挖曹人的祖坟，双方算是扯平了。

曹国发动的心理战失败了，晋国军队又开始新一轮的进攻。

三月初八，晋军攻破曹国都城，活捉曹共公。当年曹共公偷看重耳洗澡，这种下三滥的无礼举动终于遭到报应。曹共公被押解到晋文公面前，他面如土色，低着脑袋，不敢抬起头，晋文公毫不客气，指着他的鼻子，当面斥责他为政荒怠，不知任用贤人僖负羁。曹共公豆大的汗滴直流，唯唯而应。

当年曹国大夫僖负羁听从夫人的建议，送了块美玉给流亡中的重耳。虽然重耳没有收下这块美玉，但对他的好意是心领的。滴水之恩，当以涌泉相报，现在是报恩的时候了。晋文公下令，不允许任何人进入僖负羁家搞破坏，对其家族成员全部给予赦免，不许骚扰。

晋文公的命令，令两个人十分不满。

两人都是曾跟随晋文公流亡的人士，一个叫魏犨，另一个叫颠颉。他们凑在一起私下议论说：“咱们这些跟随国君流亡在外的功臣，并没有得到什么犒赏，僖负羁有什么功劳，凭什么享受特殊待遇呢？不如上他家去，放把火烧了。”

两个充满怨气的家伙一拍即合，带了人马跑到僖负羁家中，大肆劫掠一番，又放了一把火，火苗腾空而起，愈烧愈旺，魏犨不小心被火烧伤胸部。

魏犨与颠颉两人公然抗拒命令，不仅抢了僖负羁的钱财，还烧了人家的房子，这不明摆着让晋文公难堪吗？晋文公大为震怒，不动真格是不行了，不然这帮旧臣仗着自己追随国君流亡十几年的苦劳，目空一切，这怎么得了？得严肃军纪，杀鸡骇猴。

晋文公想拿二人开刀，但颇有迟疑，因为魏犨是个勇士，担任自己的战车右护卫，作战剽悍勇猛，杀之可惜。晋文公决定先派一个人前往探视魏犨的病情，如果烧伤面积太大、病得太重，就一并杀之。

有人事先把晋文公的意思偷偷泄露给魏犨。魏犨大吃一惊，他赶紧从病床上爬起来，用布把胸上伤口扎紧，出来见使者。他故意装作若无其事的样子，对使者说："有赖国君之灵佑护，我哪敢躺在床上养伤呢？"说完后，为了显示身体强壮，他先是做了三百次的跑跳，又做了三百次的高跳，面不改色。使者回去后向晋文公汇报说，魏犨的伤势不重，还跑来跳去的，一点事也没有。晋文公爱惜其勇，网开一面，赦免他的罪行，但为了严肃军纪，解除他的职务；另一个破坏分子颠颉运气就没那么好，被一刀砍了，斩首示众，临死前他估计都在后悔平常没有勤奋锻炼身体。

这件事情，对于严肃军队纪律有深远的影响，同时也向全体官兵宣告：即便是追随君主流亡过的人，也没有特权可以违背君主下达的命令。正是纪律，使晋军成了一支所向披靡的铁军。

晋军在曹、卫两国的军事行动进展顺利，却没有达到调动楚军主力、解除宋国之围的目的。老谋深算的楚成王看穿晋军的实际用意，坚决不从宋国撤兵，并率领五国联军对宋国都城展开猛烈的攻击。宋国军民眼巴巴地望着晋国援军早日到来，几度派人向晋文公告急。

晋文公心情很复杂，楚国无敌兵团在中原战场从来未逢对手，晋军企图调动楚军的目的又没达到，只剩下一条路可以走，就是与楚军面对面干上一场。

楚军的实力令人不寒而栗，晋文公没有必胜的把握，必须把齐国与秦国拉入援救宋国的战争，才有胜算。

晋文公召集三军将领开会商议，在会上发言说："现在宋国情形紧张，如果不能实施救援，宋国势必向楚国投降。我几次派人向楚国提出放弃围攻宋国，均被拒绝，现在只能同楚国开战，可齐国与秦国又不出兵，要怎么办呢？"

足智多谋的晋军总指挥先轸向晋文公提出一个方案，晋文公听罢连连称好。

这个方案是这样的：首先要求宋国不能单指望晋国援救，而应该先以重金贿赂秦国与齐国，由秦、齐两国出面调停楚宋战争。宋国的巨额贿赂款，晋国将以所占领的曹、卫两国土地作为补偿。

先轸判断，秦国与齐国收受贿赂之后，必然会以中间人的身份，敦促楚国从宋国撤军。但是楚国必定不会撤军，因为宋国将得到曹、卫两国的土地，而曹、卫两国都是楚的喽啰国。先轸的计划就是设置一个楚国根本无法接受的条件，秦、齐两国如果调停失败，必定将责任推到楚国身上，到时秦、齐两国出兵就成为理所当然之举。

先轸思维敏捷，整个战略构思清晰而巧妙，行云流水，环环相扣，布满陷阱。晋文公破格把他提拔为三军总司令，确实没有看走眼。

晋文公听了先轸的计划后，大声喝彩，随即有条不紊地实施该计划。

首先是晋国将所占领曹、卫两国的土地赠送给宋国；紧接着，宋国动用大量财物贿赂秦、齐两国，秦、齐两国君主出面调解楚国与宋国的争端。

这一切都在先轸的计划之中。

楚成王是一位雄才大略的君主，他从宋国前线返回楚国申邑，与秦、齐派出的调停代表会晤。对于晋国的阴谋，楚成王还是看得清楚的，他不禁佩服晋军果然有人才，充分利用各诸侯国的矛盾，设计出一个如此精巧之局。如果楚国同意秦、齐代表的调停，那么将失去曹、卫两个喽啰国；如果楚国拒绝，秦、齐将可能加入援救宋国的战争，对楚国就十分不利。中原局势本来就非常微妙，看来晋国人要把中原搅得更加混乱。

怎么办呢？楚成王的脑袋高速运转。晋国与秦国长期以来并没有介入中原事务，但都拥有超强的实力，来了一个晋国，楚国就未必有胜算，要是再引来一个秦国，战局更难以预料。

最后一个念头在楚成王脑海里明晰起来——“撤”。

三、城濮之战（下）

楚成王连续发布两条命令：第一条，驻扎在齐国谷城的楚国军队，放弃占领，撤回国内。第二条，在宋国指挥作战的楚军总司令子玉，放弃围城，立即从前线撤军。

楚成王这两个决定，是有深谋远虑的。

先轸的计划无懈可击，是个完美的杰作。晋以曹、卫之地赠宋，宋以巨款贿秦、齐，秦、齐调停宋楚时局，一环紧扣一环，没有破绽可寻。

面对先轸绝妙的布局，楚成王选择以退为进，也堪称高明。首先，楚国主动放弃对谷城的占领，讨好齐昭公，稳住东方的齐国。其次，主动从宋国撤军，给足秦穆公面子，在政治上便居于主动。虽然失去曹、卫两国，但假以时日，强大的楚国还有卷土重来的一天。

不过楚成王有一个担心，前线总司令子玉可能拒绝服从命令。他对子玉很了解，其为人刚勇、争强好胜，没打胜仗就退兵，肯定面子上挂不住。楚成王派人给子玉传达口信："不要与晋国军队交锋。晋国国君在外流亡十九年，如今掌握晋国政权。在流亡期间，饱尝人世间的艰难困苦，对各国民情了如指掌，这使他见多识广、意志坚强。上天使他有生之年，铲除怀公、吕甥等祸患，可见其成就乃出自天意，岂止是人力的努力呢？兵书有道：'适可而止，见好就收。'又说：'要知难而退。'又说：'有德不可敌。'这三条军事原则，正好可以适用于今日的晋国。"

楚成王的命令果然受总司令子玉的抵制。

子玉好面子，他接替子文出任令尹时，蒍贾等一帮人就公开反对，并质疑其领导能力，如果无功而返，不正好落人口实吗？他决心要以一场辉煌的胜利，堵住反对者的嘴巴。

子玉派遣伯棼返回国内，向楚成王请战，说道："我不敢说一定能成功，但希望以此机会来塞住奸佞小人之口。"对于子玉的抗命，楚成王十分生气。子玉是楚国的令尹，相当于首相的地位，在春秋时期，君主的权力与后世的皇帝是没法比的，约束不了臣子是很正常的事。

由于军情紧急，从宋国前线到楚国的申邑，一来一往要耗费不少时间。楚成王心里很矛盾，要对付由晋国、秦国与齐国组成的强大联军，凭子玉的那些兵力，是明显不足的。子玉坚决请战，不给予支援也不行。但楚成王又不想给子玉提供大量的援兵，最后只调拨西广、东宫两支军队和六百名亲兵。楚军在兵源上并没有得到很大补充，兵力仍处于下风。然而子玉自信心满满，认为楚军乃是百战雄狮，即便人数处于下风，仍可以一当十，仍是不可战胜的。

由于子玉拒绝解除对宋国的围攻，果然不出先轸所料，前往调停的秦、齐两国政府都不高兴，先后派出军队，加入晋文公一方，参加对楚国的战争。

如此一来，战场上的强弱格局发生明显的变化。这场春秋时代以来最大规模的多国战争，以晋国为首的一方包括晋、秦、齐、宋四个国家，其中有三个强国，特别是晋、秦的实力超强；以楚国为首的一方包括楚、郑、陈、蔡、许五个国家，楚国的盟国中，只有郑国实力稍强；楚国的喽啰国曹国与卫国已经为晋军占领，曾追随楚国的鲁国，在关键时候，采取骑墙策略，从卫国撤军后，袖手旁观。

楚军总司令子玉显然过于自信了。

子玉有自己的打算，他派宛春作为楚国使臣，前往与晋国一方进行谈判，晋文公指定狐偃为谈判代表。

宛春提出了两点停战条件：第一，晋国必须恢复卫成公的权位。第二，归还所占领的曹国土地。作为交换，楚军从宋国撤军。这样一来，双方恢复到战前的局面，这种结果，子玉自认为没受损失，可以保住面子。

狐偃将楚国的谈判条件汇报给晋文公，晋文公召集诸位将领一起讨论研究。

此时秦国与齐国的援军都陆续到达，晋文公不仅得到了秦穆公、齐昭公两巨头的支持，在兵力上也超过楚军，岂可错失机会呢？然而子玉提出的停战条件似乎合情合理，况且长期受困的宋国眼巴巴地等待停战，如果晋国断然拒绝，势必会引起宋国的强烈不满与怨恨，在道义上是说不过去的，这就会使双方未交战之前，晋国先棋失一着了。

身为谈判代表的狐偃率先发言说："子玉欺人太甚！如果依他的条件，主公是一国之君，仅仅捞得解除宋围一项好处。而子玉只是楚国令尹，地位比主公低，却捞得拯救卫国与曹国两个好处。这样我们实在吃亏，不划算，我看不能放弃与他们决战的机会。"

狐偃说出大多数将领心里的想法，大家纷纷表示认同，此时只听得有一人说话了："我看还是应该要答应楚国人的条件。"大家一听，连忙望去，说话的人却是晋军总司令，中军元帅先轸。

又是先轸。大家屏住声息，因为先轸的智慧早已征服众人，他又有什么高见呢？每个人都拉长耳朵，静待先轸的发言。

先轸站起身来，对狐偃说："楚国提出的条件，可以使宋、曹、卫三国获得安定，如果我们拒绝，可能导致三个国家灭亡，责任就在我们一方。如果我们没有道义，凭什么与楚国决战呢？不答应楚国人的要求，就是弃宋国于不顾，既然我们是来救援宋国的，又弃之不顾，如何对其他诸侯做解释呢？楚国人的建议，施予三个国家恩惠；我们拒绝了，带给三个国家怨恨，结下那么多的怨恨，将何以战呢？"

众人一听，哎呀，元帅毕竟是元帅，话说出来，以理服人，透彻、精辟，不服不行啊。大家又纷纷议论开了：“元帅所言甚是，可是这么一来，我们不是吃大亏啦？好处全让楚国人占走了。”

先轸微微一笑，笑容中充满自信与智慧，他接着说：“依我之见，不如私下答应曹国与卫国，许诺恢复两国的主权与领土，将这两个国家拉拢到我们一边，与楚国决裂。扣押楚国特使宛春，激怒楚国人，到时楚国人必然按捺不住，向我挑战，等到开战后，再作其他决策。”

哎，这么复杂的局势，经先轸一分析，竟如此轻松就得以化解。子玉精心设计的一个棋局，却被先轸迎刃破解。子玉的如意算盘是：晋国人如果接受他的和解条件，楚国以一个宋国换回曹、卫两国，楚国仍然雄踞中原，不吃亏；如果晋国人不接受，战争的责任就落到晋国人头上，在道义上先输一着。子玉固然聪明，可是不幸的是遇到天才军事家先轸。晋国先下手为强，以复国为诱饵拉拢曹、卫两国，只要这两个国家脱离楚国，子玉还拿什么作为谈判的筹码呢？

元帅果然见识非凡，深谋远虑。晋文公大喜，同意先轸的建议，下令将楚国特使宛春拘捕，囚于卫国，然后私下与曹、卫两国政府秘密谈判，答应恢复两国的主权，归还两国的土地，前提条件是两国必须与楚国绝交。想那曹、卫两个小国，本来就是夹在强国之间的墙头草，风吹向哪边倒哪边，哪有什么原则可言，一听说要归还被占的土地，恢复主权，又何乐不为呢？于是宣布脱离楚国联盟，倒向晋国一边。

不出先轸所料，子玉气坏了。

楚军总司令子玉本来对自己提出的停战条件十分得意，认为如果晋国同意，他就以放弃宋国的代价，保全曹、卫两国，并不吃亏；如果晋国不同意，国际舆论就会谴责晋国破坏和平，这样对楚军来说，就占有先手了。不想老奸巨猾的先轸却釜底抽薪，反而暗中许诺曹卫、扣押楚使，令子玉的计划前功尽弃。

先轸的计划令楚国既失去宋国，也失去卫国与曹国，得不到半点的好处。楚军统帅不禁恼羞成怒，决定要凭借武力，主动出击，试图寻歼晋军主力。

楚军在兵力上本来就逊于晋军，子玉此举，正中晋文公的下怀。

强大的楚国兵团迅速向北推进，晋文公下令晋军后撤。

将军们对晋文公说："您是国君，子玉只是令尹，以国君之尊，竟然畏避楚国之臣，这是耻辱。况且楚军在宋国作战的时间已经很长了，士气衰竭，正可迎头痛击，为何却不战而退呢？"

撤军的主意，大约是出自狐偃，他站出来反驳说："用兵作战，理直才会气壮，理屈士气便凋零，岂与征战时间的长短有关系呢？当年国君落难时，如果不是楚国的恩惠，恐怕也没有今天。当年国君曾许诺楚王，倘若不幸两军交锋，愿意退避三舍。今天我们避开楚军的锋芒，向后撤退，就是为了报答当年楚国的恩惠。如果我们忘恩负义，背弃诺言，就会理屈气衰，而敌军就会理直气壮。况且楚军乃是百战之师，战斗力十分强大，决不可以认为他们疲惫不堪，从而低估其实力。如果我们自动后撤，楚军也自动退兵，我们的目的就达到了，也没有什么其他要求了。要是他们一味追击，就是以楚国之臣，凌逼晋国之君，楚国就理亏了。"

当然，狐偃可能只把话说了一半，只说是为了报恩于楚国，退避三舍，另一半话没说出来。其实退避也是一种战术，诈敌之术，欺骗之术。楚军雄视天下的战斗力，在诸侯国中是出了名的。但是晋军的战斗力，对楚军来说则相当陌生。晋文公与狐偃借用"退避三舍"，既赢得报恩的美誉，更重要的是达到迷惑敌军的目的。

晋军撤退了，从曹国退到卫国境内的城濮，楚军尾随而至。

此时城濮地区杀机四伏，战争阴云密布。在晋国一方，除了晋国三军主力之外，还包括宋成公指挥的宋国军队，归父、崔沃指挥的齐国援军，以及秦穆公儿子指挥的秦国兵团，晋方联盟军的实力非常强大。

在楚国一方，参战的除楚国之外，还有陈国与蔡国的军队，曾参加攻宋战争的郑国与许国并没有出现在战场上，大约是预感到楚军要吃败仗。子玉显然把晋军的撤退视为懦怯的表现，他自恃楚军的非凡战斗力与勇往无前的战斗精神，必定可以大败晋军。当年以齐桓公之霸、管仲之谋，集八国军队之优势兵力，深入楚境，尚且不敢与楚军正面对决，可见在当时中原诸侯眼中，楚国是多么可怕的国家。

大战在即，晋文公内心非常紧张，能否战胜楚军，他没有把握。同楚军展开这场决战，是关系到晋国未来乃至中原未来的一场大战，晋文公深感压力巨大。

这一天，晋文公巡视兵营，无意中听到有人在唱歌，歌词是这样的："原田每每，舍其旧而新是谋。"歌词的原意是：原野上野草丰茂，要割掉旧的野草，种上新的庄稼。晋文公听到"舍其旧而新是谋"这句话时，他心里猛跳了一下，以为士兵们在讽刺他忘记楚国的旧恩。中国古代的语言过于简洁，会引起一些理解的不同，晋文公认为这是讽刺他没有报恩道义，而歌者的本意，很可能是要暗示不要去理会那些旧恩，而要专注于谋划新局。

晋文公心情烦躁不安，他找来狐偃与栾枝，征求其对时局的看法。

狐偃果断地回答说："事到如今唯有决一死战。如果战胜强楚，就能在诸侯国中建立威信；如果战败了，我国凭借高山大河的险要地形，也不致招来祸患。"

心事重重的晋文公略显迟疑地问道："楚国对我的恩惠怎么办呢？"

下军司令栾枝回答道："主公您看看，汉水以北的姬姓诸侯，差不多都被楚国灭了，这对于我们姬姓诸侯国来说，乃是一大耻辱。您老惦记着楚国的小恩小惠，却把姬姓国的大耻大辱抛到脑后，这样做不值得，应该借此机会与楚国决战。"

晋文公跟狐偃说了他做的一个噩梦。他梦到自己与楚成王搏斗，被楚成王揍倒在地，仰面朝天。楚成王狠狠扑上来，压在他身上，用牙齿咬他的脑袋。这个梦把晋文公给吓坏了，在梦里自己不是楚成王的对手，这绝对是个凶兆。日有所思，夜有所梦，晋文公此时难以掩饰内心深处的恐惧与不安。他担任晋国国君仅五年的时间，尽管晋军实力很强，但作战经验远不及楚军。相比之下，楚成王在位已经四十年，这是楚国建立以来最鼎盛的时期，势力席卷中原，只有齐国与宋国苦苦支撑，楚国兵团攻无不克，战无不胜，实为天下最精锐的部队。

看来晋文公开口闭口要报答楚国之恩，只不过是心虚避战的借口罢了。

善于察言观色的狐偃反应非常敏捷，他马上说："这个梦可是大吉之兆。"晋文公一听，有没有搞错，梦里自己被楚成王打倒在地，还被咬脑袋，算什么大吉之兆呢？

狐偃不慌不忙地说："主公仰面朝天，意味将得到上天之助；楚王匍匐向下，意味楚将伏罪，完全被我们制服。”狐偃一番胡说八道的解梦，对有几分迷信的晋文公还真起作用了，稍稍驱逐了其内心的恐惧与迷惘。

楚军向来以悍勇而著称，总司令子玉派勇士斸勃驾着战车，前往晋军兵营单挑，并向晋文公传话：“请贵军派出一名勇士，进行一场单打，国君可以倚在战车横木上观看，我也可以大饱眼福。”

晋文公派栾枝为代表，传话给斸勃：“寡人已经听到贵国出战的命令，只是不敢忘记贵国的恩惠，所以退避三舍，不敢迎战，不愿与楚军为敌。既然贵军不肯罢战言和，请转告贵国的将士：‘准备好你们的战车，效忠你们的国君，明天早上战场上见。”

这一天是农历四月初一，晋文公在高地检阅三军。当时晋军拥有七百辆战车，战马身上套着皮带，将领们个个精神抖擞，士兵们队伍整齐，武器锋利。晋文公视察后评价说：“军中将士长幼有序，军纪良好，现在可以投入战斗了。”

阅兵仪式后，晋军进入紧张的战前准备，砍伐树木，秣马厉兵，全军上下士气高昂。同时秦、齐、宋等友军部队也均做好了战斗准备。

四月二日，城濮。

两军在平原上展开正面对决。楚军部署如下：令尹子玉亲自指挥中军，中军是楚军的主力部队，包括楚成王派来增援的西广、东宫、若敖的六卒部队，这些是精锐中的精锐；左军由司马子西指挥，统领申、息两邑的军队，也就是以前被楚所灭的申国、息国，战斗力上稍逊于中军；右军由斸勃所统率，主要是陈、蔡两国的军队，战斗力不强，这是楚军的弱点所在。

相较于楚军，晋三军的战斗力相对均衡，而且有秦、齐、宋的军队作为机动部队。晋军的部署如下：中军由元帅先轸指挥，上军由狐毛、狐偃统领，下军由栾枝、胥臣为正副司令。具体安排是这样：以栾枝与胥臣的下军迎战楚兵团中的右军，即楚军最薄弱的环节，其余两军先按兵不动，等待元帅先轸的命令。

能否击败强大的楚军，关键在于击垮实力最弱的右军，即陈蔡联军。但是楚军的布阵，使得右军随时可以得到主力中军的支援。对晋军总司令先轸来说，必须牵制楚中军，为此他制订了一个大胆的欺骗战术。

战场上一片肃杀之气。

一阵平静后，晋军下军副司令胥臣率先进攻楚军的右翼兵团，即陈蔡联军。胥臣命令将战马蒙上虎皮，既增强战马的防护能力，又增加攻击时的气势，令对方战马惊惧恐慌。陈、蔡两国的军队本来战斗力就不强，在晋军的猛烈攻击下慌了手脚，很快演变成一场溃逃。

不过子玉从来就没有把胜利的希望寄托在陈、蔡两国的豆腐军身上。

在晋军下军与楚军右翼兵团开战的同时，双方最强大的中军都没有轻举妄动。为了搅乱楚军总司令子玉的判断，晋军总司令先轸连续实施三个欺骗手段。

欺骗之一，右翼的上军司令狐毛挂起中军元帅的旗帜，让子玉错误地判断晋军实力最强的中军乃是位于右翼。子玉这样的判断并不是没有道理，因为楚军受南蛮习俗尚左的影响，经常将主力集中于左翼，源于中原文明的晋国则尚右，右翼作为最强的配置，这是有可能的。

欺骗之二，狐毛、狐偃的上军假装畏惧后撤，营造晋军内部混乱的假象。

欺骗之三，下军司令栾枝在晋军阵地后方，让一部分士兵用战车拖动砍下的树枝奔驰，扬起漫天飞尘，制造逃跑的假象。

晋军一系列军事欺骗战术，取得了巨大的成功。楚军总司令子玉观察到晋军右翼出现撤退的混乱局面，接着又在阵地后方扬起漫天尘埃，判断是晋军士兵开小差，驾着战车逃离战场。他必须抓住这个机会，展开全面进攻。

子玉果断地下令左军司令子西出击，奔袭晋军的右翼。

子西急着抢下头功，命令楚国士兵全力进击。晋军右翼的上军兵团只是佯装退却，当楚国左军战车以迅雷般的速度发起冲锋时，上军司令狐毛下令全体战士掉转车头，做好战斗准备，迎击楚军。

先轸诱敌深入的计划取得成功。此时晋军右翼的上军兵团伪装撤退，位置在中军兵团之后，而子西的楚军在进攻时，必然要穿过晋中军的右侧，才能对上军兵团实施攻击。就在子西穿过晋中军的右侧时，先轸见楚军已经进入晋军的夹击范围，他果断投入最精锐的部队，对楚国左军实施拦腰截杀。

子西很快就意识到，他遇到了多么强劲的对手，无敌的楚国兵团在中原战场第一次遭遇到强有力的抵抗，晋军在人数上的优势很快就体现出来。

楚国的中军仍然按兵不动，子玉本以为晋军已丧失斗志，但他没想到，晋军的撤退根本是个圈套，致使子西兵团遭到晋中军与上军的夹击。子玉一看大势不好，赶紧命令楚国中军兵团向前推进。

然而战场的形势已经变化，晋国人掌握了主动权。

楚军右翼的陈、蔡兵团已经退出战斗，落荒而逃，子玉兵团右翼已经失去保护，如果贸然突进，后路很可能被晋军所截断，那将面临全军覆没的危险。

身陷险情，子玉犹豫了一下。在他迟疑的时候，楚国左军在晋国上军与中军的夹击下，完全招架不住，很快被击溃。

子玉的中军已经成孤军，如果不能撤出战斗，势必被晋国的三路大军合围歼灭。胜负已判，子玉长叹了一声，无力挽回败局，他下令中军全线撤退。楚军毕竟训练有素，中军在撤退过程中，秩序井然，丝毫没有受到败局的影响，并没有蒙受很大的损失。

单从战斗的结果来看，楚国的损失并非惨重。楚军最精锐的主力部队基本上未受损失，除了阵亡人员外，被俘虏一千多人，被缴获的战车一百辆，陈、蔡两国军队损失要多一些。

尽管伤亡数目并不很大，但是从战略意义上说，楚国遭到其北进中原以来最严重的一次失败。这是对中国历史产生深远影响的一次大战，由于楚国的战败，中原政局发生根本性的变化，晋国以强有力的手腕，遏制楚国在中原地区的扩张，同时也宣告晋国作为中原霸主时代的到来。

愤怒的楚成王将战败归咎于子玉的一意孤行，他派人严厉谴责："你如果带残兵败将回到楚国，请问如何面对申、息两地父老乡亲？"楚军阵亡与被俘的士兵，主要来自申、息两地，故楚成王有此一问。子玉深知罪行深重，想自杀谢罪，子西劝道："还是等待大王的命令吧。"楚成王并没有下达宽恕的命令，刚强的子玉荣誉感很强，很要面子，他知道无法取得楚成王的谅解，最终以自杀的方式谢罪。

从前一年楚军围攻宋国算起，这场战争的波及面极广，是不折不扣的国际大战。大战的两个轴心国是晋国和楚国。晋国的同盟国有齐国、秦国、宋国；楚国的盟友有鲁国、曹国、卫国、陈国、蔡国、郑国、许国。总计十二个国家卷入这场战事。

老骥伏枥，志在千里。年过六旬、历尽艰辛才登上国君宝座的晋文公，终于在风烛残年之际，以一场伟大的胜利，迎来了人生的巅峰时刻。

四、百年霸业的奠基者

城濮之战，使楚成王苦心经营数十年的北进中原战略，遇到最严重的挫折！中原诸侯国纷纷背叛楚国，卫国与曹国被晋军占领后倒戈，随后郑国也迅速转向。

郑文公在齐桓公时代就开始倒向楚国阵营，这是无力与齐国抗衡下的一种无奈选择。后来慑于齐桓公的实力，又倒向齐国阵营；齐桓公去世后，郑国又摇摆到楚国一方。这个曾雄视诸侯的中原国家，如今已是日薄西山，采取骑墙政策，在大国争霸的夹缝中荡秋千。

城濮之战，楚军失利，郑文公见风使舵，立即把楚国踹在一旁，厚着脸皮向晋文公提出媾和请求。晋文公对郑文公没有好感，当年他落魄的时候，流亡到郑国，郑文公对他很冷漠，这是一个不愉快的回忆。但是国家之间没有永远的朋友，也没有永远的敌人，只有利益的博弈。拉拢郑国，就是打击楚国，雄才大略的晋文公又怎么会以个人的好恶来放弃国家的利益呢？

晋国与郑国签订和平盟约，有郑国作为样板，鲁国、陈国、蔡国等亲楚的国家陆续倒向晋国。

中原新的权力格局形成了。

晋国以无可争议的实力，取代齐国，成为中原诸侯联盟的盟主。

雄才伟略的楚成王被历史开了个玩笑。他是那个时代真正的霸主之一，在他四十年的苦心经营之下，楚国北进中原战略获得巨大的成功，郑国、鲁国、陈国、蔡国、卫国、曹国，包括宋国都一度归顺于楚，只有齐国凭借雄厚的积累顽强抵抗，但仍丧城失地。楚成王的不幸，是遇到崛起中的伟大晋国，城濮之战的失利，使得他被挤出“春秋五霸”的行列，具有讽刺意味的是，楚成王的手下败将宋襄公居然在“五霸”中占据一个并不相称的位置。

晋文公却很幸运地成了“春秋五霸”之一。

还在数年前，现在的晋文公、当时的公子重耳流亡到楚国，楚成王以诸侯之礼对待他时，他还惊慌失措、诚惶诚恐。此时功成名就的晋文公，已非昔日的吴下阿蒙。

胜利总是会使人的野心与欲望迅速膨胀。晋文公在流亡时期，长了不少见识，其中印象最深的就是齐桓公的“霸业”，这使长期奉行孤立主义的晋国，学到了这种新鲜的国际政治玩意儿。

晋文公开始复制齐桓公的“霸业”。这场对楚国的战争，晋文公视之为华夏族的攘夷圣战。

“尊王攘夷”，这是管仲提出的“霸业”模式。如今，晋文公攘夷取得巨大胜利，接下来，要做做“尊王”的功夫。

晋文公搞了一个轰轰烈烈的“献俘”的仪式。那些倒霉的楚军俘虏，被押着穿过王城洛邑的主要街道，从周天子的检阅台前狼狈走过。游街的俘虏超过一千人，还有城濮之战的战利品：楚国的一百辆战车。

周天子与晋文公假惺惺地上演一出早已预排好的戏。周天子赏赐给晋文公一大堆东西，任命晋文公为“侯伯”，即诸侯之长，相当于诸侯联席会议主席。这个名号，其实就是“霸主”的另一叫法，当年齐桓公也拥有这个头衔。周天子表彰晋文公说：“阿叔哇，以后就靠你安抚天下诸侯，为周王室惩治叛乱。”

晋文公假装不敢接受，推辞了三次，周天子也假装坚决不肯，晋文公被迫接受了。这种推来推去的做法，是中国人一直以来的智慧，喜欢拐弯抹角的传统实在有其文化根源。

有了“侯伯”这个诸侯盟主头衔后，晋文公当年就风光了一把，先后主持召开两次“国际会议”。出席会议的有中原各国领导人，后来秦穆公也来凑热闹。

第一次会议在郑国的践土召开，参加会议的有晋、鲁、齐、宋、蔡、郑、莒、卫八个国家。这是继齐桓公“九合诸侯”后的又一次重大“国际会议”，齐桓公开创的以诸侯会盟为主的霸业模式得以延续。

这次会议达成一项盟约，称为“践土之盟”，这份盟约是这样的：要共同辅佐王室，诸侯国之间不得互相侵略。若有违背盟约者，将遭神明诛杀，毁灭其军队，不能享有国祚，子孙后代都要遭受祸患，不论老幼，将无一幸免。

看上去更像是一份恶毒的诅咒。

晋国的霸业，从一开始就比齐国多了几分霸气。

这份盟约对中原诸侯形成一种约束力，混战的局面得到遏制，这是有积极意义的一面。

第二次会议在晋国的温地举行。与会的国家包括晋、鲁、齐、宋、蔡、郑、陈、莒、邾、秦十个国家。这是秦国首次参加诸侯大会，这个偏远国家也开始积极介入到"国际事务"当中。这次会议决议的精神，是对不顺从的国家实施军事打击，确立诸侯会盟在"国际事务"中扮演联合国的角色。

晋文公以会议主席的身份召唤周襄王，后来孔子评论说："以臣子的身份召唤天子，这种事不可以作为榜样。"相较齐桓公，晋文公身上多了几分傲慢与霸气。

温地会议还处理了一桩诉讼案，卫国大夫元恒起诉卫成公。

这件事起因是这样的：晋军进攻卫国时，卫国百姓将卫成公驱逐出国都。城濮之战后，曾经投靠楚国的卫成公逃到陈国避难，不敢回国，卫国暂由其弟弟叔武摄政。卫成公派元恒回国辅助叔武，力争与晋国和解。叔武代表卫国政府参加践土会盟，总算得到晋国的谅解，晋文公同意卫成公回国执政。眼看要水到渠成，却节外生枝。

有人暗地里向卫成公打小报告，称元恒打算拥立叔武为国君。暴怒的卫成公不辨是非黑白，当即处死元恒的儿子元角。返回卫国后，卫成公的手下又射杀叔武，元恒狼狈地逃往晋国。

在温地会议期间，元恒正式起诉卫成公。

诸侯盟主晋文公组织一个"临时法庭"会审此案。这是一次重要的"国际审判"，也是对晋文公霸主领导力的考验。卫成公偏听谣言，处死元角，指使部下射杀叔武，罪行昭昭，最终卫成公被判有罪。作为惩罚，卫成公被逮捕，投入周王室的监狱。

春秋时代的诸侯会议与"国际审判"，可窥中国古代政治的成熟。从中我们依稀看到近现代国际政治的某些特色，诸如国际结盟、国际法庭等影子，这一方面见证先秦时代的政治文明，一方面也彰显当时中国人非凡的组织能力。

至此，晋文公无可争议地成为当年的风云人物，继齐桓公之后，又一位“国际领袖”产生了。

当然，诸侯盟主并非谁都能胜任，武力是称霸的基础。

晋文公深谙此道，温地会议后，晋国开始大力扩张军事力量。晋文公在上军、中军、下军三个方面军的基础上，将武装力量扩大一倍，另外组建三个方面军。由于礼法惯例只有周天子才可以拥有“六军”，晋国人玩了个新名词，把新三军改称“三行”：上行、中行、下行。

虽然在名称上做了手脚，但是晋国仍然摆脱不了在军事编制上僭越的嫌疑。不久后，知趣的晋文公又将“三行”压缩为两个军：新上军和新下军。这样，晋国的作战部队总共五个军，总兵力在诸侯国中名列第一。晋国一步步地走上军事强国的道路，这是一个军政合一的国家，军队的统帅同时是政权核心人物，这种军政合一制度也为晋国的内乱纷争留下隐患。这个后面再说。

晋国设立五个军，表面上是为了抵御狄人的入侵，其实这不过是个幌子，晋文公的目标是郑国。

晋文公算是有气量的人，并不十分记仇。然而中国有句话：“士可杀不可辱”，对想杀自己的人，可以宽恕他，而对曾经羞辱过自己的人，却非报仇不可，这就是爱面子的文化传统使然。对曾经羞辱过自己的国家及其国君，晋文公一心想着报复。

晋文公在落难时，流亡到郑国受到冷遇，郑国官员叔瞻还曾向郑文公提议，将晋国流亡人士斩尽杀绝，以绝后患。如今，晋文公已垂垂老矣，然而功业正赫，又登上霸主之位，此时不报仇，更待何时？

然而晋文公决意出兵郑国，又不完全是出于个人恩怨。

郑国与楚国土地相接，地理位置十分敏感，是楚国北进中原的一块跳板，也是兵家必争之地。特殊的地理位置使郑国处境尴尬，总陷于大国的包夹之中，起初是齐、楚，后来是晋、楚。在日后漫长的晋楚争霸中，郑国一直是重灾区。

城濮之战时，郑国是站在楚国一方，楚军战败后，郑文公就弃楚奔晋。在诸侯国眼中，郑国是反反复复的骑墙派，并非真心实意归顺晋国，这也是晋文公决意出兵的一个理由。

公元前 630 年，秋高气爽的九月，晋、秦联合对郑国展开攻击。

秦国为什么要蹚这浑水呢？

秦是一个比较贫瘠的国家，之前很少卷入中原的事务中。秦穆公开始，秦国的胃口变大了，特别在晋国两度易君（晋惠公和晋文公）过程中，都扮演了重要角色。秦穆公开始了解中原霸业的国际新秩序，凭借自己的铁血兵团，他也想在中原捞些好处。

郑国如何抵挡得住晋、秦两大军事强国猛攻，郑文公把责任归咎于叔瞻，心想："晋国无非是要报旧仇，当时提议要杀死重耳的人是叔瞻，如果将叔瞻的人头献给晋国，或许可以换得和平。"可怜那位忠心耿耿的大臣，脑袋被砍下来，作为郑、晋谈判的筹码。

晋文公觉得叔瞻的脑袋不够分量，扬言一定要得到郑文公才肯罢休。和谈陷入僵局，没有回旋的余地，只可惜了叔瞻的一条冤魂。

议和的大门被闭上了。郑国根本没法抵抗晋、秦国两国的夹攻，唯一的机会，就是离间晋秦两国的关系。只要秦国退出，郑国还是有机会的。但郑国与秦国素无往来，没有交情，谁可担负起游说秦穆公的重任呢？

这关系到郑国的生死存亡。

大夫佚之狐向郑文公隆重推荐一个人选：离职老干部烛之武。

烛之武！郑文公听了颇为惊奇，因为烛之武在任职期间，始终未得到重用，默默无闻。熟悉烛之武的佚之狐心中却很明白，老干部胸怀韬略，有勇有谋，是与秦穆公谈判的最佳人选。

郑文公仿佛是抓到一根救命稻草，赶忙请来烛之武，不想却碰了不软不硬的钉子。烛之武以"年轻时尚且未受重用，现年老更不顶用"为由，拒绝郑文公。郑文公又是自我检讨，又是摆出国家大义。烛之武这位老臣一颗滚烫的爱国心被打动了，决心为国家的存亡而赴汤蹈火。

当时秦军驻扎在城外氾水南岸。是夜，烛之武被放在大篮子里，从城墙上吊下来，秘密地前往秦军兵营，要求会晤秦穆公。

烛之武虽然老了，思维却仍然异常敏锐。他深知两个国家之间没有永远的友谊，只有永远的利益。表面上晋国与秦国正处于蜜月期，然而貌合神离。晋文公已是号令中原的盟主，野心勃勃的秦穆公自然不肯居其下，出兵郑国，无非想捞取一些油水，将势力切入中原地带。

烛之武一针见血地对秦穆公说："如果郑国灭亡，只会使晋国坐大。秦在晋的西面，郑在晋的东面，秦与晋倘若灭了郑国，晋国近水楼台先得月，将独吞郑国土地，秦国只能坐视晋国的版图扩大。出了力气，却只是使邻国更加强大，得不到实际的好处。"

秦穆公当时力助晋文公上台，是冲着建立一个亲秦的晋政权。但是晋文公的势力扩张得太快，远远出乎秦穆公的意料。短短几年时间，晋国无论在实力上还是在国际影响力上，都超过秦国。秦穆公心中有些郁闷，烛之武的话说到了他的心坎上。

烛之武估摸着秦穆公的心思，把更狠的话放出来：

"晋国人多忘恩负义，想当年您帮助晋惠公夺得政权，晋惠公答应要送给秦国河东之地，结果怎么样？贵为国君，居然食言，不仅没有把地献上，甚至秦国闹饥荒时，拒绝施予援手。这些都是您经历过的，晋国人是不守信用的。"

这些话说到了秦穆公的痛处，晋文公的前任晋惠公和晋怀公，均受过秦国恩惠，但最后不都是忘恩负义之辈吗？更何况如今晋国势力如日中天，秦穆公固然是一匹西域之狼，可是晋文公是西北之虎，把郑国这头绵羊吃掉后，虎会给狼留下一点带肉的骨头吗？

秦穆公一转念，与其让晋国吞掉郑国，倒不如由秦国独吞。

思维敏捷的秦穆公一边听烛之武滔滔不绝地游说，一边在心里盘计着独吞郑国的计划。烛之武说完后，秦穆公的主意也定了，他说："先生所言甚是，寡人已经决定退出战争，愿意与郑国结为盟友，并派驻一部分军队，帮助抵御晋军的进攻。"

烛之武听了大喜，这次外交谈判的任务圆满完成，他成为拯救郑国的英雄人物。当然这其中的因素，除了烛之武的游说外，更重要的是秦国不愿意与晋国分享胜利的果实，秦穆公背后的真实目的是独吞郑国。秦穆公派杞子、逢孙、杨孙三位将军率部协助郑国守卫都城，并长期驻扎在郑国。三年之后，秦穆公企图通过这批秦军，里应外合，独吞郑国，但这个阴谋最后破产。这是后话，留待后文详述。

烛之武成功离间秦国与晋国的关系，保全了郑国，他也成为后世纵横家的先驱。春秋战国特殊的时代背景，为辩才无碍的智者施展才智提供了广阔的舞台，使得历史更为精彩与扣人心弦。

秦国突然倒戈让晋文公感到吃惊。在这个利益重于一切的时代，国与国之间哪有友谊可言。秦穆公随便说了几个理由：这次战争是晋文公的个人恩怨引起的，秦国不卷入晋与郑的纠纷中；向郑国派驻军队，是要维持国际秩序的公正性。

晋国将军们对秦穆公出尔反尔的态度非常愤怒，提议对正在返国途中的秦军进行截击，趁机歼灭秦军的主力。

晋文公摇了摇头："秦国有恩于我，我不能像前任惠公、怀公那样恩将仇报。况且秦国还是我们的重要盟国，暂时没有必要得罪。"便下令晋国大军撤出郑国，打道回府。

然而，晋秦的裂痕已经产生，只是晋文公明智地选择容忍，使得两国关系暂不至于恶化。

围郑之战后的第三年，晋文公病逝，在位共计九年。

大器晚成的晋文公，仅仅用几年的时间，便使晋国由保守走向开放，建立中原霸权，击退强楚。与齐桓公霸业不同的是，晋文公开创的晋国霸权，乃是一个长期霸权，由此开始，春秋进入一个新的时代：晋楚争霸的时代。

晋文公的去世，使晋秦关系迅速恶化。继任者晋襄公刚刚上任，便迅速转变对秦的政策。山雨欲来风满楼，晋与秦这两大强国，将兵锋再起，究竟谁才是强者中的强者呢？

我们把晋国的故事先放在一旁，来看看秦穆公如何造就秦国的神话。

第八章　西域之狼

一、秦穆公广揽人才

骊山之变，西周灭亡，秦襄公护送周王室东迁立下大功，秦国开始进入诸侯国的行列。秦国地瘠民贫，唯凭借一股勇往无前的精神，历数十年战争，终于战胜西戎，实现从小国向大国的转变。

比起中原诸国，秦国文化显得很落后。直到秦文公十三年（公元前753年），秦国才开始有史官专门记载史事。从这时起，文字渐渐得到普及，秦国慢慢从野蛮走向开化。不过在东方中原诸国看来，秦国始终是一个异类，是文化落后的野蛮国家。到秦文公二十年（公元前746年），秦国才出现简单的成文法律，文明进程相当缓慢。

从秦正式成为诸侯到秦穆公之前，总计有八任君主。在这段时间，秦国活动范围一直局限在西部地区，除了曾经与晋国有过一次河阳战役之外，秦国主要的作战对象都是西部更为落后的戎人部落。

秦穆公的哥哥秦成公有七个儿子，他却看中弟弟的干练果敢，任人唯贤。从国家利益出发，秦成公没有将君位传给儿子，而是传给弟弟。公元前659年，秦穆公正式接任君主之位，他不负哥哥所望，将秦国由一个边隅之国，变成在国际上举足轻重的大国，成为春秋时代最重要的国家之一。

秦穆公深知秦国人民坚忍不拔，耐力超绝，然而文化上的落后，使得人才凋零。在国家小的时候，还比较好管理，随着疆域的不断扩张，秦国急需政治上的人才，来管理这个蒸蒸日上的国家。秦穆公以礼贤下士的态度，虚心招纳各方人才，这是他最大的优点，也是他成功的根本原因。

穆公五年（公元前655年），秦穆公得到一个非常重要的人才，此人就是百里奚。百里奚的到来，有一段非常曲折的故事。

百里奚原本是虞国大夫。当年晋献公向虞国借道攻伐虢国，百里奚力劝虞君，万万不可让晋军过境。收受贿赂的虞君根本不听劝告，晋国攻占虢国后，顺手牵羊把虞国灭了。百里奚与国君一同沦为阶下之囚。

恰好此时秦穆公派人到晋国求亲。晋献公把自己的女儿——太子申生的姐姐——嫁给秦穆公，百里奚成了公主的陪嫁奴仆，被送往秦国。一个堂堂虞国大夫，哪里忍受得了这种耻辱，进入秦国境内后，百里奚找机会逃跑了。这一逃，逃到楚国。

然而祸不单行，百里奚的运气实在差得很。跑到楚国后，他被楚国人当作秦国间谍，又一次身陷囹圄。求贤若渴的秦穆公早听说百里奚的贤明，听说他逃走后，心中闷闷不乐。打听到百里奚在楚国被抓，秦穆公愁眉一展，喜上心头。

秦穆公原本打算不惜重金以换回百里奚，但过于高调反而会引起楚国人的怀疑，只有低贱的价格，才会令楚国人相信这老头儿只是个无足轻重的人物。秦国人开出的价格低得不能再低了：以五张羊皮换一个大活人。根据《史记》记载，此时百里奚已年过七十，连干活的力气也没有，在楚国人眼中，比五张羊皮都不如，于是很乐意地与秦国交换。

于是百里奚又被带回秦国。

正当百里奚嗟叹人生多舛时，命运女神却跟他开了个大玩笑。

秦穆公亲自迎接百里奚的到来，以上宾之礼待之，谦虚地向他请教国家大事。受宠若惊的百里奚辞谢道："老夫不过是亡国臣子，哪有资格让国君亲自讨教啊。"

秦穆公呵呵一笑，说："虞君不听您的劝告，才招致亡国的命运，并非您的过错。寡人虽然无才，却思贤若渴，希望您协助寡人治理国家。"

激动的百里奚感慨良多，自己虽在虞国久居高位，无奈忠言逆耳，以致亡国。今日身处异乡，地位卑贱，一大把年龄，对未来早已失去信心。然而秦穆公的一番话，却让他有枯木逢春的喜悦。或许，上天之所以要把他流放到这片荒凉的土地，不正是要他成就一番丰功伟业吗？

百里奚对秦穆公知无不言，言无不尽。这一谈，整整谈了三天三夜。年轻的君主越听越兴奋，一幅美好的国家蓝图展现在他的面前，他迫不及待地任命百里奚为掌管国政的大夫。因为百里奚是用五张羊皮换来的，所以后来也被称为“五羖大夫”。

百里奚是秦穆公得到的第一个重要人才，他的到来，全面提升了秦国内政治理水平，成绩斐然。秦国开始大规模招揽人才，通过百里奚，秦穆公又得到一位重量级人物，他就是蹇叔。

蹇叔是百里奚的好朋友。

与百里奚热衷于功名利禄不同，蹇叔为人低调，深居简出，随遇而安，淡泊名利。百里奚年轻时曾经游历齐国，想混个一官半职，却落得个四处碰壁，以乞食为生。在落魄时，他认识了蹇叔，两人虽然性格很不同，但互相欣赏对方的才华，遂成为好友。在蹇叔的资助下，百里奚度过了最艰辛的日子。

有一次，百里奚到周王室领地，遇到周惠王的弟弟子颓发动政变，驱走周天子，自己登上王座。他听说子颓喜欢牛，自己在养牛上有一套办法，想以此来博取子颓的欢心。这时蹇叔出来阻止，认为子颓的政变不可能成功。过了不久，果然周惠王成功复辟，子颓的跟随者大多被诛杀，百里奚得蹇叔的阻止而幸免于难。

后来齐桓公被害，公孙无知成了齐国君主，百里奚抱着侥幸的心理，打算去投靠新政府。蹇叔出面制止他的冲动，分析说公孙无知只是一个政治傀儡，他的君位是不长久的，奉劝百里奚别搅进去。不久后，公孙无知果然被大臣所弑，很多投靠公孙无知的人也糊里糊涂送了性命。百里奚由于听从蹇叔的劝告，又侥幸躲过一劫。

多年一事无成后，百里奚决定到虞国去碰碰运气，捞了一个官职。蹇叔警告说，虞君昏庸无道，听不进大臣的劝告，这样的君主不值得跟从。但名利熏心的百里奚听不进蹇叔的劝告，最终虞国被晋国所灭，自己沦为阶下囚。

百里奚将自己的故事说给秦穆公听，并极力推荐蹇叔：“每次我听蹇叔的建议，都可以化险为夷。只有一次没听他的话，就遭遇国破被囚的命运，由此可知蹇叔是个非常聪明有才智的人。”

秦穆公听了大喜，过了不久，他以非常贵重的礼物诚恳地请来蹇叔，拜为上大夫。

百里奚与蹇叔成为秦穆公的左膀右臂，在内政治理方面取得卓越成就。不仅如此，百里奚的儿子孟明视与蹇叔的儿子西乞术后来也成为秦国最重要的将领。秦穆公仅仅以五张羊皮的代价，换来四位杰出的人才，绝对是第一流的投资大师。

在百里奚与蹇叔的协助下，秦穆公得以从繁忙的内政事务中解脱出来，专心于外交事务与军事扩张。他很注重招揽军事人才，晋国大夫丕郑在内乱中被杀，他的儿子丕豹逃到秦国，受到重用，后来在韩原之战中，担任秦军前线总指挥。

有一次，秦穆公乘坐的一匹好马走失了，被岐山下三百个野人宰了吃掉。后来这些野人被秦军抓到，准备严惩，秦穆公见他们身手矫健、勇猛异常，颇为喜欢，不仅赦免其过，还赐酒给他们。三百个野人感恩戴德，后来在秦晋韩原之战中，立下奇勋。

秦国地处西隅，向东之路被晋国所阻。秦晋这两个国家，受周围戎狄的影响很深，跟中原诸国相比，崇尚武力，民风勇悍，是棋逢对手的两个国家。如何处理与晋国的关系，成为秦穆公最关心的问题。

雄心勃勃的秦穆公，不想去招惹这个强大的邻居，因此积极改善与晋国的外交关系。

晋国的内乱给秦穆公提供了机会。

晋献公宠爱的骊姬谗杀太子申生，公子夷吾与公子重耳也卷入这场内乱，不得不仓皇出逃。过了几年，晋献公去世，晋国出现权力真空。流亡在外的公子夷吾请求秦穆公出兵，护送他回国，夺取君主宝座。作为回报，公子夷吾承诺，事成之后，将把晋国河西之地割让给秦国。

这个条件很诱人，秦穆公不可能拒绝。在秦军武力支持下，公子夷吾如愿以偿登上君主宝座，即晋惠公。然而晋惠公却耍起无赖，不肯将许诺的河西之地割让给秦国。

秦穆公碰了一鼻子灰，出了力气，却一无所获。

三年后，晋国遭遇大饥荒，晋惠公厚着脸皮到秦国借米。

心胸宽广的秦穆公不计前嫌，对晋国实施人道主义援助。跟秦穆公相比，晋惠公是个十足的无赖。当秦国也遇到大饥荒时，晋惠公不仅没有投桃报李，反而趁火打劫，率领大军攻打秦国。

义愤填膺的秦国人决心在战场上一雪前耻，两国军队会战于韩原。秦穆公以晋国降将丕豹为大将，丕豹与晋惠公有杀父之仇，作战十分卖力。晋国占着人多的优势，一度占据上风，秦穆公在战斗中负伤，秦军形势很不乐观。

在危机关头，一支奇兵的出现，令秦军反败为胜。

这支奇兵，就是当年在岐山下宰食秦穆公坐骑的三百个野人。这些勇士虽然没什么文化，但却知恩图报，就从这点来说，比起晋惠公夷吾就强了许多。他们听说秦、晋在韩原开战，为报秦穆公不杀之恩，急匆匆地赶到战场，正好遇见秦穆公身陷险境。三百名勇士一阵风似的冲破晋军的包围圈，不避刀枪，勇不可当。这群野人个个身强力壮，如入无人之境，晋军一时被吓呆了，阵脚大乱。这三百人的奇兵，不仅使秦穆公摆脱窘境，还意外活捉了晋惠公，因为晋惠公的战车陷入泥泞当中，只能坐以待毙。

擒贼先擒王，晋惠公被俘，晋军成了无头苍蝇，无法再战，这次会战秦穆公侥幸取胜。

一再忘恩负义的晋惠公看来在劫难逃，秦穆公扬言："我要拿这小子来祭祀上天。"尽管秦穆公恨不得杀晋惠公而后快，但作为一名深谋远虑的政治家，却不得不考虑各种因素。

首先周天子表明态度：晋惠公好歹是同姓诸侯，恳请秦穆公饶他一死。虽说周天子已经失势，但毕竟表面上仍然是诸侯共尊。周王室曾有恩于秦国，天子的面子，秦穆公不能不给。其次，秦穆公夫人是晋惠公夷吾的姐姐，看到弟弟被俘，也赶过来求情。为了营造悲情效果，她光着脚，披着麻衣黑巾，搭个台子以自焚相威胁。

秦穆公最终让步了，有条件地释放晋惠公。条件之一是要求晋国太子入质；条件之二是晋惠公必须遵照以前的约定，割地给秦国。失去人身自由的晋惠公除了答应，别无选择。

太子圉入质秦国，秦穆公有意拉拢，将女儿嫁给他，并把条约上划给秦国的河东之地归还晋国，希望与晋国保持良好的关系。他把赌注放在晋国继承人太子圉身上，但是身为人质的太子圉却无动于衷，在晋惠公病危时，偷偷逃出秦国，最终继承大统，成为晋怀公。

秦穆公企图控制太子圉的计划落空，便把眼光瞄准流亡在外的晋国公子重耳。在秦穆公的策划下，公子重耳在秦军的协助下，返回晋国，杀死晋怀公，夺取最高权力。这部分内容请参阅前一章，此处从略。

二、梦断殽山

地处贫瘠西部的秦国人，一直有一个梦想，就是得到肥沃的良田。在秦国以东，称为中原的地区，拥有最为富饶的土地。从正式成为诸侯后，秦国就将全部精力用于向西开拓，但中原始终是其向往的梦乡。

秦国人一代又一代地开拓，不知不觉，秦国已是军事实力最强大的诸侯国之一。此时统治秦国的秦穆公，又是一个非凡的政治领袖，他坚忍果断、深谋远虑、礼贤下士、知人善任。这就决定了秦国不甘心蜗居西部，而想在中原干一番轰轰烈烈的事业。

不过，秦国通往中原之路，却被晋国所阻断，要向东部扩张，必须先跨过晋国的门槛。为此，秦穆公呕心沥血，致力于扶持一个亲秦的晋国政权，终于成功地将公子重耳扶立为晋国国君。

晋文公的上台，标志着秦晋短暂蜜月的开始。秦穆公既是晋文公恩公，也是他的岳父，两国关系亲上加亲。然而这种亲密并非是无间的，国家之间的摩擦还是存在的。秦国人已经隐隐地觉察到，如果说秦国是一匹狼，那晋国无疑是一头虎。狼和虎可以并肩作战，然而，有时狼会被虎挡开，眼睁睁地看着虎独吞猎物。

周王室的内乱，使秦晋两国关系出现微妙的变化。周襄王被王子带驱逐，情急之下，向秦国与晋国求援。早已等待东进时机的秦穆公凭借非凡的政治嗅觉，觉察到这是介入中原事务、挟天子以令诸侯的大好良机。显然，强大的秦国已经不再满足称雄于西部，秦穆公东进中原的雄心被点燃了。

然而秦穆公抵达黄河西岸时，晋文公却谢绝秦军过境，他要独吞勤王的功勋。晋军大举东进，迎接周襄王，铲除叛乱集团。荣誉与好处都到晋文公手中，并掌握“王令”这张王牌。秦穆公只得眼睁睁地看着晋国利用勤王的机会坐大，并抢得先机。

受晋国阻挠，秦穆公丧失一个挺进中原的良机，因此对晋文公深感不快，但他并不想就此中断与晋国的友谊。在晋文公勤王的同一年，秦国与晋国联合展开了一场针对楚国的军事行动。

公元前 635 年的秋季，秦晋联军进攻位于秦、楚交界处的鄀国。鄀国是楚的喽啰国，侵鄀战争，实际上是秦晋两国对楚的示威。

楚成王派出军队，由鬬克、屈御寇担任大将，入援鄀国。面对百战雄狮的楚军，不为世人所知的秦国兵团大胆使用欺骗战术。他们包围鄀国首都商密后，故意以一部分秦兵假扮成被俘的楚兵。鄀国人的第一反应是，楚国援兵已经被秦军打败了。这个可怕的消息立即在城内传开，鄀国人人自危，军心士气大为动摇。

聪明的秦国人还要假戏假做，他们又假装与“俘虏”在城下歃血为盟，当鄀国人亲眼看到“楚国人”与秦国人狼狈为奸时，觉得自己被出卖了，再也没有援军了。失望的鄀国人打开城门，向秦军投降。

其实楚国援军还远在百里之外，直到秦军占领商密城后，他们才姗姗来迟。商密百姓看到又冒出一支楚军时，惊愕地睁大双眼，不知究竟是怎么回事。这时懵然无知的楚国人大摇大摆地进城，两下半就让秦军给缴械了，大将鬬克与屈御寇都成为阶下之囚。

无敌的楚国兵团就这样莫名其妙覆灭了，楚国令尹子玉得知消息后，差点没气吐血。他亲率楚国精锐部队连夜追击，只是秦军已兴高采烈地凯旋归国了。

这一战发生在城濮之战前，雄视天下的楚国兵团，第一次与秦国交手就惨遭暗算，秦军的能力令人刮目相看。

不久，秦国作为晋国的盟友，参加城濮之战，并成为战胜的一方。但是秦穆公不仅没有兴奋，反而有一种挫败感。他扶植起来的晋文公在这场关键的战争中出尽风头，还被周天子任命为诸侯盟主（侯伯），地位已在自己之上。

屈居晋文公之下的秦穆公第一次参加诸侯盟会，被视为西方异类的秦国，试图得到东方中原诸侯的认可。为了扩大秦国的影响力，秦穆公与晋文公并肩作战，发动对郑国的战争。烛之武以三寸不烂之舌游说秦穆公，指出秦国参加这场战争，没有任何利益可图。这一番话说到了秦穆公心里，跟晋国人一起做事，自己终究不过扮演一个配角，一个小混混的角色而已。

秦穆公不干了！

凭借无坚不摧的铁血兵团，难道秦国就无法在中原打出一片新天地吗？

一个吞并郑国的计划在秦穆公脑海里形成。他派出一支军队，佯称协助郑国防御晋国的入侵。晋军撤退后，秦国部队仍然赖着不走，在郑国一待就是三年。这支驻郑秦军最重要的任务，就是收集各种情报，深度潜伏，为秦国偷袭郑国当内应。

郑文公对秦国人的狼子野心严重低估。在他看来，秦军乃是正义之师，在诸侯中口碑不错，有着乐于助人的传统。对驻守郑国的秦军小分队，郑文公没有丝毫怀疑，甚至把都城北门守卫任务交给他们。

这意味着秦国要夺取郑国易如反掌。

秦穆公似乎看到通往中原的大门已打开。他打算策划一次远距离的奔袭战，把郑国变为秦国的殖民地。一支远征军组建起来，总指挥是孟明视将军，两位副指挥是西乞术与白乙丙。孟明视是百里奚的儿子，而西乞术则是蹇叔的儿子。

为了表示对老干部的尊重，秦穆公征询蹇叔与百里奚的意见。

深谋远虑的蹇叔旗帜鲜明地反对军事大冒险，他说："秦国距郑国那么远，出动庞大的军队偷袭，行踪一定会暴露。将士远征劳累不堪，郑国以逸待劳，将出师不利。"

百里奚的看法跟蹇叔差不多，他说："从秦国到郑国要经过好几个国家，一支军队行进千里，不被发现是不可能的，各个国家的间谍活动频繁，这事情准没法保密。"

秦穆公听完两位老干部的话后，脸色黑了：郑国有我们的内应，等大军一到，里应外合，郑国焉能抵挡？夺取郑国，秦国才有机会向东扩张。不然，晋国死死挡住通向东方的道路，秦国还有机会吗？这两个老家伙，老糊涂了。

秦穆公没有理会两个老头儿的意见，仍然坚持既定的作战计划。

远征军出发那天，秦穆公亲自为将士送行。秦军上下洋溢着兴奋和冲动之情，普遍对远征持乐观态度，认为胜利唾手可得。

在一片欢快的笑声中，突然传来很不和谐的声音，有人在哭泣。秦穆公很愤怒，回头一看，原来是蹇叔和百里奚这两个老家伙，正在擦眼泪呢。

秦穆公怒责道：你们哭啥呀？

蹇叔用长袖擦擦眼泪答道：“我们的儿子都在出征行列，我们都老啦，恐怕他们这一去，回来晚了就再也见不到面啦。”蹇叔这话说得含含糊糊的，但是秦穆公已经听出弦外之音，他怒不可遏，说了一句古代最有名的诅咒：“尔何知？中寿，尔墓之木拱矣！”

用现代文说就是：你咋知道，老家伙，要是你死得早点，坟头的大树已经可以两手合抱了。

秦穆公恼羞成怒，狗急跳墙。蹇叔和百里奚只好强作欢颜，暗地里对他们的儿子说：“从秦国到郑国，要经过殽山。殽山地势险峻，容易设伏，现在秦晋关系恶化，如果晋国军队在殽山设下伏兵，就算是十倍的秦军也难逃厄运，至于晋国会不会利用这次机会，这就要听天由命了。”

其实蹇叔与百里奚的担心是有道理的。他们与秦穆公在誓师大会上的争吵，很快便通过间谍传到晋军总司令先轸的耳中。晋军密切注视着远征军的一举一动，秦军所谓的秘密偷袭，实际上不过是自欺欺人、掩耳盗铃的把戏。

这里要说明一下，在春秋时期，由于人口密度很低，且主要居住在城邑及其边缘，在城与城之间留有广阔的空地，称为“隙地”。秦军便是要利用隙地秘密行军，穿越几个国家远距离奔袭郑国。

不能说秦穆公的决定一无是处，他有一个判断是正确的，郑国对秦国的来犯，的确毫无防患。如果不是一个意外情况的出现，远征郑国的计划几乎得逞。

秦军通过隙地，穿越晋国、周王领地，抵达滑国。

正好有一位名叫弦高的郑国商人，经滑国要到周王领地做买卖，在路上与秦国军队不期而遇。这时秦军正向郑国方向挺进，弦高大吃一惊，此地离秦国有千里之遥，怎么秦国军队会出现呢？

联想到数年前秦与晋联手进攻郑国的事实，弦高判断，秦军目的是突袭郑国。

这是商人特有的敏锐嗅觉，强烈的爱国心令弦高责无旁贷。当务之急，一是要拖延时间，迟滞秦军前进；二是要尽快通知郑国政府，做好战斗的准备。

弦高一方面派人以最快的速度将情报送往国内，一方面随机应变，请求面见秦军统帅。他献上四张牛皮与十二头牛，对秦军统帅孟明视说："我国君得知贵国军队前来，命我在此迎接将军，将军一路劳累，特献上一天的给养，作为对贵军的犒劳，还望笑纳。"

弦高有天才演员的资质，他把戏演得太逼真了，秦国人丝毫没有产生怀疑。孟明视判断自己的行踪已暴露，郑国政府已做好迎战的准备，这样的话就很难达到奇袭的效果。

事实上，郑国政府对秦军的行动一无所知，郑文公始终蒙在鼓里，直到爱国商人弦高传递来十万火急的军情快报，他才大惊失色。

弦高自掏腰包，犒劳秦国人，破了财，但拯救了国家。

郑文公立即派人监视驻扎在北门的秦军小分队，打探到这支外籍兵团已全副戎装，武器磨得亮堂堂的，战马也喂得饱饱的，看这架势，分明是要打仗的样子。由是判断弦高所发回来的情报是真实可信的：秦国正准备对郑国下手。

事不宜迟，为了避免秦军里应外合，郑文公对驻都城北门的秦军小分队下了逐客令。逐客令说得很有意思："你们在敝国待太久了，敝国粮食、肉和牲畜都吃光了，听说你们要离开，敝国不送点东西意思一下也不好。这样吧，敝国有一片狩猎场，不如你们到那儿打几只麋鹿带回去。"

秦军小分队听闻郑国下达逐客令，知道事情败露，还是赶紧逃命吧，有的逃往齐国，有的逃往宋国。

失去偷袭的战机，又失去内应的部队，秦军针对郑国的远距离奔袭战失去意义了。孤军深入，缺少补给，郑国的军事力量也不弱，没办法打了。孟明视、西乞术等将军商议：出动如此庞大的军队，要是一战不打，像游行示威般逛一圈回去，脸上无光，对国人也不好交代，不如就近把滑国灭了，多少算有一点点的战果。

滑国只是个小国家，没什么战斗力，哪里顶得住秦国大军的打击，一交战便投降了，秦军宣布消灭滑国。灭滑之战，并非秦军的计划，只是一场挽回军队面子的小战。然而，这次开战，却给秦国远征军带来毁灭性的后果。

远征军出发伊始，秦国人自以为行动很隐秘，其实并没有逃脱晋国人犀利的目光。

此时晋文公刚去世，晋襄公继位。对秦国的军事外交策略，晋国高层有两种意见：一派是以三军总司令先轸为代表，坚持晋国应该利用秦国劳师远征的机会，打一场歼灭战，重创秦国的军事实力；另一派以下军司令栾枝为代表，坚持遵照晋文公生前对秦国的外交政策，把秦国视为盟友。

先轸力驳道："国君刚刚过世，秦国人并没有表示哀悼，还借此机会东进奔袭郑国，并灭了滑国。滑国跟咱们一样是姬姓国，可见秦国是不讲道义的国家。对于不讲道义的国家，消灭它们的机会来了，这种机会不是经常有的，稍纵即逝，如果再争论下去，就没有机会了。上天要让它们的远征军栽在我们手中，我们是不可以违背上天的，放过敌人，就是留给自己灾患。我们是为子孙后代打算，这可以说是违背文公生前的意愿吗？"

除了南方的楚国外，晋国最强的对手就是秦国。这次秦国孤军深入千里远征，正是围而歼之的难得机会。至于谁有道义，后世孟子说得倒很实在："春秋无义战。"

先轸的意见获得大多数将领的支持，晋襄公决定不宣而战。

战场选择在殽山，这是秦军返回途中必经之地。殽山，《读史方舆纪要》中记载："自新安以西，历渑池、硖石、陕州、灵宝、阌乡而至于潼关，凡四百八十里。其北皆河流，翼岸巍峰插天，约谷深委。终日走硖中，无方轨列骑处。"这是一个山高峰陡之地，以地势险峻而闻名。虽然蹇叔曾经警告过，要特别注意晋国军队在殽山设伏，然而要防范晋军的伏击，几乎是不可能的。

先轸发布军事动员令，并邀请长于山地战的戎人参加，这部分戎人主要是姜姓，又称为姜戎。晋军主力与姜戎部队陆续进入殽山指定区域，埋伏起来，等待秦军钻入预先设定的大口袋。

鉴于这次会战对晋国未来有着决定性的意义，晋襄公在守丧期间，仍然亲临前线，并把白色的丧服染成黑色。由此可以看出晋国上下对这次会战的重视程度。

四月十三日（公元前 627 年），西行途中的秦国军队行进到殽山最险峻的地带，总司令孟明视想起蹇叔的忠告：晋军一定会在殽山设伏。然而蹇叔的忠告却不能使秦军有效摆脱遭受伏击的命运，从去年冬季远征军出发，到现在已经过了四个多月，远征军疲惫不堪，进入殽山后，险峻的山岭使行军变得更加困难。

秦军一字长蛇在蜿蜒谷地中行进，路很漫长，似乎看不到尽头，马车很艰难地前进。突然间，两侧山岭上旌旗飘扬，伴随着一阵阵呐喊声，孟明视暗暗叫苦，秦军已中了埋伏。晋国战车部队占据有利的地形，晋襄公亲自坐镇指挥。

秦军身陷绝境，孟明视顽抗到底的决心只是为尊严而战。但这绝非势均力敌的战斗，从开战的那一刻始，这位总司令就明白失败是不可避免的。晋国人不仅人多势众，更控制了险关隘口与制高点，无情的飞箭如雨飘落，更可怕的是巨大的石头沿着山坡滚下，砸烂了战车，轧过战士的身躯后只剩下模糊的血肉。

挡在前面的还有晋国可怕的兵车，擅长山地战的姜戎人正沿着山坡向下猛冲。秦国人表现出无所畏惧的英雄气概，仍难逃全军覆没的下场。孟明视、西乞术、白乙丙三员大将全被俘虏。

殽山之战，晋国完胜！

对秦穆公而言，东进中原的美梦被彻底打碎！

晋襄公向世人证明，没有晋文公，晋国仍然是无可争议的霸主。

但在善后事宜上，晋襄公却犯了一个非常严重的错误。

当秦军大败、三将被俘的消息传来，晋文公夫人文嬴非常震惊。文嬴既是晋文公的夫人，也是秦穆公的女儿，她想方设法营救孟明视等人的性命。

文嬴对晋襄公说："秦国与晋国原本关系很好，都是孟明视、西乞术、白乙丙三个人，从中挑拨离间，使两国关系恶化。如今三人打了败仗，秦君恨之入骨，巴不得吃其肉喝其血。不如把他们交给秦国处置，既能让秦君杀之解恨，又可显示晋国的宽大，您看怎么样？"

晋襄公刚刚继任君位，政治经验上欠缺一些，给文嬴一糊弄，就糊里糊涂地答应了。文嬴以最快的速度释放了孟明视等三人。

这么重大的决定，晋襄公居然没有跟总司令先轸元帅打招呼。先轸问起对孟明视等人的处置意见，晋襄公漫不经心地说："因为文嬴夫人强烈要求，寡人已经将三人释放，让秦国人去惩罚他们。"

先轸听罢气得浑身发抖，暴跳如雷，也顾不上形象，开口便骂："将士们在前线以生命相拼，才把这几个秦军将领活捉。现在你凭那个婆娘几句话，就把他们给放走了，长敌人士气，灭自己威风，晋国离灭亡不远了。我呸——"说罢就当着晋襄公的面啐口水，而后转过身，气呼呼地扬长而去。

晋襄公吓出一身冷汗，知道铸成大错，赶忙派大臣阳处父前去追赶，力图在三位秦将还未离开国境之前重新抓回来。尽管阳处父以最快的速度追赶，终究还是迟了一步，当他到达黄河边时，三位秦国将领已经搭上一条小船向对岸驶去。

阳处父急中生智，拉着马匹冲着江心小舟高喊："三位将军且留步。我主公以为三位将军空手而返未免礼数不周，特令我前来赠送马匹。"

你想孟明视等三人，好不容易死里逃生，恍如梦中一样，哪里会上阳处父的当。孟明视当下站在船尾，对阳处父抱拳道："多谢贵国国君手下留情，没有用我们的血来染红战鼓，我等甘愿回国受惩罚。倘若国君处死我等，我等死而无悔；如若侥幸不死，三年之后，我等自然会前来向贵国君主报恩。"

一叶小舟，慢慢地远去，阳处父看着三人登上黄河的彼岸，长叹一口气，空着手回去交差了。

秦穆公亲自到郊外迎接三人归来，孟明视等"扑通"跪倒在地，自求惩罚。秦穆公拉着他们的手，禁不住痛哭："这哪能怪你们啊。只怪寡人不听蹇叔的忠言，致使全军覆灭，还让你们遭受耻辱，责任全在寡人一人。你等勿自责。"孟明视等三人一概官复原职。

秦穆公自我检讨，确有一代明君的风范。如若孟明视遇到的是像袁绍那样的头，估计回来后也难逃一死。幸好秦穆公乃是曹阿瞒类型的人，所谓海纳百川，气量果真不同一般，要知道领导一般是很要面子的，有错统统是别人的，有功统统是自己的。

殽山之战是后晋文公时代一次重要的战役，秦穆公向东扩张的激情被无情地遏制了。晋国虽然打了一场漂亮的歼灭战，但是糊里糊涂地释放三位俘虏，使得秦国得以保存最重要的几位将领，并在未来的几年中，又成为晋国的劲敌。

晋国在这次战役后，最大的损失是先轸之死。

先轸是晋军天才级的统帅，是城濮之战和殽山之战两大经典战役的组织者和策划人。在城濮之战前，晋文公把先轸从下军副司令的位置一举提拔为三军总司令，他不负重望，成为那个时代最伟大的名将。先轸是典型的晋国武士，身上充满责任感与荣誉感，因为晋襄公放走孟明视等人，他大发脾气，当国君的面吐口水。事后他深感后悔，认为在君主面前如此无礼，有违武士之道，罪不容赦，内心非常愧疚与自责，深陷一种不可自拔的精神病态中。

殽山之战后不久，白狄军队入侵晋国。这次入侵很快被晋国军队击退，可是在战斗中，却出现令人震惊的一幕：晋军元帅先轸竟然以一次自杀式的冲锋终结了自己的生命，他最后的话是："我是一个普通人，竟然在国君面前无礼，又没受到惩罚，可我必须惩罚自己。"他脱去盔甲，冲入敌阵，最后死在乱军之中。

先轸智慧超群，深谋远虑，恪守一名武士的信念，当他发现自己的行为有违武士的道德标准后，毅然选择战死沙场这样一种特殊的赎罪方式。这一方面体现出其个人完美的人格追求，另一方面给人留下无尽的惋惜。

先轸之死，对个人而言是理想的归宿，一名武士最好的结局就是战死沙场，马革裹尸；对晋国而言，则是无法弥补的损失。从这个意义上说，晋军最终并没有在殽山之战中获得全胜，因为秦国最有才干的将领得以逃脱，而晋国却损失了最伟大的军事统帅。

这个结果，对秦穆公来说，多多少少感到宽慰。同时他也意识到，只要有晋国这头拦路虎在，东进之路是何等艰难。于是他将战略的重点，从向东发展，转而向西开拓，最终也成为一代霸主。

三、称霸西戎

殽山战役的惨败，令秦穆公刻骨铭心。

自从他继位以来，秦的国力日益强大。在与西戎长期的战争中，秦国打造出一支能征善战的铁血兵团，然而这一次，却遭到全军覆灭的结局。

秦国的报复在意料之中。公元前 625 年，孟明视指挥的秦国军队企图挽回铁血兵团的声誉，进攻晋国。可是孟明视不得不再次吞下战败的苦果，晋国人反守为攻，攻入秦国，双方在彭衙展开大战，秦人再次大败而还。

如果说殽山之役中晋军是以偷袭的方式取胜，彭衙之役的胜利则赢得正大光明，似乎是向秦国人提醒：晋国才是真正的霸主。

心情沮丧的秦穆公终于明白，由自己一手扶植起来的晋国政权，已经振翅高飞，秦国已非其对手了。秦国不能就此沉沦，秦穆公痛定思痛，毅然改变战略方向：暂缓东进，大力西拓。

要对抗晋国，秦国还不够强大。面向西方，却有广阔的开拓空间。

就在此时，一个人的到来，对秦穆公称霸西戎起到决定性的作用。

当秦穆公东进之路被晋国死死封住时，另一扇大门却打开了。

尽管两度败于晋国，但秦国势力的崛起，已是不争的事实。

西戎之王派遣使节团到秦国参观考察，学习强国之术。使节团首席代表由余并非戎人，他的先祖是晋国人，因躲避内乱而逃亡到西戎。他从小在西戎长大，才干非凡，深得戎王信任。西戎本是秦的劲敌，秦穆公上台后，致力向东拓展，与西戎的关系有所缓和，双方互有使节往来。

秦穆公有意在由余面前炫耀一下秦国之富实，便带他参观壮丽的宫殿，展示堆积如山的财粮宝物，心中颇为自得。

由余看后并没有惊愕，只是徐徐说道："秦国的宫殿，即使是鬼神来完成，也会觉得筋疲力尽，何况是人力呢？这不过是劳民伤财罢了，算不上什么政绩。"

这一番话令秦穆公吃了一惊。受中原文明的影响，他对夷狄人存轻视之心，没料到西戎使团中竟有不平凡的人才。爱才如命的秦穆公不由得收起骄奢之气，顿起恭敬之心，抱着请教的态度问道："请问先生，中国有先进的文化，以礼乐法度来治理国家、施行政事，还是免不了经常发生变乱。西戎没有中国的礼乐制度，如何治理国家与百姓，政事不是会更乱吗？"

由余微微一笑，回答道："礼乐法度正是中国变乱的原因所在。上古时期黄帝等先王创建礼乐法度，到了后世，君主们凭借这些法度约束百姓，而自己却骄奢淫逸；百姓受到压制，在极度困苦之中，不禁要埋怨君主贵族。上下失信，纷争便起，人便失去淳朴的本性，热衷于篡权夺位，如此一来，不乱都不可以呀。”

秦穆公听后直点头，由余继续说道：“西戎与华夏不同，民风质朴。在上位者待民以惠，在下位者报之以忠诚，这样国家就像人的身体一样，上下和谐，虽然没有繁复的礼乐制度，却是一个有机体，浑然天成。圣人治国，大约也只能到这样了。”

长期以来，秦虽然是中国的一部分，但它的地理位置使其民俗文化深受戎狄的影响。与中原诸侯相比，秦有一种文化上的自卑，理所当然地把华夏文明当作学习的对象。然而有一个现象是秦穆公百思不得其解的：既然华夏文明如此先进，为什么在政治上反而非常动荡，政变迭生呢？而戎、狄这些部落，包括秦国自身，在政治上却更为稳定。

由余的一番话，着实让秦穆公茅塞顿开。原来文明也有负面作用，被视为尽善尽美的华夏礼乐文明，已经暴露出巨大的缺陷。当然，秦穆公并不是一个思想家，他不愿意花费时间精力去思考这些，只是琢磨着如何将由余从西戎挖到秦国。

秦穆公对内史廖说：“由余才干非凡、有远见卓识，西戎王拥有这样的人才，对我国始终是一个祸患，你看要怎么办呢？”

内史廖想了想说：“西戎地处偏远之地，民风质朴，生活简单，不如向西戎王进献女乐数人，美妙的音乐与迷人的舞蹈，一定会让西戎王心动。用女乐来消磨西戎王的雄心壮志，乘机离间他们君臣关系，这样我们就有机会策反由余。”

让西戎王也中中华夏文明之毒吧！这是个办法。秦穆公吩咐内史廖挑选十六名女乐，送给西戎王。

西戎王久居荒凉之地，哪里见识过如此美妙的歌舞，直看得心旷神怡、废寝忘食。诚然如由余所说，高度发达的华夏文化确实带来政治上动荡不安，但是这种文化又极富有魅力——精美的服饰，优雅的舞姿，悦人的音乐——都让西戎王感受到从未有过的耳目之乐。迷此则废彼，渐渐地戎王荒废了政事，由余所赞许的质朴，开始被浮华取代了。

与此同时，秦穆公寻找种种借口，推迟由余返国的时间，并以极为尊敬的态度询问西戎各部落的民俗风情、山川地势，并细心地记下每个细节。由余迟迟没有归国，引起西戎王的猜疑，多次催促后，秦穆公才依依不舍礼送由余归去。

西戎王已经落入女乐的陷阱，这令崇尚淳朴的由余十分担心。他不断地向西戎王进谏，劝导君王远离女乐，勤于政事。但是西戎王哪里听得进去，反而嫌他碍手碍脚，只要此人在身边，他就觉得很不自在，屡屡扫兴。

这样一来，君臣关系变得疏远了。

秦穆公暗中派人前往西戎，秘密会见由余，劝他归降秦国。由余不愿意背叛西戎王，但是西戎王的猜疑心越来越重，态度越来越冷淡，暗地怀疑他出使秦国时，与秦穆公之间有不可告人的秘密。

一方面是西戎王的疑心重重，一方面是秦穆公屡屡抛来的橄榄枝，由余最后下定决心，离开西戎，归服秦穆公。由余的到来，令秦穆公大喜过望，亲自前往迎接，并且以上宾之礼待之。

秦穆公重视人才的政策，最终迎来了可以助其成就霸业的关键人物，继百里奚、蹇叔、孟明视、西乞术、丕豹之后，又招降了由余。秦穆公非凡的胸襟与气度，使得原本人才匮乏的秦国，一时之间人才济济，由此开创了秦国开放、宽容的新局面。数百年后李斯在著名的《谏逐客书》中，还用意颇深地回顾了秦穆公这一丰功伟绩。

由余长期生活在西戎，对西戎各部落了如指掌，秦穆公让他负责西戎事务。同时，屡败屡战的孟明视仍然受到重用，虽然他在殽山与彭衙两次会战中均失利，但秦穆公对人才的评估自有其道理与标准，坚信孟明视是一个十分杰出的将领。

对于秦穆公的信任，孟明视感恩戴德。为一雪前耻，他全身心投入到重建秦军战斗力的工作中。秦军在两次会战中，几乎得了一种恐晋症，要提高秦军的战斗力，一定得恢复自信心。恢复军队的自信心，最好的办法莫过于打破晋军不可战胜的神话，以一场胜利来证明。

秦穆公深知晋国的存在，使秦国东进之路成为不可能的选择，然而他还是支持孟明视的计划。在战略主攻方向瞄准西戎之前，秦军有必要再对晋国进行一次报复之战，这是一场荣誉之战。秦以武力开国，铁血军团必须要捍卫荣誉与尊严。

公元前624年，秦穆公亲自率领大军，以孟明视为总指挥，东渡黄河，进攻晋国。在渡河之后，秦穆公下令将船舶全部烧毁，以示不战胜绝不西归。君主尚且如此，将士无不奋命，一时间士气高涨，慷慨激昂之气弥漫全军。

面对来势汹汹、士气正旺的秦军，晋军统帅部也做出一个极为明智的决定：采取坚壁清野的战略，避免与秦军打遭遇战。秦军主力深入晋国，并没有与晋军主力部队遭遇，只是占领两个据点。孟明视并不想跟强大的晋国打消耗战，既然晋军无意于决战，他至少在表面上挽回了面子。

由于晋国人回避决战，秦军便从茅津南渡黄河，进入殽山。大将孟明视到此，不由得一阵心酸，四年前殽山之战的惨败，历历在目。战场并没有打扫，秦军将士的尸体早已腐败，只剩下一堆骨骼，终日风吹日曝，面目狰狞，还有散乱在山谷中的车轮与生锈的兵戈。

秦军上下无不动容，孟明视命令打扫旧战场，将阵亡将士的尸骨就地掩埋，堆成一个土丘，并在土丘前立一个牌，作为标记。全军集体默哀后，便返回秦国。这次伐晋之战，虽然没有什么实际战果，但对秦军来说，这已经是一场胜利，终于摆脱了两次被晋国击败的耻辱，并掩埋了殽山战死将士的尸骨，表明秦国政府不会忘记曾经为国家浴血奋战的将士。这对于崇尚武力的秦人来说，无疑是一针强心剂，驱动更多的人走上战场，为国家、为荣誉而战。

从晋国归来后，秦穆公全力向西拓展。

在军事上，秦穆公仍然把重任交给孟明视，对他表示出极大的信任。在春秋时期所有君主中，秦穆公在知人善任方面，可以说无人可及。他用人不疑的原则，使得手下的文臣武将，无不竭心尽力，兢兢业业，孟明视更是如此。

对西戎之战谋划事宜，秦穆公交给由余负责。在由余精心策划下，很快就制订出对西戎的作战计划。当时西戎其实是一个笼统的称呼，由许多部落组成（当时也称之为国，但并不是一个真正意义上的统一国家），文化相对落后，但是民风强悍。

由余制订的战略计划，充分利用各个部落之间的矛盾，实施各个击破。秦穆公三十六年（公元前624年）始，秦国开始对西戎各部落发动进攻。秦军总司令孟明视将军也许在战略战术上不及晋国的将军们，他不属于天才型将领，但绝对是苦干型的人物。对西戎的武力征服，似乎这种类型的人就非常用得上。

秦国仅仅用了两年的时间，就取得巨大战果，吞并了西戎十二国（部落），拓地千里，成为西部名副其实的霸主。秦国一举扭转数年前的颓势，其扩张之凶猛，令东方国家也为之震惊，连周王朝的天子（周襄王）也派召公前往祝贺秦穆公攘夷的丰硕战果。

凭借其在西部的霸业，秦穆公后来也被列为春秋五霸之一。

其实当时所谓的霸主，要有号令诸侯的资格，即诸侯会盟的盟主。如果从这个意义上说，秦穆公是称不上霸主的。然而秦穆公使得秦国国力实现质的飞跃，成为能与晋、楚对抗的大国，同时吞并西戎，所以后世还是推崇他的武功。从个人修为、涵养、气质、才能以及取得的成就诸方面说，秦穆公列为五霸之一，当之无愧。

然而，正是这位伟大的君主，在他死后却用一百七十七个活人殉葬，终究让人体会到专制社会的冷酷与无情。

在吞并西戎十二国之后，秦穆公达到一生事业的巅峰，他的生命之灯也燃到尽头。

公元621年，统治秦国达三十九年之久的秦穆公去世。他的葬礼极其隆重，然而，下葬的不仅仅是秦穆公一人，还包括由一百七十七人组成的庞大殉葬队伍。

殉葬是古代文明史中最肮脏的制度之一，在西周和春秋战国时期很盛行，它的指导思想是“事死如事生”。战国时代思想家墨子在《墨子·节葬》篇写道：“天子杀殉，多者数百，寡者数十；将军大夫杀殉，多者数十，寡者数人。”正反映了当时社会上流阶层之习俗。《西京杂记》中有记载：“幽王冢甚高壮，羡门既开，皆是石垩。拨除丈余，乃得云母，深尺余，见百余尸，纵横相枕藉，皆不朽。唯一男子，余皆女子，或坐或卧，亦犹有立者，衣服形色，不异生人。”

秦国君主的殉葬制度始于秦武公。公元前678年，秦武公去世后，以活人殉葬，陪葬的人数多达六十六人。

秦穆公的陪葬人数，更是远远超过秦武公。在一百七十七人的陪葬者中，还包括秦国著名贤臣子车氏的三个儿子：奄息、仲行、鍼虎。这三个人在民众中的口碑不错，被认为是有才能的人，可惜生在这种专制的年代，还没来得及展现自己的才华，就被列入陪葬的行列中，与秦穆公的尸体一起腐朽，沉入暗无天日的漆黑墓室。在专制社会中，人的生命是何等一文不值。

秦国人为这三位死得不明不白的人感到无比的痛惜，有人写下了《黄鸟》一诗，以表达无可奈何之遗憾：

交交黄鸟，止于棘。谁从穆公？子车奄息。维此奄息，百夫之特。

临其穴，惴惴其栗。彼苍者天，歼我良人！如可赎兮，人百其身！

交交黄鸟，止于桑。谁从穆公？子车仲行。维此仲行，百夫之防。

临其穴，惴惴其栗。彼苍者天，歼我良人！如可赎兮，人百其身！

交交黄鸟，止于楚。谁从穆公？子车鍼虎。维此鍼虎，百夫之御。

临其穴，惴惴其栗。彼苍者天，歼我良人！如可赎兮，人百其身！

三位贤人还有人作诗以纪念，其他一百七十四人，他们姓甚名谁，历史没有留下姓名。如果有朝一日，秦穆公的墓室得以重见天日，他们森森的尸骨，将会是对专制最好的控诉。

秦穆公一生爱才如命，死后却将有才之人陪葬，这究竟是出于秦穆公的本意呢，还是他的继任者借此来拔去眼中钉、除掉政敌呢？这些历史的谜团，现在很难解开了。这次殉葬带来十分消极的影响，使得欣欣向荣的秦国发展迟滞，甚至倒退了。

秦国本来是文化落后的国家，秦穆公之所以能称霸西方，跟他引进外来人才是密不可分的。百里奚、蹇叔、孟明视、由余等，都来自外国，没有这些国外人才，秦穆公很难取得赫赫之功。然而秦穆公死后，三位贤良之才被迫陪葬，这不得不使天下英才望而却步。试想有谁喜欢今天是座上客，明日是陪葬品呢？从此以后，国外人才再也不愿意踏进秦国这片土地。秦国的发展势头被遏制，又回到缺乏政治人才的蒙昧年代，这一停滞，有二百年之久。

直到公元前 384 年（距秦穆公死二百三十七年，已进入战国时代），秦献公下令废除长达三百年的殉葬制度，才解除外国人才前往秦国的后顾之忧。秦献公的儿子秦孝公继位后，秦国再次从国外引入人才，商鞅的到来，使秦国的历史发生根本性的转折。这是后话，此不详述。

秦穆公建立的霸权，与齐桓公一样，属于短期霸权。不过秦国与齐国一样，即便霸权凋零，仍然是一等一的国家，它远离战争频繁的中原，向西有拓展空间，这使其国家安全有保障。军事强国与尚武精神，使秦国在文化远远落后东方诸国的同时，仍然有实力保持大国的地位。

在秦穆公去世的同年（公元前 621 年），继承晋文公霸业的晋襄公去世。两位政坛明星陨落了，而一颗新星却冉冉升起，他就是晋国的赵盾。

第九章　烈日灼人

一、晋国的全盛时代

在春秋五霸中，最为人称道的是齐桓公与晋文公，齐桓公在位四十三年，而晋文公在位时间仅九年。齐国的霸业随着齐桓公被害而终结，晋国却从晋文公开始，进入一个长期霸权时代。晋文公的继承者晋襄公，更是将晋国的国力推向全盛时代。

晋襄公上台伊始，就做了一件惊天动地的事情，在殽山全歼秦国远征军。殽山之战是春秋时代最重要的战争之一，影响极为深远，在整个春秋时代，秦国都被晋国死死阻挡在黄河以西，无法越雷池一步。

然而殽山之战的结局不够完美，由于晋文公夫人文嬴从中作梗，晋襄公释放秦国的三员大将，导致晋军总司令先轸元帅大为恼怒，当面向晋襄公啐口水。

全歼秦国远征兵团后，狄人趁晋文公刚死、襄公初立发动侵晋战争。晋国的霸主地位并非浪得虚名，晋襄公亲自率军队在箕城大破狄人。这次胜利也有遗憾，晋军总司令先轸元帅出于赎罪心理，选择变相的自杀方式，他卸去盔甲，冲入敌阵，光荣战死。狄人溃逃时，没忘砍下先轸元帅的首级回去领赏。不久后，狄人将先轸的人头交还晋国，头颅栩栩如生，如同生前一般。

由于先轸意外战死，晋国中军元帅一职出现空缺，出于对前任元帅的尊敬与怀念，晋襄公任命先轸的儿子先且居担任中军元帅。

一位老英雄倒下，又一位新的英雄浮出水面。他就是晋国将领郤缺，在箕城之战中，郤缺英勇善战，在战斗中生擒狄军首领，表现堪称完美。

郤缺的人生起起落落。他出身名门，父亲郤芮是晋惠公、晋怀公时重要将领。晋文公上台后，郤芮与吕甥阴谋造反，兵败被杀。郤芮死后，郤缺从贵族一下子跌落为平民，他明哲保身，夹起尾巴做人，跑到乡下过起农夫生活。

有一回，晋军下军副司令胥臣经过冀邑，顺道去看望好友郤缺。郤缺正在田中锄草，妻子给他送饭来，虽是在田垄之间，郤缺一言一行，仍恪守礼仪规范，令胥臣大为赞赏。回到国都后，胥臣向晋文公推荐道："恭敬乃是有品德的表现，恭敬之人必定是有德之人，有德之人才可以治理民众，郤缺就是一个有德之人。真正的仁德，即便出门在外，也要像参加盛典一样庄重，平常的所作所为，像祭祀时那般谨慎，郤缺就是这么一个人。"

什么叫恭敬呢？不是小人物看到大人物时毕恭毕敬的那种心态，而是一种内心的敬畏感，以及约束自己行为的自制力。儒家讲"慎独"，为什么要慎独呢？因为独处时，人的杂念、惰性就容易涌出来，人的自制力容易松懈，自制力松懈后，就会降低自己的行为标准。胥臣推荐郤缺的理由，正是看到他独处时，仍然严格恪守礼节，说明这个人绝对不简单，有着一种惊人的自制力。

晋文公迟疑了，郤缺的父亲是谋逆之臣，能重用吗？胥臣以舜重用禹、齐桓公重用管仲两个事例，向晋文公表明："贤明的君主用人，只要取他的长处就可以了。"在胥臣的推荐下，郤缺得以重返军界与政坛，并在箕城之战中立下首功。

为了表彰胥臣的举荐之功，晋襄公特地赏赐一块地作为他的采邑，同时把冀邑封给作战有功的郤缺。郤缺为人严谨，脚踏实地，后来一步步地成为晋军最重要的将领，最后当上中军元帅。

晋襄公上台的第一年，对秦国与狄人的战争均取得重大胜利。但楚国乘晋国在西面开战之机，再次向北出击，迫降陈国与蔡国。晋襄公继承晋文公中原霸主的地位，晋国必须在中原拥有绝对的领导权。然而中原诸侯中不乏阳奉阴违之人，对晋国最不友好的，当属卫成公。

前文说过，晋文公主持温地会议期间，曾进行一桩"国际审判"。卫成公被判处监禁，关入周王室的监狱，公子瑕被拥立为卫国的国君。出于对传统的尊重，卫成公并没有被处死，但是晋文公想置他于死地，暗中吩咐周王室御医在食物中下毒。忠心耿耿的甯武子花钱买通御医，让他减少毒药的剂量，卫成公得以保住性命。

卫成公不想在监狱中度过余生，更何况晋文公杀气腾腾，躲得过初一，躲不过十五，他必须离开这个鬼地方，回卫国继续当国君。卫成公绝非平庸之辈，为了走出监狱大门，他不惜血本。能让他走出监狱的，只有两个人：一个是晋文公，另一个是周天子。卫成公不惜血本，首先是巨资贿赂鲁僖公，让鲁国出面，向周天子与晋文公求情；其次分别赠送十对玉璧给晋文公与周襄王。周襄王贪小便宜的毛病终生不改，他捞到好处后，下达赦令，释放卫成公。

走出监狱大门后，卫成公喘了口大气。然而，公子瑕已经就任卫国国君，他如何重新夺回大权呢？卫成公善于敛财，私人财产颇为庞大，"银元攻势"再次击中人性的弱点，在金钱面前，卫国大夫周颛、冶廑不惜铤而走险，发动政变，杀死公子瑕。卫成公复辟成功，重新登上国君的宝座。

晋文公去世后，中原各诸侯都前往晋国吊唁。唯独幸灾乐祸的卫成公与晋文公恩怨甚深，拒绝前往，并趁晋国无暇东顾时，发动对郑国的战争。卫国与郑国是一对老冤家，长期战争使卫国丢了不少国土，卫成公决定以武力收复。

晋襄公要将霸业发扬光大，卫国理所当然成为首个打击目标。

晋襄公二年（公元626年），晋军总司令、中军元帅先且居与下军副司令胥臣率领主力进攻卫国。五月一日，晋军包围戚邑，经过一个多月的围困，于六月八日攻克戚邑，俘虏卫国的守城将领孙昭子。

卫成公一看大势不妙，赶紧向陈国求援。此时陈国既投靠楚国，又投靠晋国，典型的两边倒。陈共公对卫国特使说："卫国要先发兵攻打晋国，寡人才好从中斡旋。"卫成公愣头愣脑，还真派大将孔达率军进攻晋国，晋襄公一怒之下，将卫国的戚邑并入晋国的版图。

第二年（公元前625年）六月，晋国召集宋国、陈国、郑国、鲁国等，商议攻打卫国的事宜，此时陈共公出面替卫国求情。为了让晋国有个面子，陈共公让卫成公将大将孔达抓起来，交给晋襄公处置。晋国政府也乐得顺水推舟，体面地结束对卫国的战争。

晋襄公之所以放弃伐卫，主要原因是晋国与秦国兵烽再起。

自从殽山战败后，秦穆公一心想着对晋国实施报复战。晋襄公三年（公元前 625 年）初，秦军在孟明视的统领下，大举进攻晋国。

晋襄公亲自迎战，先且居担任中军元帅，赵衰为副元帅。秦国人很快就明白自己的实力还不够强大，在晋军的一连串打击下，秦军被迫一路撤退到彭衙。侵略战争变成卫国战争，狼狈不堪的孟明视知道不能再往后退了，决心在这里与晋军展开决战。

晋军将领狼谭的先头部队与秦军遭遇。作为一位著名的勇士，狼谭在殽山之战中立下战功，被晋襄公任命为战车右护卫。元首的护卫，这对一名武士来说，是至高的荣誉。可是到了与狄人交战时，晋军总司令先轸撤掉狼谭元首护卫之职。对狼谭而言，这是奇耻大辱。他的朋友说："你蒙受这种耻辱，怎么不去死呢？"注意这句话哦，这向我们表明春秋的时代观念：荣誉重于生命。中国人的血性精神，总体上来说，从春秋战国往后，是呈下降的趋势。这里原因很多，政治上的原因是高度的专制，扼杀武士的独立人格，思想上则是儒学独尊，经千年文化熏陶，重文轻武成为主流，关于这方面的问题，当另撰文深究，此处略去不谈。

面对朋友的质问，狼谭回答说："只是还没到死的时候。"他朋友又说："我跟你一起把先轸这老头儿给宰了。"狼谭断然拒绝道："以下凌上不符合道义，这不是真正的勇敢；只有为国家而死，才是真正的勇敢。我是凭借勇敢才得到战车右护卫的职务，现在被人认为不够勇敢，所以把我免职了，这是应该的。至于我是不是真正的勇敢，您就等着瞧吧。"

现在是狼谭表现其勇敢精神的时候了，虽然敌众我寡，他仍然义无反顾地冲向敌营，勇不可当。秦军本来就以悍勇而著称于世，现在遇到更加勇猛的晋国人，阵脚大乱。狼谭身陷重围，丝毫不惧，最后力战而死，完成自己作为一名武士的归宿，也向世人证明自己的勇敢，证明自己的价值，因为他为国家而战死沙场。这是一名真正的勇士。晋国之所以能长期称霸，就因为它是一个尚武之国，武士之魂，即是晋国的国魂。

狼谭之死，并没有改变秦军的被动局面，晋军大部队及时赶到战场，秦军大败，继殽山之战后，再尝失利的苦果。

面对秦军的反扑，晋襄公以守为攻。

这一年的冬季，晋军在中军元帅先且居的率领下，联合宋、陈、郑三国的军队，进攻秦国。秦军再遭败绩，晋军攻占汪邑、彭衙后，胜利班师回国。

雄才大略的秦穆公岂肯善罢甘休呢？

第二年（公元前624年），秦军又一次卷土重来，仍然以常败将军孟明视为总指挥。这次秦军破釜沉舟，志在必得。晋军副元帅赵衰建议坚壁清野，避免与秦军交战，赵衰说："秦国在戒惧中奋发图强，这是不可以抵挡的。孟明视用心革新秦国的政治，给民众带来很多好处，励精图治，不敢懈怠，我们岂能抵挡呢？最好的办法，是避而不战。"

对晋军来说，面对屡败屡战却仍然维持高昂斗志的秦军，避而不战也不失为一种策略，如果不让秦国人挽回点颜面，那秦国在西部的进攻将是无休止的。孟明视大军攻占王官城与郊地，由于找不到晋军主力进行决战，便南渡黄河，到达殽山战场，掩埋了当年战死在沙场的秦军战士的尸骨，然后返回秦国。

不久后，晋襄公又出兵进攻秦国，包围两座秦邑。之后晋国向东扩张，秦国向西发展，两国大规模战争暂告一段落。晋襄公上台后五年时间，晋国与秦国爆发五次战争，秦国在最强盛的穆公时代，无法跨过晋国这道门槛，这也意味着秦国东进中原的梦想遥遥无期。晋国在遏制秦国向东扩张欲望的同时，也开启了百年霸业。

二、赵盾：夏日之日

赵衰是晋文公时代的元老与功臣，随同晋文公重耳流亡十九年，足智多谋，功劳赫赫。最初流亡狄国时，赵衰娶了一名叫叔隗的狄女，生下赵盾。后来晋惠公派人潜入狄国，准备暗杀重耳，重耳、赵衰等人不得不离开狄国，开始新一轮的流亡。这时赵盾还年幼，赵衰无法把他带在身旁，就留在狄国由母亲养大。

后来，流亡集团回到晋国，重耳成了晋文公，赵衰也成为一代功臣。晋文公为了对赵衰多年来的忠心表示感谢，将自己的女儿（后来被称为赵姬）嫁给赵衰，并生了三个儿子。

赵衰喜新厌旧，并不想念狄国的妻子和儿子，压根没有想过把他们接回晋国。心地善良的赵姬却一直提醒赵衰，将狄国的妻儿接回国，但是赵衰拒绝了。

赵姬对赵衰说："有了新宠就忘了旧爱，这样做不太好吧，如何使人信服呢？一定要将他们母子二人接回来。"赵衰之所以不想迎回叔隗与赵盾，可能还有一个担心，就是怕赵姬会吃醋。这女人要是吃醋，往老爹晋文公那儿一说坏话，赵衰的地位就不稳固了。既然赵姬如此坚持，赵衰就答应了。

赵盾和他的母亲从狄国返回晋国。

赵姬见赵盾一表人才，很有才干，非常喜欢，向父亲晋文公请求，让赵盾成为赵衰的嫡子。赵盾成为嫡子，意味着赵盾的母亲叔隗将成为赵衰的正夫人，而赵姬只能是庶夫人，名位排在叔隗之下。赵姬这名女子，真的非常伟大，善良且宽容，又富有智慧，倘若没有她对赵盾的鼎力支持，赵氏能否成就数百年的基业，确实是个未知数。

晋文公对赵衰十分信任，晋国组建三军时，想任命他为中军元帅，也就是三军总司令。赵衰勇于让贤，推荐郤縠为中军司令；晋文公打算让他出任下军司令，他又一次推让给栾枝与先轸。

直到晋文公八年（公元前 629 年），晋国组建新上军与新下军，赵衰担任新下军司令，才算正式进入军界的高层。后来赵衰还担任过上军副司令与中军副司令。

三军正副司令共有六位，赵衰在中军副司令的位置上待了五年，直至去世。他死于公元前 622 年，即秦穆公与晋襄公去世的前一年。令人奇怪的是，这一年，晋国三军六位高级指挥官中，竟然死了四位：先且居、赵衰、栾枝、胥臣。

四位司令级的将军在同一年去世，实在令人难以置信，史料对此记录十分简略，无法了解四人的死亡原因。这一重大事件，表明晋国进入一个新的时代，晋文公那一代的谋臣武将基本不在人世，权力就落在第二代的身上。

四位大将在同一年去世，晋国军事高层人事将面临巨大的变动。晋襄公不得不考虑将晋国的军事力量由原先的五个军，整编为三个军，裁撤掉新上军、新下军，保留原先的上、中、下三军。

谁将出任权位最重的中军元帅一职呢？

晋国是实行军政合一的国家，军队的最高统帅同时也是国家的首席执政。只要担任中军司令一职，就意味着同时也成为宰相级的权臣。

在追随晋文公重耳流亡的功臣中，最显赫的人物便是狐偃与赵衰，狐偃的儿子狐射姑与赵衰的儿子赵盾，成为中军元帅最有力的竞争者。

起初晋襄公打算任命狐射姑为中军元帅，赵盾为副帅。正当委任令要下达时，晋国的元老之一、赵衰的老部下阳处父，结束在卫国的国事访问，返回晋国。在狐、赵两大家族中，阳处父是偏向赵氏的，他力劝晋襄公任命赵盾为中军司令，极力称赞赵盾有治国之才，并说道："中军元帅必须让有才能的人来担任，如此才是国家之福。"

阳处父的言下之意，赵盾的才干要远远超过狐射姑。

晋襄公权衡再三，最后采纳阳处父的意见，将狐射姑与赵盾的位置做了对调：赵盾出任中军元帅，狐射姑出任中军副帅，这意味着赵盾掌控军政大权。

赵盾的确是非常有才能的人。他上任后，雷厉风行地进行内政改革，成为令人瞩目的政治新星。根据史书的记载，赵盾"制事典，正法罪，辟狱刑，董逋逃，由质要，治旧污，本秩礼，续常职，出滞淹"，即制定各项法律，清理诉讼案，加强对国家通缉犯的追捕，治理政治腐败问题，恢复社会正常秩序，提拔下层优秀人才等。

位居赵盾之下，狐射姑焉能吞下这口恶气？

当年（公元前 621 年）八月，晋襄公病逝。

由于晋襄公嫡子夷皋年纪还小，为了保持晋国的稳定与霸业，大臣们倾向选择年长的接班人。但在接班人选的问题上，狐射姑与赵盾针锋相对，使得狐、赵的矛盾由隐蔽走向公开，冲突迅速升级。

赵盾和狐射姑各推出一位候选人。

赵盾推出的候选人是公子雍。公子雍是晋文公之子、晋襄公的庶弟。公子雍此时正在秦国，他为什么去了秦国，史书没有详细记载，结合这一年秦穆公去世的事实，估计他可能是去参加秦穆公的葬礼。

如果这个推断成立，可以判断赵盾主政之后，晋国在外交政策上出现重大调整，积极恢复与秦国的友好外交，以保证晋国在东进过程中避免西线的冲突。

赵盾认为公子雍具有四大优势：第一，德才兼备、心地善良。第二，年龄比较大，可以胜任管理国家的重任。第三，深受晋文公的喜爱，有利于得到老臣们的支持。第四，跟秦国的关系比较好，有利于发展与秦国的友好关系——稳住秦国是晋国的基本国策。

狐射姑推出的候选人是公子乐。公子乐是晋文公与文嬴的儿子，文嬴就是怀嬴，她是秦穆公的女儿，先是嫁给晋怀公，后又嫁给晋文公。秦穆公对晋文公登上君位起到决定性的作用，所以在晋文公众多的妻子中，文嬴地位是非常特殊的。

狐射姑的父亲狐偃是个很精明的人，他可能是有意赢得文嬴的信任。狐家与文嬴的关系非常密切，因而狐射姑力主由文嬴的儿子公子乐来继任君位。他的理由是：既然晋国的基本国策是要缓和与秦国的关系，公子乐作为秦穆公的外孙，当然是最佳的人选。

狐射姑的提议令赵盾勃然大怒。赵盾骂道："在晋文公的后宫中，文嬴本来地位就很低，只位列第九，何况这个女人先嫁怀公，再嫁文公，淫荡下贱。她的儿子公子乐，在陈国当外交官，陈国不过只是个小国，这个职位也是比较低的。母子二人均是地位较低，而让地位低的人来统治国家，国家怎么可能安定？相反，公子雍的母亲在文公诸夫人中，位列第二，他又深受晋文公的喜爱，这是国人皆知的事实，大臣与百姓都会接受。"

晋国的卿族实力强大，赵盾居然可以将晋文公的夫人文嬴大骂一通。这里的原因，是文嬴曾经在殽山之战后，放走秦国的三位大将，并最终导致先轸之死，晋国人对文嬴确实没有好感。然而，狐氏与赵氏同为晋国最负声望的家族，狐射姑面对赵盾的指责并不示软，仍然一意孤行，决心与赵盾对抗到底。

只要能将公子乐推上君主的宝座，狐射姑就是大功臣，就凭着赵盾几句对国母的痛骂，到时可以轻松地挤掉赵盾。立君之争，使得狐、赵两大家族的对抗急剧升温，一场权力之争渐趋高潮。

当时公子雍在秦国，公子乐在陈国。赵盾派先蔑、士会两人前往秦国，迎接公子雍回国；狐射姑也派人前往陈国，迎接公子乐。赵盾与狐射姑均手握重兵，一旦两位候选人回到晋国，势必面临着军队的分裂，挑起晋国的内战。

作为中军总司令的赵盾一不做，二不休，为了彻底清除隐患，干脆派出刺客将公子乐刺死。这样一来，狐射姑在斗争的天平上失去了砝码。

狐射姑转而将怒气发泄到阳处父的身上。

如果不是阳处父力劝晋襄公改变决定，此时的中军大元帅，怎么是由赵盾来担任呢？狐射姑恶念顿生，派人杀死阳处父。这一冲动之举，不仅葬送了自己的前途，同时也葬送了狐家的前途。杀死阳处父之后，赵盾立即介入此事的调查，逮捕并处死杀害阳处父的凶手，并且牵出幕后主使：狐射姑。

狐射姑没有其他的选择，只有逃亡一路，他逃到狄国避难。在晋国最有势力的狐家，权力一夜之间崩溃，狐氏退出晋国的权力核心。后来，逃到狄国的狐射姑对赵衰、赵盾父子有一个评价："赵衰，冬日之日也；赵盾，夏日之日也。"赵衰像冬天的太阳一样，使人感到温暖；而赵盾像夏天的太阳一样，烈日灼人，令人畏惧。烈日灼人，这正是赵盾的特点，从执掌军队与内政以来，他体现出果断的魄力，雷厉风行，精力充沛，勇于任事。作为赵盾的政敌，狐射姑用最简练的"夏日之日"四个字，非常贴切地评价他的对手。

狐射姑失败了，然而立君之争并没有结束。

先蔑与士会两人前往秦国，会见秦康公。当时晋秦两国关系稍稍和缓，秦康公也乐意护送公子雍回到晋国担任国君。秦国主要向西扩张，而晋国主要向东发展，两国的基本战略取向决定两个邻国都希望结束敌对。

先蔑与士会两人圆满完成这次使命，欢欢喜喜地返回晋国。没想到这个时候，晋国立君之事，又节外生枝。

由于晋襄公去世得比较早，也比较突然，原先立为太子的夷皋尚年幼，以赵盾为首的大臣都认为不宜立为君主。但是晋襄公的遗孀、夷皋的母亲穆嬴可不高兴啦，天天抱着小太子，到朝堂上又哭又闹："襄公尸骨未寒，太子犯了什么过错呢？你们不立他为君主，反倒到国外去寻找接班人，你们究竟要如何处置这个孩子呀？"

闹完朝廷，穆嬴跑到赵盾家去，又是叩头又是哭的："襄公去世前，曾经把这个孩子托付给您，说这孩子要是可以成才的话，就是受了您的恩赐，要是这孩子不能成才，他在九泉之下，也会埋怨您的。现在襄公刚刚去世，遗言还言犹在耳，可是您已经不把先主的话当一回事了，这究竟是为什么呢？"

看来穆嬴这个女人很不简单。从穆嬴的名字看，这位晋襄公夫人也可能是秦国人，此女子颇有些锲而不舍的精神。穆嬴作为前第一夫人，天天这样吵闹，大臣们又得罪不得，觉得很不好办，又怕她吵下去，会惹出更多的乱子。赵盾就跟其他重臣商量，最后决定更立太子夷皋为君主继承人，这就是后来的晋灵公。

更立接班人，到底赵盾有没有自己的小算盘呢？可能有，否则以他“夏日之日”、烈日灼人的性格，何至于受制于一个女子呢？也许赵盾认为君主年幼，反倒可以让自己大权在握，当然，这只是猜测。

从秦国返回的先蔑与士会，看到立君之事发生如此巨变，都非常愤怒。两人为了国家利益出使秦国，目的是迎接公子雍返回晋国登位。而这群国内政客却趁他们不在时，不经他们的同意，就将夷皋拥上君位。这不仅使晋国失信于秦国，更使先蔑和士会两人蒙受羞耻。

这个时候，秦康公派出军队护送公子雍回晋国了，队伍已经进入晋国的国境。赵盾决定以武力阻止秦国军队进一步深入。晋国在这件事情上做得很糟，起初要求秦国人护送公子雍回国，当秦国人来了后，却要以兵戎相见。晋国政府在道义上先输一着了。

为了阻止秦军前进，赵盾集结庞大的军队，三军总动员。此时晋国三军的人事安排是：中军总司令赵盾，副司令先克；上军总司令箕郑，副司令荀林父；下军总司令先蔑，副司令先都。狐氏家族的势力被清除，赵氏与先氏两大家族在晋国三军中占重要地位。

晋国出动三军的兵力来对付秦军的护送部队，有点杀鸡用牛刀的味道，同时表明赵盾要坚决阻止公子雍回国。秦军护卫队在晋国的令狐地区（现在山西省临猗县西南），受到晋国军队的阻击，晋军倾巢而出，秦军焉是对手，被打得狼狈鼠窜。

虽然晋军取得胜利，但是晋国违约失信在先，这使先蔑深感耻辱。这位下军总司令索性秘密离开晋军，尾随秦军去了秦国。与先蔑同行的，还有跟他一同出使秦国的士会。晋国违背信义，先蔑、士会作为一名武士，深感有辱名誉，便离晋赴秦去了。

从战役角度讲，晋国赢得胜利；但是从战略上说，晋国却很失败。

原本晋国与秦国关系有所缓和，经此一役，两国关系再度陷入僵局，这使晋国西翼再度受到秦国的威胁。另外，赵盾扶植起来的晋灵公，根本是个比阿斗还不如的人。关于晋灵公的种种恶行，留到后文再说，先来看看秦晋再度交恶带来的后果。

三、秦晋交恶

秦国应晋国政府的邀请，派兵护送公子雍回晋国继承君位。不料赵盾出尔反尔，反倒在令狐重创秦军，使得两国刚刚缓和的局面又变得紧张。

秦康公大骂晋国人无信用可言。公元前 619 年，秦军发动报复性的攻击，占领晋国的武城。仅仅一年后，晋军进行反报复，占领秦国的少梁。秦军不甘示弱，在当年夏天又进攻晋国，夺得北征。

秦晋两国你一拳、我一腿地打来打去。虽然只是小打小闹，但秦国毕竟是一匹恶狼，晋国不得不花费许多的精力来防备这匹狼的反扑。

公元前 615 年的冬季，秦康公亲自领军，越过边境线，夺取晋国的羁马城，来势汹汹。在秦军阵营中，还有一位晋国人，就是逃到秦国的士会。

赵盾深知来者不善，动员最精锐的部队迎战。晋军总司令由赵盾亲任，副帅荀林父；上军司令为郤缺，副司令臾骈；下军司令为栾盾，副司令为胥甲。晋军抵达河曲，与秦军对垒。

上军副司令臾骈对赵盾说："秦军远道而来，不利久战，我军可以深沟高垒，坚守阵地，以逸待劳，等他们撤退时再发起进攻。"赵盾对臾骈这个建议非常欣赏，下令全军上下加强防御，不得出击。

臾骈这一招相当厉害，秦康公急于跟晋军开战，赵盾却不开战。随着时日的拖延，对于补给线很长的秦国军队相当不利。怎么办呢？

秦康公召见士会，问道："有什么办法能让晋军出城作战呢？"

士会是著名的战略家，他对秦康公说："赵盾有一名很有才干的部下，名叫臾骈，新近出任上军副司令，这一定是他想出来的战术，目的在于削弱秦军的战斗意志。不过晋军有个弱点，就是上军将领赵穿，他是赵盾的族弟，也是晋襄公的女婿，深得赵盾的信任。赵穿年轻气盛，又不学无术，狂妄自大，现在臾骈成为他的顶头上司，他一定十分忌恨，对其战术肯定嗤之以鼻。只要我们出动一支轻骑兵，对赵穿的部队发动袭击，他一定会领兵出战的。”

秦康公听后惊叹不已，士会对每位将领的性格特点看得这么透，果然是不可多得的人才。不过秦康公也暗暗担心，士会是晋国人，如果哪天跑回去，晋国岂不是如虎添翼吗？

秦康公使用士会的方法，派出轻骑兵骚扰赵穿的部队。果然不出士会所料，赵穿对臾骈的乌龟战术早就看不顺眼，这下秦军打到眼皮底下，他能沉得住气吗？赵穿马上命令全体士兵，出城迎战。

秦军只是虚晃一枪，掉头就跑，赵穿没能追上。回到兵营后，他恨恨地说：“我们准备了粮食与盔甲，就是为了跟敌人决一死战。现在敌人已经到眼皮底下，我们还在等什么呢？”他部下的军吏回答道：“是为了等待最佳时机。”赵穿狠狠地吐口水骂道：“我可不懂什么战术，我只知道敌人来了，就得出去打仗。”

赵穿自恃是晋襄公的女婿，又是赵盾的族弟，不把军令放在眼中，拉了一队人马，私自出了兵营，准备找秦军较量。

赵盾得知消息后，吓了一跳，对众人说：“如果秦军在战斗中俘虏赵穿，就是俘虏我国一名贵族，他们可以自称打胜仗，我如何向国家交代呢？”他深恐赵穿有失，便下令全体晋军，尾随出发。

秦康公见状心里暗自高兴，可是双方一交手，他马上意识到晋军的战斗力太强大了。晋军采用臾骈的策略，看来是有所成效，秦军军心有所涣散，秦康公一看不对劲，赶紧下令撤兵。赵盾也见好就收。这次交锋，双方均没有什么建树。

回到兵营后，秦康公思前想后，觉得这些日子以来，秦军原来高昂的士气已经变得低落，不行，还是得撤。不过撤退之前，得先迷惑晋国人一下。秦康公派使者前往见赵盾，说道：“今天打得很不过瘾，我军士气高昂，我们明天战场上见。”

秦国使者离开后，臾骈对赵盾说：“秦国使者的眼神与语气，都掩藏不了对我们的畏惧，看样子秦国人是想逃跑，我们可以出击了，只要追到黄河边，一定可以在秦军渡河前击败他们。”

这个时候下军副司令胥甲与赵穿两人突然跳出来阻挠道："不行！现在我军战死的士兵尸体还没有掩埋，伤者还没有得到救治，现在丢下他们不管，有违仁义。秦军约我们明天再战，约期还没有到，就准备将敌人逼到险境，这不是勇士所为。"赵穿等人究竟是故作英勇状呢，还是为了跟臾骈唱对台戏呢？最后赵盾放弃对秦军发动进攻。

当天夜里，不出臾骈所料，秦军在黑夜的掩护下，悄然撤退了。

晋国失去了一次重创秦国的机会。

经过这一战，赵盾更加意识到遏制秦军东进的必要性，他增强了咽喉要道桃林要塞的防卫力量，牢牢地把秦军压制在桃林以西的区域。

令赵盾深感担心的是秦康公重用逃亡到秦国的士会。士会不仅品格高尚，而且对晋军的实力了如指掌，一旦为秦国所用，对晋国来说是极大的威胁。赵盾就此事主持召开六卿会议，并发言道："现在士会在秦国、狐射姑在狄国，对我国乃是大隐患，大家说说该怎么办才好。"

荀林父站起来发言道："我看还是请狐射姑回国吧，他通晓外交事务，何况他父亲狐偃乃是晋国的大功臣。"荀林父脑筋有点转不过弯，当年狐、赵斗法，好不容易赵盾才赢得胜利，狐射姑哪能说回来就回来呢？

郤缺毕竟是从政治旋涡出来的，他站出来反对荀林父的意见："狐射姑兴兵作乱，犯下的罪行很重，我看还是让士会回来吧。士会不计较个人名利，知廉耻明大义，而且有智慧，况且他也没有什么罪行。"

六卿通过表决，最后决定争取士会返回晋国。

这件事并不容易办成，秦康公岂会不知道士会是个人才呢？他又岂肯将士会拱手让给敌方阵营呢？

赵盾策划了一个绝密的计划。首先是要派遣一位士会信得过的人前往秦国，且不引起秦康公的疑心。赵盾找到一个人，此人名为魏寿余，是个贵族，采邑在魏地，靠近秦国。为了迷惑秦国人，赵盾与魏寿余上演了一出双簧。

赵盾找了个借口，将魏寿余的家人逮捕，囚禁起来。魏寿余在黑夜的掩护下逃出晋国，前去投奔秦国。魏寿余见到秦康公后，大骂赵盾，表示愿意把自己的采邑魏地送给秦国。

秦康公听了大喜，当即接受魏寿余的投降，并在大殿上召见他。魏寿余到了大殿，遇到士会时，故意用脚踩了他一下，这是一个暗示。士会是何等的聪明，马上意识到魏寿余不过是假投降，此来的目的，是另有用意的。当初士会因为赵盾在立君的问题上反反复复，一怒之下离开晋国。但是随着时光的流逝，事过境迁，晋国毕竟是他的祖国，如果赵盾不计前嫌，那他又何尝想客死他乡呢？

士会与魏寿余二人心照不宣。

过了一段时间，秦康公准备前去接收魏地。魏地在黄河东岸，秦康公等人抵达黄河西岸，魏寿余对秦康公说："请先派个人跟我渡河过去，最好是对河东情况熟悉的人，能够与当地官员打交道。"魏寿余把条件限定得这么窄，很显然，只有士会一人是合适的人选。

秦康公对魏寿余的话没有怀疑，他回头对士会说："有劳先生去一趟。"

士会故意推辞说："那不行。晋国人如虎狼一般，没有信誉可言，只怕我过去了，就会被他们杀死。到时说不定您一怒之下，也会杀了我的妻子呢。我不干！"士会这么一说，秦康公更放心了，安慰说："你放心，如果晋国人背信弃义，不以魏地降秦，到时寡人肯定送还卿家的妻子，你不必有任何疑虑，寡人愿对着滔滔黄河水发誓。"

不知不觉中，秦康公钻进了士会设下的陷阱。

并不是所有的秦国人都糊里糊涂的，正当士会要渡河时，秦国大夫绕朝偷偷在他耳边说："你不要以为秦国没有人才，只是我不能说服国君罢了。"

士会渡过黄河后，黄河东岸的魏地人齐声喝彩，热烈欢迎他的归来。这时对岸的秦康公方才如梦初醒，他意识到中计了，可是能怪谁呢？士会早就明言，他可能一过河就回不来了。得了，怪来怪去，还得怪自己的聪明才智不如士会。与晋国人相比，秦国人在守信用方面是有目共睹的，无论是以前的秦穆公还是现在的秦康公，都没有轻易违背自己的诺言，哪怕是上了别人的当。秦康公将士会的妻子送过河，让他们得以重聚。

士会回国，是一件大事，日后他成为晋军一名重要的将领。

之后几年，晋、秦没有发生战争，但两国的敌对状态并没有改变。

晋国政府希望与秦国和解，否则后方始终不安全，这将影响到其在中原与楚国的争霸。秦国并不愿意与晋国和解，原因是晋国人确实比较阴险狡诈，忘恩负义。

赵穿急于立功，他对族兄赵盾说："要与秦国和解，必须对其施加压力，不如我们先攻打秦的小喽啰崇国，到时秦国一定会援助崇国，我们就可以乘机提出和解的要求。"赵盾觉得这个方法行得通，批准赵穿的行动。公元前608年冬季，赵穿带着军队，杀向崇国，秦国果然派出军队援助。这时赵穿提出和解的请求，但是他没有想到，秦国人拒绝妥协。

秦康公不仅不买赵穿的账，还在第二年发动报复之战，出兵包围晋国的焦邑，赵盾亲自率军解焦邑之围。

晋、秦两国都意识到像这样你打我一下，我报复一下，并不能实现真正压倒性的优势，既劳民伤财，又收效甚微。出于固执，秦康公不愿意与晋国和解，但战争基本上停止了，这种冷战中的和平，对双方都有好处。

晋国虽然在西面受到秦的牵制，却仍然维系着中原霸主的地位。在晋文公、晋襄公两代雄主去世之后，继任的晋灵公只是昏庸之辈，晋国仍然强大，不得不说是赵盾的功绩。

四、纵横中原

晋国政府并没有因为晋灵公年幼放弃中原盟主的头衔。

灵公元年（公元前620年），晋国又一次召开"国际大会"。

这次大会有些特别，以往国际大会召集人都是大国君主。可是晋灵公只是一个小孩子，还不懂事，不能作为召集人和主持人，怎么办呢？召集与主持大会的重任，就交给当时的执政大臣赵盾。赵盾的身份是"大夫"，是高级官员，以大夫的身份主持"国际会议"，这是第一次，其他诸侯国来参加会议的可都是君主哦！

这说明什么呢？说明晋国在晋文公、晋襄公之后，依然十分强大，各国君主不得不憋着闷气，忍受赵盾这个在身份上与他们不匹配的人指手画脚。这些国君们处于很矛盾的心理状态，一方面对晋国有一种莫名的畏惧，特别是对这位"夏日之日"的赵盾；另一方面，又把晋国看作救命的稻草，没有晋国，楚国很快就会像癌细胞一样扩散到中原。

楚国人不是在城濮之战中被晋国打败了吗？

楚国是吃了败战，但是并未受到致命打击。晋灵公年幼登位，楚国又萌发了北进中原的梦想。

楚国想打仗，郑国就倒霉了。

郑国紧挨着楚国，是楚国北进中原的一块跳板。公元前 618 年，楚国大举北进，进攻郑国。刚一开战，郑军就被楚军打得大败，三位指挥官被俘。

根据诸侯会议的协定，郑国遭到楚国打击时，晋国有义务出兵救援。但是晋国方面的动作过于迟缓，这是有原因的，这一年晋国中军副司令先克遇刺，赵盾大做文章，对晋军高层进行清洗。此详情后文再说。晋国军界高层的内部斗争，给了楚国北进中原的机会。晋国救兵迟迟不至，郑国等不及了，跟楚国签下城下之盟，投降了。

当赵盾率晋、鲁、宋、卫、许五国联军赶赴战场时，发现郑国已经向楚国投降，援郑一事便不了了之。

紧接着，楚国又发动进攻陈国、宋国的战争，这两个诸侯国又很快投降了。楚国的北进计划进展顺利，几个月的时间，晋国的盟友宋国、郑国、陈国纷纷加入楚国阵营中。

不过楚国的好景不长，北进计划由于楚穆王的突然去世而停滞。接替楚穆王的，是后来著名的春秋霸主楚庄王。此时楚庄王还没有体现出雄心壮志，在他上台后几年，几乎无所作为，这使得楚穆王的事业很快就灰飞烟灭了。

楚穆王一死，楚国北进战略中止了。

敏感的郑穆公马上来了一百八十度的转弯，又归顺晋国。同时，另外两个与楚国签订城下之盟的陈国和宋国也叛楚归晋。

你瞧，这些中原诸侯就是这般善于见风使舵。

晋国又耀武扬威地在中原举行一次“国际会议”。这次“国际会议”，有两个重要国家没有参加，一个是齐国，因为齐昭公刚刚去世；另一个就是长期以来甘愿作为楚国铁杆追随者的蔡国。

蔡国如此不识时务，晋国很生气，后果很严重。

赵盾命令郤缺征讨蔡国。上军司令郤缺率领晋国的上军、下军，对蔡国进行穷攻猛打，小小的蔡国哪里吃得消，眼巴巴地盼着楚国来救援。没想到此时的楚国出现内乱，自顾不暇，哪有空理会蔡国呢？蔡国吃不消了，赶忙投降。

此时在中原的势力，楚消晋长。一时间晋国呼风唤雨，煞是威风。

然而晋国却做出几件不太厚道的事情，使得霸国的声威和形象受到极大的影响。

这几件事情都跟晋国接受诸侯国的贿赂有关。

齐昭公去世后，齐国政坛出现短暂的动荡，最后齐懿公上台。齐懿公有意重树地区霸权，跟邻国鲁国过不去，发兵攻打鲁国。

鲁国没有办法，只好向诸侯之长——晋国请求援助。

晋国听说齐国居然敢攻打鲁国，很是生气，便召集中原八个国家开会，准备组织一支联合军队，讨伐齐国。

齐国虽然也是一个大国，只是今不如昔了。齐懿公想了想，觉得不可得罪晋国，就派人前往晋国，狠狠地贿赂晋国政要。结果呢，刚刚信誓旦旦要主持正义的晋国，来了一百八十度的大转弯，对齐国攻打鲁国的军事行动采取默认的态度，联合讨伐齐国之事，就不了了之。

掏了腰包后的齐国有恃无恐，继续进攻鲁国。

鲁国政府原本指望晋国出来主持正义，却听说晋国受贿之后不管事了，一咬牙根一跺脚，只好也派人向齐懿公行贿，争取到与齐国暂时性停火。齐国将贿赂晋国成本转嫁到鲁国身上，鲁国最亏，但晋国声威受损，实在是得不偿失。

齐、鲁两国停火之后，宋国发生一起严重的弑君事件。

宋国的这起弑君案颇为离奇。

这件事先从宋襄公夫人说起。宋襄公夫人是周襄王的妹妹，这时襄公夫人已守寡二十六年，虽然我们不知她具体的年龄，至少也是徐娘半老了。女人的心不会老，她还春心萌动，爱上不该爱的人。

她爱的人是公子鲍，从辈分上说，她是祖母辈，公子鲍是孙辈，虽然不是亲孙子，可是这种爱情仍有乱伦的嫌疑。根据《左传》所记载，公子鲍一表人才，是个帅哥。襄公夫人爱到什么程度呢？《左传》的记载是：“襄夫人欲通之。”想跟公子鲍私通。

春秋时期乱伦可谓无奇不有，这则是最离奇的。祖母处心积虑地想跟孙辈私通，但没有成功。襄公夫人并不因此放弃，反而处心积虑地想把所有好处都给公子鲍，甚至包括国君宝座。

为了讨好公子鲍，襄公夫人找了机会，派人刺杀宋昭公，把君位交给公子鲍，后来史称宋文公。

这是一起非常严重的事件，作为诸侯盟主的晋国不能置之不理。自齐桓公始，诸侯会盟有一件很重要的任务，就是预防各国出现恶性的弑君事件。宋国是会盟国之一，现在宋昭公被杀，晋国有义务对宋国新政府问责。

晋国执政兼元帅赵盾派荀林父率领军队，伙同郑国、卫国、陈国军队，讨伐宋国。

宋国也跟齐国一样，使出贿赂招数。这招屡试屡灵，晋国在得到宋国贿赂后，讨伐无疾而终，还承认宋文公的政权。

晋国两次收受贿赂，造成恶劣的影响。

这两次受贿事件，晋灵公应承担主要责任，但是赵盾恐怕也要承担一部分的责任。晋国在中原的霸业受到极大的影响，齐国想建立地区霸权，不参加晋国主持的国际会议，鲁国受晋国愚弄，干脆与齐国修好。最严重的是，郑国最终选择脱晋入楚，使楚国又有机会借郑国为跳板与晋国争夺中原霸权。

收受贿赂事件曝光后，郑国深感晋国是一个靠不住的国家，想要依靠霸主主持公道，这是妄想！

还有一件事，令郑国人耿耿于怀。

公元前 610 年，晋国在扈地举行“国际大会”，召集诸侯会盟。在这次大会上，前来参加会议的郑穆公却被拒之门外，理由是郑国勾结楚国，这种羞辱绝非一位君主所能忍受的。

因为这件事，郑国执政大臣子家给赵盾写了一封信，为曾经被迫屈服于楚国的事实进行申辩。在信的最后，子家写道：“居大国之间而从于强令，岂其罪也？大国若弗图，无所逃命。”意思是说：郑国夹于晋国和楚国两个强国之间，在危急时刻，不得不屈服大国的命令，这并非心甘情愿，倘若晋国不从这方面考虑，等待郑国的只能是悲惨的命运。

这封信委婉地批评晋国没有为区域安全做出保证与承诺，却一味地批评郑国首鼠两端，这是有偏见的。

面对郑国的辩解，晋国知道自己有理亏的一面，稍稍改善与郑国的关系，然而两国终究貌合神离。两年后，郑国宣布脱离晋国联盟，转投向楚国联盟，按郑穆公的说法："晋不足与也。"就是说，晋国是靠不住的。郑国背晋附楚，让楚庄王感到欣喜若狂，一度停滞的北进政策又一次提上议事日程。

郑国的归附，令楚国政府很快制订出新的北进战略计划：以郑国为桥头堡，发动对陈国、宋国的军事打击。陈国和宋国在数年前楚穆王北伐时，都曾经望风投降，随着晋国势力卷土重来，又纷纷背叛楚国。

公元前 608 年，在楚国人的进攻下，宋国和陈国紧急向晋国求援。中军总司令赵盾率军入援，楚庄王故意示弱，下令撤退。晋国人得意忘形，赵盾纠集宋、陈、卫、曹四国军队，准备教训一下反反复复的郑国。

楚国人并未走远，大将苏贾率楚军主力，在郑国北林迎战晋国为首的联军。楚国人再次体现出剽悍的战斗精神，宋、陈、卫、曹这些小国的军队象征性抵抗一下，撒腿就跑，晋军也乱了阵脚，慌忙撤退，将领解扬还被楚军俘虏了。

北林战役的失败，使晋国威风扫地。

有楚国的撑腰，郑国的腰杆挺直了。

北林会战后，郑国甘愿充当楚国的打手，大举进攻宋国。

宋国统帅华元一看这回来的不是楚国大军，而是郑国军队，稍稍安心，率军出城迎战。宋军对楚国很畏惧，却忘了自己以前也是郑国的手下败将。

双方在大棘展开大战，以宋国的惨败告终。根据《左传》的资料，宋国统帅华元被生擒、副帅乐吕被击毙，被俘虏的官兵二百五十人，伤亡人数更多，损失战车四百六十辆。

宋国的惨败，令中原盟主晋国大为震惊。

晋国原本对郑穆公的反叛就充满敌意与不满，现在郑国居然充当楚国打手，侵入宋国，无疑在挑战晋国中原霸主的权威。

晋国再度纠集宋、卫、陈三国，联合讨伐郑国。只是这次进攻纯粹是作秀似的走过场，雷声大，雨点小，当楚国援军赶赴前线时，赵盾只是象征性地炫耀军威，一箭未发就夹着尾巴撤退了。

赵盾时代的晋国，虽然仍是中原盟主，然而受受贿丑闻、郑国附楚、北林之战失败等因素影响，国力远不如晋文公、晋襄公时代。

烈日灼人的赵盾终究与晋文公、晋襄公不同，他只是一位大臣，而非君主，虽有强硬的政治手腕，却不具备无限的权力。

随着晋灵公渐渐长大，赵盾的权力不断受到削弱，君臣矛盾开始公开化、尖锐化。晋国高层的内乱，是晋国霸业由盛而衰的重要原因。

赵盾与晋灵公之间的明争暗斗，最后激化成为一场惊心动魄的宫廷血案。

五、晋灵公之死

赵盾与晋灵公之间的冲突，其祸根起于立储之争。

晋灵公本来是晋国太子，合法的君位继承人。由于晋襄公英年早逝，当时还是太子的晋灵公年纪尚小。史书上没有记载具体的年龄，从当时他母亲穆嬴还抱着他东奔西跑看，年龄应该不会超过五六岁。由于太子年幼，执政大臣赵盾想另立公子雍，只是穆嬴夫人苦苦哀求，晋灵公才勉强保住君位。这也为后来灵公与赵盾的冲突埋下祸根。

年幼的晋灵公即位第二年，就想撤掉赵盾中军总司令的职位。

这时晋灵公还是个娃娃，不可能有什么主见，这个主意很可能出自母亲穆嬴夫人。只是这个阴谋策划得实在拙劣，为了削夺赵盾的权力，晋灵公打算提拔士縠接替中军元帅，同时提拔梁益耳、箕郑父和先都三人，进入军队高层。

这个计划不仅仅是向赵盾夺权，也是对军方高层的大规模改组，涉及三军高级将领的利益。这无疑要激化军队高层的矛盾，为众卿家的博弈甚至自相残杀铺平道路，目的是削弱军队在政治中的绝对领导地位，重新夺回君主至高无上的权力。

阴谋的拙劣之处在于打击范围太广，别忘了军队仍控制在元帅赵盾与副帅先克手中。赵盾不必亲自出面，先克也要为捍卫自己的利益挺身而出。

先克很聪明，他并不直接反对晋灵公的计划，只是旁敲侧击："狐氏和赵氏两大家族对晋国有巨大的功劳，作为君主，不可以废弃他们的功劳。"这句话说得十分高明，在立储之争时，狐射姑遭到惨败，远走他乡，狐氏集团已退出晋国政治核心。先克却将狐氏、赵氏两家同时抬出来，只是表明自己是持平之论，而真正意图却只有一个，警告晋灵公：赵氏家族的功勋不可忘，赵盾之职不可撤。

先克的表态，使晋灵公及其幕后黑手穆嬴夫人知道赵盾的地位难以撼动，便不敢再提军队高层大换血的事。

但是紧接着发生一件血案：中军副司令先克被刺身亡。

以史书上的记载，先克被刺起因是这样的：他曾经霸占晋大夫蒯得的土地，蒯得一直想报仇。正好晋灵公要提拔士縠、箕郑父、先都、梁益耳四人，由于先克出面干涉，四人升迁无望，迁怒于先克，便与蒯得相勾结，策划这起暗杀事件。

历史真相是否如此？实在很难令人相信。很明显，刺杀先克对士、箕、先、梁四人并没有什么好处，顶多就是出口恶气。倘若只是一两人意气用事倒也罢了，如果四位军方将领都这样心胸狭窄、冲动行事，未免不合常理。

笔者认为历史的事实很可能是：先克之死的导火线是他与蒯得之间的土地纠纷，蒯得背后有晋灵公、穆嬴夫人势力的支持；赵盾利用先克之死，罗织罪状，强加于士縠、箕郑父、先都、梁益耳，使这四位高级将领全部遭到处决。这是对反赵集团的大清洗，同时赵盾给刚上任不久的晋灵公一个下马威，巩固自己在军队及政府中的地位。

晋灵公在君臣第一回合的较量中败下阵来。赵盾俨然成为无冕之王，以大夫身份主持诸侯会议，作为君主的晋灵公有一种被架空的失落感。

然而，晋灵公仍然拥有赵盾所没有的资本：君主的宝座。

随着晋灵公渐渐长大成人，他与赵盾的矛盾日益公开化。

养尊处优的晋灵公从小在宫廷中长大，没有经历过什么磨难，这与其父襄公、其祖文公的经历有很大不同。他不可避免沾染上多数世袭君主固有的陋习：荒淫、奢侈、残暴。还未成年的晋灵公有孩子气的一面，他喜欢在高台上用弹弓朝着台下的人群弹射，看到人们惊慌躲避的样子，他便露出不怀好意的笑声。

随着年龄增长，巨大的权力培育出心灵的恶之花，晋灵公变得喜怒无常，对手下人动辄采取严厉的惩罚手段。或许这是一种发泄方式，以缓解被赵盾压制的苦闷。有一回，一位宫廷厨师献上的熊掌没有煮熟，勃然大怒的晋灵公下令杀死这个倒霉的厨师。

这件事被冷眼旁观的赵盾利用，他充分发挥舆论的力量，很快街头巷尾议论纷纷，国人对晋灵公的荒唐残暴深感失望。

长大成人的晋灵公对赵盾的不满与日俱增，决心铲除如“夏日之日”的晋国元帅。可是谈何容易呢？赵盾把持着朝政，又是三军统帅，晋灵公既缺乏心腹之臣，又没有军队力量可以利用，怎么办呢？

他想出一个铤而走险的方法：暗杀。

公元前608年（晋灵公十三年）某日拂晓前，天空仍一片漆黑，一条人影偷偷潜入赵盾府中，藏身在一棵大树后。其他房间都熄灭灯火，唯有赵盾的房间闪动着烛光，透过窗户，可以隐约见到房内的摆设：只有简单的家具，没有奢侈华丽的摆设。朴实的案几上堆满竹简，后面一人端然正坐，身着官服，神情严肃地批阅文件。

房里的人正是中军元帅赵盾，屋外人是刺客鉏麑。

众人还在沉沉入睡，赵盾已经开始繁忙的工作。谁说杀手冷血呢？见到这一幕，鉏麑不由得感慨：“赵盾真是忠臣，即使居家也这样恭敬庄重，他是国家之福，杀不得；我受命于主上，不杀赵盾便是违背君命。杀也不是，不杀也不是，无法选择，我还是自己了断吧。”说罢一头撞到树上死了。

这则记载有一个很明显的漏洞，若真如史料所载，鉏麑自杀前说的话，早就跟他的尸骨一同进入坟墓，如何为他人所知？

这里就有两种可能性：

第一，赵盾事先得知晋灵公派刺客前来暗杀，故意敞开房门，庭院四周一定布满埋伏，鉏麑没有发现，但他临终前的自言自语，被埋伏在四周的卫兵听到，所以这些话就流传下来了。

第二种可能性是，赵盾原本并不知情，在凶手意外自杀之后，他就编了这么一个临终之言，故意向外界透露，以彰显自己的品格，同时放出对晋灵公不利的风声，为以后弑君制造舆论基础。

由于刺客鉏麑自杀身亡，赵盾抓不到晋灵公的把柄。

晋灵公却慌了。一不做，二不休，既然偷偷摸摸的暗杀不能得逞，干脆来个明目张胆的围剿。赵盾大权在握，晋灵公虽贵为君主，要调动军队扑灭赵盾，却是不可能的。一个阴险的计划出笼了，晋灵公决心利用宫廷卫队，设下鸿门宴，邀请赵盾赴宴，在宴会上下手。

经鉏麑刺杀事件之后，赵盾对晋灵公加强了防范之心，然而这一次，晋灵公几乎得手。此时的晋灵公年轻气盛，做事不免浮躁，在设下鸿门宴之前，他就应该想到，如果没有得手，他必然难以逃过赵盾的报复。

九月，秋高气爽。

在晋灵公举办的酒宴上，杀气重重。

这似乎是一次私人宴饮，赵盾只带了一名武艺高强的护卫，名叫提弥明。提弥明站在堂下，密切注视着宴会的进展，宴堂上虽然觥筹交错，但是掠过一阵阵杀气。作为习武之人，有一种天然的直觉，提弥明预感到将会出现刀光血影，他毫不犹豫地大踏步走上宴堂，对赵盾说："臣子陪国君饮酒，如果超过三杯，就不合礼节了。"暗示赵盾向晋灵公告退。

晋灵公见赵盾要走，一下狠心，放出暗号。突然有只猛犬不知从哪跑出来，直扑赵盾。很明显，这是一只受过专门训练的杀人犬，迅疾如闪电，张牙舞爪，提弥明挡在赵盾身前，一边与恶犬搏斗，一边保护赵盾撤到堂下。面对恶犬，提弥明全无惧色，拔出短刀，直插入恶犬的咽喉，恶犬顿时毙命。

晋灵公见恶犬失手，大呼道："把赵盾拿下。"埋伏在厅堂两侧的武士一齐杀出。

赵盾与提弥明一边拔剑战斗，一边后撤。面对数十倍于己的敌人，提弥明拼命抵挡，格杀多名武士，但是双拳难敌数十只手，最终在格斗中被杀死。

提弥明死后，赵盾身陷险境。晋灵公豢养的死士如潮水般涌来，围住赵盾。赵盾左格右挡，眼看就要抵挡不住的时候，只见对方阵营中，有一名武士突然倒戈，晋灵公的卫队们全力围攻赵盾，哪里想到背后居然有人猛插一刀。说时迟，那时快，那位倒戈的武士从背后下手，一转眼工夫，将围攻赵盾的武士全部斩杀，并大喊道："元帅请跟我走。"赵盾一时也搞不清是怎么回事，还是逃命要紧，便追随那位武士迅速逃出宫殿，摆脱追兵后，逃到一个安全的地方。

这时赵盾才缓过劲来，刚要向救命恩人道谢时，那武士却"扑通"跪在赵盾面前道："恩公可还记得我？"赵盾定睛一看，觉得此人有几分面熟，一时也想不起在哪见过。那位武士道："恩公可记得曾在首山脚下救过一个差点饿死之人？"

赵盾一听，猛地想起来了："果真是你？"原来有一次赵盾到首山打猎，途中见有一人倒在树旁呻吟，便走到身边询问患了什么病。那人名叫灵辄，自称已经三天三夜没有吃东西，饿得一点力气也没有。赵盾赶忙拿了些食物给他吃，灵辄吃一半就不吃了，把剩下的那一半留下来。赵盾很奇怪，问他怎么不吃完呢？灵辄说："我出外三年了，没有母亲的消息，不知她是否还在人世，这里离我家不远，我想见到母亲总得带点东西，所以我留下一半的食物，准备带回家给母亲吃。"赵盾听了很感动，安慰他说："你尽管吃饱，我再给你准备一篮子饭和肉，让你带回家给母亲。"灵辄听后非常地感动。

就这样，赵盾无意间成为灵辄的救命恩人。

后来灵辄到宫廷里谋了个差事，当上护卫，得知他的救命恩人竟然是当朝最有权势的赵盾，本来以为没有机会报答救命之恩。晋灵公为了除掉赵盾，命令卫队在宫宴中杀死赵盾，灵辄是有情有义之人，决心要拼死救护恩人，帮助他脱险，以报答救命之恩。

赵盾听罢一阵唏嘘，当年自己不过举手之劳，无意中救了此人，今天得以脱险，全赖此人之助，真算是善有善报。他当下即询问灵辄的住处，灵辄不作回答，只说道："今日得以报恩，我心已足。"说罢扬长而去。

这次赖灵辄与提弥明的拼死保护，赵盾总算躲过一劫。

年轻气盛的晋灵公显然没有意识到鸿门宴会带来什么后果，两次谋害都未能成功，"夏日之日"赵盾绝不会再给他第三次机会。如果说第一次晋灵公派鉏麑刺杀赵盾，尚没有把柄落入他人之手，那么这次公开的谋杀，只能将自己早早地送入棺木之中。赵盾杀机顿起，晋灵公的上台是仰赖赵盾的支持，能够让一位君主上台的人，也有能力让这位君主垮台。

晋灵公在九月晚秋为赵盾摆下鸿门宴，使他生命的最后一季，注定只能是秋季。

九月二十七日，赵盾的族弟赵穿，在桃园杀死晋灵公。

在赵穿杀死晋灵公时，赵盾为了躲避弑君的恶名，假装欲逃难到他国的样子，此时正逗留在晋国边界线附近。虽然史书没有明确记载赵穿谋杀晋灵公是出于赵盾的命令，但是赵盾假装置身事外的姿态，仍然躲不过史官的笔伐，并成就了一位史官的英名，这个人就是董狐。

赵穿杀死晋灵公之后，赵盾从边境返回都城。虽然国君被弑，都城仍然显得很平静。作为中军元帅，也就是晋军总司令，军队牢牢地控制在赵盾手中，没有出现什么异动。晋灵公的荒淫是众所周知的，国人对这位恶少年君主没有多少好感。这些年晋国仍然维系着霸主的地位，在国人看来，似乎全是赵盾的功劳。即便是晋灵公的亲信，在国君被弑后，也纷纷改变立场。赵盾见一切局面皆在掌控之中，心满意足，走进太史馆。

中国从很早开始，就是一个历史观念很发达的国家。在春秋时代，各诸侯国均非常重视史实的记录，因而史官有着极为特殊的地位。史官的职责就是如实地记下重大的事件，春秋时代便有“立功、立德、立言”三不朽之说，倘若没有史官的记录，什么功啊、德呀，哪里能被后人所记得？赵盾突然想起来，后世要如何评价自己，那跟史官的记录关系很大哩，便跑到太史馆。

太史董狐把写完的竹简递给赵盾，赵盾一看，竹简上刻了五个字：“赵盾弑其君。”

赵盾心里非常不痛快，便说道：“这样记不符合事实吧，国君多次派人谋害赵某，赵某逃无所逃，只好选择避难国外，国君死时，赵某正在逃亡途中，远离都城哩。”

太史董狐刚正不阿，明知赵盾大权在握，仍然毫无畏惧，答道：“您是朝廷重臣，主政大夫，杀死君主的人是您的族弟赵穿。您返回朝廷后，对杀死君主的人不问罪，那么请问，弑君之事，如果不是您指使的，又是谁指使的？”

赵盾听了哑口无言，只好说了几句解嘲的话安慰自己：“唉，古诗里说：‘我之怀矣，自诒伊戚。’这大概就是说我吧。”这古诗什么意思呢？就是说我呀深深地怀念着祖国，却给自己带来忧伤。我是一心为国的，可是你不理解我。说罢赵盾转身离开。

赵盾没有为自己做过多的辩解，恐怕是因为董狐的记载是合乎事实的。晋灵公之死，应是出自赵盾的指使和支持，否则赵穿即便莽撞，也绝不敢这样不计后果杀死一位国君。但是赵盾还是值得称道的，即便他敢于杀死国君，也没有加害于太史董狐，这不仅成就了太史董狐的声名，也成就了赵盾的声名。后来孔老夫子称赞董狐是“古之良史”的同时，也称赞赵盾是“古之良大夫”。以孔老夫子在中国文化史上无人出其右的影响力，这个评价足以让赵盾留名千古了。

晋灵公死后，赵盾另立公子黑臀为国君，即晋成公。这个公子名叫黑臀，估计从小屁股比较黑，就起了这么个有趣的名字。解决内部问题之后，赵盾重新将重心放在中原地区，继续实施与楚国对抗的战略。北林之役战败后，晋国调整策略，并不直接与楚国交战，而是通过与楚国争夺中原诸侯国，来达到维持中原霸主的地位。

在晋国的中原战略中，最重要的一颗棋子是郑国。

郑穆公对晋国多次收受“国际贿赂”愤愤不平，毅然脱离晋联盟，加入楚联盟，并充当楚国的打手，所以晋国将郑国作为首要打击目标。郑国这个国家很有意思，是个商业比较发达的国家，在外交政策上，郑国沿用商业的思维，实行骑墙政策，在晋、楚两强之间，风吹两边倒，是典型的摇摆型国家。

郑国地处中原中心地区，乃是兵家必争之地。晋、楚两国都想控制，对于郑国的左右摇摆政策，两国也采取默认的态度，所以郑国的摇摆也成为晋楚对抗的风向标。

晋成公上台后，开始对郑国用兵，郑国象征性抵挡一阵后，就背楚附晋了。接下来四年时间，楚国四次入侵郑国。郑国吃不消，又跟楚国签订城下之盟，同时又参加晋国的“国际联盟会议”，两边都不得罪。

晋成公五年（公元前602年），赵盾去世。郤缺代替赵盾成为晋国的主政大臣兼中军元帅，赵盾时代结束。赵盾是晋国历史上重要的人物，在国君暗弱的时代，他以主政大臣的身份，雷厉风行，使得晋国继续维持霸主的地位，内政上相对稳定，为晋国的对外扩张奠定基础。

赵盾时代的晋国在与楚国的对抗中，略占下风。特别是赵盾晚年，对外霸业上无法与楚国正面争锋，齐国、鲁国等传统东方国家对霸主也不太买账，郑国及其他小国大多对晋国怀有畏惧心理，心里却不愿意服从。

晋国与楚国争锋居于下风，还有一个原因，就是楚国出现一位极为杰出的领袖，他就是位列“春秋五霸”之一的楚庄王，使得楚国国力达到前所未有的强大。

第十章　王者归来

一、弑父夺权的楚穆王

公元前632年的城濮之战，对楚国的扩张是一次巨大的打击。

淮河以北原本归附楚国的中原诸国，齐刷刷地向晋国靠拢，楚成王四十年的奋斗成果，几乎在一朝之间化为灰烬。

与如日中天的晋国继续对抗，对楚成王来说显然不是一个明智的选择。四年后，他派大夫斗章访问晋国，谋求两国和解，晋文公积极回应，派阳处父回访楚国。

就在两国准备结束敌对、实现关系正常化的关键时刻，晋文公病逝。

晋文公之死，使楚晋关系出现微妙的变化。

晋襄公一上台，便展示其中原霸主的雄心壮志，在殽山战役全歼秦军，继而又取得伐狄之战的胜利。紧接着，晋军联合陈国、郑国共同出兵，进攻仍然归顺于楚国的许国。

楚成王勃然大怒，在他看来，晋军分明是冲着楚国来的，岂可坐视不理呢？不过楚成王并没有直接救援许国，而是进攻陈国与蔡国。你攻打我的喽啰国，我也攻打你的喽啰国。晋楚两霸的争斗，与二十世纪的美苏争霸有许多相似之处，晋国没有打倒楚国，楚国也没有打倒晋国，两霸争夺的是对第三国的控制权。

楚国令尹鬬勃被任命为楚军总司令，率军进攻陈国与蔡国。

陈、蔡两国原本都是楚国的喽啰国，在城濮之战后，投靠到晋国一方，这两个小国对楚国的实力再清楚不过了，鬬勃的大军兵临城下，两个国家就缴械投降了。

陈、蔡两国一投降，晋国又不高兴了，阳处父带着军队，杀向蔡国。

楚国令尹鬬勃立即率军驰援蔡国，与晋军隔江相对。双方都知道对方实力很强大，谁也不想率先渡河，两支军队就在河的两岸遥遥相望，形成僵持的局面。

晋军指挥官阳处父派人给鬬勃下战书，说道："如果你们想决一死战，我就撤退三十里，你渡河过来摆好阵势。不然的话，你们撤后三十里，让我们渡河来作战。否则你我就这么僵持着，劳民伤财，对双方都没有好处。"

鬬勃一听，行，那你们后撤三十里吧，我就渡河作战。

鬬勃刚准备渡河，楚军将领成大心劝阻说："不可轻举妄动！晋国人向来不讲信用，假如我们渡到一半时，晋军乘机发动进攻，那时打败仗就后悔莫及了。"

看来晋国人不讲信用的传统是路人皆知的。鬬勃听完后点点头，干脆咱们后撤三十里，让晋军渡河过来决战吧。他派人向晋军指挥官阳处父回复，楚军后撤三十里，等候晋军来战。

阳处父对战胜楚军根本没有把握，河对岸的楚军一后撤，阳处父立即向全军宣布："楚国军队已经望风而逃了。"他找了一个下台阶的理由，便匆匆忙忙撤军了，回国后当然免不了吹嘘一番打败楚军的光辉业绩。

看来成大心没有说错，晋国人确实不够意思，没有信用。

晋军撤走后，许国的形势转危为安，楚军也撤回国内。鬬勃完成解救许国的任务，不料一场灾祸从天而降。

楚国太子商臣在楚成王面前告鬬勃一状："鬬勃是私下接受晋国的贿赂才退兵的，这是我国一大耻辱，实在罪不可赦。"

楚成王已经在位四十五年，在城濮之战中子玉违抗命令遭到惨败后，他对臣下的忠诚总是疑神疑鬼。当他听说楚国令尹居然接受晋国人的贿赂，一怒之下，将鬬勃逮捕并处死。

鬬勃之死，完全是太子商臣策划的阴谋。

为什么商臣要置鬬勃于死地呢？

这事要从几年前立太子的风波说起。

城濮之战后，楚成王打算册立商臣为太子，就询问令尹鬬勃的意见。鬬勃有责任心，他反对说："大王的年纪还不大（楚成王此时约五十岁），内宠也多，现在就草率地册立太子，一旦以后事情有变，必定会引起国家动荡。楚国的传统与中原不同，国家的接班人一般都是选择年轻英武的王子，商臣两眼突出，说话声音像豺狼一般，是个残忍的人，不可立为太子。"

楚成王没有理会鬬勃的意见，仍然立商臣为太子。

鬬勃极力贬低商臣，令商臣大为愤怒，立为太子后，他便不遗余力要置鬬勃于死地。

事实证明鬬勃是有远见的。

鬬勃冤死后的第二年（公元前 626 年），楚成王又想立王子职为太子。

商臣听到这个传闻，不能判断真假，便跑去找老师潘崇，问道："怎么验证这件事的真伪呢？"

潘崇想了想，对商臣说："这样吧，你开个宴会，宴请姑妈江芈，她应该知道些内幕。你在宴会上故意做出不恭敬的举止，她生气了说不定会泄露一些内情。"

商臣依计而行，故意说些对姑妈不敬的话，姑妈江芈果然很气愤地说："你这个奴才，难怪你父王要废你而立王子职，看来是有道理的。"

商臣从姑妈那里套得内情，神色沮丧地对老师潘崇说："事情果真像传言说的那样。"

潘崇问道："你能臣事于王子职吗？"

商臣不高兴地说："不能！"

潘崇又问道："那你能逃亡到国外吗？"

商臣回答说："我才不愿意呢。"

潘崇对太子的个性太了解了，他直截了当地问道："你敢发动政变吗？"

商臣双眼暴突，以豺狼般的声音吼道："我敢！"

一场政变紧锣密鼓地筹备着。

这一年十月，农历已经是冬季，一片肃杀之气。

商臣与潘崇导演的政变开始了，太子宫的禁卫军包围王宫。没有丝毫戒备的楚成王很快成为叛军的俘虏，他做梦也没有想到自己的儿子居然上演逼宫的一幕，惊愕得说不出话。

政治斗争中，没有父子之情，这种骨肉相残的悲剧，在几千年的中国大地上反复上演。

商臣铁了心，既然发动政变，不是你死就是我亡。他逼迫父亲楚成王自杀，这时楚成王可能想起了鬬勃的逆耳忠言，可是有用吗？追悔也是枉然。他向儿子提出最后的请求，要吃一顿最后的晚餐，上一道他最喜欢的美味：熊掌。

商臣迟疑了。潘崇告诫他，楚王只要还活着，政变就没有成功。商臣一横心，拒绝父亲最后晚餐的要求。楚成王在儿子的逼迫下，悬梁自尽，带着深深的遗憾，结束了颇值得回味的一生。

楚成王是楚国历史上最杰出的君王之一，他继承楚武王、楚文王的事业，将楚国的国力推向鼎盛。即便以齐桓公之强，也不敢贸然与楚国开战，如果说齐国是中原的霸主，那么楚国绝对是南方的主宰。在齐桓公去世、齐国霸业衰微之际，楚国更是频频北进，除了齐国等少数诸侯国之外，中原国家几乎都臣服于楚。楚国自立国以来，势力达到巅峰。在楚成王后期，城濮之战的失败，致使晋国雄霸中原，但是楚国的军事力量并未受到重创，仍然是令诸侯国畏惧的超级强国。

楚成王死后，靠政变上台的商臣夺取大权，登上国君宝座，史称楚穆王。

楚穆王虽是个阴险狠毒的角色，但颇有才能，他仍然延续楚国一直以来的扩张政策。他即位后的第二年（公元前 624 年），便发动对江国的进攻。江国曾经归附楚国，在齐桓公时代投靠齐国，城濮之战后，又投靠晋国。

晋襄公派阳处父率军会同周天子的部队，共同讨伐楚国。阳处父似乎并不是一位称职的将领，以前与鬬勃对阵，鬬勃退兵三十里，让晋军渡河过来交战，阳处父却趁机溜走了。这次讨伐楚国之役，更是雷声大，雨点小。当楚军回师迎战晋军时，阳处父又一次溜走了。

没有晋国人的援助，江国孤掌难敌。楚穆王三年（公元前 623 年），楚军攻克江国，将其从春秋地图上抹去。

楚穆王的雄心是难以阻挡的。灭掉江国后的第二年，他越发野心勃勃，先后灭掉六国（六国者，国名也）与蓼国，开疆拓土，不可一世。

由于晋国实力强大，楚穆王还不敢贸然挺进中原。晋襄公去世后，晋国元帅赵盾立年幼的晋灵公为君，楚国大夫范山乘机进言："晋国国君年龄尚幼，不适合担任中原霸主，我们应该积极向北发展。"那个时代的激情，就是扩张、扩张再扩张。新兴的楚王国有这个激情，楚穆王心动了。

楚穆王八年（公元前 618 年），楚穆王听从范山的建议，开始谋求中原霸业。首当其冲的便是郑国，郑国的位置，像夹心肉馅一样，南有楚国，东有齐国，北有晋国，西有秦国，每当这些大国在中原有所动作时，郑国经常要遭殃。

楚军从狼渊出发，挺进郑国境内，郑军匆促迎战，吃了个大败仗，三名将领被楚军俘虏。郑国人寄希望于晋国的援助，但望穿秋水，晋军却迟迟不来，无奈之下，郑国政府只能向楚军投降。

楚国北进中原的第一战旗开得胜，更激发楚穆王继续深入中原的雄心。

降服郑国之后，楚军于同年夏季入侵陈国，攻占壶丘。经过短暂休整，到了秋季，楚国第二次发动对陈国的战争。

陈国军队焉是楚军的对手，在战斗中，陈国的公子茷被楚军所俘虏，陈国政府见大势已去，也步郑国后尘，向楚国投降。

郑国与陈国沦为楚国的喽啰国，归附楚国的中原诸侯还包括蔡国。

楚穆王将下一个征服的目标选定为宋国。

楚穆王九年（公元前 617 年），楚、郑、陈、蔡四国军队，联合发动伐宋之战。宋国人倒很知趣，大夫华御事鼓吹投降主义，他说："楚国人不就是想要使我们屈服吗？我们不如主动表示顺服，何必让楚国人引诱我们开战呢？我们确实没有实力，但是民众是无罪的。"

宋国在经历一系列的败仗后，包括与郑庄公的中原大战，包括宋襄公自不量力的所谓"霸业"，国内开始盛行一股"和平主义"的政治思潮。这股思潮对后世产生很大的影响，尤其是春秋中后期实现诸侯停战和平的"弭兵之议"。可以说，宋国曾经是一个区域大国，但在军事上几乎就没有辉煌的历史，宋国人对频年战争深感厌恶，这也是和平主义思潮兴起的根源。

华御事的理论颇有市场，宋昭公听从他的主张，没动一刀一枪，迫不及待地跑去向楚穆王投降。

不过宋昭公很快就会明白，一个投降者是要付出代价的。

心高气傲的楚穆王为了庆祝北进所取得的重大胜利，在厥貉举行诸侯会议。与会的国家除了楚国外，还包括郑国、宋国、陈国、蔡国、麇国。在会议期间，各国国君一起围猎取乐，虽说有游戏的性质，但楚穆王却搞得像一次军事演习，还设立军法官。掉以轻心的宋昭公在游戏中犯规，被楚国的军法官文之无畏逮个正着。

文之无畏在大庭广众之下，鞭打宋昭公的马车侍卫，但是每一鞭却打在宋昭公的心里。有人对文之无畏说："国君不可以轻辱。"文之无畏根本不当一回事。

宋昭公被辱事件激怒了一位旁观者。

此人是正在参加会议的麇国国君。

一位楚国官员可以侮辱一个国君，是可忍，孰不可忍！麇国国君一怒之下，会也不开了，逃跑回国。

麇国国君前脚刚跑，楚国军队后脚便至。首先是楚国令尹成大心在防渚战役中重创麇军，紧接着，楚国太师潘崇深入麇国，直抵麇国都城之下。

背叛楚国的不只是麇国，在楚国控制区，一系列小诸侯国闻风而动，包括舒、宗、巢等诸侯国。这些小国家不是强大楚国的对手，在新令尹子孔的打击下，舒、宗两国的国君均被俘虏。

尽管遭到一系列的抵抗，楚国作为南方霸主的地位仍然不可动摇。

公元前 613 年，楚穆王去世，在位十二年。楚穆王是楚国霸业的过渡人物，在他任期内，趁主要竞争对手晋国新君年幼之际，频频向北用兵，迫使郑、陈、宋等中原诸侯纷纷投降，成为楚国的喽啰国。楚国奉行积极的北进政策，与晋国形成南北对峙局面，并且稍占上风。正当楚穆王雄心勃勃之时，天不假其年，在事业即将进入巅峰时突然病逝。

楚穆王死后，其子熊侣继承王位，他就是春秋时代最杰出的霸主楚庄王，楚国由是进入最伟大的时代。

二、不鸣则已，一鸣惊人

楚庄王刚刚上台，楚国就发生一起政变，使这位年轻的君主差点丢了性命。

君位交接之际，总是多事之秋，政局十分微妙，多方势力为权力而博弈。就在此时，舒国（现在安徽舒城县一带）出现叛乱，楚国令尹子孔、太师潘崇统兵征伐舒国，把内政权力交给公子燮和鬭克。

一场政治危机就此爆发。

楚庄王上台后，以公子燮为傅，鬭克（又称子仪）为师，这两个家伙都有政治野心。

早在楚穆王时，公子燮曾多次要求担任令尹，楚穆王没有同意，他对此耿耿于怀。现在子孔、潘崇都领兵外出打仗，楚庄王又刚刚上台，对公子燮来说，是取代子孔的绝佳机会。

鬭克早年在援鄀之战中被秦军俘虏。后来秦国在殽山之战惨败，转而联合楚国共同对抗晋国，鬭克被释放回国，作为中间人撮合秦、楚两国政府签订同盟条约。他自认为立了大功，理应得到奖赏，但楚穆王认为他战败被俘，没有追究责任已是宽大，还谈什么奖赏呢？故而鬭克颇有怨言，怀恨在心。

公子燮与鬭克两人一拍即合，共同策划叛乱，把楚庄王抓起来，在郢都城内筑墙屯粮，准备挟君王以威胁统兵在外的令尹子孔与太师潘崇。

楚庄王莫名其妙地从君王沦为人质，被看押起来。

公子燮派出杀手，前往舒国前线，打算刺杀令尹子孔。但是楚军兵营防备森严，杀手找不到机会下手，只得返回郢都。

子孔和潘崇得知爆发政变，大惊失色，慌忙从前线回军，直奔郢都。公子燮虽在郢都做好了防御的准备，但是挟持君王之后，军民都不听命于他。他前思后想，觉得郢都是待不下去了，不如挟持楚庄王离开首都前往商密。

楚庄王被武力挟持离开郢都，在前往商密的途中，路经庐邑。

庐邑官员戢梨和叔麇已经接到令尹子孔的密报，两人假装盛情欢迎公子燮，为他举行盛宴。公子燮不知是计，宴饮过半，埋伏在两边的甲士突然杀出，一阵乱刀乱枪，就把叛乱分子一网打尽，公子燮被剁成肉泥。楚庄王恢复人身自由，在戢梨和叔麇的护送下，又回到郢都。

这次政变对楚庄王影响很大，接下来几年时间，他不理朝政，一味花天酒地。这段时间楚国内忧外患，几乎到了不可收拾的地步。

首先是北进的成果毁于一旦。楚穆王曾将势力扩张到郑国、宋国、陈国等中原国家，他死后一两年之内，这些国家全部都背楚附晋。楚国的努力灰飞烟灭，好不容易到手的肥肉，又吐了出来。

楚庄王三年（公元前611年），楚国出现非常严重的危机。

由于长期以来奉行武力侵伐的方针，楚国土地急剧扩张，吞并的国家达数十个之多，又征服许多周边少数民族。这些被楚国吞并地区的居民一直密谋叛乱。这一年，楚国出现前所未有的大饥荒，被征服区的叛乱如野火燎原般席卷南方，声势浩大。

首先发难的是南方丘陵地区的戎人，出兵侵入楚国西南部和东南部。继而造反的是庸国，加入叛乱的还有附近的“群蛮”；紧接着是麇国，伙同麇国叛乱的还有百濮部落。一时间楚国形势极为严峻，是楚武王立国以来未曾有过的危险局面。

这次危机严重到什么地步，可以举两个事件来说明。

第一个事件，楚国北部申、息两个军事重镇，北城门不敢打开。

申、息两地是进出中原的通道，楚国四面叛乱，军队疲于奔命，这两个军事重镇，肩负着防御中原诸侯南侵的重任，此时进入一级战备，不许任何人出入，封闭北往中原的通道。可惜中原诸侯包括晋国无甚雄君出世，否则乘机南下攻楚，楚国能否顶得住，真是大大的疑问。

第二个事件，楚国政府已经打算把首都从郢都迁往阪高。

阪高位于现在湖北当阳东北部，是一处险要的高地，看来楚庄王已做好逃跑的准备。迁都的计划遭到𫇭贾的激烈反对，他力排众议说：“迁都阪高没什么益处，我们能去的地方，敌人也可以去，它本来就善于山地作战，对我军没有什么好处。”

𫇭贾提出极为有见地的战略主张：其一，戎人只是在东南部和西南部作些骚扰而已，没有大规模入侵的实力，不足为道。其二，麇国曾经在五年前的防渚之战中惨败给楚国，这次纠集百濮叛乱，无非是看到楚国大饥荒，无力分兵，只要动用部分兵力，虚张声势，就可以让麇国和百濮知难而退。其三，楚国的进攻重点应该对付人多势众的庸国，只要击败庸国，就可以解决叛乱。

楚庄王采纳芳贾的主张，将主力调往楚庸边境，而在麇国方向，只出动少量部队进行虚张声势的军事行动。果然麇国军队有畏楚心理，十五天后，麇军以及百濮均撤出楚国境内。

对楚军来说，由于大饥荒，粮食供给是军事行动中最重要的问题。楚庄王下令，各地粮仓的余粮，率先提供给军队使用。军队中军官与士兵同甘共苦，吃同样的食物，士兵挨饿时，军官也一样挨饿，这反倒激发起楚国将士的士气。楚军的兵锋直抵楚庸边界，初战出师不利，吃了个小败仗，有些士兵还被庸国人俘虏。

时常受欺负的庸国发现自己竟然打败了强大的对手，全军上下洋溢着一片喜悦。然而危险却一步步地逼近，为了达到欺骗目的，楚国人索性屡战屡败，一口气输掉七场战斗。这样的结局无疑让对方产生致命的误判：经过严重内忧外患后的楚国兵团已经不堪一击了。人有时很容易被外在的现象所迷惑，人性的弱点终将导致毁灭性的后果。

过分乐观的情绪在庸国军队中蔓延，几乎在一夜之间，他们对楚国人的害怕心理消失得无影无踪，这时候人往往会用一种新的眼光来解释：楚国人并没有三头六臂，同样是两只胳膊两只脚，加上一个脑袋，凭什么要害怕他们呢？

自信并非失败的根源，自信得忘乎所以才是最危险的杀手。就在庸国士兵出现怠懈甚至傲慢时，楚国人找来两支生力军助阵：秦国兵团与巴国兵团。

楚国人的目标绝不仅仅是打败叛乱者，楚庄王要把庸国从地图上抹去。正当庸国人自以为高枕无忧时，灾难降临了。兵分两路的楚国兵团，在子越与子贝的率领下，从两个方向分进合击，对庸国首都发动钳形攻势，参战的还有以强悍著称的秦国人与巴国人。

为了取得彻底的胜利，楚庄王同时对庸国的盟友百蛮发动进攻。百蛮军队哪里抵挡得住，很快放下武器投降，庸国陷入孤军作战。在楚、秦、巴三国联军的猛攻下，原本就实力不济却又疏于防备的庸国很快陷入万劫不复之中，首都被攻破，国家灭亡。

这是关键的一役，楚国转危为安！庸国被击破后，其余叛乱势力一哄而散，陆续又归附楚国，大危机终于没有酿成致命的结局。

细究这次规模空前的叛乱，楚庄王负有很大责任。

上台三年来，无论是内政还是外交，楚庄王的表现都是一塌糊涂。中原之地，得而复失，这是其一；国内出现大饥荒，恐怕也是人祸多于天灾，这是其二；附庸国纷纷叛乱，一度形势严峻，这是其三。

楚国人也很担忧，楚庄王上台不过三年，就折腾到这种地步，楚国的未来命运如何呢？

楚庄王不闻政事，手下一帮大臣急得像热锅上的蚂蚁。有两位忠臣咨嗟不已，一个叫伍举，一个叫苏从，两人向楚庄王进谏多次，没有效果。楚庄王听烦了，就下令说："胆敢进谏的，杀无赦，绝不宽恕。"

伍举想到一个聪明的点子。有一天他去见楚庄王，只见这位昏君左手揽着郑姬，右手抱着越女，饮酒作乐，不理朝政，他不动声色地说："大王，臣有一个谜语，始终猜不透谜底，敢向大王请教：有一只鸟，待在高高的山上，三年的时间，从来不飞，也不鸣叫，请问大王，这是什么鸟？"

楚庄王是昏庸，却也聪明绝顶，他一听心里明白了，这是在嘲讽自己。

令人奇怪的是，楚庄王并没有怪罪。可能经此一难后，楚庄王终于琢磨了点什么东西出来，或者是从祖先那儿继承下来的英雄主义热血开始沸腾了吧，或者像后世禅宗所说的"顿悟"，不管什么原因，他听出伍举拐弯抹角的进谏后，并没有生气，反倒故作豪言状回答道："这可不是普通的鸟，三年不动，是为了坚定自己的意志；三年不飞不鸣，是为了丰满自己的羽翼。你听我说，此鸟三年不飞，一飞冲天；三年不鸣，一鸣惊人。"

这算是中国历史中最有名的豪言壮语。豪迈固是豪迈，估计不仅是伍举，连楚庄王也被自己的话感动了。然而心灵可以顿悟，倘若要落到实际行动，还是有一定距离。吹完牛后的楚庄王，在勤政数天之后，又思念起美酒和美人，几个月后，又回到天天荒淫享受的老路上去了。

苏从看不下去，有话憋着不说难受，为了国家，他豁出去了，抱着必死之心向楚庄王直谏。

这天，楚庄王又左搂右抱美人们在喝酒，苏从入见，开门见山便进谏。

楚庄王厉声喝道："你难道不晓得本王的命令吗？进谏者死。"

苏从把心一横，不要命了："倘若微臣能牺牲性命，换得大王的勤政廉明，也死有所值了。"

楚庄王沉吟片刻，目视左右道："来人，将酒席撤下。"又吩咐伺候在旁的美人们退下，让宫廷乐队离场。抱着必死决心的苏从，惊讶地发现楚庄王并没有降罪，他的进谏竟然奇迹般的产生作用了。

这是历史上非常令人吃惊的一幕，楚庄王经当头棒喝，居然有了神奇的转变，从一个荒淫君主，走上乱世霸主之路。可见一个人，其行为转变前，必先有观念的转变。贪于淫乐，是人之常情，然而楚庄王能说出"三年不飞，一飞冲天；三年不鸣，一鸣惊人"的大话，说明内心深处仍然有霸者的雄心。雄心有时也抵挡不住美人美酒美乐的诱惑，苏从的当头棒喝，在关键点上，打开了楚庄王的雄心壮志。

从这一天开始，楚庄王真的变了，让整个国家大吃一惊，也让楚国人燃起重振辉煌的希望。

楚庄王一口气做了三件事：第一件，勤于政事，发布政令，结束三年来楚国政局秩序混乱的局面，令行禁止，雷厉风行；第二件，诛杀不合格的官吏数百人，同时根据举荐任用贤良数百人，使国家吏治大大改善；第三件，由敢于直谏的忠臣伍举、苏从负责主持内政工作。以上三件事，让楚国人感到欢欣鼓舞。

楚庄王励精图治，不到三年的时间，楚国已全然恢复往日的强盛。北进中原的战略计划又提上议事日程，楚庄王要把势力再次扩张到中原地区，与晋国争夺霸主宝座。

郑国意外来降，开启了北进的第一道门。这是在公元前 608 年，即楚庄王六年，郑国与晋国交恶，原因有两个：其一是晋国对首鼠两端的郑国怀有戒备之心，对郑穆公不太尊重。其二是晋国多次制造受贿丑闻，有损于中原霸主主持公道的形象。这两大因素最终导致郑国弃晋投楚。

郑国来降让楚庄王北进中原的欲望之火被点燃，他父亲曾把楚国的势力扩张到宋国与陈国，如今是时候了，他要继承父亲的事业，并发扬光大。雄心勃勃的楚庄王开始想象着脚踏中原大地的英姿风采，他暗下誓言：此番决计要实现中原霸业的梦想。

楚庄王能否如愿以偿呢？

三、楚庄王问鼎中原

郑国归附楚国后，楚庄王以郑国为跳板，对陈、宋两国兴师问罪。

宋、陈两国急向晋国求援。

晋国纠集宋、陈、卫、曹军队进攻郑国，在北林与楚国军队相遇。一向狂妄自大的晋军外强中干，在楚军的猛扑之下，灰溜溜地逃跑。楚庄王牛刀小试，给中原霸主一记下马威，这一战的胜利，虽然没像城濮之战有决定性的影响，但对提振士气与恢复信心，无疑有相当大的作用。

北林战役后，楚国唆使郑国进攻宋国。

两个沦为二流的国家兵戎相见，谁都想打赢这场仗，以确立谁是二流国家中的强者。宋国宰相华元亲自出马，足见对这场战争的重视程度。

大会战之前，为了鼓舞士兵的斗志，华元特地宰杀几只羊，把羊肉分给士兵们品尝。俗话说“近水楼台先得月”，公务缠身的华元却漏掉身边一个人，战车御者羊斟没有分到羊肉。以今天的眼光来看，这实在算不上什么大事，几斤羊肉值多少钱呢？在羊斟看来，这不是钱的问题，是总司令华元有意怠慢自己。

华元是否有意怠慢，我们并不清楚。但自尊心遭到伤害的羊斟打算让华元见识一下，怠慢一位武士会有怎样的报应。

当华元指挥宋国战车部队与郑国兵团排开架势，准备用血腥的厮杀确定谁是胜者时，御者羊斟忽然恶狠狠地对总司令说：“前天杀羊是你做主，今天驾驶战车应该是我做主了。”说罢他把鞭子一挥，华元的马车奔出阵中，直冲向对方的营地。宋军总司令飞蛾扑火般地送上门，轻而易举就沦为郑国人的俘虏。

总司令意外被生擒，宋国士兵仍然在副司令乐吕的指挥下继续战斗。

宋国是个理想主义色彩浓厚的国家，可不乏勇敢的武士。狂狡便是一位勇士，他手舞长戟，所向无敌，一名郑国武士被逼到井边并掉了进去。狂狡颇有骑士精神，持着长戟将他从井里拉上来，不料这个敌人非但没有感激，反而乘机把狂狡撂倒生擒。

华元、狂狡都稀里糊涂地沦为俘虏，宋军士气涣散，没有斗志，最终兵败如山倒。副司令乐吕想重新整合军队，但无能为力，最终战死沙场。

此役宋国大败，损失四百六十辆战车，有二百五十人被俘，包括总司令华元。

郑国公然充当楚国的打手，这是晋国政府所不能容忍的。

赵盾纠集晋、宋、卫、陈四个国家，联合讨伐郑国。郑国的后台老板楚庄王要全力营救郑国，楚国令尹鬬椒自告奋勇，率军前往。有人跟他说："救援郑国不是件容易的事呀。"鬬椒慨然说道："想要号令诸侯，又岂可畏惧困难呢？"

此时在晋国内部，晋灵公与赵盾的矛盾已到一触即发的地步，赵盾没有与楚国开战的决心。楚国援军赶到，赵盾不敢与之正面交锋，遂引军退去。

晋楚争霸，楚国已经抢得先手。

连挫晋军后，楚国军威大振。

楚庄王八年（公元前606年），楚军大举进攻位于伊川的一支称为陆浑戎的部落。陆浑戎一路溃退，楚军一路追击，一直追到洛水河畔，已经进入周王室的领地。

醉翁之意不在酒。楚庄王打着消灭陆浑戎的旗号，实际上是进窥周王室的领地。想当年楚国不过是周王室分封的小小诸侯，如今风水轮流转，小诸侯摇身一变成为南方霸主，高高在上的周王室则跌下神坛。

楚庄王在洛水河畔举行盛大的阅兵仪式，威武雄壮的方阵有条不紊地行进，喝声震天，数百辆战车卷起滚滚风尘，把河对岸的周天子看得胆战心惊。

周定王忐忑不安，这个所谓的天下共主，实则如同一个实力平平的诸侯。楚军的耀武扬威令他坐卧不安，这只南方巨鳄会不会突然张牙舞爪地游到对岸，把孱弱的周室一口吞下呢？周定王如坐针毡，小心翼翼地派一个特使前去打探虚实。

周王室虽然衰微，仍不乏有才之人，王孙满就是王族成员中的佼佼者。二十年前，当时还未成年的他看到秦军路经周王城时无礼轻率的举动，就判断这支没有纪律约束的部队一定会吃败仗，后来秦军果真在殽山之战中全军覆没。二十年后，千里迢迢而来的楚军公然在周王领地大示兵威，王孙满要捍卫周王室的荣誉。

他携带酒肉，以犒劳慰问为由，前往求见楚庄王。

想当年，楚武王熊通因为嫌爵位太低，要求周王提高其尊号，不想遭到周王一口拒绝，一气之下，他自立为王，表明楚国的强大与独立。到楚庄王时，周室更衰微，这位一飞冲天、一鸣惊人的君主，决定给周王特使一点颜色瞧瞧。

楚庄王一见王孙满，劈头就问："周王室的传国之宝是九座铜鼎，此铜鼎据称是大禹王时所铸，九鼎象征九州。九鼎由夏而入商，由商而入周，可惜寡人一直未能亲眼见到，不知这九鼎的大小轻重如何？"

楚国人性情豪迈，说话直截了当，楚庄王问鼎之轻重，无非觉得象征天下至高无上权力的九鼎，只有放在楚国才合适，周王现在算老几，也配享有这权力至尊的九鼎吗？

楚庄王本以为可吓住王孙满，不想王孙满不动声色回答说："传国之宝，在德而不在九鼎。"

楚庄王一听很不高兴："呸！你不要恃着有九鼎，寡人且告诉你，楚国光是折断戈戟的尖端，用这些铜就足以铸九鼎了。"

为什么楚庄王会这样说呢？

自从楚武王自立为王，与周王朝分庭抗礼以来，楚国的疆域急剧扩展，足以同周王朝相抗衡，兵强马壮，实力强大。然而，楚国自封的"王"，却得不到公认。以微言大义闻名的《春秋》一书，死活把"楚王"称为"楚子"，一下子掉了好多级。王以下的爵位，有公、侯、伯、子、男几等，楚国在称王前，属于子、男这一级别，是比较低的。楚庄王认为，只有搞到九鼎，才足以证明其王位的合法性，搞不到九鼎，就自己铸。

楚庄王铸鼎之念头并非不现实，当时楚国在诸国中是产铜量最高的国家，拥有最大的铜矿产地：铜绿山，在今天湖北大冶西。楚国的军事实力强盛，其中一个原因，就是因为拥有最大规模的常规武器，所以楚庄王说只要用武器上的铜，便可以铸出九鼎。

王孙满是老练的政治家，面对楚庄王咄咄逼人的气焰，并没有乱了手脚，他不疾不徐地回答说："您的记性不好哇。在大禹王的时候，九州咸服，便从各地运来青铜铸成大铜鼎九具，鼎上刻着山川物象，象征九州。到了夏桀时，君王荒淫无度，九鼎便从夏转移到殷商，历时六百年。后来商纣无道残暴，周室革命，九鼎又从商转移到周。天子有道，鼎虽小却重；天子无道，鼎虽大却轻，因此说在德不在鼎。周室今虽衰微，然而天命未改，这九鼎的大小轻重，您还是不可问哩。”

楚庄王一听，心头一颤，周室虽弱，但内有像王孙满这样的能臣，外有晋、齐这样的大国拱卫，虽然各路诸侯心怀鬼胎，但表面上还是打出“尊王”的旗帜，看来周室的国祚尚未尽哩。于是楚庄王不再纠缠九鼎之事，下令大军开拔，从洛水河畔撤回楚国。

正当楚军在周王领地耀武扬威之时，郑国的局势却急转直下。

晋国的政坛出现剧烈的变动，赵穿刺杀晋灵公后，晋襄公的弟弟黑臀被立为国君，是为晋成公。内部矛盾终于在流血的政变中化解，这使晋国有更多的精力向中原发展。

公元前606年，即晋成公元年，这位新国君迫不及待地亲率大军攻入郑国。郑国无法抵挡，被迫签订城下之盟，又一次从楚阵营叛逃到晋阵营。

在这关键时候，楚国也像晋国一样，政坛爆发大地震。

叛乱者是楚国令尹鬬椒。

鬬氏是楚国一大望族，其先祖是楚国君主若敖，故又称若敖氏。若敖是楚武王的祖父，在位时间二十七年。楚国历史上著名人物鬬伯比是若敖的庶子，鬬伯比的长子鬬穀於菟是私生子，刚出生不久被扔到云梦泽，大难不死，被一只母老虎用虎乳喂养。鬬穀於菟名字的意思，就是老虎的乳汁喂养大的。鬬穀於菟又称为子文，是楚国著名的政治家，后来担任楚国令尹，他有个弟弟，叫子良，担任楚国司马（相当于国防部长）。

发动叛乱的鬬椒，就是子良的儿子。

鬬椒刚出生时，伯父鬬穀於菟去探望新生儿。当他见到这个婴儿时，脸色大变，对弟弟子良说：“一定要把这小孩儿弄死。他的相貌如虎豹，叫声如豺狼，俗话说：‘狼的孩子天生就有野心’，这孩子就是一条狼，怎么可以抚养？如果不及早杀了，必定给若敖族带来灭门之祸。”话是这么说，谁会相信呢？子良怎么可能因为哥哥的几句话就把亲生儿子弄死呢？

鬬椒长大后，继承父业，当上了楚国司马。楚国令尹子般是鬬穀於菟的儿子，与鬬椒是堂兄弟。鬬椒野心极大，他的地位在子般之下，便处心积虑要加害子般。

楚国另一位权臣芳贾与鬭椒串通，沆瀣一气，陷害子般，致使子般被杀。子般死后，鬭椒如愿以偿当上令尹，芳贾则当上司马。芳贾还不知足，他想取代鬭椒成为令尹，这么一来，两人反目成仇。

公元前 605 年（楚庄王九年），鬭椒鼓动若敖氏族人发动兵变，将芳贾抓起来并杀死。他担心楚庄王问罪，索性一不做二不休，兴兵作乱，扯着叛旗。

面对鬭椒的叛乱，楚庄王仍寄希望于和解，毕竟鬭氏家族（若敖族）势力庞大。他提出一个解决方案，从楚文王、楚成王、楚穆王的子孙中各挑一人，作为人质交给鬭椒，以示谈判诚意。楚庄王给鬭椒传话，只要放下武器，过去的事情不予追究。

鬭椒拒绝谈判，也许他担心这是楚庄王的圈套。如果放下武器，自己的小命就捏在别人手中，拼死一搏，或许还有生机。

既然没有回旋的余地，双方只能在战场上拼个你死我活了。

楚国的内战由是爆发。

楚庄王亲率大军，迎战鬭椒的若敖叛军，双方在皋浒展开决战。

叛军率先发起进攻。

鬭椒是一名神射手，他搭箭上弦，瞄准楚庄王“嗖”的就是一箭，这一箭从楚庄王的身旁掠过，穿过车辕与鼓架，射在战车的铜钲上。楚庄王吓出了一身冷汗，还没等他反应过来，鬭椒的第二箭又飞过来，准头稍差一点，射在战车的笠毂上，笠毂就是战车上的立木桩，用以支撑车上的伞盖。

这两箭，把车旁的士兵吓得纷纷后退。

楚庄王知道士气对军队的重要性，绝对不能让叛军在士气上压倒自己。他急中生智，张口就编了一个瞎话：“大家不要惊慌，当年文王灭息国时，曾经得到三支利箭，被鬭椒偷去两支，现在他已经用完了。”楚庄王这么一说，军心稍稍稳定。

政府军开始反击，这支久经沙场的常胜之师，很快就体现出超强的战斗力，鬭椒的叛军被打垮了。鬭椒虽然勇猛过人，怎奈实力悬殊，最终在战斗中被政府军杀死，参与叛乱的若敖氏族人也全部被杀。

自从管仲提出“尊王”的主张后，诸侯国君的地位仍然十分不牢靠，包括一代雄主齐桓公都死于权臣之手。齐国如此，晋国也是如此，赵盾集团杀晋灵公就是一例，现在楚国也爆发类似事件，只是这次侥幸由君王胜出。

这次叛乱，对楚庄王来说，并不是一件坏事，一来楚国的实力并没有遭到重大削弱，二来巩固了自己的地位，清除了内在隐患。

鬭椒死后，孙叔敖成为楚国令尹。

孙叔敖是个了不起的人物。他上台后，大刀阔斧改革内政，规范德行、刑罚、政令、典制、礼仪等几大方面的制度建设，大力发展农、工、商等经济；他还对楚国的军事体制做进一步的完善，强调军队的纪律与制度。

楚国军队在行军作战上，分为五大部分：中军为作战主力，同时也是指挥枢纽；右翼部队负责中军的侧翼安全；左翼部队除了负责左翼安全外，还要筹集粮草；先锋兵团负责观察敌军的动静；殿后兵团由精锐的部队组成，以保证在特殊情况下掩护主力撤退。步兵与战车部队的协同作战能力比以前更强，军队中各项具体的安排细分到各级将领身上，在行军作战时，不必由主将下达命令，各级将领就会早早准备好自己应该做的事情，这就是军队的制度化建设。

在人才选拔上，孙叔敖采取一种新旧结合的原则，既照顾王族、贵族的利益，同时又从民间选拔可用人才，在安抚贵族的同时，拓宽了人才的来源渠道。在对外用兵上，采取谨慎的原则，可以打赢的战争就打，没把握的就不打，对衰落的国家采取吞并政策，对动乱的国家采取打击政策。虽然楚国发动的战争很频繁，但战争规模在可控范围，每战必胜，使国内民众不至于反对战争，国内的政治、经济也没有因为频繁的战争而受到很大影响。

这一系列富有成效的改革，从日后楚国的重大决策与战争上，都可以看到其影响。

平叛若敖氏的动乱后，楚庄王再次把目光转向北面的郑国。郑国背楚附晋，这对楚国来说是无法容忍的，一场围绕郑国而展开的大争夺开始了。

四、锐不可当

郑国夹在晋、楚之间，是两大超级强国的争夺重点，不跟晋国作战，就得跟楚国作战，是个多灾多难的国家。

晋成公的进攻，迫使郑国转而投靠晋国，这引起楚庄王的不满。

从公元前606年至前603年，楚国连续四年对郑国发动战争，以惩罚其背叛行为。接连不断的打击，使郑国实力消耗殆尽，实在没能坚持下去。情不得已之下，郑国故伎重演，与楚国签订协议，又站到楚国一边。郑国是楚国扩张的重要一环，为了保全自己，郑国人外交之善变，恐怕是春秋历史中最有趣的一段。

一年后，即公元前602年，晋国召集中原五国在黑壤举行会议，郑国在受召之列，要不要去呢？郑襄公没有主意，公子宋认为晋国与楚国都不能得罪，索性就两边倒，既听楚国的，也听晋国的。

两边倒，就是没有立场。

楚庄王不能接受郑国两边倒的政策。很快，公元前600年，楚庄王统兵进攻郑国，以惩罚郑襄公的背叛。此时“夏日之日”的赵盾已经去世，晋国中军元帅由郤缺接任，他率军驰援郑国，与郑军联手，在柳棼之战中挫败楚军的锋芒。

这一战的胜利，令郑国老百姓相当高兴，拍手称快，但是郑襄公的哥哥子良却非常担忧地说：“这不是国家之福哇。”

郑襄公想想也是，楚强郑弱，郑国不可能独善其身，怎么办呢？等着楚庄王再次兵临城下吗？不行，干脆就先向楚国投降吧。

就这样，郑襄公主动向楚庄王投降。郑国刚投降，晋国便率领宋、卫、曹等国杀了过来，郑国只好又与楚国决裂，归附晋国。唉，你说郑国辛不辛苦呢？归附楚，则晋来攻；归附晋，则楚来伐；想两头讨好，结果两头受罪。

辛苦固然是辛苦，但只有这种骑墙政策才勉强能保全国家。

果然，郑国归附晋国后，楚庄王又兴师动众前来攻打。

士会率晋国军队入援郑国，在颍水战役中击退楚军的进攻。为了将郑国建设成为对抗楚国的桥头堡，晋国要求中原各诸侯派出军队，驻扎在郑国，以防备楚军的再次入侵。

公元前598年，楚庄王再度攻入郑国境内，攻占重镇栎邑。诸侯联军虽然驻在郑国，仍然不能抵挡楚军凶悍的进攻。郑国大夫子良认为晋国和楚国“不务德而兵争”，都是没有信用的国家，“晋楚无信，我焉得有信？”郑国也不必讲什么政治信用了。看清两大霸国的真实嘴脸后，郑国只有一个最高战略，就是如何保全自己。

楚庄王控制郑国的同时，也企图控制陈国。郑国和陈国都与楚国相邻，是楚国进入中原地区的第一道门户。陈国的外交政策，与郑国差不多，都是属于墙头草的类型。但是陈国的军事力量不及郑国，且距离晋国较远，在晋、楚争霸中，它的战略地位不如郑国，受灾程度也较轻。

如果说郑国是晋楚争霸的第一战场，那么陈国则是第二战场。

公元前 606 年到前 604 年，楚庄王连续讨伐郑国，把陈国吓坏了，还没挨楚国打击就自动投降，两国缔结和约。

第二年，赵盾率晋卫联军进攻陈国，以惩罚投降楚国之举。在晋国巨大压力下，公元前 601 年，陈国终于背叛楚国，转附晋国。紧接着楚国便发兵攻打陈国，陈国只能与郑国一样，又投降楚国。

晋国马上又纠集多国部队前往讨伐，但是这次讨伐由于晋成公的病逝而中途作罢，使陈国侥幸得以躲开一次战祸。不过陈国即便躲过一次外患，却没躲过内乱，这次内乱的起因是很荒唐的。

我们在翻阅中国历史时，发现秦以后的历史故事，似乎翻来覆去缺乏新鲜感。春秋战国时代却不同，很多故事在后世是很难见得到的，为什么呢？因为秦以后是君主专制时代，而春秋时代君主也想专制，却很难，在权力相互制衡的时代，故事当然精彩得多了。

却说陈国有个大夫叫御叔，他有一个貌美如花的妻子，叫夏姬。御叔艳福不深，很早就死了。寡妇夏姬风情万种，令陈国国君陈灵公、大夫孔宁、仪行父三人都拜倒在她罗裙之下，君臣三人共同拥有一个情妇。

陈灵公在这种事上颇为大度，与两个臣子共同拥有一名情人，也不吃醋，甚至关系更加密切，三个人还一同穿着夏姬的内衣，在朝中乱开玩笑。虽然陈国夹在晋、楚两霸之间，苟延残喘，但陈灵公并不思进取，胡作非为。

大夫泄冶看不下去，规劝说：“国君与臣子公然淫乱，还把夏姬的内衣穿在身上，这事让人知道可不好，还是快把夏姬的内衣收起来吧。”

孔宁与仪行父得知后大为不满，在陈灵公的默许下，两人合谋杀害泄冶。

泄冶被杀后，再没有人敢规劝，三个花花公子愈加色胆包天，玩笑越开越大。

公元前 599 年夏季的某天，三人又一起到夏姬家中玩，几杯酒下肚后，口无遮拦，胡说八道，拿夏姬的儿子夏徵舒来开玩笑。

陈灵公笑着对仪行父说："徵舒长得蛮像你的。"

仪行父听了之后，也笑着对陈灵公说："我看他长得也很像你。"

站在一旁的夏徵舒听得面色铁青，难看死了，无缘无故被拿来当作下酒的笑料，真是奇耻大辱。他转身到了马房，拿来一张弓，正好陈灵公要离开，他搭箭上弓，冲着陈灵公就是一箭。只听得陈灵公一声惨叫，箭矢正好射穿他的胸膛，当即倒毙在地。

孔宁与仪行父吓得酒意全无，赶紧逃跑了。

这两位花花公子除了泡女人外，没什么本事，想想待在陈国不安全，夏徵舒已经豁出命了，两人一商量，干脆逃到楚国去。

陈国太子也闻风而逃，到晋国避难，夏徵舒索性自立为国君。

陈国夏徵舒叛乱，给楚国提供了出兵的绝佳借口。

且不说楚庄王心里打什么算盘，逃到楚国的孔宁、仪行父两位花花公子也苦苦哀求，请求出兵平定夏徵舒的叛乱。

公元前 598 年，楚庄王借口平定叛乱，出兵陈国，并发布公告，对陈国民众说："大家不必惊慌，我们前来只是为了讨伐作乱的夏徵舒。"

楚军势如破竹，很快击垮夏徵舒的抵抗。

夏徵舒兵败被俘，被处以车裂酷刑，即五马分尸。

夏徵舒死了，他那位风流的母亲夏姬呢？夏姬是春秋时代神奇的女人，她的故事与息妫一样，充满神奇色彩。这个女人的故事，我们放在后面再详细讲。

楚庄王并非单纯助人为乐，而是别有用心。平定夏徵舒之乱后，他乘机将陈国并入楚国的版图。

夏徵舒叛乱时，陈国大夫申叔时正出使齐国。等他回国后，陈国成为楚国的一个县。申叔时看到这种情形，就跑回家中躲了起来。

楚庄王很生气，派人把申叔时叫过来，问他说："夏徵舒大逆不道，杀害国君，寡人出兵讨伐并杀了他，各诸侯国以及各县的长官，都前来庆贺，只有你不庆贺，这是什么道理？"

申叔时并不慌乱，他对楚庄王说："我可以辩解吗？"

楚庄王说："可以。"

申叔时回答道："夏徵舒弑杀国君，罪大恶极，大王讨伐并杀死他，这是大王您的仁义。不过我听说过这么个故事：有人牵着牛去践踏别人的田地，另一个人阻止他并把牛给抢走了。牵着牛去糟蹋别人的田地，这固然是不对的，但是因此就被抢了牛，这种惩罚未免太重了。大王号令诸侯国出兵时，口号是讨伐有罪之人，现在却将陈国变成楚国的一个县，那就是贪图陈国的财富了。您的所作所为，不就像那个故事吗？阻止别人的牛糟蹋田地，却又把人家的牛抢走了。"

楚庄王听了后，对申叔时说："说得好。可惜别人没有跟我说过这些道理，寡人归还陈国的土地，这样行吧？"

申叔时说道："这就好比把别人的东西揣在自己怀里，然后又取出来还给人家，总是比不还的好。"

楚庄王为什么这么爽快地答应申叔时，归还陈国的土地呢？

这是有原因的。

陈国被楚国所灭后，郑国吓坏了。这给了郑襄公一个警告，楚国人是狼子野心，一有机会，就乘机把别人的国家给灭了。看来还是归附晋国比较好，郑襄公拿定主意，又主动投靠晋国。

这件事让楚庄王明白，灭掉陈国，只有一个后果，就是其他诸侯国都会转而投向晋国的怀抱，这无疑会大大削弱楚国的力量。所以听了申叔时的一番话，楚庄王也乐得顺水推舟，做个人情，把逃亡晋国的陈国太子迎回来，立为国君（陈成公）。

陈国复国后，楚庄王又一次统率大军，讨伐背叛的郑国。

令楚庄王没有想到的是，郑国的抵抗异常顽强。

看来楚国灭陈一事，还是让郑襄公担惊受怕，豁出去了，跟楚国人拼了。楚军包围郑国都城达十七天，都没能破城，但郑国确实快抵挡不住了。

怎么办？

郑襄公无奈之下，又想到投降。唉，这被压迫的日子不好过啊，还是先占卜一下吧，看看大神有什么启示。

占卜的结果出来了：投降不吉利！

战也不成，降也不成，还有第三种选择吗？

有。

做什么呢？

哭！

于是一大群人跑到太庙那儿去哭，后来连守城的士兵也跟着哭。

一时间，哭声弥漫整个都城，把楚国人打动了，也把楚庄王打动了。当然，楚庄王除了被打动之外，也考虑到郑国军民众志成城，正所谓哀兵必胜，还是不要轻举妄动的好。

楚庄王下令军队后撤，以免受到郑国漫天哭声的影响。郑国人赶紧趁着楚军后退的时机，抢修在战斗中毁坏严重的城墙，获得一口喘息之气。但是很快楚军又兵临城下，一场更大规模的攻城战开始了。

郑国寄希望于晋国的救援，晋国的表现令人失望，日子一天一天过去，援兵的影子却一直没有出现。在楚军的强大攻势下，郑国人浴血守城三个月，最终被楚军破城。楚军穿过城门，昂然在城市中心大道行进，郑襄公被迫投降，他光着上身，牵着一只羊，出来迎接楚庄王。

郑襄公料想郑国的命运大概就到此了。楚国四处扩张以来，灭掉的国家已不计其数，但他还是抱着一丝侥幸心理，对楚庄王说："我既得不到上天的福佑，又没有效忠您，以致您怀恨在心、兴师问罪，这都是我的过错。即便您把我俘虏到江南、放逐于海滨，我也没有怨言；如果您要把我国的土地赏赐给各诸侯国，我也无话可说。不过如果您还念及昔日两国的友情，延续郑国的社稷，我将全力侍奉您，您就把郑国当作楚国的一个县看待。如果这样的话，就是您天大的恩惠了，也是我的心愿。"

楚庄王的左右都说："不可答应这个要求，我们费了这么大的力气才得到郑国，不能还给他们。"

听了左右的议论后，楚庄王说："郑国国君不简单，能够屈居于人下的，必然对民众也讲信用，我看郑国还不可以灭亡哩。"

楚庄王下令大军后撤三十里，以示对郑襄公的尊敬，同意签订城下之盟。郑襄公保住了国家，但不得不又一次向楚国投降。为了约束郑国的反复，楚庄王要求郑襄公派弟弟前往楚国作为人质。

与楚国相比，晋国的反应速度可谓迟缓。楚军对郑国的进攻总计持续数个月之久，在这么长的时间里，要不要援救郑国，晋国政府仍然没有下定决心。到了六月份，晋军最高司令部才正式决定，出兵援助郑国。

晋军倾巢而出，一场晋楚之间的巅峰对决拉开序幕。

这是城濮之战三十五年后，又一场深刻影响春秋时代历史的大战役。

五、文明战争：邲之战

邲之战，是春秋时期一次重要的会战。

参战双方是当时南北双雄：晋国和楚国。这也是继城濮之战后，晋楚之间规模最大的一次交锋，具有深远的历史影响。

此次战役堪称春秋时期战役之典范，在交战过程中，双方表现出的雍容礼节，使残酷的战争披上一层文明的温情面纱。在那个崇尚武力的时代里，勇敢不仅仅是不避刀刃的表现，更是一种在战场上不失贵族气质的从容。

公元前 597 年农历六月，晋国终于出动大军，救援郑国。

晋军将最精锐的部队悉数调出，摆出与楚国决战的姿态，三军主力全部出动，其战斗序列是：

中军总司令荀林父，副司令先縠，参谋有赵括、赵婴齐；

上军总司令士会，副司令郤克，参谋有巩朔、韩穿；

下军总司令赵朔，副司令栾书，参谋有荀首、赵同。

晋国的援郑部队刚到达黄河，就接到探子的回报，郑国已经投降了。此时摆在晋国诸位将领面前的问题是继续前进呢，还是打道回府呢？

如果继续前进，势必要与楚国进行一次大会战；如果撤兵，则又劳师无功。

进或退，在晋军将领中引发大争议。

在晋军高层，反对继续进军的将领，主要有中军总司令荀林父和上军总司令士会。

荀林父是员老将，虽然身居中军元帅之位，但此人并无帅才，在军事行动上小心谨慎。他认为局势发生变化，鉴于郑国战败降楚，晋军前往解救已经没有意义，不如等待楚国退兵以后，再对郑国实施打击。

荀林父的观点，无非是避免与楚国开战，就拣郑国这个软柿子捏。

上军总司令士会是个杰出的谋略家，对时局有着非常清晰的判断，他断言楚军无懈可击，理由有以下几点：

第一，楚国在国际上大打道义牌。郑国曾归降楚国，后又背叛，楚庄王兴师问罪，迫降郑国后，并不深究其背叛之责，这是有理有节。

第二，楚国国内十分安定。虽然连年用兵，但是工业、农业、商业照常运转，并未受战争的影响，国民对政府的频繁用兵也没有怨言。

第三，楚国军队有质的飞跃，实行军事分工。在军事行动中，右军负责战车安全，左军负责后勤补给，前锋负责侦察，中军负责制订军事计划，后卫的是精锐部队，负责军队的撤退。军事号令完善，士兵严格按军队条例操作。

第四，楚国有完善的选拔人才措施，能够人尽其才，大力学习中原的礼仪文明，社会秩序井然。

基于以上的分析，士会认为此时的楚军不可与之争锋，晋国应该避免与楚国开战。

中军副司令先縠却是一个坚决的主战派。

先縠出自将门之家，以武士自居，以勇猛著称，他对荀林父和士会的意见大大不以为然。先縠说："晋国之所以能称霸中原，靠的就是勇武善战。现在失掉了郑国，又避免与楚国决战，这种做法就很懦弱。与其失去霸业，不如一死，因为敌人强大就避战退兵，这绝对不是一个武士的选择。诸位可以忍受，我作为一名武士，却是万万不能忍受的。"

先縠一怒之下，愤然离去，回到兵营，把自己的军队拉走，率先渡过黄河。

看来晋国以老将荀林父担任中军元帅并不是很明智的选择，他没有办法约束自己的部将。先縠的一意孤行，最终把晋国引向战争。

先縠率兵南渡黄河，迫使晋军高层改变计划。

下军参谋荀首对荀林父说："先縠不遵从法令，肯定要吃败仗的。"

总不能眼睁睁地看着先縠的军队落入楚军的虎口，司马韩厥对荀林父说："先縠一走，一定会打败仗的。您是三军总司令，肩负解救郑国的使命。现在郑国战败投降，使命已经无法完成，先縠的军队要是失利，您可得负责任。我看不如渡河南下，如果与楚军作战失败，三军其他将帅都分担些罪责，以免让总司令一人专罪。”

荀林父缺乏独自承担责任的勇气，遂听取韩厥的意见，下令晋军全体开拔，南渡黄河，与先縠的军队会合。

楚庄王原本设想攻破郑国后，趁势北进到黄河一线，但是楚军尚未北上，晋国大军已经渡黄河南下。楚庄王并不想跟晋国大打出手，因为郑国已经投降，战略目的达到了，没必要耗费兵力与晋军纠缠。

楚军高层也出现主战与避战的两派。

主张与晋军进行决战的是楚庄王的宠臣伍参，他向令尹孙叔敖建议，楚军应该继续向北挺进，与南下的晋军进行决战。

孙叔敖是楚国名臣，是春秋时期杰出的政治家。他原本主持水利工程，成绩斐然，楚庄王十分欣赏他的才干，后提拔为令尹，全面主持朝政。在孙叔敖的主政下，楚国在政治、经济、军事上都取得长足进展，国富民强。这些令人惊叹的成就，甚至连对手如晋国将领士会、栾书等，也不得不承认楚国的内政、军事都是无懈可击的。

孙叔敖凭借过硬的本领才身居令尹高位，看不起像伍参这种凭君王宠幸而荣耀加身的人，他有意给伍参一点难堪，不怀好意地说：“去年讨伐陈国，今年攻打郑国，楚国的战事够多了。你现在说要跟晋国开战，要是战败了，你身上的肉可够将士们一人吃一口？”

伍参没好气地说：“要是楚军战败，我伍参的肉还没到你们口中，就先让晋军给吃了。”孙叔敖不理会伍参，命令将战车全部掉转方向，只等楚庄王一声令下，马上南撤回国。

伍参是个嬖人，“嬖人”的意思就是地位较卑微但受君王宠幸的人，从某种意义上说，就是男宠。论地位，伍参是无法参与军国大事的，无怪乎孙叔敖作为一代名臣，根本就放不下面子与这种人理论。但是伍参不是个简单的人，他颇有谋略，不全吃软饭，既然孙叔敖不理会他，他便直接向楚庄王提出主张。

伍参拜见楚庄王，力陈楚军应北进迎击晋军。从以下的分析中，可以看出他对晋军的底细是十分了解的，他提出可以战胜晋军的三点理由：

第一，晋军总司令荀林父刚上任不久，在军中威望远不及以前的赵盾、郤缺，没有魄力，他发布的命令，经常得不到下级的执行。

第二，晋军副总司令先縠刚愎自用，不服从总司令，自以为是，独断专行。

第三，晋国三军各级指挥系统混乱，没有很好地协调合作，连士兵都不知道究竟要听从谁的命令。

伍参的分析并非没有道理，但楚庄王不愿意与晋国开战，他宁愿扫荡中原地区的中小诸侯国，也不想去惹怒这头老虎。

作为宠臣，伍参算是把这位伟大君主的脾性摸透了，如果以上三点分析并没有说服楚庄王的话，那么以下这番话，必定让他心头一动。伍参继续说："楚军是大王亲自指挥，晋国统帅不过是臣子而已。如果不战而退的话，楚国老百姓就会说，咱们君王在战场上躲避敌国的臣子，这可使咱国家脸面上无光。"

楚庄王听了怦然心动，仗不打可以，君王的面子丢不起，丢了面子，还怎么当中原领袖呢？伍参的激将法奏效了，楚庄王改变战略决策，挥师北上，迎战晋军。

这里附带说一下，伍参在历史上不是特别有名，但他的后代却赫赫有名。楚国名臣伍奢就是他的孙子，伍奢的儿子伍子胥更是一代名将。

已经渡过黄河的晋国兵团，内部仍然吵得不可开交，是战还是退，还理不出个头绪。

支持荀林父、士会的非战派将领有赵朔、栾书、荀首；支持主战派先縠的将领有赵括、赵同。晋军高层乱得像一锅粥似的，主帅荀林父不能控制局面，而广大的下级将士也很迷惘。

楚庄王既不想与晋国开战，又不想丢面子。如果双方可以谈判，体面退出战争，这是最好不过的事。抱着这样的想法，他派少宰（楚国官名）前往晋国兵营，提出谈判请求，荀林父指定上军总司令士会为谈判代表。

少宰对士会说："我们君王说不了冠冕堂皇的外交辞令，兴师征讨郑国，只是为了安定郑国，并不是要得罪晋国。所以你们不要待在黄河以南，我们希望与贵国和平相处。"

士会是晋军主和派将领，他顺水推舟说道："我们此次前来，并不是要得罪楚国，只是我国与郑国共同辅佐周王室，现在郑国不遵王命，我国君特命令将军们率师南下，质问郑国，并非冲着楚国而来。现在贵国君发话了，我们怎敢不听从呢？"

两人都说得假惺惺的，但是避免战争的想法都是真的。

这可气坏了一个人，他就是晋军中军副司令、坚定的主战派先縠。

先縠认为士会有谄媚楚国之嫌，派赵括去追赶楚国少宰，发狠话道："我方代表士会所说的话，有不对的地方。我军出发时，国君的命令是要把楚军从郑国土地上赶跑，并强调不准躲避敌人。我军全体将士，要遵从君主的命令。"语气十分强硬。

这次和谈虽然由于先縠捣乱出了点问题，但很快楚庄王又一次派使者到晋营，与荀林父达成和平协定。眼看一场干戈将歇，意外却发生了。

有几个楚国勇士为了展现自己的勇敢，公然对晋国人进行挑衅。

这几个人的莽撞，使本来就要中止的战争机器，终于轰隆隆地开动起来。

楚国是尚武的国家，荆楚地区的尚武之风，从古代一直延续下来。

正当楚庄王极力想促成与晋国的和平时，有几个勇士忍不住跳出来表现其勇猛的精神。这几个人是：乐伯、许伯、摄叔。乐伯是战车指挥员，许伯是驾驶员，摄叔是右护卫。三个人驾驶一辆战车到晋营前耀武扬威。

许伯驾着车擅自离开楚营，飞奔向晋兵营。在晋兵营前，只见他一手握着缰绳，一手挥舞着楚国军旗，战车贴着晋军兵营的外栅栏飞跑，展示高超的驾车技术。乐伯在一旁帮着许伯执缰绳，在晋军营垒前，战车停了下来。乐伯跳下战车，若无其事地走到战车前，整了整马背上裹着的皮革，做出一副不把晋军放在眼里的姿态。摄叔则冲进晋营大门，撂倒了一名士兵，把他的左耳割下来，同时又打晕另一名士兵，扛上战车。

三名楚国勇士以迅雷不及掩耳之势，在极短的时间内完成对晋军的示威。

气急败坏的晋国人派出几辆战车追赶，楚国人一边跑，一边还击。乐伯箭术十分精湛，左右开弓，晋国战车没法靠近。射了一阵子后，乐伯发现箭袋里只剩下一支箭了，怎么办？此时前方正好一只麋鹿在奔跑，他把最后一支箭射向麋鹿，不偏不倚，正好射中脊背中部，麋鹿立毙。

晋国战车正追赶上来，许伯、乐伯若无其事地停下车子，摄叔跳下车，站在麋鹿尸体边，冲着追赶上来的晋国将领鲍癸喊话："现在还不到进献禽兽的季节，我冒昧地先献上这只麋鹿，慰劳一下你的随从们，拿去作为膳食之用吧。"喊完后又跳上战车扬长而去。

楚国人的镇定从容与无与伦比的勇气，令他们的敌人佩服不已。鲍癸停止追击，对左右说："这三位是勇士。一人善于驾驶，一人善于射箭，一人善于言辞，都是真正的武士，我们还是回去吧。"

在那个尚武的年代里，勇士敬重勇士，这就是中国的武士精神。乐伯、许伯、摄叔三人得以死里逃生，安全返回楚军大营，免不了得到广大将士的喝彩。

楚国勇士们的偷袭，在同样有着尚武传统的晋军看来，简直是奇耻大辱。

晋国的几位勇士也想效法楚国人，前往楚营单挑。

第一个提出单挑请求的是晋军将领魏锜，他向总司令荀林父要求前去与楚军开战，但是荀林父没有答应。他又换了个说法，自称前往与楚军谈判，这回得到上级的批准。

魏锜是个好战分子，哪里真的想去谈判。到了楚军营地后，他向楚国人提出挑战。潘党率一小分队出战，魏锜抵挡不住，向北逃窜。潘党带着楚军小分队紧追不放，一直追到一个叫荧泽的地方，魏锜看到前面有六只正在吃草的麋鹿，于是搭箭上弓，"嗖"的一箭，射倒一只麋鹿，然后掉转马头，对潘党喊道："将军你军务缠身，恐怕在营地中是吃不到新鲜的鹿肉吧，在下冒昧把这只麋鹿赠送给你的随从们。"

魏锜有意效仿楚国勇士乐伯等人，正在追击的楚国人停了下来，接受魏锜的麋鹿，不再追赶。既然晋军可以放乐伯等人一马，楚军如果穷追不舍，不免会被讥笑丧失武士精神。

正当魏锜逃命时，晋国另一位勇士赵旃也自告奋勇，提出要率兵与楚军开战，这个请求遭到荀林父的拒绝。赵旃效法魏锜，假装要去楚营谈判，这个伎俩居然又蒙混过关了。从这里可以看出总司令荀林父在领导能力上，确实有问题，屡屡被部下要挟成功，造成战也不坚决、和也不坚决的局面。

赵旃带了若干人马，前往楚营，这时已经是晚上了。

赵旃在楚军营地外，席地而坐，装出一副从容不迫的样子，命令他的部下偷袭楚营。由于黑灯瞎火，楚国人不敢掉以轻心。楚庄王的卫戍部队左广军与右广军轮番守卫，直到天亮时，看清赵旃部队人数不多，楚庄王亲自率领左广军猛扑过来。

故作镇定的赵旃没办法席地而坐了，狼狈鼠窜。眼看就要被楚人追上，这时前面有一片树林，他就丢弃战车，徒步跑进树林里。楚军将领屈荡跳下战车，大踏步向前追去，终于追上赵旃。两人在树林中搏斗起来，拳来脚往大战数十个回合，看来还是屈荡技胜一筹，搏斗过程中，赵旃上身的铠甲被打落了，甚至衣服也被夺走了。

荀林父等了一个晚上，心里放心不下，生怕魏锜与赵旃有所闪失，便集合大军，准备援助魏锜和赵旃。这次军事集结，使得小战斗演变成一场大战争。

楚将潘党发现晋国兵营有异动，大军正在集结，担心晋国人先下手为强，急忙派人快马驰回兵营，向令尹孙叔敖汇报："晋军出动了。"

此时楚庄王正带领左广军追击赵旃，孙叔敖深恐楚庄王遭遇晋军主力。在这样一种混乱的局面下，孙叔敖没有时间去判断晋国人的意图，他脑袋掠过的第一个想法是：绝不能让晋国人占了先手。于是他决心将楚军主力投入战斗，向部队发布紧急动员令，并发表讲话："进攻晋军！我军必须要主动出击，靠近敌人，而不是坐等敌人靠近我。兵书上说：先发制人，可夺敌之心志。要主动出击，去接近敌人。"

晋军正在南下，楚军倾巢而出。一场原本要偃旗息鼓的战争就这样阴差阳错爆发了，这就是春秋时期著名的邲之战。这一天，是公元前 597 年农历六月十四日。

对晋国人来说，这是一场准备很不充分的战争。总司令荀林父根本没有扩大战争的打算，他集结部队，只是为了接应魏锜和赵旃，并非真心要与楚国决战。从这点看，楚国人占了很大的便宜，因为孙叔敖已经下达战争动员令，至少楚军是有打大战的心理准备。从双方军队的训练水平看，楚国人也更胜一筹，他们很快从防御状态转入进攻状态，而准备不充分的晋军很快陷入慌乱中。

从某种意义上说，楚国人要感谢魏锜与赵旃这两位晋国将领，因为两人的挑衅行为，反倒让楚国军队做好了战斗准备，甚至楚庄王已经率军队出击了。优柔寡断的晋军总司令荀林父既想以和平方式退出战争，又不能约束部将的挑衅行为，最终酿成大患。

决战在邲地展开。面对有备而来的楚军，晋国士兵都还没有热身便卷入战斗。最令人吃惊的是，中军总司令荀林父在生死关头，竟然惊慌失措地发布一条致命的命令："先北渡黄河者有赏。"

战斗刚刚开打，晋军统帅就发布逃跑有赏的命令，这战也就打不下去了。

在晋国三军中，只有上军总司令士会做了充分的防御准备。士会虽然力主与楚国和谈，但在战争准备上是毫不含糊，他把军队驻扎在敖山附近，依托山地险要地形，设下七处伏兵。在楚军大举进攻之时，只有士会的上军没有出现恐慌性的溃逃。

晋中军与下军就乱得不可开交了。

中军参谋赵婴齐在战斗开始前，就预先安排好渡河的船只，当中军总司令荀林父下达渡河命令时，中军将士撒腿便跑，纷纷向河岸涌去，争先恐后抢着上船。

这时下军将士心急了：要打仗嘛，主帅都已经下达逃跑命令，人人无心恋战；要逃跑嘛，又没有事先准备好船只。下军乱得像一锅粥，只要见得有船只，就拼命用双手抓住船舷不放，已经上船的士兵一看船舷被众多的手拉得开不动船只，索性拔出刀，冲着船舷上的手就是一阵乱砍。

一声声的惨叫此起彼落，在沙滩上留下一只只被剁下来的手臂，以及鲜血直流、哀号连天的士兵。

就在晋军后方开始大规模撤离时，楚军的攻势正凌厉地展开，前线晋军一路溃逃。

这时发生了一件很有趣的事情，从这里可以看到春秋时代崇尚武士精神的传统。

正当晋军一路逃跑时，有一些战车陷入洼地中，拉不出来，在后面追赶的楚军就朝他们喊话："你们把战车前的横板卸下来，车子就可以前行了。"

晋国士兵按楚军的提示去做，有些战车脱离了洼地，有些车因陷得比较深，马走了几步又停下来。楚军士兵又在后面指导："你们把军旗拔下来，绑在车前辕端的横木上，跟马匹一起拉，这样就可以完全把车子弄出来。”

晋军又按楚军的指导去做，果然把战车拉出了洼地。

楚军很有风度，在战场上帮助敌人指点逃跑之术，这在世界战争史上，恐怕都是少见的。

这个事例说明楚军的确训练有素，对于战场上可能出现的紧急情况，都有应对的准备，这就是楚军无敌于天下的原因。跟楚军相比，晋军的风度就差远了。受敌人指点而脱离险境后，晋国士兵对后面追赶的楚兵说：“我们不像你们楚国老打败仗，所以逃跑的经验不如你们多。”呵呵，有趣得紧。

晋国中军与下军夺路而逃，出现严重的混乱局面，损失惨重。上军则由于总司令士会事先有所防备，在楚军进攻时，事先安排的七处防御阵地发挥了作用，并未出现混乱的现象。不过上军的处境仍然十分危险，楚庄王紧急命令唐国出动军队，会合楚军联合作战。唐国是一个小国，不敢违背楚庄王的意志，唐国军队会同楚将潘党率领的四十辆战车部队，迎战晋国的上军。

上军总司令士会是晋军中最有才干的一位将领，他审时度势，认为保存实力是必要的。首先，晋军的中军与下军已经溃不成军，多数部队开始向黄河北岸撤退，上军的侧翼得不到保护；其次，楚军在击溃中军与下军之后，必定会对上军形成合围之势，到时难逃被歼灭的厄运。所以士会下令军队在阻击进犯之敌的同时，有条不紊、秩序井然地渡过黄河，撤离战场。在中军与下军遭遇重大损失时，士会的上军基本上完好无损。

楚军只用一天的时间，就赢得空前的胜利。

将领潘党建议说：“应该把晋国士兵的尸体堆成一座高丘，在上面树一块战功碑，伟大的事迹将流传给子孙后代，让他们永远记得先祖的丰功伟绩。”

楚庄王摇摇头说：“你不晓得，‘武’字是由‘止戈’二字构成的。当年周武王战胜商纣，就收起干戈，寻求有德之人来治理国家，所以他的武德受到千秋万代的景仰。周武王的武德有七个方面：禁止残暴、消弭战争、保护国家、抚定百姓、序定功绩、安和人民、丰厚财富。现在寡人对晋用兵，没有以上任何一项美德。古代英明的君主，捕杀不义之人，将他们的尸体堆成山丘，是为了惩戒邪恶。现在晋国无罪，晋国士兵不过是为国为君尽忠而战死沙场，怎么可以用他们的尸体堆成高丘呢？”

从楚庄王这些话中，可以看出其不同凡响的一面。虽然他奉行霸道，但还是不时流露出王道的思想。他对战争有着深刻的理解，这使他超越了同时代的任何一位君王，并且成为那个时代的主宰。

六、所向无敌

邲之战是继城濮之战后晋、楚两国的大对决，以楚国的胜利而告终。

此后一段时间内，晋国在中原无力与楚国争锋，楚国的势力达到鼎盛。晋国大败，郑国与陈国先后归附楚国，小小的许国也算识时务为俊杰，很识相地主动向楚国投降。

楚庄王的战略目标十分明确，下一个争夺的对象就是宋国。

在伐宋之前，楚庄王要先解决萧国。萧国是位于宋国东南的小国，楚庄王并没有把这个不入流的国家放在眼里。然而轻敌往往要付出代价，刚在邲之战中击败晋国的楚国人以为进攻号角一吹响，萧国便可不战而下，岂料却被萧国军队当头棒喝，吃了个败仗，将领熊相宜僚与公子丙被俘。

与此同时，宋国人看出楚庄王的真实意图，醉翁之意不在酒，攻打萧国只是为进攻宋国做准备。唇亡则齿寒，宋国陆续派出军队，增援萧国。

楚庄王派人与萧国政府谈判，提出只要释放两名楚军将领，楚国将马上退兵。

萧国政府非但拒绝楚庄王提出的条件，还把两名俘虏处死。

楚庄王暴跳如雷，决心要铲平萧国。

时值冬季，北风呼啸，来自南方的楚国士兵冷得受不了。楚庄王深知士气对一支军队的重要性，他巡视部队，对全体将士进行慰问与勉励。国王冒着寒风巡视一线部队，令将士们感动万分，心里无限温暖，热血上涌，顶得上穿一件棉袄了。

攻城的楚军部队士气高昂。相反，守城的萧国官员却盘算着如何逃命。

负责守城的萧国大夫还无社指名要见自己的朋友、楚国大夫申叔展。

申叔展在城下对还无社喊话说：“你有麦曲吗？”

还无社听得糊里糊涂的，回答说："没有。"

申叔展又问："你有山鞠穷吗？"

还无社回答："没有。"

什么意思呢？麦曲与山鞠穷是治疗胃肠病的药物。申叔展暗示还无社，你呀，就没病装病，不要出来，找个地方躲起来，可是还无社没听明白。

两军对阵，申叔展不能把话说得太直白，见还无社听不懂，又问说："河里的鱼如果肚子疼怎么办？"

还无社还不算太笨，这次听懂了，鱼的肚子疼，最好放在静止不动的水里。哪里的水不流动呢？还无社心领神会地回答："我就先把它放在井中，再想办法救它。"

申叔展又喊道："那你得在井边系个茅草，再对着井哭。"

第二天，士气高昂的楚军发起强攻，负责守城的还无社偷偷地溜走，找了口井，躲到井里去了。主将都跑了，士兵哪里还有心打仗呢？很快城池被楚军攻破。申叔展进城后，找到结茅草为记号的那口井，还无社在井底猛号几声，申叔展确认是自己的朋友，放了条绳子把他拉上来。

还无社保住一条小命，萧国却灭亡了。

萧国灭亡后，宋国陷入恐慌之中。

楚庄王并没有马上动手，他要找一个出兵的理由。当然他也可以不找理由，因为这是角逐气力的时代，谁的胳膊粗，谁就是老大。楚庄王不是唯武力论者，他不仅要打军事牌，也要打政治牌。在他看来，要发动一场战争，就要有十足的把握，什么情况下有把握赢得胜利呢？有三种情况：敌人要么很弱小，要么国家出现混乱，要么没有道义。

楚庄王比较重视师出有名，在战争开始前，要赢得道义上的优势，让楚国军队知道为什么而战，这是维持高昂士气的先决条件。宋国是中原有影响力的国家，为了找到合适的出兵理由，楚庄王设计了一个阴险的计划。

这个计划就是故意制造与宋国的外交冲突，为战争寻找借口。

为此，楚庄王打算牺牲一个人，这个人是申舟。

申舟又叫文之无畏。二十多年前，楚穆王讨伐宋国，宋国不战而降。当时楚穆王在厥貉召集诸侯会议，举行一次围猎的游戏。宋昭公心不在焉，被文之无畏当众责罚，鞭打他的马车侍卫，此举被视为对宋昭公的侮辱。

申舟可能什么地方得罪了国王，楚庄王让他去执行一项使命：出使齐国。从楚国到齐国，要经过宋国，楚庄王却对申舟说："你不要向宋国借路。"言下之意，就是不必向宋国政府通报。

申舟一听，心知当年自己凌辱宋昭公，宋国人对他恨之入骨。如今两国处于敌对状态，自己要是没征得宋国政府同意，冒冒失失穿过宋国土地，肯定要倒霉的。

他马上拒绝楚庄王的要求，说道："我这么去，肯定会被他们杀死。"

楚庄王阴阴地一笑说："如果宋国人杀了你，我就给你报仇。"

申舟一听，心里凉了半截，原来楚庄王想要制造事端以发动对宋国的侵略，自己不过是一盘棋局中的一颗小棋子罢了。可是君命难违，只有硬着头皮上了，碰碰运气。

申舟出发前往齐国。经过宋国时，遵照楚庄王的命令，没有向宋国政府提出申请通行，宋国政府毫不客气，逮捕申舟。

宋国执政大臣华元对申舟这一挑衅行为大为愤怒，他满腔怒火地说："楚国使者居然不经我国政府同意，大摇大摆过境，把我国看作是楚国辖下的县。如果我们不杀死楚使，楚国就会无视我国的主权，把我国当作一个灭亡的国家看待。如果我们杀死楚使，楚国一定会报复，到时我们恐怕也要灭亡。横竖是个亡字，我看还是要杀了楚使。"

宋国人本来对申舟就恨之入骨，现在旧仇加新怨，申舟还有活路吗？这个可怜的家伙被拉出去砍了，"咔嚓"一声，尸首两段矣。

申舟被杀的消息传到郢都，楚庄王正在宫中喝酒，他一阵狂喜，投袂而起。"袂"就是袖子，把袖子一甩，从座上"噌"地站起来。当时中国没有座椅，是席地而坐，坐的时候没有穿鞋子，所以楚庄王光着脚，站起身后就往外走，顾不上穿鞋。

为什么这么急呢？

心里激动。宋国人杀了楚使申舟，楚国师出有名！找到发动战争的借口了。

这一激动之下，楚庄王光着脚就往外走。侍从们慌慌张张的，像热锅上的蚂蚁，追到屋外，才把鞋子送过来；另一位侍从追到宫门外，才赶上来递上佩剑。楚庄王大步流星一直走，御车夫急急忙忙拉来马车，追到市场边上，才追上楚庄王，把他拉上车。楚庄王迫不及待要进行战争总动员了。

公元前595年深秋，楚庄王亲率大军，包围宋都。

作为好战的楚国，几乎所有大规模战争，国王都是亲临一线的。从楚武王、楚文王、楚成王一直到楚穆王、楚庄王都是这种传统。

一直以来战斗力不是特别强的宋国，这次豁出去了，与楚国浴血奋战。

在中原诸侯国中，宋国是比较有和平色彩的国家。处死申舟后，宋国早就预料到楚国会前来报复，充分做好打仗的准备，加固城墙，屯备粮草，进行全民动员。

宋国之所以敢同楚国开战，是认为晋国绝不会见死不救。当年城濮之战，也是楚国与宋国先开战，而后晋文公率领晋军援救，最后大败楚军。

这一次，城濮之战的结局会重演吗？

然而，国际形势对宋国特别不利。邻国没有一个肯伸出援手，鲁国大夫孟献子竟对鲁宣公说："小国要避免大国的欺负，就得时不时进贡些礼物，要是等到大祸临头才行贿就来不及了，现在楚国已经打到宋国，您可得认真考虑一下了。"鲁宣公一听，赶紧派人到宋国向楚庄王行贿。

宋国人只得孤军奋战了。战斗从九月打到次年（公元前594年）的春季，宋国唯一的希望就是晋国的援救。

晋景公打算出兵，大臣伯宗却极力反对。伯宗说不出反对理由，只是含含糊糊地说："天方授楚，未可与争。虽晋之强，能违天乎？"

这算是什么理由？老天爷现在正眷顾着楚国，是不可与之争锋的，晋国虽然强大，也不能违背天意。这个说辞，其实表明晋国对楚国有畏惧之心。两年前的邲之战，晋军遭到重创，那是一场可怕的噩梦。在伯宗看来，避免与楚国开战，才是上策。

晋国毕竟是中原霸主，在盟国遇到危机时，不能挺身而出，这算什么盟主呢？晋景公作为一国之君，总觉得避战终究颜面上无光。伯宗看到晋景公面有难色，说了以下几句话："川泽纳污，山薮藏疾，瑾瑜匿瑕，国君含垢，天之道也，君其待之。”这几句话，把晋国畏惧楚国的心态很好地勾勒出来了。

表面上晋国是唯一可以对抗楚国的诸侯，实际上自邲之战后，晋国就失去信心了，不敢与楚国发生正面交锋。

最后，晋景公想出一个颇为无赖的计策，派遣官员解扬前往宋国。

解扬此行的目的，是搞一些小花招，游说宋国君臣千万别向楚国投降，并骗他们说晋国的援军已经出发，不日就可到达前线。

解扬是什么人呢？他是晋军一名将领，在十三年前晋楚北林战役中，曾被楚军俘虏。以前战败被俘，实属不光荣，这次接手诈骗宋国的任务，也不太光荣。

解扬从晋国出发，准备绕道郑国前往宋国。此时郑国正与楚国处于蜜月期，便把解扬逮捕移交给楚国处理。作为前楚军的俘虏，楚庄王对解扬并不陌生，他亲自到囚牢释放解扬，并且还设宴款待。

楚庄王此举别有用心。他告诉解扬，楚国将会还他人身自由，只要他向宋国传话，说晋国大军不会前来救援。解扬佯装答应了。

此时楚攻宋之战已经持续四个月，战争处于胶着状态，楚庄王急于结束这场旷日持久的战争，逼降宋国。

解扬被带到宋国都城之下，登上楼车。楼车是春秋时攻城战的重要工具，其作用一是窥探敌军城内的守卫情况，二是可以在楼车上居高临下向城上守军射箭。

楚庄王交代解扬，一定要告诉宋国守军，晋国的援军来不了。

解扬一登上楼车，就向城上的守军大喊，晋国的援军很快会抵达，宋国千万别投降，一定要坚守下去。

楚庄王一听，坏了，急忙差人将解扬从楼车上拉下来。可是来不及了，宋国守军都听到了，并信以为真，更加坚定守城的决心。宋国人却不曾料到，解扬说的话，原本就是晋国政府的鬼话呢。楚庄王虽然十分恼怒，但还是爱惜解扬的勇气，既然说出去的话收不回来，干脆释放了解扬。由此可见，楚庄王之所以能成就霸业，与他的心胸磊落是分不开的。

宋国军民苦苦等着晋国的空头支票，左盼右盼，怎么也盼不来援军的影子。

到了五月份，经历九个月的围城之战还在进行中。无论是楚国还是宋国，都被这场艰苦卓绝的战事累得疲惫不堪，这时所较量的，已经不是谁的武器优良，谁的战斗力强，而是谁更有耐心，更能坚持到最后一刻。

楚庄王屯兵城下九个月，久攻不下，士气低落；而宋国都城内，粮食已经耗尽，外援仍然不见踪影，形势危急。这种对峙对双方都是难忍受的苦难，楚庄王先动摇了，打起退堂鼓，背后的原因可能是担心鹬蚌相争，渔翁得利。万一晋国在这个时候大举出兵，楚军的后果不堪设想（只可惜晋军实无此勇气）。

退兵的命令发布下去，却惹恼了一个人，他正是申舟的儿子申犀。他跑到楚庄王跟前，长跪不起，痛哭流涕道："我父亲明知接手出使的任务必死无疑。为了报答君王之恩，毅然不顾安危，去完成君王交予的使命。当时君王说过，如若死于宋人之手，必亲自向宋国问罪报仇，现在君王倒要废弃报仇的承诺了。"

楚庄王自知理亏，可是打了九个月还不能打赢，无论是军队的补给还是士气都出现很大的问题，是继续打呢，还是收兵回国？楚庄王左思右想，拿不定主意。

这时，楚庄王的战车驾驶员申叔提出一条计谋，他说："无论是楚还是宋，经过九个月的作战，承受力都接近极限，此时应该对宋国实施心理战。我们佯装在城外建房种地，做出准备持久围城的样子，宋国人心里害怕，绝望之下，一定会出来投降的。"

楚庄王连呼妙计，便吩咐士兵建房种地。

城楼上的宋国士兵看到楚军不攻城，忙着建造房子，耕种土地，心里大叫"苦也"，这还了得，楚军打算长期住在城外了。

宋军统帅华元在一个夜晚，偷偷溜出城去，潜入楚国兵营，跑到楚国总司令子反的营帐。子反正在睡觉，华元爬上床头，把他从睡梦中扯醒。子反应该感到庆幸，来者不是刺客，否则脑袋要搬家了。从这个细节可看出，经过九个月围城，楚国人确实也累了，防备上漏洞百出，竟然让华元来去自由，如入无人之境。

华元叫醒子反，说道："实话跟您说，我们粮草已经吃完，城内百姓易子相食，木柴也用完了，用死人骨头来烧火。敝国君主让我来与您谈判。唯请求楚国能照顾宋国的面子，先退兵三十里，我们就投降；如果非要签城下之盟，那对宋国政府是一种耻辱，我们宁死也不会同意。”

宋国由华元这种人执政，国力不强是预料之中的。他才能平庸，几年前与郑国交战，被打得大败，自己当了俘虏，还被缴获将近五百辆战车。这次溜出城与子反谈判，一股脑儿把城内易子相食的惨状都说了。还好楚国并没有灭亡宋国的意图，否则华元这席话，势必会带来灭顶之灾。

很显然，宋国想放弃抵抗，只是想投降得体面点，面子问题很重要。

对楚庄王来说，后撤三十里并非苛刻条件，双方都有一个台阶可下，否则夜长梦多，对楚国并非有利。这样，宋国投降了，纳入楚的势力范围。为了防止宋国单方面毁约，华元作为人质被带到楚国。

历时九个月的围宋之战，以楚国的胜利而告终。

作为中原霸主，面对楚国侵宋，晋只是开张空头支票，并不兑现，又一次扮演很不光彩的角色。在楚庄王有生之年，晋国莫敢与之争锋，楚国势力如日中天。

可惜的是，伐宋之战四年后，雄才伟略的楚庄王便去世了。他在位共计二十三年，这一段时间楚国无论在内政上还是对外战争上，都取得伟大的成就，特别是邲之战的胜利，使楚国在晋楚争霸中完全占据上风。

楚庄王上台初始，便遇上鬬克与公子燮的叛乱，被叛军劫持为人质，这使他一度消沉而无所作为。但是他给国人提供了一个发愤图强的榜样，“不飞则已，一飞冲天；不鸣则已，一鸣惊人”，这已经成为中国历史上的一句名言，名言的背后是一代英雄战胜自我的不懈努力。楚庄王七年又爆发鬬椒的叛乱，这没有动摇楚庄王开拓进取的步伐，他以坚忍不拔的精神，迎危而上，最终击败最强劲的对手，成为强者中的强者。楚庄王当之无愧成为“春秋五霸”之一，在春秋五霸的不同版本中，齐桓公、晋文公与楚庄王三人都是稳居其中三席，这也是对这三位春秋伟人的肯定。

第十一章　卷土重来

一、扫灭赤狄

邲之战的惨败使晋国在与楚国的百年争霸中落入下风，中原地区的郑国、陈国、许国、蔡国、宋国等均成为楚国的喽啰。楚庄王的霸业如日中天，晋国向南扩张的战略严重受挫。

为避免与楚国发生直接冲突，晋国大力调整战略，将扩张的重心转向周边地区，集中力量对付北方的狄人，以巩固自己的后方，扩大地盘。

对晋国来说，这不失为一个明智的选择。

晋国地处中国的边缘位置，长期与戎人、狄人混居，其中狄人主要有三支：白狄、长狄、赤狄。我们先来简单回顾一下晋国与狄人交战的历史。

公元前七世纪六十年代，是狄人势力极盛的时期。

赤狄先后攻破邢国、卫国，以齐桓公之强，也仅能阻止其深入中原，无法对其形成致命的打击。狄人四处出击，公元前666年，赤狄中的皋落氏向晋国发动进攻，晋献公命令太子申生率兵讨伐，并且在稷桑击败皋落氏。

太子申生被陷害死后，公子重耳逃亡入狄，前后长达十六年。在此期间，晋献公派大将里克率师伐狄，并在采桑一役中击败狄人军队。不久后，狄人便对晋国发动进攻，以报复采桑战役的失败，这显示了狄人不俗的实力。

公元前645年，晋国在韩原之役大败，晋惠公被俘。狄人乘晋国新败之机，大举入侵，取狐厨、受铎，渡汾水，直抵昆都。晋惠公担心强大的狄人协助公子重耳返回晋国，派人入狄准备刺杀重耳，迫使他不得不离开狄国，前往齐国避难。

此后，狄人开始卷入中原之争。先是邢国勾结狄人打击卫国，继而是周王室援引狄人打击郑国，甚至周襄王还娶了狄人女子为正娶夫人。

面对狄人的威胁，晋文公在城濮之战后，便着手组建新的军队，即“三行”。针对狄人军队主要是步兵的特点，晋国新建立的三军，也以步兵为主，主要用于防备狄人的进攻。

三年后（公元前 629 年），晋文公又将“三行”改编为新上军与新下军，晋国总计有五个军的兵力，抵御狄人成为重要的战略目标。

此后一段时间里，狄人的气焰极为嚣张。

公元前 629 年，狄人进攻卫国，迫使卫国政府迁都以避其锋芒。

公元前 627 年，狄人乘晋国与秦国爆发殽山之战的机会，先是向东进攻齐国，而后又大举入侵晋国。不过狄人遇上全盛时期的晋国军队，在箕城之战中，白狄军队遭到重创，其首领被晋军将领郤缺俘虏。经此一役，狄人中的白狄开始走向衰落。

箕城之败，使狄人意识到无法与强大的晋国对抗，遂侵略东方诸国。

公元前 623 年，狄人入侵齐国。

公元前 620 年，狄人入侵鲁国西部边境，鲁国向晋国告急，赵盾派使者前往与狄人交涉。

公元前 617 年，狄人入侵宋国。

公元前 616 年，长狄的鄋瞒部落大举进攻齐国与鲁国。鲁国大夫叔孙得臣率军迎战，在咸地战役中，一举重创鄋瞒部落的军队，俘虏并杀死其首领长狄侨如。这是华夏族在一系列的攘夷之战中的重要一役，狄人中的长狄经此一役，一蹶不振。

相比白狄与长狄，赤狄的势力更强，对华夏族的威胁更大。

公元前 606 年与前 605 年，赤狄军队两次入侵齐国。

公元前603年，赤狄进攻晋国，包围怀地与邢丘两地。晋成公打算出兵与赤狄决战，大将荀林父提出一个骄纵狄人的战略："使病害其民，恶贯满盈，然后可一举歼灭之。"荀林父提出此意见，是因为晋国正与楚国争夺中原，实无法同时与赤狄作战。

次年，即公元前602年，赤狄军队再次攻晋，把向阴的庄稼给割走了。

赤狄不仅对外连续发动对晋国的进攻，对内也役使其他狄人部落。狄人的内部矛盾很尖锐，在这种情况下，晋国元帅郤缺决定充分利用其内部矛盾，与众狄和解，孤立赤狄。

公元前598年，晋景公与除赤狄外的诸狄人部落首领达成和解协议，这个成功的外交行动，对稳定边疆起到重要作用。

与众狄实现和平后的第二年，晋国在邲之战中惨败给楚国。

晋军战败的主要责任人先縠担心受到惩罚，便铤而走险，企图怂恿赤狄军队进攻晋国。万一赤狄军队得手，推翻晋国政府，自己便可以出来善后，再另立新君，从而逃脱惩罚。

先縠的这个阴谋，不仅葬送了自己，也葬送了赤狄。

赤狄军队在先縠的教唆下，侵入晋国的清原地区（现山西省稷山县东南），遭到晋国军队的迎头痛击。晋军从赤狄战俘口中得知其入侵与先縠阴谋有关，晋景公下令深究先縠在邲之战与赤狄入侵清原之役的战争责任。先縠被逮捕，经审讯后，被判处死刑，全族均惨遭屠灭。

在此之前，晋国的国策是兵进中原，与楚国争霸，在西面还得提防虎狼秦国的入侵，一时没有精力来收拾赤狄。

邲之战后，晋国在中原地区主动避免与楚国发生新的军事冲突。甚至在公元前594年楚军大举入侵宋国，宋国多次请求援助的情况下，晋国仍然不敢派兵与楚国交手，这说明晋军的士气低落到何种地步。在这种情况下，晋国政府决定避开强敌楚国，转向实力较弱的赤狄，提振晋军的雄风，扩张晋国的土地。

当时赤狄主要分属四个部落：潞氏、甲氏、留吁、铎辰。

公元前594年，赤狄的潞氏部落发生一起政变。

潞氏的执政大臣叫酆舒，他为人强悍，不把酋长婴儿（婴儿是潞氏酋长的名字）放在眼里。有一次他跟酋长发生争执，一时怒起，杀了酋长婴儿的夫人，还打伤酋长的一只眼睛。酋长的夫人，就是晋国现任国君晋景公的姐姐。

事情传到晋国之后，晋景公大怒，决心讨伐潞氏，与诸大臣商议此事。此时的晋国还没有从邲之战失败的阴影中走出，很多人反对与潞氏赤狄开战，认为潞氏的执政大臣酆舒很有才干与本领。

这时晋国大夫伯宗站出来说话："酆舒那点本领算什么，他有五大罪状：一是不祭祀祖先；二是沉溺于酒色；三是不任用贤人；四是杀害酋长夫人，我们国君的姐姐；五是打伤酋长的眼睛。他虽然跟商纣一样有点小聪明、小才能，可是只会自取灭亡罢了。"

晋景公让荀林父统率大军，前往讨伐潞氏赤狄。

作为中军元帅，荀林父对邲之战的失利负有相当大的责任，但晋景公仍然让他官复原职。这种信任，令荀林父感激涕零，决心以一场完美的胜利报答国君的信任。

荀林父率领晋军主力深入狄境，虽然晋军的素质比不上楚军，但跟潞氏赤狄相比，那就不是同一层次了。

晋军势如破竹，六月十八日，与潞氏赤狄的主力在曲梁（现山西省潞城县西）展开决战，晋军勇不可当，大败敌军。八天以后（六月二十六日），潞氏赤狄全境都落入晋军之手，潞氏灭亡。

酋长婴儿被俘，后来被送到晋国安置；潞氏执政大臣酆舒逃跑到卫国避难，卫国人不敢收留，将他引渡到晋国，酆舒最后被处死。

这次辉煌的胜利为荀林父挽回了面子，也极大鼓舞了晋军的士气。

正当荀林父率大军征讨潞氏赤狄时，西面的秦国趁火打劫。

七月，秦桓公带领秦军攻入晋国，企图捞点好处，兵锋抵达晋国境内的辅氏（山西省大荔县东）。晋景公率军亲征，魏颗作为前线指挥，在辅氏地区与秦军作战。秦军发现晋军是不好惹的，吃了个败仗，灰溜溜地逃了。

晋军在两个月的时间内，在两个战线上均取得胜利。

晋景公决心彻底铲除赤狄的势力，当时赤狄还有甲氏、留吁、铎辰三个部落。

灭潞之战次年（公元前 593 年），晋景公以名将士会为统帅，率领大军进击赤狄的三个部落。这三个部落原先实力就不如潞氏部落，况且士会擅于用兵，进军十分顺利。这次扫灭赤狄余部的战争只用了不到三个月的时间，甲氏、留吁、铎辰三个部落全部被晋军攻破，土地并入晋国的地盘。

自从齐桓公、管仲提出“尊王攘夷”的战略以来，晋军这两次扫灭赤狄所取得的“攘夷”战果最为显著。连晋景公也感到有点意外，既然“攘夷”了，免不了要表示“尊王”一下，晋景公安排了一次盛大的献俘活动，把赤狄的俘虏绑赴周王的都城，趁机向周天子表示尊敬之意。

士会在扫灭赤狄返回国内后，受到空前的礼遇，他个人的威望也达到顶点，接任晋国中军元帅之职，也即三军总司令，同时兼任晋国的执政大臣。

一年后，明哲保身的士会急流勇退，主动让出中军元帅的职位，由原上军副司令郤克接任（郤克曾是士会的直接部下）。

虽然赤狄四个部落被扫灭了，但仍有一部分逃出的赤狄人聚集到廧咎如（河南安阳西）。为了防止赤狄的重新崛起，晋国政府准备进行最后一次打击，以杜绝赤狄的隐患。

公元前 588 年，中军总司令郤克会同卫国将领孙良夫，共同发动对赤狄的最后一战。赤狄余部无法抵挡晋卫联军，很快就土崩瓦解了。

至此，晋国扫灭赤狄之役大功告成。这使得晋国得到广大的土地与人口，并且消除了长期威胁边疆的隐患，为重振雄风打下基础。

二、龙争虎斗：鞌之战

自齐桓公、管仲去世后，齐国便丧失中原霸主的地位，不过凭借其雄厚的积累，始终是东方大国，至少可以独霸一方。齐国在国际上还是有影响力的，即便是楚国和晋国，也绝不敢把它当作郑国或宋国那样二等国家来看待。这让齐国有点沾沾自喜，它并不像其他诸侯国那样，将晋国奉为盟主，而是特立独行。晋国为了同楚国对抗，也不能不积极拉拢齐国作为盟友。

公元前 592 年，晋国欲主持召开“国际会议”，派上军副司令郤克作为大使前往齐国，邀请齐顷公参加。

郤克是晋军中的后起之秀，又是新任中军元帅士会的老部下，派他前往齐国，表示晋国对齐国的尊敬。同时到齐国进行访问的人，还有鲁国的季文子、卫国的孙良夫和曹国的公子首。

可巧的是，这四个人在生理上或多或少都有缺陷：鲁国的季文子是秃发，卫国的孙良夫是跛脚，曹国的公子首是驼背，而晋国的郤克则是独眼。

齐顷公见到这四位使者长得这样子，觉得很好玩，为了逗后宫女人们开心，故意搞了一场恶作剧。他安排四位有同样生理缺陷的马夫为四人驾车，然后让母亲萧同叔子以及后宫佳丽们躲在帷幕后面偷看。

当郤克走上台阶时，听到帷幕后面传来女人们"咯咯"的笑声，他自尊心严重受伤害，怒不可遏。

堂堂大国使者居然被齐国人如此戏弄，这口气郤克怎么咽得下去？他二话不说，当即转身而去，将出使的重任交给副手栾京庐，自己跑回晋国去了。

回国后，郤克马上向晋景公汇报齐国对各国使臣的侮辱，请求带兵征讨齐国。晋景公不想因为郤克的个人恩怨而得罪齐国，没有答应。郤克不死心，又向晋景公请求带领自己的家兵前往征讨，也没有得到同意。

夏季，晋国召集的"国际会议"在断道（现山西沁县西）举行，参加会议的有晋国、鲁国、卫国、曹国、邾国以及齐国。

齐顷公派高固、晏弱、蔡朝、南郭偃等四人前来参加会议。四人进了晋国后，打听到郤克正打算对齐国使者进行报复。高固一看苗头不对，担心遭郤克的毒手，找了个机会偷偷地溜走，逃回国内去了。

剩下来的三个齐国使臣日子也不好过。由于齐顷公侮辱晋国、鲁国、卫国与曹国的使臣，现在要为之付出代价了。鲁、卫、曹三国联合提出抗议，要求拒绝齐国使臣参加会议，在晋国一方，郤克也乘机大造声势。

晋景公一看众愤很大，不敢得罪太多的国家，不然这次"国际会议"就开不下去了，便将三位齐国使臣扣押起来。

本来晋国想与齐国联合，共同商讨对付郑国、许国、宋国等亲楚国家。齐国发生"侮辱使臣"事件，反倒使两国关系走向对立；晋国政府扣押齐国使臣，又使得两国的矛盾激化了。

战争是政治的延续，晋齐两国政治关系恶化，直接导致军事冲突。

第二年（公元前 591 年），晋国与卫国出动联合军队，对齐国发动进攻。联军一直打到齐国境内的阳谷（现山东省东平西北），齐顷公无可奈何，与晋国签订城下之盟，并派出人质前往晋国，晋、卫两国军队方才退兵。

齐顷公所种下的恶果够他受的。

鲁国政府也准备对齐国实施报复。鲁国执政季文子是春秋时代赫赫有名的政治家之一，他与郤克一样，在出访齐国时受到羞辱。春秋时代的人多重名誉，荣誉感高于一切，这口恶气，不报仇不行。

不过鲁国实力远逊于齐国，要单挑的话，不是齐国的对手，怎么办呢？当时最强大的国家，莫过于楚国了，此时楚庄王尚在人世，呼风唤雨，雄霸天下。

鲁国政府决定向楚国借兵，楚庄王正有北进中原的雄心，现在鲁国找上门来，岂不正投所意？他一口答应鲁国的请求，决定出兵协助攻打齐国。

但出乎意料的是，这一年的七月，楚庄王病逝，使得楚军协助鲁国进攻齐国的打算成了泡影。

楚庄王之死，给齐鲁冲突带来了变数。

新上台的楚共王一改父亲楚庄王的政策，转同齐国联合。这一重大转变令鲁国政府震惊。齐顷公以高超的外交手段，不仅斩断鲁国与楚国的联系，还与楚共王达成秘密协议，共同出兵，瓜分鲁国。

形势的转变，对鲁国相当不利。一旦齐国与楚国南北夹击，鲁国的悲惨命运可想而知。齐顷公这一高明的外交攻势，令鲁国政府措手不及，现在唯一的希望，只能寄托在晋国身上。

鲁国大夫臧宣叔火速前往晋国，会晤刚刚升任中军元帅的郤克。臧宣叔找对人了，郤克在国内是强硬派实权人物，主张武力讨伐齐国。对于鲁国政府的请求，郤克满口答应，并且说服晋景公，与鲁国签订同盟条约，共同对抗齐国与楚国。

齐、鲁两国的战争已经不可避免。

公元前 589 年春季，齐鲁战争爆发！

齐顷公亲率大军从北面侵入鲁国，包围龙邑（现山东泰安东南）。齐军发动猛烈的攻击，鲁军拼死抵抗，在反复争夺战中，双方各有伤亡。

齐顷公的宠臣（嬖人）卢蒲在战斗中被鲁国守军俘虏。齐顷公向鲁国守军放话，愿意以撤兵作为条件，换取卢蒲的生命。鲁国人对齐顷公恨之入骨，偏偏就不放人，把卢蒲杀死，将尸体挂在城墙上示众。

齐顷公望见卢蒲血淋淋的人头，气急败坏，亲自充当鼓手，擂响战鼓，这是进攻的信号。齐军见国君亲自擂响战斗的鼓声，无不感奋向前，蜂拥而上，奋勇登城。面对蚁群般涌来的齐国士兵，守城的鲁军虽然拼死抵抗，终究寡不敌众，经过三天血战，龙邑沦陷。

齐军马不停蹄，继续向南挺进，直抵巢丘。

为了缓解鲁国战场上的压力，鲁国的盟友卫国出兵攻入齐国。

卫国军队的统帅孙良夫，也曾被齐顷公侮辱过，在打击齐国上非常积极。齐顷公得知卫国卷入战争，偷袭齐国的消息后，立即移师回国，迎战卫国军队。

卫国毕竟是一个小国，军事实力比较弱小，遭遇齐军之后，军心开始动摇，卫国军队中有些将领就想着逃跑。齐军对卫军发动猛烈攻击，卫军抵挡不住，撤出齐国。齐国军队乘胜反击，攻入卫国，在新筑与卫军展开大战，卫军大败。

新筑会战的失利，令卫军总司令孙良夫灰心丧气，军队更是士气低落，不堪再战。孙良夫打算放弃防线，继续后撤。这时，他的部下石稷站出来，力劝孙良夫重振士气，巩固防线，继续抵抗齐军，并故意放出风声，扬言援军马上赶到。

齐顷公得知消息后，不敢贸然深入，卫、齐两军形成对峙的局面。

要彻底扭转战局，打垮齐军，非得让晋国的军队卷入不可。否则一旦楚国出动军队，与齐国合力夹击鲁国，后果不堪设想。

卫国统帅孙良夫亲自前往晋国请求救兵，与此同时鲁国特使臧宣叔也抵晋国。两人一同前往郤克处，请求这位晋军总司令伸出援助之手。

虽然晋国与鲁国签订同盟条约，但自齐、鲁战争爆发以来，晋景公仍然迟迟不肯卷入战争。晋军总司令郤克心急如焚，会见孙良夫与臧宣叔后，他与两人一同前往晋见晋景公。

郤克警告晋景公，卫国与鲁国都是晋国的重要盟国，现在两国同时与齐国开战，楚国的军队随时可能介入。如果不能及时出兵相救，晋国在东方的势力将受到重创，楚国势必席卷中原，到时晋国根本无力与之对抗。

在这种情况下，晋景公终于答应郤克的请求，决心参战。

晋景公拨给郤克包括七百辆战车的庞大军队，这个数量相当于城濮之战中晋军的总兵力，但是郤克仍嫌不足。

郤克对晋景公说："当年文公一代雄主，手下强将如云，以七百辆战车的兵力就击败强楚。但是现在我的才能跟先辈们相比，连给他们做马夫的资格也没有，一定要有更多的兵力才可以保证战胜对方。"

晋景公沉吟片刻，答应拨给郤克八百辆战车。八百辆战车，这在晋国战史上，是迄今为止最庞大的战车集群。郤克心情愉快，当即集合三军队伍，开赴战争前线。晋国的中军集团由郤克担任总司令，上军集团由士会的儿子士燮指挥（上军副司令），下军集团的司令是栾书，韩厥担任三军司马，负责军纪与后勤。

郤克早就期盼有报仇雪耻的一天。

齐顷公是个高傲却不乏勇敢精神的君主。

自从失去霸主地位后，齐国并没有放弃复兴国运的梦想，所有人都怀念"九合诸侯、一匡天下"的齐桓公时代。齐顷公志向远大，但他的才能显然不足，一个堂堂大国君主，竟然为了取悦后宫女人，不惜得罪强大的晋国以及鲁、卫等邻国，视国家利益于不顾，自信过头了。

齐顷公对鲁国与卫国开战，两线作战，战报连捷，心中好不得意，自以为不朽之勋业，触手可及。晋国出兵了，他并不担心，也不害怕。

郤克统率的晋国军队越过卫国边境，进入齐国境内的靡笄山。齐顷公不仅不惊慌，反倒有些兴奋，只要一战击败晋军，自己便是当之无愧的中原霸主。他没有退却，派人前往晋国兵营下达战书，要求与晋军决一死战。

面对齐国使者的公然挑战，晋军将领冷嘲热讽地说："我们晋国军队打起仗来，只能前进不能后退，不必有劳你们国君来下战书，我们自会勇往直前的。"

齐顷公被齐军在鲁国和卫国的胜利冲昏了头脑，听说晋军统帅郤克接受挑战书，心情十分愉快，对左右说："晋军接受挑战，本是寡人的愿望，就算他们不答应，寡人也一定会跟他们兵戎相见的。"

他也不知是准备了什么秘密武器，对胜利是胸有成竹。

春秋时代是一个乱世。在乱世中，勇敢是一个人最高的品德，这是尚武的时代，也是个人英雄主义的时代。

晋军接受挑战书。在齐军中，有一个人迫不及待要表现他的勇敢，他就是高固。高固原是齐国派往晋国参加“国际会议”的四名代表之一，到晋国后，发现晋国人对齐国人很不友善，特别是郤克，扬言要报复，于是他撇下同伴，自己偷溜回国了，其他三个同伴全部被扣押。回到国内，免不了许多人认为他胆小怕死，在那个尚武的年代，这是一个人最大的耻辱。

高固要利用这个机会来清洗耻辱。

齐、晋两军还未开战，高固自己先行动了。

夜幕降临后，他偷偷摸摸地潜入晋军兵营中，拾起一块石头砸伤一名晋国士兵，偷了一辆兵车，载着俘虏从晋营中飞奔出来，在夜色的掩护下，躲过晋军的追击。高固的英勇表现，活脱脱是春秋时代的铁金刚 007。

快到齐国大营时，他在路边拔起一棵小桑树，系在战车后面，大摇大摆地驾车驶入兵营。车后的桑树扬起飞尘，马车绕着齐国大营跑了一圈，高固得意扬扬的是，齐国的士兵们都以崇拜的目光看着这位英雄，为之欢呼致敬。

高固更狂了，得意之间说了一句牛话：“欲勇者贾余余勇。”什么意思呢，就是说：你们想要勇敢吗？行，我把剩下的勇敢卖给你们。

你说牛不牛？

高固的壮举，对好战的齐顷公来说，无疑是一针兴奋剂。

六月十七日，决战的日子到了。

晋军与齐军双方都严阵以待，把兵戈擦得亮铮铮的。齐顷公心里很激动，当手下给他送上早餐时，他一手推开，气定神闲地说：“待我消灭晋军之后再吃早饭不迟。”

交战双方都进入战斗位置，战车展开队形，无论是晋军还是齐军，都精神饱满，士气旺盛，夏日的原野上弥漫着威武雄壮之气。

齐顷公求战心切，不等把所有的马匹都套上护甲，就命令擂鼓前行，身先士卒冲向晋军（勇气可嘉）。晋军也不示弱，元帅郤克擂响战鼓，声震九霄，士兵们一面大声吆喝着，一面冲向敌阵。这是两支强大军队的对决。晋国军队奋勇厮杀，齐军军队拼死抵挡。一排排的士兵倒下，连大将也一样血染疆场。

晋军总司令郤克亲自在指挥车上擂鼓冲杀，在那个信息落后的时代，士兵们的作战命令，要视旌旗与战鼓来完成协同作战。

在战斗中郤克被齐军的流矢所伤，血流不止，一滴滴地落在鞋子上。郤克咬紧牙关,没有停止擂响进攻的鼓声,最后实在挺不住了,对战车驾驶员张侯说:“我受伤啦。”

张侯对郤克说：“主帅您瞧瞧，从一开始打仗，我的手臂就被流箭射穿，我把箭杆折断，还坚持驾驭战车。您瞧瞧战车左轮，都被我的血染成黑红色，我也不敢吭声说受了伤，主帅您忍耐一下吧。”

郤克回头一看，只见张侯的手臂上还插着一支断箭，鲜血从手臂直渗出来，他却没呻吟一声，意志顽强到这种程度。元帅一看，觉得不好意思，又转头看看身边的战车右护卫郑丘缓，用眼神暗示：元帅我受伤了，你来帮帮忙吧。

郑丘缓说话了：“从开战起，每当战车经过险要之地时，我都跳下去用手推车，您哪知道哇？不过元帅真的受伤了。”

张侯勉励元帅郤克道：“全军上下都盯着我们指挥车上的旗鼓，军队的进退都得听它的，这车上只要还有一个人在，就可以号令全军。如果我们因为负伤而撤退，就要败坏大事。我们作为武士，披坚执锐，本来就做好随时战死的准备，现在虽然受点伤，但还没死哩，元帅还是继续尽力吧。”

说完后，张侯左手拉起马的缰绳，右手捶起战鼓，战车向前飞奔而去。晋国士兵们一看元帅的座车勇猛地冲锋，也一拥而上，奋勇冲杀。

晋军勇不可当。

齐军虽然实力不弱，但作战经验不如晋军丰富。晋国士兵都是身经百战的老兵,早就习惯刀林箭雨的血腥战场,渐渐地齐军顶不住了,防线很快就被突破。

遭遇战变成一边倒的追击战。

齐军支撑不住，开始溃退，一直败退到华不注山地区。晋军紧紧咬住不放，齐军就顺着华不注山的山麓地带逃，晋军在后面追，就这样绕圈子，绕了华不注山三圈。

晋军司马韩厥身先士卒，战斗在最前线，亲自驾驭战车，紧紧追击齐顷公的兵车。按道理，战车上指挥员的位置在左侧，中间是御车夫，右侧还有一名车右护卫，但韩厥在前一晚做了一个梦，梦到父亲对他说：“你不要站在战车的左右两侧。”韩厥便调整自己的位置，居中间驾驭战车。

齐顷公的御者说：“那辆车上的御者，好像是一名君子。”

齐顷公回头见韩厥拉着缰绳勇往直追，看上去不是一般的战车驾驶员，像是个身份显贵之人，便对左右说：“既然是个君子，用箭射死他有违武士的精神。”便下令只射杀韩厥左右两侧的护卫，不射杀韩厥本人。

这就是春秋时代的武士精神，英雄重英雄，此乃武德。

齐顷公麾下射手瞄准韩厥的战车，连续射杀他的左右护卫，但是韩厥仍然紧追不放。

晋军将领綦毋张在战斗过程中，战车损坏了，他看到韩厥车上的护卫都战死了，就跳上车说：“请准许我搭您的车子。”韩厥想起梦里的预言，便用胳膊肘把綦毋张挡在自己的身后，不让他站在车的左右位置。作为晋军司马，韩厥在军中地位颇高，能冒着很大的风险，保护部将綦毋张免遭对方狙击手的射杀，这也足以让人称道其勇敢的精神。

齐顷公在逃跑时，出了意外，在华不注山下，战车左右两匹马被树木绊倒，车子跑不动了，停了下来，被韩厥追上。

情急之下，战车护卫逢丑父急中生智，与齐顷公交换衣服。逢丑父装扮成国君，齐顷公则冒充战车护卫。这时韩厥跳下车，他没有见过齐顷公，当时也没有照片可以辨认，只是看到逢丑父一副国君模样坐在车上，便按照当时的礼仪，手执马的缰绳，徐徐走到逢丑父跟前，先礼后兵，又是敬酒又是献玉，说了几句客套话，然后把他抓了起来。

逢丑父趁韩厥摆客套话时，以命令的口气对伪装成护卫的齐顷公说：“你下车去附近给我取点泉水来。”齐顷公心领神会，假装去找泉水，趁机逃跑了。

韩厥自以为逮住齐顷公，心中好不得意，带着逢丑父去见中军主帅郤克。

郤克曾出使过齐国，被侮辱过，当然认得齐顷公。他一看韩厥带回来的俘虏，根本就不是齐顷公，韩厥这才知道上当了。郤克大怒，准备要杀掉冒充齐顷公的逢丑父。

逢丑父大呼道：“自古以来，还没有一位肯冒充国君并为之承担祸患的好汉，今天就有这么一个好汉在此，阁下还要杀他吗？”

这一番话，令郤克肃然起敬，毕竟是英雄重英雄，便说道：“这个人不趋利避害，宁愿牺牲自己来解救国君，今天我要是杀了他，会遭天谴的，还是把他放了吧。这可以为世人树立忠君报国的榜样。”就这样，逢丑父以自己的忠诚与勇敢，赢得对手的尊敬，被释放回齐国。

战争是很残酷的，但是春秋时代礼义的原则，是武士们必须遵从的道德标准。

齐顷公也值得称道，他不是贪生怕死之辈。在脱险后，他重整残兵剩将，多次杀入晋军阵营，想营救逢丑父。作为一位国君，身先士卒，也相当不容易了。齐顷公的无畏精神，赢得了对手的尊敬。当时晋军一方还有狄人兵团、卫国兵团参战，连这两支军队也恪守当时的传统，当齐顷公杀进来时，只是进行防御，并不想置他于死地。虽然没能救回逢丑父，对于齐顷公的勇武精神，也足以为之喝彩了。

晋齐会战的地点在鞌（现山东济南西北），史称鞌之战。

这是晋齐两个大国规模空前的大会战，以齐国的失败而告终。

齐顷公败退回国都时，他沿途激励镇守城邑的官兵说：“你们要加强防备，因为齐军已经战败了。”

晋国人乘胜追击，从丘舆一直追到马陉，已经直接威胁到齐国首都临淄的安全。齐顷公派出大夫宾媚人作为全权特使，带着两件宝物，前往晋军司令部，向晋军元帅郤克请和，表示愿意归还所占领的鲁国、卫国的土地。临行前，齐顷公交代宾媚人，如果晋国不同意的话，就让郤克开出停战的条件。

作为战胜的一方，郤克对齐国的和谈条件不屑一顾。他提了两个苛刻的条件：第一，要求将齐顷公生母萧同叔子作为人质带回晋国。第二，要求齐国境内的田地都改为东西走向。

这两个条件得做点解释。

首先，是以萧同叔子作为人质。萧同叔子是齐顷公的母亲，齐国的国母。当初齐顷公为了让母亲开心，故意戏弄羞辱郤克等人，郤克对此耿耿于怀，现在他针锋相对，提出这种带有羞辱性的议和条件。

其次，为什么要求齐国将田地改为东西向呢？当时中原主要是农耕国家，道路的取向，往往是依据田亩的取向。郤克要求齐国的田地改为东西向，就是说道路也改为东西向，一旦晋国军队发动战争，战车就可以畅通无阻地深入齐国内地。不仅如此，这个改造也是一个大工程，足以把齐国折腾得半死。

如此严苛的条件，齐国是无法接受的。

齐国特使宾媚人据理力争，针对晋国提出的第一个要求，他说："萧同叔子是我国君主的母亲，齐国的国母相当于晋国的国母。假如晋国一定要向天下宣布，只有以国母作为人质才能取信于晋国，那么就等于宣布各诸侯国必须背上不孝的罪名，这有悖以孝治天下的传统吧。"

针对晋国的第二个要求，宾媚人又说："一个国家田亩的分布，是根据所处的地形、土壤条件来布置的。晋国提出如此不合理的要求，强迫齐国把田亩改为东西向，这样做只是方便晋国战车的行驶，丝毫不考虑耕作的便利，完全违背先王之道。违背先王之道，请问晋国如何成为天下的盟主呢？"

郤克听后不吭声。宾媚人知道，晋国崇尚武力，跟郤克谈先王之道，如同对牛弹琴。尽管齐国是战败国，但不能一味示软，必须要有硬的一手才行。

于是宾媚人又说："如果您答应我国的要求，我们将献上宝物与土地，重结两国之好；如果您不答应，我们只能重振残兵败将，依托城池做最后一搏。"

晋军总司令郤克还没有表态，鲁国、卫国的代表早就按捺不住了。

鲁国与卫国都是齐的邻国，实力远逊于齐，这次仗着晋国撑腰，总算打败齐国。来日方长，如果与齐的关系闹得太僵，对自己没有好处。况且齐国与楚国有军事同盟条约，一旦战争陷入僵局，楚国很可能从南方大举北上，加入这场战争。

两国代表私底下商量一番，对郤克说："齐国人对我们已经恨之入骨了，这次战役又死了不少人，如果将军不接受齐国的要求，只会令他们更加仇恨我们。再说，现在齐国已经屈服，晋国可以得到齐国的宝物，我们两国可以收回被占领的土地，这个收获已经很大了，还能避免与齐国结下更深的仇怨，何乐而不为呢？就算继续打下去，上天也未必让晋国永远都打胜仗啊。"

鲁、卫两国代表其实是提醒郤克，不要忘了，楚国随时可能介入，晋国军队不一定能打赢。

既然鲁、卫两国都帮齐国说话，郤克只得顺水推舟，答应宾媚人最初的谈判条件。这一年七月，晋、齐两国在袁娄签订盟约，齐国归还所占领的鲁国、卫国土地。这个结果，与战四方代表都能接受。

鞌之战，是晋国继扫灭赤狄后所取得的又一场伟大胜利，标志着晋军已经从邲之战失败的阴影走出，并且成功地捍卫了自己北方霸主的地位。晋楚争霸的格局仍然没有改变。而齐国经此一役，地位愈加下降，根本无力与晋、楚对抗。

晋国的胜利使其在中原地区的影响力大大增强，楚国当然不甘心。晋、楚两国的矛盾无法避免，一场更大的冲突也在悄悄酝酿之中。

三、情欲的力量：巫臣降晋

郤克选择与齐国媾和是正确的，楚国果然已经秣马厉兵，准备北上援助齐国。

楚军统帅部制订了一个援齐计划，打算先攻取阳桥（鲁国城邑），对鲁国施加压力，迫使以晋国为首的联军放弃在齐国境内的攻势，退回鲁国境内与楚军进行会战。

为了联合齐顷公，楚共王派申公巫臣出使齐国，向齐国政府通告发动进攻的时间。

巫臣受命前往齐国。然而，他暗地里怀着一个不可告人的目的，已经做好准备，这一去将永远告别楚国。因为他要去寻找一个女人，为了这个女人，他可以放弃地位，放弃国家。

这个女人，就是陈国的风流女子，夏徵舒的母亲夏姬。

夏姬原是郑国人，她的第一个丈夫短命，结婚不久后就死了。后来她改嫁给陈国贵族御叔，生下儿子夏徵舒，御叔由于某些原因被杀，夏姬便成了寡妇。

寡妇门前是非多。她年轻貌美，引蝶无数，陈灵公以及贵族孔宁、仪行父都跟她有一腿。这三位情夫挺有意思，互不吃醋，共享一个情妇。只是后来他们玩笑开大了，拿夏姬的儿子夏徵舒来寻开心，夏徵舒一怒之下，射杀陈灵公，孔宁与仪行父二人逃到国外避难。

楚庄王以夏徵舒叛乱为借口，率大军入陈国，抓获夏徵舒并以车裂酷刑处死。但是英雄难过美人关，面对风姿绰约的夏姬，楚国政坛几大巨头都不约而同地陷入情网。

首先陷入情网的人便是楚庄王，他见到夏姬后，马上被她的风情万种所吸引。这位春秋时代最伟大的君王有权有势，他的第一个念头，就是把夏姬纳入后宫，占为己有。

申公巫臣劝谏道："大王召集诸侯讨伐陈国，是因为夏徵舒杀害陈国国君。如果大王占有夏姬，各国君主会以为大王乃是为了一个女人，贪图美色就叫淫，淫就是犯大罪，请大王三思而行。"

楚庄王虽然被夏姬迷住，但他毕竟是壮志凌云的英雄人物，不像陈灵公荒淫贪色。他认为巫臣说的有道理，霸占夏姬固然快意，但名声受损就划不来了。楚庄王毕竟是做大事的人，放下情欲，打消占有夏姬的念头。

国君退出，总司令子反看到有机会，也想占有夏姬。夏姬的年龄，史书并没有详细记载，但我们有理由认为她至少在三十五岁以上，因为她儿子夏徵舒能叛乱称王，想必已经成年。

巫臣又对子反说："夏姬这个女人不吉利。第一个丈夫，早死；第二个丈夫，被杀了；情夫陈灵公，被杀了；另两个情夫，逃亡到国外。不要说个人，就是陈国整个国家，都差点因为她而灭国。您说，她是不是很不吉利呢？您要是娶了这个女人，我看也准没好下场，天底下女人那么多，为什么非得娶这个克夫的女人呢？"

听到"克夫"这个词，子反不由得倒吸一口凉气。自己再怎么喜欢女人，也不能把自己的命给"克"掉吧。于是，子反听了巫臣的劝告，也打消了占有夏姬的念头。

巫臣"忠言"的背后，其实有自己的小算盘。

自从他第一眼看到夏姬，就知道这个世界上，什么东西对他最重要，就是眼前这位光彩照人的女人。一见钟情，那是一种什么样的甜美滋味，令巫臣心驰神往。他担心夏姬落入楚庄王或子反之手，倘若那样，他将永远失去得到夏姬的机会。

不过，巫臣机关算尽，阻止楚庄王与子反占有夏姬的念头，同时也搬起石头砸自己的脚。你叫上级领导不能碰这个女人，自己怎么好意思娶她呢？否则那就是欺上的罪行。

鹬蚌相争，渔翁得利。楚国官员襄老捡了个便宜，把夏姬娶回家当小老婆。

不过，夏姬“克夫”的谶言继续有效，仅仅一年后，第三任丈夫襄老就死了。他是在晋楚邲之战中被晋军将领荀首射杀的，尸体也被晋国人抢走了。这时楚庄王与子反也许要感谢巫臣的忠告，看来夏姬这个女人谁娶谁倒霉。

不过，总有不信邪的人。

又有一个人贪恋夏姬的美色，此人是襄老的儿子，名唤黑要。从名分上说夏姬是黑要的庶母，虽然不是亲生的妈，但名分总是在的。黑要才不顾伦理道德，整天想着跟庶母通奸。对于夏姬这个女人，我们了解不多，很难说她本性风流。在男权社会里，美丽的女人就是权贵们追逐的猎物，她能怎么选择呢？

这时巫臣开始向夏姬献殷勤，跑去向她表白自己的爱慕之心，并且说：“你先回郑国躲躲吧，我一定会正式娶你的。”

以前楚国出了个大情痴子元，为追求息妫弄丢性命；现在出了个大情痴巫臣，为了追求夏姬他决定放弃一切。

也许是巫臣的真情打动了夏姬，她感受到这个男人的爱如泉水般喷涌。如何与夏姬长相厮守呢？巫臣想了个办法，先让夏姬回郑国，自己找机会脱身后，前去与她相会。不过，夏姬既是襄老的遗孀，按古代中国的传统，嫁夫随夫，她就成了楚国人，哪能随随便便离开楚国呢？

巫臣绞尽脑汁，想出一条计策。

夏姬的丈夫襄老不是在邲之战中被杀吗？尸体也下落不明。巫臣就暗地里买通郑国使臣，让他转告楚庄王：“郑国可以找回襄老的尸体，不过必须由夏姬亲自来认领。”

不过这话瞎编得太过分，楚庄王满腹狐疑。襄老是被晋国将领荀首杀死的，尸体被晋军抢走，怎么会在郑国呢？于是他问巫臣：“郑国使臣说的话可不可信呢？”

巫臣假惺惺地回答说：“可以相信的。杀死襄老并带走尸体的人，是晋国的荀首。荀首是晋成公亲信，又是元帅荀林父的兄弟，最近被提拔为中军副元帅。他最疼爱的儿子荀罃，在邲之战中被我军所俘。听说荀首与郑国大夫皇戌的交情很好，他一定是想通过郑国政府，用襄老的尸体交换自己的儿子。郑国一向对晋国很害怕，肯定会答应荀首的要求。”

巫臣的话，倒是滴水不漏，可见他是有备而来的。楚庄王听后，觉得分析得有道理，便同意夏姬返回郑国。

夏姬临行前，对楚国官员说："如果找不到襄老的尸体，我就不回来了。"所谓认领襄老尸体之事，本就是瞎编的，当然不可能找得到。夏姬离开楚国，回到郑国娘家，就长住下来了。

对于夏姬的内心，我们知之甚少，但她富有戏剧色彩的人生经历，给春秋战国的历史增添了一段传奇。此时的夏姬可能将近四十岁了，美丽的容颜一点点地凋谢，但是巫臣的热爱之心没有改变，他热烈地跑到郑国向夏姬求婚。无论是出于感恩还是为下半生打算，夏姬都无法拒绝巫臣狂热的求爱。

巫臣冒着巨大的政治风险，背着楚庄王与夏姬暗地里往来。只要他还是楚国大夫，就不能公开娶夏姬为妻，否则就有欺君之嫌。为了爱情，巫臣也不在乎当大夫，他开始秘密准备永久地离开楚国。

几年后，楚庄王去世。巫臣认为时机已成熟，是时候离开楚国了。

正好晋国与齐国爆发战争，新上台的楚共王打算卷入战争，派巫臣出使齐国。临行前，巫臣把家中财产全部变现，带在身上上路。想着终于要与心爱的女人团圆，巫臣满心欢喜，喜悦之情，溢于言表。

得意而忘形，他差点露出马脚。

巫臣心情愉快，哼着小曲上路了，半途遇到两个熟人——申叔跪及其父亲，寒暄了几句。申叔跪对父亲说："怪了，申公出使齐国，肩负国家重任，按理说应该怀着敬畏之心。可是他脸上却充满与情人幽会的喜悦，大概是拐了别人的老婆，准备私奔吧？"申叔跪目光如炬，但毕竟只是怀疑，没有证据，所以说说就过去了。

却说巫臣离开楚国后，来到郑国，就赖着不走了。他差人将准备送给齐国的礼物带回楚国，自己带着心爱的女人远走高飞了。巫臣原本打算逃往齐国，可是齐国在鞌之战中败北，他便决心投奔晋国。他的理论是："我决不能住在战败的国家。"

这不是为自己着想，而是为老婆夏姬着想，只有逃到晋国，才能避开楚国的追捕。

晋国对巫臣的投诚非常欢迎，不仅因为他对楚国的底细了如指掌，而且楚国大臣叛逃到晋国，本身就是一次心理战的胜利。

在郤克的儿子郤至的推荐下，巫臣被任命为邢大夫。

得知巫臣叛逃的消息后，楚国大将子反愤怒了。他可能是吃醋，当初自己想娶夏姬，被巫臣所劝阻，不想这小子倒好，自己把美女给拐跑了，还成为楚国的叛臣。

子反向楚共王建议，采用贿赂手段，离间晋国政府对巫臣的信任，让他一辈子别想当官。楚共王似乎并不想采取小人的伎俩，只是轻描淡写地说："如果他对晋国有用，我们就算花了钱也没有用；如果他对晋国没有用，我们就算不花钱，晋国也不会用他的。"

夏姬这位传奇女性终于有了一个安定的家。从某种程度上说，她与息妫一样，因为美丽而改写历史。巫臣叛逃到晋国，对楚国绝对是一大打击。特别是后来他提出联吴抗楚的战略，使吴国崛起成为楚国最强劲的对手，并最终击破强楚。这是后话，留待后文再说。

我们回头来说晋军赢得伐齐胜利后，凯旋回国的场景。

郤克领导的晋军再现昔日的辉煌，在鞌之战中取得空前的胜利。晋国百姓欢欣鼓舞，夹道欢迎这支伟大军队的归来。在欢迎的队伍中，包括晋军元老级人物士会，他为自己的儿子士燮（时任晋军上军副司令）感到骄傲。士会拉长脖子，在长长的队伍中寻找士燮的影子，但直到最后一批队伍进城，才看到儿子的身影，表现十分低调。

士会笑着对儿子说："你不是想让我多等一会儿吧。"

士燮回答父亲："晋国军队凯旋归来，民众夹道欢迎，先进入都城，必然特别引人注目，如果我走在队伍前面，岂不是取代元帅来接受这份荣誉？所以我不敢走在前面。"

听了儿子的话后，士会满意地点点头说："我认为你学会如何避免祸患了。"

晋军总司令、中军元帅郤克晋见晋景公。晋景公高兴地表扬说："这次打败齐国，全是您的功劳。"郤克谦虚地说："此次胜利，主要是国君训导有方，加上诸位将士用命，我有什么功劳可言呢？"

晋景公接见上军副司令士燮时，也称赞他的功劳，士燮回答说："这次胜利，我只是听从上军司令荀庚的命令，接受元帅郤克的节制，我哪有出什么力呀？"

紧接着，下军司令栾书晋谒晋景公，晋景公照例表扬，栾书回答说："这次胜利是由于上军副司令士燮谋划有方、全体将士奋勇杀敌的结果，我哪有什么功劳呢？”

郤克、士燮、栾书三位主将相互推让功劳，对比荀林父担任中军元帅时，连主帅的命令都得不到下级将领的执行，实有天壤之别。

当初士会担任晋军总司令时，急流勇退，将元帅之职让予郤克。事实证明士会的目光有独到之处，郤克确实具有超人的领袖才能与谦逊的品格；而士会之勇于让贤，既体现其胸襟，又开启晋军高级将领谦让之风，亦可谓高风亮节矣。

正是在士会、郤克等人的不懈努力下，晋军得以走出低谷，再现往日的辉煌。

四、势均力敌

巫臣降晋与晋齐媾和，并没有改变楚共王出兵鲁国的既定方针。

楚国势力已经控制郑国与宋国，再往北发展，就是鲁国与卫国。在齐晋战争之前，鲁国曾一度亲近楚国，希望借助楚国的军事力量，对抗齐国。楚庄王意图很明显，只要拉拢鲁国，晋国与齐国将完全被孤立，楚国便可以实现雄踞中原的野心。但是这项战略计划还没来得及执行，楚庄王便去世了。

新上台的楚共王修改了战略计划，把联合鲁国打击齐国，改为联合齐国打击鲁国。楚、齐两国关系密切，迫使鲁国不得不寻求晋国的军事援助。

晋国在鞌之战后迫降齐国，使楚国失去北方军事盟国，而鲁国也站在晋国一边。此时战略对峙很清晰，北方联盟以晋国为首，包括齐国、鲁国、卫国等；南方联盟以楚国为主，控制了郑国、陈国、宋国、许国、蔡国等。

公元前 589 年冬季，楚国率先发动进攻。令尹子重率大军北上，进攻鲁国与卫国。

这是后庄王时代楚国的第一次大举用兵。楚庄王在位二十几年，为楚国积累了庞大的政治资本，包括内政与外交。子重深知，对外战争的胜利，离不开国民的支持。在出征之前，他做了几件惠及人民的事情：其一，楚国举行全国普查，国民欠下政府的租税，一律免除；其二，对孤苦无依的百姓，国家给予救助；其三，赦免国内罪犯，编入军队。

楚国长年对外用兵，但国内政治一直比较稳定，这与楚国政府重视民生是分不开的。

卫国与鲁国都离楚国较远，军事力量不弱，背后又有晋国撑腰。子重认为楚庄王时代能征善战的名将大多退出历史舞台，新一代将领还欠缺经验，必须要倚仗人多势众的优势，他将罪犯编入军队，就是为了扩大楚军的兵源。

楚国伐鲁、卫之战，从本质上说，仍然是与晋国争夺中原诸侯国。这场战争，也是晋楚争霸的一个组成部分。

楚军率先侵入卫国，卫国节节败退，毫无还手之力，很快便举旗投降。

伐卫之战后，楚军挟胜利之威，攻入鲁国境内的蜀城。

鲁国政府被楚军强大的阵容吓呆了，战刚开打，就准备求和。然而，鲁国资深外交官臧宣叔拒绝出任和谈代表，不肯戴上卖国贼的帽子。楚军攻势太凌厉，鲁国政府大为惊恐，只得另派人前往与楚军总司令子重谈判。鲁方代表承诺将赠送一百名工匠、织布工，把先进的生产技术输出到楚国，另外遣宗室成员公衡前往楚国作为人质。

鲁国开出的条件令楚国很满意，答应停战媾和。

伐卫征鲁战争的胜利，使楚国势力深入中原，这是楚国扩张史上的巅峰时期。

风光一时的楚国令尹子重在蜀城召开一次盛大的“国际会议”，参加的国家包括楚国、鲁国、蔡国、许国、秦国、宋国、陈国、卫国、郑国、齐国、曹国、邾国、薛国、鄫国，总计达十四个国家，创历来诸侯会议参加国数之最。

算来算去，只有晋国没有参加了。

晋国当然不可能参加，风头都被楚国人抢走了。

从表面上看，除晋国外的重要诸侯国都参加了楚国主持的蜀城会议，但这些诸侯国各有各的盘算。如今天下的格局十分明朗，晋、楚两强争霸，这两大巨头，谁也得罪不得。除了被楚庄王武力征服的郑国、陈国以及蔡国等南中原国家外，其他像鲁国、宋国、卫国、曹国等诸侯国，都是实行两边倒的政策，齐国作为东方大国，更是保持其国家主权的独立性。

晋国人在楚军大举北上的时候，采取观望的态势，没敢与楚国人叫板；等到楚军南返后，又大摇大摆地跳出来。

公元前588年正月，就在楚国主持蜀城会议结束一个月后，晋国以讨伐郑国为名，向宋国、鲁国、卫国、曹国发布命令，要求这些国家出兵，参加讨伐郑国的战争。

晋国的号召，能拒绝吗？于是五个国家组成联合远征军，共同攻打郑国。

郑国由于位置夹在晋楚之间，长期成为两大强国争夺的焦点。自从晋国在邲之战惨败后，很长时间不敢与楚国争锋。如今一代雄主楚庄王已去世，而晋国则在讨伐赤狄与伐齐之战取得空前胜利，军事力量愈加强大，晋景公认为重新夺回郑国的时机到了。

宋、鲁、卫、曹这些诸侯国心知肚明，自己不过是晋楚争霸棋盘中的棋子，干吗那么卖命呢？出兵是不得已的，但各自心怀鬼胎，保存实力，以至于伐郑之战，雷声大、雨点小。

五国联军来势汹汹，行至一个名为丘舆的地方，遭到郑军的伏击。除了晋国人之外，其他四国军队一哄而逃。这次打击郑国的军事行动，虎头蛇尾，就这样草草结束。

谁说郑国是好欺负的呢？曾经出过小霸王郑庄公的国家，怎么可以小觑呢？

意外取得胜利的郑国一下子神气起来，郑襄公派人押着联军的战俘前往楚国，进献给楚共王。

晋景公想一统中原，不料刚出兵郑国就吃了个败仗。而楚国呢？也好不到哪去，辛辛苦苦打到卫国与鲁国，前脚刚离开，鲁、卫、宋这些国家又跑到晋国一方了。

这就是势均力敌，晋、楚的任何一方，都不能取得压倒性的优势。

正因为势均力敌，双方才可以平心静气地坐下来商量历史遗留问题。

九年前的邲之战，楚国完胜，但是胜利也是有代价的。楚军将领襄老（夏姬的丈夫）被杀，尸体也被晋军抢走；另一位楚军将领公子谷臣被俘。楚国方面一直努力要让襄老的尸骨返回家乡，同时交换回公子谷臣。在晋国一方，晋军将领荀首的儿子荀罃被楚军俘虏，如今荀首升任晋国中军副元帅，希望自己的儿子能平安地归来。

公元前588年，晋楚两国就交换战俘一事达成协议，晋国归还公子谷臣与襄老的尸骨，而楚国则释放荀罃。

就在晋楚两国谈判期间，已经有人开始秘密策划援救被关押九年的荀罃。

说起来很令人惊诧，想援救荀罃的人，既不是他的故交，也不是晋国人，而是一位素未谋面的郑国商人。这位郑国商人打算动用各种关系，将荀罃解救出来，然后装在大口袋里，秘密运出楚国。

郑国商人一向以爱国而闻名。以前智退秦师的弦高，也是爱国商人，现在这位商人史不载其姓名，但从他所作所为来看，应该是想通过救出荀罃，缓和郑国与晋国很深的矛盾，可谓用心良苦。

不过就在郑国商人绞尽脑汁时，晋楚的谈判终于使荀罃得以恢复自由。

在获释回国前，楚共王召见荀罃，问他说："你是不是恨寡人呢？"

荀罃答道："晋楚交战，我自己没有才能，不胜其任，被贵国俘虏。贵国没有杀我，还把我释放回国，这是您的恩德，我哪敢恨您呢？"

楚共王听完后，又问道："那你是应该感谢寡人啦？"

荀罃不卑不亢地回答说："晋、楚两国都是为了各自的利益，希望能安抚自己的国民，消除仇恨，相互谅解，通过交换战俘的方式，达成两国的友好关系。这是两国外交改善的表现，跟我本人没有什么关系，所以我也不能对您有感激之心。"

楚共王点点头，又问道："你回国后，要怎么报答寡人呢？"

荀罃说道："我既不恨您，也不感激您，谈何报答呢？"

楚共王不死心，继续问道："话虽如此，我还是想听听你真实的想法。"

荀罃回答道："如果您杀了我，我死而不朽；如果蒙您的恩惠，我回到晋国，我父亲也会向国君请命，将我杀死在荀氏宗庙，那我也死而不朽；如果国君赦免我，让我效命疆场，万一与楚军相遇，我决不敢对晋国怀有二心，只有奋力死战，以尽臣子之职。这就是我对您的报答。"

楚共王听罢肃然起敬，对左右说："诚不可与晋国争锋也。"说罢命人厚礼送荀罃返回晋国。

为了打破与楚国的均势局面，公元前 588 年，晋景公将晋国兵力由三个军再次扩充到六个军。

在晋文公时代，晋国兵力曾经达到六个军，其中三个新组建的军（三行）

主要是步兵部队。由于六军有僭越之嫌，晋文公将新组建的三个军缩编为两个新军。公元前 622 年，晋军主要将领先且居、赵衰、栾枝、胥臣四人几乎同时去世，考虑到名将凋零，晋襄公裁撤新上军与新下军，这样五个军又只剩下三个军。

晋齐鞌之战后，楚国在令尹子重执政下，大举扩充军队，企图取得兵力上的优势。正是在这样的背景下，晋国再度将兵力扩大一倍，目的便是与楚国争雄。

对楚国而言，遇到一个颇为头疼的问题，它的两个喽啰国——郑国与许国——发生军事冲突。

这件事的起因是这样的：许国原本只是个小国，以前曾听命于郑国。自从许国与郑国都成为楚的喽啰国后，仗着有楚国撑腰，许国就不肯听命于郑国，这令郑襄公耿耿于怀。

公元前 588 年，郑国击败晋国为首的五国联军进犯后，挟战胜联军之威，悍然入侵许国，侵占许国的一部分土地。第二年，郑国派公孙申大摇大摆进入许国，打算把占领的土地并入郑国。许国人奋力反击，打败公孙申。此时郑悼公刚刚上台，他恼羞成怒，马上率郑军大举进犯许国。

不料螳螂捕蝉，黄雀在后。

晋国以郑国入侵许国为借口，派中军元帅栾书、副元帅荀首、上军副司令士燮率军发动对郑国的进攻，占领汜、祭两地。

郑国面临巨大的军事压力，紧急向楚国求援，楚共王派大将子反率军前往救援。

然而子反遇到一个很棘手的问题。许国就郑国非法侵占其领土一事，向子反告状，这是一场“国际官司”。子反会行军打仗，对这类“国际官司”却一点经验也没有。郑、许两国相互指责对方，吵得不可开交，把他折腾得头昏脑涨。最后他提议，将这场官司的裁决权移交给楚共王。

楚共王认真研究郑许冲突的来龙去脉，认定郑国入侵许国的事实。他责成郑国退还所占领的许国土地，同时逮捕郑国诉讼代表皇戌与子国。这是有中国特色的律法，替国君打官司，就得为国君顶罪。

这个判决令郑悼公极其不满，认为楚国实际上是偏袒许国。这样，郑国与楚国的关系开始出现裂痕。

更重要的是，如今国际形势发生很大的变化。楚庄王独霸天下的时代已经过去，而晋国在扫灭赤狄、挫败齐国后，又将军力扩大一倍，再次具备与楚国抗衡的实力。

在这种情况下，郑国完全可以倒向晋国，以求得晋国的保护。

郑悼公从楚国返回后，立即派遣公子偃前往晋国，密谈脱离楚国、归附晋国的事宜。对晋景公来说，这不啻为天上掉下大馅儿饼，他马上派赵同前往郑国，签订两国盟约。

因为楚共王的一次判决，把郑国拱手让给了晋国。

楚庄王去世后，楚国遇到扩张的瓶颈，这与楚共王年轻、经验不足有很大关系。

首先，楚国在召集十四国诸侯会议时，虽然参加国家的数量为历次之最，但多数国家只是表面上虚与应付，特别像鲁、卫、宋、曹等国，楚国的控制力仍然不足。其次，郑国与许国出现纠纷时，责任固然在郑国，但楚共王的处理过于生硬，没有给郑国面子，最终导致郑国背楚投晋。

郑国背叛后，楚国的反扑是在预料之中的。

公元前 585 年，楚国军队在令尹子重的指挥下，讨伐郑国。

早有准备的晋国军队在总司令栾书的统领下，前往救援。双方在蔡国的绕角相遇，经过一番交战，子重发现晋军人多势众，便引军而退。

初战告捷的晋军得势不饶人，总司令栾书转而进攻楚国的小喽啰蔡国，楚国出动申、息两地的军队前往救援。

晋楚争霸的基本模式就是围绕这些中原国家而展开的。主战场既非在晋国，也非在楚国，而是在某个第三国进行，像郑国、陈国、蔡国、宋国等都成为两强争霸的重灾区。

面对楚军申、息两地兵团入援蔡国，晋军要不要迎头痛击呢?

当时晋国六军全部出动，每军设有正、副司令，总计有十二名军级将领。

除了晋军总司令、中军元帅栾书之外的十一名将领，分为两个阵营。

反对与楚军交战的将领包括中军副司令荀首、上军副司令士燮、新中军司令韩厥。这三位将领的观点是："晋军出征的目的是解救郑国，这个目的已经达到。我军将战火烧到蔡国后，激怒了楚国人，楚军士气旺盛，难以争锋。况且晋国六军都出动了，而楚国只是出动申、息两地的军队，即便晋军战胜，也不足引为光荣，如果战败，那就可耻了。不如退兵。”

荀首、士燮、韩厥都属于谨慎派。自从邲之战后，晋军一直避免与楚军进行大决战，其原因还是对楚军的战斗力怀有恐惧之心。虽然兵力从三个军扩充到六个军，但面对楚军的两个地方兵团时，尚有战败的担忧，可见晋军尚未完全恢复信心。

希望与楚军开战的将领占了多数，特别是下军副司令赵同与新中军副司令赵括，希望以此一战，赢得一场辉煌的胜利，续写晋军的传奇。不过这些将领的愿望落空了，总司令栾书在权衡利弊之后，采纳荀首、士燮、韩厥等人的意见，撤出蔡国。

在晋楚势均力敌的情况下，栾书避免与楚国进行大规模的交战，这虽然保守，但不失为明智之举。

楚国仅仅出动申、息两地的军队，便迫使晋军退出蔡国，这无疑让令尹子重低估了晋军的战斗力。

子重制订了一个作战计划，企图再次令郑国屈服。晋楚斗争的焦点，都集中在郑国这一中原要冲之地。

公元前 584 年秋天，子重亲自率大军再次侵入郑国，占领南汜。

晋军以中原霸主的身份，号召八个诸侯国参加援郑抗楚的战争，这八个诸侯国是鲁国、齐国、宋国、卫国、曹国、莒国、邾国、杞国，与晋国组成九国联军，浩浩荡荡地入援郑国。

楚军被迫分兵抵御联军的进攻，但是郑国的军事力量也是不容低估的。

郑国将领共仲、侯羽发现楚军分兵后，果断地下令反击。与郑军对阵的楚军在兵力劣势的情况下，被打得大败，楚国将领郧公钟仪被俘。郑悼公将其作为见面礼，押献给晋景公。

这一战令楚国人看明白了，晋国之霸并非浪得虚名。以往晋国虽然称霸中原，但齐、鲁两国作为区域大国，不愿与晋国结盟，保持国家的独立性。自从鞌之战后，齐、鲁两国也承认晋国的领袖地位，多次派遣军队参加联合军事行动，这足以显示晋国影响力之巨大。

无论是齐楚争霸还是晋楚争霸，模式基本一致，争霸的双方主要是通过对小诸侯国的控制来达到称霸的目的。真正的大战并不多，只有城濮之战与邲之战规模比较大，且交战地点都是晋、楚之外的第三方国家。这种争霸模式导致两国谁也无法重创对手，最后的结果只能是势均力敌。

有一个人提出别出心裁的战略，就是在楚国后方，扶植一个强大的反楚势力，从而使其陷入两线作战的尴尬境地。

这个人就是叛逃到晋国的巫臣，他的战略核心是联吴抗楚。

五、联吴抗楚：晋国甩出的好牌

巫臣叛逃到晋国后，提出联吴抗楚的主张，堪称高明的战略，其基本思想是大力扶持楚国东部的吴国，开辟对楚战争的第二战场。

为什么巫臣要如此卖力地帮助晋国打垮楚国呢？

这有很曲折的原因。

自从巫臣为了夏姬、为了爱情而逃离楚国、投奔晋国后，有两个人对他恨之入骨。谁呢？正是楚国军政两大巨头，令尹子重与大将子反。

这两人跟巫臣有很深的矛盾。

首先说说子反。楚国伐陈后，子反看上夏姬，巫臣就说她是“克夫”的女人，娶她的男人没有一个好下场。子反被巫臣一阵忽悠后，放弃占有夏姬的念头。不料巫臣说一套，做一套，居然把夏姬拐跑了，背叛楚国，投降晋国。子反眼睁睁看着美女被巫臣抢走，作为一个男人，哪吃得消这怨气？

再说说子重，他跟巫臣也有矛盾。伐宋战争胜利后，子重自恃功劳颇著，向楚庄王提出将申、吕两邑作为奖赏赐封给他。身为申地行政长官的巫臣当然不愿意把地盘让出，便对楚庄王说，申、吕两地是楚国北部的军事重镇，负责防御晋军入侵，战略上非常重要，必须由政府直接控制，不能作为个人的封邑。楚庄王认为巫臣说得有理，没有答应子重的要求，此后子重对巫臣便心怀怨恨。

后来，巫臣为了爱情逃离楚国，叛逃到晋国。子重与子反便大肆报复，清洗巫臣家族，杀死其族人子阎、子荡、弗忌等人，把巫氏家族的财产都搜刮为己有。

巫氏家族的悲惨遭遇，令巫臣深感震惊与悲恸。

平心而论，巫臣虽然背叛祖国，但纯粹是为了爱情，并没有政治上的因素。但他没有想到，自己的祖国却以株连无辜的方式来报复他。

春秋时代，复仇的观念深入人心，特别在楚国更是如此。愤怒的巫臣给子重与子反写了一封信，谴责二人："你们以谗言侍奉君主，杀死无辜之人，我一定要让你们疲于奔命，一直到死。"

巫臣与后来的伍子胥一样，开始为报复楚国而奔走，他们还有一个共同点，都把报仇的希望寄托在吴国身上。

从这个时候开始，吴国开始出现在春秋的大舞台上。

吴国是个怎么样的国家呢？为什么巫臣会构想出联吴抗楚的战略主张呢？

吴国是与周王朝同脉同姓的国家。

故事要从周王朝开山鼻祖周文王姬昌的爷爷古公亶父说起。

古公亶父是一位部落首领，生有儿子太伯、仲雍、季历。季历贤明能干，古公亶父想让他继承部落首领，但是季历有两个哥哥，当时的传统是长子继承制。太伯、仲雍得知父亲的想法后，哥俩儿一商量，决定出逃，以便让弟弟季历继承父亲的事业。两个人就逃到当时称为"荆蛮"的吴越地区，并且入乡随俗，剪断头发，在身上文身，成为荆蛮人中的一员。

由于两个哥哥跑到荆蛮地区，季历成为部落领袖，后来传位给儿子姬昌，就是周文王。周武王灭掉殷商后，派人去寻找太伯、仲雍后人的下落。

太伯、仲雍到了吴越之地后，做了些什么呢？

他们两个人来自文明先进的中原地区，有很高的文化修养与领导才干。当时的荆蛮地区的人还处于未开化状态，对这两个人的来历，他们也不清楚。随着太伯与仲雍的知名度越来越高，有不少人前来投奔，共计有一千多家。这个小小的部落群，称为句吴，就是后来吴国的雏形。

太伯去世后，仲雍接任句吴部落首领，后几任的首领是其子孙季简、叔达、周章。周章担任句吴首领时，周武王将吴地封给他，正式成为诸侯国之一，这就是吴国。周章的弟弟虞仲也被封为诸侯，封地在周王室领地北边，就是虞国，后来晋国假道灭虢的时候，把虞国给灭了。

吴国虽然属于姬姓国，实际上地处蛮夷之地，文化落后，在中原人士看来，只不过是个蛮夷之邦而已。从太伯开创句吴，传十九代君主，到公元前 590 年，寿梦成为吴国君主，这是吴国历史上划时代的一位君王。

吴国的强大，要归功于巫臣。

公元前 584 年，有一件事引起巫臣的注意。

这一年，吴王寿梦派兵攻打郯国。郯国是一个中原诸侯国，在吴军的威逼下，被迫与吴国签下城下之盟。对于这件事，当时鲁国的执政大臣季文子还发表了一通议论，说："中原各国不修武备，以致蛮夷侵犯，也没有引起足够的担忧，可见中原缺乏雄才大略的君主。"在拥有完备礼仪制度的鲁国人看来，吴国根本就是个蛮夷之邦，如今开始进犯中原，成为中原又一大威胁。

然而，巫臣却看到一个新兴诸侯国的崛起。

这个新兴的国家，将对楚国构成致命的威胁。

一直以来，晋楚争霸的格局是南北对峙，争夺的重点在郑、宋、陈、蔡这些国家。这种格局，使楚国的军事压力主要集中在北线。楚国北方的军事重镇，东有息邑，西有申邑，即以前的息国与申国。对楚国来说，只要守得住这条北线，就可以安枕无忧了。

巫臣原本是申邑长官，对楚国的军事防御再熟悉不过，要击破楚国在北面坚固的防线，是不容易做到的。楚国的弱点在哪里呢？正是在其东部，东部防备薄弱，而吴国在寿梦统治下开始崛起，于是巫臣便有了"联吴抗楚"的念头。

与楚国相比，吴国的军事力量还是太弱小了，特别是武器装备过于落后。当时战车部队是衡量一个国家军备水平的标志，而吴国居然没有战车部队。

巫臣向晋景公毛遂自荐，请求出使吴国，以达成同吴国缔结军事同盟的设想。晋景公对巫臣的战略大为赞赏，便任命他为特使出使吴国，同时带去三十辆战车。

吴国自寿梦始，学习楚国的样子，自立为王，所以称为吴王寿梦。寿梦是一个有雄心的君王，他对晋国使团的到来非常欢迎，特别是巫臣带来一件他梦寐以求的礼物：中原先进的战车。吴王兴奋极了，巫臣乘机提出晋国与吴国建立正式外交，寿梦很爽快地答应了。

巫臣圆满完成出使任务后，留下十五辆战车，赠送给吴国，同时留下一批军官，负责训练吴军驾驶战车及射箭的技术，并且帮助吴国组建战车部队，传授战车战术。巫臣甚至把自己的儿子狐庸留在吴国，担任晋国驻吴国的外交官。

在晋国军官的指导下，吴国的军备与作战水平突飞猛进。正所谓初生牛犊不怕虎，新兴的吴国马上以剽悍的战斗力令楚国人刮目相看。

楚国虽然国土辽阔，控制的诸侯国与蛮夷部落众多，但是其军事部署，主要在首都郢都以及北部防线上，在东部兵力并不雄厚。吴国制订了一个拖垮楚军的作战计划，在东线频频出击。

公元前 584 年，吴军侵入楚国东部，攻打归附楚国的喽啰国巢国与徐国。楚国令尹子重率领主力前往增援，但吴军并不与楚军决战，只是凭借地缘优势短促出击，使楚军在巢国与徐国之间疲于奔命。

由于郑国背楚附晋，楚军的首要作战任务，是夺回郑国的控制权，而不是征服吴国。在救援巢国与徐国之后，子重又率楚军主力，不远千里，赶赴郑国战场，晋国纠集八个诸侯国救援郑国。这个时候，吴国又在楚国背后插了一刀。吴王寿梦进攻州来，州来以前是个古国，此时大约已被楚国所占领。子重不得已，又将楚军主力从郑国千里迢迢调往州来，吴军又扬长而去。

就这样，吴楚虽然没有大规模的交战，但是这一年里，子重带着这支楚军，在巢国、徐国、郑国、州来之间来回奔波。楚军总计调动七次，搞得筋疲力尽，吴军四处骚扰的战术获得巨大的成功。

对于吴王寿梦而言，现在的吴国并不是楚国的对手，除了骚扰楚国四境之外，最重要的是要开疆略地。在吴楚附近，许多蛮夷部落都归附楚国，吴王寿梦决心先吞并这些蛮夷部落，扩大吴国的疆域。

当吴军大举发动征服蛮夷部落的战争时，这次楚军没有出兵救援了。子重早没脾气了，楚军已经被拖垮。对于楚国来说，这些蛮夷部落，毕竟无足轻重，只好睁一只眼闭一只眼，听任吴国大军横扫鲸吞。

吴国的崛起，不仅引起楚国的重视，也引起晋国的关注。

晋国政府的本意，是利用吴国地处楚国东部的地缘优势，牵制并打击楚国。从一年来吴国骚扰楚国致使楚军疲于奔命的结果来看，无疑战略是非常成功的。然而晋国绝不容许吴国成为第二个楚国，所以在公元前 583 年，晋国有一个不同寻常的举动。

首先，晋景公派巫臣再次出访吴国，对其在过去一年中取得的巨大成就表示祝贺，这是对吴国的示好。与此同时，晋军将领士燮对鲁国、齐国、邾国进行访问，并联合三个国家共同出兵，攻打归附吴国的中原诸侯郯国。很明显，晋国政府的策略，就是对吴国软硬兼施，一方面向吴国输出先进的武器及先进的战术思想；另一方面，对吴国觊觎中原的企图坚决打击。

晋国想通过软硬兼施的手段，既拉拢吴国，又限制其扩张，但是吴国很快就还以颜色。公元前582年，晋国召集齐、鲁、宋、卫、郑、曹、杞、莒八个国家，在蒲城召开诸侯会议。这个会议的目的之一，是想让吴国参加中原诸侯会议。出于对晋国军队打击郯国的报复心理，吴国拒绝出席这次会议。

虽然晋吴之间存在矛盾，但两者的利益是一致的，就是共同打击楚国。无论是晋国还是楚国都不会想到，这个不起眼的东南小国，后来竟然差点把楚国灭掉。

六、第一次弭兵之议

楚国想向北扩张，重新控制郑国，东部却受到新兴吴国的牵制，大大影响楚共王的北进战略。要争夺中原，郑国这个跳板的重要性是不言而喻的，既然用军事打击难以奏效，那么就用非军事的手段吧。怎么做呢？楚国决定以重金拉拢郑国。

当年郑国脱离楚国，主要是楚共王在郑许两国争端中，支持许国而得罪郑国，现在送上重金，算是对当初判决的一个补偿。这时郑成公上台仅三年，显然政治经验还不足，他希望与晋楚两国都能和平共处，但这可能吗？

公元前582年，郑成公前往楚国的邓邑，与楚国公子成会晤。

这次会晤，在晋国人看来是背叛，是郑国重新投靠楚国的证明。其实郑成公并没有这样的想法，在“国际事务”上，他过于幼稚。去了楚国之后，他又马不停蹄地前去晋国访问。晋景公对郑成公私下与楚国官方接触大为不满，不想他居然自投罗网，便以勾结楚国人为由，将他抓起来投入监狱。

弱国无外交，这就是个例子。

郑成公糊里糊涂地成为阶下之囚。

晋国还不肯善罢甘休，中军元帅栾书亲自率军攻入郑国。此时郑国群龙无首，伯蠲作为郑国谈判代表，前往晋国进行交涉，狂妄的晋国政府竟然不顾“两国交兵，不杀来使”的传统，悍然下令处死伯蠲。

不得已之下，郑国只能向楚国求援。

楚军总司令、令尹子重认真研究后，决定采取围莒救郑的战术。

莒国是晋国的盟国，实力很弱。一年前巫臣出使吴国，途经莒国时，发现莒国居然不修战备，城墙破损严重，他对莒国国君说：“你们的城墙太破了。”莒国国君居然回答说：“我们国家位置偏僻，靠近蛮夷区，有哪个国家想打我们的主意呀？”巫臣一脸正色地说道：“不可这样想，雄心勃勃想扩张疆土的人多的是，强国林立，都想着到国外掠夺。一个勇士，睡觉的时候也不忘关上窗户，更何况是一个国家呢？”莒国国君并没有把巫臣的劝告当回事，依旧不修战备。

在楚军的猛攻下，莒国的弱点暴露无遗。先是渠丘城被围，这座城破损严重，根本无法抵御楚国人的进攻，守军一战即溃，都逃往都城。不过，楚军将领公子平在战斗中被莒国军队所俘。子重派人前往与莒国政府交涉，说：“你们不要杀公子平，我们归还你们的战俘。”莒国政府拒绝楚军的要求，处死公子平。子重大怒，率大军包围莒国都城。这座都城的城墙同样不坚固，在楚军的猛攻下，城墙倒塌，楚军攻占莒城，而后乘胜追击，再下郓城。

楚军只用了十二天的时间，连续攻破三座城池，占领莒国。

晋国利用吴国牵制楚国，楚国也以其人之道还治其人之身。

楚国攻打莒国的同时，派人前往联络秦国，约其出兵攻打晋国。由于晋军主力集中于郑国前线，秦国乘机联合白狄，攻打晋国西部。栾书不得不从郑国撤兵，回国抵抗秦军的进攻。

对于晋国来说，对付郑国有一张王牌，就是自投罗网被擒的郑成公。只要郑成公还在晋国人手中，郑国人迟早要乖乖听话。但是在强国夹缝中求生的郑国，不乏有谋略的外交人才。

郑国大夫公孙申认为，晋国把郑成公当作要挟的工具，郑国应该表现出满不在乎的样子。他在公卿会议上提出：“我们应该做出要另立国君的样子，出兵攻打许国，不派人与晋国谈判。我们越不在乎，晋国人就越可能释放国君。”

于是郑国出兵包围许国，这是给晋国示威，显示郑国的军事力量还是不可以低估哩。次年（公元前 581 年），郑国宣布立郑成公的儿子髡顽为新国君。

晋国执政大臣、元帅栾书认为："郑国另立国君，现在我们囚禁的只是个普通人，不如出兵讨伐郑国，以归还其国君为条件，同郑国媾和。"晋国一方面虚张声势，联合齐、鲁、宋、卫等国再次出兵郑国，另一方面积极与郑国谈判，最终达成和解协议，释放郑成公归国。

公孙申的计划获得成功。然而，伴君如伴虎，郑成公追究提出另立新君的大臣，公孙申与他的弟弟两人都被逮捕并处死。这种结局，让我们想到明代于谦的下场。在专制时代，君主们俨然凌驾于国家利益之上，视国家利益高于君王利益的爱国者，往往遭遇悲惨的下场。

晋楚两国的争霸，进入相持阶段，双方都没有取得实质的进展。晋国以吴国遏制楚国，楚国则以秦国牵制晋国；晋国伐郑，楚国攻莒，几个回合下来，两国仍然旗鼓相当。

在这种背景下，两国休兵的呼声开始高涨。

晋楚和谈的契机，是从一名楚国俘虏开始的。

这名俘虏，名叫钟仪，是楚国郧邑长官。他是在公元前 584 年攻打郑国时被俘，后来被关押在晋国的军府。

两年后（公元前 582 年），晋景公到军府巡视，见到被囚禁的钟仪，就问左右："那个戴着南冠被关押的人是谁呢？"左右告诉他："这是郑国进献的楚囚。"南冠就是南国的帽子，因为这个典故，后来坐牢的人被称为"南冠""楚囚"，便出于此。比如南明夏完淳的诗集叫《南冠草》，即用此意。

一个楚国的俘虏，在囚禁中仍然衣冠齐整，表现出非凡的气质。晋景公很惊奇，便差人把钟仪召到面前，问他一些问题。晋景公先问钟仪的出身家世，他答道："先人是乐师。"晋景公又问："你会奏乐吗？"钟仪回答说："先父就是乐师，我怎么能不学奏乐呢？"

晋景公让人扛一把琴过来，钟仪当场演奏一支家乡的曲子。晋景公又问道："你们的君主为人怎么样？"钟仪答道："这不是小臣所能知的。"晋景公再三追问，钟仪就说："他当太子时，早晨要向令尹子重请教，晚上要向司马子反请教。其他的我就不知道了。"

晋景公认为钟仪有修养，回答问题时很得体，他把这件事告诉士燮。士燮是晋军中出类拔萃的将领，他长于战略，这点得益于父亲士会的教导，父子两人都是晋军中的名将。士燮虽然是将军，但并不穷兵黩武，一直积极谋求与楚国和解。现在国君突然提起楚国战俘钟仪，士燮很敏锐地抓住这一话题，对晋景公说："这位楚囚真是一个君子。您为什么不将他释放，以促成晋楚两国的和解呢？"士燮的聪明在于，他并不直说自己的主张，而是借楚囚钟仪来委婉表达出和谈的意愿。

钟仪被晋景公释放回国后，向楚共王汇报晋国人求和的愿望。楚共王决定派太宰公子辰出访晋国，这是一次蹈冰之行，晋、楚两国的关系开始出现转机。

晋景公对公子辰的来访积极回应，于次年（公元前581年）派使臣前往楚国，作为回访。就在两国外交关系迅速好转的关键时刻，统治晋国达十九年之久的晋景公身体状况开始恶化。这一年五月，他将国君的位置传给太子州蒲，即晋厉公。一个月后，有一天晋景公觉得肚子发胀，跑去蹲茅坑，不料一不小心掉到茅坑里，死了。

晋景公是晋国国力由衰转盛的关键人物。在他即位之初，晋国即遭遇邲之战的失利，在楚庄王有生之年，不敢与楚国争锋。在这种情况下，晋国政府审时度势，将扩张的重点放在打击赤狄上，重振晋军士气，继而在鞌之战中大败齐军，再现中原霸主的雄风，并恢复与楚国势均力敌的局面。

由于晋景公突然病故，晋楚和谈陷入僵局。此时，宋国执政大臣华元挺身而出，促成晋楚停战休兵。

华元与晋国元帅栾书、楚国令尹子重的私人关系都不错。他听说晋、楚两国政府已经互派使臣往来，作为晋楚争霸受害国之一的宋国，当然希望看到两个霸国能够罢战休兵。这不仅是宋国人的愿望，也是中原诸侯国的共同愿望。

公元前580年的冬季，华元不辞辛苦，往返奔波于晋、楚两国之间，为实现和平局面而努力。

在与楚国弭兵的同时，晋国政府也与秦国媾和。

两国约定谈判的地点设在晋国的令狐，届时晋厉公与秦桓公都将出席。到了和谈日期，晋厉公抵达令狐，而秦桓公到黄河西岸后，却裹足不前了。在秦、晋两国关系史上，秦国的表现是令人称道的，历届政府的信誉都很好。虽然秦晋一直处于敌对状态，但在晋景公病重的时候，秦国还是很有义气地派一位名医来给晋景公看病。相反，从史书记载来看，晋国人一直是比较狡诈的，也不太讲信用。

秦桓公心里估摸一下，要是东渡黄河，到了晋国的土地上，难以保证人身安全。不行，不能轻易自投罗网。他就派史颗为代表，渡过黄河与晋厉公签约；晋厉公一看，也派郤犨到河西，与秦桓公缔约。

历史上把这次晋秦之会，称为夹河之盟。夹河之盟可以看出秦国对晋国极为不信任，事实上很快晋国就证明，秦国的想法是对的。

公元前579年，在华元的努力下，晋楚两国终于实现了为世人所瞩目的和平。

这年五月，晋国代表士燮与楚国代表公子罢、许偃就实现和平举行双边会谈，会谈地点设在宋国都城的西门外，可见宋国在晋楚和谈过程中扮演着重要的角色。晋楚谈判代表于五月四日达成协议，签订盟约。这份盟约的内容如下：

“晋楚两国不得互相出兵侵犯对方，两国要同仇敌忾，遇到灾难时相互帮助。如有哪个国家侵犯楚国，则晋国出兵讨伐之；如果晋国受侵犯，则楚国出兵讨伐之；两国的民众可以友好往来，不得设置障碍，应保证道路畅通；两国如有不同意见，应协商解决；对于背叛的诸侯，则共同讨伐；如果谁违背此约定，神明诛之，还要毁灭其军队，再不能享有其国家。”

秋季，晋国政府派郤至出使楚国，对楚国执行盟约的情况进行考察。

楚共王设宴款待郤至，郤至正要进去赴宴时，突然钟鼓齐鸣。郤至一听，所奏之乐是国家君主相互宴请时才使用的乐曲，他赶紧后退几步。楚国司马子反赶紧跑来对郤至说：“天色已晚，国君正等着你，快进去吧。”

郤至正色地说：“你们以这种隆重的礼仪来欢迎小臣，小臣担待不起，试想如果我国国君前来，要用什么礼仪呢？”子反一听，不当一回事，回答说：“如果两位国君相见，还要奏什么乐曲呢？互赠一支箭就行了。”

郤至一听，便反驳道：“如果互赠箭矢，那就大祸临头了。宴会上的礼节，原本是天下太平时诸侯相互朝见的礼节；如果按您说的互赠箭矢，那是乱世礼仪崩坏的做法。”不过入乡随俗，郤至还是以客人的身份，接受了楚国高规格的宴请。

回到晋国后，郤至将这件事告诉士燮，士燮判断：“楚国人不遵守礼节，肯定也没有信用可言。我看这个停战协定是长不了的。”

晋楚和解，是春秋史上一件重要的事情，又被称为“弭兵之会”。这既是晋楚势均力敌、谁也无法打垮对方时的妥协性产物，同时也是以宋国为代表的中原诸侯在饱受战乱后，希望实现和平的一种意愿。

这次声势浩大的弭兵行动，注定只是雷声大、雨点小。可以说，两国停战的目的，并不是为了实现真正的和平，而是各怀鬼胎。特别是晋国，像郤至、士燮这些人，满口礼仪道德，而实际上晋国的所作所为，并不像自己宣称的那么有道义。

晋楚的争霸刚刚因“弭兵”而偃旗息鼓，晋国马上掉转枪头，对准了西部邻国秦国，准备利用与楚国休兵的最佳时机，一举击垮秦国，解除来自西面的威胁。

七、弭兵时代的战争

在晋国与秦国签订“夹河之盟”的第二年（公元前 579 年），白狄军队乘晋楚和谈之机，出兵入侵晋国。但是强大的晋军马上以攻代守，反击白狄军队，并在交刚一役中重创白狄，以此一战捍卫其军事霸国的地位。

晋国人认为是秦国背后支持白狄发动战争的。“弭兵之会”结束后，晋厉公马上派出使者往返于中原各国，向各诸侯国发出照会，共同出兵，打击秦国。弭兵之会使晋国的国际威望空前高涨，齐国、鲁国、宋国、郑国、卫国、曹国、邾国、滕国八个国家纷纷响应，各自出兵以协助晋国。

公元前 578 年，晋厉公派大夫吕相出使秦国，递交一份《绝秦书》。在这份《绝秦书》中，晋国历数自秦穆公以来，秦晋八十年的外交关系，将两国爆发战争的责任统统推卸到秦国人头上，以作为发动攻秦战争的借口。吕相《绝秦书》，是春秋时期一份著名的战书，写得很有气势，但不见得都是事实。

晋国的强大，不仅在于军事力量，也在于外交的成功。从这点看，晋国与二十世纪的美国有些类似，推行霸权外交。中原诸侯国倒向晋国，有些无奈，因为南方的楚国太强大，而中原诸侯一旦失去霸主，便失去联合对抗楚国的力量，这点从齐桓公去世后中原的混战可见一斑。

那么晋国何以能够长期保持强大的国力呢？

这一点与晋国的权力结构有很大的关系。楚国的强盛在于明君不断，从楚武王到楚文王，从楚成王到楚庄王，一直到楚共王，这些君王都是比较有作为的。相比之下，晋国则更多依赖众卿的势力。晋国的历史很令人吃惊的一点，就是人才辈出，其人才之多，是春秋诸侯中首屈一指的。卿家的势力庞大，从晋文公始，赵、狐、栾、先、郤、荀等家族此消彼长，相互竞争。这种竞争机制一方面使得晋国内部的争斗残酷而激烈，但另一方面也确保了晋国的人才鼎盛。

晋国开始对秦展开大规模的进攻。

晋军的作战序列如下：栾书为晋军总司令、中军元帅，副司令为荀庚；上军司令士燮，副司令郤锜；下军司令韩厥，副司令荀罃；新军司令赵旃，副司令郤至。主力倾巢而出，不仅如此，还有齐、鲁、宋等八个国家的联军，真是阵容浩大，令人望而生畏。

一直被晋国死死阻挡在西部的秦国，即便想对晋国的《绝秦书》进行辩解，但也没有机会，因为没有一个中原诸侯国肯听从于它，它唯一能做的，就是硬着头皮，与九国联军决一死战。秦军开进到麻隧，与晋国为首的联军对峙。虽然秦军以悍勇而著称，但双拳不敌四手，晋军仗着人多势众，奋勇向前，秦军哪里抵挡得住？在联军的打击下，秦国人溃不成军，大败而逃，秦军将领成差、护卫女父被晋军所俘虏。

晋军乘胜追击，渡过泾水，一路追击到侯丽才胜利班师。

麻隧之战，是晋国对秦国发动的规模最大的一次进攻，而且在战争发动的时间上，充分利用晋楚弭兵之难得机遇。此亦可见晋国将军们对战争宏观面的把握十分精准，战略思想非常明确，通过外交手段，联合八个诸侯国，以形成绝对优势，这些都是麻隧之战胜利的原因。

通过晋楚弭兵捞取利益的，不仅仅是晋国，郑国也想乘机捞一把。

郑国与许国的恩怨未了。当初因为郑国进犯许国，许国将郑国告到楚共王那里，楚共王判定郑国入侵许国是非法的，一怒之下，郑国政府转而弃楚投晋。现在晋、楚实现弭兵，饱受战争之苦的郑国人喘了一口大气，对郑国来说，这是解决许国的最好时机。

公元前577年的八月，郑国军队在子罕的率领下，对许国发起进攻，但出师不利，反而吃了一记败仗。郑成公亲自出马，再度强攻许国，毕竟郑国的军事力量要比许国高出许多，郑军节节进逼，一直打到许国都城，并攻入外城。由于晋楚弭兵，楚国不太好出面干涉许国的战争，许国政府不可能把希望寄托在楚国人身上，不得不与郑国谈判，割让土地向郑国求和。

郑国属于晋国一方，而许国则是属于楚国一方。从郑许战争来看，晋楚弭兵的背后，并非真正的和平，战争仍然以另一种方式进行着。

楚国人很快就明白，所谓的弭兵之会，不过是晋国的一个幌子。楚国人倒是恪守弭兵之会的约定，在晋国集九国之力打击秦国时，楚国人没有出兵；郑国入侵许国时，楚国人仍然没有出兵。可是情况对楚国越来越不利，不仅自己的盟国秦国、许国接连遭到打击，而且晋国的势力不断膨胀。

公元前576年春季，晋厉公在卫国戚地召开“国际会议”，与会者包括齐国、鲁国、卫国、宋国、曹国、邾国、郑国，进一步巩固了晋国在中原的霸主地位。而楚国在盟友频遭打击的情况下，其面临的压力越来越大。

楚国的强硬派人士岂肯甘心受到晋国的压制，“北进”的呼声越发高涨，连楚共王都不得不考虑重新对北方用兵，以打破弭兵以来对楚国的不利局面。在楚国内部，爆发了一场争议，坚决主张对北方用兵的是楚国司马子反。楚共王的弟弟子囊持反对意见，他说：“刚与晋国签订“弭兵条约”，现在就违背条约的内容，这不太好吧。”子反反驳道：“只要有利就必须及时出兵，不能受到条约的限制。”

楚共王也认为如果再不出兵北进，楚国的成果将被晋国及其盟国蚕食得一干二净。公元前576年夏季，楚国终于调集大军，对郑国大举进犯。楚共王亲率主力北上攻略，占领郑国的暴隧，继而突入卫国，一直进攻到卫国的首止城。

楚国此番出兵，证明“弭兵盟约”不过是一纸空文，晋楚争霸又开始进入一个新的时期。

长期饱受战争之苦的郑国，忧患意识还是比较强的。虽然与晋、楚、秦、齐相比，郑国只是一个二等国家，但军事力量仍然不弱。在遭到楚国的进攻后，郑国人居然令人吃惊地以攻代守，子罕率郑军向楚国本土发起进攻，占领楚国的新石。

郑国这一次大胆的突进，令楚国人不得不重新评估郑国的战斗力。屡遭郑国侵犯的许国政府，更是胆战心惊，许灵公坐卧不安，最后干脆向楚共王请求迁都到楚国境内。楚国自楚武王以来，似乎尚未遇到此种尴尬的局面，以楚国之强，居然保护不了许国受一个二等国家的侵略。楚共王答应许灵公的要求，将许国迁到楚国的叶城，而许国原先的土地，则成为郑国人的地盘。

对楚国的北进，晋国高层也有不同的态度。元帅栾书打算进行军事报复，但下军司令韩厥则认为，楚国悍然撕毁盟约，必定会遭到民众的反对，晋国还是先按兵不动，以不变应万变。

晋国还拥有一个克敌制胜的法宝，就是吴国。

对于吴国，晋国采取一手扶持、一手打压的政策，这个政策曾经引起吴王寿梦的不满，以至于在公元前 582 年晋国想拉拢吴国参加中原诸侯大会时，遭到吴国政府的抵制。但是晋楚弭兵，使吴国面对楚国军事打击的压力骤然增大了。在此局面下，晋国元帅栾书派士燮前往吴国的钟离城，召开一次诸侯会议，与会者还包括齐国、宋国、鲁国、卫国、郑国、郲国，这一次，吴国也派出代表参加。钟离会议是吴国历史上一次重要会议，象征着吴国加入以晋国为首的中原诸侯联盟行列，这对楚国人来说，绝对不是一个好消息。

可以说，晋楚弭兵三年以来，晋国占尽便宜。晋国先是集九国之力，重创秦国，解除来自西部的威胁；其次巩固了在中原诸侯国中的领袖地位；再者成功地将吴国拉入到中原联盟之中，对楚国形成北面与东面的半环形包围圈。反观楚国，则处处被动，甚至其喽啰国许国在郑国的打击下，丧失信心，放弃原先的国土，迁都到楚国境内。

楚国要打破这种不利的“国际形势”，楚共王将突破口选择在郑国。但是与往常不同的是，楚国调整策略，对郑国不是以打击的方式，而是以拉拢的方式。

长期在夹缝中生存的郑国人，看清一个事实，无论是晋国还是楚国，都是靠不住的。与其靠别人，不如靠自己。郑国的军事力量，便是在内忧外患中强大起来的。细数一下，郑国在最近十余年内，曾单独打败过晋国，也单独打败过楚国，还吞并了许国，这些战绩，令人另眼相看。楚共王也意识到这一点，一味强攻郑国，并不是上策，最佳手段是以利诱之，诱使郑国脱离晋国主导的中原联盟。

要怎么实现这个计划呢？

楚共王决心做出重大的让步。

公元前 575 年，楚共王派公子成出使郑国，并带给郑国一个惊喜：楚国愿意割让汝阴之地，以换取同郑国结盟。这个条件，实在出乎郑成公的意料，在他看来，投靠楚国与投靠晋国，本质上并无不同，但现在郑国可以捞得好处，何乐而不为呢？于是郑成公答应楚共王的条件，背叛晋国，转而与楚国结盟。

楚共王这一招，确实高明，不仅获得北进的桥头堡，而且可以充分利用郑国崛起的军事力量。

郑成公自己有些飘飘然了。吞并许国，获得汝阴之地，这是自郑厉公以来，郑国所取得的最伟大的胜利。但他意犹未尽，他将目光盯住自己的邻国，也是宿敌：宋国。宋国与郑国最近一次大规模的交锋，是在三十二年前，当时郑军狂败宋军，生擒宋国统帅华元，缴获战车四百六十辆。看来郑国还不甘心充当配角，虽然不如晋、楚那么强大，但也想当个区域小霸王。

公元前 575 年夏季，郑国著名将领子罕，也就是在去年突入楚国占领新石的传奇人物，率着郑军主力对宋国发动进攻。但是郑军对宋国的军事实力过于轻心，第一次交锋就被打败了。子罕很快调整战术，耐心地等待战机的出现。宋军驻扎在夫渠，但在守备上松松垮垮的，子罕洞悉宋军的弱点所在，果断地再度发动进攻。宋军没料到打了败仗后的郑军居然还有如此强大的攻击力，一下子被打得丢盔弃甲，溃不成军，两员宋国主将都成为郑军的俘虏。

郑国又一次获得大胜。

但是郑成公显然有些得意忘形，忘了还有一个强大晋国的存在，背晋、亲楚、伐宋等一连串的事件，让晋国对郑国感到无比的愤怒。

晋国政府首先命令卫国出动军队，进攻郑国。晋厉公是个崇尚武力的君主，他准备出动军队，打击郑国，并不惜与楚国开战。对此晋军高层是有分歧的，以总司令栾书为首的是主战派，以副司令士燮为首的是反战派。栾书力排众议地说：“我们先辈辛辛苦苦创下基业，当上联盟的盟主，现在不能让我们的盟国在我执政时失去，一定要讨伐郑国。”

至此，晋楚弭兵协定，已经成为一张废纸，一场大战迫在眉睫。

八、鄢陵之战：晋楚的巅峰对决

晋国要证明自己是当之无愧的霸主。

邲之战过去二十二年了，这是晋国历史上最屈辱的一战，中军元帅栾书发誓定要雪耻。确实，知耻而后勇的晋国人，经过一番艰辛的努力，东山再起，扫灭赤狄，击败齐国与秦国，战功赫赫。但如果不能打败楚国，就不能算天下至强。

晋厉公六年，楚共王十六年（公元前 575 年）四月，晋军誓师出征，大举南下，进攻郑国。军队战斗序列如下：中军总司令栾书，副司令士燮；上军司令郤锜，副司令荀偃；下军司令韩厥；新军由郤至指挥。

郑国获悉晋军倾巢而出的消息后，紧急向楚国求援。

楚共王不敢怠慢，亲率大军前往救援。其作战序列包括：子重指挥的左军，子反指挥的中军，子辛指挥的右军。楚国人也把精锐力量全部用上了。

自楚庄王去世后，晋楚实力对比发生了明显的变化。晋国欣欣向荣，而楚国渐露疲态。比如说，许国被郑国弹压，楚国不能制止；东部的蛮夷部落被吴国所占领，楚国不能保；连后来郑国的归附，都是靠割地换来的。从这些事例，我们看到一个曾经霸气冲天的楚国，已经底气不足了。

五月，晋军渡过黄河。

中军副帅士燮忧心忡忡，再次向元帅栾书提出撤兵避战的主张，他说道："如果一味与楚国开战，晋国的忧患将加剧。如果我们可以官僚之间齐心协力，辅佐国君，也就足够了。"

士燮为什么要反对与楚国开战呢？他是前中军元帅士会的儿子，从父亲那里继承了深谋远虑的智慧与超常的判断力。他并不是担心晋军无法战胜楚军，而是有更深一层的担忧，这种担忧是来自晋国的内部。

晋国表面上风光无限，实际上内患重重。最有权势的几大家族相互倾轧，曾经显赫一时的赵氏家族，几乎遭灭门之祸（此赵氏孤儿之故事，后详）。不仅是家族与家族的内斗，君主与臣僚之间也明枪暗箭，表面平静的晋国政坛，其实暗流涌动。与外患相比，内患的危害更为严重。在士燮看来，有一个强大敌人的存在，有助于团结晋国的内部各方力量，倘若外在强敌消失了，晋国必然会陷入一片内乱之中。这就是士燮的逻辑，也是一个深谋远虑的见解。

元帅栾书可没有将问题看得那么远，他一心要恢复晋国作为第一强国的地位，一雪邲之战的耻辱。作为晋军元帅，这是扬名立万的良机，栾书断然拒绝士燮的建议。

六月，晋、楚两路大军在郑国的鄢陵陈兵相向。

士燮再次提出慎战的主张。对士燮心怀不满的郤至（时任新军代司令）反驳道："韩原之战，惠公打了败仗；箕城之战，先轸不能活着回来；邲之战，荀林父不能凯旋，这些都是晋国的耻辱。前辈的事情，您也是知道的，现在如果再逃避与楚国交锋，岂不是又要增一耻辱吗？"

士燮仍然坚持己见，他回答道："先辈屡屡与外敌开战，这是有原因的。当时秦国、狄国、齐国、楚国都很强大，如果我们不励精图治，与之开战，子孙后代是要遭殃的。然而现在秦、狄、齐都已经屈服了，只剩下一个强敌楚国。如果我们平定外部的祸乱，必定会有内部的忧患，不如放过楚国，让它成为一个外患，这样大概可以减轻我们内部的忧患吧。"

说实话，士燮的分析，是充满真知灼见的。但是这些话，很难令人信服。为什么呢？内部有什么忧患呢，这个问题是不可以明说的，因为涉及几大家族的争权夺利，而这些家族也巴不得能在战场上建立更多的军功，以提高自己的地位与权力。试想，在这么一个背景下，士燮的分析，岂非对牛弹琴吗？

晋、楚两军都在为最后的决战而作准备，谁也没有轻易发动进攻，两军在鄢陵对峙了大半个月。最后，楚共王决定在六月二十九日，对晋军阵营发动强攻。

大战前夕，即六月二十八日，楚国两名神射手举行一次射击比赛。这两名神射手，一个是潘党，一个是养由基。他们将铠甲叠起来，然后挂起，用劲弓射向铠甲，看谁射穿的铠甲多。比赛引来众多士兵的观看，两名楚国最负盛名射手的巅峰对决，这可是难得一见的哦。潘党搭箭开弓，瞄准铠甲"嗖"的一箭，射穿七层铠甲，引来粉丝的一阵阵惊叫；养由基不甘示弱，强有力的胳膊拉开紧绷的弦，也朝向铠甲就是一箭，同样射穿七层铠甲，观众们佩服得五体投地。

两人拿着被射穿的铠甲到楚共王那儿，让大王欣赏这个杰作，并吹牛说：“国君有如此精良的射手，还怕打不赢晋国吗？”

两人本来是想来讨君王欢心的，没想到楚共王听了之后居然破口大骂：“你们两个家伙，只会搬弄射箭这种雕虫小技，却不懂得谋略，真是楚国莫大的耻辱哇。我看你们到战场上也会死在别人的箭下的。”其实楚共王这样动怒大可不必，可能大战将临，他心中忐忑不安，忧心忡忡，缺少自信，便将这种烦躁所带来的怒气发泄到部将身上。

战场的主帅缺了自信，这不是好的征兆。

次日天色微亮，楚军开始准备进攻。

楚共王想先声夺人，摆出进攻的阵势，战车部队在前，车上射手手握强弓，步兵方阵在后，手持兵戈，身披铠甲，全副武装。

楚军率先出击，令晋军统帅部深感担忧。因为楚军占据有利的地形，晋军可以排兵布阵的空间变得狭窄，不利于战车部队的展开。这时，士燮的儿子士匄向晋厉公提了一个建议：“把井填平掉，把灶毁了，在营垒中列阵，准备与敌人决战。胜负自有天意，有什么好担心的呢？”

晋军元帅栾书对晋厉公说：“楚军过于轻率，只要我们固垒坚守，三日之内，楚军必退兵，等到他们撤退时再发动进攻，一定可大获全胜。”

栾书的战术是以静制动，先为不可胜，以待敌之可胜。

新军副司令郤至提出不同的看法：“楚军有六大弱点，必须果断决战，不可轻弃战机。哪六大弱点呢？其一，楚国令尹子重与司马子反两人矛盾很深。其二，楚王亲兵老龄化。其三，参战的郑国部队阵容不整。其四，参战的蛮夷士兵不懂得排兵布阵，没有章法。其五，兵家忌讳在月末时布置战阵，楚军犯了大忌。其六，楚军虽然排好阵势，但一片喧嚣声，到开战时，肯定更加混乱，瞻前顾后，没有斗志可言。楚军有这六大弱点，只要我们果敢迎战，必能战胜之。”

晋厉公采纳郤至的意见，下令做好战斗准备。

楚共王与伯州犁登上巢车，观察晋军的动态。

伯州犁是晋国前大夫伯宗的儿子。伯宗为人率直，得罪了晋国大家族郤氏，被郤锜、郤犨、郤至联合起来，陷害致死。父亲死后，伯州犁就流亡到楚国，受到楚共王的重用。这也从一个侧面说明晋国高层权力斗争很厉害，士燮的担忧即在此。伯州犁对晋国军队很熟悉，楚共王让他一起上了巢车。巢车是一种很高的兵车，就像一座活动碉堡一样，上面有观测室，可以居高临下观察敌军。

我们从楚共王与伯州犁的对话，可以了解一下晋军是如何展开战争的。

楚共王：晋军有兵车跑到左右两翼，这是在干什么呀？

伯州犁：那是在召集军官。

楚共王：他们为什么都跑到中军阵营？

伯州犁：他们都去开会了，商讨作战计划。

楚共王：现在搭了个帐幕要干什么？

伯州犁：这个是要占卜战争的吉凶胜负。

楚共王：现在怎么又撤了帐幕？

伯州犁：因为要下达命令了。

楚共王：怎么突然这样乱，尘土飞扬了。

伯州犁：要填井平灶，摆开战斗队形了。

楚共王：战士都上了战车，但怎么又下车呢？

伯州犁：这是因为总司令要发表战前的讲话。

楚共王：要开始打仗了吗？

伯州犁：这个……不知道了。

从这些对话可以看出什么呢？晋军有完整的一套行军作战的条令，即便在紧张的战场上，一切调度仍然井然有序地进行。这充分显示晋军不愧是训练有素的百战雄狮，在楚军已排好阵势、抢得先手的情况下，没有出现丝毫的混乱场面。

无独有偶，在晋军一方，也有一个楚国人。此人名叫苗贲皇，他是鬬椒的儿子。公元前 605 年，楚国令尹鬬椒叛乱，被楚庄王所平定，他的儿子苗贲皇逃到晋国。这时晋厉公也正观察楚军的阵地，把苗贲皇叫过来询问楚军的布阵情形。

苗贲皇与伯州犁两人都因为父亲在国内被杀，而逃往敌国，但两人还是对自己的祖国有一种自豪感，都在两国的国君面前称赞自己的祖国“有国士在，且实力雄厚，难以抵挡啊”。不过伯州犁并没有向楚共王提供战术指导，而苗贲皇则向晋厉公献策，指出战胜楚军的关键所在。苗贲皇说：“楚军的精锐在于中军的王族亲军，请分别派遣精锐部队先攻击王族亲军的左右两翼，然后集中三个军的兵力对付王族亲军，必可大获全胜。”

晋厉公听了之后大喜，下令全军准备出击。

晋国事先做了精心的战斗部署，集中力量歼灭楚共王最精锐的核心力量：王族亲兵。在这个战斗方向上，投入三个军的兵力，采取黑虎掏心的突击战术。楚国与郑国的联军也击鼓进军，只见得车轮滚滚，马声萧萧，兵戈闪闪，喊声冲天。双方战士奋勇搏杀，而国君也不甘示弱，身先士卒。

在战场中间，有一片沼泽地，双方都小心谨慎地避开，以免战车陷入泥沼中。然而由于战场的拥挤与马车的快速奔跑，仍然有一些战车陷入沼泽。晋厉公的战车不小心陷了进去，这时中军总司令栾书看到了，赶忙驾着战车要过来帮忙。晋厉公的护卫栾鍼大声喝道：“栾书你走开！你作为中军总司令，重任在肩，怎么能在战场顾及其他事情。护卫国君，是我的职责所在，你不能侵夺我的职权；你的职责是指挥作战，不能擅离职守。现在战局吃紧，你离开自己的部下，这是很大的过错。你走开。”

很有意思，这个栾鍼是谁呢？他正是栾书的儿子，在战场，儿子教训起老子来了。

栾鍼跑下战车，硬是把陷入泥沼中的战车抬了出来，使晋厉公摆脱了险境。

跟晋厉公相比，楚共王更加倒霉。

晋国将领魏锜死死地咬住楚共王，他也是一名神射手，在厮杀过程中，放了一箭，射中楚共王的一只眼睛。幸好魏锜的箭法虽然准，但是力道还是差了些，这支箭并没有造成致命伤。楚共王气急败坏，作为一名国君在战场上被射瞎眼睛，这在楚国历史上是从来没有过的事。包扎伤口之后，楚共王召来神射手养由基，对他说：“我给你两支箭，你去把魏锜干掉。”

养由基带着这两支箭，驾着战车，在战场上寻找魏锜。魏锜成了一号标靶，养由基是中国历史上最伟大的神射手，楚共王给了他两支箭，但他只使用一支。他射出的箭如疾风般地穿越人群与兵车，准确无误地射穿魏锜的咽喉，魏锜来不及反应，就扑倒在自己的弓袋上。

对于贵族来说，即使在战场上，仍然要保持自己翩翩的骑士风度。

晋新军副司令郤至在作战过程中，有三次从楚共王的战车旁经过，见到楚共王时，都要跳下战车，脱去盔甲，然后一阵风似的从楚共王面前走过，再跳上战车。在激烈的战斗过程中发生这样的事情很是有趣，这就是古代中国的骑士精神，既是向对手表示尊敬，也是表现自己从容与无畏。

战争本是残酷的，然而骑士精神让它变得可爱。

楚共王见郤至如此，也派手下工尹襄拿一把弓，在战场上赠送给郤至，并转达楚共王的慰问："正当战斗激烈进行时，寡人看到有一个穿红色皮革的人很有贵族风度，见到寡人就脱去盔甲快走，不知受伤没有哇？"

郤至向工尹襄行了三个礼，说："在下是楚王的外国臣子郤至，奉我国君之令参加战斗，承蒙楚君慰问，诚惶诚恐，托贵君之福，铠甲披身，没有受伤，战事在身，不能直接向楚君复命，只好向楚君的使者行礼了。"

敌方的国君除了楚共王之外，还有郑成公。

郤至在战场上遭遇郑成公，他的护卫说："赶快派辆车子前去拦住郑伯，我们从后面跳上战车，把他活捉了。"

郤至回答说："伤害国君是要受到惩罚的。"下令掉转车头，停止追击郑成公。

晋下军司令韩厥也在战场上遭遇郑成公，郑成公的车在前面跑，韩厥在后面追。给韩厥驾车的杜溷罗说："郑伯的车夫一直回头看我们，注意力不在驾车上，我看一定可以追上他们。"

韩厥摇摇头说："我在战场上曾经羞辱过齐国君主（指鞌之战，韩厥追齐顷公），现在不能第二次羞辱一国之君了。"于是放弃对郑成公的追击。

这就是武士的精神。

这边彬彬有礼，那边将士们却杀得你死我活。

晋军以重兵集团围攻楚国最精锐的王族亲军，双方士兵都表现出极为坚强的品质。面对晋国士兵潮水般的攻击，楚军拼死抵抗。神射手养由基更是勇冠三军，沉着冷静，左右开弓，箭无虚发，所向之处，无不应声而倒，晋军大为惊骇。楚国的另一名勇士叔山冉力压群雄，徒手冲向敌阵，撂倒晋军士兵后，就把这个士兵当作炮弹，用力掷向晋军战车，只听"轰"的一声，战车被砸了个稀巴烂。

在养由基、叔山冉等勇士的神威表现面前，晋军强有力的攻势被扼制住。

楚国的勇士真是出尽风头，晋国的勇士也不甘示弱。

栾鍼在凭神力将晋厉公陷在泥沼中的车拉出来后，跟晋厉公说："对面就是楚国左军子重的帅旗。当年我出使楚国的时候，子重曾问过我，晋国的勇武精神有何表现呢？我回答说：晋国的勇武精神，首先是强调纪律，军队整齐划一；其次是有从容不迫的精神，临危不乱，处变不惊。今日战场相遇，本来我应该要亲自前往敬子重一杯酒，但我作为国君的护卫，重任在身，请求国君同意我派人前往向子重敬酒，以显示我晋国人从容不迫的勇武精神。"

晋厉公答应了栾鍼的请求。

栾鍼倒了一杯酒，交给一位随从，那随从直奔楚国令尹子重的车辆，到了子重跟前，献酒并说道："栾鍼手执长矛作为国君的护卫，不能亲自前来犒劳您的部下，特派小人代替他本人给您敬酒。"

子重听了之后说："栾鍼曾出使楚国，跟我说起晋国人遇事从容不迫，现在他前来敬酒，一定是为了证明这件事，他的记性可真是好哇。"言罢接过酒器，一饮而尽。

从这里可以看出楚国与晋国在勇武上的不同之处。

楚国崇尚个人英雄主义，在邲之战与鄢陵之役中，都可以看到许多楚国勇士的身影，而且个个都勇冠三军。与楚国崇尚的外在之勇相比，晋国人更崇尚内在之勇，就是从容、无畏。晋国人在战场上表现出来的风度，是勇武的另一方面的体现。作为两个军事强国，在勇武精神上，可以说各有所长，平分秋色。

这场战斗，从早上一直杀到晚上，双方互有损失，鸣金收兵回营，准备第二天继续开战。楚国人的实力并不像晋军将领分析的那样，存在必败的因素，即便晋军集合三个军攻打楚国王族亲军，也没能在战场上击败对手。

这一战下来，虽然势均力敌，但楚郑联军在补给上的优势很快就体现出来了。楚国司马子反传令各军检查伤亡与武器的损失情况，补充新的士兵与战车，由于战场是在郑国境内，对楚郑联军来说是主场作战，损坏的武器能得到及时的修复。

晋国一方的情况不容乐观，损失的兵力与战车不能得到有效的补充，统帅部深表担忧。这个时候，叛逃到晋国的楚人苗贲皇出主意了，他向晋厉公提议，向全军宣布："检查车辆，补充兵源，秣马厉兵，修整营垒，席地而食，祷告上天，准备明天与楚军决一死战。”然后故意让楚军的俘虏得知晋军的命令，放松对他们的看管，让俘虏们有机会得以逃跑回楚军大本营，向楚共王报告晋军的动向。

苗贲皇的这个计谋意味着什么呢？为什么要制造晋军士气旺盛的假象，并且让楚国俘虏逃跑回去报告给楚共王呢？似乎这只能说明一点，就是晋国军队打算撤退了，示强于敌人，便是心虚的表现。

可是战场的变化，令人出乎意料，晋国人还未撤退，楚军却先撤退了。

这是怎么回事呢？

楚共王听了逃回俘虏的汇报后，急忙召负责军事的司马子反前来商量对付晋军的办法。不想这天晚上，却发生意外，作为中军总司令的子反，居然酒喝多了，大醉不省人事，楚共王紧急召他开会时，子反睡得直打呼噜。中军司令醉得像个死人，明天的仗还怎么打下去呢？

楚共王长叹道：“看来上天要让楚国失败吗？寡人不能再等了。”

他下令撤兵，乘着夜色的掩护，楚军撤离鄢陵战场。

晋国军队发现楚军连夜撤退了，便占据其空营。楚国人撤退得太匆忙，以至于在营地里还有许多粮食来不及运走，被晋军缴获，足够吃三天。

这个结果令晋军将领欣喜若狂，可以一雪邲之战失败之耻。所有人脸上洋溢着胜利带来的欢乐之情，只有士燮颇为担忧地说：“我们的国君年纪还轻，将领们在战斗中也没有表现出过人的才干，我们是靠什么取得胜利的呢？诸位将士一定要特别留心，《周书》说得好：天命并不是固定不变的。”

在士燮看来，晋军的胜利，只是侥幸而已。

固然，如晋军将领所分析的一样，楚军是存在弱点的，但晋军也并非无懈可击。首先，面对楚军的进攻时，晋军便面临阵形不能展开的尴尬局面，还是士匄急中生智，提议毁灶填井，在军营内排列好队形出战。其次，晋国的进攻战术并不是出自晋军将领的谋划，而是由叛降的楚国人苗贲皇想出来的，而且在战斗过程中，以三个军合击楚王族亲军，并没有达到预期的效果。最后，战斗结束后，楚军可以及时补充战车与作战人员，这时又是苗贲皇给晋军出主意，而楚国人的撤退完全是意外。

从这三点来看，晋国人并没有在战斗中占据上风。

另外，晋国的盟军对这场关系到中原未来的战争，也采取虚与委蛇的态度。晋军四月份出兵，到六月底与楚军决战，前后两个月的时间，盟军则迟迟没有出现在战场，直到鄢陵之战结束的第二天，齐国军队才抵达战场，而卫国与鲁国的军队则刚刚出发。这些诸侯国显然为自己留了一条退路，这也说明晋国中原霸主地位，并非坚不可摧。

楚军有一个不成文的传统，如果军队吃了败仗，那么总司令则以自杀的方式谢罪。

楚武王时，楚军征伐罗国失利，总司令屈瑕自杀身亡；城濮之战失败后，总司令子玉自杀。为了避免同类事情再度发生，楚共王特地派人传话给楚军总司令子反："以前楚军遭到失败时，国君不在战场，所以由主将来承担责任；这次失败，责任不在你身上，是寡人的过错。"

作为有强烈荣誉感的楚国武士，子反心里明白，要不是自己多贪几杯，喝得不省人事，楚共王就不会匆促撤军了，他为此事感到羞愧与自责，他答复国君说："国君赐臣子死，那么臣死而不朽；臣指挥不力，以致楚军撤退逃跑，这是臣的过错。"

楚国令尹子重与司马子反两人争权夺利，现在子反出问题了，子重迫不及待跳出来做文章。他深知子反个人荣誉感很强，故意激他说："以前楚国大将打败仗时，主将是如何了断的，想必阁下也很清楚，您怎么不考虑一下呢？"

子反现在面子往哪搁呢？除了以死来捍卫荣誉外，还有什么可说的呢？他传话给子重说："即便没有前人的例子，有您的命令，子反岂敢苟活于世，有违武士之道义呢？子反丧师辱国，唯有以死赎罪。"

楚共王得知消息后大吃一惊，赶紧派人前往阻止，但已经来不及了，子反还是选择了自杀谢罪这种传统的方式，结束自己的生命。

这种视荣誉高于生命的武士精神，就是楚国强大的基石。

鄢陵战役是继城濮之战、邲之战之后，晋楚第三次大规模交锋。

这场战役，并没有改变晋楚均势的局面。晋国人想乘胜追击，一鼓作气征服郑国，但还是以失败而告终。

在鄢陵会战结束后，中原诸侯看到晋国人打了胜仗，这才跳出来，齐国、鲁国、卫国、宋国、邾国等国的君主或执政大臣，与晋厉公会晤，商讨组建多国联军打击楚喽啰国的计划。

七月中旬，即鄢陵之战结束半个月左右，晋军在下军副司令荀罃的指挥下，攻入陈国，之后又进攻蔡国。郑军乘晋军攻击陈、蔡的机会，在将领子罕的指挥下，向宋国、齐国、卫国三国联军发动进攻。在最近二三十年里，郑国军事力量崛起比较快，已俨然成为晋、楚之外的军事小强国，战斗力不可小觑。在郑军的打击下，宋、齐、卫三国联军居然毫无还手之力，被打得狼狈而逃。

第二年（公元前 574 年），郑国军队居然出乎所有人的意料，转守为攻。在将领子驷的率领下，突进晋国的领土，攻打虚、滑两城。

在这里，笔者不禁要为郑国的精彩表现而喝彩了。

不得了，在晋楚争霸的夹缝之中，郑国人表现堪称顽强。两年前（公元前 576 年），郑国还归附晋国，面对楚军的进攻，郑国将领子罕也是率军攻入楚国。看来郑国人已经找到一种夹缝中生存的方法，一靠灵活的外交，二靠实力。

郑军进攻晋国后，晋国的喽啰国卫国赶紧出兵，向郑国本土发动进攻，以声援晋国。郑成公将太子髡顽作为人质送往楚国，以换取楚国的出兵相援，楚共王派公子成、公子寅率楚军进驻郑国，协助防备中原联盟的进攻。

晋国人简直气疯了，没想到他们一贯看不上眼的郑国还敢在太岁头上动土。

晋厉公联合鲁、齐、宋、卫、曹、邾六国军队，还有周王室卿士尹武公、单襄公的军队，对郑国发起大规模的进攻，占领一部分领土，并且在郑国的柯陵举行一次国际会议，重申中原联盟的政策方针。

楚国不甘示弱，令尹子重统率大军，前往援救郑国，对晋国的喽啰国卫国发动进攻，占领卫国城池首止，此举迫使多国联军撤出郑国，加强卫国的防御力量。

晋国并没有放弃占领郑国的打算，到了冬天，七国联军卷土重来，围困郑国都城。但是七国联军的攻势仍然是雷声大，雨点小。当楚国的公子申率楚军北上援救郑国、跨过汝水时，七国联军又撤兵了。

晋国虽然在国际战争中，连续打败狄、齐、秦、楚四大强敌，然而一连串的胜利，掩饰不了国内重重矛盾，晋国各大家族之间的内讧与倾轧，将随着晋国在军事上的节节胜利，愈演愈烈。

春秋全史

变局时代（下）

醉罢君山——作品

中国出版集团 现代出版社

第十二章　内乱与中兴

一、赵氏孤儿

自从赵盾弑灵公后，晋国的君主便处于一种尴尬的地位。面对权势熏天的各大家族，晋国公室似乎显得很弱势。晋国六卿（即三军正副司令，若加上新军正副司令，则是八卿）一直被几大家族所垄断，这些家族势力猖獗，有威逼君权、尾大不掉之势；同时各大家族之间利益冲突明显，为了各自的利益，相互倾轧。

在早期狐氏与赵氏两大家族的对抗中，狐氏败北，势力被清除。赵氏家族在赵盾当国时，势力达到鼎盛。赵盾为巩固家族势力，曾血洗军队高层反赵集团，甚至弑杀晋灵公。他在世时，无人敢与之作对，他如“夏日之日”的执政风格，不可避免地引起其他家族的反感与抵触，这也为后来赵氏家族招灭顶之灾埋下祸根。

赵氏孤儿的故事，《左传》与《史记》的记录完全不同，像是两个不相干的故事。笔者采用的方法是，以《左传》记载为主，原因是《左传》成书时间早，史实可靠；《左传》未曾记录的，采用《史记》之说，以补其漏。

赵盾去世后，赵氏家族在晋国的势力依然十分强大，晋楚邲之战中，晋军的高级将领有四位出自赵氏家族。其中赵朔担任晋军的下军司令，赵同是下军参谋（下军大夫），赵括和赵婴齐都是中军参谋（中军大夫）。赵朔是赵盾的儿子；赵同、赵括、赵婴齐都是赵盾的同父异母兄弟，即赵朔的叔叔。

邲之战晋军遭到惨败，战败的主要责任人是中军副帅先縠，但作为中军参谋的赵括与下军参谋的赵同，都站在支持先縠的一方，兴风作浪。后来先縠被诛杀，赵同与赵括没有受到惩罚，显然这跟他们的家族背景有很大的关系。

几年后，赵盾的儿子、晋国下军司令赵朔去世。

赵朔的英年早逝，对赵氏家族在国内的地位与影响力，是一个重大损失。赵朔只有一个儿子赵武，妻子是晋景公的姐姐赵庄姬，他去世时，赵武才刚刚出生。赵庄姬还年纪轻轻，赵朔的叔父赵婴齐对年轻貌美的寡妇垂涎已久，常上门关心，不久两人关系发展神速，成了一对情人。

可这事偏偏让赵同和赵括知道了。赵同、赵括一听，这还了得，有损赵家的声誉。于是两人商议一下，决不能让赵婴齐待在晋国，要将他驱逐出境，赶到远离晋国的齐国去待着。

赵婴齐一听，心里舍不得美人，便对两位兄长说："现在栾书当上中军元帅，一直对我们赵家虎视眈眈。有我在这儿，栾书就不敢轻举妄动。我要是到齐国，恐怕两位兄长有难。况且人各有才能，我跟赵庄姬要好，她是国君的姐姐，以后要保护赵家，可以出得上力，你们又何必要为难呢？"

赵同与赵括不同意，还是把他赶出了晋国。

这下可气坏了赵庄姬，你想她年轻守寡，地位特殊，除了胆大妄为的叔叔赵婴齐外，还有谁敢惹上门充当情人而得罪赵氏家族呢？

女人有温柔的一面，也有意气用事的一面，她这一气，告到晋景公那儿了。赵庄姬知道栾氏、郤氏与赵氏矛盾很深，相互倾轧，就对晋景公说："赵同与赵括企图起兵叛乱，这件事，估计栾氏与郤氏都听到风声了。"

晋景公一听，那还了得？忙下令执政大臣栾书严加调查。栾书心里偷着乐，正愁没机会扳倒实力强劲的赵氏家族，于是与郤氏家族取得联系，一起商量对赵家进行毁灭性的打击。赵庄姬作为女人一时感情用事，带来的后果是她想不到的，她忘了自己和儿子也是赵氏家族中的一员。

栾书将整倒赵家的重任交给屠岸贾。一是因为屠岸贾是掌管刑狱的大臣，即司寇，调查谋反本来就是分内事；二是栾书虽然有意扳倒赵氏家族，但由自己出面来做这件事，会让其他家族深感恐惧，人人自危，弄不好还会砸了自己的脚。

屠岸贾掌管刑狱既久，对织罗罪名这一招，自然得心应手。于是他把新账旧账一起搬出来：第一，赵同与赵括企图带兵谋反。第二，赵盾弑君这件往事，刚好可以拿来炒一炒，如果弑君罪成立，那是灭族的罪行，赵盾这一族的人，统统要牵连受诛。

赵同、赵括要谋反的说法，有赵朔遗孀赵庄姬的证词；赵盾弑君的往事，人人尽知，国史书还有董狐的记录在案哩。

凭这两条，就是灭门之罪了。

屠岸贾带兵包围赵府，赵同、赵括当然不肯束手就擒，率领家族亲兵拼死反击。屠岸贾下令格杀勿论，血洗赵府。在力战中，赵同、赵括及其家人都被诛杀，一时间血流成河，惨声连天。

大屠杀过后，清点尸体时，却没有发现赵朔的遗孤赵武，一个几岁大的小孩儿哪去了呢？

这个赵氏孤儿，造就了一个千古传诵的传奇，使中国的武士精神得以光芒璀璨，永不熄灭。

根据《史记》的记载，大屠杀时赵武还没有出生，大屠杀过后，赵庄姬在王宫中生下赵武，此时屠岸贾带兵冲进王宫内，要对赵氏斩草除根。

笔者不敢采用此说，这一年是公元前 583 年，根据史料记载，在公元前 573 年，晋悼公任用赵武为卿。如果赵武是大屠杀这一年出生的，出任卿家时年仅十岁，这显然不太可能，所以太史公的记载当有误，依笔者推测，此时的赵武应该是五六岁大的小孩儿。

一个小孩子又怎么能躲过屠刀呢？原来他被程婴救走了。

程婴是赵朔的好朋友，为人豪爽义气，赵朔生前把他当作知己。在得知屠岸贾要屠灭赵氏全家时，程婴心知赵氏家族由于势力太大，得罪太多人了，甚至也让国君深感不安，自己位卑言轻，无力拯救赵氏家族，但至少要保全赵朔的孤脉，于是他偷偷地把赵武藏了起来。

屠岸贾没有发现赵武的尸体，下令在全城内大肆搜捕。程婴非常担心，这样下去，总有一天会搜出来的。这时他想到一个人，自己的好友公孙杵臼，公孙杵臼早年也是赵朔的门客，赵朔有恩于他。

程婴找到公孙杵臼，公孙杵臼一见到他，劈头就问：“你是赵朔的好友，现在赵家被灭族，你为何不殉难而死，还苟且偷生啊？”

程婴一听，没有生气，反而暗暗高兴。这几句话，证明公孙杵臼是个重义气的英雄好汉。他便对公孙杵臼说：“现在赵朔所留下的孤儿赵武，还只是个小孩子，我必须要保护他、把他抚养成人，这样才对得起朋友。我不是不殉死，只是要晚一点死罢了。现在我把赵武藏了起来，屠岸贾正在派人搜查，总有一天会搜到他的，你说这事要怎么办？”

公孙杵臼想了想说：“你觉得在抚养孤儿与以死相殉之间，哪件事情比较困难？”

程婴回答说：“死是昼夜事罢了，这个容易，而抚养孤儿、保护他的安全，这事看来是比较困难的。”

公孙杵臼说：“赵家对你很优厚，困难的事情，就由你来承担；容易的事，由我来做。请让我选择先死吧。”

两人合谋，设法抢来一个跟赵武长得相像的小孩儿，并且躲进深山老林中。两人当了一回土匪，不太光彩。有些叙述家为了维护两位武士的英雄形象，把这个抢来的小孩儿写成是程婴的孩子，与史不合。

公孙杵臼设计的是一出苦肉计。根据计划，程婴跑到屠岸贾那里，装着一副贪财的模样说：“谁能赏赐我千金，我就说出赵氏孤儿的下落。”

屠岸贾正愁找不到赵武的下落，听到程婴说的话，大喜过望，赶忙答应程婴的要求。于是程婴带着屠岸贾和一队人马到深山老林中，找到公孙杵臼的藏身地。

公孙杵臼见到程婴后，故作愤怒状，指着他骂道：“程婴，你这个小人！赵将军对你不薄，现赵家受屠，你不能以身相殉。前些日子还与我计划把赵氏孤儿藏养起来，现在居然卖友求富贵，你，真是个小人！”

不得不说，公孙杵臼表演得很逼真，屠岸贾对其所说的深信不疑。

公孙杵臼冲着程婴“呸”的一声，然后抱着在一旁已经吓得大哭的小孩儿，对屠岸贾叫道：“天哪，赵氏孤儿何罪之有，杵臼情愿用自己的性命来换赵氏孤儿之命，这样可以吧。”

屠岸贾等人没有见过赵氏孤儿，便问程婴：“这个小孩就是赵朔的儿子吗？”程婴答说：“没错，这就是赵武。”

屠岸贾挥挥手，冲着手下说：“给我上，把他们二人都杀了。”士兵们一拥而上，你一刀我一剑的，早把公孙杵臼与冒充的赵氏孤儿剁成肉酱。

程婴在一旁面无表情，其实他的内心在滴血，亲眼看着好友被砍得面目全非，他不能作声，因为他有更重要的使命要完成。

作为一个视名誉高于生命的人来说，这，确实比死更难受。

公孙杵臼以死来完成自己的使命，而程婴必须苟且偷生，来继续自己的使命。

屠岸贾认为赵氏孤儿已经死了，便回去复命。程婴把赵氏孤儿带到安全的地方抚养，虽然孤儿的性命得以保全，但是赵氏家族的财产与地位丧失殆尽，晋景公将赵氏的土地田产赐给大臣祁奚。如何恢复赵武的地位与权益呢？这是摆在程婴面前的一个难题。

要恢复赵家的名誉与地位，必须要有位高层人士鼎力相助，而韩厥便是最佳人选。为什么呢？有以下几个方面的原因：第一，韩厥与赵家有很亲密的关系。韩厥是由赵家抚养长大的，在韩厥的升迁过程中，得到赵盾的器重与提拔，他在生活上与事业上，都与赵家有着一层特殊的关系。第二，韩厥为人正直，不做落井下石之事，当屠岸贾要对赵家痛下杀手时，韩厥曾出面劝阻，并给赵家通风报信。第三，韩厥此时身份是下军司令，是朝廷的重臣，地位高，在朝廷中说得上话。

程婴上门拜访韩厥，把保护赵氏遗孤的经过告诉他。

韩厥听罢又惊又喜，看来天意不让赵氏灭门，他答应程婴，一定会鼎力帮助赵武恢复望族身份和家产的。但是平反并不是件容易的事，很明显，赵氏受屠，不仅是屠岸贾的血腥与残暴，背后是栾氏、郤氏，甚至包括晋景公，对赵氏集团的排挤、倾轧、报复、打击。既要恢复赵武身份，又不得罪君主与重臣，这绝非一件容易的事。然而，智勇双全的韩厥找到了一个机会。

过了一段时间，晋景公生病了。当时的人都比较迷信，晋景公就召来卜筮进行占卜。韩厥抓住这个机会，跟卜筮串通好，合演一出双簧戏。卜筮装神弄鬼一番，然后对晋景公说：“主公的病根，是因为大业的后人阴魂不散在作怪哩。”

晋景公很是不解，于是召集群臣，来解答这个疑问。

韩厥密禀晋景公："大业的后裔，在秦是嬴氏，在晋是赵氏。赵氏在晋国，从文公始，代代都对国家有巨大的功劳。但是赵氏却惨遭灭族，而且没有证据表明赵氏企图谋反，国人都对赵氏的遭遇深感哀怜，神灵就通过占卜的龟策表达这种哀怜之心。"

晋景公听了吓出一身冷汗，看来是因为屠戮赵氏一族，遭到神灵的谴责，心中十分害怕，便急着问韩厥："那赵氏现在可还有留下子孙？"

韩厥见时机成熟，便密告晋景公："赵朔的遗孤赵武尚流落于民间。"便把事情的来龙去脉说了一下。

晋景公道："那赶紧把他找回来，重新恢复其爵位和家产吧。"韩厥回答说："赵氏全族遭诛，必须要先平反，才可以恢复其后人的爵位和财产。当时屠岸贾没有主上的命令，擅自滥杀无辜，现在必须要先杀了他，才可以让国内的百姓心服。"

其实赵氏遭屠，真正的责任人是栾氏和郤氏，包括晋景公在内，屠岸贾不过是个执行人罢了。但是大家心知肚明，搬出个替死鬼，既可以不得罪国君与重臣，又可以恢复赵氏家族的地位，这是韩厥想出的最佳选择。

第二天，晋景公召见群臣。

韩厥带着赵氏孤儿进入王宫，晋景公当众宣布赵武仍然活着，要恢复赵家的爵位与旧有的田地。为了预防栾氏和郤氏的反对，韩厥把军队布置在宫殿周围，以武力进行威胁。诸大臣没有办法，都把罪状推到屠岸贾身上。这样，晋景公当场宣布恢复赵家的地位，并且派程婴带兵前往击杀屠岸贾，屠岸贾家被灭族。

在公孙杵臼、程婴的保护，韩厥的努力下，赵氏孤儿赵武终于得以保全性命，并使赵家的族脉得到继续发展与光大，否则就不会出现以后战国七雄中的赵国。

在韩厥、程婴的精心照顾下，赵武渐渐长大成人，早年的遭遇使他少年早熟，为人沉勇机智。程婴看了很是欣慰，可是他还有一桩心愿未了，便前来向赵武辞别。

程婴对赵武说："以前赵家发生变乱时，赵家的家臣们都能殉难而死，包括我的好朋友公孙杵臼，我亲眼看着他被剁为肉泥。当时我之所以不死，是想保全赵家的血脉，抚立赵氏的后代。现在你长大成人了，已经恢复先人的官职，我的使命已经完成了。现在我只有一个心愿，就是到九泉之下与好友公孙杵臼相会。”

赵武听了大吃一惊，他是个知恩图报之人，他对程婴如对待父亲一般，非常爱戴尊重，可是现在却要死别。他非常悲伤，向程婴跪下叩头，含着泪恳求道：“赵武愿终生竭尽所能来报答您，您怎么能忍心丢下我呢？”

程婴去意坚决，对赵武说：“我不能不死。我跟公孙杵臼有过诺言，他先我而死，是因为相信我能够做到保存赵家这件艰巨的任务。现在是我向公孙兄复命的时候，他在九泉之下等很久了，要是我还不前去复命，他恐怕会认为我没能完成使命，这样在九泉之下，他也不会安心，而我又于心何忍呢？程婴比公孙兄多活十几年，但绝非苟且偷生之辈，士为知己者死。如今，我前往与故交知己相会，这并不是什么悲伤的事情。”

赵武无法阻挡，程婴面带笑容说：“杵臼兄，让你久等了，程婴来也！”遂自杀，到九泉之下与老朋友公孙杵臼会合了。

写至此，笔者忽然想起晚清志士唐才常在牺牲时口占的一句诗：“七尺微躯酬故友，一腔热血溅荒丘。”唐才常酬的故友，是先死的谭嗣同，这种肝胆相照的武侠精神，不正与公孙杵臼、程婴有同样的精神渊源吗？笔者又记起戊戌变法失败时，梁启超前往劝说谭嗣同逃往日本，谭嗣同答道：“不有行者，无以图将来；不有死者，以无酬圣主。程婴、杵臼，西乡、月照，吾与足下分任之。”由是可见，程婴、杵臼死后两千多年，他们那种为使命而勇不避刃，死而无悔的最高武士精神，使他们在死后两千多年依然是后世勇士之楷模。

二、君臣的生死较量

赵氏孤儿的故事，只是晋国内部权力倾轧的开始。

晋国的权力结构中，卿家的势力极炽。晋文公以来，先氏、赵氏、栾氏、士氏（又称范氏，因士会采邑在范，故以范为氏）、郤氏等几大家族，轮流坐庄。这种贵族集团专权的制度，包含有某种积极竞争的因素，为了保持家族的地位，各家在对子女的教育上都是极其严格的。由于晋国主要将领都出自贵族，因而每个人从少年时代始，就经常要上战场，冲锋陷阵，培养勇敢精神与领导才能。因而晋国这些大家族，一直是人才辈出。

人才多对国家是一大好处，同时又使得家族与家族之间的权力之争非常激烈。不仅是卿家间在较量，卿与君也在较量。君臣之间猜忌与防范，成为晋国内政极不稳定的因素。这些不稳定的因素，总有一天，会如火山般爆发的。

对于这一切，有一个人洞若观火。

此人就是中军副帅士燮。

士燮是个极为深谋远虑之人。在鄢陵之战前，他强烈反对与楚国开战。他意识到，晋国之所以内部暂时团结，是因为周边有强大的敌人存在，一旦敌人一个个消灭了，天下无敌的晋国，内部诸多的纷争、矛盾都会激化。

晋国政坛的狂风暴雨就要到来了。对于极富责任感的士燮而言，是无法忍受的痛苦。

鄢陵之战后一年（公元前 574 年），士燮去世。

士燮之死是个谜，后世的杜预推测他死于自杀。从《左传》的记录来看，士燮似乎是得病之后，拒绝就医，还让祝宗为自己祈死，他说："爱我就快诅咒我，让我早点死，唯有死才可以避免祸难，这对我们范家来说是福。"士燮选择以死亡的方式，逃避即将到来的腥风血雨，以保全自己的家族。这场还未到来的风暴，虽然还只是在酝酿中，但对于智慧过人的士燮，已经是清晰可见了。

晋国的核心权力，掌控在几大家族手中。不甘寂寞的晋厉公，要把权力从卿家手中夺回，他是个很有作为的国君，在当政的七年之中，先后取得对秦麻隧之战、对楚鄢陵之战的胜利。这是继晋文公之后又一个辉煌的时代。有作为的君主，决不愿意成为诸臣手中的傀儡，于是一场君臣之间的权力较量开始了。

要翦除大夫卿家的势力，从何处下刀呢？

赵氏家族只剩下赵武一个孤儿，已经没有实力了；范氏的士燮刚刚去世，威胁也不大；数来数去，对晋厉公威胁最大的，莫过于栾氏和郤氏。当时郤氏家族气焰最为嚣张，势力也最为强大，晋厉公想扫灭卿家的势力，首先必须拿郤氏开刀。

郤氏家族的实力之强，从其家族史可略窥一斑。郤氏家族曾有三个人出任晋军总司令兼国相：郤縠、郤缺、郤克。在晋厉公时代，郤氏家族在军队高层中占据多个席位：上军司令郤锜、新军司令郤犨、新军副司令郤至，因为三人都出自郤氏家族，又被称为“三郤”。

郤氏家族当权太久，气焰过于嚣张，有点目空一切，在朝廷内外，结怨甚多，这为其覆灭埋下祸根。

首先是郤至与晋军总司令栾书有过节。

郤至作为晋国四大集团军中的新军副司令，在八卿排名中，排在最后一位。但是在鄢陵之战时，中军元帅栾书力主避敌锋芒，待楚军有可乘之机时再伺机决战；郤至却公然挑战栾书的权威，主张对楚军实施快速决战，并最终被晋厉公所采纳。鄢陵之战胜利后，郤至到处吹嘘其战功，不把其他将领放在眼里，总司令栾书对他十分恼怒，动了念头，打算撤掉他新军副司令的职务。

再者，郤氏因为势力庞大，常凭借其权势与其他大臣争夺田产土地。比如上军司令郤锜抢夺夷阳五的土地，新军司令郤犨抢夺长鱼矫的土地，使得夷阳五与长鱼矫对郤氏恨之入骨，这两人后来都为晋厉公扫灭三郤立下汗马功劳。

另外，郤氏由于执政时间长，得罪不少大家族。在郤缺担任中军元帅兼第一执政官时，曾罢免胥克下军副司令的职务，胥克的儿子胥童怀恨在心，后来也成为诛杀三郤的急先锋。

三郤势力雄厚，又不得人心，自然成了晋厉公铲除的首要对象。

元帅栾书与晋厉公心照不宣。

为了撤掉郤至的军职，心怀鬼胎的栾书使了个花招。他指使楚国战俘公子筏（鄢陵之战被晋军俘虏）向晋厉公告密：“鄢陵之战，楚军其实是被郤至暗地里召来的，因为他认为晋军一定会战败。只要晋国战败，他便打算拥立孙周为国君，取代您的位置。”

孙周是晋襄公的曾孙，当时居住在周都洛邑。

晋厉公问栾书说：“你看这事可不可靠？”

栾书故意煽风点火说：“我看恐怕是有这回事。郤至在战场上的表现，大家都看到了，三次经过楚王的战车，都下车免胄快行，楚王还派使者送他一副弓。

主公想想，要不是他勾结楚军，怎么会在战场上与敌人的使者往来，而不顾及生死呢？我看不如派他去趟洛邑，我们派人跟踪，看看他有没有跟孙周联系。”

晋厉公点点头，派郤至作为代表前往洛邑，向周王室进献楚国的战俘。

栾书暗地里派人通知孙周接见郤至，郤至不知是阴谋，便前往孙周府中，被晋厉公派去的盯梢人员发现了，便回国禀报说：“郤至果然与孙周暗地里有往来。”

这下子晋厉公确信不疑：郤至果然有反骨！

接着，又发生了一件事情。

在一次狩猎后，晋厉公在草地上休息，与心爱的女人们喝酒。这时郤至猎杀一头野猪，想拿来进献给晋厉公。宦官孟张不让郤至进见，还把他的野猪给夺了下来。

郤至大怒，一个区区的宦官，居然也敢仗着靠山，来羞辱一位堂堂的司令。他是个武士观念很强的人，恪守着当时武士的行为准则，这点在鄢陵会战中就体现得很明显，是战场上极有风度的一位武士。

作为一名武士，名誉是比生命还重要的事，忽然被一个宦官羞辱，这怎么受得了。郤至当场拿起射杀猎物的弓，搭上一箭，就送宦官孟张上西天去了。

晋厉公恨恨地说：“郤至也欺我太甚了。”

一念之下，杀心顿起。

郤家的仇人胥童、长鱼矫、夷阳五等人，早被晋厉公收罗帐下，就只等着国君的一声令下。胥童与夷阳五秘密召集八百甲士，作为血洗郤家的基本武装力量。

但是这么大的行动，参与者不少，还是给走漏了风声。

郤家听到了一些传闻。上军司令郤锜与新军司令郤犨都拥有重兵，晋国的四支集团军，有两支控制在郤家手中。郤锜心中恼怒地说：“与其坐以待毙，不如先发制人，我把军队拉过来，向他们发动进攻，即便我们战死了，国君也一定没好日子过，必定岌岌可危。”

但是郤至的想法是不同的。

郤至是标准的武士，恪守武士的基本道德观念。他与郤锜、郤犨不同，既不以势压人，也不会与人有经济利益上的纠纷。他只有一个缺点，就是喜欢自夸，也喜欢别人夸他，因为他很看重声誉，要让自己的武士形象可以永载史册。

郤至拒绝先发制人，他说："作为一名武士，信用、智慧与勇敢是必不可少的。背叛君主、发动祸变，这不能称为信、智、勇，就算到时战死，还会被人怨恨。国君如果想杀掉我们，那也无可奈何。如果我们是有罪的，现在死也算是晚了，但如果我们是无罪的，却要强行加罪于我等，那么我想君主将会失去民众的拥护，他的宝座还坐得稳吗？"

郤至态度非常地明确，宁愿死，也不愿意违背一个武士所必须遵从的准则。从其个人修为来看，他确实是个了不起的人物。

在晋厉公一方，已经是磨刀霍霍了。

胥童与夷阳五打算率领八百甲士用武力解决郤氏，长鱼矫摇摇头说："你们才八百人，郤氏三人都手握重兵，搞不好不但杀不了他们，反而逼他们起兵闹事，这样一来就出大乱子了。不如智取的好。"

长鱼矫想了个鬼点子。他与晋厉公的宠臣清沸魋，故意在郤家门口吵架，各自操起武器，搏斗起来，打得衣裳凌乱的样子，然后去找三郤评理。正好三郤当时都在讲武堂，看到这两个人在拉拉扯扯的，就上前去看看怎么回事。长鱼矫与清沸魋趁他们不注意时，操起手中的戈，对着郤锜、郤犨狠狠地戳下去，郤锜、郤犨两人惨叫一声，当即毙命。

郤至一看大事不妙，扭头便跑，边跑边说："与其糊里糊涂地被冤杀，还不如逃跑的好。"他为什么要这样说呢？逃跑对于一个武士来说，是不光彩的，但是不明不白死于两个小人之手，则更加可耻。郤至跑上一辆车子，正准备驾车夺路而逃，此时追赶上来的长鱼矫提起长戈，往背后一捅，洞穿身体，郤至也当场毙命。

顷刻之间，晋军八大将领中的三人死于非命。

当三具尸体被抬到朝廷上时，诸大臣大惊失色。继赵氏被屠之后，历史再次重演，而这次灾难是落到郤氏家族。当然，对于郤氏这样的结局，有人是幸灾乐祸的，总司令栾书就是其中之一。虽然栾书本身没有参与晋厉公导演策划的这场阴谋，但是在离间晋厉公与郤至的关系上，他却是做过手脚的。

栾书对局势出现重大的误判。

晋厉公所要扫除的，绝非仅是郤氏一族，他的胃口之大，超乎栾书的意料。

三郤尸体被陈列在朝廷上，众臣惊魂未定之际，胥童与夷阳五的八百甲士冲进来，当场将手无寸铁的晋军总司令栾书与上军副司令荀偃（中行偃）两人逮捕。

晋厉公以迅雷不及掩耳之势，对晋军最高层的将领进行大清洗。这场君臣之间的权力之争，似乎将以晋厉公的大获全胜而告终。

然而，一向雷厉风行的晋厉公忽然迟疑了一下。

这个迟疑，使他不仅将胜利拱手相让，还赔上一条性命。

对栾书与荀偃二人，杀还是不杀？

晋厉公迟迟下不了决心。

作为国君，晋厉公当然有权力杀死栾书与荀偃。可是如果他这样做了，就不得不面对许多难以想象的后果。首先是如何自圆其说。如果说三郤被诛，还可以诬以“阴谋造反”“企图颠覆政府”的罪名，那么对栾书与荀偃呢？那只是赤裸裸的权力争夺，晋厉公又将何以告国人呢？其次，一日之内杀死八卿中的五人，会不会引发其他家族的集体叛乱呢？这些家族手握重兵，非国君所能掌控，一旦兵变发生，晋厉公又将有什么力量来平息呢？

他迟疑了，对长鱼矫说：“一天之内已经杀死三位朝廷重臣了，寡人不忍心再杀死更多的人。”

长鱼矫这个人，也没听过他对国家有多大的贡献，搞内斗的水平却是一流的，中国历史上不缺乏像他这样的人物。他听了以后，有大祸临头的感觉，力劝晋厉公说：“主公不忍心下手，别人未必就不忍心对主公下手哇。如今大夫势力猖獗，威逼君权，这种国家内部的祸害如果不清除，君上的权威就不能树立起来。请主公定要诛杀栾书与荀偃。”

晋厉公没有答应。

他想点到即止，只要栾书、荀偃为代表的大家族以后能有所收敛，假以时日，总会收回君主之权的。

栾书与荀偃被释放了，官复原职。晋厉公企图彰显自己的君恩，以宽大的处理来换得大夫们的支持。精于内斗的长鱼矫预感到大事不妙，他连夜外逃到狄人部落，很明智地退出这场晋国最高层的权力之争。

开弓没有回头箭，妥协的结果，经常是代价巨大。

显然，晋厉公低估了卿家的实力与胆略。

栾书仍是名义上的晋军总司令兼第一执政。

此刻的他，如履薄冰，小心翼翼。他心里很清楚，晋厉公没有处置他，只是因为害怕激起手握重兵的卿大夫发动兵变，如果等到晋厉公羽翼丰满，将权力尽握手中之后，那么他栾书，必定将遭到清算。与其受祸于未来，不如铤而走险于今日。

不能单独行动，卿大夫们要联合起来，一致对抗君主。

荀偃义不容辞与栾书共同进退。他们又照会韩厥、士匄两大望族，当然免不了说些兔死狗烹、伴君如伴虎的话。但是士匄与韩厥都拒绝卷入弑君政变中，不过他们也没有制止，更没有出卖栾、荀两人，而是采取隔岸观火的态度。虽然没有参与，但韩厥与士匄都默认了栾书、荀偃的政变阴谋，几大家族心有默契。

从这里可以看出，晋厉公企图从卿家士族手中夺回大权，的确把豪门望族都给得罪了。

栾书与荀偃一起想方设法来除掉晋厉公。

两人都是战将出身，性格果断、善于捕捉战机。他们要策划一次反击，这次反击要一击中的，否则的话，绝不可能有第二次机会。必须要寻找到晋厉公防卫最薄弱的时机，以迅雷不及掩耳之势，速战速决，置他于死地。

两天后，晋厉公自以为天下太平，大夫士族都服服帖帖了，就放松了警惕。这一天，晋厉公来到宠臣匠骊氏的家中，在其家中小住，由于不是在宫廷，只是带了少量的随身卫队。

紧密监视晋厉公的特务马上密报栾书。栾书心中极度的兴奋，立即找来荀偃：这是干掉晋厉公最好的机会。

行事果断的栾书没有迟疑，他马上带领军队，包围匠骊氏的家。晋厉公的卫队人数很少，很快就被叛乱的军队杀光了。晋厉公大惊失色，心中暗叫不好，但是匠骊氏之家被围得水泄不通，只能束手就擒。

栾书又派人火速逮捕胥童。此时的胥童已经被晋厉公任命为内阁大臣，他是上次逮捕栾书、荀偃的主要策划人。栾书对其恨之入骨，下令将他立即处死。

至此，晋厉公一次疏忽大意，便葬送了原本已经取得的胜利。

晋厉公成为阶下囚后，于次年（公元前 573 年）被栾书下令杀害。

这是晋灵公被刺之后，第二位被弑的晋国国君。这两次杀害国君的主谋，都是晋国的总司令、中军元帅，兼第一执政。这是君权暗弱的时代，以君主为首的公族势力受到卿家大夫的威逼，君主没有独裁的实力，如果国君企图将权力集于一身，取代卿家的势力，那么必然是自取灭亡。

三郤遭屠与厉公被弑，是晋国内乱的一个高潮。这次事变之后，晋国大夫士族卿家的实力更加强大。这次内乱是晋国权力核心的一次大洗牌，接替晋厉公的国君，就是当时栾书诬告郤至秘密勾结的、寓居周都城的晋襄公之曾孙——公子周，史称晋悼公。

晋悼公是晋国史上伟大的君主之一。他的继位，使晋国得以暂时摆脱窝里斗的内讧局面，继续维持着霸主地位。

在晋国政坛风雨飘摇时，晋悼公究竟如何力挽狂澜，使国力复振呢？

三、晋悼公的平衡术

公元前 573 年，栾书、荀偃等人杀死晋厉公后，迎立晋悼公。

晋悼公这一年只有十四岁，他是晋襄公的曾孙，早年一直寓居在周的都城洛邑。

当初栾书为了打击排挤郤至，诬告的理由就是郤至勾结公子周（即晋悼公），企图谋反。历史的玩笑是，栾书用这个莫须有的罪名来诬陷郤至，而最后使之成为现实的人，不是郤至，正是栾书本人。这个事实也说明，当时的公子周，在晋国君位继承人的候选名单中，是比较让众位士卿看好的，这也是他得以顺利继任君位的原因。

那么年轻的晋悼公，能否摆脱傀儡君主的命运呢？

十四岁还只是个少年，然而晋悼公显得格外老成。这大约与他长期寓居国外、见多识广有很大关系。他从来没想过自己有朝一日能成为晋国的君主，当这种意外之喜从天而降时，他有一种深深的担忧。

面对晋国政坛内部的权力倾轧与混乱，大夫专权，国君被弑，晋悼公究竟会不会只是大夫们手中的一个傀儡而已？甚至成为下一个被弑的国君？他又将如何与卿家大夫们相处，既约束重臣，又不过分激怒重臣，既有国君的威势，又不得罪大臣的利益呢？

对于一个年仅十四岁的少年，这的确是一个巨大的考验。

自古英雄出少年。

从一开始，晋悼公便表现出他那与年龄极不相称的沉稳与睿智。

当他从周都城洛邑返回到晋国时，文武大臣前往清原隆重迎接。对于长期居住国外的晋悼公来说，他在晋国没有任何根基，面对这些虎狼之臣，他决定以退为进，如果没有得到相应的权力，宁愿放弃君位。

面对众位卿家大夫，晋悼公发表声明："众卿家决定立我为国君，这是我所未曾料到的事。一个国家的人民之所以要有国君，是为了让他来领导这个国家，服从他的命令；如果推举了国君，却又不听他的命令，那么还要国君干什么呢？所以众卿家要想仔细了，要用我也是在今天，不用我也是在今天。"

众大臣纷纷表态："我们怎么敢不唯命是听呢？这正是我们臣下的愿望。"

不过晋悼公心里明白，这种表态，不过是走走过场，这些虎狼之臣，其实内心深处，只想把他当作一个傀儡罢了。但是没有关系，只要有表态，日后总是有用的。

这样，晋悼公入了绛都，正式就位。

晋悼公很快便展露出他的才华与魄力。

他做的第一件事，便是清算晋厉公时的奸逆之徒，曾经协助晋厉公发动内乱的七名内臣被驱逐出境。这样做，是要让栾书与荀偃放下心，新朝廷是不会追究栾、荀二氏的弑君之责的，那场政变，错在晋厉公。这个表态是很重要的，因为参与谋反的绝不仅是栾、荀二家，包括韩厥、士匄都有份，他们知道却没有阻拦。

在稳住众卿家后，最关键的是如何防止栾书擅权。

在这里，史书的记载出现一个盲点。迎立晋悼公之后，栾书突然从史书中消失了。权倾一时、弑杀晋厉公的栾书哪去了呢？谁也不知道。我们猜测，可能有三个原因：第一，栾书刚好去世。第二，他自动隐退了。第三，他被晋悼公逼下台了。

这三种可能性都是存在的，栾书的去向，成为晋国历史的一大谜团。如果说栾书是去世或自动隐退，那对晋悼公来说，是非常幸运的事。如果是被晋悼公逼下台，那就不仅仅是幸运了，而是这位少年君主太厉害了。有没有这种可能性呢？有的。

我们要注意到一个细节，接任中军元帅一职的是韩厥。

这个细节说明什么呢？自三郤被诛后，韩厥在军中的地位，次于栾书与荀偃。不管什么原因，栾书没有担任元帅了，那接下来的第一人选，应该是荀偃。荀偃与栾书一样，是策划弑君的元凶，晋悼公一下子把韩厥置于荀偃之上，就是要压制荀偃的势力。韩厥是一个正直的人，我们从赵氏孤儿的故事中可以看出来，如果不是他的鼎力相助，赵氏独苗赵武是没有出头之日的。在栾书发动政变时，韩厥是拒绝参与的，这一点也非常重要。

历史的真实情况，会不会是晋悼公利用韩厥，打击栾书与荀偃，并迫使栾书退出历史舞台呢？应该有这种可能性。韩厥与栾书的矛盾是非常深的。首先，韩厥与赵氏渊源极深，赵氏却惨遭灭族之运，栾书是参与其中的。其次，韩厥力保赵氏孤儿时，曾经派出军队以武力手段威慑栾书等人。最后，在弑杀晋厉公一事上，韩厥是断然拒绝与栾书合作的。

无论栾书是如何退出政治舞台的，对晋悼公而言，绝对是少了一块绊脚石。

在明智起用韩厥为元帅的同时，晋悼公又提拔四人为卿，这四人是魏相、魏颉、士鲂、赵武。魏相去世后，以栾书之子栾黡为卿。

此时晋国八卿排名分别是：韩厥、荀偃、荀罃、士匄、栾黡、士鲂、魏颉、赵武。荀氏的力量仍然极为强大，占据二、三席的地位，栾氏的地位则由于栾书的消失，有所下降。晋悼公新安排的几位人选，对荀、栾的势力起到牵制作用。

显然，晋悼公是吸取晋厉公败亡的经验教训，不可以直接与豪门强族来争夺权力，而只能让豪强之间相互制约。卿家势力是无法消灭的，这一点，晋悼公心知肚明。如果他想以身试法，就是晋厉公的下场。

从军队高层的大换血中，可以看出晋悼公的心机、魄力与智慧。

他在晋国毫无根基，游走于各卿家势力之间，如履薄冰，可是他却游刃有余。不要忘了，他只是个十四岁的年轻人，可他的政治才华，太令人惊叹了。

在用人方面，晋悼公煞费苦心，既要照顾到卿家大夫的利益，同时又要任用贤良之才，在度的把握上，要十分谨慎。年轻的晋悼公，还是体现出他知人善任的方面。譬如任用祁奚便是一例。

晋悼公初即位时，任用祁奚为中军尉，祁奚任职四年，兢兢业业，恪尽职守，但他年迈了，告老还乡。晋悼公就问他："什么人可以顶替你的职位啊？"

祁奚说："解狐可以胜任。"

晋悼公一听，就问："解狐不是跟你有仇吗？"

祁奚回答道："主公是问我谁可以胜任这个职务，没有问谁跟我有仇哇。"

晋悼公很高兴，认为祁奚顾大局，识大体，便任用解狐担任中军尉。但是不久后，解狐病逝了。晋悼公又找来祁奚，要他再推荐一个合适的人选。

祁奚说："祁午可以胜任此职。"

晋悼公很吃惊地说："祁午不是您的儿子吗？"

祁奚不慌不忙地说："主公是问我谁可以胜任这个职务，没有说我的儿子不行。"

最终祁午当上中军尉，在这个职位上尽职尽力，受到交誉。晋悼公从谏如流，知人善任，使得晋国的国内政治呈现出一片生机。

然而后来发生一件事，让晋悼公本能地感觉到一种威胁。

公元前570年，晋国与东方诸侯国在鸡泽（现河北邯郸东北）召开"国际峰会"。会议期间，晋悼公的弟弟杨干跑来哭诉：新上任的中军司马（主管军法的官员）魏绛杀了他的马车夫，这是对国君弟弟的侮辱，同时也是对国君的侮辱。

晋悼公的心头笼罩着一层乌云：难道晋厉公一代大夫威逼君权的现象又要重演了？御弟被侮，就是对公族的轻蔑。晋悼公心愤难平，怒气冲冲地对左右说："魏绛欺人太甚。我们在这儿举行'国际峰会'，这本来是晋国一件荣耀的事，却发生杨干的马车夫被杀的事件，真是奇耻大辱，寡人一定要杀了魏绛。"

晋悼公的话传到了魏绛的耳中。

魏绛是一个武士观念很强的人，他自认为没有做错什么事。事情的起因是这样的：晋悼公的弟弟杨干，驾着马车在兵营中横冲直撞，把军队的队列都给打乱了。作为执行军法的长官，魏绛将驾驭马车的车夫抓起来杀头。其实这件事的肇事主谋是杨干，魏绛看在他是晋悼公弟弟的份儿上，没有处置他。

这件事，魏绛处理得有理有节。听说晋悼公扬言要杀掉自己，魏绛觉得这是对个人的羞辱，与其被处死，不如自杀以全武士之人格。

魏绛拔出佩剑，想自裁了断，被士鲂等人阻止了。

于是他写了一封信，亲自交给晋悼公，这封信是这样写的："以前主公认为臣下可以胜任，让我担任军中司马，主管军中的法纪。臣下兢兢业业，丝毫不敢马虎。军人以服从为天职，这叫作威武；遵守军中的各项法纪，这叫恭敬。如今有人公然在军中破坏军纪，不恭不敬，有损军队威武的形象。臣下职责所在，将其军法处置，这事连累到杨干，也激怒了君上。君上若认为臣下罪责深重，请交予司寇，臣下情愿受死。"

晋悼公看完这封信后，"跣而出"。什么叫"跣而出"，就是光着脚跑了出来，急急忙忙的样子。为什么要光着脚呢？这是做出一种姿态，表明寡人一时心急，错怪良臣了。

这是晋悼公的高明之处。要知道，他此时只有十几岁，年轻人再沉稳，也有气盛之时，所以一怒之下，说出要诛杀魏绛的话。现在必须挽回这个一时冲动的气话，还得让魏绛不至于记恨，所以"跣而出"了。

晋悼公以愧疚的语气，对魏绛说："寡人一时性急，言之过重了，这是出于爱护兄弟的本能；而您执行军令，是法不择情，又何过之有呢？寡人不能好好地教导兄弟，使之触犯军法，是寡人之错。"

少年君主的做法十分理智。如果他一意孤行要处罚魏绛，只怕最后也要落个晋厉公的下场，这是晋悼公的过人之处。魏绛也因祸得福，在鸡泽"国际会议"后，晋悼公特地设宴款待魏绛，并且将他提拔为新军的副司令。

有付出，就有回报。

晋悼公重用魏绛，这是他慧眼识人的一个体现。魏绛是晋悼公时代最杰出的人物之一，他上任新军副司令后，很快就为国家做出重大贡献，这就是所谓的"魏绛和戎"。这是晋悼公时代最重要的外交政策之一。

公元前 569 年，晋国北部的无终部落（山戎的一个部落）派人照会晋国政府，表示愿与晋国政府建立和平外交。对于华夏诸侯来说，山戎是属于"攘夷"

的对象，在晋国的猛烈打击下，晋国最重要的敌人赤狄已经基本被消灭，但北部的山戎仍然具有一定的实力。

晋悼公想拒绝无终部落的和平外交请求，因为山戎被当时的中国人看作是不讲信用的（其实晋国政府也经常不讲信用）。

这时，下军副司令魏绛站出来，力挺和戎政策。

魏绛文武双全，不仅能治军，也很有政治眼光。他对晋悼公说："山戎部落前来求和，为什么不答应呢？和戎有五个好处。"

晋悼公说："你且说来听听。"

魏绛侃侃而谈："第一，戎人是游牧民族，逐水草而居，居无定所，土地观念很是淡薄，我们正好可以用财货来收买他们的土地。第二，北部边境和平后，百姓就可以安心耕作，发展农业，可以提供更多的粮食及物品。第三，山戎部落自愿来降，对周围其他的部落会有震动的效果，对诸侯国也会有威慑作用。第四，正好可以用中国文化来教化戎人，不必动用军队和武器，不是很划算的事吗？第五，可以充分展示晋国道德与法度的优势，不战屈人，这样就会远近咸服。有这五点好处，为什么不和戎呢？"

魏绛的见识非同一般，概括起来是：（1）从经济上看，和戎既可以使边境安定，从而提高边境地区的农业产量，增加国家的财富，又可以利用戎人的弱点，收购他们的土地，不打仗仍然可以扩张国土。这个主张有点像十九世纪的美国，到处以极其低廉的价格，购买大量的土地。（2）从政治上看，可以提高晋国的国际影响力，对其他未归服的国家或部落有一个示范效应。（3）从文化上看，以中原先进文化，对戎人部落实施和平演变，实施同化战略。

如此精辟的见解，晋悼公不可能不采纳。晋国终于与山戎部落建立友好外交。

魏绛和戎，只是晋悼公时代大外交的一个侧面。

在称霸中原数十年后，晋国人越发的精明。晋国的外交政策，趋于老成持重，概括起来说，主要是强调武力威慑，以威慑为主，避免大规模的战争。在对外战争上，更多的是借助同盟国的军事力量，发挥盟主的优势，最大限度地减轻战争对晋国内政与经济的影响。

晋悼公时代，晋国并没有进行规模特别大的战争，但是其国际影响力却达到前所未有的水平，霸主的国际地位无人可撼动，这也是晋国最鼎盛的时代。

不仅仅是外交上有重大成就，在内政上，史书对晋悼公的评价也是非常高的。

《左传》里是这样写的："始命百官，施舍已责，逮鳏寡，振废滞，匡乏困，救灾患，禁淫慝，薄赋敛，宥罪戾，节器用，时用民，欲无犯时。""凡六官之长，皆民誉也。举不失职，官不易方，爵不逾德，师不陵正，旅不逼师，民无谤言，所以复霸也。"

这里用"复霸"二字，表明晋悼公是重振晋国雄风的关键人物。

晋国自晋文公成就霸业以来，一直推行区域霸权主义，唯有南面的楚国可以与之相抗衡。士燮就非常清楚地看出，晋国的兴衰，主要看国内的政局稳定与否。晋悼公统治的十六年，是晋国史上一段黄金时期，内讧较少，卿家士族大夫精诚团结，得以摆脱晋厉公末年的血腥政变的混乱局面。

当然，对于晋国的霸业而言，最大的对手仍然是楚国。

四、遏制楚国

在晋楚争霸战中，郑国始终是争夺的重点。

夺取郑国，便成为晋国政府挑战楚国的第一目标。

晋悼公二年（公元前572年），围绕郑国的争夺战开始了。晋国纠集齐、鲁、曹、邾、杞、卫等国，大兵压境，直杀到郑国都城之下。郑国军队在洧水河畔与晋军交战，寡不敌众，被迫撤入城内。

楚国人还是老一套"围魏救赵"的策略，并不直接与晋军交锋，而是出兵攻打宋国，迫使晋国人回防。刚在洧水河畔吃了败仗的郑国军队也出兵，攻占宋国的犬丘。这证明郑国的军队实力，确实不容小觑。

然而在郑国内部，脱离楚国的呼声越来越高。因为自鄢陵战役后，楚国在与晋国的争霸中渐落下风。特别是晋悼公继位后，巩固了晋国在中原地区无可争议的霸主地位。晋强楚弱的格局已是清晰可见，而郑国依然不屈不挠地站在楚国一边，可谓不识时务。

可是郑成公毫不动摇，坚定不移地实行亲楚政策。

因为他有一块心病，那是一生的耻辱。

我们再回顾一下旧事。十年前，郑成公在投靠晋国的情况下，又想与楚国搞好关系，出访楚国，同时向两大霸主国示好，希望借此能使郑国超然于晋楚争霸的旋涡之外，可是这有可能吗？很快郑成公就认识到自己的想法过于天真。晋国人对他私下与楚国联络怒不可遏，认为这是背叛，毫不犹豫地将他逮捕，郑成公一下子从国君沦为阶下囚。

每当回想起往事，他心头便有几分苦涩，当脑海中浮现晋国君臣冷冰冰的面孔时，有一种不寒而栗的冷意。在他恐惧难安时，是楚共王伸出温暖之手，楚国以割让汝阴的代价，换取郑国的加盟。郑成公义无反顾地背叛晋国，投入楚国的怀抱。在随后的鄢陵之战中，楚国又慷慨地出兵救援郑国，在那场战斗中，楚共王还挨了一箭，被射伤眼睛……

只是鄢陵之战，楚国败了，而如今的晋国则如日中天。

显然，追随楚国，就必须要付出代价。

忧心忡忡的郑成公终于病倒了。

宗室子驷前来探病。子驷的目的，是要试探郑成公的口风，他小心谨慎地说了一句："如今郑国负担太重了，大臣们都认为应该要脱离楚国，归附晋国。"郑成公的眼睛凝望着远方，他摇了摇头，像是若有所思，又像是自言自语："楚王当年为了救郑国，在鄢陵之战中被射伤眼睛，这都是为了我。我如果叛楚，既对不起楚王，又违背自己的誓言，那怎么行呢？"

郑成公可能忘了，楚共王固然是救援郑国时挨了一箭，但与其说为了他，还不如说是为了楚国的利益。要是失去郑国这座桥头堡，楚国凭什么北进中原，凭什么与晋国一决雌雄呢？

郑成公没能抗拒死神的召唤，他的死，使得郑国亲楚的立场出现松动。多数人倾向归附强大的晋国，脱离楚国。执掌大权的子驷心里十分矛盾，郑成公尸骨未寒，如果这么快就调整外交政策，未免对不住刚刚死去的国君，还是等等吧。面对众人的强烈请求，子驷只是淡淡地回答说："国君遗令不好改变。"

正当子驷犹豫不决之时，晋军将领荀罃会见鲁国仲孙蔑、宋国华元、卫国孙林父等政要，商讨如何征服郑国。显然，晋国是不达目的不肯罢休。根据以往的战例，只要晋国入侵郑国，楚国势必来援，晋国又捞不到什么好处。看来晋国的将军们有点犯难，打算集思广益，看看众人有什么高招。

还别说，三个臭皮匠也顶得上一个诸葛亮。鲁国的仲孙蔑想了一计，令荀罃拍手叫好。他说："不如我们在虎牢关筑城，逼迫郑国投降。"虎牢关就是制地，是郑国的军事要塞。

为什么仲孙蔑提出这一战略，让荀罃眉开眼笑呢？春秋时代是中国军事艺术大发展的时期，“不战而屈人之兵”的战略原则虽然是兵圣孙武提出来的，可是在孙武之前，这个战略思想早就被广泛应用了。在虎牢修筑城堡，就是在郑国境内建立一个军事支撑点，同时警戒郑国，我们是要长期待下去，不走了。说白了，这就是军事威慑。

筑城的决定通过了，十几个诸侯国都派人到虎牢关，大干苦干，卖力筑城，很快一座崭新的堡垒耸立在群山之间，各国均派出军队入驻。

诸侯在虎牢关筑城的消息传到郑国都城后，国人为之震惊。看样子晋国人这次来了就不想走，有新城堡作为基地，晋国军队随时都可以兵临城下，直接打击郑国都城，坐等楚国来援，恐怕要成为幻想了。

郑国的一帮大臣们，凑在一起商议对策。其实哪有对策呀，人为刀俎，我为鱼肉，最好的对策就是投降。大家齐瞪眼看着子驷，子驷能避开众人的目光吗？此时的他又想起郑成公临死前说的那一番话，得了，管他什么遗言，打不赢就得投降，不然还要亡国吗？

几天后，投降信交到虎牢关新城的司令长官荀罃手中，荀罃脸上绽放出灿烂的笑容。没想到筑了一座城，就这样轻而易举地迫降郑国，看来是一笔太划算的投资。

就这样，郑国挥别楚国，投向晋国的怀抱。

望着郑国远去的背影，楚共王此刻才发现，与晋国人相比，自己是多么迟钝与消极，在不经意之间，郑国已飘然而去。楚共王捶胸顿足，追悔莫及矣。

楚共王还是有些自知之明，自认为实力上无法与强大的晋国联盟抗衡，对郑国的离去，也没有采取武装报复的手段。不知天高地厚的郑国人，却有些得意扬扬，甚至打起楚国的主意。

公元前 565 年，郑国执政大臣子驷对蔡国发动侵略战争。要知道蔡国一直是楚的喽啰国，入侵蔡国，无异于跟楚国人作对。不可否认，郑国军事力量并不弱，仓促上阵的蔡国军队被打得大败而回，蔡军统帅公子燮成为郑军的阶下之囚。

攻蔡战役的胜利，令郑国人陶醉在胜利的喜悦之中，仿佛回到战无不胜的郑庄公时代。侵蔡之役的总司令、司马子国自然也是得意扬扬，当他脸上挂着胜利的骄傲回到家中时，却发现儿子子产的脸上写满了忧虑。

子产对父亲的这次胜利忧心忡忡，他认为进攻蔡国是一大失策，蔡国是楚国的喽啰，楚国能置之不管吗？楚国人来了，郑国能抵挡得住吗？只得投降楚国。一投降楚国，晋国人又要来问罪，子产以不安的语气对父亲说："从今以后，郑国在四五年的时间里不得安宁了。"

子国的脸色很快由晴转阴，所有人都对他的胜利表示祝贺，偏偏只有自己的儿子说这种丧气话，他怒气冲冲地骂子产道："你懂个屁！国家由执政的正卿发布出兵作战的命令，小孩子胡乱说话，要被砍头的。"

子产被父亲教训一通后，不敢吭声，嗫嗫而退。

可事实证明子产确实高瞻远瞩。

郑国欺负蔡国，虽然快意，却自找麻烦，惹祸上身。

作为南方霸主的楚国，自然要为蔡国撑腰。

半年后，楚国令尹子囊统领大军，攻打郑国。这下子郑国政府慌了，六位上卿紧急召开碰头会。六个人两种意见，子驷、子国、子耳三人认为楚强郑弱，得投降才行，而子孔、子蟜、子展三人则认为应当要坚守，等待晋国来援。

投降还是抵抗？三票对三票，两方都没有取得压倒性的优势。

子驷试图说服反对者："我们这几个人在这里讨论来讨论去的，意见不统一，会使国民不知所从，这样事情更难办了。现在楚军攻势很猛，民众心急如焚，依我的看法，不如先投降楚国，以免百姓受苦受难。等到晋国军队来了，我们也向晋国投降。小国嘛，最好的外交策略，就是准备好钱财，恭迎大国来取。谁让我们夹在晋、楚两大强国之间呢，只有用这个办法，才能避免战争，保护百姓。"

对子驷的说法，反对派可不太买账。子展反驳道："小国之所以能与大国周旋，保全自己，凭借的就是'信用'二字。一旦没有信用，战乱将绵延不绝，随时可能亡国。郑国已经参加五次中原诸侯大会，曾经发过誓的，现在却要自食其言，晋国一定不会放过我们的。我们曾经归顺过楚国，楚国不过将我们视为它的一个县，与其投降楚国，不如等待晋国前来救援。如今晋国君主励精图治，军力强大，将领之间合作无间，一定会支援郑国的。而楚国人远道而来，只要粮草用尽，势必要退兵，有什么可害怕的呢？”

国相子驷听后很不以为然，既然六位上卿在投降与抵抗上见解分歧，且三票对三票，作为执政，他有权来作出最后的决定。

子驷站起身来，以坚定的语气说：“参与谋划的人太多，准办不成事；发言的人太多，谁来承担责任呢？我看还是归服楚国，这个责任由我来承担吧。”

此言一出，其他人也不吭声了。

不是归附楚，就是归附晋，这就是郑国的命运吧。现在国相子驷把话说到这份儿上，得，那就降楚吧。

事实证明子驷的决定是致命的。

如果是力战而降，那还有情可原，可是郑国人没有任何抵抗，就投降了，这将作何解释呢？子驷派王子伯骈前往晋国，向晋国政府解释理由：“楚国责备我们对蔡国用兵，便出动大军进攻，我国民众陷入深深的恐慌之中，国家危在旦夕，形势万分紧急，只得与楚国谈和。国君与大臣们顺应民心，暂时屈服于楚国，故特遣在下前来向贵国解释。”

此时荀罃已经取代韩厥成为晋国首席执政官兼中军元帅。他是一个颇有传奇色彩的人物，在邲之战中，曾被楚军俘虏，并且被关押了九年。他的这一段战俘生涯不仅没有令他灰心丧气，反而使他返回晋国后平步青云，当然这也得益于荀氏家族在晋国巨大的影响力。在荀罃听来，郑国人无非是在为投降的行径狡辩，他面无表情，冷冷地问：“郑国在遭到楚国进犯时，可有派人向晋国求援？”

王子伯骈一听，怔了一下，尴尬地答道：“没有。”

荀罃带着冷嘲的口吻说道：“你们不用向我国求援，就自作主张投降，看来贵国政府早有这个打算。既然如此，也不必多说，我国君自会率领各国军队前往郑国，与贵国君相会于城下。”

荀罃是属于强硬的鹰派人物，对郑国人的背信弃义，他的回应就是：武力解决。

战争机器开始动员起来。

晋悼公时代，晋国非常明智地利用霸主的影响力，将战争成本转嫁到其他国家。我们在二十世纪后期经常看到“以美军为首的多国部队”，其实在两千五百年前的中国大地上，类似的“多国部队”已经频频地在军事舞台上亮相了。

以晋国为首的多国部队，又一次大举入侵郑国。

晋国精锐四军全部出动，很快包围郑国的都城。中军在鲁军、齐军、宋军的配合下攻打鄟门；上军在卫军、曹军、邾军的配合下攻打西门；下军在滕军、薛军的配合下攻打北门；新军在杞军、小邾军的配合下，砍伐郑国都城外的树林，安营扎寨。

可怜的郑国又一次陷入恐慌之中。

子驷又祭起投降的法宝，这是他既定的政策。不论是楚军还是晋军，谁来就投降谁，这就是生存之道。

上军司令荀偃跳出来，反对与郑国媾和，他说道：“郑国首鼠两端，难以信任。我们应该继续包围郑都，坐等楚军来援，以逸待劳，一举重创楚军。否则的话，即便与郑国签订和约也没有用。”

众将觉得荀偃说得有道理，便把目光转向总司令、中军元帅荀罃。

荀罃曾在楚国当了九年的战俘，对楚国实力深有体会，晋国与楚国实力相当，谁对谁都没有压倒性的优势，如果希望毕其功于一役，这是很不现实的想法，晋楚之间的争霸，注定是一场旷日持久的较量。

沉吟片刻后，荀罃开口了：“与楚国的战争远远没到结束的时候，眼下积蓄力量是很重要的，如果硬拼，势必要付出重大伤亡，上策应该以智取胜。”

那么如何以智取胜呢？

荀罃分析说：“郑国投降后，楚国一定会兴师问罪。我们可以将四大兵团分为三部分，轮番袭扰楚军，这样每一部分都可以轮流休整，保持旺盛的战斗力。而楚军无法得到充分休整，一定会被我们拖垮的。”

总司令毕竟是总司令，说出来的话，令大家都心服口服。

就这样，郑国这个两面派的角色，又一次投降晋国了。

依照惯例，郑国投降后，便与晋国会盟。双方在戏邑举行会盟仪式，各自写定盟书内容，向神明起誓。

晋方代表士弱先走上台，作为胜利的一方，他脸上挂着征服者的笑容与傲慢，开始宣读道："今日盟誓后，郑国倘若三心二意，不听从晋国的命令，将受到神灵的诅咒。"

这种霸道的口吻，令台下郑国君臣们的自尊心深深受到伤害了。

子驷决定要反击，维护郑国的尊严。

轮到子驷上台宣读盟誓书。他匆匆上场，手中揣着一份盟誓书，很快他就让晋国政客们感到震惊，只听到子驷对着神灵祷誓道："上天降祸，使郑国夹处晋、楚两个大国之间。大国没有伸出友情之手，却以战争逼迫郑国接受会盟。郑国先祖的英灵得不到祭祀、人民享受不到土地的收获，男女老幼都辛苦劳顿，无处可以倾诉苦衷。今日盟誓后，郑国必须对有道义且强大的国家唯命是从，如果三心二意的话，愿受神灵的降责。"

这叫什么盟文呢？更像是一通发牢骚的话，更巧妙的是，子驷并不说对晋国忠诚不贰，只是说服从"有道义且强大的国家"，弦外之音，晋国与楚国，谁有道义，我郑国就听谁的。

晋国上军司令荀偃是个火爆脾气的人，听完后"噌"的一声跳起来，对子驷厉声喝道："不行，必须要修改这份盟书的内容。"

但郑国人却不肯让步，郑国上卿子展也站起身来，对荀偃说："盟书的内容已经昭告神灵，岂可随便修改？"

一时间盟会上剑拔弩张，气氛十分紧张。

晋国元帅荀罃不想破坏刚刚达成的和局，他转头对荀偃说："算了，我们也有过分之处，以武力要挟他们会盟，这恐怕也没有道义。姑且先结盟退兵吧，只要我们勤修德政，终究会得到郑国的，何必非要在今天呢？如果没有道义，连晋国百姓都会抛弃我们，何止是郑国人呢？倘若能平息战争，令民众休养生息，远方国度的人也会前来归附的，何必非要强迫呢？"

荀偃这才咽下这口恶气，退回座中。

就这样，晋国与郑国在很不和谐的氛围下，勉强达成结盟的协议。

强扭的瓜不甜。武力威胁下的结盟当然也很脆弱。

晋国为首的多国部队刚刚撤离，郑国又开始秘密与楚国接触。这下子可把晋军将领们气坏了，很快诸侯联军又兵临郑国都城之下，此时距离双方会盟还不到一个月的时间。

郑国果然很不听话，居然以强硬的立场来对抗诸侯联军。

诸侯联军分别从东门、西北、北门三个方向发动进攻，可是士兵们大多厌战，加上往返奔波，劳顿异常，打了五天，竟然没有取得任何进展。

荀罃打算出动奇兵，渡过洧水突袭郑都的南门。渡过洧水后，荀罃很泄气地发现，各诸侯国的军队都不打算前进，士气非常低落。虽然有十一个国家追随晋国出征，但这些国家的将士心里明白，攻打郑国，对自己毫无利益可图，不过迫于晋国的压力罢了。再进一步想想，如果易地而处，自己的国家处于郑国的四战之地，下场能比郑国好多少呢？

晋国元帅荀罃察觉到诸侯联军已经士气涣散，如果一味强令进攻，恐怕还要激起这些国家的反感，不如顺水推舟，就此罢兵吧。

晋军撤退后，意外获得胜利的郑国人颇有几分惊讶。上卿子孔赶紧建议说："晋军出征已久，士兵们已经相当劳累了，都想要早点回家，如果我们乘机追击，一定可以大获全胜。"

子展当即反对："不行。"打败晋军的可能性是存在的，可是郑国若与晋国结仇，亡国的日子怕是不远了。

郑国政府竭力与晋国保持一段距离，主要是害怕楚国前来兴师问罪。可是该来的，终究还是要来的。

子驷向楚共王解释，郑国与晋国的会盟，实是不得已之举。楚共王哪里理会这么多呢，在他看来，背叛就是背叛，就必须以武力讨伐。

面对前来问罪的楚军，子驷一如往常地闪过两个字：投降。

子驷的国策如此务实，投降对他来说，只是家常便饭，今天归晋，明天附楚，不要说国人一愣一愣的，就是高层官员也觉得乱了套。

连建议追击晋军的子孔都站出来反对："我们刚与晋国歃血为盟，盟书的血迹未干，现在就要背信弃义，这样做行吗？"

国相子驷胸有成竹地答道："我们在盟书中已经明确地写了，只服从强大的国家，如今楚军兵临城下，晋军跑哪去啦？现在当然是楚国强大，服从楚国，并没有违背我们的誓言。再说了，我们参加会盟是迫于晋国的武力，这本来就是不平等的，毫无诚信可言，这种盟约，神灵也不会承认的。"

其实子驷也算是一个聪明的政治家，所以在盟书中早已埋下背叛晋国的伏笔，这种两边倒的政策，固然可以最大限度地降低国家所遭受的伤害，但也在晋楚争霸中显得狼狈不堪。

郑国又一次倒向楚国。

这么一来，晋国的努力又前功尽弃了。

五、偪阳之战

晋国在争取郑国上，遇到了点小挫折。

小挫折背后，却有大问题。

我们在前面说过，晋悼公的对外战略，是以军事威慑为主，充分利用各诸侯国的军事力量，降低战争的成本。晋国的战争成本下降了，其他诸侯国的战争成本却上升了，这些国家要参与出征、筑城、防守等行动，都得花银子。可想而知，这些诸侯对战争的兴致不高。

这一点从伐郑之役中各诸侯国的表现可以看出来，大家表面上出兵助阵，实则消极怠战。盟友的军心士气不高，这对晋国人来说，是比较麻烦的事。有什么办法来刺激诸侯们的热情呢？看来必须给点甜头。

我们必须说，晋国人一向不是很慷慨大方。不过他们可以慷他人之慨，就是把本来不属于自己的东西，送给别人。这不，中军副帅士匄与上军司令荀偃就打算慷别人之慨，把偪阳灭了，作为礼物送给宋国执政大臣向戌。

偪阳其实是个中原城邦小国，奉行不结盟政策，虽然国家不大，但政府对国防相当重视，城池很坚固，战士也很骁勇，成为战火中原中的一片小乐土。

为什么士匄与荀偃要把偪阳送给宋国的向戌呢？首先，向戌是个坚定的亲晋派，他的立场使宋国成为晋国最忠实的盟友；其次，宋国受兵灾较多，不仅楚国人，连郑国人都时不时地欺负宋国。要安抚诸侯，首先得安抚宋国，士匄与荀偃便动了念头，要“慷慨”地把偪阳赠送给向戌。

两人商量完后，就跑去见中军元帅荀罃，提出攻打偪阳的计划。但是荀罃不同意，他说道：“偪阳城虽小，但很坚固，胜之不武，不胜则让人耻笑。”

士匄与荀偃两个人一个鼻孔出气，坚持要发动对偪阳的战争。

这是对荀罃的逼宫。两个人，一个是中军副帅，一个是上军司令，在晋国将军中排名是第二位与第三位，说话分量还是比较重的，虽然荀罃是总司令，但也不好太坚持己见，总要维护晋军内部的团结吧。没办法，便答应了。

荀罃是在晋悼公八年（公元前566年）接替告老退休的韩厥，出任中军元帅的。

参与弑杀晋厉公的荀偃不仅未能当上中军元帅，反倒地位又降了一级，被士匄超出。士匄出任中军副帅，荀偃出任上军司令。虽然史书上将荀偃地位下降写为“谦让”的结果，但历史的真相，恐怕是晋悼公以权术逼迫其让位的。

但是不管怎么说，在晋悼公时，军队高层即便有暗斗，也不存在明争，这对维持军队与政府的稳定性是相当重要的。这也是荀罃被迫同意士匄与荀偃的原因所在。

不出荀偃、士匄所料，中原诸侯军队的积极性被调动起来了。

因为晋国发动这场战争，得益者是宋国执政大臣向戌。各国政要心里都暗藏着不可告人的想法：今天晋国能为向戌攻打一城，明天大约也送我一座城池吧，利益均沾，不是吗？这是一个好的开端，不是吗？

晋军与诸侯联军，兵临偪阳城下。

对于偪阳这个弹丸之地，兴师动众，不免有杀鸡用牛刀之嫌。确实，这是一场不对等的战争，在士匄、荀偃等人看来，灭掉偪阳，就像踩死一只蚂蚁一样轻而易举，然而偪阳城抵抗之顽强，超出所有人的想象。

笔者向来认为春秋战国时代，乃是中国历史上最伟大的黄金时代。虽然陷入诸侯混战的局面，但是竞争乃是历史发展的动力，诸侯国之间的竞争，使得这个时代不独在开放程度上超过任何一个王朝，勇武精神亦冠绝中国历史。以偪阳之役为例，小小的偪阳城，居然表现出难以置信的坚强与悍勇，而进攻一方的诸侯联军，也有上乘的表现。

在此役中，鲁国勇士们出尽风头，大放异彩。

实力强大的诸侯联军过于轻敌了。

谁也没有把小小的偪阳城放在眼里，而偪阳守军也抓住诸侯联军轻敌的心理，大胆实施诱敌深入的战术，故意将城门洞开，联军不知是计，便一拥而入。

突然间，偪阳守军将城门上的大闸门放了下来，只要闸门落下，闯进偪阳城内的联军士兵将与城外的部队切断联络，很可能全军覆没。

在这紧急关头，只见一位大力士挺身而出，他大步流星，走到闸门下，大喝一声，硬是以自己的神力，将闸门托起。有赖这位大力士的惊人表现，被困在城内的联军士兵得以脱险而出。

这位大力士是谁呢？正是鲁国勇士叔梁纥。

如果你对叔梁纥这个名字还感到陌生的话，我们不妨说出他的另一个身份，他就是千古圣人孔子的老爸。根据史料记载，孔子也是个大力士，力能举城门，看来这是遗传基因的作用吧。

看了叔梁纥的神勇表现，联军士兵不禁齐声喝彩，钦佩不已。当他回到军中时，俨然成为一位英雄。

联军第一次出击，便险些吃了大亏。士匄、荀偃再也不敢轻视偪阳守军的力量，便稳扎稳打，战况陷入僵局。

鲁国勇士的表现还没有结束，又一名战斗英雄冒出来，此人名叫秦堇父。

当偪阳战争如火如荼进行时，联军的辎重不断地运抵前线，运输的马匹不够，秦堇父索性赤膊上阵，将辎重车上的绳索往身上一套，当了一回牛马，把沉重的补给车拉到战场上。

此时联军对偪阳城发起猛攻，坚强的守军全无惧色，英勇抵抗。联军接连攻打多日，没有任何进展。守军又耍起诡计，故意用布接起一条长索，从城头上扔下来，引诱联军士兵攀索而上。

秦堇父一看长索扔了下来，他马上自告奋勇，攀索而上。快爬到城头时，守军就把绳索割掉，秦堇父就表演了一次高空坠地，重重摔在地上，晕死过去。这里要做个说明，在春秋时代，城墙主要是用土夯成，并不是垂直的，而是有一个向外的倾斜度，所以秦堇父坠落时，其实是从土城墙滑落下去，并没有形成致命伤。

他醒过来后，觉得很丢人。这时守军又扔下一条布索，秦堇父从地上爬起来，拍拍身上的灰尘，又一次攀索而上。守军又割断绳索，他又一次重重摔下来。他还不服气，第三次发起冲击，但没有任何悬念，又做了一次高空落地的表演。虽然这只是做无用功，但秦堇父的勇气赢得了所有人的尊敬，甚至他的敌人，也对他的英勇表现由衷地钦佩，不再放下布索了。

秦堇父把被割断的布索捡起来，披在身上，作为自己勇敢的证明，回到联军大本营后，在各诸侯国军队中巡展三天。

这就是勇武的时代，这就是春秋战国。

战斗还在持续。

叔梁纥与秦堇父的个人英雄主义，征服了全体作战士兵，更是对鲁国人的一种巨大鼓舞，鲁国人的表演还没有结束，又一名勇士勇冠三军。

偪阳守军采取积极防御的战术，不时派出勇士出城偷袭，给联军造成很大的麻烦。鲁国将领狄虒弥见偪阳的战士骁勇善战，准备上去搏斗一番。此人颇有创意，将大车上的车轮卸下来，然后蒙上皮甲，充当大盾牌。一手拎着这个大车轮，一手操一把戟，率一队步兵，冲入偪阳军队中。他力大无比，把车轮舞得呼呼作响，颇为得心应手，面对多名偪阳勇士的围攻，全无惧色，杀退来犯之敌。其精湛的技艺，令观战的鲁国执政孟献子不禁称赞道："这大概就是《诗经》里所说的'有力如虎'的人吧。"

虽然鲁国勇士们在这场战争中出尽风头，但是围攻偪阳城将近一个月，城外十几国的联军居然无法攻克这个弹丸之城。

时间已是农历五月，中原的雨季很快就会到来了。

士匄与荀偃两人忧心忡忡，战争如果再拖延下去，对晋军与诸侯军队都非常不利。当初这场战争就是由此二公提议发动的，现在两人想反悔，硬着头皮到中军大本营见总司令荀罃，一见元帅就说："眼下雨季就快来临，如果不及时撤走就回不去了，请您下命令吧。"

没想到荀罃一听这话，暴跳如雷，二话没说，操起眼前的小桌子，往士匄与荀偃两人中间扔过去。古代人是席地跪坐，座位前有一张小桌子，叫作案几，长三尺，高二尺，荀罃把这案几扔了过去，从士匄与荀偃两人中间飞了出去，把两位大将吓出一身冷汗，面如土色，不敢吭声。

荀罃恶狠狠地骂道："当初是你们俩小子商量好了后再告知于我，我恐怕军心不齐，不想打击你们的积极性，勉强同意发动战争。现在晋国大军出动了，诸侯国兴师动众，把老夫也牵扯进来，现在你们既不想进攻，又想逼老夫下达撤兵的命令，这不是要把劳师无功的罪名推到老夫头上吗？我已经老了，承担不了这个罪名，要是七天之内不能攻下偪阳，一定要取你们两人的脑袋。”

士匄与荀偃不敢争辩，元帅发怒了，看来只好硬着头皮把战争继续进行下去，不然大帅一旦动真格的，恐怕还真保不住项上人头哩。

两人回到军中，对士兵们下达死任务，不计任何代价，一定要在七天之内攻下偪阳城。

这狗急也跳墙，人急了也能蹦出些潜能。在两位大将的亲自督师之下，晋国及诸侯国的士兵们无不卖力攻城，各种攻城器械都用上了，什么镄辒啦、钩援啦、飞梯啦、冲车啦，统统登场亮相。

攻坚战终于取得重大进展。

荀罃的坚持是正确的。一个月的围城，对城外的联军士兵来说，固然是疲惫不堪，可是偪阳城内守军的情况更糟糕。以寡击众，以弱敌强，偪阳守军在实力悬殊的背景下，使出浑身解数，与联军周旋，随着伤亡的增多，战斗力已经下降，心理承受能力到了极限。最后比拼的，是双方的意志。

荀罃钢铁般的意志，是获得最后胜利的根本。

对偪阳城的强攻持续四天。士匄与荀偃身先士卒，冒着守军的矢石交攻，亲自率军登城作战。在联军的凶猛进攻下，守军最后选择投降。

偪阳国的历史被终结。不过以此役来看，偪阳将士英勇善战，令晋国与其喽啰国付出重大代价才取得胜利，可谓是虽败犹荣。

晋悼公将偪阳城送给宋国执政大臣向戌，向戌不敢接受。

十几个诸侯国付出重大的伤亡，才攻克偪阳，现在只是他向戌一人享用，这能心安理得吗？向戌不得不推掉这个令他受宠若惊的礼物，他很巧妙地要求将偪阳城赏赐给宋国，这样一来，他不是既捞得谦让的美名，又让自己的国家得了好处吗？

晋悼公答应了，将偪阳城交给宋平公。

偪阳战争，是一场赤裸裸的侵略战争，晋国出面给小弟抢地盘，鲁国人最卖力，但捞得实利的却是宋国。

宋国人不免得意扬扬，不想却惹怒了一个国家，这就是宋国的死对头郑国。

六、晋楚争霸的风向标

宋平公欢天喜地地从晋悼公手中接管偪阳城，这是忠诚换来的奖赏。

这大大惹怒了郑国。

郑国与宋国的恩怨由来已久，可以推溯到郑庄公时代。别看郑国夹在晋楚两霸之间可怜兮兮的，它还是有些实力的，可以欺负许国，欺负蔡国，也欺负宋国。如今死对头宋国居然意外捞到偪阳城，郑国人显然不舒服了。

“宋国何德何能，居然能唾手得到偪阳城，我呸——”郑国国相子驷吐了一口恶气，决心要教训一下宋国。

郑国又与楚国联手，一路杀进宋国，攻克訾毋城，紧接着兵临宋都城下。宋平公六神无主，派人快马加鞭，急向晋国政府求援。

晋国无意出兵。因为元帅荀罃另有计划，打算发动对秦国的战争。偏偏在这个时候，宋平公的求援信来了。作为盟友，晋国既不能坐视不管，又不想中止伐秦的计划，怎么办呢？

先让卫国人去顶一顶吧。

卫国与宋国是邻国，且历来与郑国也是敌对国，霸主有令，不能不从。卫献公亲自点兵，杀向宋国。

卫军的入援，令宋国稍稍喘了一口气。

晋国人忙着去攻打秦国，没空理会宋国的战事。郑国大夫子展趁机对国相子驷建议道：“如今晋国无暇东顾，我们不如借此机会进攻卫国。如果不这样做，楚国人会认为我们没有诚心，既得罪晋国，又得罪楚国，那就后患无穷了。”

子驷不同意，以郑国的力量，怎么能同时在宋国与卫国展开两线作战呢？他说道：“不行，如今我们国力已经很匮乏了。”

子展不肯罢休，继续说：“要是同时得罪两大强国，一定会亡国的。就算国力匮乏，也比亡国要好吧。”

子驷没有办法，只得诉诸公论，郑国高级官员们大多倾向子展的意见，认为应该派一支军队进攻卫国。少数服从多数，子驷只得勉强同意，派大将皇耳率军队入侵卫国。

事实证明子展的这个建议并不高明。

入侵卫国的郑军很快被打得大败，连前线指挥员皇耳也成为卫军的战俘。

有代价，也有收获。郑军的这次突袭，迫使入援宋国的卫军撤回国内，宋国的军事压力陡然增大。楚郑联军乘机横扫宋国，甚至将战火烧到鲁国的西部边境，紧接着又攻克宋国的重镇萧邑。

宋国已经岌岌可危。

在西线指挥伐秦之战的元帅荀罃不得不提前中止对秦国的打击，如果再不出手，楚、郑军队很快便会横扫中原了。

晋悼公急忙召集中原联盟十一国政要，各国的军队动员起来，又组建起一支强大的多国部队。一场大战迫在眉睫，郑国军队不敢在宋国恋战，匆匆撤回国内，楚国令尹子囊也率军回到楚国进行休整，以应对晋国即将发动的攻势。

很快，十二国联军又一次踏入郑国的土地。

他们已经是郑国的常客了，对这样的战争，郑国的百姓习以为常，但每次仍然掩饰不住恐慌的神情。等待他们的命运是什么呢？

大敌当前，郑国竟然爆发了一场叛乱。这场突如其来的叛乱，令郑政坛三巨头——国相子驷、司马子国、司空子耳全部死于非命。

叛乱被镇压后，司徒子孔一跃成为执政者。

郑国政局的动荡，对晋国人来说，是一个好消息。

总司令荀罃并不急着发动进攻，他心里很清楚，只要略为施加压力，郑国必降无疑，这是郑国一贯的作风，地球人都知道的。

他继续沿用过去成功的经验，控制战略要地虎牢关，并且新筑两座城池，分别由下军副司令士鲂、新军副司令魏绛驻守。这样，联军在郑国境内建立起一个坚固的军事三角支撑点，对其进行更加严密的军事封锁与威慑。

新上台的子孔面对晋军新一轮的攻势，他的选择与前任子驷如出一辙，仍然是两个字：投降。

就在子孔与荀罃签订城下之盟时，楚兵团在令尹子囊的统领下，星夜北进，进抵郑国南部。

楚国人的反应好快！

荀罃急急调兵遣将，多国联军火速南下，据守阳陵城，与楚军遥遥相望。

联军兵营绵延数里，旌旗飘飘，战车一字排开，虎虎生威，令人望而却步。

其实晋国元帅荀罃只是虚张声势，在楚国人面前，他总是不太自信。当年邲之战的惨败、九年的战俘生涯，都是他心头挥不去的阴影。如今的他，再不是当年的小角色，不仅统领天下最精锐的晋国四军，还有十一个联盟国的军队，拥有如此强大的兵力，为什么他在与楚军对阵时，心还是“扑扑”直跳呢？

他希望楚国人能知难而退。

然而子囊却没有退兵的迹象，这个兢兢业业的楚国令尹，知道自己肩负着太多的责任。自从鄢陵之役后，楚国全盛的时代过去了，入主中原的梦想愈行愈远了。但楚国人仍然不放弃，仍然要为理想而苦苦奋斗。

楚国人摆开决战的架势。

荀罃的信心动摇了，他找了一个冠冕堂皇的理由：“我们不跟楚国人交战，这样他们一定会心骄意满，到时就可以收拾他们了。”

总司令的命令，遭到下军司令栾黡的强烈反对。栾黡是前任元帅栾书的儿子，他愤愤不平地说：“逃避楚国，对晋国人来说，这是耻辱，还不如死了算了，我打算单独前进。”

栾氏家族在晋国政坛根基深厚，栾黡振臂一呼，得到不少将领的支持。荀罃这个总司令不好当，他必须要协调好几大家族的关系。现在栾黡叫嚣着要与楚国开战，他如果再反对，恐怕会被骂为胆小鬼。得了，那就继续前进吧。

晋军连同各诸侯部队又向前挺进到颍水，与楚军隔江而视。

善于察言观色的郑国人虽然投降了晋国，可是大夫子蟜很敏锐地看出来，荀罃无意与楚国交锋。总司令都不想打仗，这场战斗怎么有把握呢？不行，郑国必须要考虑自己的命运，应该未雨绸缪，趁早投降楚国吧。

子蟜派人连夜渡过颍水，会晤楚军统帅子囊，并与子囊缔结盟约。当天晚上，郑国军队偷偷地离开联军的营地。

郑国人果然是出尔反尔！

栾黡气急败坏地向总司令荀罃说：“郑国人真是无耻，让我率部队讨伐郑军吧。”

荀罃却打起太极，他不紧不慢地说：“如果攻打郑军，楚国人一定会渡河救援，到时我们就得两面作战，万一打不赢，反倒被诸侯国所耻笑，不如退兵吧。”

栾黡一听没脾气了，不要看有十一个喽啰国参战，那都是象征性的部队，充其量就是壮壮声势罢了，要在战场拼杀，还得靠晋国自己的力量。对付一个楚国就没有胜算，况且郑国军队的战斗力也不弱。栾黡在心里掂量一下，还真没有把握哩。

郑国人临时倒戈，倒给了荀䓨台阶下，可以体面地退出战争。

晋国人又一次无功而返。

对于郑国人来说，要反思前任国相子驷的外交策略了。"墙头草，两边倒"的政策虽然实在，却称不上高明，最终倒霉的，还是郑国自己。一会儿降晋，一会儿降楚，疲于奔命，自己都快累趴下了，而且声名狼藉。

必须要找出一个妥善的办法，彻底改变这种极其被动的外交方式。

有没有办法呢？

郑国大夫们齐集西宫政事厅，商讨新的外交政策。

几乎所有官员都认为，晋国是天下第一强国，如果不服从晋，郑国很快就会面临亡国之灾。那么为什么在子驷执政的时代，服从晋国并不能保护郑国不受楚国的入侵呢？

深入分析后，得出来的结论是：晋国对郑国的重视程度，不如楚国。为什么这么说呢？对楚国来说，郑国是北进的跳板，进军中原的第一道门户，是必争之地。而对晋国来说，郑国的争夺固然重要，却不是那么紧迫。晋国虽然是中原盟主，但这个盟主当得并不轻松，齐国表面上屈服了，实际上却阳奉阴违，晋国召集的会议，齐灵公每次都称病不往。中原诸侯国之间，也不时爆发边界军事冲突，晋国还得花时间去解决这些纠纷。还有那个半死不活的周天子，王室出了什么问题，也得劳驾晋国出面干涉。除了这些，还有令人讨厌的秦国，不时搞些下三滥的把戏，乘人之危，还不能不防。

有这么多琐碎的事情，晋国对郑国的归附与否，积极性远不如楚国。

这就是郑国多次投降晋国，却没有得到应有保护的原因。

原因找出来了，要怎么做呢？

得让晋国人意识到郑国的重要性。这时有人站出来说："我们必须要想个办法，让晋国人发急，只要晋国人给逼急了，楚国就会害怕，这样我们就可以名正言顺地投降晋国。"

这是个好办法。要怎么把晋国人逼急呢？郑国人想了个办法，先发动对宋国的战争，设法激怒晋国人，迫使晋国与楚国决战，到时楚国不敌，郑国就可以从容弃楚从晋了。

说白了，这是一条苦肉计。

这也是一次大冒险。

用短暂的阵痛，换取长时间的稳定，这个险，值得冒！

郑国开始为发动侵宋战争寻找借口。

边境线上的郑国士兵不断地对宋国发起挑衅，制造冲突。宋国政府气疯了，仗着有晋国人撑腰，执政大臣向戌率军队越过边境线，杀入郑国。

这么一来，郑国有了开战的借口。子展说道："我们可以出兵进攻宋国了。"他亲自率领一支精锐的部队还击。宋军的战斗力总是那么差，很快被郑军打得节节败退，子展乘胜追击，攻入宋国境内，攻城略地。

狼狈不堪的宋国政府，只得向晋国求援。

霸主又出动了，连同十几个喽啰国士兵，杀进郑国。

晋军兵临郑都城下。但这一次，郑国人出乎意料地抵抗了，晋军一时间无法突破，总司令荀罃便向东攻略。同时，卫国军队攻略郑国北部，齐国、宋国军队也趁火打劫……

联军在郑国境内扫荡了一个多月，郑国以一敌十二，竟然坚持这么久，也不容易呀。这就是郑国事先制定好的策略，尽可能地坚持抵抗，时间越长，晋国人就越会被激怒。

到了六月，十二国的军队在北林会师后，又一次包围郑国都城，还有后续部队源源不断地赶来。

这时，郑国政府再也顶不住了，请求投降。

鉴于郑国的反复无常，中军副帅士匄建议逼迫郑国接受更严厉的条约。他对元帅荀罃说道："上次与子驷签订盟约时，我们不够谨慎，让郑国有违背盟约的借口，这次一定要谨慎从事。中原诸国多次跟随我们攻打郑国，徒劳无功，都厌倦了旷日持久的征战，如果不能一劳永逸地解决问题，各诸侯国将对我们产生二心。"

按照以往的盟约，是由晋国与郑国各起草一份。士匄认为这样不行，郑国人会钻牛角尖，盟约内容应由晋国主持制定，以免日后起争执。

荀罃召集一批文士，咬文嚼字，精心制定一份盟约，入盟者除了晋国与郑国之外，还包括其他十一个参战国。这份盟约是在亳城签订的，因而又称为亳城盟约，内容是这样的："凡我同盟之国，不准私自囤积粮食，不得垄断利益，不得庇护有罪之人；救济灾荒，平定祸乱，统一好恶，辅佐王室。若违犯以上命令，司慎、司盟的神，大山大川的神，群神、群祀，先王、先公，七姓十二国的祖宗，会明察秋毫，将共同杀死他，并使他失掉民众，丧君灭族，亡国败家。"

然而这份以神灵名义起誓的盟约，仍然没能约束郑国人。

根据子展的设想，要诱使晋国与楚国大决战。可是，晋国发兵后的两个月，楚国军队全无踪迹。

"孬种！"子展在心里愤愤地骂楚国人。

其实楚共王有说不出的苦衷。

楚国越来越明显地感觉到吴国的巨大威胁。在晋国的指使下，吴国军队频频在边境线上发动骚扰，迫使楚国不得不将重兵集团调到东线，加强防守，能用在北线战场的兵力，远不及中原联军。

在郑国抗击联军入侵的两个月内，楚国人居然没有出兵为郑国解围，更谈不上与晋国决战。很显然，楚共王只是在观望，他似乎胸有成竹，只要晋国一退兵，楚国再出来收拾残局，到时郑国不是又要摇摆过来吗？

晋国打出吴国牌来牵制楚国，楚国当然不甘心吃亏。楚国手中也有一张牌，那就是秦国。楚共王向秦景公借兵，这暴露了楚国兵力不足的窘境，但慷慨的秦景公满口答应，因为他们有一个共同的敌人。

詹将军率领一支秦国军队进入楚国，这支军队由楚共王亲自指挥。楚秦联军趁着晋军撤出郑国之际，大摇大摆地来了。

郑国人的目的还没有达到。子展的计划，是通过激怒晋国人，从而利用晋国的军事力量，一举打垮南方的楚国，从而摆脱楚国的威胁。为了达到目的，子展强烈要求郑简公再度投降，郑国政府犯天下之大不韪，又一次背约投降楚国。

楚共王有些自鸣得意。

晋国耗费那么多的人力物力，才逼迫郑国投降，现在他不是又轻而易举地收复了吗？不过楚共王得意过早了，其实这只不过是郑国人的一个阴谋。

郑国人摆出一不做、二不休的架势，怂恿楚共王联手再次出击宋国。

不把晋国人逼得狗急跳墙，子展就不肯罢休。

果然，一向谨慎小心的晋军总司令荀罃勃然大怒，如果让郑国人再这样反反复复下去，中原哪有宁日呢？

很快，荀罃又率着多国联军杀入郑国，这一次，总司令是铁了心，不惜与楚国决一死战，他想大喊一声：俺也不是吃素的。

看到晋军杀气腾腾，子展反而露出欣慰的笑容。好了，是时候跟楚国说再见了，他为郑简公草拟了一封信，交给楚共王，这封信的内容是这样的："寡人因为国家社稷，不能怀念与您的交情了，您如果能与晋国化干戈为玉帛，那是最好不过；不然的话，就用武力威慑晋国，这也是我的希望。"

这封信，明摆着是让楚国人做出决定，如果楚国不能以武力战胜晋国，那么对不起，我要投降晋国了，不是我不效忠你，是你没有实力。

如果楚国够种的话，那就与晋国决一死战吧。

这既是绝交书，又是激将的手段。

谁说郑国人只懂得"投降"两字呢？

可以想象，楚共王收到这封书信时暴跳如雷的样子。

冒险一战吗？想到东部吴国正张牙舞爪、虎视眈眈，楚共王迟疑了。不行，如果陷入两线作战，不仅得不到郑国，反而会赔上老本。还是忍忍吧。

晋楚争霸，有点类似二十世纪的美苏争霸，双方只是在争夺第三国的较量上下功夫，却不直接交锋，这样即使在争霸中落于下风，也不致大伤元气。

郑国人在引诱楚国进入一个大赌局，但楚共王悬崖勒马。这位南方霸主只是将怒气发泄到两位郑国使者身上，将他们全部扣押，却不敢出兵与晋国一决雌雄。

子展精心设计的大赌局，因楚国的弃权而没有实现。

尽管晋楚大决战没有如期上演，但楚国成了失败者，不得不说郑国在外交谋略上确有高明之处，成功迫使楚共王亮出最后的底牌，这张底牌证明楚国霸主地位已经摇摇欲坠了。

在经过无数次的反反复复后，郑国最终选择了弃楚从晋。

这里既有晋国强大的原因，也有郑国自身回归到中原联盟的意愿，毕竟它本来就是一个中原诸侯。

公元前562年末，包括晋国、郑国在内的十三个诸侯国，在萧鱼举行会盟。

萧鱼会盟，是晋楚争霸的休止符。其标志就是郑国最终脱离楚国的控制，并且在以后数十年间，没有背离晋国。

与前几次会盟时采取高压逼迫手段不同，晋悼公也意识到对郑国这样的国家，不能一味以武力，而更应该采取怀柔手段，说白了，要以德服人。在萧鱼会上，晋悼公高举道义的旗帜，他说道："凡是我同盟之内的国家，小国若犯错，大国便讨伐，但只要小国知错能改，就可以得到赦免。"

这句话，是说给郑国人听的。

行动超越言语。晋悼公很快作了三点批示：第一，释放郑国战俘，让他们得以回家与亲人团聚。第二，撤回驻扎在郑都郊外的警备部队。第三，严明军纪，禁止诸侯国军队掠夺。

霸主的宽大胸怀，令郑简公感激涕零。他没有理由不感激，以晋国的实力，要吞并郑国，并非不可能。特别是这些年来，郑国的所作所为，早就引起晋国朝野的强烈不满。晋悼公既往不咎，确实体现了霸主的风采。

郑简公向晋悼公赠送一百三十辆战车，乐师三名，女乐十六名。晋悼公没有贪功，他把这些礼物分一半，赏赐给对晋国霸业贡献最大的人。谁是晋悼公眼中的英雄呢？是总司令荀罃，还是副司令士匄呢？统统不是，在晋悼公看来，对晋国贡献最大的人，是新军副司令魏绛。

的确，魏绛的贡献是无与伦比的。首先，他提出和戎政策，使晋国摆脱狄戎入侵的威胁；其次，他曾作为晋方代表，在八年的时间里，主持过九次诸侯会议，大大提高晋国的国际威望。

除了以上原因外，晋悼公还有一个不可明言的理由：魏绛没有特殊的家族背景。在晋国八卿中（八大司令），荀罃、荀偃、士匄、栾黡、士鲂、韩起、赵武七人都是出身豪门望族，只有魏绛没有靠山。很显然，晋悼公重视魏绛，也是出于牵制其他家族的目的。自魏绛始，魏氏家族开始崛起，并成为未来瓜分晋国的三大力量之一。

萧鱼之会，无论是晋国还是郑国，皆大欢喜。

正当晋悼公沉浸在彻底降服郑国的胜利之中时，却从晋国传来一个坏消息：秦国趁晋国兵力空虚之机，悍然发动侵略战争，晋军吃了大败仗。

秦军的这波攻势，背后有楚国的影子。

秦楚是盟友，也是姻亲，秦景公的妹妹嫁给了楚共王。这一年，楚共王夫人回秦国省亲。省亲只是表面的说法，楚共王担心吴国人乘虚而入，不敢与晋国为首的联军发生正面交锋，便托夫人回到娘家，目的是说服秦景公进攻晋国。

自殽之战后，秦国与晋国就反目成仇。但是秦景公想要复仇谈何容易，在虎狼般的晋国军队面前，秦国人郁郁不得志。如今妹夫相邀，秦景公焉有不答应之理，欣然同意出兵。

留守大本营的晋下军副司令士鲂显然对秦军的力量过于轻视了，他犯了一个严重的错误：疏于防守。秦军兵分两路，夹击士鲂，晋军丢盔弃甲、落荒而逃……

七、迁延之役

晋悼公匆匆忙忙地从萧鱼起程回国。

从晋文公称霸至今，晋国雄霸中原七十余年。与齐桓公的短暂霸权不同，晋文公奠定了晋国的长期霸权，特别到了晋悼公时代，晋国更是呼风唤雨，每有出征，屁股后面就追随十几个喽啰国，连曾经不可一世的齐国，都夹起尾巴，即便是阳奉阴违，表面上也得对霸主毕恭毕敬。

曾经首鼠两端的郑国人已经彻底归附了，当然，还有陈国、蔡国这两个国家仍在楚国的掌握之中，但这两个平庸的小国实在不足以影响大局。

楚国固然还是第一号敌人，但秦国也未可小视。毕竟楚国距离晋国远，中间还隔了好几个诸侯国，楚军想打到晋国那是做梦。秦国就不同了，秦与晋有漫长的边界线，秦军随时可能光临。

这几年，晋悼公忙着收拾郑国，秦国人总是偷鸡摸狗般地突然发动侵略，晋国蒙受很大损失。卧榻之旁，岂容他人酣睡？

不行，得干掉秦国人，至少要好好教训一下。

计划赶不上变化。

总司令荀䓨还未来得及制订作战计划，便溘然而逝。不久后，下军副司令士鲂也紧随其后尘。仗还没开打，晋军八大将领便死了两人，迫使晋悼公不得不推迟伐秦战争的时间。

对晋悼公而言，荀䓨与士鲂的去世，并不见得是坏事。长期以来，晋国卿家势力强大，公室权力屡屡被架空，以晋悼公的雄才，仍然无法压制卿家势力，他只是以极高超的手腕，大搞权谋，使得几大家族的势力相互牵制，以谋求平衡。

原先的八大将领中，荀氏占据两席（荀䓨、荀偃），士氏占据两席（士匄、士鲂），其余四席分别是韩氏（韩起）、栾氏（栾黡）、赵氏（赵武）、魏氏（魏绛）。如今荀䓨与士鲂突然病逝，对晋悼公来说，这是天赐良机，荀氏与士氏都只剩下一席。这样一来，六大卿家势力扯平了。

为了达到这种平衡状态，晋悼公不惜裁撤新军。

自晋文公始，晋国的军事编制出现过几次变化，最多时曾扩充至六个军，后来又压缩成四个军。荀䓨死后，晋悼公借口没有合适的将领，将新军建制取消，编入下军。

六大将帅的排名也出现微妙的变化，排定座次如下：中军元帅荀偃、副帅士匄，上军司令赵武、副司令韩起，下军司令栾黡、副司令魏绛。

士匄、韩起、栾黡三人的排名不变，荀偃由第三擢升为第一，“赵氏孤儿”赵武由第七跃升至第三，后起之秀魏绛由第八上升到第六。

将帅排名的微妙变化，浸透着晋悼公的良苦用心。荀氏与士氏虽然各少一人，但排名仍是前两名，赵家独苗赵武、新权贵魏绛因为家族力量单薄、对公室威胁不大而被超升。不过晋悼公也许想不到，日后赵氏与魏氏，竟然成为晋国的掘墓人。

荀偃走马上任后，开始着手制订伐秦作战计划。

公元前559年夏季，被推迟两年的伐秦战役打响了。

晋国一如既往地调用喽啰国的军队，总计有十二个国家，在这些军队中，有一个新面孔，就是刚刚归降的郑国。

表面上看，晋国这次伐秦，来势汹汹，军威盛大，可若仔细观察，便发现其中大有水分。荀偃率领大军出发后，刚抵达泾水边，准备渡河时，他惊诧地发现，所有喽啰国的军队，都止步不前，不肯渡河。

这些喽啰国互有默契，心照不宣。

在他们看来，秦国已经有七十年未涉足中原，对中原防务根本没有任何威胁。秦国人只是与晋国人有仇，那你晋国人自己去解决好了，干吗要兴师动众，把我们这些无关的人卷入战争的旋涡干什么呢？不错，晋国是霸主，是中原诸侯国的保护伞，可是诸侯国们难道没有付出代价吗？且不要说这些年跟在晋国屁股后面南征北战，每年也要缴纳不少钱给盟主哇。

荀偃发布渡河的命令，诸侯国们还是无动于衷，消极怠工，没有人吭声，一片沉默。新任总司令觉得很没面子，他心里窝了一团火，暗暗骂道："这群不识好歹的家伙，要不是有晋国在这里挡着，秦国军队恐怕早就蹂躏中原了。"

鲁国人怎么也按兵不动？荀偃想起几个月前，晋国刚刚减免了鲁国对霸主所应缴纳的费用，这么快，鲁国人就忘记了吗？还有宋国人，晋国不是攻下偪阳城，送给了宋国吗？这些都是忘恩负义之辈！

元帅荀偃派叔向去游说鲁军统帅叔孙穆子。

叔孙穆子有点不好意思，原来晋国作为中原霸主，有保护各诸侯国的责任，而各诸侯也有缴纳礼金的义务，这也成为晋国的一笔经济来源。由于鲁国的表现积极，亲晋立场坚定，晋国政府特地减少了鲁国的费用，这可是其他诸侯国享受不到的优惠哦。

叔向前来问话，叔孙穆子自知理亏，表示鲁国愿意为诸侯国做出表率，率先渡河。

郑国远征军统帅子蟜一直采取观望的态度。与其他喽啰国不一样，郑国是新近才归附的，第一次参加联合军事行动。由于彻底脱离楚国，郑国更需要得到晋国的保护。子蟜想表现积极点，让老大满意，可是当他发现其他国家都止步不前、不打算渡河时，他没有强出头，只是暗中观察。

如今鲁国人渡河了，其他诸侯国还在观望，子蟜得站出来表现一番。

子蟜先找到卫军统帅北宫懿子，对他说："现在我们都归附晋国，就得表现得坚定点，不然容易引起晋国的厌恶，这样对国家是不利的。"

北宫懿子虽然心怀不满，消极怠工，可是说到底，晋国这头老虎还是得罪不起呀，不敢与晋国撕破脸皮。子蟜说得有道理，行，既然鲁国人过河了，郑国人也要过河，那卫国人也不要太落后了。

紧接着，子蟜又会晤齐、宋、曹等国的统帅，逐一进行劝说。经子蟜这么一说，大家想想，还是硬着头皮走吧，于是十二国的军队先后渡河。

荀偃终于长长地吁了一口气。

很快，麻烦事又来了。

联军渡过泾水后，在河边安营扎寨。早有防备的秦国人使出阴险的一计，在泾水上游投毒，联军士兵有不少人喝了有毒的河水后，毒发身亡。战还没打，就出现大量的非战斗性伤亡，对士气更是一大打击，大家又开始赖着不走了。

荀偃真的很没面子，他这个"联军总司令"有名无实，不要说打仗，就是行军都困难重重，他开始有点手足无措。所幸的是，有一个人出来为他解围，正是郑军统帅子蟜。

子蟜摆出一副效忠晋国的样子，跑去跟荀偃说："我们郑国士兵愿意充当先锋。"其他诸侯国统帅们都对子蟜使白眼，心里暗想：你郑国倒好，第一次出兵就要出风头，我们出过几次兵自己都数不过来，你不累，我们可累着呢。心里这样想，可不敢说出来，只有总司令荀偃对子蟜投予感激的目光。

郑国军队出发了，其他诸侯国没有办法，只好继续跟进。

就这样，这支多国部队拖拖拉拉地行军，抵达棫林。

荀偃的打算，是利用人多势众的优势，以多欺少，不战而屈秦之兵。

然而秦国人不怕死，也可能得知了联军的内讧，明白所谓的十三国军队，其实中看不中用，人多心杂。秦景公断然拒绝晋国的施压，摆开架势，准备与联军一决死战。

既然如此，那就战场上见分晓吧。

荀偃传令各军："天亮鸡鸣之时，套好马车，填井平灶，唯我马首是瞻。”“马首是瞻”的成语典故就是从这里来的，意思是看我马头的方向。

这个成语现在我们用熟了，不觉得别扭，但当时在晋军其他将领与各诸侯军统帅听来，这是一句很刺耳的话。怎么说呢？这句话有点独断专行的味道。荀偃接替荀罃担任晋军元帅，他的威望不及荀罃，有一个人对他很不服气，此人就是下军司令栾黡。

栾黡是前元帅栾书的儿子。他的特点是霸道，敢于顶撞上级，因为栾氏家族在晋国国内势力很大，其他家族不能不卖他面子。荀罃当元帅时，他就已经是下军司令，荀罃死了，荀偃当了元帅，他还是下军司令，地位并没有水涨船高。他以前顶撞过荀罃，现在又要跟荀偃唱对台戏。栾黡一肚子不高兴，骂道：“晋国从来没有这样下达军令的，元帅说要马首是瞻，我的马头偏偏要向东。”说完后掉转马头，把部队撤走了。

其实不仅是栾黡，下军副司令魏绛对荀偃的命令也十分不满，他命令所部军队跟在栾黡后面，也准备撤走。这时他的手下跑过来问：“不等元帅的命令吗？”魏绛说：“元帅要咱们马首是瞻，现在我的上司栾黡走了，我跟着他走，这有违反命令吗？”

看来魏绛倒颇为狡诈，撤退他不落后，而且一股脑儿把责任推到栾黡身上。

栾黡与魏绛的下军一撤退，心里最高兴的恐怕是各诸侯国的军队，晋军都走人了，我们还待这儿干吗呢？各诸侯国统帅开始做好撤退的准备。

晋军总司令荀偃没想到一句“马首是瞻”，竟然引起这么多麻烦，他懊恼不已。如今栾黡、魏绛的下军撤走了，诸侯国军也准备开溜，一点儿士气也没有，仗要怎么打？

荀偃不得不打退堂鼓，撤销对秦军发起进攻的计划，宣布全军撤退。

但是有人不想撤退。

栾黡的弟弟栾鍼就是一个积极的主战派，他对哥哥的临阵脱逃很不以为然，对部下说：“大军出征是为了报仇，如果无功而返，是国家的耻辱。”他与中军副司令士匄的儿子士鞅是好朋友，两人各自带着自己的部队，拒绝撤退。

身为武士，战死也比逃跑光荣。

栾鍼要选择光荣之路。他与士鞅合兵，主动出击，迎战秦军。这次出击，没有任何援兵，以弱击强，以寡击众，但栾鍼没有丝毫胆怯，他视死如归，冲入敌营……

这是荣誉之战。栾鍼赢得了荣誉，但牺牲了性命。在秦军优势兵力的阻击下，栾鍼英勇战死沙场，士鞅则率残兵突出重围，回到晋国。

栾黡对弟弟之死大为悲痛，他把责任推到士鞅身上。他向士鞅的父亲、中军副帅士匄讨公道："我弟弟本来不想打仗，是你儿子怂恿的。现在我弟弟战死了，你儿子却活着回来。是他害死了我弟弟，如果你不把儿子驱逐出境，我就亲手杀死他。"

其实栾黡是瞎捣乱。

栾鍼之死，就是栾黡一手造成的，正是他临阵逃跑，栾鍼为了捍卫武士家族的尊严，宁可选择战死沙场。可是栾黡却归罪于士鞅，并公然威胁士匄。

按理说，士匄作为中军副帅，在军队中排名第二，而栾黡作为下军司令，排名第五，他怎么敢威胁中军副帅呢？这正是其家族背景在起作用，当年栾书杀晋厉公、立晋悼公，其家族的势力如日中天，无论是荀偃还是士匄，都不敢轻易得罪栾氏家族。

士匄不得不做出重大让步，让儿子士鞅出国避避风头。

伐秦之战，虎头蛇尾，草草而终。战争的节奏非常慢，诸侯联军无心作战，每到一处就拖拖拉拉，故意耗时间，最后晋军内讧，对秦国的打击不了了之，后来史家把这场战争叫作"迁延之役"。

迁延之役暴露了晋国的两大问题：

第一大问题是晋国高层内部矛盾。一部晋国史，就是一部晋国卿家的斗争史。自从赵氏家族被屠、三郤被诛后，到晋悼公时代，卿家之间的内斗有所缓和，但是并没有停止。在迁延之役中，栾黡公然违抗元帅命令，是晋军失利的最主要原因，事后他不仅没有遭到处罚，反而还气焰嚣张地向士匄问罪。栾氏家族与其他家族的矛盾日益激化，这也为日后栾氏灭族埋下伏笔。

第二大问题是诸侯国与晋国之间貌合神离。各诸侯国的军队虽然跟在晋国后面狐假虎威，但早已厌倦了晋国的霸业战争，而且这些国家还要遭到晋国的盘剥。对于一些没有能力保护自己的国家，当然还是愿意拥晋国为霸主，但对于像齐国这样的强国，早就憋足了一口气，可以想象得到，只要有机会，齐国一定会向晋国开战。

雄才大略的晋悼公没有时间来解决以上两大问题。

在伐秦之战后的第二年（公元前558年），晋悼公便去世了。晋悼公之死，使公室复兴之梦破灭，之后晋国的卿家势力又开始上演威逼君权、相互倾轧的故事。

晋悼公在位时间总计十六年，英年早逝，年仅三十岁。他是一位颇有才能的君主，在他的统治下，晋国内部比较团结，虽然众卿之间磕磕碰碰在所难免，但并没有引发流血冲突，晋国的国际影响力达到空前的水平，听命于晋国的中原诸侯达到十二个之多。

在与楚国沉闷的争霸战中，晋国最终完全胜利，重新控制郑国，从而遏制楚国北进的步伐。

事实上，楚国已经显露出衰弱的迹象。

楚共王比晋悼公早两年去世（公元前560年），在临死之前，他回想起自己继位以来，有愧先父楚庄王的事业，令国家蒙受羞辱，心中郁郁寡欢。平心而论，楚共王在位三十一年期间，还是兢兢业业，如履薄冰，小心翼翼地让楚国这个巨型航母安全地行驶，然而在与晋国的争霸中，还是落入下风。

这一段时间里，对楚国最大的打击有三：其一，鄢陵会战的失利，在这场战争中，楚共王还被射瞎一只眼睛。其二，东面遭到后起之秀吴国的骚扰，吴国正悄然成为楚国的心腹之患。其三，在楚共王晚年，长期归附楚国的郑国，最终弃楚从晋，使楚国的霸业再遭打击。

楚共王回顾自己三十一年的君王生涯，不禁心生愧疚，如何对得起祖先的英灵呢？

楚国一直是明君辈出，几乎每一任君王在国家扩张上都有贡献，从楚武王、楚文王到楚成王、楚穆王，在楚庄王时代，国力更是如日中天。想到这些，楚共王心里有一种说不出的悲凉，他决定要惩罚自己，怎么惩罚呢？

他把大臣们叫过来，立下遗嘱，自己死了之后，所用的谥号选择“灵”或“厉”。谥号其实就是对君主一生事业的评价，“灵”“厉”都是恶谥，乱而不损曰“灵”，戮杀无辜为“厉”。楚共王传话给大臣，我这一辈子，事业无成，只准用这两个恶谥，不然自己会不安心的。

然而楚共王去世后，楚国的大臣们并没有把恶谥加给他，而是认为楚共王所说的，只是谦逊美德的表现，因此谥为“共”，就是“恭”的意思。

楚共王与晋悼公相继去世，也意味着晋楚争霸渐趋尾声。

有两个国家悄然兴起，一个是齐国，一个是吴国。

齐国将在北方阻击晋国，而吴国则在南方叫板楚国。

第十三章　走向弭兵

一、艰难复兴中的齐国

晋悼公的死讯传来，齐灵公有一种如释重负的轻松。

十六年了，在晋悼公在位的十六年间，齐灵公仿佛被一张巨大的罗网所束缚，他感到窒息与屈辱。

自齐桓公之后，齐国的霸业凋零，但光荣与梦想，仍然存留在一代代的国君心中，要恢复齐国的霸主地位，首先必须攻击晋国。公元前 589 年，齐灵公的父亲齐顷公迈出了坚强的一步，却在鞌之战中惨败给晋国人，威风扫地。齐顷公不得不前往晋国朝见霸主晋景公。这对于齐国来说，乃是一大耻辱。

齐灵公继位后，开始为摆脱晋国的控制而努力。

他在位的第九年（公元前 573 年），栾书杀死晋厉公，迎立晋悼公。晋国的内乱，令齐灵公看到了机会，是时候摆脱晋国人的魔掌了。这一年，楚国发动侵宋战争，在宋国彭城建立一个傀儡政权。晋悼公号召各路诸侯共同出兵，齐灵公却采取观望的态度，拒绝出兵。彭城之战结束后，晋国马上纠集诸侯国，对齐国发动讨伐战争。齐灵公这才明白晋国并没有因为内乱而走向衰落，他不得不接受晋国人所提出的和谈条件：将太子姜光作为人质送往晋国，以换取和平。

雄心壮志的齐灵公，又一次咽下屈辱的苦果。

虽然屈从于晋国，齐国在东方仍然是一大势力，作为拥有雄心的大国，唯有扩张势力才能有机会与晋国对抗。首先，齐灵公在东方推行小霸权政策，积极拉拢莒国。莒国在齐国的支持下，于公元前567年，吞并了鲁国的附庸国鄫国；同年，齐灵公大举出兵，消灭了邻国莱国。莱国的土地面积与齐国相当，但是军事力量薄弱，吞并莱国后，齐国的土地面积扩大了一倍。

吞并莱国是非常重要的事件，对齐国后来的崛起有着关键作用。齐国因此得到了更为丰富的渔盐资源，巩固了其经济上的优势。莱国的冶铁业发达，根据现存的“叔夷钟铭文”所记，灭莱之战中有功的齐国将领叔夷得到了四千名铁匠，由此可见冶铁业之盛，这次扩张使齐国的实力得到极大的增长。

扫平莱国后，齐国在东方最大的对手就是鲁国。

在齐国的支持下，莒国在公元前565年与公元前561年，两度入侵鲁国。莒国作为一个小国，频频与鲁国作对，这惹恼了大霸主晋国，公元前559年，在一次国际会议上，晋国以莒国政府通楚为借口，将莒国会议代表扣押，实际上是对背后操纵者齐灵公的一次警告。

齐国与晋国的矛盾开始走向明朗化。

由于连年战争，诸侯国对晋国的命令越来越消极对待，这在讨伐秦国的迁延之役中尽现无遗。齐灵公判断晋国的霸业已经走到终点，应该是齐国出头之日了。公元前558年，齐灵公率领军队入侵鲁国北部，同时指使其喽啰国邾国入侵鲁国南部。

晋悼公终于忍无可忍，他打算召开诸侯会议，商讨出兵讨伐邾国与莒国。

为什么不直接攻打齐国，而只是讨伐其喽啰国邾国与莒国呢？

晋国有难言的苦衷。首先，南方的楚国仍然对中原虎视眈眈，不可不防；其次，对秦国的军事打击虎头蛇尾，没有取得任何成果，晋国的西部仍然受秦国的威胁。在这样的背景下，如果贸然发动伐齐战争，晋国将陷入三面受敌的困境。

但是晋悼公还没有来得及实施攻打计划，便因病而英年早逝，年幼的晋平公继位。

晋平公刚刚上台，为了巩固霸主地位，迫不及待召开盟国峰会。

齐灵公没有出席，甚至以往多次参加会议的太子姜光也没有出席，齐国只是派了大夫高厚参加会议，而其他国家都是由国君亲自出席。齐灵公显然不愿意在联盟中充当小角色，但也不愿意与晋国过不去，派大夫高厚参加会议，只不过表明齐国还是在这个联盟中的。

晋国不给齐国面子。

在大会上，晋国提出来，要求联盟中的各成员国，必须把所侵占的其他国家的领土悉数归还，并当场逮捕邾国与莒国的国君，理由是这两个国家都参与对鲁国的入侵。邾国与莒国都只是小国，小国是比较容易受欺负的。其实鲁国真正的敌人是齐国，晋国碍于齐国是一个大国，还不敢公然在大会上将齐国代表高厚逮捕，只是杀鸡骇猴，拿邾国与莒国下手。

不过晋国人耍了一个花招。

晋平公大设宴会，招待各国的代表们。在宴会上，要求各国的大夫们，表演歌舞节目，要一边唱歌一边跳舞，而且歌舞一定要合拍。看来在春秋时期，当个政客也不太容易，还必须要有几分歌舞的天分才行。

轮到齐国大夫高厚表演，也不知是他的歌舞水平不高呢，还是晋国人有意找碴儿。表演结束后，晋国元帅荀偃很愤怒地站起来，当着众代表的面责问高厚：“你怎么搞的，你唱歌的节拍跟跳舞的节拍根本不相配嘛。”然后又意味深长地说：“看来诸侯当中，有心怀二志的国家。”众位代表都把目光投向齐国代表高厚身上。

荀偃看了众代表一眼，又说：“各国代表这些天都签订了双边条约，唯独齐国还未签订。不如趁热打铁，宴会之后，齐国便与各国签订条约吧。”荀偃又狠狠地瞪了高厚一眼，高厚含糊其词地应付了一下。

高厚这个代表当得不容易。一方面，根据大会的精神，齐国必须要吐出侵占鲁国的地盘，高厚不敢擅自做主签订这样的条约。但另一方面，晋国人又让他出洋相，当众奚落他，他心中觉得十分地窝囊，怎么办？高厚坐立不安，思来想去的，最后下定决心：还是逃吧！

于是他起身如厕，趁众人不注意，一溜烟跑了出去，驾着一辆马车，跑回齐国去了。

高厚这一跑，正好落入晋国人的彀中。荀偃当众宣布：“早看出齐国就是心怀二志的国家，一定要武力讨伐才行。”晋国、鲁国、宋国、卫国、郑国等国家共同签订盟约，盟约发表声明：“共同讨伐不忠于盟主的人。”

高厚跑回齐国后，向齐灵公汇报诸侯会议的情况，并刻意渲染晋国如何当众羞辱齐国，根本不把齐国放在眼中。齐灵公听了之后大为生气，恨恨地说：“我齐国一个泱泱大国，居然被晋国如此玩弄，真是没有面子。”

晋国要我归还所占领的鲁国地盘，我偏不还。

不仅不还，我还要得寸进尺哩。

晋悼公死了，现在国君年幼，对齐灵公来说，这是一次咸鱼翻身的绝佳机会。

齐灵公铁了心，不惜与晋国反目成仇。

这一年（公元前 557 年）的秋季，齐灵公亲自率军，围攻鲁国北部的成邑。

面对齐国强大的军事压力，鲁国左盼右盼，可晋国方面还是没有消息。鲁襄公对大夫叔孙豹说：“怎么回事呀？盟国峰会条约都签订半年了，晋国不是要讨伐心怀二志的齐国吗？怎么还迟迟不出兵呢？”叔孙豹说：“晋国人就是这样子，看来我得亲自去晋国一趟，进行一番游说。”

叔孙豹驱车到晋国，拜见晋平公，并说：“自盟国峰会之后，齐国不仅不归还所占鲁国的土地，还变本加厉，不停地出兵骚扰敝国，还是恳请贵国出来主持公道。”

晋平公和稀泥道：“哎，寡人一直挂念这件事，只是前任君主悼公刚去世不久，丧期未过，此时出兵，不太合适吧。”

叔孙豹一听，这还了得，以当时礼制，国君丧期三年。以晋平公之议，莫不成要等上三年方可出手援助？叔孙豹急了：“鲁国被齐国侵犯已经有一年之久，鲁国的老百姓，天天翘首西望，看晋国的援兵是不是来了，左盼右盼，却始终看不到一兵一卒。若是要等到悼公丧期满，恐怕到时鲁国早被齐国吞掉了，还用得着援助吗？”

晋国这个盟主的称号，是凭借强大的国力当上的，但是盟主在履行自己的义务上，确实有点问题。晋平公支支吾吾的，顾左右而言他。

叔孙豹叹了一口气，看来要把希望寄托在晋国中军元帅荀偃身上了。

大概荀偃是个诗歌爱好者，叔孙豹见了荀偃，不说明话，只是吟诗。

他先吟了一首《祈父》，祈父，是官名，就是掌管兵甲的司马，他吟道：“司马呀，我是王的爪牙，你为何陷我于忧患中，使我不得安居哪？司马呀，我是王的卫士，你为何陷我于忧患中，使我漂泊不安啊？”

荀偃听出名堂来了，他当即向叔孙豹行礼，谢罪说：“荀偃知错，岂敢不与您共计国事，而让鲁国陷于危境中呢？”

荀偃的明确表态，令叔孙豹大喜过望。中军元帅表态了，接下来，他得去找一找军中的二号人物：中军副帅士匄。

士匄也是个诗歌爱好者，叔孙豹照样吟诗，这次吟诵的诗是《鸿雁》的最后一节：“鸿雁于飞，哀鸣嗷嗷。唯有聪明睿智者，知我艰辛劳苦，而那些蠢愚之人，还以为我强逞意气。”

叔孙豹暗示士匄，我不远千里来到晋国，是为国事辛苦奔波，不是来走秀的。士匄也听出弦外之音，便对叔孙豹行礼回答说：“请您放心，有士匄在此，岂可坐视鲁国受欺负而不理呢？”

中军元帅与副帅先后都表态了，晋国一定不会对鲁国的处境坐视不理，叔孙豹高高兴兴回国交差。

可是这一回，鲁国人还是要失望了。

望穿秋水又一年。

鲁国人没有等来西边的晋国援军，反而迎来东边齐国的新一轮进攻。

公元前556年的秋季，距离叔孙豹访晋一年，齐国兵分两路杀向鲁国。一路由齐灵公亲自率领，围攻鲁国北方城镇桃邑；另一路由齐国大夫高厚统领，围困鲁国军事重镇防城。

当时鲁国大夫臧纥正好在防城，刚要返回国都，不想被齐军包围，没有办法出城。鲁襄公心里很着急，就派出一支军队前往接应。这支军队抵达离防城不远的旅松时，停了下来，面对黑压压的齐军，不敢前往解围。便派人趁夜黑时，绕过齐军的防线，进入防城，通知城内守军将领：“你们把臧纥先生带出来，我们在旅松接应。”

防城的守将是谁呢？未来的大思想家孔子的老爹，偪阳之战的勇士叔梁纥。

接应臧纥的部队不敢硬闯齐军阵营，将臧纥送出城外的重任，就落在守将叔梁纥的身上。叔梁纥召集的三百名甲士，都是武艺高超、勇猛过人的战士，趁着夜幕降临，对齐军阵营发动突袭。齐军被打了个措手不及，叔梁纥与三百勇士突破齐军的防线，将臧纥送到后方接应部队手中。

齐国人还以为这些鲁国人准备要弃城而去，不料一会儿工夫，叔梁纥又带领三百甲士驾着战车杀回来，直奔城里去了。叔梁纥进出齐国防线，如入无人之境，其胆魄赢得鲁国人的一阵喝彩。

但是臧纥的一位族人，名叫臧坚，却不幸在战斗中负伤，落入齐国人之手。在身负重伤的情况下，臧坚依然手握利剑，全无惧色，又劈倒几名齐军士兵，直到气力用竭，被齐军士兵一拥而上，捆绑到齐营。被俘的臧坚拒绝就食，只想速死。

齐灵公听说臧坚表现十分英勇，心中有几分钦佩，就派一名宦官去慰问他。宦官传达齐灵公的话："你可别自寻短见。"宦官走了之后，臧坚对看守他的官吏说道："贵国国君的好意，在下心领了，但贵国国君既然要赐我不死，却派一个受过宫刑的奴才来看我，我是堂堂的鲁国官员，觉得这是一种羞辱。"

说完之后，臧坚拿起一根削尖的木棍，狠狠地往胸口一扎，看守他的官吏还来不及阻止，他就当即气绝身亡。

鲁国与齐国在停停打打间又过了一年。

到了公元前 555 年，也就是晋悼公去世三周年，晋国没有理由再推脱责任了。晋平公当时对叔孙豹推托的理由就是国丧期未满，现在三年期已过，况且中军元帅荀偃与副帅士匄的激昂之辞也言犹在耳。

这一年秋季，齐灵公再度对鲁国发动强攻。

晋国高层开始研究援鲁的计划。晋国中军元帅荀偃做了一个奇怪的梦，梦到当年自己参与杀害的国君晋厉公：他与晋厉公在阎王面前打官司，结果败诉了，晋厉公就用戈把他的脑袋割下来。他又把自己的脑袋从地上拾起来，安在脖子上，用手扶着脑袋走路，走着走着时，遇到术士巫皋。

从梦境中惊醒后，荀偃对这个梦百思不得其解。

几天后，荀偃在路上遇到术士巫皋，便对他说起这个古怪的梦。巫皋听了之后大吃一惊："哎，我在同一时间做了跟你同样的梦。"这可真是更加的稀奇古怪了。荀偃忙问："那先生帮我解解这个梦，究竟有何含义？"

巫皋说："您梦到脑袋被割下来，看来今年您必死无疑。但梦里您又把脑袋安回脖子，扶着它走路，说明您还有一件事必须做。这件事是不是讨伐东方的齐国呢？您的最后愿望应该可以实现。”

巫皋这么一说，荀偃更加坚定东征的想法。

二、荀偃伐齐之战

公元前555年十月，初冬来临，天气开始变冷了。

元帅荀偃统领精锐的晋国三军，向东行军。跨过国界时，他不自觉地回头看一眼故土，有一种预感，这是他最后一次凝视自己的祖国。此番出征，也许就是自己生命的终点吧。人谁能无死呢？如果要死，就以一场辉煌的胜利来迎接死神吧。

晋军一路向东，进入鲁国境内。

此时鲁、宋、卫、郑等十个诸侯国的军队，也在霸主的召唤下，在济水河畔与晋军会师。在联军中，也包括莒国的军队，这个小国一度归附于齐国，现在很识相地倒向晋国。

不甘示弱的齐灵公亲临平阴城，部署防务。初冬的寒风已经冻彻骨髓，面对军容庞大的联军，齐灵公的心头不禁打了个冷战，不过很快这个寒意被他的雄心驱散了。只要能击败晋国人，中原的霸主就要换人，齐国又可以再现昔日的辉煌！想到这里，他鼓起勇气，准备依托坚固的堡垒，挫败晋国人的进攻。

晋国人的速度好快，已经跨过齐鲁边界，直逼平阴城下。

平阴城矗立在平原之上。除了坚固的城墙，唯一的防御工事就是城外挖掘的一条宽达一里的深沟。这条深沟只能迟滞晋国人的进攻，却无法阻止其深入。作为齐灵公的心腹宦官，夙沙卫对平阴的守备忧心忡忡。

夙沙卫虽然是一名宦官，却颇懂兵法。他意识到平阴地势平坦，无险可守，便建议齐灵公：“不可在这种无险可守之处作战，不如后撤到地形险要的地方，据险固守。”

刚愎自用的齐灵公哪里肯听，他说：“就这样逃离城邑，会影响我方士气的，一定要与晋国人决一死战。”

齐灵公寄希望于联军的内讧，就像当年入攻秦国的迁延之役一样。可是他的希望落空了。当年进攻秦国时，诸侯国消极怠战，是因为秦国并未危及自己的生存。而齐国的情况却不同，鲁国已经深受其害，倘若任由齐国坐大，那么卫国、宋国以及其他小国，岂能在齐国人的卧榻旁酣睡呢？

事实证明，一里宽的深沟，并没能阻挡住联军的进攻。

晋军对平阴城发起猛攻，齐军伤亡惨重。

面对被动的战局，齐灵公的信心动摇了。必须派个人去打探晋军的虚实，派谁去呢？齐国大夫析文子与晋国中军副帅士匄的私交不错，是个合适的人选。析文子便以私人身份出城，拜见士匄。

士匄热情地接见老朋友，他心里十分清楚，析文子此来，是想弄清楚晋军的下一步军事部署。既然如此，何不来个将计就计，对齐国人施加些心理压力呢？

士匄请析文子喝酒。几杯酒下肚后，他故意装成酒后话多的样子，对析文子说："老朋友哇，我跟你说实话吧。现在鲁国与莒国各派一千辆战车，准备从两个方向同时对齐国发动攻击，齐国这次一定是顶不住了，必定灭亡。老朋友你要为自己打算一下。"

从士匄的话中，我们也可以看出，随着战争的进展，诸侯国的军事力量比起春秋初期要强大许多，连莒国这样的小国都拥有一千辆战车。

借着酒力，士匄大放烟幕弹，把析文子听得胆战心惊。殊不知鲁国被齐国打了三年，哪里还有力气发动大规模进攻呢？而莒国长期是齐国的小喽啰，只是碍于晋国的面子，勉强参加对齐战争罢了，怎么敢有灭掉齐国的念头呢？

士匄伪装得很像，析文子中计了。喝了几盅酒后，他以不胜酒力为由，向士匄告辞，急急忙忙地返回齐军大本营，向齐灵公汇报得来的情报。

齐灵公吓呆了。

齐国重兵都集中到了平阴战线，光要应付眼前这支联军就令齐灵公十分头疼。按析文子的说法，还有两支奇兵将随时出动，突袭齐国。要是情报属实，齐军的后路将被切断，到时平阴将成为他的葬身之所……

坐立不安的齐灵公亲自登上高处，远眺联军兵营。

只见联军兵营背靠山丘，漫山遍野都插满各国军队的旌旗。"哎，居然来了这么多部队。”齐灵公手脚一阵冰凉，再往山下看去，只见联军的战车正在进行演习，每辆战车有四名官兵，掀起漫天的飞尘，以至于他都没法算得清战车的数量。

齐灵公心中暗暗叫苦，心里琢磨了一下，根本没有信心打赢这场战斗。三十六计，走为上计。黑夜降临，喧嚣的战场也平静下来，平阴城东大门悄悄地打开一条门缝，紧接着几辆马车闪出来，不一会儿便响起急促的马蹄声以及车轮的吱吱声。

作为一国之君，齐灵公临阵潜逃，偷偷地溜掉了。

其实他中招了。

齐灵公看到漫山遍野的军队，只是晋军统帅部导演的戏罢了。荀偃设下疑兵，漫山的旌旗，也不过是旌旗罢了，看上去挺吓人的，其实并没有多少人。那么卷起漫天飞尘的战车又是怎么回事？那是车后拖着树枝扬起的尘埃，车上只有一名战士，其他三名都是稻草人，只是齐灵公远远看不清楚。

兵者，诡道也。在此役的较量中，晋国将军表现出高超的指挥艺术，密布疑云、虚实莫测，制造假情报，正体现了“上兵伐谋”的至高境界。

齐灵公溜走了。

几天后，齐军发现元首逃跑，这下更无人恋战，怎么办？跟着溜呗。十月二十九日（农历），正值月末，是月光最暗淡的日子，在夜色的掩护下，齐军全体开拔，撤退了。

第二天，平阴已经成为一座空城。

晋平公身边有一位大音乐家，名唤师旷，他远远听到平阴城内的乌鸦声，说道：“平阴城的乌鸦欢快地啼叫，一定是城内的齐军撤退了。”还有几个人也看出来了，晋国大夫邢伯说：“城内有几匹马的嘶鸣声，非常悲切，一定是与其他马匹别离，孤零零的，看来齐军已经撤出平阴城。”另一位晋国大夫叔向判断说：“平阴城头有许多乌鸦，说明城内已经没有驻军了。”

要是齐灵公能亲耳听到这几个人的话，一定会为自己的判断能力而汗颜。

元帅荀偃没有满足于占领平阴城，因为他知道，齐军主力还未被歼灭，他没有逗留，立即下令追击。

齐灵公逃跑时，将军队交给心腹夙沙卫。夙沙卫虽然是宦官，但颇有胆识，他知道放弃平阴城之后，晋军很快就会追上来，撤退时一定不能乱了章法，否则后果不堪设想。他一路撤退，一路观察地形，在一处山间隘口，地形狭窄，易守难攻，是一处阻击晋军的理想阵地。

夙沙卫当机立断，他下令将军队中的辎重车辆连接起来，沿着隘口一字排开，作为障碍物来阻滞晋军的追击，并亲自留下来断后。看来齐灵公那么信任这位宦官，也不是全无道理。

可是由宦官执掌兵权，引起将领们的强烈不满。

齐军将领殖绰、郭最两人嚷嚷道："你不过是个宦官，让你来殿后，简直是齐国军队的耻辱，你还是走吧，我们两个人来。"在他们眼中，夙沙卫不过是个佞臣罢了，心里看不起他，充满敌意。

人都是有自尊心的，宦官的心理更复杂，自卑与自尊相交错。殖绰与郭最两个人的一番话，让夙沙卫怒从心生，起初为了表示对齐灵公的忠诚，他不惜留下来断后，把危险留给自己。这时他心头一酸，自己做再多的事情，在别人眼里，永远是个贱人。他一言不发扭头就走，一不做，二不休，既然那两个家伙想找死，就多送点礼物吧！夙沙卫在临走前，让士兵们用大石块把退路封死了。

事实证明殖绰与郭最二人也并非那么英勇。

当夙沙卫率大军撤走后，只剩下殖绰与郭最以及少量的士兵。山谷空音，一片死寂，这时两人心中涌出莫名的恐惧。很快，从远处传来马车奔驰的声音，声音渐渐由近及远，晋国的追兵来了！

一马当先的，是晋军将领州绰。他急于立功，马不停蹄地冲到山隘前，只见道路被一排辎重车挡住，可以看到少量的兵车与齐国士兵，站在车上的一人身披皮甲，一望可知是位齐国将领。州绰立马搭箭上弦，瞄准后"嗖——"的就是一箭，射中那位将领的左肩膀。

殖绰猛然觉得一阵疼痛，踉跄一下，他掏出弓箭，正准备还击，不想说时迟，那时快，州绰的第二支箭如闪电般地射出。这支箭穿透皮甲，深深地刺入殖绰的右肩膀。殖绰左、右两边各中一箭，血流不止，这时只听得对方大喊一声："你不要逃跑，乖乖做我晋军的俘虏，要是再逃的话，下一支箭，势必会射在你的咽喉上。"

螳臂当车，徒劳无益。殖绰心虚了，他猛喊道：“那你要发誓不杀我。”

州绰指着天上说：“有太阳为证。”

殖绰与郭最这两个断后的勇士扔了武器，束手就擒。看来他们还真没有资格嘲笑夙沙卫哩。

夙沙卫率齐军主力退守都城临淄。

晋军一路高歌猛进，横扫齐国，连战连捷。荀偃指挥中军攻克京兹；魏绛、栾盈攻下寺地；赵武、韩起兵围卢地。经过一个月的作战，到十二月初，联军已经攻打到齐国都城临淄的外围。

谁才是真正的霸主，这不是一目了然吗？齐灵公也太自不量力了吧。

联军在临淄城下不急着攻城，却忙着砍树。

为什么要砍树呢？因为十二月，正是晚冬，天气十分寒冷，砍树要用来取暖。等到砍足了数量后，联军开始放火，烧了离齐都城比较近的一片竹林，这样齐军要到城外砍树取暖就不容易了。除了烧树林外，联军又放火烧临淄城的城门，以及东南西北四面外城都烧了；又派了几支小分队装作攻城的样子。

果然，志大才疏的齐灵公被晋军这一套战术搞得神魂不安，天天前方发回报告，这里被烧，那里被烧，似乎一片大乱。其实临淄的守兵并没有遭受重创，但外厉内荏的齐灵公已经坐立不安了。他想了半天：三十六计，走为上计。

马车备好了，齐灵公跳上马车，吩咐御夫逃向邮棠（现山东平度东南），准备去避难。

齐国太子姜光一听到消息，大吃一惊。

齐国的临淄城固若金汤，晋军不过在城外砍砍树，纵纵火罢了。守军并没有遭到损失，倒是国君想溜了，要是国君在此时溜走，势必军心大乱，到时局面就很难收拾。不行，一定要拦住齐灵公。

想到这里，太子姜光快马追上齐灵公，拦住逃亡途中的马车。齐灵公咆哮道：“你快给我让开。”

太子姜光拽住马车上的缰绳，大声说道：“晋军本来就不想与我国作对，这次来势汹汹，无非是想捞点好处，掠夺些财物。现在临淄城外已经被劫掠一空，晋军很快就会退兵。我们城池高大坚固，守军毫发未损，有什么好害怕的？

一国之君，绝对不可以轻举妄动，否则会失去民心的，一定要坚守国都。”

齐灵公不听，催促车夫快快赶车。

太子姜光急了，拔出宝剑，“唰唰唰”几下，把套在马脖子上的皮革给砍断了，马车走不动了。齐灵公这才无可奈何地下了马车，停止他的亡命之旅。

事实证明，太子姜光的判断是正确的。晋军根本就不想对临淄城发动强攻，除了鲁国之外，其他的联盟国也不想卖这个力气。两天后，联军就对临淄撤围了，该捞的东西都捞了，还是到其他地方去找找新的财源吧。

联军绕过临淄城，向东、南两个方向挺进，继续扫荡齐国，打家劫舍。向东打到潍水，向南打到沂水。

齐国人只有招架之功，全无还手之力。

曾经壮志凌云的齐灵公完全丧失斗志，任由晋国人蹂躏齐国的土地。

就在这个时候，楚国人救了齐国。晋国元帅荀偃接到情报：楚国人兵分三路，在令尹子庚的率领下，大举进攻郑国。荀偃听了之后大吃一惊，要是楚国人得手，就有可能切断晋军西归的通道。不行，必须从齐国撤军，回援郑国。

晋国与多国部队火速撤兵，被吓破胆的齐灵公阴差阳错地躲过一劫。

在晋军的救援下，郑国终于转危为安。然而，这成了晋国元帅荀偃指挥的最后一次军事行动。

他染上疾病，身上长了毒疮，脸部开始溃烂，面目全非，无药可治。副帅士匄想进帐篷探望他，但遭到拒绝，荀偃不想让别人见到自己这可怜的模样。士匄没有办法，只好在帐篷外问道：“元帅若有不测，谁可以成为家族的接班人呢？”荀偃吃力地张开口答道：“荀吴可以。”

士匄听到元帅的声音变得如此苍老，心中涌出一种凄凉之感。

荀偃在病魔的折磨下，最终带着痛苦与遗憾离开人世。他死的时候，没有瞑目。

副帅士匄抚摸着荀偃的尸体道：“元帅死不瞑目，是不是还有放心不下的事情？是不是担心儿子荀吴呢？我会照顾您的儿子的。”

荀偃的眼睛仍然睁着，站在一旁的栾盈提醒士匄：“会不会是因为征讨齐国之役还没成功呢？”经栾盈一说，士匄猛然省悟，又抚着荀偃的尸体说：“您放心，我一定会继承您的遗志，继续讨伐齐国，我以河神的名义起誓。”

这时奇迹发生了，死去的荀偃缓缓地闭上眼睛。

目睹这一幕后，士匄以尊崇的语气说道：“元帅一心为国，我却以为他放心不下家事，看来我真是太浅薄了。”

荀偃去世后，士匄成为晋军实际的统帅，他决心继续发动伐齐之战，直到齐国人投降，以慰荀偃在天之灵。

公元前 554 年夏季，晋军又一次踏上远征之路。当士匄挺进到谷地时，这时传来一个消息：齐灵公死了。

不伐有丧之国，这是春秋时代的惯例，也是文明的体现。当然，晋国人并不是完全遵守这个惯例，在郑成公死时，晋国就曾经悍然入侵郑国。不过士匄还是遵循“国际公约”，宣布从齐国撤军，很显然，晋国想以德服人，而不是以武服人。

晋军撤走了，齐国却因为灵公之死，引发了一场政坛“地震”。

三、夙沙卫的叛乱

齐灵公是在恐惧与彷徨中死去的。

平心而论，作为君主，齐灵公还是有些可圈点之处的。他在任期间吞并莱国，使齐国的土地面积猛增一倍，为日后齐国的崛起奠定很坚实的基础。但他好高骛远，自以为可以同晋国分庭抗礼，入侵鲁国，意图称霸东方。可是晋国人一反击，他就明白了，齐国远远不是晋国的对手。

荀偃的第一波进攻，齐灵公便弃平阴城而逃。兵围临淄后，他已成惊弓之鸟，如不是太子姜光拦住他的马车，他又要弃国都而逃了。荀偃死后，晋军新任统帅士匄为完成他的遗志，又一次发动对齐国的攻势。

心力交瘁的齐灵公终于在惊恐中病倒了。

眼看着齐灵公的病情一天天地恶化，谁会是权力的继承人呢？原本平静的宫廷，开始暗流涌动，一场尔虞我诈的宫廷斗争白热化了。

太子姜光是法定的君位继承人。自从齐国被迫屈服于晋国后，齐灵公羞愧难当，拒绝出席晋国主持的诸侯峰会，每次都称病不往，太子姜光便以齐国代表的身份多次参加诸侯大会，成为齐国政坛的重要人物。

齐灵公并不喜欢太子姜光，有两个原因：

第一，姜光的母亲鬷声姬并不受宠。齐灵公的正娶夫人是鲁国的颜懿姬，颜懿姬出嫁时，她的侄女鬷声姬跟着她陪嫁。颜懿姬没有儿子，鬷声姬生了姜光，颜懿姬就把姜光当作亲生儿子看待，因而姜光后来被立为太子。可是齐灵公喜新厌旧，宠幸爱妾仲子、戎子之后，颜懿姬、鬷声姬被冷落了，太子姜光也不为齐灵公所喜欢。

第二，在晋军围困临淄时，齐灵公想逃跑，太子姜光却拦下他的马车，公然要挟国君。虽然这件事姜光并没过错，可是让齐灵公很没面子。他对姜光越来越厌恶，以至于想废掉其太子之位。

戎子是齐灵公最宠爱的女人，她也没有生下男孩儿，齐灵公将另一位爱妾仲子的儿子公子牙过继给戎子。

公子牙是戎子亲手养大的，她希望自己的养子能成为下一任国君。

眼看着齐灵公的身体每况愈下，戎子内心很焦急。女人有女人的本事，她在服侍齐灵公时，吹枕边风，劝他立公子牙为太子。齐灵公虽然有废掉太子姜光的念头，可是姜光毕竟根基很深，不容易撼动，他犹豫不决。

这时，一个人的态度决定了一切。

此人就是夙沙卫。他是宦官，也是齐灵公的宠臣，更重要的是，他有本事。戎子知道夙沙卫是个关键人物，便使出种种手段，拉拢他支持自己。作为宦官，一朝君主一朝臣，夙沙卫也得考虑自己的前途，倘若在立储一事上立了大功，便可保住自己的地位，最后，他决定与戎子共进退。

在夙沙卫的支持下，齐灵公终于狠下心，废除太子姜光，并将他流放到齐国东部，囚禁起来。公子牙被立为太子，齐灵公指派大夫高厚、宦官夙沙卫辅佐新太子。

眼看戎子的阴谋就要得逞，可是事情往往一波三折，半路杀出个程咬金。

在这场废立太子的旋涡中，有一个人一直在冷眼旁观。

他是齐国大夫崔杼。

崔杼是个精于权谋的人。显然，他希望能在这场太子之争中渔翁得利。如果公子牙顺利继位，得益者不会是他，而是夙沙卫与高厚。可如果自己能协助姜光重新夺回权力与地位呢？

在崔杼看来，朝中大臣们对废掉太子姜光是非常不满的。姜光当了十几年的太子，有自己的势力，而且他的政治才华也远远超过年幼无知的公子牙。倘若自己出手，帮姜光一把，他就可以咸鱼翻身了。只是这样做，就是公然与齐灵公为敌。

可是，谁在乎一个将死的国君呢？

齐灵公病危。

崔杼觉得时机到了，他悄悄地派人将姜光从囚禁地解救出来，秘密返回国都临淄，并宣布拥立姜光为太子。

太子姜光振臂一呼，果然得到绝大多数人的支持。弥留之际的齐灵公已经奄奄一息，没能亲自镇压这次政变，事实上他无能为力了。姜光率领军队冲入宫廷，当着齐灵公的面，杀死他最心爱的女人戎子，齐灵公已经说不出话，只是老泪纵横……

姜光对这个女人恨之入骨，杀了之后还不解恨，还将她的尸体拖到朝中示众。春秋时代是男人无畏厮杀的时代，对女人还是比较文明的，并没有特别的刑罚，即便是女人犯法处死，也没有陈尸示众的惯例。因而姜光的所作所为，是过分了，这也说明他对这个女人恨到什么程度。

病床上的齐灵公眼睁睁看着儿子造反，爱妾玉体横陈，他终于受不了，悲愤交加，两脚一蹬，死了。死后他被谥为“灵公”，这是个恶谥，虽然灵公后期有临淄之围、太子之变，但他早年开疆拓土，功不可没，对齐国功过各半，并非一无是处。

姜光继承君位，史称齐庄公。

齐庄公继位后，继续扫清政敌。原先被立为太子的公子牙遭逮捕囚禁，辅佐公子牙的大夫高厚被捕杀，崔杼还乘机霸占高厚的庞大家产，一跃成为齐国最有权势的家族。当然，这也是齐庄公姜光对他的回报。

但是夙沙卫却漏网了，这个精明的宦官见到大势不妙，一溜烟逃到高唐城，拥兵叛乱。

齐国的内战爆发了。

夙沙卫颇有军事才华，也有几分胆识。占据高唐城后，夙沙卫心里明白，很快政府军就会前来攻打，他积极备战，修缮工事，屯积粮草，打算长久作战。

很快，政府军在齐国大夫庆封的率领下，兵临高唐城下，发动猛攻。夙沙卫指挥叛军挫败政府军的多次进攻，庆封损兵折将，也无法攻破城池。没有办法，他只好撤回临淄，向齐庄公负荆请罪。

齐庄公决心御驾亲征，彻底铲除夙沙卫叛乱集团。

时值冬季（公元前554年），寒风彻骨。政府军第二度兵临高唐城。

夙沙卫站在城楼上，远远地望见齐庄公，齐庄公向他打招呼，要求出城对话。夙沙卫打开城门，走下城楼，与齐庄公隔着护城河相见。

齐庄公指着背后精锐的部队说："你的防御工事能否阻挡住我的千军万马呢？"

夙沙卫冷冷地答道："齐侯前来，高唐城没有什么防御。"他心里很明白，就算投降，齐庄公也不会放过他的。

仇人相见，分外眼红，但两人仍然很有礼貌地相互行礼，正所谓先礼后兵也。齐庄公回到军中，夙沙卫又返回城池，登上城楼，准备应付政府军随时可能发动的进攻。

这天晚上，政府军开始迫近城墙，准备强行进攻，夙沙卫知道大战将近，便下令犒赏部队，让全部士兵饱食一餐，紧接着便要拼死抵抗。

不想这个时候，高唐城将领殖绰叛变。

殖绰的叛变，其实也不意外。

在晋国入侵齐国时，夙沙卫以宠臣的身份节制殖绰的军队，殖绰认为这是个耻辱，当面挖苦夙沙卫，夙沙卫一怒之下，断了殖绰的后路，致使他成为晋国人的俘虏。被释回国后，殖绰被贬到高唐城，不巧冤家碰头，又遇到夙沙卫据城叛乱。殖绰与夙沙卫本来就有矛盾，焉肯为他效死呢？

正当高唐城将士饮酒吃肉，准备饱餐一顿与政府军决战时，殖绰却悄悄地与自己一名亲信，在夜幕中缒城而下，秘密向齐庄公请降。齐庄公大喜过望，紧接着，殖绰的部下打开城门，政府军一拥而入。

夙沙卫正想给士兵们打气时，政府军已经杀入城内。吃饱喝足的叛军一哄而散，走的走，散的散，政府军没有遇到多大的抵抗，便生擒夙沙卫。齐庄公毫不留情地将他处死，并将尸体剁成一堆肉泥，以泄心头之恨。

齐国的叛乱被镇压了。

内忧外患之中的齐国政府采取果断措施，主动与晋国媾和。晋国新任元帅士匄并不打算与齐国谈和，他曾在荀偃面前发过誓，一定要完成其遗志，武力征服齐国。可是晋平公并没有什么雄心壮志，见齐国主动前来请和，又何乐而不为呢？

就这样，齐国重返中原联盟。表面上看，这是晋国人的胜利，但这个胜利并不彻底，因为齐国的强大武装并没遭到重大损失，齐庄公只是暂时性的退让。他耐心地等候时机，准备狠狠地反击晋国。

耐心总会有回报。

晋国人自己先内讧了。

四、栾盈事件与晋国内战

自晋文公称霸以来，晋国牢牢保持着超级强国的霸主地位，但其内政并不稳定，各大家族血拼的历史一再重演。当年显赫一时的狐氏、先氏、郤氏家族，如今安在哉？让人不禁慨叹“旧时王谢堂前燕，飞入寻常百姓家”。如今，士氏、栾氏两大家族又拉开血拼的序幕。

晋悼公统治时期，这位有作为的君主很明智地平衡各大家族的势力，使得晋国内政出现十几年的稳定。但是这种稳定局面的基础是很脆弱的，随着晋悼公的去世，大家族之间的矛盾与冲突迅速升级。

说起士氏与栾氏两大家族，关系颇为复杂。

在晋悼公时代，士匄出任中军副帅，栾黡出任下军总司令，士匄的地位在栾黡之上。两人的父亲——士会与栾书，都曾担任晋国元帅兼第一执政，其家族相当显赫。士、栾两家原来关系不错，士匄的女儿嫁给栾黡，并生下一个儿子栾盈。按道理说，这桩婚姻本应使两家的关系更为紧密，但事与愿违。栾黡是个飞扬跋扈之人，在讨伐秦国的“迁延之役”中，栾黡对中军元帅荀偃的命令不满，率先逃跑，他的弟弟栾鍼却与士匄的儿子士鞅并肩作战，最后战死沙场。栾黡将弟弟之死的责任推到士鞅身上，迫使士鞅离开晋国，流亡到秦国，士、栾两家由是结下仇怨。

士鞅流亡一段时间后，返回晋国，担任公族大夫。同样担任公族大夫的，还有栾黡的儿子栾盈，即士鞅的外甥，但两个人水火不容。

荀偃与栾黡相续去世后，士匄晋升为中军元帅，栾盈则成为下军副司令。栾盈并不像他父亲栾黡那样骄横跋扈，他为人慷慨大方，礼贤下士，乐于施舍，人缘不错，在军队中有不少人拥护他，这不由得引起士匄的担忧。

正好此时，栾氏家族爆出一桩丑闻。

丑闻的主角是栾盈的母亲、士匄的女儿栾祁（从夫姓氏）。

栾黡死后，这个女人难守寂寞，与栾氏管家州宾私通。州宾仗着有栾祁撑腰，不把栾盈放在眼里，不仅要女人，也要财物，大肆侵吞栾家财产。栾盈碍着母亲的面子，不便发作，但是不满的情绪与日俱增。

栾祁对此心知肚明，她担心终有一天，忍无可忍的儿子会杀了自己的情夫。为了自己的情夫，她要想办法将儿子调到外地。

栾祁跑去找自己的父亲、中军元帅士匄，对他说："栾盈打算要作乱了，他认为父亲栾黡是受到您的打压迫害而死的。并说当年栾黡把士鞅赶出晋国，但士鞅却又跑回来，还担任公族大夫，现在栾氏的势力衰落了，士氏的势力更强，他宁死也不愿服从您。"

俗话说"虎毒不食子"，可是春秋时代这种事情却不少，栾祁为了情人，宁愿陷害自己的儿子。

说到栾盈，其实也是士匄的外孙，这个关系也不一般，但事关两大家族的权力斗争，权力超越亲情。士匄本来对栾盈在军队中的影响力就心怀不满，听女儿一举报，更加相信栾盈想犯上作乱。不过仅凭栾祁的几句话，很难给栾盈定罪。

士匄将栾盈调往著地筑城，实际上是将他在军队中的地位架空了。

愤怒的栾盈毕竟过于年轻，沉不住气。他忍无可忍，轻率地作出一个决定：逃亡到楚国。

楚国一直是晋国的敌人，栾盈的叛变给了士匄镇压的口实。士匄开始毫不留情地清洗栾盈在军队中的亲信，他的同党羽箕遗、黄渊、嘉父、司空靖等人均以通敌的罪名被公开处决，另外几个同党知起、中行喜、州绰、邢蒯等人则逃到齐国。

这一年是公元前 552 年。

晋国召集齐、鲁、宋、卫、郑、曹、莒等国家，在诸侯大会上，强调各诸侯国不得收留叛乱分子栾盈。但齐庄公并不把晋国的警告当一回事，第二年栾盈离开楚国，前往齐国，齐庄公公然违背晋国政府的意志，收留了栾盈。这样，齐国便成为栾盈一党的流亡基地。

晋国政府对此不能坐视不理。很快，晋平公再次召开诸侯会议，在会议中重申各国政府均不得接纳栾盈，将矛头直指齐国。齐庄公不为所动，依旧我行我素，根本不理睬晋国人。齐庄公是有所图的，他认为栾盈的叛逃，是齐国的一次机会，如果能秘密地把栾盈送回晋国，策划发动军事叛乱，一旦成功，晋国的内战不可避免，到时可以趁机削弱晋国，齐国便有出头之日了。

怎么把栾盈送回晋国呢？

公元前 550 年，一个机会降临了。

这一年，晋国政府准备把一位公主嫁到吴国，以加强同吴国的友好关系，遏制南方的楚国。齐庄公借此机会，向晋国政府表示，齐国愿意提供一名宗室女子，作为晋国公主的陪嫁，晋平公听了很高兴，批准齐庄公的请求。

齐庄公以护送宗女的名义，派出一队人马前往晋国。栾盈与他的同党，被藏在一辆马车上，偷偷送抵曲沃。曲沃是晋国的一座名城，当时是栾氏的封邑。栾盈秘密潜回国内，神不知鬼不觉，但是他手上没有军队，所能依靠的力量，就是栾氏封邑曲沃城内的武装力量，所以必须要说服曲沃地方长官胥午。

在黑夜的掩护下，栾盈秘密前往胥午的住所。胥午对栾盈的突然出现大吃一惊，栾盈将自己遭陷害的过程一五一十地对胥午说了，并要求他支持自己发动兵变。胥午虽然是曲沃的长官，但栾盈才是曲沃的主人，他得听命于栾盈。但是栾盈现在成为国家的一号通缉犯，要以曲沃为基地，铤而走险，对抗国家政权，能有几成胜算呢？

胥午对栾盈说道：“您的做法肯定是行不通，如果您非做不可，难免一死。我自己并不是怕死的，而是明知这样做是没法成功的。”

有一句诗是这样写的：“男儿立身唯一剑，不知事败与功成。”我被人陷害了，就得去报仇，我不去做，我就不是男儿，至于成功或者失败，那不在我考虑的范围之内，这就是武士的精神。

栾盈就是这么一个有武士精神的人，他对胥午说："如果你能支持我起事，我虽死而无憾。"他原本就是一个慷慨大方、礼贤下士的英雄人物，很得部属们的拥护，胥午听了他的话后，也不禁要佩服起栾盈的勇气与意志，便慨然答应其要求。

胥午把栾盈藏起来，然后把曲沃有头有脸的人都召集过来，请大家喝酒。等到大家喝得半醉时，胥午开始说话："现在如果栾盈在这里，你们说该怎么办呢？"

说实话，曲沃这些人，对栾盈感情蛮深的。一来这里是栾氏的封邑，栾盈是主人；二来栾盈待人不错，被士匄所陷害，同党被诛杀不少，曲沃人对他有同情之心，认为他是无辜的。

胥午把这话题一说，大家就你一言我一语说开了。有的人叹息，有的人哭泣，有的人站起来大喊道："如果主人在这里，我愿意为他而死，虽死犹生。"

看到大家同仇敌忾，胥午总算放心了。他高声宣布，栾盈现在就在曲沃城内。

众人听了一片欢呼，纷纷表态说："现在找到了主人，我们怎么敢有二心呢？"这个时候，栾盈才从幕后走出来，向在场的各位拜谢，众人又是一片雷声般的欢呼。

在得到曲沃民众支持后，栾盈又秘密联络各方势力，其中最有力的支持者是魏舒。魏舒是魏绛的儿子，魏绛担任下军司令时，栾盈担任副司令，两个人合得来，关系十分好。因为这个原因，魏舒与栾盈的关系也特别好，他向栾盈表示，一定会鼎力相助。

对栾盈最不利的，是晋国几大家族与栾氏家族的矛盾很深，由于这几大家族长期斗法，栾氏家族得罪了其他家族。

比如说赵氏家族，当年赵氏孤儿事件，赵氏几乎遭到灭门之灾，这背后有栾书的陷害；韩氏（韩厥之后）家族与赵氏家族一直关系十分密切，理所当然站在赵氏一边，共同反对栾氏；荀氏家族呢？当年伐秦的"迁延之役"中，栾盈的爸爸栾黡公然不服从总司令荀偃的命令，招致伐秦之战不了了之，荀氏对栾氏也有怨言。

显然，栾盈要与其他望族公然对抗，这对他来说十分不利。

但他抱着破釜沉舟的决心，不惜以生命捍卫家族的尊严。

四月，栾盈率领曲沃的甲士，在魏舒的暗中支持下，大白天出其不意地挺进首都绛城。

这时晋国元帅士匄正与乐王鲋坐着聊天，突然有人跑进来报告说："大事不妙，栾盈带着军队杀进城了。"

士匄听后很慌乱，侍坐的乐王鲋镇定地说："您赶快护送国君到固宫，一定不会有事的。现在政权掌握在您手里，而栾氏的怨敌很多，栾盈能得到支持的，恐怕只有魏氏家族了。我们可以用威胁的手段，把魏氏争取到我们这边。只要握有权力，就可以平定叛乱，您别担心。"

士匄马上派儿子士鞅前往魏舒的军营中。这时绛城内已经是杀机四伏，一场大规模的叛乱迫在眉睫。魏舒的军营里，士兵们已经排列成行，正陆续登上战车，准备接应栾盈的军队。士鞅一见，心里着急，如果魏舒的军队加入叛乱，后果不堪设想。

士鞅当机立断，不冒一次险是不行了。这时魏舒已经登上战车，军队马上要开拔，士鞅找到魏舒，跳上战车，冲着魏舒喊道："栾盈已经带着叛军杀进城了，我父亲与诸位将领已在国君那里，特派我来迎接将军，请让我陪你乘车吧。"

说罢不等魏舒回话，士鞅便一手拉着车上的缰绳，一手按着剑，命令车夫将战车驶离军阵。魏舒见士鞅来势汹汹，站在自己身旁，还一手按着剑，要是自己说一个"不"字，士鞅的剑怕是要劈过来，得了，不作声了。

这时车夫没了主意，问说："要把车开到哪呢？"

士鞅回话说："到国君那儿去。"

就这样，魏舒还没来得及与栾盈会合，就被士鞅绑架走了。

士鞅将马车驶到晋平公所在的固宫，总司令士匄下台阶，迎接魏舒。士匄握住魏舒的手，嘘长问短，表示只要消灭栾盈，就将曲沃送给他作为封邑。魏舒都被劫持到了这里，还有什么话能说呢？不答应也得答应了。

魏舒被劫持，使得栾盈少了一个强有力的后援。即便如此，叛军的力量仍然不容小觑。

效忠于栾盈的叛乱分子，战斗力十分强悍，节节进逼，已经进攻到固宫门外。叛军中有一名勇士，名叫督戎，十分骁勇，左劈右砍，如入无人之境，晋国政府军的士兵，看到他就很害怕。

士匄手下有一名奴仆，名叫斐豹。他原本是个平民，后来犯了法，成了奴隶。当时晋国的法律，犯了罪的人没为官奴时，要在竹简上写上红色的字，叫丹书，这个丹书就是奴隶身份的证明。斐豹很勇猛，不甘心一辈子当奴隶，他站出来对士匄说："如果能把我的丹书烧了，我就去把督戎杀了。"士匄一听，相当高兴，对他说："如果你杀了他，我一定向国君请求，烧掉丹书。"说完后，士匄指着太阳发誓。这时叛军杀到宫门前了，宫门紧闭，士匄将斐豹放出去后，又关上大门。

督戎正杀红了眼，见到出来个人，拎着武器就冲上去，跟斐豹斗了起来。打了一阵子，斐豹一看，这个人真是神勇，这样打下去占不了上风。想到这里，他拔腿就跑。督戎一看，你往哪跑，撒腿就追。斐豹跑着跑着，看到前面有一堵矮墙，就翻墙而过。翻过墙后，他找个地方躲起来。督戎追上来，没看到人影，四处搜寻，冷不防斐豹从藏身处一跃而出，手起刀落，把督戎杀了。

这时叛军开始向固宫发起进攻，情形十分危急。叛乱者已经爬上宫墙，士匄对儿子士鞅喝道："如果叛乱分子的弓箭射进国君的房间，那你就去死吧。"

士鞅一听，今天得豁出命拼了，不然横竖是个死字。他大吼一声，拔出宝剑，率领宫中步兵向叛军发起反攻。正所谓置之死地而后生，已经没有退路可走，在士鞅的带动下，宫内士兵无不拼死作战，最后叛军抵挡不住，被迫后撤。

叛军败退后，士鞅马上登上战车，继续追击，正好遇到栾氏家族的栾乐。栾乐驾着战车迎战士鞅，士鞅猛吼一声说："栾乐！你不要跟我交手，如果我被你杀了，我会向上天神灵告你的。"

这是什么话呢，颇为有趣，大约情急之下，胡说了一通。栾乐搭箭上弓，瞄准士鞅就是一箭，士鞅一闪身，箭从身旁飞过，有惊无险。栾乐一看没射中，正准备射第二支箭时，不想运气实在不济，战车的车轮绊到树根上，车子翻了。士鞅战车上的护卫，操着戟冲栾乐一戳，刺在手臂上。戟上面有钩，用力一拉，栾乐的手臂被扯断了，在痛苦的挣扎中死去。

与此同时，叛军另一位主将栾鲂也在战斗中负伤。栾盈一看己方大将一死一伤，士气大受影响，战场形势已发生逆转，不敢恋战，遂退出国都，逃回曲沃。

在士鞅的拼死抵抗下，绛都转危为安。

晋国的内战，是齐庄公一手策划的。

显然这是一个阴谋，目的是打垮晋国霸权、再建齐国霸业，这个阴谋差一点获得成功。无论结果如何，内战总会削弱晋国的力量。如果栾盈成功地打垮政府军，控制晋国的政权，那么势必对晋国的士、荀、赵等几大家族进行清洗，这么一来，晋国便会陷入一场血雨腥风之中。

可是士鞅的表现太杰出了。

他先是以绑架的手段劫持可能加入叛乱阵营的魏舒，削弱叛军的力量。紧接着又以非凡的勇敢与坚强的意志，挫败叛军的进攻。齐庄公借刀杀人的伎俩并没有成功，但他也是个有本事的人。还是太子时，他多次代表齐国参加晋国主持的“国际会议”，对当时的“国际态势”了如指掌，晋国是不是一头老虎，屁股摸不得呢？表面上是这样，因为晋国不仅军事力量强大，还有一群喽啰国支持。但是实际上，这群喽啰国只是狐假虎威，对付偪阳这种小国时，就牛气哄哄的，对付秦国这样的强国时，就畏缩不前。

现在晋国内战未了，自顾不暇，风水轮流转，好运应该落到齐国人头上了吧。

是时候对晋国宣战了。

齐庄公发布战争动员令，齐国军队倾巢而出，兵分六路，进攻卫国。

卫国是晋国的铁杆喽啰，国家不大，兵力不强，面对齐国大兵压境，早被吓得魂飞魄散。卫殇公赶紧派人去晋国请求支援。晋国的内战还没结束，哪顾得上卫国呢？齐国军队横扫卫国，一直打到卫晋的边境线上。

齐庄公要一鼓作气杀入晋国，一雪当年齐国战败而不得不屈从晋国的耻辱。

权臣崔杼被齐庄公的决定吓坏了。要知道晋国当霸主的时间快一百年了，它的国际地位，就像二十世纪的美国一样，是个狠角色。你想想看，晋国这个老虎的屁股摸得了吗？齐庄公偏偏不信邪，偏偏要摸。、

崔杼不无担忧地说：“我听说小国如果钻大国内乱的空子而发动战争，肯定自己会倒霉的，晋国是打不得的。”

齐庄公不听，你说打不得，我偏要打。

齐国大夫晏平仲听到这件事后，点评说：“我们的国君想靠勇敢的精神去

攻打盟主晋国，他不提高自己的德行，专注于武力，如果打了胜仗，就会骄傲自满，目空一切，这样灾祸就会降临了。”晏平仲就是晏婴、晏子，春秋时代的大政治家与学问家。

齐庄公在打击时机的选择上，无疑是十分聪明的。晋国政府军虽然挫败栾盈向首都的进攻，扭转内战局势，但是无法分兵，同时与叛军、齐军开战。

晋国统帅部最后决定对齐国的进攻采取守势，先集中力量消灭栾盈的叛乱。

齐国军队从卫国攻入晋国，一路上没有遇到什么强有力的抵抗，一战占领朝歌。之后齐庄公兵分两路：一路进攻孟门，一路进攻太行山，占领荧庭、郫邵等地。这是齐桓公之后，齐国最牛的时候，居然把霸主晋国打得只有招架之功，无还手之力。

得意扬扬的齐庄公竖起一座木标，以张扬自己的胜利，并且把晋军战死的士兵尸体堆积起来，建了一座大坟。

在屈从晋国数十年后，齐国终于得以扬眉吐气，一雪前耻。

不过晋国也不是好惹的。

在保卫绛都后，晋国政府军节节进逼，包围栾盈的老巢曲沃，内战的形势已经很明显，栾盈的失败只是迟早的事情。

这个时候，晋国可以腾出手来对付齐国了。

晋军总司令士匄派赵胜率军队进击齐军，齐军吃了一个败仗。齐国大夫晏子的儿子晏氂在战斗中被俘虏。与此同时，鲁国出手了，出兵援助晋国，叔孙豹率援军进驻雍榆，对齐军侧翼构成威胁。

在这种情况下，齐庄公不敢恋战，将军队撤出晋国。

这场战争，虽然没有从根本上打败晋国，却证明齐国有能力与晋国分庭抗礼。低三下四听命于晋国的历史已告终结，晋国的霸主地位受到严峻的挑战。

在齐国入侵晋国的战争中，除了鲁国之外，其他中原诸侯都采取坐山观虎斗的态度，看热闹，谁也不出兵，这确实让霸主很没面子，晋国的霸业已经进入尾声。

随着齐军的撤退，栾盈叛军没有机会了。

晋政府军在包围曲沃后，发动强攻。栾盈败局已定，但是他坚决不投降，不成功即成仁。士匄的军队攻破叛军最后的堡垒，曾显赫一时的栾氏家族，遭到毁灭性的打击，栾盈被杀死，他的族人、同党也全部被处决，只有栾鲂侥幸得以逃脱，逃往宋国。

栾氏的覆灭，暴露了晋国卿家政治的弱点。这种大规模的内斗，每隔一段时间便要爆发一次，不仅影响晋国内政，也削弱其实力。栾盈之乱并非简单的国内叛乱，而是齐国精心设计的一个局，这是一个精巧的战略谋划，设计这个局的人，就是齐庄公。

齐庄公虽然没能打垮晋国，但证明齐国绝不是一盏省油的灯，而是有实力挑战晋国霸主地位的中原大国。

五、晋楚战争的小插曲

栾盈兵败身亡，齐国劳师无功。

对这样的结果，齐庄公很不满意。从晋国撤兵后，齐庄公心里想，军队出来耀武扬威，不能就这样空手而归，不然脸上无光。

他打开地图，搜寻可以猎取的目标，最后，他的眼光停留在莒国上。

说起莒国，那曾经是齐国的小喽啰。莒国位于现在山东省莒县一带，在齐灵公时，莒国投靠齐国，并在齐灵公的怂恿之下，进攻鲁国。此举大大激怒了霸主晋国，在一次诸侯会议上，晋国人将莒国代表扣押为人质，以惩罚其违背互不侵犯的同盟条约。在晋国的虎威之下，莒国不得不屈服，并出兵参加晋国讨伐齐国的战争。

莒国的背叛，令齐庄公十分不舒服。如今晋国内乱，齐国刚乘机捅了晋国一刀，接下来就要教训一下莒国了。

齐国军队并没有返回国内，而是偷袭莒国。

不料莒国人早有防备，齐军的进攻遭遇到莒军的顽强阻击。第一天战斗，莒国人以密集的箭雨回敬齐军，在战车上指挥战斗的齐庄公一时没有提防，大腿中了一箭，鲜血直流，他赶紧鸣金收兵，准备第二天继续进攻。

当天晚上，齐庄公秘遣将领杞梁、华舟用战车载着甲兵，在黑夜的掩护下，先偷偷地抵达莒国都城郊外。第二天一大早，莒国人发现了杞梁的军队，莒国国君派人贿赂杞梁，要他带着军队撤退，杞梁拒绝了。

莒国人见齐国的主力大军尚未赶到，就对杞梁的军队发起进攻，杞梁寡不敌众，吃了败仗，自己也战死。这时，齐庄公的大军赶到，莒国人害怕了，就举白旗投降。

关于这个战死的杞梁，后来冒出一些故事，根据刘向《说苑》记载："杞梁、华舟进斗，杀二十七人而死。其妻闻之而哭，城为之陀而隅为之崩。"有人也认为，杞梁妻哭倒城墙，就是后来著名的孟姜女哭倒长城的原型。这个哭城的细节，刘向在《列女传》中写得更清楚："杞梁之妻无子，内外无五属之亲。既无所归，乃枕其夫之尸于城下而哭之。内诚感人，道路过者莫不为之挥涕。十日而城为之崩。"

齐国伐晋征莒，确实展露了强国风范。

然而晋国在结束内乱后，仍然是最强大的国家，这不由得使齐庄公忧心忡忡。

晋国开始报复了。

公元前549年，在晋国的指使下，鲁国出兵入侵齐国。同时，晋平公再次主持诸侯会议，参加会议的有晋、鲁、宋、卫、曹、莒、邾、滕、薛、杞、小邾十一个国家。这里注意一点，莒国又一次见风使舵，背叛齐国了。这次会议的主题是商议出兵讨伐齐国的事宜。

齐庄公已经是孤家寡人，难以同晋国对抗，只有一条路可以走，就是联合楚国，共同对抗晋国。齐庄公双管齐下，一面派人前往楚国，请求楚国出兵；另一方面，齐国大夫崔杼率军攻入莒国，夺取城邑介根。

晋与诸侯国的联军集结待命，但是由于连绵不断的阴雨天气，进攻齐国的时间一再被延后。此时，楚康王出兵响应齐国，率楚、蔡、陈、许四国联军，进攻郑国，一时间中原地区战争阴云密布。

晋与诸侯联军原本要对付齐国，可楚国突然在南方发难，迫使晋军统帅部不得不改变原定的计划，转而南下援救郑国。

晋平公统率大军进入郑国后，并没有一拥而上，与楚军拼个你死我活，而是派两个人去单挑。明明是两个人，为什么说单挑，不是双打呢？因为两个人是一辆车，春秋时代战车配置一般是三个人，缺了一个驾车员。晋国派出的这两名勇士，一个叫张骼，一个叫辅跞，因为不熟悉郑国的地形，晋方要求郑国给配备一名驾车员。

郑国挑了一名优秀的驾车员，叫宛射犬。临行前，大夫子太叔告诫宛射犬说：“晋是大国，郑是小国，你得让着点哦。”宛射犬听了之后不以为然地说：“不论大国还是小国，驾车员的地位都是一样的呀。”

不过宛射犬很快就明白，大国武士与小国武士就是不一样。

到了晋国兵营后，张骼、辅跞两个人正躲在帐篷里吃饭。宛射犬前去报到，两人说，你在外面等着吧，吃饱饭后再说。宛射犬没办法，只好在外面干等着。晋国两位勇士大吃大喝一通后，这才想起在帐篷外的宛射犬。宛射犬心里窝着一肚子的火，但是事情还没完。

三个人出发了，准备到楚军兵营单挑。

张骼与辅跞两人还摆架子，不坐战车，而是坐乘车。乘车就是乘用车，车有座位，坐着舒服，而战车上是没有座位的，只能站着。宛射犬驾着空战车，后面跟着一辆乘车，车上的两名晋国武士正舒服地坐着聊天哩。

快到楚营时，两名晋国武士才跳上宛射犬的战车。但是两人还是那么从容不迫，上了战车后，不是戴好头盔，握紧武器，随时备战，而是耍起闲情雅致，抱了把琴蹲在车后弹，确实非常从容镇定。我们反复说到，春秋时代，是中国历史上最尚武的时代，勇士辈出。其中以晋国与楚国的勇士最多，也最有特色，楚国勇士的特点是勇猛异常，而晋国勇士的特点是从容不迫。

不过这可惹恼了驾车员宛射犬。

到了楚军兵营时，宛射犬闷着头，一声不吭，突然加速，驾车冲入营内，也不告诉背后这两个正在弹琴、卖弄风雅的晋国武士。战车一加速，车身便加剧晃动，这两人有点纳闷，站起身来一看，我的妈，已经到楚营了。两人赶紧把琴扔在一旁，急急忙忙地戴上头盔，跳下车去。

两个晋国勇士果然骁勇异常，先撂倒一名楚兵，抓起来当作炮弹扔，又砸倒另一名楚兵，在其他人拥上来之前，把这两名不省人事的楚国士兵捆了，挟在腋下。不料这时驾车的宛射犬又耍花招，还没等两位勇士上车，把缰绳一拉，自个儿拉着车要往营外跑。

张骼、辅跞一看，这小子要跑了。两人一边挟着俘虏，一边撒腿便追，好不容易总算追上了，跳上车，将俘虏往车板上一扔，然后操起弓箭，朝追上来的楚兵射击，射倒好几个人，总算逃出虎口。

晋国勇士的勇敢名不虚传。在路上，两人又一边弹琴，一边颇不痛快地责备宛射犬说："喂，哥们儿，咱们同坐在一辆车上，就是兄弟了，你怎么进出楚营时，都不打声招呼呢？"宛射犬脸上红一阵青一阵的，胡乱说道："第一次只是一心想冲进楚营，第二次则是害怕了。"晋国勇士哈哈大笑说："哥们儿你可真是急性子呀。"

这是晋楚战争中的一个小插曲，很有意思，从这些细节，可以看出春秋时代武士的风采，虽然晋国勇士有几分傲慢，但仍然表现出过人的胆量与应有的大度。

面对晋国人的挑衅，要不要应战呢？

年轻气盛的楚康王想与晋国人一决雌雄。只要楚国与晋国决战，到时齐国加入战争，在背后插上一刀，晋国必败无疑！当然，这只是楚康王一厢情愿的想法。

狡诈的晋国人一向奉行"上兵伐谋"的战略，岂会让楚国抢得先机呢？晋国还有一张王牌，就是楚国最头疼的敌人吴国。

在晋国人的授意下，吴国策反楚国的附属国舒鸠。

正当楚康王想一展拳脚，与晋国人拼个你死我活时，突然接到情报：东部的舒鸠国叛变了！

此时的"国际形势"真是乱了套。

这一年军事形势非常复杂：起初是鲁国进攻齐国，齐国转而进攻莒国，并与楚国结盟，之后晋国动员十一国的兵力远征齐国，而楚国动员四国兵力打击郑国，当晋国回师援救郑国时，吴国策反舒鸠国，楚国东部告急……

楚康王不得不谨慎思考，面对如此错综复杂的局面，牵一发而动全身，倘若有一步不够谨慎，很可能演变为一场世界大战。

鉴于形势相当不明朗，楚康王决定退兵，先对付东部的吴国。

晋与楚的大战又是雷声大、雨点小，除了几位勇士有一番精彩的表演之外，双方并没有大规模的交战。

楚国的出兵，迫使晋国不敢贸然对齐国发动攻击。

齐庄公心里的石头总算落地，他喘了一口大气，终于可以缓过神来，不去想打仗的事情，他脑袋里浮现出一个美女的笑颜。

这个美女并不是后宫的妻妾，而是齐国最有权势的大臣崔杼的老婆。堂堂一国之君，竟然去搞大臣的老婆，这像话吗？可是喜欢冒险的齐庄公乐此不疲。

牡丹花下死，做鬼也风流。

齐庄公没有想到，自己竟然真的成为风流鬼了。

六、一个女人引发的弑君案

崔杼的老婆叫棠姜，她是个不平常的女人。

棠姜原本是齐国棠公的妻子，年轻貌美，光彩照人，可惜棠公艳福不深，没过几年便死了。棠姜弟弟东郭偃在崔杼手下办事，因为这一层关系，崔杼便亲自前往棠家，参加棠公的丧礼。

此时的崔杼因扶立齐庄公有功，地位扶摇直上，成为齐国的第一权臣。权臣光临棠宅，遗孀棠姜自然不敢怠慢，身着丧服迎接。虽然身披素装，仍然掩盖不住她的冰雪肌肤与天仙美貌，崔杼第一眼看到她时，心头闪过一丝柔情蜜意，如平静的湖面在春风吹拂下微波荡漾。丧礼隆重沉郁，但崔杼的目光总是不经意地离开灵柩，停留在棠姜身上。

窈窕淑女，君子好逑。不管崔杼是不是君子，他总是个男人，不经意之间陷进情感的旋涡之中，对棠姜一见钟情。在忍耐一段时间后，他决定要果断地发起进攻。

他唤来东郭偃，让他去说媒，准备要迎娶棠姜。

东郭偃一脸的惊愕，随即脱口而出："不行啊，自古以来同姓不婚，您和我姐姐都是姜姓的后代，不可以通婚的。"

崔杼听了之后很不高兴。可是同姓不婚是个规矩，是古人总结出来的优生学的规律，不能轻易破坏，怎么办呢？崔杼想了想，还是求助于占卜吧，当时的人信这玩意儿。

占卜的结果出来了，他拿去给精通占卜的陈文子看。陈文子看后说："这是凶兆，你不可以娶的。"崔杼听了后又不高兴，说道："她不过是个寡妇，有什么要紧的，就算是凶兆，那也应验在她的前夫身上了。"

他是第一权臣，想得到的女人，还能跑得掉吗？

什么同姓不婚，什么占卜，统统不如权力来得好用。权力的大棒一挥舞，棠姜便成了崔杼夫人。此时此刻，崔杼感觉自己是世界上最幸运、最幸福的男人。

可是，有一天府上来了一个比他更有权力的人。

此人正是国君齐庄公。

有权有势的男人，不会满足于自己的三妻四妾，似乎别人的老婆更加可人。

齐庄公在崔府见到棠姜，他的心也在瞬间被俘获了。两次嫁人的棠姜身上散发出一种成熟女人的味道，美貌加上风韵，哪个男人抵挡得住呢？

就像崔杼以权势得到棠姜一样，拥有更大权力的齐庄公当然有自己的手段。很快，齐庄公就与棠姜鬼混上了，有事没事到崔府去玩，而且总找崔杼不在家的时候。这个风流君主心里想，老子是国君，享用大臣的老婆有什么不行呢？至于崔杼心里什么滋味，他才懒得去动这门心思呢。

齐庄公还干过更荒唐的事情。有一回，他到崔家与棠姜幽会，把崔杼的帽子顺手一拿，要赏赐给下人。左右侍从说："这样不好吧？"齐庄公不以为然道："除了崔杼，难道别人就不能戴帽子吗？"

齐庄公不仅拿崔杼的帽子，更是给他戴上一顶绿帽子。

崔杼不可能不知道国君泡上自己的老婆，可是人家是一国之君，有什么办法呢？只好视而不见、听而不闻，假装不知道。但他心里舒服吗？他无数次地想痛骂齐庄公：当初要不是老子将你从囚禁地救出来，你小子当得上国君吗？你不仅没有知恩图报，反而陷我于难堪之中。此仇不报，我还是男人吗？

正所谓恼羞成怒，积怒成恨，恶便从胆边生。一个计划浮现在崔杼脑海：干掉庄公！

崔杼有机谋，并没有因愤怒而蛮干，而是耐心等待。

他先收买齐庄公身旁的一名侍从，此人名叫贾举。贾举曾因小事惹怒齐庄公，挨了一顿鞭打，由是心有怨气，便甘愿做崔杼的内线。有了这条内线，崔杼对齐庄公的一举一动，都了如指掌。

公元前548年夏季，莒国国君前来齐国访问。齐庄公举行一次晚宴，这种外交性的宴会，国家重要人物都得出席。但崔杼没有来，贾举报知齐庄公：崔杼病得很重，无法下床，不能出席宴会。

齐庄公眉梢上闪过一丝喜悦的表情。原来这些天崔杼都没出家门，碍于面子，他已经多日没去幽会情人，心里正憋得慌呢。既然崔杼病得这么重，都下不了床，我何不前去偷偷私会小美人呢？

第二天一大早，齐庄公就迫不及待地乘着马车，赶到崔府。崔府门人见是国君亲临，赶紧打开大门，齐庄公并不去探望崔杼，而是径直奔往棠姜的房间。

他做梦也没有想到，他不是走进温柔乡，而是走进鬼门关。

这一切，其实在崔杼的计划之内。

崔杼并没有病，他只是故意放出风声，引诱齐庄公前来罢了。

齐庄公走进棠姜的房间，棠姜正坐在床头，娇艳欲滴。迫不及待的齐庄公冲上前去，就想搂住小美人。“你不要急嘛，等我一下。”棠姜撒娇道。呵呵，好，齐庄公坐了下来，棠姜走进内室，关上内室的门。齐庄公等了片刻，有点不耐烦，便起身来回踱步，但迟迟不见棠姜走出来。

这是崔杼的安排。

原来内室中有一道侧门，棠姜入内室后，又从侧门走出来，离开房间，这是崔杼暗地里的吩咐。他可不想在动手时，伤着自己心爱的人。

齐庄公的侍卫贾举悄悄地把房门关上，支开卫兵。卫兵们当然很识相，你想齐庄公与棠姜在里面鬼混，能不躲得远点吗？大伙儿没有疑心，就在外面等着吧。此时齐庄公还不知道自己已经掉入崔杼所安排的陷阱里，还一边拍着柱子，一边哼着小曲，等待棠姜走出来哩。

内室的门开了。

齐庄公心中一喜，刚想上前时，不想出来的并不是美人，而是一群粗壮的武士。他本能地大喊一声：“卫兵——”卫兵们都被贾举支开了，哪里听得到齐庄公的叫声呢？庄公心里一惊，暗叫一声“不好”，撒腿就要跑，他想打开大门，门却被锁上了。情急之下，他见到旁边有一案台，便扑腾一下，跳上案台，冲着手上操着刀戈的甲士们喊道：“崔杼想造反，你们放过寡人，一定重重有赏。”

众甲士一听，哈哈笑道：“嘿，今天饶了你，明天不轮到我们人头落地呀？”哪里肯依，操着刀就要冲上来。

齐庄公一急，又脱口说道："寡人可以跟你们签协议，保证不会报复。"众甲士还是不听，齐庄公狗急跳墙，又说："请允许我到太庙自尽，这样总行吧。"到太庙自尽，你当大家都是傻瓜呀？你离开崔家，我们可全完了，不行。甲士的头头喝道："我等只奉命捉拿奸夫，不晓得其他命令。"

齐庄公毕竟是见过世面的人，心知崔杼是要他的命。不可束手就擒，困兽犹斗，豁出去了，他动作颇为敏捷，从案台跳出窗外，外面有一堵墙，他两腿一用劲，"扑"地跳起来，双手搭在墙缘上，准备翻墙而出。

此时追杀的甲士们开始放箭，其中一支箭射中齐庄公的大腿，他"哎哟"一声，掉下来。众甲士冲上去，你一刀我一剑，将齐庄公杀死在墙下。

为了一个女人，齐庄公命丧黄泉。

崔杼见刺杀行动成功，立即大开杀戒。

齐庄公的卫兵听到动静后，正想冲进房间，此时埋伏在两旁的甲士杀出，将这支卫队杀得片甲不留。同时，崔杼指使自己的亲信率军队迅速控制宫廷，逮捕齐庄公的八位亲信，就地处决，胆敢违抗者，格杀勿论。

一时间，齐国笼罩在一场腥风血雨之中。

崔杼将齐庄公曝尸于崔府大院，没有人敢前去表示哀悼，晏子却打算前往。

晏子赶到崔家门口，他的随从很害怕，小心谨慎地问他："您要为国君殉死吗？"晏子答道："他又不光是我一个人的国君，我为什么要殉死呢？"

随从又问道："那您干吗不逃走呢？"晏子答道："我有什么罪行吗？我为什么要逃走呢？"

随从又问："那我们不如回去吧。"

晏子叹一口气说："国君死了，我回哪去呢？国君是要治理国家，而不是要凌驾于民众之上；臣子是要保护国家，而不是光拿薪水。如果国君为国家而死，我们可以跟着他死，如果国君为了国家而逃亡，我们可以跟着他逃亡。现在国君是为自己的私欲而死，我怎么能为他殉死，为他逃亡呢？我不殉死，也不逃亡，但我也不能关在家里无所事事，国君在崔府被杀，我不到这里来，我能回哪去呢？"

崔府的大门打开了，晏子走了进去，看到齐庄公的尸体被摆在大院里。他抱着齐庄公的大腿号哭了一阵，然后站起身，跺了几脚，扬长而去。

这时有人对崔杼说："一定要杀了晏子才行。"崔杼摇了摇头说："他的声望很高，放了他我们才能获得民心。"

晏子的一些政治思想，从这里可以看出来。他认为国君只是国家领袖，必须为国家负责任，而不是凌驾于人民之上，齐庄公之死只是因为一己之私，只是因为一个女人，这也是晏子拒绝为他效死的原因。

崔杼大权在握，他另立齐灵公的儿子杵臼为国君，史称齐景公。崔杼自己担任国相，庆封为左师（副国相），然后召集文武百官，在太师庙里对新政权效忠，誓言是这样说的："如果不亲附崔氏与庆氏，上天将对其惩罚。"

晏子也参加了这场效忠闹剧，他偷偷把誓言改成："如果我不效忠于忠君爱国之人，那么上天将会惩罚我。"晏子显然比较滑头，也很智慧。

一个国家需要有晏子这样的大事不糊涂的智者，也需要有刚正不阿之士。

当时太史负责记录国家所发生的大事，对于崔杼杀害齐庄公这件事，太史秉笔直书："崔杼弑其君。"

崔杼一看很生气，不行，得改个写法。

太史坚持己见，历史真相岂能因权力的威逼而篡改呢？他以无与伦比的勇气傲然拒绝当权者的威胁，以生命捍卫自己的信念。

崔杼没有赵盾的胸怀，当年晋灵公之死，晋国太史董狐认为赵盾是背后的主谋，他记下"赵盾弑其君"，但赵盾自己背上恶名，并没有加害于董狐。可崔杼是个权力论者，他相信自己握有生杀大权，足以使太史收回弑君的记录。但他失败了，齐太史宁可选择死，也不放弃自己的原则。

太史被杀死后，崔杼唤来他的弟弟，责令修改历史档案，但太史的弟弟一样勇敢地选择死亡。紧接着是第二个弟弟，也是一身傲骨，拒绝当权者以权力掩盖历史真相，同样付出生命的代价。

太史的第三个弟弟做好牺牲的准备，就像茨威格在《异端的权利》中所说的，"以良心反抗暴力"。太史一家四个兄弟，以刀笔对抗强权与暴力，力量是如此微弱，然而精神是如此之强大，以至于杀人的崔杼慌了手脚，只能收起滴血的屠刀。这不仅是良心的胜利，也是春秋时代自由思想的胜利，倘若放之于后世专制时代，一百个太史恐怕也难逃一死，这也是笔者推崇春秋精神的原因。

不怕死的还大有人在。另外一名史官南史氏听到太史兄弟被杀的消息后，抱着竹筒跑过来，准备继续以死抗争，只是他听说崔杼绝望地释放太史的第三个弟弟后，才回去了。

用三条生命来捍卫史书的区区一句话，值得吗？

这不仅仅是捍卫一句话，而是捍卫一种信念，捍卫一种权利。我们都知道春秋战国时代的文化，是中国古代文化的巅峰，这不是没有原因的，就像孟子所说："生，亦我所欲也；义，亦我所欲也。二者不可得兼，舍生而取义者也。"

没有这种舍生取义的精神，中国之文明谈何伟大呢？

齐庄公虽然因自己的荒唐而丢了性命，但不可否认他在位期间的成就。策划晋国的栾盈之乱，出兵攻打晋国，在齐桓公之后，齐国又一次以强硬的姿态出现在中原的政治舞台上，所以齐国人在给他盖棺定论时，也用了"庄公"这个美谥，而不是"灵"或"厉"的恶谥，这也是对其政治功绩的肯定。

崔杼的政变，为晋国人清除了一个最强劲的对手。晋平公利用齐国爆发内乱的机会，再下盟主令，纠集十二个诸侯国军队，渡过泮水，直逼齐国。

面对晋国人的强大攻势，精于权谋的崔杼只有选择投降。他向晋平公赠送一批奴隶，以及齐国太庙内的祭器、乐器；又重重贿赂晋国三军六大将领和高官政要。得人钱财，予人消灾，晋平公同意与齐国媾和。齐国又屈服于晋国，谋求霸业之路又一次宣告夭折。

齐顷公、齐灵公、齐庄公三代君主，一次次地向晋国的霸权发起挑战，但一次次地以失败而告终。晋国仍然牢牢地维持其北方霸主的地位。

经过晋楚八十年争霸，国际形势已经发生巨大的变化。晋楚两强雄霸天下的格局，面临越来越多的变数。齐国在一次次的失败中崛起，而南方的吴国更是一匹黑马，脱颖而出，令楚国防不胜防。楚国的战略也出现重大调整，其战略重心逐渐从北移向东，致力对付吴国无休止的攻伐。

让我们将目光从北方转移到东南，看看后起之秀吴国与老牌霸主楚国的精彩对决。

七、吴楚争战

公元 584 年，晋国政府以巫臣之计，扶植吴国对抗楚国。此后，吴国的发展速度堪称惊人，频频侵扰楚国的东部，很快便成为楚国最可怕的对手。

十四年后（公元前 570 年），楚国决定发动征吴之战，希望经此一役，铲除心腹之患。

楚国令尹子重亲自出马，大举进攻吴国。

这是吴、楚第一次大规模的战争。

为了这次作战，楚国做了充分的准备，参战的士兵都是精挑细选出来的，堪称精锐之师。楚军在子重的率领下，深入吴国，攻克鸠兹、衡山，势如破竹。眼看胜利在望时，子重却犯下严重的错误，他误以为吴军已经不堪一击，吴都指日可下。他有点得意忘形，认为不必兴师动众，自己率着大部队返回楚国，提前准备庆功宴，而把攻克吴国首都的任务交给邓廖。

邓廖是楚国军界的后起之秀，他率一支人数为三千三百人的精锐部队，包括三百名战车士兵以及三千名步兵，进攻吴国都城。显然邓廖并不把吴国人放在眼里，但轻敌的后果往往是致命的。

吴国虽然在武器装备、战术水平等方面不是楚国的对手，但战场上没有绝对的强，也没有绝对的弱，关键在于战机的把握。屡战屡败后，吴王寿梦领教了楚军战斗力的强大，但他并没有灰心丧气，而是凭借坚忍不拔的意志力，与楚军周旋，寻找其破绽。

战机终于出现了。

邓廖年轻气盛，一路长驱直入，在没有援军策应的情况下，孤军深入。吴王寿梦故意且战且退，将邓廖兵团引入埋伏圈中。正当邓廖趾高气扬时，吴军主力突然从四面八方杀出，喊声震天，楚兵团陷入重围！

这一战，楚军大败。三千三百人的部队，只有三百八十人侥幸生还，其余将近三千人不是战死，便是被俘虏，连楚国军界新星邓廖也兵败被俘。

具有讽刺意味的是，在邓廖兵败之时，先前回国的子重已经在楚国太庙举行盛大的伐吴庆功活动，庆功会开了三天。岂料快马来报：邓廖全军遭到覆没的下场！

吴国人并不善罢甘休，易守为攻，在楚国人毫无准备的情况下，夺取驾邑。

庆功会刚开完，邓廖兵败、驾邑被夺的消息陆续传来，楚国人将愤怒发泄到子重身上，舆论的矛头都对准这位楚国令尹。子重深感羞愧，在众人面前抬不起头，竟然郁郁而死。

此时正是晋悼公雄霸中原的时代，楚国在北面艰难地与晋国抗衡，无力继续发动对吴国的征伐。公元前561年，一代雄主吴王寿梦去世。他是吴国历史上第一位伟大的君主，在他统治的二十五年里，吴国从一个默默无闻的小国，一跃成为军事强国。

吴王寿梦有四个儿子，长子诸樊，其余三子分别是馀祭、馀昧、季札。其中季札最有才华，在吴王寿梦生前，打算把王位传给季札，但季札坚决推让，最后由长子诸樊继任。诸樊想完成父亲的遗愿，他坚持要把王位让给季札。季札索性抛弃家室，到乡下去种田了。从这件事可以看出，当中原诸国不断出现兄弟相残的政变时，蛮夷的吴国却还保持着纯朴的传统。

老子有这么一句话："大道废，有仁义；智慧出，有大伪。"又说："绝圣弃智，民利百倍；绝仁弃义，民复孝慈。"如果把这些话与老子生活的年代相对照，就可以看出来，所谓礼义文化越发达的中原国家，政治阴谋越多，反倒像秦、楚、吴这样有着浓厚夷狄色彩的国家，政治上相对稳定得多，这种现象值得引起深思。

在吴王寿梦去世后的第二年，楚共王也去世，其子楚康王继位。

以中原的文化传统，当一个国家君主去世时，一般是不对其发动战争的。但是吴国就是个蛮夷之邦，哪里管得了这些礼仪，在吴王诸樊看来，这正是出兵伐楚的大好时机。

吴国大军出动，直杀向楚国，此举激怒了楚国人。

自从楚国强大以来，都是它欺负别人，哪轮到别人欺负到自己头上来呢？楚国政府马上任命养由基为大将，迎战吴军，司马子庚率大部队随后跟进。

养由基是中国历史上最伟大的射手之一，不仅在箭术上出神入化，在统军作战上，也有一套本领。他对子庚说："吴国人乘楚国国丧时发兵前来，是认为我们在此非常时期，一定无法集结兵力迎战。正好可以利用敌军轻敌冒进的思想，您将军队分为三批，埋伏在险要之地，我负责引诱敌军进入埋伏圈。"

楚军做好军事部署，养由基率前锋部队迎战吴军，假装不敌后撤，吴军不知是计，冒险追击，在庸浦遭到楚军伏兵的截杀，伤亡惨重，吴军将领公子党被俘虏。

此后，吴、楚两国的战争进入拉锯状态。

庸浦之战第二年（公元前559年），楚国令尹子囊亲率大军屯于东部棠邑，向吴国发动报复性的进攻。

吴国人在上一年刚遭到惨败，对强大的楚军有畏惧之心，便采取坚壁清野的战术，与楚军周旋。子囊见楚军不能占到便宜，打算撤军回国。在他眼中，吴国人已经是惊弓之鸟，在撤军途中，楚国人根本没有任何的戒备。

可是子囊低估了吴国人的战斗力。

战场上的形势瞬息万变，只要有一点点疏忽，都可以葬送胜利的果实。吴国军队以顽强著称，尤其擅长防守反击战术，随时准备抓住楚国人任何一个小小的漏洞，来创造反败为胜的奇迹。

楚军撤到皋舟一带，这个地方地形复杂，道路狭窄难行。吴军在不知不觉中急行军赶在楚国人前，抵达皋舟，并设下伏兵，在楚军经过时，突然发起袭击，将楚军拦腰截为两段，使其首尾不能相救。楚军一片混乱，子囊拼命抵抗，好不容易才杀出重围，但此时楚军已经伤亡惨重，将领公子宜谷被吴军俘虏。

皋舟之役与上年的庸浦之战，楚军犯下吴军曾犯下的错误，轻敌是致败的根本，虽然这是常识，却是人性的弱点，使得这个常识在战场上经常被遗忘。

这一次失败，使令尹子囊异常羞愧，他与前任子重一样，无法忍受亲征的失败，最后郁郁而终。

在临死前，子囊告诫司马子庚："一定要在郢都筑城。"

自从楚国迁都到郢之后，由于国力十分强大，而且疆域辽阔，首都并没有强大的城防。子囊经过这次失败，认识到吴国对楚国的威胁越来越大，说不定哪天吴国的军队就会杀到郢都城下。他语重心长地留下遗言，一定要在郢都构筑强大的城防工程。

由于吴楚两国在相互较量中势均力敌，谁也不敢贸然发动新的战争，两国停战的时间大约有十年。

在这段时间里，楚国开始发展水上力量，水师开始在中国历史舞台出现了。

楚国大力发展水师，乃是汲取进攻吴国失败的经验教训。吴国境内水网密布，使楚国陆上部队发动地面攻势时，行动经常会受到地形限制。吴楚两国“共饮长江水”，如果从江面发动进攻，楚军可以顺流而下，直接进攻吴国本土，这将是非常有效的打击手段。

战争刺激军事技术的发展，经过数年的努力，楚国的水上兵团已经初具规模。

公元前 549 年，楚国出动水师部队，沿江向吴国发动进攻。这也是中国史书上所记载的第一次水战，是中国军事史上划时代的事件之一。不过这次水上进攻，没有取得成功，显然，如何使用水师进行战争，还需要从理论与实践两方面继续探讨，这将是一个漫长的过程。

虽然楚国水师没有取得任何战果，但吴国人仍然吃惊不小。在吴国上游的长江沿岸诸国，基本上都归附于楚国，这使楚国舟师可以随时长驱直入进攻吴国本土，这将使吴国在战略上陷入十分被动的局面。

吴国政府决心策反长江沿岸的一些国家，首先是舒鸠国。在吴国人的拉拢下，舒鸠国背叛楚国，转而亲附吴国。楚康王当即亲率大军征伐，舒鸠国内大为恐慌，其国君发表声明，说绝没有背叛楚国这回事，楚康王这才把兵撤走。

然而舒鸠国只是虚与应付楚康王而已，在吴国的支持下，楚军撤走后的第二年（公元前 548 年），舒鸠国终于公然背叛楚国。

楚国对舒鸠国的背叛早有心理准备，新上任的令尹子木马上派遣大军东进，兵分两路，杀入舒鸠国。

吴国也不甘示弱，援军随后出动，增援舒鸠。

舒鸠国只是一个小国，国防力量并不强，这场战争成为吴国与楚国的又一次对决。当子木得知吴军进入舒鸠国后，急忙命令右翼兵团继续向舒鸠国的都城挺进，左翼兵团则稍稍后退，以防备吴军与舒鸠军队联合夹击。

吴国兵团十分凶悍，趁楚军左翼兵团后退之机，大胆渗透到楚军左、右兵团的中间地带，切断两大主力的联系，如此一来，楚军的左翼兵团处境十分危险。

在十分不利的情况下，楚军左翼兵团将领子彊大胆采取诱敌战术。他把兵团中的私家武装集合起来（楚军中包括正规军与将领的私家武装），作为诱饵，抛出去与吴军交锋，精锐的正规军则埋伏在险地。楚军的诱饵成功地将吴国兵团吸引到既定的埋伏圈内，在楚军的伏击之下，吴军伤亡惨重。

这两个军事强国似乎都经常使用伏击战术，由此也可以看出春秋时代随着战事的发展，军事谋略的使用也越来越多。

吴军遭到重创后，元气大伤，不得已退出舒鸠国。

如此一来，舒鸠的命运注定是悲惨的，楚军左、右翼两大兵团终于会师于舒鸠都城之下，舒鸠国最终被楚国所灭。

吴国策反舒鸠国以遏制楚国的计划破产了。

吴王诸樊不甘心失败，四个月后，他亲自带兵进攻楚国。

正所谓初生牛犊不怕虎，吴国作为东南蛮夷，其崛起就像当初的楚国一样，虎虎有生气。以楚国之强，连晋国都小心翼翼避免与其开战，但吴国却天不怕地不怕，就是硬碰硬，对着干，有一种不把楚国打趴下不死心的气概。

吴军兵临楚国的巢邑。巢邑守将牛臣是个有勇有谋的人，他对部下说："吴王勇敢，但过于轻敌，如果我们打开城门，他一定会杀进城来，我乘机用箭射他，必定能置其于死地。只要吴王一死，我们的边疆就可以暂时获得安定了。"于是楚军打开城门，果然吴王诸樊冒冒失失地杀进城内，牛臣躲在矮墙后放冷箭，他的箭术十分好，一箭洞穿吴王的胸膛，诸樊当即倒地身亡。

吴王诸樊一死，其部将不敢恋战，扛着国君的尸体，杀出城去，败回国内。

这一战对吴国来说，真是刻骨铭心之痛，在之后一段时间里，没有对楚国发动新的进攻。

虽然在吴楚战争中，楚国暂时获得优势，但吴国已经成为楚的劲敌，楚国横扫南方的历史已经一去不复返。与此同时，晋国在中原的优势地位也被严重地削弱，特别是齐国的重新崛起，是对晋国霸主地位的强有力的挑战。

从公元前 632 年城濮之战奠定的晋楚两强争霸格局，到公元前 546 年时，已经持续八十多年的时间，这两大超级强国，打了热战打冷战，打到最后发现，潜在的敌人突然多起来了，这意味着晋楚争霸也进入尾声阶段。

在这种情况下，各国弭兵停战的时机成熟了。无论是晋国还是楚国，都因连年征战而疲惫不堪。与此同时，中原地区的诸侯国在外交上也发生重大的变化，从一味屈从霸主，开始走向独立自主，对霸主阳奉阴违。郑国使用主动、灵活的独立外交策略，敢于对大国说不；而宋国则致力于促成国际和平，并且成为弭兵运动的先锋。

事实上，早在公元前579年，在宋国国相华元的努力下，晋、楚两国第一次实现弭兵，虽然这次弭兵最后无果而终，但不能不说是宋国人的一次积极实践。正因为有华元第一次弭兵的经验，才开启了影响至为深远的第二次弭兵运动。

第二次弭兵运动的灵魂人物是宋国著名的政治家向戌，故而史称“向戌弭兵”。

八、和平之光：向戌弭兵

在晋楚八十多年的争霸中，受害最深的国家，首推郑国，其次则为宋国。宋国是一个和平主义思想盛行之国，两次弭兵运动均由宋国发起，实有其思想根源。然而第一次弭兵，仅三年就宣告失败，鄢陵之战的爆发，使晋楚又一次全面对抗。

第一次弭兵的失败，是因为晋楚两国分别称霸于北方与南方的格局并没有改变。然而此后三十年，齐国与吴国的崛起，削弱了晋、楚两国的势力。齐国一方面支持栾盈在晋国发动叛乱，另一方面出兵入侵晋国，一度令中原霸主疲于招架；而南方的楚国比晋国更窘迫，吴国接连入侵，严重威胁到其国家的安全。

晋、楚两大超级强国的首要目标，已不再是打垮对手，而是巩固自己原有的势力范围。如果两个国家继续对抗，只会给齐国、吴国带来更多的机会。

正是在这种背景下，第二次弭兵运动才成为可能。

第二次弭兵运动的倡导者，是宋国的向戌。

向戌是春秋时代一位杰出的政治家。早在公元前576年，他就担任宋国的左师，相当于左丞相，到公元前546年，他在这个职位上已经整整三十年之久。向戌担任左师这一段时间里，宋国的外交政策是坚定不移地跟随晋国。他与晋国高层关系极其密切，以至于晋国特地发动一场消灭偪阳的战争，其目的就是将偪阳送给向戌，作为他的私人采邑。

向戌之所以有第二次弭兵的构想，主要是“国际政治”形势的变化。

公元前548年，晋国元帅士匄年迈退休，“赵氏孤儿”赵武接任元帅兼国相。

赵武上台后，做的第一件事，就是削减各诸侯国对晋国应缴纳的贡礼。在士匄掌权时，晋国由于爆发栾盈叛乱，对外频频用兵于齐国，战争导致国库空虚，不得不加大盘剥中小诸侯国的力度。

如今赵武却主动减轻诸侯国的负担，这件事值得玩味。

赵武之所以在财政上采取紧缩政策，乃是基于对各国大势的分析。在会见鲁国大夫叔孙豹时，赵武透露了个人想法。他认为晋国以后的战争会比较少了，一则是因为齐庄公被杀后，崔杼当权，积极与晋国和解；二则是晋国希望与楚国多沟通交流，避免新一轮的争霸战。

实际上赵武敏锐地意识到，在多极化的背景下，晋楚两雄争霸的时代一去不复返了。

赵武的表态，让向戌看到和平的希望，他马上积极投入弭兵运动的准备工作中。向戌很有外交天赋，不仅与赵武关系密切，同楚国令尹子木交情也不错。

实现真正意义上的弭兵，促成国际和平，这是一个伟大的理想，向戌开始为这个伟大的目标而四处奔走。

作为一名资深的政治家，向戌心里很清楚，要实现大国间的弭兵，首先要征得晋国人的同意。公元前 546 年，向戌首先出访晋国，会晤元帅赵武，将弭兵的设想全盘托出。

向戌的弭兵计划，得到赵武的欣赏。他召集晋国高层官员开会商议，韩起在会议上发言："战争是劳民伤财的事情，对小国来说则是灾难。现在有人倡导弭兵，尽管不一定因此而实现和平，但我们还是要积极响应。如果我们拒绝停战，而楚国人接受停战的主张，并以此来号召诸侯，那么我国就会失去盟主的资格。"

韩起的观点，得到与会者的一致认同，晋国执政赵武宣布接受向戌的弭兵提议。

之后，向戌又马不停蹄，到楚国进行访问。

对弭兵的建议，楚国人求之不得。楚国的威胁已不再是北方的晋国，而是东方的吴国，与晋国实现弭兵，正好可以将力量集中于东部，全力以赴解决掉吴国。楚国人很爽快地答应向戌的提议。

晋、楚两国政府都同意弭兵，向戌备受鼓舞。为了这个伟大的使命，他不辞辛苦，又奔赴齐国。但是在齐国，向戌却遇到麻烦，齐国政府在弭兵之事上，犹豫不决。

齐国人有自己的小算盘。

自从崔杼弑齐庄公后，齐国与晋国媾和。在名义上，齐国仍然尊晋国为盟主，但是并不受晋国的指挥。齐国正处在国力上升阶段，如果诸侯间实现停战，对其扩张势力是非常不利的。由于中原国家基本上都归附于晋国，同意弭兵就意味着齐国在相当长的一段时间内，无法与晋国争霸中原。

在这个时候，齐国大夫陈文子站出来说："现在晋国与楚国都同意弭兵，我们怎么能拒绝呢？再说，有人提议要消除战争，我们如果反对的话，民众会怎么想呢？如果民众不支持我们，那么怎么统治呢？"

大家一听，是这么一回事。实现和平是民心所向，长年的战争，已经使老百姓深恶痛绝，于是齐国政府也宣布，支持向戌的弭兵计划。

晋国、楚国、齐国先后同意实现和平。向戌从北走到南，从南走到东，接下来，他风尘仆仆，又赶往西部的秦国。秦国除了曾参与楚国几次军事行动外，其对手只有一个，就是晋国，可实力又不如晋国。秦景公一想，反正也打不赢晋国，弭兵对自己只有好处，没有什么坏处，便也同意向戌的计划。

这样，四大强国均公开表示，结束敌对战争，实现永久性的和平。

向戌的弭兵计划中，没有把吴国考虑在内。

在他眼里，吴国是蛮夷之邦，化外之地。当然，楚国也一度被当作蛮夷之邦，但是自楚武王以来，楚国与中原的往来很密切，中原一些诸侯国也成为楚的喽啰国，同时楚国大力吸收中原先进文明，所以早褪去它蛮夷的色彩。

吴国则不然，虽然武力十分强悍，但在中原人眼中，仍是一个文明落后的国家。在整个弭兵运动中，没有邀请吴国加盟，就是当时中原人对这个国家的偏见。

这次弭兵计划，受到了所有国家的欢迎。

春秋时代的中国，政治文明程度确实非常高。我们在阅读春秋史的时候，经常时不时感觉到一种亲近感，不少政治思想、政治实践很有一些现代特色。

比如说晋楚争霸，就有点类似二十世纪的美苏争霸。美国有北约集团，苏联有华约集团；两千多年前的晋楚争霸也是这样，晋国有中原联盟，楚国有南方联盟，是不是有点类似呢？美苏争霸时，争霸的重点是在美苏之外的第三方国家，像朝鲜、越南、中亚、中东、东欧等，而晋楚争霸也一样，双方争夺的是郑国、宋国、陈国等第三方国家，你看，当时中国人的战略，与后来的美苏战略何其相近。美国与苏联有持续数十年的冷战，而晋国与楚国八十余年的争霸中，大多数时间也是冷战状态。二十世纪搞了个联合国，旨在维护世界和平，公元前六世纪的中国人，搞了个弭兵运动，也是为了维护“国际”间的和平。

笔者一直认为，春秋时代是中国历史上的黄金时代，当我们从这段历史中读到这么多类似现代元素的东西时，谁能否认那个时代中国政治文明的伟大呢？

宋国两次促成大国弭兵，这是具有伟大意义的事件。可惜的是，其意义一直被严重低估了，其中有一个原因是弭兵的结果仍然未能促成真正的和平，并不那么完美，但是其精神如此可贵，殆可称为中国历史上最伟大的政治尝试之一。

各国商议在宋国召开“国际弭兵大会”，这是春秋时代最重要的一次会议。

第一个到达宋国的是晋国执政赵武，他是五月二十七日抵达宋国首都的。随后到达的各国代表有：郑国的良霄、鲁国的叔孙豹、齐国的庆封与陈文子、卫国的石恶、邾国的邾悼公、楚国的公子黑肱、滕国的滕成公等。

楚国人比较狡猾。作为主要谈判代表的令尹子木，并没有直接前往宋国参加会议，而是先去了陈国。陈国是楚的喽啰国，显然楚国要向陈国、蔡国等作出指示，在参加弭兵大会时，口径要一致，争取楚国利益最大化。

子木派公子黑肱先到宋国，与晋国代表就一些细节进行磋商。在一些重大问题上，两国仍然有重大分歧。这边宋国急着召开弭兵大会，那边楚国人却在打太极，向戌心急如焚，他担心楚国人在最后一刻反悔，拒绝参加大会，那么自己的心血就付之东流了。怎么办呢？向戌想来想去，还是亲自走一趟吧，到陈国游说楚国令尹子木。

向戌匆匆忙忙地赶来，正中子木的诡计。子木心知肚明，如果他在大会上提出对楚国有利的建议，由与会代表讨论表决，通过难度很大。因此他想绕开这个程序，暗箱操作，只要自己的提议得到晋国人的认可，其他国家也只能同意。

与向戌会晤后，老奸巨猾的子木提出一个条件：“归附晋国的诸侯同时要朝见楚国；归附楚国的诸侯同样要朝见晋国。”朝见是说得冠冕堂皇的话，其实就是要送贡品礼物，大国收取小国的钱财，保护小国的安全。

子木这个提议，看起来貌似公平，实则不然。

首先，晋国的喽啰国比楚国要多，大致有十二三个，而楚国只有陈国、蔡国、许国等少数几个诸侯。当然，楚国的喽啰国还有一些蛮夷国，但这些国家不在诸侯国之列，没有义务向晋国缴纳贡礼。其次，晋国控制的诸侯，国力相对强大，像鲁国、宋国、郑国等，经济实力相对雄厚，而楚国控制的诸侯则相对弱小、经济也比较薄弱。

这么一算，晋国人显然吃亏了。

向戌返回宋国后，将楚国令尹子木的意见转告给晋国执政赵武。

赵武沉吟片刻后，为了弭兵会议能顺利召开，决定做出重大让步。他对向戌说：“这样吧，你转告楚国令尹，晋国、楚国、齐国、秦国四个国家都是大国，地位相同，晋国与齐国是同盟国，但晋国不能指挥齐国；楚国与秦国是同盟国，但楚国也不能指挥秦国。不能强求齐国朝贡楚国，也不能强求秦国朝贡晋国。”

显然，晋国这一建议是合理的，必须承认齐国与秦国的大国地位，而其他中小诸侯国，可以按照楚国人的要求，分别向晋、楚两国朝贡。

和平大使向戌又一次前往陈国，将赵武的意见转达给子木。由于事关楚国利益，子木不敢擅作决定，他派人快马驰赴楚都，请示楚康王。楚康王批示说：“放过齐国与秦国，要求其他国家同时向晋、楚两国朝贡。”

这样，在晋国做出重大让步的情况下，两大超级强国就弭兵的具体事项达成一致的意见。

七月初二，楚国令尹子木抵达宋都，同日抵达的还有陈国、蔡国、曹国、许国的代表。这次重要的国际会议，安排在宋国都城西门外召开，各国代表团的驻地，用篱笆隔开，晋国与楚国的代表团分驻两头。

对于这次弭兵大会，楚国一方是有些担忧的，因为会议的地点在宋国，而宋国是晋国的喽啰国。在以往的国际会议中，经常发生与会代表被大国扣押的事件，晋国与楚国都干过这种事。现在会议地点在晋国人的势力圈，不能不防着点，所以楚国人在外衣里面，又穿了皮甲，以防不测。

不想这么一来，却制造了一种紧张的气氛。

晋国随行人员伯夙对赵武说："楚国人身上还穿着皮甲，气氛很不对头，我担心他们会袭击我国代表团。"赵武，这位中国历史上赫赫有名的赵氏孤儿，毕竟是从小便在刀光剑影下侥幸活过来的，胆识自然不同一般，他只是淡淡地说："如果楚国人动手，我们只要出门向左转就进入宋国的都城，他们能把我们怎么样呢？"

其实伯夙多虑了，如果说害怕，那肯定是楚国人更害怕，到会的诸侯一半以上都是亲晋的，会议筹办国宋国就是晋国的小弟弟。

楚国大夫伯州犁对子木说："我们是来这里开会的，理应以诚相待，如今穿着皮甲，这是对其他诸侯不信任，这不太好吧。"伯州犁想必大家还有印象，此人在鄢陵之战中出现过，他本是晋国人，后来逃到楚国，为楚共王所重用，在鄢陵之战时，曾经与楚共王一起观察晋军阵地，并有一番分析判断。

伯州犁建议子木把皮甲脱去，以示诚信。作为楚国首席代表的子木一口拒绝了："晋国与楚国互不信任已经有很长时间了，我们得做对自己有利的事情，只要在会议上能够满足我们的愿望，何必要理会什么诚信呢？"

很显然，楚国人之所以同意弭兵，只是冲着利益而来。

这次弭兵之会，涉及诸国的利益，这是一个利益的博弈场所，谈判过程注定不会一帆风顺。

第一个问题产生了：以楚国的提议，中小诸侯国必须要同时向晋、楚两国朝贡，这无疑大大增加了这些国家的经济负担。这个缴纳的费用，也因国而异，大一点的诸侯国，必须缴纳多点，小一点的诸侯国，当然相应就要减少。

邾国与滕国都属于小国，朝贡的指标相对要小。鲁国是中等诸侯国，但鲁国政府明确指示参加会议的代表叔孙豹，要求他在会议上提出来，鲁国要与邾国、滕国处于同样的地位，朝贡的数量参照邾国与滕国的标准。

为了节省国家费用，鲁国宁可将自己的国际地位降低到邾、滕这样的小国水平。

鲁国有自己一个精巧的小算盘，岂料邾国与滕国做得更绝。两国干脆宣布，我不当诸侯国了。那当什么呢？当附庸国。邾国自愿成为齐国的附庸国，而滕国则自愿成为宋国的附庸国，根据弭兵会议的精神，中小诸侯国有向晋、楚朝贡的义务，但不包括附庸国在内。

双重经济压迫，把这些小国压得喘不过气来，索性把自己降级为附庸国，这样省却了纳贡的义务，这也是小国的无奈选择。

鲁国原本想把自己降级为小国，跟邾国、滕国同等待遇，没想到邾国与滕国来了这么一手，叔孙豹一想，鲁国怎么能像这两个国家一样当别人的附庸呢？所以他公然违背鲁国政府的指示，宣布说："邾国与滕国都成了附庸国，我们可是诸侯国，为什么要向他们看齐呢？我们应该是与宋国、卫国地位相等的国家。"

叔孙豹不想给自己的国家抹黑，固然精神可嘉，只是以后鲁国就必须缴纳更多的钱财。

弭兵之会所遇到的第二个问题是，谁来当大会的老大呢？

晋国人以不容置疑的语气说："晋国向来就是诸侯盟主，以往开大会时，就没有哪个国家排在晋国前面，晋国不当老大谁当呢？"

楚国人反驳道："你们说晋国与楚国的地位是平等的，如果晋国一直排在楚国前面，那么就意味楚国地位不如晋国。再说了，晋国与楚国一直交替主持诸侯的盟会，这是事实，难道只是晋国专门主持的吗？"

晋国有自己的同盟国，楚国也有自己的同盟国。在中原联盟中，晋国是老大，在南方联盟中，楚国是老大，所以楚国当然不认可晋国的说法。

事关排名的问题，真是不好解决，双方争执不下，如果不能妥善解决，那么弭兵大会就开不下去。

晋国大夫叔向心里很焦急，他对赵武说："诸侯之所以归服晋国，乃是因为晋国有道义，而不是因为我们一直主持诸侯会议。您还是在道义上下功夫吧，不要纠缠于谁来当老大。况且以往的'国际会议'，具体事务不是由小国主持的吗？现在楚国愿意做这种小国才做的事情，这有什么关系呢？"

晋国执政赵武再次做出重大让步，好吧，就让你楚国过过瘾吧，于是楚国最终成为弭兵会盟的盟主。

七月初九，与会各国正式达成弭兵协议。

这是一次影响极其深远的和平会议，与第一次宋国首相华元促成的弭兵不同，向戌弭兵基本上终结了晋楚两大超级强国的争霸战争。

晋楚争霸不仅仅是两个大国之争，卷入战争的还有各自的同盟国，总共多达十几个国家。弭兵的结果，使这些中小国家获得一个相对和平的“国际环境”，这是一次伟大的政治尝试。虽然弭兵并不能完全终结战争，但我们不能苛求古人，即使是现代的联合国，也没办法做到这一点。

值得注意的是，秦国虽然同意弭兵，但并没有派出代表参加会议。弭兵对秦国的影响甚微，秦国是个独立的强国，但其东部是晋国，东南是楚国，这使秦国根本无法染指中原事务，除了少数几次出兵协助楚国之外，秦国早已被中原诸侯国所遗忘。

从表面上看，楚国是这次弭兵会议的最大赢家，不仅风光地当了一回盟主，而且捞得的好处最多，中原的中小诸侯国，必须在朝贡晋国的同时，也要送楚国一份厚礼。然而事实果真如此吗？非也，实际上晋国才是最大的赢家。

晋楚争霸过程中，楚国联秦抗晋，而晋国联吴抗楚，现在弭兵会议把吴国扔在一旁，把它当作一个蛮夷国家对待。楚国与晋国弭兵了，晋国与秦国也弭兵了，但是，吴国与楚国并没有弭兵。这就是晋国人的高明之处，表面上接受楚国蛮横的要求，好像吃亏了，但是停战之后，晋国周围没有敌人，而楚国却仍然还要与劲敌吴国继续斗下去。

对楚国来说，并没有实现真正意义上的和平。

对中原小诸侯国来说，弭兵的结果是付出双倍的经济代价，看起来好像不划算。但是必须看到，战争的开支，要远远大过朝贡大国的花销，而且和平的环境，也有利于各国经济的复苏，更重要的是，人民可免于战争之灾。

总的来说，弭兵是一次顺应民心的和平运动，也是中国政治文明的见证。这是一次非常伟大的政治尝试，这种大规模的弭兵运动，在中国历史上是绝无仅有的。当然，我们不应该忘记促成弭兵的关键人物：宋国的向戌，他是一位了不起的英雄。

小国也可以有大作为，向戌以弭兵之举证明了这点。不过说起小国中的大政治家，首推郑国的子产，这位春秋时代伟大的人物，顽强地反对大国霸权，并以坚忍不拔的意志，推动国内政治改革，使得郑国成为春秋后期最富有活力的国家。他的很多思想见解，有着划时代的影响，在中国政治史上写下光辉之章。

第十四章　小国的大政治家——子产

一、初露锋芒

在春秋的历史上，子产是一位堪与管仲媲美的大政治家。

子产出身于贵族家庭，他是郑穆公的孙子，又称公孙侨。

郑穆公在位的时间是公元前627年到公元前606年，他有众多儿子，其中子罕、子驷、子良、子国、子游、子丰、子印等七人，后来演化为七大氏族：罕氏、驷氏、良氏、国氏、游氏、丰氏、印氏。这七大家族后成为郑国的实际统治者，被称为“七穆”。子产便属于“七穆”中的国氏，他的父亲子国，曾经是郑国政坛的第二号人物，位居司马（相当于国防部长），仅次于首相子驷。

公元前563年，子国与子驷却同时死于一场兵变。

这场兵变有深刻的政治背景。当时郑国首相子驷为缓和国内阶级矛盾，推行土地改革，称为“作田洫”，对全国田地重新勘量，抑制日益加剧的土地兼并。子驷的改革，触动了大地主的利益，司氏、堵氏、侯氏、子师氏四大家族损失了一部分的田地，这些人对子驷恨之入骨。正好这个时候，郑国将领尉止也因为与子驷有矛盾，心怀不满，便勾结四大家族，密谋叛乱，铲除子驷。

尉止探听到消息，郑国政坛的四大巨头——首相子驷、司马子国、司空子耳、司徒子孔——将在西宫召开一个重要会议，他便决定在这一天发动政变，攻打西宫，一举擒杀四大政治巨头，彻底控制政府。

这个消息意外地让司徒子孔得知了，但他并没有将这个重要情报告知子驷等人。狡猾而又野心勃勃的子孔想借叛军之手杀死子驷等人后大权独揽，于是他悄悄地躲了起来，没有前往西宫参加会议。

叛军如期发动政变，围攻西宫，子驷、子国、子耳三人全部死于叛军的乱刀之下。同时，年仅八岁的郑简公也成为叛军手中的人质。在一天之内，郑国的统治集团几乎完蛋了，在这个时候，谁能挺身而出呢？

有两个人挺身而出。

一个是子西，他是子驷的儿子；另一个就是子产。

两人的不同做法，可以看出两人能力的高低。

先来看看子西。他听说父亲被杀，气急败坏，报仇心切，甚至没有做好充分的准备，便带一帮人杀往西宫，很快被叛军击败。这时子西才想起来应该返回家中，把武器分发给家臣们，再来与叛军决战。岂料他回到家中后，发现家丁、臣仆都逃得无影无踪，还把其家中的武器与财物洗劫一空。

再来看看子产的表现。

得知政变爆发、父亲被杀后，子产没有鲁莽行事。他十分冷静，首先关闭家府大门，实施戒严，一切秩序井然，没有人慌乱，没有人逃跑，更没有人趁乱劫财。从这个细节，可一窥子产临危不乱、处变不惊的大将风范。召集家臣之后，子产打开武器库，把武器分发给家兵，并搜集十七辆战车，自己披甲上阵，带着这支私人军队向西宫进发。

子产的私家武装肩负起拯救国家的重任，他的兵力虽然不多，却勇敢地向叛军发动进攻。他的正义之举，得到国人的大力支持，许多志愿者都加入子产军队的行列，帮助镇压叛乱分子。

叛乱分子负隅顽抗。大夫子蟜也组织一支由平民组成的志愿军，前来助阵。叛军孤立无援，跟随尉止叛乱的四大家族成员，一看到战局不妙，撒腿而逃，这么一来，叛军顿时军心大乱。尉止想力阻，无奈大家逃命要紧，谁也不愿听他指挥。这个时候，子产带一帮人冲进来，见到仇人，分外眼红，尉止大喝一声，冲了过来，还没到子产跟前，几支利刃就深深扎进他的身体……

尉止死了，叛乱者更是一哄而散，家也不回了，有的逃到晋国，有的逃到宋国。

子产的冷静与沉着，化解了郑国这次政变危机，解救了郑简公，居功至伟。

叛乱平息后，一个失踪的人又出现了，他就是司徒子孔。

子孔躲到哪去啦？谁也不知道，但这并不要紧，重要的是他现在成为政坛的第一号人物。原先排名在他之前的子驷、子国、子耳都死了，首相一职，非他莫属。

当国人都同仇敌忾时，可能只有子孔心里感谢这些叛乱分子。如果不是尉止，他要等到猴年马月才能掌控国家大权呢？

在平叛中毫无建功的子孔，很快便暴露出政治野心。

执掌大权后，子孔发布一条政令，要求所有官吏必须听从他的命令，实际上是想搞独裁统治。长期以来，郑国贵族阶层统治有些民主的色彩，像子驷在位期间，凡是国家大事，都得与卿大夫共同议定。可是子孔一上台，就想搞个人独裁。

独裁的政令遭到郑国大夫与官吏们的强烈抵制，子孔寸步不让，准备以血腥的手段来维持个人的权威，下令如果有人胆敢违抗，一律诛杀。

独裁那么容易吗？

春秋时代，兵权并不完全掌控于政府，卿大夫都拥有自己的私人武装，甚至一些没有政治背景的大家族也拥有私家武装，比如参与叛乱的四个大家族。

各大豪门望族、中下层官吏立即联合起来，共同抵制子孔的独裁令。

郑国的局势再次紧张起来，对峙的双方剑拔弩张。难道再来一场内战吗？在平乱中立下大功的子产忧心忡忡，他以国家大局为重，决心单刀赴会，游说子孔。

子产既是平乱首勋，又是前任司马子国的儿子，子孔不得不对其表示尊重。

拜见子孔后，子产开门见山，要求他将那份独裁色彩浓厚的政令烧毁。子孔脸色大变，断然拒绝道：“我发布这道政令，是为了安定国家，如果只是因为大家不愿意接受，就把政令烧毁，这岂不是成为众人掌政？这样国家怎么治理？”

独裁者总是借用国家的名义，掩饰自己的野心。

子产寸步不让，反驳说：“众怒难犯，专制难成。现在您既要犯众怒，又要搞独裁，这是很危险的。不如把政令取消，以安抚众人之怒，要搞独裁专制，肯定要失败的，惹怒了大众，肯定将引发祸乱，您一定得听从民意。”

如果说中下层官吏反对独裁令，子孔还自信可以用武力逼迫其接受，可是连子产都反对，他开始有些心虚了。前任首相子驷尸骨未寒，政令就改弦更张，看来是有点不合时宜，罢罢罢，还是先忍忍吧。

子孔知道自己要独裁是没有市场了，不如先顺应民心吧。不得已之下，他很不情愿地把这份独裁文书拿出来，在众人面前烧毁，这才平息了怨气。

无论是在平定叛乱上，还是在反对独裁上，子产都表现出智勇双全、镇定自若的一面。虽然他还年轻，且资历浅，要进入权力核心层，还需要时间，但没有人怀疑，一颗新星在郑国的政治舞台升起了。

攫取权力的首相子孔，执政九年。在这段时间里，子西一直在调查尉止政变的内幕，真相逐渐浮出水面。当年叛乱发生前，子孔是得知内幕的，但他不仅未制止叛乱，反而坐视子驷等人被杀。这无疑让子西非常气愤，他认为父亲子驷之死，子孔负有不可推卸的责任。要扳倒子孔并不容易，一来子孔现在是首相，位高权重，二来这件事已经过去九年，缺少直接的证据。

心中有鬼的子孔当然惶惶不安，倘若不除掉子西，他寝食难安。怎么除掉子西呢？子孔左思右想，最后想了一个办法，还是老伎俩：借刀杀人。借谁的刀？借楚国人的刀。怎么借呢？先耐心等待吧。

公元前555年，机会出现了。晋国号召诸侯国出兵，进攻齐国。郑简公积极响应盟主的号召，领军出征，子孔、子展、子西三位上卿留守国都。

子孔悄悄地派出自己的心腹，潜入楚国，说服楚康王，出兵攻打郑国。子孔答应做楚国人的内应，只要楚国人帮他杀死子西、子展等人，他就准备向楚国拱手称臣。

楚康王当然不肯放过这个绝佳的机会。

楚军兵分三路，杀入郑国。令尹子庚率精锐部队，直抵郑都城下。根据原先的计划，子孔将作为内应，打开城门，迎接楚军入城。子庚的楚军等了两天，却没有丝毫的动静。

出了什么意外吗？

不错。原来子西对子孔早有防备之心，他有自己的情报来源，得到确切的消息：子孔打算引狼入室。子西当即与子展联合起来，发布命令，动员军队进入一级战备状态，并且修固城墙，严阵以待，同时派人快马加鞭，赶往齐国，通知正在齐国参战的郑简公与晋军元帅荀偃，请求速来增援。

在子西与子展的严防之下，子孔根本没有机会与楚国人里应外合，献城投降，甚至连通风报信的机会也没有。

经过两天的等待后，子庚知道子孔的计划破产了，这时又传来另一个消息，晋军总司令荀偃已经下令，火速回师，救援郑国。在这种情况下，楚国人理所当然地选择放弃。

郑国的局势转危为安。

子孔的阴谋失败了。他仍然不死心，仗着自己是首相，大权在手，仍然想以高压手段，钳制众人之口。

子西与子展决心展开反击，他们在郑国大造舆论，向国人披露子孔的两大罪行：第一，当年明知尉止叛乱集团要发动政变，故意隐瞒不报。第二，勾结楚国人，出卖国家利益。当民众得知事情的真相后，群情激愤，纷纷要求郑简公严惩子孔。

叛国罪乃是重罪，子孔穷途末路，狗急跳墙，困兽犹斗，与其坐以待毙，不如铤而走险，拼他个鱼死网破。子孔纠集家族的私人武装，准备负隅顽抗。

对子孔来说，这是一场大赌局，要么通赢，要么全输。

不幸的是，他的结局只有一个，就是输得精光。

子展与子西早就做好充分的准备，子孔还没来得及叛乱，由士兵与志愿兵组成的反子孔武装，已经杀到他的府邸。子孔仓促应战，但很快被击败了，从大院打到内厅，从内厅打到卧室，子孔的手下死的死，降的降，逃的逃，最后只剩下他孤家寡人一个。他拎着一把剑，浑身发抖，只见得眼前数十把兵戈寒光闪闪，向他猛刺过来……

子孔死了。

子展与子西发了一笔横财，两人瓜分掉子孔庞大的家产。

重新洗牌后的郑国政坛，资深上卿子展总揽国政（当国），子西出任首相。子展与子西联合向郑简公推荐子产入阁，子产被任命为少正，正式成为执掌大权的六卿之一。

事实证明，子展与子西确实是慧眼识英雄，而声名卓著的子产入阁，也可说是众望所归。他在平叛尉止一役中的杰出表现，令子西自愧弗如；在抵制子孔的专制上，又赢得子西的青睐。

子产入阁，正式跨入权力层核心。子西、子产都是少壮派中的佼佼者，他们的当权，意味着郑国政坛春天的到来。

子产不仅是平乱英雄，更是罕见的外交天才。他的到来，即将开启郑国独立自主的外交时代。

在晋楚数十年的争霸中，郑国受害最深，在两强的夹缝中生存，一直以来奉行首鼠两端的骑墙政策。但事实证明这种政策并不高明，使国家经常陷入被动挨打之中。在这样的背景下，郑国开始探索第三条道路：独立自主的外交。子产就是独立外交政策的鼓吹者。

如何才能实现独立外交？

郑国只是一个中等国家，国力远不及晋国、楚国、齐国，又身处四战之地，难以对外扩张，国家安全时时受到威胁。不过“国际形势”对郑国是有利的，一方面晋楚在经历八十年的争霸后，疲态已露，而中小诸侯国的独立自主思想抬头，小国对连年不断的战争十分厌倦；另一方面，郑国的军事力量也有较大的提升，外交手段趋于灵活、务实，长期周旋于晋、楚之间，使其涌现出一批优秀的外交人才。

独立自主外交，关键是反对霸权，保护国家利益，敢于对霸主说不，在联盟内除了尽义务之外，还得获得应有的权利。

子产很快在国际政治舞台上崭露头角，刮起一阵“子产旋风”。

二、反霸权之路

公元前551年，即子产为卿第四年，晋国政府为了巩固中原霸主的地位，指示郑简公前往晋国，朝见霸主晋平公。

表面上晋国风光无限，但其霸主地位已经受到齐国的严峻挑战。除齐国之外，在中原国家中，郑国实力最强，晋国政府显然对郑国不太放心，企图强迫郑简公朝见霸主，以增强对郑国的控制力。

面对晋国恶意并带有强迫性的命令，郑简公迟疑了，要不要去呢？

这时子产站出来，以果断的语气坚定地说：“不。”

子产写了一封答复信，转交给晋国使者，这封信是这样写的：

“我国每年都对贵国进行友好访问，贵国所发动的战争与会盟，我们全部参加，一次也没缺席。可是贵国的政令无常，使我国疲于应对，国家困乏不堪，时不时就爆发一些意想不到的祸乱（指尉止叛乱、子孔阴谋政变等事），无时无刻不处于高度警戒的状态。贵国政府以为我国君忘记朝见的义务，其实不是这样的，实在是因为政局不安定。如果贵国能让我国好好休养生息，早晚我们都会前往朝见，哪里要贵国亲自下达指示呢？如果贵国不体谅我国的难处，采取强迫手段，请恕我们没法接受这样的命令。倘若得不到贵国的谅解，导致两国断绝外交、反目成仇，这不是我们想看到的，请贵国政府慎重考虑。”

这与其说是一封答复信，不如说是一份宣言。

子产的答复，有理有据有节，语气强硬。郑国尊晋国为盟主，但绝非是招之即来、挥之即去的奴仆。他甚至以绝交相威胁，更体现其捍卫独立主权的重大决心。

唯唯诺诺者总是会被瞧不起的，只有自己强硬，才能得到尊重，子产深知此中道理。事实也是如此，郑国的强硬态度，令晋国人大跌眼镜，出乎意料。子产的判断是对的，晋国既面临楚国、齐国、秦国的挑战，哪里会因为一次朝见而与郑国绝交呢？经过再三考虑，晋国政府不得不取消郑简公赴晋国朝见的命令。

这是郑国在外交上的一次重大胜利。

郑简公之所以不愿意去朝见晋平公，还有一个原因，就是经济负担太重了。自从士匄接任首相兼元帅后，对各国的经济勒索愈加繁重，令中小诸侯国苦不堪言。但是慑于晋国的实力，谁都不敢吭声，哑巴吃黄连——有苦说不出。

不平则鸣，子产不仅要捍卫国家政治利益，也要捍卫经济利益。

公元前 549 年，郑简公与首相子西出访晋国，子产写了一封信，委托子西带给晋国首相士匄。在信中，子产写道：“您在晋国执政，四邻诸侯没有听说过您的美德，只知道经济负担十分苛重，对您的做法，我深感困惑。我听说执政者治理国家，并不在于囤积财货，而是担心没有好的声誉。如果各国的财货都聚集到晋国，那么诸侯一定心里不满，这样就会损害晋国的利益；如果这些财货聚集到您自己手里，那晋国其他人一定会不满，这样就会损害您家族的利益。您这样做，对国家有什么好处，对自己又有什么好处呢？倘若持宽厚之心，以德服人，那么远方的国家也会前来归附，近邻也会安心。您为什么这样糊涂呢？要那么多财物干什么呢？”

这是子产的私人信函，却说出了诸侯们想说又不敢说的心事，也是对晋国政府的一次警告：如果贪得无厌，必然会引起同盟诸侯的离心离德。联想到晋悼公末期以来，诸侯军队在历次战争中，消极怠战，应付敷衍，士匄心里明白，子产说的是实情，他不得不认真考虑这个问题。

在子产的努力下，晋国政府终于做出让步，减轻诸侯国所应承担的经济负担。经此事件后，子产声名鹊起，他不仅为自己的国家争取到利益，也惠及他国。

谁说小国不能有大作为呢？子产向世人证明，尽管是弱势一族，只要坚定地争取自己的权利，总会有意想不到的收获。

在出访期间，郑简公向晋国政府提出要出兵攻打陈国。

这是怎么回事呢？

原来陈国成为楚国的附庸后，狐假虎威，多次跟随楚国入侵郑国。陈哀公心眼特别多，每次攻入郑国后，就把郑国人的水井填平，树木砍倒，采取恐怖手段，逼迫老百姓迁移，所以郑国人恨透了陈国。

晋国政府没有同意郑简公的提议。

这一年，楚国率蔡、陈、许三国的军队入侵郑国，狐假虎威的陈哀公表现最坏，无恶不作。

必须要教训一下陈国。

公元前 548 年夏，郑国发动对陈国的战争。子展与子产两人指挥一支由七百辆战车组成的军队，对陈国发起闪电般的进攻。数据可以说明军事技术的进步，在八十年前，晋文公在城濮之战中，也不过只拥有七百辆战车，如今郑国对小小陈国动武，就动用了七百辆战车。

这次闪击作战打得陈国毫无还手之力，郑军一路势如破竹，攻入陈国都城。陈哀公本想等着楚国前来援救，不想战局进展得太快，他已经等不及了，被迫向子展、子产投降。

看来子产不仅是优秀的外交家，打起仗来也不含糊。

打败陈国之后，子产前往晋国，一是向霸主通报伐陈之战的情况，二是向晋国进贡讨伐陈国时得到的战利品。

郑国攻打陈国，并没有得到晋国政府的同意，在晋国人看来，郑国人不听话了。

几年前，子产以强硬的态度拒绝晋国政府的命令，不惜断绝外交来抗议晋方的无理要求。那件事使晋国政府十分恼火，可还真怕与郑国决裂。子产很准确地摸准了晋国人的心理，也明白自身的价值所在：你晋国要是跟我决裂，楚国巴不得来拉拢哩，郑国是两头吃香呀。

如今子产访问晋国，晋国人准备给他点颜色瞧瞧。负责接待子产的是晋国大夫士弱，他一见到子产，劈头就问："陈国何罪之有？"

其实陈国一直归附于楚国，并不在晋国这个霸主的管辖范围，郑国发动对陈国的攻打，对晋国维持对楚国的霸权优势，是有积极作用的。但士弱存心找碴儿，故意要刁难子产，想以当头棒喝的方式，让他不知所措。可惜的是，士弱找错了对手，子产是何许人也，哪那么容易被难倒呢？

子产不慌不忙地说："郑国曾有恩于陈国，但陈国不仅不思回报，反倒仗着楚国人撑腰，狐假虎威，前来侵犯我国。去年我国政府曾向贵国政府请求讨伐陈国，但未能得到贵国政府同意，陈国又伙同楚国前来侵犯，军队所到之处，水井被填平，树木被砍倒。我国如果不主动出击，就会令我姬姓蒙羞，所以在上天的启示下，我们出兵攻打陈国，陈国现在已经认罪，并受到我们的惩罚。"

士弱听完后，还是不肯善罢甘休，又说道："为什么要侵略小国呢？"

子产知道士弱故意刁难，他回答的语气颇为强硬："先王曾有过命令，只要有罪者，就要给予诛罚。至于说侵略小国嘛，贵国现在土地方圆数千里，而根据礼制，天子土地不过千里，诸侯土地仅百里，如果贵国不是侵略小国，哪里来这么多的土地呢？"

士弱一听，不但没有难倒子产，反而被他将了一军，支支吾吾的，不敢再追究郑国入侵陈国的事宜。这时士弱看到子产穿了一身军装，嘿，这下子抓住把柄了，我得追究你无礼。你到晋国来访问，却穿了军装，不符合外交官的身份，于是再发难道："你为什么穿军装呢？"

子产回答说："我国郑武公、郑庄公都曾经担任周王室的卿士，在城濮之战结束时，贵国晋文公让我国的郑文公身穿军装，仍然以卿士的身份辅佐周天子，接受进献楚国战俘的仪式。现在我身穿军装进献战利品，这是合乎礼仪的。"

要论到口水战，士弱根本就不是子产的对手。

子产的精彩辩论，不仅令士弱哑口无言，连后来的孔老夫子也不禁称赞说："言之无文，行而不远。晋为伯，郑入陈，非文辞不为功。慎辞哉。"大意是说："语言如果不懂得点缀，增添些文采，那么肯定流传不远。晋国称霸的时候，郑国进攻陈国，如果不善于辞令就无法成功，一定要慎重使用语言艺术哇。"

子产以自己不卑不亢的态度，表明郑国独立自主外交的决心。他的成功，一方面是因为自己无与伦比的政治才华，另一方面也表明以郑国为代表的诸侯国，试图摆脱晋国独霸的局面。中原政治的新格局，已经呼之欲出。

在诸侯国中，郑国只是一个中等国家，但是子产的出现，使郑国再现生机与活力，并在国际舞台上扮演着重要角色。

有一次，担任令正（官名）的子太叔向子产询问施政的方法，子产回答说："施政就像干农活一样，早晚都要想着它，既要想着如何开始，又要想着如何收成。想清楚了，就早晚身体力行，所做的不要超过所想的，这样过错就很少了。"

此时子产在郑国内阁中排名第四，由于他的一系列杰出表现，已经令不少郑国官员相信，他将是下一任的执政者。

对郑国来说，最大的威胁，仍然是南方的楚国。

公元前547年，楚国与秦国联手，准备偷袭吴国，但吴国早有防备，楚康王临时改变计划，转而北进，进攻郑国的城麇。守城的郑国将领皇颉、印堇父在力量悬殊的情况下，冒失出城与楚军交锋，被打得大败。两位将领都被楚军俘虏，楚国人把印堇父作为战利品送给秦国人。

郑国与秦国并无多大的矛盾，郑国政府打算从秦国人手中赎回印堇父，便准备一大笔钱，由子太叔出面，前往秦国交涉此事。临行前，子产问子太叔，他准备跟秦国人怎么说呢？子太叔说，他已经准备好一套说辞，大致是说，印堇父是被楚国人俘虏的，但现在落在秦国人手里，郑秦两国没有什么利害冲突，郑国愿意以财礼换回印堇父。

子产听完后说："你这样讲，肯定不行。你想想，印堇父是楚国人送给秦国的，如果秦国人拿他来换取郑国的财礼，这样做显得有失体统，秦国人一定不会答应的。"

子太叔问道："那要怎么说呢？"

子产回答道："秦国虽然与楚国一起进攻我国，但秦国军队按兵不动，并未与我国交锋，所以应该这样说：感谢贵国对我国的帮助，如果没有贵国的恩惠，楚军现在恐怕还在城门之下呢。"

子太叔听后，不愿意这样干，秦国人明明是侵略者、楚国的帮凶，还要这样讨好吗？他动身前往秦国，还是按照自己的那一套说辞，要求用财物与秦国政府交换印堇父，但不出子产所料，遭到秦国人的拒绝。其实外交辞令是一门艺术，外交的言辞从来没有由衷之言，更多的是体现国家的利益，子太叔显然不明白这一点。

后来郑国又另派使节，用子产的那套外交辞令糊弄秦国人，果然把秦国人说得乐呵呵的，最终释放印堇父。郑国的国力并不能与晋、楚、秦、齐这些大国相比，但在外交上主动、积极进取，在国内营造一个稳定的政治环境，对于郑国的民众来说，这是一个黄金时代。

三、子产相郑（上）

公元前 456 年，在宋国左师向戌的努力下，晋楚实现弭兵。

所有国家都喘了口气，弭兵带来了难得的和平局面。诸侯国面临的外部战争压力减轻了，但内部的权力斗争却激化了。这个时间段，中原国家有一个非常特殊的现象，就是国君的权力不断下降，国家大权掌握在贵族手中。晋有六卿，鲁有三桓，郑有七穆，宋有华、向两大家族。这些卿大夫的权势盖过君权，君臣矛盾激化，成为春秋后期政坛的一大景观。

在政治权力出现巨大变革的时代，与其他国家相比，郑国的内政相对稳定，在春秋末期，成为一方乐土，这与子产的巨大贡献是密不可分的。

不过，子产的执政之路，并不是一条坦途，而是密布荆棘，险象环生。

郑国"七穆"指的是七大家族，分别是罕氏、驷氏、良氏、国氏、游氏、丰氏、印氏，这七大家族都是郑穆公的后代。

子产属于国氏家族，他被任命为卿之后，在内阁中排名第四，排在他前面的是子展（罕氏）、子西（驷氏）、伯有（又称为良霄，良氏）。

子展与子西先后去世，伯有执掌国政。

伯有奢侈无度，是个酒鬼。他在家里挖了个地下室，晚上就在那里边喝酒，边敲钟奏乐。因为他是执政大臣，常有官员来找，每次他都只顾喝酒，不出来。官员就问："主公在哪里？"属下就开玩笑地说："主公躲在山谷里。"戏把地下室称为山谷。

他就是这么一个人，奢侈无度又酗酒，还刚愎自用。

根据弭兵大会的精神，郑国有义务向楚国朝贡。

公元前 544 年，伯有准备派公孙黑去楚国。公孙黑是子西的弟弟，属于驷氏家族，是前任首相子驷的儿子。

公孙黑一听要去楚国，他不干了，对伯有说："楚国与郑国关系很不好，你却要叫我去，这不是让我去送死吗？"

伯有一听，说道："你们家可是世代搞外交的，你不去谁去？"

公孙黑一听，火气上来了，勃然大怒，顶撞伯有说："可以去我就去，有危险我才不去呢，这跟世代搞外交有什么关系！"

伯有一想：现在是我当权，你居然敢不听我的命令，便要强迫公孙黑出使楚国。

公孙黑可不是一盏省油的灯，他大怒，拂袖而去，回到家后，准备带兵去攻打伯有。这时郑国的大夫们赶紧出面，为伯有与公孙黑调解矛盾。伯有趁机拉帮结派，让大夫们到他家中，硬要结为同盟，以巩固自己的势力。

郑大夫裨谌对另一位大夫然明说："伯有拉着大家结为盟友，可这能管用多久呢？只会乱中加乱，祸害不浅，我看他撑不了三年。"然明问道："那政权将会落在谁手里呢？"裨谌回答说："好的代替不好的，这就是天命。我看就是子产吧，如果论资排辈，也该是到他了，如果择善选贤，也是非他莫属。郑国现在这么乱，如果子产上台，还有点希望，如果不是这样，我看郑国要亡了。"

现在伯有还没有垮台，大夫们就在讨论下一任的执政，而且还看好子产，看来子产的出类拔萃是得到公认的。

不久后（公元前 543 年初），子产追随郑简公出访晋国。晋国大夫叔向前来拜会，询问他们对郑国时局的看法。子产回答说："关键要看今年，现在伯有与公孙黑明争暗斗，很难调解啊。如果两人和解的话，政局就会比较清楚了。"

叔向问："不是已经调解了吗？"

"唉！"子产叹了一口气说，"伯有骄奢刚愎，公孙黑盛气凌人，两人是很难妥协的。尽管在大夫的劝说下暂时和解，但互相之间仍然充满怨恨，很快就要掀起新一轮的争斗。"

子产的政治判断力与分析力是很惊人的，表面平静的郑国政坛，实际上暗流涌动。

郑简公回国后，也出面调解伯有与公孙黑的矛盾，但是效果不大。伯有果然是个相当固执的人，他又跑去见郑简公，再次提出要求，要派公孙黑出使楚国，然后又回家喝酒去了。

公孙黑得知消息后，大怒，带着自己的家族武装，连夜杀向伯有家中。这时伯有又在地下室里喝得大醉，不省人事，他的家兵抵挡不住公孙黑的武装，家臣赶紧带着不省人事的伯有逃了出去，逃到雍梁城。

公孙黑找不到伯有，便放一把火，把他的府邸给烧了。

伯有从美梦中醒过来时，吓了一跳。自己记得是睡在自家的地下室里呀，怎么换地方了呢？正充满疑惑，还以为做梦哩，家臣们向他汇报公孙黑率兵攻打府第的事情，他听罢吓出一身冷汗，真是好险啊，自己差点就醉醺醺地死去。现在可不能继续待在郑国，得先出国躲躲。于是他逃到了许国。

在这场内乱中，子产是持中立的态度。从他对伯有与公孙黑的评价中，可以看出他对这两人都没有好感，伯有是"骄奢刚愎"，公孙黑是"盛气凌人"。但是子产本着人道主义的立场，到伯有的府第为死难者收尸安葬，为了不介入两派的争斗，他决心出走，离开国都。

郑国上卿子皮，是前任执政子展的儿子，伯有逃走后，他就是内阁中的首席人物。子皮听说子产出走，赶紧前去追赶，劝他返回国都，帮助稳定混乱的局面。在子皮的劝说下，子产以大局为重，违心与公孙黑结盟，加入支持公孙黑的一方。同时，郑简公也与诸大夫结盟，同时集合国都的民众，与民众共同结盟，反对伯有。

这个事件，可以看出春秋政治的一些特色，政治专制色彩是不浓厚的。普通民众是有政治地位的，国君、卿大夫要讨好民众，还要使用结盟这种手段。这种特殊的时代政治，对探讨中国政治专制史的演变，是很有意义的。

当伯有得知郑国从国君到卿大夫到民众，都结盟反对自己时，他气坏了，决定要杀回国都。伯有认为在内阁中，有两个人是可以争取的：第一个是子皮，因为在攻打伯有府第时，子皮并没有派兵参加。第二个是子产，因为子产帮助收尸安葬，并且有出走国都的打算。

伯有秘密潜回郑都，像我们电影里曾经看到的情节一样，他从排水洞钻进城内，秘密联系效忠于他的马师（郑国的官名）羽颉。在羽颉的帮助下，他召集旧部，并且从一个武器库中取出大量武器，装备成军，试图夺取郑都的北门。

公孙黑所属驷氏家族的领袖驷带率领民众组成的民兵，讨伐伯有，双方一片混战。驷氏与良氏两大家族大火并，驷带与伯有都想得到子产的支持。虽然子产与公孙黑结盟，但他仍然严格恪守中立的立场。最后伯有一方渐渐不支，且战且退，退到一个卖羊的市场边，最后在战斗中被杀死，宣告这场内战的结束。

伯有的尸体被扔在集市上，没有人敢来收尸。子产站出来，给伯有的尸体披上一件衣裳，然后在一边号哭，并用棺材收殓其尸体，为其安葬。

子产的态度令驷带非常生气，打算带兵进攻他。这时接替伯有执政的子皮大怒道："子产的做法，是合乎礼仪的，你却想杀他，是不是想闯大祸呢？"在子皮的严重警告下，驷带才不敢动手。

与晋国、齐国、鲁国等国相似，郑国的君主郑简公，其实也只是名义上的国家元首，实际权力仍然是掌握在卿大夫手中。在郑国的内战中，郑简公几乎是没有任何发言权的。

子产虽然想要置身事外，但政治斗争中，不是朋友就是敌人，如果不是子皮及时出手，他恐怕性命难保。

子皮确实是一位优秀的人才。他是前任执政子展的儿子。子展在公元前

544 年去世，子皮继父亲之后，被郑简公任命为上卿，正好郑国遭遇饥荒，当时首都的百姓都吃不饱饭，子皮便以父亲的名义，向饥民分发粮食，深得百姓的拥护。

伯有死了之后，子皮成为郑国的执政，但他深知子产才华横溢，所以他做了一个重大的决定，准备将执政大权交给子产。这个决定让子产很吃惊，他推辞说：“郑国是个小国，却邻近两个大国，十分不利，在国内几大家族势力庞大，不好治理呀，我可干不来。”

子皮对他说：“您不要推辞，有我率领大家听从您，谁胆敢来冒犯您？我们虽然是小国，如果能侍奉好大国，国家也可以获得一个宽松的外部环境。”

在子皮的支持下，子产最终成为郑国的执政。

子产的执政之路，得到子皮三次鼎力援助，第一次是子产为避开内斗，准备出走，是子皮劝他返回，这也确保了他在权力中枢中的地位；第二次驷带要攻打子产时，是子皮阻止了他的行动；第三次是子皮主动把执政权交给子产，使子产有了大展身手的机会。

子皮确实没看走眼，子产上台后，便雷厉风行、大刀阔斧地进行社会改革。

郑国的社会矛盾集中在土地问题上。这个问题由来已久，由于土地大量为大地主、大贵族所兼并，社会贫富悬殊，矛盾激化。当年郑国首相子驷推行土地改革，在改革中受损的几大家族联合起来叛乱，子驷与子产的父亲子国都死于这场叛乱，由此可见改革的阻力何等巨大。

然而子产不惧阻力，勇往直前。他开始推行一系列的政治经济改革。

新政策规定，城市与乡村都要推行秩序制度，不同阶层的人，要求穿着不同的衣服，以加强管理；各人的田地，要划清边界，以沟渠隔开。这个改革叫“作封洫”，就是重新划定田界，迫使一些贵族将侵占别人的田地吐出来。在不得罪强族的基础上，对于贵族中的忠厚俭朴之人，给予提拔，对于骄横奢侈的，则给予惩治。什么叫忠厚俭朴之人？其实就是支持改革的人。重新划清田界，对贵族兼并土地是一大打击。

可以想象，子产的改革是在何等艰难的情况下进行的。对子产的咒骂、恐吓、威胁之声四起。不少贵族地主因改革而利益受损，便组织一帮文匪，对子产口诛笔伐，编成诗歌，在社会上到处宣扬。当时流传一首歌瑶，其中一句是：“孰杀子产，吾其与之。”公然叫嚣以恐怖手段来对付子产。

子产所在的国氏家族虽然是“七穆”家族之一，但在七大家族中势力并不强大。所幸的是，子产的改革得到势力最强大的罕氏家族首领子皮的大力支持，没有子皮的鼎力相助，子产纵有天大的抱负，也只能成为空谈。

子产的新政，在民间引起很大的争议。

乡校成为郑国民众集会、议论政治的地方。乡校就是乡里的学校，因为是公共场所，乡里人没事就凑在这里，议论国家大事。

民众们利用乡校这种场所，对政府加以评议，引起了一些官员的愤怒。郑国大夫然明跑去对子产说：“我想派人去捣毁乡校，您看怎么样？”

对于乡校处士评议政治的事情，子产是知道的，但他并没有禁止。他对然明说：“为什么要捣毁乡校呢？人们到那儿聚集，并议论国家政治的好坏。他们说得好的，我就施行，他们所厌恶的，我就改正，这不正是我的老师吗？为什么要捣毁呢？要减少民众对我们的怨气，只有做到‘忠善’二字，没听说过用权威可以压抑怨气。这个道理，就像治理河水一样，如果溃决一个大口，必定有很多人遭殃受害，这种情况就没法救了。如果事先开个小口，使其分流，就不会出现大决堤的现象。民众在乡校中的议论，正是治病的良药。”

然明听了之后，自愧不如，佩服地说：“现在才知道您确实是做大事的，我实在见识短浅，如果照您的意见来办，国家就有希望了。”

这就是著名的“子产不毁乡校”，一直以来被当作施政者的样板。这也是春秋时代政治相对开明的一个体现，民众有某种程度的言论自由权，可以集会，可以议论时政，甚至可以骂政府。子产这一开明做法，得到后人的高度评价，略晚于子产的圣人孔子评价说：“以是观之，人谓子产不仁，吾不信也。”

子产心地坦荡无私，相信总有一天，民众能理解自己的为人与苦心。他的开明政治，得到很多人的拥护，在其执政的第三年，有一首民谣唱道：“我有子弟，子产诲之；我有田畴，子产殖之。子产而死，谁其嗣之？”

对比三年前流传的民谣所唱的“孰杀子产，吾其与之”，可见国人对其态度的一大转变，刚开始是巴不得他死，谁要杀子产，大家还准备帮一把哩；三年后，大家反而担心他死了，就没有人能继承其事业。

四、子产相郑（下）

对于子产来说，最难处理的问题是如何抑制强宗的势力。

自伯有死后，良氏家族衰落了，郑国的政治控制在其他“六穆”手中，其内阁成员分别是子皮（罕氏）、子产（国氏）、伯石（丰氏）、印段（印氏）、子太叔（游氏）、驷带（驷氏），六大家族各居一席。

虽然子产极力避免与大族发生纠葛，但事实上是避不开的。

“七穆”家族中的丰氏，自从伯石为卿后，势力也不可一世。伯石有个弟弟，叫丰卷，他准备搞个祭祀，当时的礼法规定，只有国君才可以使用新捕获的猎物来祭祀。这个先秦时代的礼法，对我们这些现代人来说，一点意义也没有，但在当时是社会等级、秩序的体现。子产不同意丰卷的做法，认为这在礼仪上有越制之嫌。丰卷大怒，召集丰氏家族的人马，准备要攻打子产。

从这个事件可以看出，郑国的权力不在君王，不在首相，而在强宗豪族。子产属于“七穆”中的国氏家族，家族势力并不特别强，现在丰卷磨刀霍霍，眼看一场冲突就要爆发，子产突然放出风声，宣布要退出政坛，逃亡到晋国。

子产真的要逃亡吗？

这是他的权谋。他做出逃亡的姿态，只是以退为进的策略。子产是在子皮的支持下上台的，如果他逃了，不也是子皮的失败吗？果然，在关键时刻，罕氏家族的巨头子皮果断出手，不仅阻拦子产的逃亡，而且将丰卷驱逐出境。最终逃往晋国的人，不是子产，而是丰卷。作为一名成熟的政治家，子产虽然在与丰氏家族的斗争中取胜，但他仍然小心翼翼地延续安抚大族的做法，对丰卷的田地与房屋，一概保留，并没有没收充公。三年后，子产让丰卷返回郑国，并把田地、房屋及三年的收入，全部还给他。

子产安抚强宗，但并不纵容强宗，即便对有恩于自己的子皮也是如此。

子皮是郑国最有权势的罕氏家族领袖，他有一个宠臣，名叫尹何，是个年轻人，但子皮却想让他担任封邑的长官。

子产得知此事后，去见子皮，问他说：“尹何太年轻了，不知道能力行不行呢？”

子皮回答说："他是个谨慎而又老实的人，我很喜欢他，他不会背叛我的。我想让他去学习一下，这样他就更懂得怎么样来治理封邑。"

子产听完后，马上说："不能这样。"

子皮有几分诧异，这是他家族的事，按道理说，子产是不能插手的，但他想听听子产的意见，便问道："为什么呢？"

子产回答道："人的心理，只要喜欢一个人，就愿意为他谋求利益。现在您喜欢这个人，把权力交给他，就好比让一个不会用刀的人去割东西，最后只会弄伤自己。您是郑国的栋梁，如果哪天栋梁断了，房子就会塌下来，我就会被压在下面，所以我必须对您说句心里话。只听说过先学习而后管理政事，没听过先管理政事再从头学起。如果您要让尹何先当官再学习，这样做肯定是有害处的。我举个例子，这好比要打猎，得先学习驾车射箭，而不是在打猎过程中来学习驾车射箭，如果车子都驾不稳，整天担心翻车，怎么可能打得到猎物呢？"

这些话，语重心长。子产为什么要跟子皮说这些呢？一个人年纪轻轻，就因为受到宠爱而担任地方长官，不仅难以治理好这个地方，而且可能会出乱子，到时会危及子皮。如果子皮这根顶梁柱倒了，子产就无法压制其他强宗了。

子产的事业，有一半要归功于子皮。在子产遇到其他强宗威胁时，总是子皮出来给他化解危机。子皮权倾朝野，但品格高尚，虚怀若谷，始终将国家利益放在首位，任人唯贤，不遗余力地支持子产。听完子产的分析后，子皮很钦佩地说："我以前认为，由您来治理国家，我治理自己的家族，这样就可以了。今天我才知道还是不够的，从现在开始，即便是我家族的事情，也要听您的意见。"

两位政治巨头之间保持默契，是郑国的福音。自从伯有死后，郑国大族之间的明争暗斗从没有停止，如果不能有效地压抑强宗势力，国家一刻也不能安定。

公元前 541 年，郑国两大强宗游氏与驷氏又起争端。对子产而言，如何解决这类难题，是一大考验。

这是子产执政的第三年。

这桩纠纷是由一个女人引起的。郑国大夫徐吾犯有个妹妹，是个大美女。

公孙楚是郑国“七穆”中的游氏家族人，凭着名门望族的背景，捷足先登，跟徐小妹订了婚，就等着成亲。

不想事情节外生枝，曾经与伯有斗过法的公孙黑，听说徐小妹是国色天香的大美女，便仗着自己驷氏家族的势力，也送了一份聘礼给徐吾犯，要求定亲。徐吾犯一看，完蛋了，两大强族都得罪不起呀，可是妹妹只有一个呀，怎么办呢？他愁眉不展，拿不定主意，最后只能把这件事告诉子产，让这位执政来处理。

子产想了想，对徐吾犯说：“这都是国家政事混乱惹来的麻烦，不是您的问题。这样吧，这件事就让你小妹自己决定好了，她想嫁给谁，就嫁给谁。”显然子产并不想卷入两大强宗争夺美女的事件中。

徐吾犯一听，也只能这么办了。于是他就把子产的提议跟公孙楚、公孙黑两人说了，这两人都同意，双方得比拼一下实力才行。

两个人都来到徐家，徐小妹躲在闺房中看他们的表现。

这两位公子哥儿都把自己的看家本领亮出来。公孙黑长得帅，又精心打扮一番，穿着华丽的衣裳，精神抖擞，还带来贵重的礼物。他要以两大优势赢得美女心：其一，人帅；其二，有钱。又帅又有钱，他心想这位美女能不动心吗？

公孙楚一看，自己长相不如公孙黑，也没他有钱，怎么办呢？长相与钱财固然重要，不过对女人来说，更吸引人的还是男性的魅力吧。公孙楚决定展示自己的才艺，他身着军装，先表演左右开弓的本领，然后又表演精湛的驾车技术。

各自作秀一番后，两人都退出徐家。徐吾犯迫不及待地问小妹：“你看怎么样呢？”徐小妹回答说：“子皙（即公孙黑）确实很帅气，但是子南（即公孙楚）更有男子汉的气概，丈夫要有男人味，妻子要有女人味，我还是选择子南吧。”

看来对一个男人来说，光有脸蛋、有钱还是不够的，还得有些英雄气概，才能折服美女。至少那个时代的徐小妹是这样想的，这应该可以给天下那些没钱又没脸蛋的男人一些自信心吧，没钱没关系，不帅不要紧，先去练练射箭骑马的本领吧。

这样，美女徐小妹成了公孙楚的老婆。

这下可把公孙黑气死了，你想想，公孙黑是什么人？当年跟执政伯有大斗一场，搞得国君与各大家族都来跟他结盟，最后打垮了伯有。以子产的话来说，他是个“盛气凌人”的人。这么一个嚣张小子，居然在跟公孙楚抢美女时败北，这个亏，他怎么咽得下去？

公孙黑受不了，他准备干掉公孙楚，把美女抢回来。

他假装去拜会公孙楚，在宽大的外衣里面，还穿了一身皮甲，带了一把短剑，准备趁公孙楚不注意时，把他做掉。不料细心的公孙楚知来者不善，小心谨慎，果然发现他身怀利器。公孙黑还没来得及动手，公孙楚已经操起一把长戈。公孙黑一看不得了，保命要紧，只得撒腿便跑，公孙楚操戈在后紧追，追到一个十字路口时，挥戈一劈，砍中公孙黑，公孙黑“哎哟”一声，血流出来，受伤了。

公孙黑狼狈逃回家中，这下子更火了，便四处向官员们放风说：“我好心去见他，不想他却不怀好意，还把我砍伤了。”

这件事告到子产那里，两人各执一词。公孙黑控告公孙楚目无国法，故意伤人；公孙楚则控告公孙黑心怀不轨，他是正当防卫。

最后子产认定，公孙楚有罪，有五条罪状：其一，在首都闹事，目无君上。其二，违反政府的法令。其三，以下犯上，公孙黑是上大夫，而公孙楚是下大夫。其四，还是以下犯上，公孙黑年长，公孙楚年幼。其五，冒犯亲属，公孙黑是堂兄，公孙楚是堂弟。

如果单从法律的观点看，公孙黑有作案的动机，想干掉公孙楚，但没有作案的事实。而公孙楚既然赶跑公孙黑，却要前去追赶，还使公孙黑挨了一戈，属于防卫过当，判公孙楚有罪，这是说得过去的。不过子产考虑更多的是两大强宗出问题时，还是不能得罪更强的一方，公孙黑驷氏家族的势力，要比公孙楚的游氏家族更强大。

公孙楚被判流放，驱逐出境，去了吴国。

虽然公孙黑没有抢到美女，但不管怎么说，还是在与公孙楚的斗争中取得了胜利，这激发了他的野心。

公孙楚被驱逐出境后，郑简公与六卿共同签署一份盟约。按道理说，公孙黑并不是六卿成员，没有资格参加会议，但他盛气凌人，硬要参加。公孙黑的无理取闹，让驷氏家族的宗主驷带很没面子。

驷带是郑国六卿之一。六卿共同执政，是郑国的传统，以显示六大家族在政治上的均等地位。作为驷氏家族的成员，公孙黑霸道无礼，欲将驷氏家族凌驾于其他家族之上，势必遭到其他五大家族的强烈不满。

公孙黑还不知收敛，甚至想起兵反叛，消灭整个游氏家族（即情敌公孙楚的家族）。公孙黑的计划，令驷氏家族宗主驷带忍无可忍。在他看来，公孙黑玩火玩得太过分了。如果驷氏家族不做出明确表态，很快就会遭遇良氏家族的下场。驷带联合其他小宗，公开发表声明，将公孙黑驱逐出家族，以免这个莽撞的家伙毁掉整个家族。

子产听到这个消息后大喜，干掉公孙黑的时机成熟了。子产执政以来，最大的障碍便是这些强宗。在公孙黑与公孙楚之争中，他站在势力强大的驷氏家族一边，其原则就是不可得罪这个大族。现在公孙黑已经被族人唾弃，此时不下手，更待何时？

子产派人找到公孙黑，历数他的三条罪状：第一，当年挑动伯有的叛乱，现在又想要作乱，消灭游氏家族，国法难容。第二，争夺堂弟公孙楚的妻子。第三，国君与六卿签署盟约时，他没有资格却硬要参加，公然威胁内阁。这三条罪状都足以构成死罪，子产暗示公孙黑自行了断，否则必将被处以死刑。

公孙黑吓得倒头便跪，对来使说："去年我被砍伤了，现在伤口复发，早晚都可能没命，你们不要再虐待我了。"子产传话给他："人谁不会死呢？恶人不得善终，这就是天命。"

事到如今，公孙黑众叛亲离，不要说作乱，保住性命也不可能，他自知死路一条，叹一口气，又说："我也没有什么可说的，只有最后一个请求，请让我的儿子驷印当褚师（官名，管理市场的官员）吧，这样我死了也能安心。"

子产冷冷地答复说："你儿子如果有才能，国君自然会任用他，如果没有才能，迟早会跟你一样的下场。你不担心自己的罪责，还想那么多干什么？你再不死，司寇马上就会到了。"周代制度，刑不上大夫，一般就采取自行了断的方式，子产的意思，你要不自杀，只好交给司法机构来办理此案，到时就死得很难看了。

公孙黑选择了上吊自杀，死后尸体被扛到路上示众，旁边放了一个木牌，木牌上写着他所犯下的罪状。

强宗政治是郑国政治的一个特点。子产的明智之处，在于既维持六大家族共同执政的传统，同时对为非作歹之徒毫不留情地惩罚，以达成几大家族相互制约的格局。无论哪个家族都无法取得一枝独秀的优势，这恰恰是政治稳定的基石。

可以说，几大家族之争，一直是郑国政治潜在的最大危险，郑国先后经历子孔之乱、伯有之乱、公孙黑之乱三次大动荡。子产为弭平这些内乱因素，用心良苦，这使得郑国在子产时代，获得相对稳定的政治局面。

平稳的国内政治环境，为子产深化改革打下基础。

公元前 538 年，子产推出一项重大改革措施，称“作丘赋”，这是一项赋税制度的改革。什么叫“作丘赋”呢？有关这个的说法五花八门，莫辨真假，可见古代史学家对政治经济改革的意义认识不足，也没有很完整的记录。但是有一点是明确的，这个改革使国家赋税增加了。国家增加了赋税，这笔钱肯定要由平民或贵族来承担，所以这个改革触及很多人的利益。

咒骂随之而至，有这样咒骂的：“他的老爹死在路上，自己做了蝎子尾巴，在国内发号施令，国家将怎么办呢？”

看来当政治家不容易，前几年国人还由衷地赞美他：“我有子弟，子产诲之；我有田畴，子产殖之。子产而死，谁其嗣之？”如今舆论又一边倒，开始诽谤他了。

子产不为所动，作为一个杰出的政治家，必须要在民众利益与国家利益之间做出一种折中选择。郑国面临的国际政治环境，是弭兵后的相对和平局面，但是晋、楚称霸的格局并没有改变。郑国试图摆脱楚、晋的控制，反抗霸权，除了依靠外交斗争之外，也必须提升自身的国防力量。春秋后期，各国的军费开支剧增，在齐桓晋文时代，齐国、晋国不过就只有数百辆战车，而到春秋后期，拥有一千辆战车的诸侯国已经相当普遍了。

然而当时的郑国民众，普遍认为和平时代到来了，提高赋税用于国防，引起了许多人的强烈不满。郑国大夫子宽试图说服子产放弃赋税改革，子产严肃地说道：“苟利社稷，死生以之。我听说想做好事的人，只有不轻易改变其既定的方针政策，才有成功的希望。民众不可放任自流，法度不可轻易更改。《诗经》中有这么一句话：如果礼义上没有过失，何必担心别人的流言呢？我是不会放弃的。”

后来林则徐有一句十分有名的诗句:“苟利国家生死以,岂因祸福避趋之?”其中的典故，就是来自子产的这些话。

改革遭遇阻力，怎么办呢?

子产决心以法律手段，来巩固改革成果。在推行“作丘赋”改革后两年(公元前536年)，子产又推出一项重大的举措“铸刑书”。

“铸刑书”就是把法律条文铸写在铜鼎上，放置于公共场所，让所有人都可以看到法律条文。为什么要铸在鼎上呢?因为当时还没有纸张，不能印成宣传手册挨家挨户地分发，所以铸在鼎上，大家都可以去看。

把法律条文公开，让民众都看得到，这可不是一件小事，而是中国法律史上一件划时代的大事。为什么这样说呢?夏、商、周以来，一般是沿用习惯法，很长时间是没有成文法的，就算有成文法，其中的法律条文老百姓是看不到的。因为政府不公开，这是个秘密，“国之利器，不可示人”。这无形中增加了政府的神秘感，也是统治者愚民的一种手段。

郑国法律条文的公开，在诸侯国中引起轩然大波。

晋国著名的政治家叔向跳了出来，给子产写了一封信。在这封信的开头，叔向很不客气地写道:“起初我对您是寄予希望的，现在没有了。”为什么呢?叔向解释说:“以前君王是不制定法律的，因为有了法律条文，百姓就容易利用法律条文来相互争执，这样一来，社会就不安定了。”在中国的传统中，法律都是从属于礼法，子产把法律从礼法中独立出来，在叔向看来，这是对礼教文明的一大挑战。他继续批评说:“一旦百姓掌握了法律条文，对上级就会产生不恭敬之心，可以征引法律条文，寻找法律空子，如果侥幸成功，就更难于治理。到时民众将会放弃礼仪,征引法律,细微的事情都要争来争去,这样一来,案件岂不是越来越多?当礼仪衰败、道德意识薄弱时，贿赂的事件岂不是越来越多?”

我们一般把子产当作改革派，与之对立的叔向则成为保守派的代表。不错，子产公布法律文书，确实有着划时代的意义，特别是以当代人的眼光来看，是巨大的进步，是中国法律史上与人权史上的重要里程碑。但是叔向说的并不是完全没道理的，虽然我们现在并不知道子产铸刑书的具体内容，但是这个刑书很难制定得十分具体，钻法律空子的现象肯定会存在，就算到了二十一世纪，法律条文一再细分，仍然不能无懈可击，更何况是两千多年前呢，所以叔向指出的这个弊病是存在的。

在信的最后，叔向告诫子产说：“在您活着的时候，郑国恐怕就要衰败了。”真是危言耸听，可见他对子产铸刑书一事是何等的不满。

对于叔向的发难，子产轻描淡写地回答说：“我不能考虑子孙的利益，我是要解决当今所面临的问题。”对子产而言，公布成文法，不仅是政治改革的关键，也是抑制强宗的必要手段。

公元前 522 年，子产病逝。

自从公元前 563 年平定尉止叛乱以来，子产在政坛活跃了四十余年，执政时间达二十年。小国出现大政治家，这种情况是很少见的，但子产是一个传奇。他的政治思想博大精深，充满睿智，同时有犀利的分析力、超人的判断力，最重要的还是他“苟利社稷，死生以之”的国家至上精神，以及坚忍不拔的意志力，使得他能在小国家搭设大舞台，影响力远超国界，甚至跨越时间，在中国历史上写下光辉的一页。

子产亦被视为法家先驱，铸刑鼎、公布成文法，使他成为中国法制史上里程碑式的人物。与后世商鞅、韩非子不同的是，子产推崇法律，并不是把它作为独裁的工具，而不毁乡校、鼓励民间批评政府的言论自由，更是使他成为中国古代最开明的政治人物之一。他以高超的手段抑制强宗豪族的势力，排除万难推行土地改革，使他成为春秋时代最有创造力、革新力的政治家。在外交上，他坚决抵制霸权主义，捍卫国家主权，成为安定国家和人民的伟大的实践者。

在子产的努力下，郑国这个失去昔日光荣的诸侯国，重新焕发活力，成为春秋后期政坛中最为活跃的国家之一，同时也是内政最稳定的国家。在春秋后期，齐国、晋国、楚国、鲁国、宋国都爆发过大规模的内乱，而郑国则能独善其身，子产之力也。

子产去世时，孔子二十九岁，他听到这个噩耗，禁不住流下眼泪说：“古之遗爱也。”这是他对子产的评价，他认为子产是古代贤人仁爱传统的继承者。

第十五章　齐国的复兴之路

一、崔杼与庆封的垮台

弭兵之会后，各诸侯国都把目光从国外转向国内。有些国家致力于改革，比如郑国；有些国家则陷入无尽的动荡之中，其中以齐国最为典型。

弑杀齐庄公后，崔杼俨然成了齐国的太上皇，他掌控着这个国家的生杀大权，要风得风，要雨得雨。可是家事却令他有些心烦意乱。

起因还是那个令齐庄公死于风流帐下的女人：棠姜。

棠姜嫁给崔杼后，把她与前夫棠公所生的儿子棠无咎也带到崔家。别看崔杼心狠手辣，他还真是个大情种，因为疼爱自己的女人，爱屋及乌，棠无咎在崔家也得到特别优待，棠姜的弟弟东郭偃也成为崔杼的心腹。

棠氏一家人的得宠，令崔杼前妻所生的两个儿子恨之入骨。崔杼的这两个儿子，一个叫崔成，一个叫崔强。他们本来是崔家的小少爷，自幼养尊处优，可是突然间半路杀出棠氏一家三人，在崔府里权势甚至超过他们两兄弟。看着父亲被小狐狸精迷得团团转，两兄弟是咬牙切齿，恨不得操把刀将棠氏一家子全都宰了。

不久后，棠姜生了一个儿子，名叫崔明。崔杼老年得子，对幼子十分疼爱。棠姜是个有心计的女人，知道崔成、崔强兄弟对她恨之入骨，一旦崔杼死了，自己在崔家的地位不保，便打定主意，得让自己的儿子崔明成为崔家的继承人。

崔杼迟疑了，虽然他对前妻所生的两个儿子并没有很深的感情，但嫡长子继承制一直是社会传统；另外，他又无法抗拒心爱女人的催促，因而心烦意乱。

公元前546年，崔成得了一场重病，崔杼正好以此为借口，剥夺他的继承权，而把崔明立为崔氏家族的继承人。

崔成估计病得不轻，被剥夺继承权后，只提一个要求，就是前往崔邑去养病，打算将来老死在崔邑。此时崔明的同母异父哥哥棠无咎与舅舅东郭偃站出来阻挠说："那怎么行呢？崔邑是崔氏的宗庙所在地，一定要留给宗主才行。"崔明被立为崔家的继承人，就是宗主。

崔杼一听，好像有道理，没有同意崔成的要求。

崔成与弟弟崔强气得不得了，准备干掉东郭偃与棠无咎，怎么办呢？他们想到一个人，齐国的第二号人物庆封。在齐国国内，除崔杼之外，权力最大的就是庆封，如果能得到庆封的帮助，这件事就好办了。于是两人跑到庆府，对庆封说："我父亲的事情，您大概也知道吧。他现在老糊涂了，只信任棠无咎与东郭偃两个人，其他人的话，他统统不能接受。我担心他们两人居心叵测，可能会加害于老父，特来向您禀告。"

庆封一听，这是崔家的家事，崔杼权倾朝野，这个事情不好办啊，于是他对崔成兄弟说："你们先退下吧，这件事我得考虑一下。"

庆封手下有个谋士，名叫卢蒲嫳，此人颇有机谋，他对庆封说："崔杼是杀害国君的主谋，我看老天爷是准备要抛弃他了。如果他们家族发生内乱，您有什么好担忧的呢？崔家的势力被削弱，您的势力不就增加了吗？"

庆封一听，捋了捋胡子，点点头说："这事我怎么就没想到呢？"

过了几天，崔成与崔强两人又登门造访，庆封对兄弟俩说："如果对老人家有利，那你们一定得除掉棠无咎与东郭偃，到时有危难，我会帮助你们的。"崔成与崔强一听，十分感动，还以为庆封这么仗义。其实庆封的真正算盘，是挑拨崔氏家族的内斗。

两人仗着有庆氏撑腰，召集一伙人，将东郭偃与棠无咎杀死在崔家大厅。崔家大乱，家丁、仆役怕惹祸上身，纷纷逃走。这下子崔杼也没有主意，他成了一个光杆司令，在没有弄清楚怎么回事之前，决定先去庆封家中避一避。

庆封见到狼狈不堪的崔杼后，假惺惺地说："崔、庆如同一家人，崔成与崔强怎么敢如此胆大妄为呢？请您准许我讨伐他们。”崔杼坐在一旁，大骂逆子，答应庆封的要求。庆封心中暗自高兴，马上派卢蒲嫳率一队甲士，前去攻打崔成兄弟。

崔成杀死东郭偃与棠无咎之后，本以为庆封会站出来善后，这是他们事先约定好的。他看到卢蒲嫳率着甲士杀气腾腾而来，心中一慌，明白了，庆封不过是想借他的手铲除崔家的势力。困兽犹斗，崔成当即下令关闭崔府大门。

卢蒲嫳带着甲兵多次进攻，但攻不下来，于是急中生智，号召民众来帮助。看来崔家真是不得人心，很多百姓自愿参加攻打崔府，最后崔成兄弟顶不住了。卢蒲嫳率众甲士杀进府中，乱刀砍死崔成兄弟，并把崔家的钱财收罗一空。而崔杼的老婆、那位令齐庄公丢了性命的美女棠姜，在绝望中上吊自杀。

镇压崔成之乱后，卢蒲嫳回到庆封府，向崔杼报告动乱已经平息，然后驾着车子送崔杼回家。第二天，人们发现崔杼悬梁而死。

据史书的记载，崔杼回到家中后，发现自己家破人亡，痛心之下，上吊自杀。不过这个记载很令人怀疑，第一，庆封血洗崔府，并将崔府的钱财都搜刮走了。很显然，庆封这样做之前，就应该想好了，崔杼必须得死。如果崔杼不死，庆封就不怕他报复吗？第二，家破人亡并不足以成为崔杼自杀的理由。在这场动乱中，崔杼最疼爱的小儿子崔明并没有死，成功逃跑了。第三，庆封派亲信卢蒲嫳送崔杼回家，显然别有用心，应该有特殊的任务。

历史的真相，应该是卢蒲嫳送崔杼回家后，把他绞死，然后制造悬梁自尽的假象。

另一个间接的证据是，崔杼的小儿子崔明在黑夜的掩护下，逃到墓地，第二天逃往鲁国。崔明既没有参与动乱，又是崔氏的继承人，为什么要逃跑呢？理由只有一个：庆封要铲除他。这也证明崔杼之死，并不是悬梁自尽这么简单。

不管事实是否如此，最后的结果是一样的：庆封当国，“当国”就是执掌国政。

庆封荒淫无度，比起崔杼有过之而无不及。他有三大癖好：第一，打猎。第二，饮酒。第三，女色。

他当国之后，哪有时间处理政务呢？索性交给儿子庆舍去打理，自己带着妻妾，跑到亲信卢蒲嫳家中住，大搞淫乱，饮酒作乐。

卢蒲嫳的家，很快成了齐国的另一个议政中心，大大小小的官员，都跑到这里来拜见庆封。庆封的傲慢显然激怒了一些有头有脸的家族，反对的势力总会像小溪流向江河一样，汇集成一股强大的力量。高氏家族的子尾、栾氏家族的子雅、陈氏家族的陈无宇、鲍氏家族的鲍国，先后成为庆封集团的劲敌。

但是要整垮独裁者庆封，还需要一个人穿针引线。

所幸的是，这个人很快出现了。

他叫卢蒲癸，曾是齐庄公的亲信。崔杼弑君后，大肆捕杀齐庄公的亲信，卢蒲癸侥幸逃跑，奔往晋国。庆封整垮崔杼后，独揽大权，为了笼络人心，他把弑君的罪名统统推到崔杼头上，并大赦遭崔杼迫害而逃亡国外的政敌，允许他们返回国内。就这样，卢蒲癸回到齐国。

卢蒲癸是个意志坚定、胸怀大志的豪杰志士。多年来，他最大的心愿便是为齐庄公复仇。如今崔杼死了，他便把矛头对准庆封，当年弑君一案，庆封就是帮凶。可是庆封的权力太大了，是个独裁者，要铲除他并非易事。

怎么办呢？

他决心先潜伏进庆封集团。由于庆封过分贪恋女色，早把政事都交给儿子庆舍，庆舍成了齐国的实际统治者。卢蒲癸要当卧底，就得想方设法赢得庆舍的信任。

卢蒲癸是逃亡人士中的佼佼者，庆舍对他的到来很欢迎，不仅授予官职，还把女儿许配给他。庆氏与卢蒲氏本是同宗，都是从姜姓中分出来的，两家通婚，有违“同姓不婚”的传统。但两人各有自己的算盘，庆舍想拉拢卢蒲癸为其效力，卢蒲癸想通过婚姻，达到潜伏在敌人身旁的目的。

庆舍成了卢蒲癸的岳父，卢蒲癸乘机建议，允许流亡在外的王何返回国内。庆舍没有丝毫怀疑，同意了。王何是卢蒲癸的好朋友，也是齐庄公的亲信，两人怀着同一目的：干掉庆氏家族，为齐庄公报仇。王何回国后，在卢蒲癸的推荐下，也潜伏在庆舍身旁。自作聪明的庆舍自以为得到两个不可多得的人才，却不知危险正一步步逼近。

为了干掉庆氏，卢蒲癸与王何积极联络栾、高、陈、鲍四大家族，约定在该年（公元前 545 年）冬季的祭礼大典上发动政变。

尽管卢蒲癸的行动很隐秘，但还是瞒不过自己的老婆。

卢蒲癸的妻子是庆舍的女儿，被称为卢蒲姜。卢蒲姜对丈夫的异常行为有所发觉，就问道："你是不是在策划什么事，如果不告诉我，这事准办不成。"卢蒲癸见妻子有了疑心，知道隐瞒不下去，索性将政变计划全盘托出，一五一十都告诉了妻子。

卢蒲姜听后大惊失色，她遇到了当年雍姬进退两难的困境。雍姬的旧事已过去一百多年，那时郑厉公想杀祭仲，雍姬在父亲与丈夫之间做出了艰难的选择，最终保全父亲，出卖丈夫。说实话，卢蒲癸冒了天大的风险。如果妻子把整个计划泄露出去，不仅他与王何会死无葬身之地，齐国栾、高、陈、鲍四大家族也会全部受到牵连。

这些人的命，都捏在妻子一人的手中。

卢蒲姜会不会出卖丈夫呢？卢蒲癸心里没有底。

十一月初七，齐国有一个重要的祭祀活动，是太公庙的尝祭。庆封基本不理朝政，他跑到莱地（以前的莱国）打猎，而庆舍作为全权代理人，理应出席这次重大祭祀活动。这时，卢蒲姜来了，对父亲说："您还是别去了，有人想趁机对您下手。"她采取一种非常中立的说法。谁想趁机下手？是自己的丈夫。她不能出卖丈夫，否则有失妇道；她知道这件事，不能不提醒父亲，否则有失孝道。

如果是祭仲，一定会听出弦外之音，但庆舍显然政治敏感度不够，他听女儿这么一说，不禁笑道："谁敢这样做，那不是找死吗？"他没理会女儿的劝告，命人备车，准备前往太公庙。

望着父亲远去的背影，卢蒲姜长叹一声。父亲与丈夫，必定有一个要死，至于最后是什么样的结果，对她来说，都是钻心之疼。因为这就是政治。

庆氏当国，遭到很多人的反对，对此庆舍是有戒备的。他到太公庙后，马上命令甲士将太公庙团团围住，并让卢蒲癸与王何两人手执短戈，追随自己的左右。庆舍的布置固然很严密，但是百密一疏，他并没有想到，自己最信任的卢、王二人，恰恰是这场阴谋的主角。

卢蒲癸不是一个人在战斗，在他身后，有栾、高、陈、鲍四大家族的支持。

要顺利刺杀庆舍，必须支开太公庙外的甲士。陈氏、鲍氏两家特地准备一个马戏表演，又弄了些酒来，给外面的甲士喝。这些甲士边喝酒，边看马戏表演，不时爆出喝彩声。酒一喝、戏一看，这些兵士们觉得拉着马匹、穿着皮甲挺累的，索性系马解甲，图个快活。就在这个时候，栾、高、陈、鲍四大家族的家兵们，偷偷地把甲士卸下的皮甲偷走，穿在自己身上。高氏家族的子尾见发难的时机成熟，便用木头在门上敲三下——这是与卢蒲癸约定好的信号，表示外边的情况控制住了，你们可以在里面动手了。

卢蒲癸一听到暗号，马上操起短戈，朝庆舍背后捅进去。只听得一声惨叫，一股鲜血喷涌而出。庆舍还没来得及反应，本能地转过身去，只见亮光一闪，又一把戈划出一道弧线，然后就觉得左臂一阵剧疼，“啊——”又是一声惨叫，他右手捂住左肩，但左手臂已经被斩断，掉在地上，血不断地从左肩滴下来。

庆舍是一个勇士，他一脸疑惑与茫然地望着卢、王二人，虽身负重伤，但并没有趴下。他还没搞清楚这是怎么回事，可有一件事是清楚的，这些家伙要造反！他来不及细想其中的原因，右手按住左臂的伤口，忍着剧痛，“噌”的一声跳上案台。这时太公庙外的四大家族已经发难，制服庆舍的甲士，一窝蜂地冲进庙内。

您还别说，这庆舍还是有些能耐的。只见他抓起案台上的青铜祭器，往乱军丛中一扔，砸死几个人。然后又往上一蹿，抓住屋上的椽木，但他只剩下一只手，摇来晃去的，庙里的横梁都“嘎嘎”作响，左臂的伤口处鲜血直流，在地上聚为一摊血洼。虽然他吊得很高，乱兵够不着，可是由于失血过多，支撑不住了，“扑通”掉下来，死了。

在太公庙祭祀的，还有齐景公，他被吓坏了。

这一年是齐景公三年。他当了三年傀儡，先是受制于崔氏，再受制于庆氏。在太公庙发生的血光四溅的一幕，把齐景公看得魂飞魄散。庆舍一死，卢蒲癸与四大家族掌控了局面，并向齐景公解释，这样做是为了消除权臣势力，恢复国君的尊严与权力。

庆舍之死，并不意味政变已经成功。

庆舍只是全权代理父亲庆封在朝中的权力，庆封才是最关键的人物。当太公庙政变爆发时，庆封刚从莱地打猎回来，他的车队正在返回国都的途中。当他听到儿子庆舍被乱兵所杀，勃然大怒，马上杀向国都，先是在西门发动进攻，未能攻克，便转而攻打北门。在庆封的严令下，他的士兵终于攻破北门，杀入城内。

这是一场惊心动魄、生死存亡之战。

庆封的军队杀入都城，声势浩大，并节节进逼，一直打到齐景公的内宫。如果内宫被攻破，参加政变的所有人将遭到残酷的镇压。在这种危急关头，只能背水一战，一决雌雄。齐景公的宫中卫兵，栾、高、陈、鲍四大家族的军队及卢蒲癸等豪杰义士，精诚团结，顽强顶住压力，挫败了庆封的进攻。

庆封不甘心失败，又向四大家族下战书，要求决一死战，但是四大家族对他的挑战置之不理，坚守不出。很快，庆封陷入被动的局面，因为他攻打齐景公，这叫以下犯上，是造反。他几乎得不到任何人的支持，众叛亲离，想要夺回大权，希望太渺茫了。唉，看来在齐国是混不下去了，他选择出走，跑到鲁国去避难。

齐国政府照会鲁国政府，不得收留逆党分子庆封。鲁国不敢得罪齐国，庆封一看不对头，又向南跑，逃到吴国。

吴王馀祭收留庆封，而且给了他一大片土地。据一些史料分析，吴国收留庆封，主要是通过他收集各国的情报资料。庆封的族人陆续从齐国逃到吴国，庆封搞权谋有一套，搞钱财也有一套，他居然很快又发达了，积累的财富甚至超过以前。有人就感慨道："老天爷大概是要让坏人先富起来吧，庆封又暴发了。"

这就是庆封的能耐，除了打猎、喝酒、泡女人外，他还能搞钱。很多年后，庆封死于楚国人之手。这件事，等后文再述。

庆封集团的垮台，谁成了最大的受益人呢？

是齐景公吗？不是，这个傀儡国君，还得继续当傀儡。最大的受益者，便是参与政变的四大家族，即栾、高、陈、鲍四个家族。齐国的大权，从庆氏手中转移到四大家族手中，而为政变立下殊功的卢蒲癸，已完成为齐庄公复仇的心愿，不愿染指权力，逐渐从政坛淡出，但他是真正的英雄。

齐国政府开始对崔、庆两个独裁者进行秋后算账。庆封的亲信卢蒲嫳被放逐到北燕；杀害齐庄公的主凶崔杼虽然已经死了，尸体仍然被挖出来，戮尸示众。

崔氏与庆氏两大集团的垮台，是齐国内部权力斗争的一个缩影。这种内部斗争还没有结束，四大家族联合执政后，一场新的矛盾又随之而来。

二、四大家族的内斗

崔氏、庆氏的势力先后被清除，齐国的政权掌握在高、栾、陈、鲍四大家族手中，其代表人物分别是子尾（高氏）、子雅（栾氏）、陈无宇（陈氏）、鲍国（鲍氏），其中子尾与子雅的权力最大。

子尾与子雅都是齐惠公之后，属于姜姓公族世卿；鲍国是齐桓公时代名臣鲍叔牙的曾孙。相比之下，陈无宇的家族背景要复杂得多，因为陈氏家族是一个外来家族。

这里有必要对陈氏家族由来做一番回溯。

陈无宇的先祖陈完，原本是陈国公子。公元前672年，陈国发生内乱，陈国太子御寇被杀，由于陈完与太子御寇的交情很好，他害怕受到牵连，便逃到齐国。齐桓公很赏识陈完的才干，想要封他为齐卿，但陈完认为自己不过是逃亡羁旅之臣，不能接受这么高的待遇。齐桓公便任命他为“工正”，即管理百工的官职，并赐给不少田地，陈完便改氏为“田”。春秋时代的姓氏很复杂，陈完本来是陈国公子，陈国是妫姓国，到了齐国后，改氏为“田”，但因为他是从陈国来的，所以又以“陈”为氏。

陈氏家族，又可以称为田氏家族。

陈无宇是陈完的五世孙，他参与发动政变，使庆氏垮台，被封为“正卿”。陈氏家族从此开始崛起，三世之后，最终取代姜姓，成为齐国的统治者。这是后话。

作为一名外姓齐卿，陈无宇心里很清楚，要与姜姓世卿相较量，自己缺乏根基。陈无宇是个城府颇深也有政治头脑的人，他深知欲速则不达的道理，要树立陈氏的威望，首先必须取悦于国人，那要做什么呢？

无论是齐景公还是公族世卿，都习惯于把国家看作自己的私有财产，齐国一直是个商业很发达的国家，政府与民争利，这无疑令老百姓心里不痛快。根据晏子的说法，当时齐国百姓劳动所得，三分中有两分要入公室，只有一分维持衣食生计，社会贫富分化相当严重，公室储备的大量物资腐烂生虫，寻常百姓却忍饥挨冻。不仅如此，齐国刑罚相当严酷，刖刑是一种主要刑罚，即砍去人的双脚，以至于假肢供不应求，价格昂贵，这也可以从一个侧面反映齐国的社会现实。在无奈中苦苦挣扎的齐国百姓，自然希望由贤明正直的人来主持齐国的政务。

陈无宇抓住百姓的心理，大做文章。

首先，他自己做了一种私人的量器。当时齐国的量器，有豆、区、釜、钟四种，四升为一豆，四豆为一区，四区为一釜，十釜为一钟，这是标准量具。陈氏的量器则比较大，每种量器要大出四分之一。当百姓找上门来借粮时，陈无宇就以私家量器的标准借出，而以公家量器的标准收回，也就是说，如果借出五升大米，实际上只收回四升，另外一升等于免费赠送。当其他贵族殚精竭虑想着从老百姓那里压榨更多的钱财时，陈无宇反其道而行，施恩于百姓。他的名声迅速传遍全国，很快得到民众的真诚拥护。

陈氏自从祖上迁居齐国，历经五代人，积累了颇多家产，而且也经商有方，财力颇为雄厚。除了在借贷粮食上愿意吃亏外，陈无宇在木材、盐、水产品的买卖上，也实行平价利民的原则，木材从山区运往城市，售价不超过山区，盐与海产品从海边运往城市，售价不超过海边，其中的运费，统统由他来承担，这无疑大大减轻了消费者的购买压力。这些所作所为，大大提升了其在齐国民众眼中的形象。

陈天宇为国人做了不少好事，这是事实，但他这样做，并不仅仅出自慈善，更出自其政治野心。陈无宇这样大张旗鼓地讨好国人，难道就不怕引来其他家族的防备之心吗？他是一个绝顶聪明的人。

自从庆氏垮台后，参与政变的子尾、子雅、陈无宇、鲍国成为齐国政坛的四大巨头，陈无宇跟其他三大巨头的关系都不错。他左右逢源，做人低调，倒没有引起其他人的过多疑心。

几年后，子雅与子尾相继去世。子雅的栾氏家族继承人是栾施，子尾的高氏家族继承人是高强。由于高强年龄还比较小，栾施想乘机吞并高氏家族的势力，他杀死高氏家族的大总管梁婴，将高氏的重要家臣驱逐出境，然后自己给高强指派一名大总管。

高、栾两氏都是出自齐惠公之后，关系是比较密切的，两家的势力相当。

栾施的倒行逆施引起高氏家臣们的不满，他们凑在一起商议道："我们的小主人已经长大，而栾施却要插手家事，这是想要兼并我们家族。"怎么办呢？家臣们商量后的结果是，准备武装对抗栾施。

高氏家族紧急动员起来，将武器分发给家丁，准备先发制人，攻打栾氏家族。由于高氏宗主高强年龄还比较小，家臣们觉得要攻打栾氏，单凭自己的力量还不够，必须要请人来帮忙。除了栾、高两家族之外，最显赫的当然是陈氏家族。高氏家族向陈无宇求助，老谋深算的陈无宇心里盘计一下，如果能打垮栾氏家族，那么高氏家族由于高强年龄小，也不足为患，所以他慷慨地答应出兵相助。

陈无宇也下令分发武器给自己的私人武装，磨刀霍霍，准备与高氏联手攻打栾氏。

栾氏家族的势力最强大，耳目众多。栾施陆续收到一些情况，高氏家族准备发动进攻。栾施听了之后不太相信，因为栾、高两大家族一直关系非常密切，而且高强年幼，怎么可能起兵攻打他呢？

越来越多情报显示一场危机正在悄然形成，栾施决定亲自前往高府，一探究竟。

栾施带着一队人马，直奔高府。到了半路时，他又接到几个情报，称陈无宇准备与高氏联手，攻打栾氏。栾施不能辨别情报的真伪，索性转到陈无宇府中，当场对质事情的真伪。

这时陈无宇已经把武器分发给家兵，并率着这些甲士准备前往高氏府中，会同高氏私人武装，一起攻打栾施。这时家丁来报，栾施已经带着人马前来陈府了。陈无宇听后大吃一惊，赶紧命令甲士们撤回府中，然后他脱下军装，换成出游的便装。正在这个时候，栾施已经抵达门外，陈无宇赶紧开门。

栾施已经感觉到陈府之内有一股杀气，甲士们还没来得及卸下戎装。很明显，陈无宇必定暗地里有某种行动。栾施一进陈府，劈头就问陈无宇："您想干什么去呢？"

陈无宇已经纠集一支私人武装，武器也分发下去，这个事实是瞒不住的。他当然不能对栾施说："我就是要去讨伐你的。"现在栾氏人马包围陈府，他并没有胜算。情况出现突变，陈无宇必须要找到一个说得过去的理由。

这个家伙脑袋的反应真是敏捷无比，马上对栾施说："听说高氏家族准备要攻打您，现在他们把武器也分发下去了，这件事您知道吗？”

栾施一听，看来陈无宇的消息还蛮灵通的，不过他没有表露出来，只是淡淡地回答：“我并不知道哇。”

陈无宇装作忠诚的样子说道：“那您怎么不把武器也分发下去，无宇愿意助您一臂之力。”他本来是答应助高氏攻打栾施，现在情况突变，他见风使舵的本领非同寻常，马上来了个一百八十度的大转弯，反而倒过来要助栾氏攻打高氏。

栾施并不见得就相信陈无宇的话，但是他并不想把事情扩大。如果他得到的情报属实，陈无宇将联合高氏家族攻打自己，那么栾氏的处境也不妙。在这种情况下，栾施也很聪明，他对陈无宇说：“您为什么要这样做呢？高、栾两家一直关系融洽，高强还只是个孩子，我有责任教导、关心他，给他选了一位家族总管。高、栾两家都是齐惠公之后，如果互相攻打，怎么对得起先人呢？您何不帮我去劝劝他呢？”

陈无宇故作佩服状，向栾施拜谢道：“先君会保佑您的，我也希望得到您的恩惠哩。”

由于事发突然，陈无宇心里明白，此时与高氏联手偷袭栾施的计划已经破产，如果贸然行事，自己必定粉身碎骨。他积极响应栾施，前往高府与高氏家臣们商议。高氏家臣们见偷袭的机会已经丧失，而且陈无宇也想退出联盟，情知没有机会了，便表示愿意接受调停，与栾氏家族和解。

虽然陈无宇的随机应变使他暂时躲过一劫，但是事情的真相很快就水落石出。不久后，栾施就证实了高、陈联手对付栾氏的计划是真实可信的，他一方面控制高氏家族，另一方面加强对陈无宇的防备。同时高氏家臣们对陈无宇背信弃义、临阵倒戈的行为十分痛恨，这样一来，陈无宇得罪了栾、高两大势力。

高强刚刚长大成人，还不成熟，心机较少，他与栾施的关系还是不错的。哥俩儿有共同的爱好，爱喝酒，泡女人，而且相信女人的话，意气用事。这样一来，得罪了不少齐国大臣。庆氏垮台后，齐国政坛四大家族控制大权，陈无宇要对付栾氏与高氏，必须联合鲍氏家族。

陈无宇与鲍氏家族的领袖鲍国私人关系不错，两人秘密达成联盟协议，共同对付栾氏、高氏。

公元前532年夏季某日，齐国都城还如往日一样的喧嚣。

一个不知从何起源的流言不胫而走，四处散布开来。这个流言传说：“栾施与高强准备要动手了，解决掉陈氏与鲍氏。”对于这个传闻的真实性，陈无宇深信不疑。

两年前，他侥幸骗过栾施。获知真相后，栾施对他早就怀恨在心，只是陈无宇城府很深，做事低调，栾施找不到任何把柄报复。

虽然不能证实传闻的真实性，但陈无宇认为，与其坐以待毙，不如积极备战，先下手为强。他召集家臣家丁们，打开武器库，把武器发放到大家手中，然后驾车前往鲍府，准备通知鲍国，一起对抗栾、高的势力。

就在前往鲍府的途中，陈无宇看见一辆马车疾驰在马路上，车上的人醉得不省人事了，他定睛一看，原来却是栾施。他心里纳闷了，如果栾施真的要偷袭陈氏与鲍氏，怎么会在这种关键时刻还沉醉于美酒之中呢？带着疑问，陈无宇来到鲍府，只见鲍府上下也一片喧闹声，原来鲍国正忙着把武器发给自己的家臣们。

陈无宇见到鲍国后，还没有开口，鲍国就急急忙忙地问道：“您来得正好，有没有听到风声？市井间都传言栾、高两家准备对你我二人动手。”陈无宇点了点头，回答说：“我正是为此事而来。不过刚才我在路上遇到栾施，他喝得醉醺醺的，我看咱们不如先派人去侦察一下，看看栾、高二家有什么动静。”

鲍国赶忙派人前往栾府侦察一番。去的人回来禀报说，栾施回到府中后，又叫来高强，两个人准备继续开怀畅饮，看来这家伙还真是个酒鬼。

鲍国这下没有主意了，他说：“看来栾、高二人并没有挑动战争的想法，会不会这个流言是有人恶意散布的，目的是激起我们与栾、高家族的争斗呢？”

陈无宇内心也在盘算，当年自己武装了私人部队，要联合高氏进攻栾施，后来没成功，反倒栾、高两家和解，自己里外不是人，不免引起栾施的忌恨。如今风声鹤唳，流言满天飞，自己又一次将家臣们武装起来，如果不先下手为强，日后必然授人以把柄。想到这里，他把头一抬，直视鲍国，冷静地说道：“就算他们要进攻我们的传言不实，可是我们已经集结武装人马，如果消息泄露，你我二人恐怕要被驱逐出境。一不做，二不休，干脆乘他们正在喝酒之际，出其不意发动突袭，你看怎么样？”

鲍国心里明白，栾施早把他与陈无宇当作眼中钉，即使这次对方没有先动手，以后也仍然会算账的。既然陈无宇这样说，他心里也豁出去了。“行，就依你说的办。”鲍国一咬牙关，这生死关头，顾不得那么多了。

陈无宇与鲍国两人分头行动，各自率自家私人武装，联合向栾氏、高氏家族发起进攻。

这时栾施与高强正畅怀饮酒，突然听到家臣来报，陈氏、鲍氏家族率先发难了。栾施猛地一惊，倒是酒醒三分，但酒精影响了他的思维，他不禁问高强道：“哎呀，现在怎么办好呢？”

高强年纪轻轻，政治经验不足，也慌了手脚，狗急跳墙冒出一个念头：“现在我们对他们的情况不够了解，不如先挟持国君，只要国君被我们控制住，陈氏与鲍氏就走投无路。”栾施脑袋昏沉沉的，没有明晰的思维，便糊里糊涂点点头，同意了高强的建议。

栾、高便集结自己的武装，杀向齐景公所在的宫殿，攻打宫殿前的虎门。

四大家族分为两派，在齐国都城内大打出手，内战爆发了。

两派的领袖都没有忘记一个人，谁呢？齐国著名的政治家晏子。晏子是齐国上大夫，是三朝元老（齐灵公、齐庄公、齐景公），政坛的常青树，声望很高，而且他从不结党营私，不属于哪个政治派别，所以也成为各派争夺的对象。

晏子听说陈氏、鲍氏与栾氏、高氏火并的消息后，马上从家里赶到虎门。这时，陈无宇与栾施的说客都前来游说，希望得到晏子的支持。

晏子的手下问道：“我们是不是要帮助陈氏、鲍氏呢？”

晏子回答说：“他们值得我们帮助吗？”

手下人又问：“那我们就帮助栾氏、高氏吧。”

晏子又说：“栾、高比起陈、鲍，能好到哪去呀？”

手下人一听，茫然地说：“那我们就回府去好了。”

晏子神色凝重地说：“国君现在遭到围攻，能回哪儿去呢？”

就在这个时候，齐景公的使者赶到虎门，气喘吁吁地对晏子说：“您在这里正好，国君正要召您进去呢。”晏子便随同使者入见齐景公。

齐景公已经担任国君十六年了，但他像一个木偶一样，齐国的政权一直控制在权臣手中。先是崔杼，后来是庆封，再后来是栾氏与高氏家族，他这个国君形同虚设，够郁闷的。其实齐景公并不是一个平庸之辈，但是权臣凌主的历史传统，并不是容易改变的，他得耐心地等待时机。

栾施与高强显然并不把齐景公放在眼中，在他们看来，这就是个任人摆布的傀儡罢了。与陈、鲍的冲突一爆发，高强首先想到的便是劫持齐景公。然而，栾、高这一步棋，完全失算了，他们显然低估了这位国君的本领。

面对栾施与高强的进攻，齐景公并没有惊慌失措。他首先派人召晏子进宫，深知晏子这位三朝元老德高望重，在朝野有很强的号召力，而且晏子与这些大家族的人不同，他一心为公，没有私心。紧接着，他任命大将王黑领兵反击叛军，并授予王黑一面代表公室权力的旗帜，以召集军队与民兵。

栾施与高强最初的打算是利用挟持齐景公来对付陈无宇与鲍国，不料这个歪主意却使他们成为公然与朝廷对抗的叛军。王黑接过齐景公授予的旗帜后，公开宣称栾氏与高氏图谋不轨，是国家公敌，大批国民加入政府军一方，与栾、高二氏作战。

这时已经酒醉清醒过来的栾施发现形势对自己十分不利，前有王黑率领的政府军，后有陈无宇与鲍国的私人武装夹击，都城内的百姓也纷纷参加战斗。栾施企图反击，但是连续三次均被王黑指挥的政府军击败。

栾施与高强此时恍然大悟，他们自以为高明的谋略，其实最愚蠢不过了。栾氏与高氏的武装损失惨重，无力再战。栾施仰天长叹，没想到父辈的基业，就这样糊里糊涂地毁在自己手中。他与高强驾着一辆马车，逃出齐国都城临淄，前往鲁国避难。

陈无宇与鲍国本来是为了私人目的而发兵攻打栾氏、高氏，不料却阴差阳错，反而成为拯救国家、消灭叛军的功臣。栾施与高强一逃走，他们就攻占栾府与高府，并把两家的财产瓜分一空。

作为一位明智的政治家，晏子无心卷入这些家族的纠纷与冲突之中，但他敏锐地发现，高氏与栾氏的垮台，对齐景公来说，是翻身的大好时机。为什么呢？因为陈氏家族虽然强大，但毕竟是外来移民，根基还不是特别深，鲍氏家族在四大家族中，势力又稍弱，这就使齐景公收回大权的可能性大大增加了。

晏子找到陈无宇，语重心长地对他说：“您吞并栾氏、高氏的家产，得把这些财产上交给国君才行。凡是有血气的人，都有争夺之心，但首先要考虑道义，其次才是利益。为什么这么说呢？因为道义是利益的根本，如果只想着利益，积累财富，而不行道义，就会大祸临头。您不能只顾眼前利益，应该要有长远的考虑才行。”

显然，晏子是了解陈无宇的。

陈无宇是深谋远虑的人，有政治抱负。他对民众施恩，用大量器借出的粮食，以小量器回收，从山区、海边运到都城的货物，不提高售价，自己蒙受一些损失，以换取民众的好感，捞取政治资本。正因为看透了陈无宇，晏子知道自己可以说服他放弃对栾氏、高氏家产的占有。

陈无宇是个明白人，晏子一点拨，他就明白了。虽然挤垮了栾氏与高氏家族，但他暂时还没有控制齐国政权的资本。他是个外姓家族，祖上是从陈国逃亡过来的移民，不像齐国公族世卿那样有坚固的根基，虽然他采取种种方法得到民众的好感，但是这不足以支持他独揽大权。看来晏子所说的，是最好的方法，将没收的财产上交给国君，以换取陈氏家族地位的巩固，弃眼前小利，图长远大利。

陈无宇听从晏子劝告，将栾氏、高氏的家产上交给齐景公。为了表示自己无意像其他权臣一样独揽大权，他向齐景公提出前往莒地，告老退休。同时，他对公族成员大肆贿赂，以换取更多的政治资本，把土地送给子山、子商、子周等齐国大夫，并提高子公、子城、公孙捷等人俸禄，私下划一部分地作为他们的封邑。从这里可以看出，陈无宇确实是够富有的。

晏子的这一建议，成就一个大欢喜的局面。

捞得好处最多的是齐景公，他不仅得到栾氏与高氏的家产，而且昔日权臣凌驾于君主之上的局面，也因为栾、高的垮台而被终结。国家的权力又回归到君主手中，虽然他当了十六年的木偶国君，但是谁也没有想到，他在这个宝座上的时间居然超过半个世纪，并且成为齐国复兴的关键人物。

陈无宇通过这一慷慨之举，一举奠定陈氏家族在齐国举足轻重的地位。作为报答，齐景公将莒地附近的城邑封给他，陈无宇谦卑地辞谢了。但是很快，齐景公的母亲穆孟姬亲自出马，为这位公室大功臣求得高唐作为封邑，这回，陈无宇收下了。陈氏家族（即田氏家族）开始强大起来，最后他的子孙吞并齐国。

这是后话。

久经动荡的齐国政坛终于风平浪静，作为中原的大国，齐国不可能一直沉默。齐景公憋了十几年，终于有出头之日，他雄心勃勃，想一扫齐国的颓势，重振昔日的雄风。

三、对外扩张

齐景公终于可以堂堂正正地当齐国的君主了。

这位被崔杼拉到宝座上的国君，一直很低调。崔杼去了，庆封来了；庆封去了，高氏、栾氏来了；直到陈无宇打垮栾、高，又明智地把权力交还给他时，他终于熬出头了。

就在齐景公执掌大权的这一年（公元前 532 年），中原霸主晋平公去世，他当了二十六年的君主，晋昭公继任。

晋昭公二年（公元前 530 年），新的中原盟主邀请各诸侯到晋国，其实就是让各路诸侯前来朝见一下，认识一下这位“国际领袖”。齐景公也在受邀之列。齐国一向与晋国貌合神离，自视为东方大国，不愿意屈居晋国之下。

显然，晋国人也明白，在中原诸侯中，只有齐国是他潜在的对手。弭兵之会中，晋国与楚国是承认齐国的大国地位的。齐景公的到来，晋昭公没有怠慢，举行了一次欢迎宴会，在会上，两位国君觥筹交错，假惺惺地相互示好。

宴会到高潮时，两位国君举行一个投壶游戏，就是把箭投入一个壶中。晋昭公是东道主，他先投壶，这时，担任投壶游戏主持人的上军司令荀吴说：“如果我们国君投中壶，就成为各诸侯的领袖。”

站在一旁的士文伯听到荀吴这样说，很不高兴，还没发作，只见晋昭公瞄准片刻，将箭投出去，正好投入壶中，众人一片喝彩。

接下来轮到齐景公，齐景公也来一句开场白说：“如果寡人投中壶，将代替晋国兴盛起来。”然后也投出一箭，同样命中目标。从齐景公的话中，可以看出此君的雄心壮志，其目标就是取代晋国成为中原盟主。

齐景公的表白，把一个人气坏了，他就是士文伯。他听了荀吴与齐景公的开场白后，心里特不舒服。他把荀吴拉到一边，没好气地批评说：“你这是什么话呢？我们本来就称霸诸侯，还用得着以投壶来证明吗？你这么一说，齐国国君就会认为我们软弱，以后不会再来朝见了。”

荀吴不以为然地反驳道：“我军将帅强悍勇猛，士兵斗志顽强，充满进取精神，现在与过去一个样，齐国人能怎么样呢？”

士文伯一听，不由得火冒三丈，跟荀吴当场吵起来，宴会的气氛开始变得凝重。这时，齐国大夫公孙傁一看苗头不对，快步走上前，对晋昭公说：“天色已晚，国君有些疲惫，可以退席了。”说完后他连忙拉着齐景公往外走，以免荀吴与士文伯两人的争吵有伤齐景公的尊严。

齐景公暴露了他的野心，在他看来，晋国虽然是霸主，但这个霸主的实力不如从前，现在应该轮到齐国了。

齐国虽然失去中原霸主的地位，但仍是东方一等大国，有其自己的势力范围。南面的莒国、郯国与齐国的关系都不错，特别是莒国。公元前528年，莒国爆发政变，莒郊公被赶走，莒国人从齐国迎回莒郊公的叔叔庚舆，立为莒共公。齐景公充分利用这次机会，派大将隰党、公子鉏护送莒共公回国，这使得莒国与齐国的关系更加密切。

由于各国实现弭兵，齐国要在中原扩张，难度很大。齐景公便把眼光盯准徐国。徐国位于莒国、郯国以南，这个诸侯国并没有参加弭兵之会，不受弭兵条约的保护，以当时人的眼光看，这是一个接近蛮夷区的诸侯国。齐景公准备牛刀小试，检阅一下齐军的战斗力。

齐景公二十二年（公元前526年），齐国对徐国发起突然袭击，拉开其霸业战的序幕。

徐国距离齐国比较远，中间还隔着莒国、郯国。正因为如此，齐军的突袭，起到出其不意、攻其不备的效果。

齐景公率大军借道莒国、郯国，迅速突入徐国，兵临蒲隧城（今江苏睢宁西南）。徐国人根本没有做好战争的准备，在齐军的突然打击下，狼狈不堪，很快就举旗投降了，齐景公的军队入驻蒲隧城。战败的徐国与莒国、郯国三国君主，在蒲隧城与齐景公会晤，并签订一份结盟条约。

在中原大联盟内部，齐国搞了一个四国小联盟，这无疑是挑战晋国的权威。

晋国人没有吭声。

晋国强大不强大呢？依然很强大。可是晋国要面对的事情太多了，国内矛盾重重，卿大夫家族之间内斗不休，在国际上，各诸侯国对晋国阳奉阴违，以郑国为首的中小诸侯一直力图反抗晋国的霸权。在这种局面下，晋国人保持沉默。鲁国的叔孙昭子感叹道："现在诸侯国已经没有领袖了，这是很危险的事情。齐国君主不讲道义，兴师攻打远方的徐国，而且还缔结盟约。没有人站出来抵制这件事，这是因为没有国际领袖啊。"

从叔孙昭子的话中，也可以感受到晋国的霸主地位已经日薄西山。

但是齐国的小联盟也同样不稳固，仅仅过了三年（公元前523年），齐国与莒国就反目成仇。莒国军事力量并不弱，拥有一千辆以上的战车，不过比起齐国，还不是同一重量级的。

齐景公马上大打出手。他派遣高发为大将，率军攻入莒国，莒共公抵挡不住，从都城逃出来，退守纪鄣城（今江苏赣榆县北），并重新整顿军队，抵抗齐军的进攻。

齐军包围纪鄣城。这座城池颇为坚固，齐军在城外进攻数日，无法攻破。莒共公刚喘了一口大气，但没想到的是，一座偌大的城池，竟然因为一个女人而丢掉了。这个女人是谁呢？史书上没有写下她的名字，只知道她的男人以前不知做了什么事，被莒国君主处死，她一个小女子没办法为夫君报仇，过了很多年，她已经老迈，成了一个老太婆，迁居到纪鄣城。现在齐军围攻纪鄣城，她为夫君报仇的机会到了。她躲在家中，日夜搓绳，绳的长度有城墙那么高，在晚上趁人不备时，找了一个没人的地方，偷偷地把这条长绳从城头扔下去。

齐军士兵发现城墙上垂下一条长绳，觉得很奇怪，就报告给齐军将领孙书。孙书心里一想，虽然不明白为什么会垂下这么一条绳子，但这是一个绝佳的机会，即便是冒险，也得试一试。于是组织一批勇士，在月黑风高时，攀绳而上。六十名勇士爬上城头后，这条绳子不堪重负，终于断了。这时孙书下令城外的士兵击鼓呐喊，登上城头的勇士们也敲打着武器，高声呼叫。这下子可把莒国守军给搞蒙了，莒共公也糊涂了，只听得齐军杀声震天，已经登上城头。他心里害怕极了，以为齐军已经攻破莒军的防线，赶紧弄来一辆马车，从西门逃跑了。

齐军不费吹灰之力占领纪鄣城。那位老妇人在丈夫被杀多年后，终于以独特的方式，报复了莒共公。

莒共公虽然丢失纪鄣城，但没有投降。

公元前 520 年，齐景公发动对莒国的第二次打击。齐军将领北郭启率军进攻莒军，莒共公积极备战。

显然，齐景公认为莒国已经不堪一击，这次入侵的兵力较少，领军出战的北郭启也是地位比较低的将领。莒国大夫苑牧之认为应该借此机会与齐国媾和，他判断，由于北郭启的地位比较低，莒国与之谈判，可以尽可能减少主权损失，他警告莒共公："大国是不可激怒的。"

莒共公没有听进去，相反，他认为这支齐军比较弱，正好可以挫其锋芒，提振莒军士气。他亲自率军迎战北郭启的齐军兵团，双方在寿馀（今山东安丘县）展开激战，北郭启顶不住莒军的进攻，狼狈逃回国内。

齐景公勃然大怒，御驾亲征。现在莒共公知道了后果的严重，面对装备精良、训练有素的齐军，他不得已选择与齐国议和，双方签订盟约，当然，少不了割地赔款。

莒共公在抵御齐国入侵上一败再败，丧权辱国，对内统治却极其残暴。

这个家伙有个癖好，就是酷爱宝剑。这本身也不是一个毛病，但莒共公每次新铸成一把宝剑，都要拿活人来做试验，以证明宝剑的锋利。这种残暴之举，引起了国人的憎恨。不光如此，莒共公虽然与齐国媾和，心里却不服气，又打算偷偷背叛齐国，这么一来，无疑要将国家拖入战争的泥潭之中。

莒国大夫乌存是一个著名的勇士，他决心驱逐莒共公，拯救国家。在乌存的策划领导下，莒国掀起倒共公运动，莒共公落荒出逃。他的马车快到国境线时，见乌存手操武器，领着一队人站在路上，被吓得六神无主，害怕被乌存杀死。不过乌存的目的只是驱逐莒共公出境，并不想加害于他，莒共公总算保住一条小命，出国避难去了。

齐景公果断地卷入莒国的政变中，以前遭驱逐的前国君莒郊公一直客居在齐国，齐景公武力护送莒郊公返回莒国，重新即位。

经过此番事变，莒国已经被齐国牢牢控制在手中。

伐徐征莒的胜利，令齐国再展军事强国的风范。

齐景公志不在小，他又将目光盯准邻国鲁国。

公元前517年，鲁昭公与“三桓”的矛盾终于爆发，引发内战，在“三桓”的打击下，鲁昭公被迫逃亡到齐国。齐景公意识到干涉鲁国内政的机会来了，便划拨一部分土地安置鲁昭公，承诺出兵帮助鲁昭公打回国。

第二年，齐景公发兵攻打鲁国，占领郓地。鲁国执政季平子使出阴招，私下贿赂齐国大夫梁丘据。梁丘据在齐景公面前暗示鲁昭公的垮台乃是天意使然，齐军如果与鲁军相遇不能打赢，就意味着上天要抛弃鲁昭公，齐国政府就不要卷入鲁国的内斗。

齐景公听从了梁丘据的建议。

鲁国将领公孙朝诈称献郕邑投降，齐军不知是计，在没有防备的情况下，遭遇到鲁军的突袭。双方在炊鼻展开激战。这一战由于鲁国人备战充分，强大的齐军没有占到任何便宜，双方互有损失。鉴于不能在战场上取得决定性的胜利，齐景公放弃武力倒季的计划。

虽然齐景公未能控制鲁国，但齐国在东方的崛起已成定局。面对齐国的崛起，晋国人的反应相当迟钝，几乎采取视而不见的态度。没有晋国干涉，齐国对外扩张如鱼得水，最终成为晋国在中原的劲敌。

齐景公在位时间特别长，超过五十年，他是个有才干的君主，同时也是个比较残忍的人，在国内推行严刑峻法，对外频频用兵。虽然他有称霸的雄心壮志，但始终无法像齐桓公那样“一匡天下”，终其一生，齐国仍然不能战胜晋国。

在春秋后期，齐景公之所以能取得一定程度的霸业，与齐国的人才是分不开的，其中最有名的人，就是晏婴与司马穰苴。

四、晏婴与司马穰苴

没有晏子，就没有齐景公的霸业。

齐景公原本是崔杼扶到前台的傀儡，在位前十六年，什么都不是，大权旁落在权臣之手。直到陈无宇与鲍国联手打垮栾、高二氏，他才有出头之日，而这一切的得来，是晏子为他争取的。

晏子成功地说服陈无宇，将栾、高二氏的家产上交公室，同时退居幕后，这样齐景公在水里憋了十六年后，终于可以探出头来冒冒泡了。可以说，晏子是齐国公室复兴的第一功臣。

晏子名叫晏婴，史书上又称他为晏平仲，父亲晏弱也是齐国著名的一位大夫。晏子是个很聪明、很有智慧的人，但其貌不扬，五短身材，虽然出生于齐鲁大地，却与一般人印象中的“山东大汉”形象相去甚远。他是个很达观的人，并没因为自己个头矮小而自卑、妄自菲薄。在人群中，他是矮子；但在思想领域，他是个巨人，留下了一本不朽著作《晏子春秋》。

公元前556年，晏子的父亲死了。他穿着粗布丧服，系着粗麻带，脚上穿着草鞋，手里拿着根竹杖，住在草棚中，睡在草垫上，用杂草当枕头，喝粗茶吃淡饭，俨然是普通百姓的模样。晏氏大管家很奇怪，就对他说：“你这样可不是大夫家的礼仪呀。”晏子回答说：“我现在还不是大夫呢。”

但很快，晏子就被正式任命为齐国大夫。他是一个品格很高尚的人，虽身为贵族，但生活俭朴，礼贤下士，有君子之风，因而很快在政坛上声名鹊起。他是比较另类的政治人物，不仅严于律己，无私廉明，而且从不加入任何政治派系，保持独立政治家的身份。

晏子经历齐灵公、齐庄公、齐景公三代，他生活的年代，既是内乱频繁的时期，也是齐国二次腾飞的开始。

公元前548年，崔杼弑齐庄公。

晏子认为齐庄公并非为国家而死，而是为了抢别人的女人、为了满足自己的私欲而被杀的，所以不肯为齐庄公殉死节。这个时候，晏子的思想就非常明确了，他是个爱国者，不附和内斗中的任何势力。对于杀死齐庄公的崔杼，晏子采取中立态度，既不反对，也不支持。他有自己的原则，在崔杼弑君后，他敢跑到崔家，抱着齐庄公的尸体痛哭，这需要很大的勇气。这件事使他险些遇害。崔杼的家臣请求杀死晏子，以绝后患，幸好崔杼考虑到晏子的声望很高，又没有派别背景，及时制止家臣的举动。

崔氏倒台后，庆封当权。庆封与子雅、子尾矛盾重重，想联合晏子，一起整垮子雅与子尾，晏子仍然采取不合作的态度。他对庆封说：“我手下那帮人成事不足，智力也很一般，不能出谋划策。”婉言拒绝庆封的要求。

由于晏子断然拒绝与庆封同流合污，在庆封垮台后，齐景公将一大块土地赏赐给他，可晏子居然谢绝了。当权的子尾问他："人人都想要富贵，怎么唯独您不要呢？"

晏子回答说："庆氏为什么会倒台？因为他想要满足自己的欲望，当欲望满足时，就是他倒台的时候。现在把这些土地封赏给我，我满足了欲望，逃亡的日子也就近了。等到逃亡的时候，什么东西都失去了。我不是不想富贵，而是不想患得患失。私欲如果过头，就要失败，所以我不敢贪多。"

这一番话，足见晏子头脑之清醒。齐国权贵们今天大权独揽，明日亡命天涯，甚至丢了性命，这样的事情还少吗？晏子在波谲云诡、暗流涌动的政坛中，始终是一个不倒翁，足以见其政治智慧。

不贪多的晏子给齐景公留下了深刻的印象，也逐渐成为他信任的大臣，晏子也充分利用这种信任来推行他的政治主张。

公元前539年，晏子奉命出使晋国。临行前，齐景公打算给他换一套新房子，便对他说："你的住宅靠近市场，低矮潮湿，喧嚣吵闹，尘土又多，面积也小，不适合居住。我给你换一套明亮清爽的大房子吧。"

晏子谢绝道："我的先祖都是住在这里，我的事业还没能超过先辈，住在这里已经觉得够奢侈了，况且靠近市场也不是坏事，早晚都可以买东西，十分便利。"

齐景公知道晏子的为人，也没有多说，只是笑了笑问道："你既然住在市场边，那知道物品的贵贱吗？"

晏子回答说："那当然知道了。"

齐景公又问道："现在什么东西卖得贵，什么东西卖得便宜呢？"

晏子很聪明地回答说："假肢卖得贵，鞋子卖得便宜。"

什么意思呢？齐景公时刑罚很重，动不动对犯法的人处以刖刑，就是把脚给砍了。没脚的人多了，鞋子自然就便宜，假肢就奇货可居。当然，晏子是有意夸大其词，目的很明显，是对齐景公的一种变相批评，这种批评不显山露水，以一种巧妙的方式提出来。

齐景公听罢，脸上一阵青一阵白，明白了晏子的意思。此后，齐景公在刑罚上比较慎重，法令相对宽松，老百姓遭受的罪少了些，这里可以说有晏子的功劳。

晏子出发到晋国去了，当他回国后，发现找不到自己的家。

原来齐景公不顾晏子的反对，硬是把他的老宅给拆了，还把邻居赶跑，把他们的地霸占了，盖了一栋豪宅，准备给晏子住。

晏子向齐景公拜谢后，打算把新豪宅给拆了，恢复原来的面貌。齐景公本来想让晏子惊喜一下，不想这个顽固的家伙居然不领情，他有些生气，没有允许。晏子就去找陈无宇，让他帮忙向齐景公求情，最后齐景公没有办法，只好答应晏子的请求。

晏子回家便把豪宅给拆了，把邻居的房子又盖起来，然后请这些邻居重新搬回来，一切又跟以前一样了。

就这样，晏子的美名很快就传开了，他也成为齐国最有名的一位政治家。

关于晏子流传的故事很多，其中有他如何智谏齐景公的故事，就不一一列举了。这里单说一下晏子在外交上的才华。

我们经常看到一个关于外交的词语，叫“折冲樽俎”，这个典故来自孔子对晏婴外交才华的评价：“不出樽俎之间，而折冲千里之外。”冲就是冲车，进攻型的武器；樽是盛酒的器具，俎是盛肉的器具，意思就是在宴席上让对方的冲车折回，即取得外交上的胜利。春秋时代诸侯林立，外交极其重要，兵圣孙子也说过：“上兵伐谋，其次伐交”，把外交作为一种积极的军事手段。

晏子使楚是广为传诵的一则故事。

齐景公派晏子出使楚国，楚国自恃强大，想给晏子来个下马威，在外交礼节上占便宜。在楚国宫殿前，楚国人有意刁难晏子，不开大门，只开旁侧的小门。晏子心想，齐国与楚国都是大国，礼节理应对等，他拒绝走小门，对楚国人说：“这门这么小，像是一个狗门，我听说出使狗国的人才走狗门，如今楚国是个大国，我出使大国，当然得走大门。”楚国人一听，没脾气了，只好打开大门。

晏子入王宫后，会见楚王。楚王一见晏子五短身材，就挖苦说：“贵国恐怕是没有人才吧，才派你作为使者。”

晏子不卑不亢地回答说：“我国的临淄城有三百闾（二十五家为一闾，三百闾意为人口众多），衣袂一张，天就暗下来，大家挥一把汗，就汇成大雨，街上行人，比肩接踵，怎么能说没有人呢？”

楚王故意刁难说：“那为什么单派你来呢？”

晏子反将一军说："我国有这么一个原则，出使贤明的国家，派贤能的人，出使不贤明的国家，就派不贤能的人。我在国内是最没才能的人，所以就出使楚国了。"

楚王一听，这家伙，不是在讽刺我吗？算你狠，走着瞧吧。

到了宴请的时间，酒席过半时，楚王特地为晏子安排了一出戏。两名楚国的官差，押着一个囚犯上来，楚王故意喝道："这个人是什么原因被绑呢？"官差回答道："禀报大王，这是一个齐国人，因为偷盗被抓了。"

楚王一转头，望着晏子，得意扬扬地说："齐国人是不是很擅长偷盗哇？"在座的楚国官员哄堂大笑，准备看晏子如何出洋相。

然而他们低估了对手，晏子是什么人，这点小把戏能把他难住吗？只见晏子转向楚王，微微一笑答道："我听说，橘子生长于淮南，就叫橘子，而生长于淮北，则叫枳，从外表上，叶子长得一个样，但味道其实是不同的，就是因为水土环境改变了。我们齐国的百姓，在国内是不偷盗的，可到了楚国却偷盗，这是不是因为楚国的水土环境使人发生改变呢？"

楚王听了后哑口无言，只得干笑几声，向晏子赔不是："寡人听说圣明之人，不能开玩笑的，看来我是自讨没趣了。"

这则故事，颇可见晏子折冲樽俎的本领，他反应敏捷，思路清晰，坚持捍卫国家利益，不辱使命。

晏子在公元前500年病逝，他辅佐三代君主的时间超过五十年，是齐国复兴的功臣之一。他与子产同为春秋晚期杰出的政治家，但是两人风格很不相同。

晏子的魄力不如子产，这与他的地位也有关系。晏子并没有真正拥有很多权力，他更多凭借机智在国君与豪族势力之中游走，以聪明的方式来推动齐国国内政治改革。他不像子产那样雷厉风行，敢作敢为，敢于突破传统，富有创造力，但他以严格的道德标准来自律，不贪财，廉洁无私，为齐国官员树立一个榜样。

司马迁对晏子有这么一段话："假令晏子而在，余虽为之执鞭，所忻慕焉。"如果晏子还活在世上，就算为他执马鞭，也是我所向往的。

以司马迁的修为，都愿意为晏子执马鞭，可见对这位齐国伟人是何等的向往，这也是晏子的人格魅力所在。

晏子对齐国还有另一大贡献，他向齐景公推荐军事奇才司马穰苴。

司马穰苴，又称田穰苴，乃是田完的后代，与齐国权臣田桓子（陈无宇）有着共同的祖先，但是几代下来，到田穰苴时，家道衰败，早已是平民身份。据司马迁的记载，晋国曾经联合燕国讨伐齐国，齐国军队迎战晋军，吃了败仗。齐景公忧心忡忡，此时晏子前来求见，推荐田穰苴，并说道："穰苴是田完庶出的子孙，他文武双全，文能服众，武可威敌，主公可以试用他为将军。"

齐景公正为缺少战将而闷闷不乐，一听到晏子的话，不禁大喜，当即传田穰苴进殿，与他探讨军事，田穰苴对答如流，见解深刻。齐景公非常高兴，马上破格将他提拔为将军，负责抵御晋军与燕军的进攻。

田穰苴一下子从平民被提拔为将军，但他并没有沾沾自喜，而是提出一个要求，他说："我出身低微，主公把我从民间提拔上来，地位在大夫之上，不过士兵并不心服口服，民众也不能信任，人微言轻，所以希望主公派一位有威望的宠臣作为监军，这样事情才可以办得好。"

齐景公一听，还是田穰苴想得周到，就答应他的请求，派宠臣庄贾担任监军，配合田穰苴训练军队。田穰苴向齐景公告辞后，就跟庄贾商量说："明天正午，咱们在军门碰头。"庄贾答应了。

第二天，田穰苴一大早就到达军营，坐等监军庄贾前来。不想这个庄贾自以为是齐景公的宠臣，娇贵惯了，并没有把田穰苴的交代放在心上，自己是堂堂的监军，不急着去兵营。正好此时，亲朋好友听说他到军中担任监军，都到其府中送行，庄贾酒兴上来，让众人留下来饮酒吃饭。

田穰苴等到正午，庄贾仍然没有来。他便走入军门，对士兵们发布命令，申明纪律后，开始军事操练。到临近傍晚时，监军庄贾送走他的亲朋好友，才慢吞吞地驱车前往兵营。只见田穰苴高坐在将台上，冲着他喝问道："你为什么迟到这么久？"

庄贾心里并不以为然，不过他还是装作道歉的样子回答说："有亲戚朋友前来送行，挽留他们吃饭，因而来迟了。"

田穰苴大怒道："一个将领，从受命之日起，就应该忘掉家庭；以纪律约束军队，就要忘掉亲情；临阵指挥作战，就要忘记自己的安危。如今敌军入侵，国内骚动，士兵暴露于野地，国君寝不安席，食不甘味，百姓的性命全系于阁下一人之手，你还有心思顾及亲朋好友相送。"

说罢，田穰苴喊道："军正何在？"军正就是主持军中执法的军官，他赶紧站出来。田穰苴问道："根据军法，按期不至者，该当何罪？"

军正高声喊道："当斩！"

庄贾一听，田穰苴这回可是来真的，他一转头，给他的随从一个眼色。随从心领神会，赶紧返回，向齐景公求救。齐景公得知后，马上派特使驾车火速赶往兵营。特使心急如焚，驾车闯入兵营中，挥舞象征君主权力的符节，高呼道："将军，刀下留人。"可是已经迟了，庄贾的人头已经被砍下了，悬挂示众。

齐景公特使持符节前往见田穰苴，出示符节。田穰苴大喝道："将在外，君令有所不受。"然后又问军正："在兵营中驾车驱驰，该当何罪？"

军正回答道："当斩！"

这下特使吓坏了，他又望一眼庄贾血淋淋的人头，差点没站稳。还好，田穰苴说话了："国君的使者不可以杀。"使者不可以杀，但为了表示惩罚，杀死特使的一个随行人员，马车上的一匹马也杀了。特使惊魂未定，像是在鬼门关绕了一圈似的。

田穰苴让特使回去禀报齐景公，自己则率军出征，挺进前线。经过这个事件后，齐国士兵对这位统帅又敬畏又佩服，没有人敢掉以轻心，以免脑袋搬家。田穰苴铁面无私，但是关心士兵疾苦。当时军队中军官与士兵的伙食是不一样的，他把将军吃的饭菜，拿出来与士兵分享；士兵有生病的，他亲自探看，询问病情，所以士兵也愿为其效力。

晋国人打听到田穰苴的事迹，认为有这样高明的将领来指挥齐军，不可与之争锋，便引兵退去。晋国人退兵后，燕国人也退走了。田穰苴率领军队收复沦陷的城邑，凯旋而归。齐景公得知田穰苴大获全胜的消息，大喜过望，对杀庄贾一事，他也不追究了，并亲自率诸大夫出郊外迎接。

田穰苴后来被拜为大司马，故而世人称其为司马穰苴。

日后田穰苴被齐国的鲍、国、高等家族联合构陷，齐景公听信谗言，罢免其大司马之职，田穰苴在罢官后不久病逝。

关于司马穰苴，历史上有争议。

司马迁史学巨著《史记》中有司马穰苴的小传，但是编年史《左传》中并无此人的记载，而且晋国攻打齐国的历史背景也未见记录。根据钱穆先生在《先秦诸子系年》中的看法，司马穰苴或为战国时代齐国的田忌。不过在同一本书中，钱穆先生还推断孙子与孙膑为同一人，可是新的史料已经否定了这种推测。司马穰苴这个人是否真实存在呢？鉴于齐国原始史料的缺失，无法定论，或许日后可以发现更多的史料，使真相大白于天下。

战国齐威王时，曾下令收集古代司马（司马是主掌军事的官职）的兵书要略，汇编成书，因把司马穰苴的兵法收列其中，故又称为《司马穰苴兵法》，简称为《司马法》。这本兵书是先秦军事著作的代表作之一，原本有一百五十五篇，乃是春秋战国军事思想的集大成者。司马迁曾高度评价此书“闳廓深远，虽三代征伐，未能竟其义”。后多数篇章佚失，仅存五篇，即便如此，它仍被列入《武经七书》之中，长期成为古代军事教科书，影响相当深远。

在齐景公执掌大权的时间里，齐国在文治武功方面均有重大建树，摆脱晋国控制的欲望愈加强烈。

齐桓公之后的齐国，曾有三次试图与晋国争雄，均告失败。第一次是公元前 589 年，齐国与晋国爆发鞌之战，齐军大败；第二次是公元前 555 年，齐国与晋国的平阴之战，仍然被晋国击败，首都临淄被围；第三次是公元前 550 年，齐庄公趁晋国爆发栾盈叛乱之机，入侵晋国，但晋国很快反击，并于公元前 548 年伐齐，齐国通过贿赂手段求和。

从齐顷公到齐灵公，从齐庄公到齐景公，齐国历代君主都试图击败晋国，重夺中原霸权。前面三位君主都以失败而告终，齐景公能否改写历史呢？

我们将目光转向晋国，来看看晋国在弭兵之后，发生了什么事件？

第十六章　飘摇中的大国

一、政在家门

作为中原霸主的晋国，内忧甚于外患。

自赵盾弑晋灵公，晋国的卿家势力越发强大。几大家族轮流执政的同时，明争暗斗。曾经在晋国历史上显赫一时的狐氏、先氏、郤氏、栾氏都先后衰败，赵氏也几乎遭遇灭顶之灾。晋厉公在与世卿家族的斗争中，差点取得胜利，但最后栾书绝地反击，反败为胜，杀死晋厉公，世卿家族再次战胜公室。

晋悼公上台后，汲取前几位君主的经验教训，没有与世卿家族公开决裂，而是采取相互牵制的手段，维持公室与卿家的一种平衡。这一段时期也是晋国的黄金时代，内部安定团结，对外重振霸业。可惜的是，晋悼公英年早逝，使得这种平衡又丧失了，晋国政坛再次陷入动荡。晋悼公去世仅仅六年，公元前552年，便爆发栾盈的叛乱，栾盈进攻绛都，晋平公差点自杀，而齐国又借此时机大举出兵晋国，晋国遭遇到百年霸业以来最严重的一次问题。

在这样一个背景下，晋国与楚国会同其他诸侯国达成弭兵停战的协定，其政策重点也由对外霸业转向内政。

下面我们略述一下晋国主要的世卿家族。

赵氏家族是晋国最显赫的家族之一。赵衰与赵盾是晋国历史上两位重要人物，特别是赵盾弑晋灵公，开启了晋国世卿政治的时代。树大招风，赵氏家族后来被其他家族联手对付，几乎被夷灭，只剩下一位孤儿赵武，这就是著名的“赵氏孤儿”的故事。自小患难的赵武成为重振赵氏雄风的关键人物，在晋平公时代，他出任晋国执政兼元帅，也是晋楚弭兵的主要策划人。

韩氏家族崛起的关键人物是韩厥。韩厥为人低调，原则性强，他曾拒绝与栾书发动弑杀晋厉公的行动，这一点使他得到晋悼公的重用，在栾书之后出任晋国执政兼中军元帅。韩厥是赵武的恩人，赵氏家族得以东山再起，与韩厥的鼎力相助是密不可分的。这两个家族关系非同寻常，因而赵武去世后，韩厥的儿子韩起理所当然地接替他的位置，成为晋国的执政兼元帅。

魏氏家族是晋国卿家中的后起之秀，关键人物是魏绛。魏绛在晋悼公时，贡献良多，特别是他提出和戎政策，对晋国的国防、经济等产生重大影响。魏绛的儿子魏舒，在栾盈叛乱时，本来是糊里糊涂站在栾盈这一边。关键时刻，他被士鞅挟持，元帅士匄为了拉拢他，答应在镇压栾盈后，将其封地划归魏舒所有。从某种意义上说，魏舒是个福将，因祸得福，后来他接替韩起成为晋国的执政。

以上赵、韩、魏三大家族后来瓜分晋国，成为战国时代赵、韩、魏三大强国。除了这三大族之外，晋国还有另外三大族：范氏、中行氏、知氏。

范氏家族人才辈出。范氏是士氏的一个分支，其起源从士会始，范是士会的一个封邑，所以后来这个家族便以“范”为氏。士会之后，范氏家族又涌现出士燮、士匄、士鞅等著名人物。士会与士匄都曾经是晋国执政，从士会开始，经过四代人的努力，其家族势力在晋国可谓根深蒂固。

中行氏与知氏两大家族，其实同是荀氏的分支，起始于荀林父与荀首兄弟。晋文公曾经组建三个独立步兵团，称为“三行”，荀林父担任中行将，所以其家族后来被称为中行氏。荀林父曾经担任中军元帅、执政，中行氏的著名人物还有荀庚、荀偃、荀吴等人，其中荀偃曾担任晋国执政。

知氏的源头荀首，是荀林父的弟弟，曾经担任晋军副帅，他的儿子荀罃也曾出任晋国执政兼中军元帅。知氏与中行氏同出自荀氏，所以两族实为一族，在晋国政坛上枝粗叶茂。

晋国有一个比较好的传统，就是世卿贵族实行轮流执政的制度。晋国的君主与卿家的关系比较微妙，表面上国君仍然是统治者，但自赵盾时代起，实际权力则落入卿家之手，经过几番残酷的政治斗争，到春秋晚期时，六大家族并立的政治格局定型。

这种由卿族内部轮流执政的传统，包含某种民主机制、竞争机制，使晋国一直人才辈出，这也是晋国得以称霸百年的原因之一。然而每种制度的背后，都暗藏着一些潜在的危险，这种危险随着时间的推移，将越来越明显，如果不能采取有效的方法来消除其负面影响，最终将使国家陷入危机之中。

晋国的卿家政治最大的问题，就是内部斗争太激烈、内耗太严重。不仅是卿家与公室斗争，卿家之间也斗个没完没了。这种现象，严重影响晋国对外的霸业，晋楚弭兵之所以能顺利进行，与晋国内部矛盾重重有很大关系。在这样一种背景下，晋国的注意力已经从对外霸业转向解决内部矛盾，因此晋国执政赵武不惜自己吃亏，与楚国达成和平协定。

在卿家掌握大权时，聪明的晋悼公在夹缝中将君主的权力一点一滴地通过各种手段收拢，在他的统治下，卿家的势力被限制了，公室的权力大大增加。在维系权力平衡的基础上，晋国的霸业达到鼎盛，归附晋国的诸侯，数量上比晋文公时代还要多。

但是继任的晋平公才干远远不如晋悼公，内部混乱也就不足为奇了。

晋平公不是一个好君主。他奢侈无度，大兴土木，建造宫殿，致使百姓劳于奔命，饿殍遍野，民众怨声载道，以至于大家听到国君的命令时，就像听到强盗来了一样，躲都来不及。

在鱼肉百姓的同时，他却无法控制卿家的势力。他上任没多久，便爆发栾盈之乱，晋平公被叛军的气焰吓坏了，差点自杀。栾盈事件后，晋平公也想削弱卿家的势力，当知氏家族的荀盈去世时，他装疯卖傻，假装不知，想废除知氏的卿位。但是知氏与中行氏同出一族（荀氏），势力大得很，在各方强大压力下，晋平公最后被迫让步，立荀盈的儿子荀跞为卿。这件事说明晋平公在压制诸卿势力上，实际上是无能为力的。

叔向曾感慨评论说：“晋国公室衰微了。公室的战车没有驾驶员与护卫，军队没有可用的军官。老百姓生活艰辛，公室却更加奢侈，权力都落在各大家族手中，而国君不思进取，纵情声色，不知悔改，这样能长治久安吗？”

他敏锐地预测到晋国的未来，公室迟早要被卿大夫所取代，这是大势所趋，他也流露出几分无奈的神情。

与内政混乱相比，晋国的外交也乏善可陈。

首先，晋国在处理与诸侯国的关系上，表现傲慢无礼，使霸主的向心力逐渐丧失。

弭兵之后的中小诸侯，必须同时向晋、楚两国朝贡，这无疑加大了这些国家的财力负担。在这样一种情况下，晋平公又向诸侯国提出更多不合理的要求。

公元前 544 年，即弭兵后两年，晋平公要求各诸侯国出人力，帮助杞国修筑城墙。原因很简单，晋平公的母亲是杞国人，他要为母亲的祖国做点事。要尽孝心，这本来无可厚非，可是把中原诸侯国统统拉下水。这件事情引起诸侯国大为不满，特别是姬姓诸侯国认为杞国是夏的后代，而晋国则与周王室同宗，是姬姓国，晋平公这样做置姬姓国的利益于不顾。郑国的子太叔批评晋平公说："晋国不担心周王室的衰微，却保护夏朝的残余，抛弃姬姓国的利益，还有谁会归服呢？"

帮助杞国修城墙，已经引起诸侯国的不满，不料晋平公还变本加厉。

原来杞国只是个小国，在兼并战争频繁的春秋时代，要生存下来，当然不容易，有部分土地已经被鲁国吞并了。

晋平公派司马女齐到鲁国，要求鲁国归还所占领的杞国土地。这下子鲁国可犯难了，到嘴的肥肉要吐出来，那多难受哇。可是不吐也不行，毕竟晋国是老大，老大发话了，不听也不行，怎么办呢？最后鲁国选择一个折中的办法，归还一部分算了。

但是对这件事，晋平公母亲很不满意，她发火了，咒骂前去办理此事的司马女齐："女齐是怎么办事的呢？要是先君地下有知，绝不会保佑他的。"

晋平公是个孝子，一听心里也着急，便把女齐召来，责问他，怎么没把这件事办好呢？女齐一听，反驳道："晋国先后兼并八个国家，这些都是姬姓国，因而国土才扩张到这么大，如果不靠兼并小国，哪来的土地呢？杞国只是夏朝的残余，而鲁国是周公的后代，与晋国的关系很好，把杞国封给鲁国还可以，怎么让鲁国归还杞国的土地呢？鲁国对晋国朝贡的义务，一件也没中断过，这样的盟国，怎么能剥夺他们的权益给杞国呢？我看如果先君在世，肯定不会听从夫人的话，又岂会责怪我呢？"

看来这件事，连晋国大夫也觉得过分，更不用说鲁国。

晋国在中小诸侯面前盛气凌人，在楚国人面前则缺乏底气。

公元前538年，楚灵王准备召集诸侯大会，以确认楚国的霸主地位，他派人前去晋国，试探晋平公的意见。晋平公居然答应楚国的要求，楚灵王得以顺利召开十三个诸侯国参加的“国际会议”，晋国的霸业衰微，也可以从这里看出来。事前楚灵王曾问郑国首相子产，晋国会不会答应楚国人的要求呢？子产回答说：“会的，因为晋国国君贪图安逸，没有进取心，而晋国大臣们又多为自己打算，没有人愿意出来辅佐国君。”子产的评论，可谓是一针见血。

晋平公去世后，继位的晋昭公很快就面临一个尴尬的局面。

公元前531年，楚国突然诱杀蔡灵侯，大举出兵蔡国。楚国此举，完全撕毁弭兵协议的内容。晋国在保护蔡国安全上无所作为。对此，上军司令荀吴批评晋国政府的懦弱无为，他对中军元帅韩起说：“作为诸侯盟主，如果不能拯救被灭亡的国家，那么人家还要这个盟主干什么呢？”

韩起左右为难，只得召集鲁、齐、宋、卫、郑、曹、杞等诸侯国开会，共同商量怎么解决这个问题。会议开了，但是晋国还是迟迟下不了决心与楚国开战，最后只派一个代表前往楚国，与楚灵王进行磋商。晋国的软弱表现，只会令楚国人得寸进尺，楚灵王断然拒绝晋国的调和，最后灭了蔡国。

其实所有人都看得出来，晋国的霸业已经日薄西山了。

晋国的大国地位，在风雨中飘摇。南方的楚国咄咄逼人，东方的齐国虎视眈眈，甚至连郑国、鲁国等对其也阳奉阴违。

在这样一种情形下，晋国必须要有所表现，不然的话，霸主的时代将终结。

由于晋国与诸侯国之间有弭兵协定，不能轻易动武，不然相对和平的“国际大环境”就会出现重大变化。

晋国人的刀锋又一次对准狄人，春秋后期最大规模的攘夷战争拉开序幕。

二、攘夷英雄荀吴

春秋时代是华夏族大发展的一个时期，华夏族的发展与攘夷之战是密不可分的。

“尊王攘夷”是管仲提出来的一个大战略。攘夷之战，是针对夷狄势力向中原渗透而做出的反击。但是必须注意的一点，华夷的界线并不明显，更多是以文化来区别，而非以地域来区别。比如说最早攘夷的对象中，就包括楚国，但后来楚国积极向华夏文明靠拢，就不能被称为“夷”，也渐渐被视为华夏族的一部分。

在攘夷战争中，晋国的表现最为突出。在荀林父、士会、郤克三任元帅的指挥下，晋军扫灭夷狄中最为强大的赤狄，这也是华夏攘夷之战最伟大的胜利之一。

赤狄被消灭后，狄人的活动，一度消失在众人的视野里。过了数十年，狄人中的白狄势力开始转强，再次对华夏族安全构成威胁。同时，戎人中的山戎势力也逐渐强大，山戎中有一个部落，称为无终，无终戎人与狄人部落组成同盟，与中原诸侯相抗衡。

由于中原弭兵，晋国可以集中力量来对付夷狄势力的死灰复燃，再度扛起“攘夷”的旗帜，开始第二波大规模的攘夷战争。

公元前 541 年，即弭兵后第五年，晋国政府开始对夷狄势力发起清剿，首先打击的目标是山戎的无终部落。

在春秋战史上，无论是晋国还是其他诸侯国，最重要的兵种就是车兵。这是由中原的地形条件所决定的，广阔的平原适合战车纵横驰骋，而且战车本身攻防兼备，有快速机动的作战能力，战车上有射手与护卫，既可以近距离格斗，也可以利用弓箭远射，可以被称为当时最有效率的进攻武器。

可是战车部队在与聚居在山地中的戎狄军队交战时，就出问题了。山区地形不利于笨重的战车行进，无论是机动性还是速度的优势都无法发挥。为了解决这个问题，晋国人很早便开始组建步兵。晋文公组建“三行”部队，即是三支步兵部队，由此可见晋国人在军事战术改革上，一直处于领先水平。不过晋国百年霸业，主要的对手是楚国，特别在晋悼公时期，魏绛提出“和戎政策”后，晋与戎狄的关系趋于缓和，步兵的发展便陷于停滞。

从技术层面上说，步兵并不属于先进的兵种，无论在武器配置还是机动能力上，都远远不如战车部队，但是在山地战中，步兵的优势要远远超过车兵，这就是战争的辩证法。这里要说明一点的是，所谓的战车部队，其实是战车与步兵的混成部队，只是以战车为主要突击力量。

晋国出动大军，在荀吴的指挥下，出征无终戎人部落与狄人联军。

此时晋军仍以战车部队为主，魏舒深表担忧，他对主将荀吴建议说："敌人以步兵为主，而我军则以车兵为主。如今战场乃是在险峻的山区，不利于战车的行进，如果敌人以十名步兵对付我一辆战车，我们一定会吃败仗。我建议将军队全部改编为步兵，这样可以在险峻的地形下展开战斗，一举击垮对手。"

魏舒的分析合情合理，荀吴同意他的建议，于是晋军主力开始整编。这个改变，引起军队的骚乱，因为晋国是有很强荣誉感的武士国度，战车部队的指战员，是有特殊地位的，是其地位与勇敢的象征。现在魏舒要把战车的指战员编入步兵中，这无疑是削夺他们的特权，使一些人感到受污辱。

有一名战车指挥官，仗着自己是主将荀吴的亲信，拒绝服从魏舒的命令，不愿意走下战车，自掉身价。魏舒毫不留情，当场将这名指挥员抓起来，以违抗军令为由，下令斩首示众。魏舒的铁腕令在场的所有人都震惊了，连主将的亲信都敢杀，还有谁敢以身试法呢？不管情愿不情愿，其他人争先恐后地跳下战车。

战车的作战人员全部改为步兵，原先每辆战车有驾驶员一人，射手一人，护卫一人，共有甲士三人，魏舒将五辆战车十五名甲士分为三组，每组五名甲士，编入步兵中。在阵法的设计上，魏舒也做了重大改变，将兵力分为五个方阵，兵力不对称，其中后卫与右翼兵力最为强大，前锋、中锋、左翼的兵力稍弱。这种阵法，很明显是要采取诱敌深入的战术，围歼敌军的主力。

魏舒的大胆改革，是晋军赢得胜利的保证。

晋军主力进抵大原（今太原西南），与戎狄联军相遇。戎狄军队见晋军放弃传统的战车编队，而采取步兵队形，且前锋兵力不多。戎狄联军不禁讥笑晋国将军放弃熟悉的车兵战术，摆出戎狄所擅长的步兵阵形，心里流露出轻视之意。

其实戎狄军队虽然悍勇，但在战术上比较粗放，不注重军队的纪律，打仗时缺少章法。而晋军一直军纪严明，军队进退都必须听从将领的命令。一支有组织、纪律严明的军队，往往能轻松地战胜一群勇敢的乌合之众。

戎狄军队见晋军前锋兵力弱，便猛冲过来。晋军有条不紊，且战且退，诱使戎狄军深入，这时，强大的后卫兵团与右翼兵团开始猛攻。阵势本来混乱的戎狄军阵脚大乱，很快大进攻变成大溃败，晋军奋勇出兵，斩获无数。

晋军的完美表现，证明魏舒的创新变革是正确的，军队组织纪律的严明以及战术的灵活，是胜利的关键。

这是弭兵后晋国第一次大规模对外用兵，虽然晋国的霸业岌岌可危，然而其军事力量之强大，仍然是令人震惊的。

晋国在国际外交上既向楚国示弱，同时也不断地伤害其他诸侯国的利益，各同盟国开始产生二心。在这样的背景下，晋国急于通过炫耀武力的方式，来挽回“国际霸主”的地位。打败无终戎人后，晋国人将矛头指向白狄势力。

白狄势力转盛后，建有三个国家，分别是：鲜虞、肥、鼓。在这三个国家中，鲜虞的力量最强大，肥国与鼓国力量较弱。

公元前530年，荀吴率领一支晋军，假称要与齐国军队会师，向鲜虞借道通过，鲜虞不敢得罪晋国，答应其要求。荀吴的晋军兵团迅速穿过鲜虞，但不是前往与齐国会师，而是挺进到昔阳，进攻肥国。在晋军凌厉而又坚决的打击下，肥国很快抵挡不住，首领被晋军俘虏，这个白狄国家亡于晋人之手。

晋国的狡诈早已是世人皆知。在一百多年前，晋国人曾经假道灭虢，现在几乎是故伎重施。向鲜虞借道灭肥之后，荀吴在返回途中，顺便攻打鲜虞。

这样晋国与白狄的战争全面展开了。

为了威慑中原诸侯，晋国于公元前529年在邾南举行盛况空前的军事演习。动员的兵力达到四千辆战车之多，这几乎是春秋时代最庞大的一支兵力。在霸业衰微的情况下，晋国试图以军事演习展现强大的军事力量，告诫中原各国，不可对盟主怀有二心。

白狄的鲜虞国对晋国这次军事演习也十分关注，但他们却做出一个十分危险的判断，他们认为晋国的军队已倾巢而出，前往中原地区，这个时候绝不可能发动进攻，所以在边境线上的警戒放松了。

然而鲜虞国低估了晋国的军事力量。

晋国能在一百年的时间里，称雄于诸侯，并非浪得虚名。晋国将军们有着丰富的作战经验与出色的战略思想，日后孙武写下《孙子兵法》时，其中许多军事原则，大概就是对晋国战争经验的总结。“攻其不备，出其不意”是闪击战的一个原则，正当鲜虞国认为晋国不可能在郲南进行军事演习的同时发动进攻时，晋国的将军却给了鲜虞国一个教训。

上军总司令荀吴是令夷狄胆战心惊的名将，指挥过讨伐山戎无终国的战争与灭肥战争。他秘密集结一支军队，以迅雷不及掩耳之势，一举突破鲜虞国的边境线，长驱直入。这时鲜虞国如梦初醒，仓促应战，被有备而来的晋军打得落花流水，大败而逃。荀吴指挥战车部队一路追击，大获全胜。

白狄的厄运还没有结束。

两年后，公元前527年，晋军再次大举出击，统帅还是这位常胜将军荀吴。白狄所建立的三个国家中，肥国已经被消灭，剩下鲜虞国与鼓国，鼓国实力弱小，是鲜虞的属国。荀吴的战略，是先打弱敌，后打强敌。晋军攻入鲜虞后，没有恋战，转而包围鼓国。

鼓国军心动摇，有一些意志不坚定的人，准备要献城投降。当时有一名鼓国政要，秘密派人潜入晋军营中，与荀吴会晤，商谈献城投降的事宜。

令人惊讶的是，荀吴竟然一口拒绝。原因很简单，荀吴是个武士，他有自己的一套武士原则。荀吴的部下听了后吓一跳，赶忙说：“将军，我们可以不费一刀一枪就唾手得到一座城池，为什么要拒绝呢？”

荀吴回答道：“如果有人要拿我们的城池向敌人投降，那是我最深恶痛绝的；现在别人拿城池向我投降，我为什么偏要高兴呢？明明是我最痛恨的事情，我却要奖赏、鼓励这种行为，这怎么行呢？我们有能力就进攻，没能力就撤退，量力而行，不能因为想占领城池就使用、鼓励这种下三滥的手段，如果这样做，我们失去的，比得到的更多。”

这就是中国的武士精神。

出于对变节小人的痛恨，荀吴还把变节者的名单交给鼓国。鼓国人把变节者逮捕处死后，加强城池的防卫，与晋军形成对峙的局面。

攘夷英雄荀吴的传奇故事还没结束，他指挥晋军包围鼓国三个月，鼓国人吃不消了，请求投降。荀吴对鼓国使者说：“你先放一批老百姓出城。”

鼓国政府便把一部分民众放出城，到荀吴的军中。荀吴接见这些老百姓后，又说道："你们的脸色还不错，看来还有粮食吃，你们先回去吧，继续修缮城防工事。"言下之意，不接受投降。这下子可把晋国的军官们搞蒙了，这是什么主帅啊？大家纷纷站出来说："敌国要投降，您却拒之门外，非得劳民伤财继续开战，这能对得起国君吗？"

荀吴脸色一沉，大喝道："我就是这样来侍奉国君的。鼓国未到山穷水尽的地步，现在献城来降，我们固然能得到一座城池，但是却不能得到懂得道义、忠于君主、勤勉为国的人民。"这就是一个武士的战争观，他认为鼓国还可以继续抗战，如果这时鼓国投降，说明鼓国人不够坚强、勇敢。这样晋国吞并鼓国后，同时也得到这些不够勇敢的鼓国百姓，这样是不行的。他宁可继续包围鼓国，使鼓国民众在战争中提升坚忍不拔的勇气，只有经过战火的考验，他们才有资格成为英勇善战的晋国国民。

这种军事逻辑，体现了武士精神。如果他消灭鼓国的同时，也吞并这样一批软弱的民众，在他看来，这是得不偿失的。

在荀吴拒绝鼓国的投降后，鼓国军民只得硬着头皮继续抵抗。最后城内的粮食全部耗尽，荀吴才同意鼓国的投降。在他看来，鼓国军民能够坚持到最后关头，战争已经使他们变得坚强，晋国不仅得到鼓国的土地，也得到坚强的人民，这才是宝贵的财富。

荀吴的这些举措，固然有些固执，但是我们也必须看到，春秋时代的战争，还是充满人性化的特点。在攻占鼓国后，荀吴没有杀害一位鼓国的百姓。事实上，在整个春秋时代，虽然战争非常频繁，但参战各国大多讲究人道主义原则，几乎没有发生屠城、滥杀无辜这些反人道的暴行，这一点也说明了华夏文明的进步性。

经过一连串的胜利后，荀吴成为光彩夺目的攘夷英雄。

在周王室领地的附近，有一支陆浑戎。在楚国最强大时，楚庄王曾经北进至此，打击陆浑戎。十年河西，十年河东，如今陆浑戎却使劲向楚国抛媚眼，想与楚国交好，抵制晋国。

公元前525年，晋国中军元帅韩起做了一个梦，梦到晋文公拉着荀吴的手，把陆浑戎交给他。梦醒之后，韩起认为这是晋文公托梦给他，要荀吴率军消灭陆浑戎。这是个吉兆，于是荀吴被任命为主将，率军出征。

荀吴已是晋国胜利的一面旗帜。为了彻底打垮陆浑戎，他事先做了周密的侦察。晋军主力神不知鬼不觉地悄悄行进，抵达棘津（今河南孟州市南），然后渡过黄河。陆浑戎对晋军一系列军事行动，丝毫没有察觉。荀吴大军逼近陆浑戎的地盘，以迅雷不及掩耳之势，发起突击。陆浑戎在没有任何戒备的情况下，被晋军打得大败而逃。一部分逃兵又遇到周王室军队的截杀，损失惨重，在这样一种情况下，陆浑戎的首领只得逃到楚国。

再次出征又给荀吴带来无上的荣誉，他俘获大批陆浑戎战俘，凯旋而归，受到英雄般的礼遇。他在晋文公庙前，举行盛大的献俘仪式。

然而有一件事，却是荀吴始料不及的。

白狄鼓国灭亡后，鼓国首领鸢鞮被押解到晋国，晋国政府对他宽大处理，将他释放回狄人区。不料鸢鞮前脚一走，后脚就背叛了，在鲜虞国的支持下，鸢鞮重新恢复鼓国，将临时政府设在鲜虞国内的昔阳城，公开与晋国敌对。

想以螳臂格挡荀吴锋利之剑锋，不是明智之举。

荀吴以勇悍善战而闻名天下，作为一流的军事家，他还有智慧的一面。鸢鞮的叛逃只能激起他的斗志，他打算趁鸢鞮立足未稳之际，将这个鼓国新政权连根拔除。

公元前520年，荀吴视察晋国的东阳地区，这里距新建立的鼓国并不远。他制订一个绝密的计划，将驻守东阳的晋军有些伪装成买卖粮食的商队，有些伪装成其他商贩，大举渗透到敌人所据的昔阳城。

看来晋与鲜虞的边界贸易还比较发达，所以这批“商队”并没有引起鲜虞人的怀疑。乔装打扮后的晋国士兵，在昔阳城外集结，假装休息的样子，等待主将荀吴的命令。荀吴亲临昔阳城，见士兵已经到位，命令他们将皮甲披上，迅速冲入城内，控制城内的重要据点。晋国人从天而降，很多鼓国士兵根本还没反应过来，就被缴械了，很快，昔阳城就完全落入晋军之手。

鼓国的复国运动，就这样轻松被荀吴端掉了。

荀吴确实是很了不起的。第一次伐鼓之战，他两次拒绝鼓国的投降，这是正兵作战，重在弘扬武士精神；而第二次伐鼓之战，则是奇兵偷袭，可见这位名将并不是花岗岩脑袋。兵者，诡道也。该用正兵时用正兵，该用奇兵时用奇兵，这是优秀将领的高级谋略。

这里需要提及一下，即便白狄首领鸢鞮一度背叛晋国，晋国政府也仍然没有处死他，只是把他逮捕，并派专人看押。这再一次证明古代中国政治文明中的人道主义色彩，这点也是阅读历史者所要关注的。

荀吴堪称晋国后期最杰出的将领，戎狄的克星。灭鼓之战后不久，这位杰出的将军便病逝，这是晋国军界的一大损失。

公元前 507 年，晋军发动攻伐鲜虞国的战争。

此时荀吴已经去世，指挥作战的将领是观虎，这是一个勇敢却轻敌的将领。如果以国力来衡量，晋国无疑要比鲜虞国强大许多，而且在荀吴时代，晋军攻伐白狄的战争中，战无不胜，攻无不克。观虎并非是很出色的将军，却盲目地认为鲜虞的白狄军队不堪一击，自以为可以继承荀吴的攘夷大业，然而很快他就骄兵致败了。

鲜虞的白狄军队故意诱敌深入，观虎莽撞而进。在一个名为中人的地方，晋军遭到白狄军队的截击，在这场遭遇战中，晋军被打得大败，观虎本人在战斗中被鲜虞军队俘虏。

这一战的失利，令晋国人耿耿于怀。公元前 505 年，晋国中军元帅士鞅亲自率军出征，围攻鲜虞国，以报复两年前观虎的那次失利，但是却无法取得荀吴的惊人成就。在之后的数年里，鲜虞国还多次卷入到中原的冲突与战争中。

虽然没有能够消灭鲜虞，但是自从中原弭兵之后，晋国在攘夷战争中所取得的胜利，仍然令人瞩目。这些战果包括打败或消灭山戎无终国、陆浑戎、白狄中的肥国与鼓国。这证明晋国的霸主地位虽然受到动摇，但其军事力量仍然是锐不可当的。

三、安定王室

攘夷与尊王，是霸业的一体两面。

除了荀吴的攘夷伟业外，在安定周王室上，晋国仍然发挥重要的作用。

一部春秋史，就是周王室的衰落史。周王室虽然威风不再，但是还有利用价值。无论是先前的齐国还是后来的晋国，在称霸途中，都以“尊王”为口号，打着王命的旗帜以号令诸侯。虽然周王室的力量不断地萎缩，却仍然顽强地存在。即使是野心勃勃的楚庄王，曾经“问鼎中原”，但始终考虑到有晋国、齐国这样的强国拱卫周室，也不得不放弃取而代之的野心。

到了春秋末期，周室的势力不仅受到外部诸侯的挤压，自身也陷入内部深深的危机之中。

公元前520年，在位二十五年的周景王去世，这是周室内乱的一个导火线。周景王在位时，立姬寿为太子，可是姬寿无福享受王位，早早就死了。另一位王子姬猛被立为太子，又称为王子猛。

王子猛为什么会被立为太子，这个已经很难考证。他既不是嫡子，在庶子中也非长子，根据周代立储制度，他被立为太子的机会并不大。如果以后来政局的发展推测，他得到了朝廷中两个实力派人物的支持，一个是单穆公（当时是卿士的身份），另一个是伯蚠。

周景王还有一个儿子姬朝，又称为王子朝，他是庶长子，深受周景王的宠爱，王子朝的师傅宾起是个很有政治头脑的人，也深得周景王的信任。在宾起的鼓吹下，周景王在晚年时，打算废弃王子猛，传位给王子朝。

当周景王打算改立太子的消息传出来后，卿士单穆公与大夫伯蚠合谋，准备发动政变，杀掉王子朝与他的老师宾起，杜绝隐患。

不料宾起耳目众多，事先得知单穆公与伯蚠的阴谋，他秘密汇报给周景王。公元前520年初夏，周景王以打猎为借口，要求王室高级官员随行，打算先下手为强，铲除单穆公与伯蚠。可是天有不测风云，周景王还没有来得及诛杀单、伯两人，心脏病突然发作，一命呜呼了。

周景王一死，单穆公与伯蚠先发制人，马上拥立王子猛为周王，紧接着率军攻打宾起，并将其诛杀。

宾起死了，王子朝逃出都城，在周室旧官吏的支持下，占据郊、要、饯三个城邑，并且率领甲士开始反击。单穆公与伯蚠抵挡不住，带着王子猛仓皇出逃，周王室的内战全面爆发。

单穆公一面抵抗叛军，一面向晋国政府紧急求援。

在周室内战四个月后，晋国军队在籍谈、荀跞统率下，开始卷入勤王之战。晋军势如破竹，将王子朝的叛军赶出王城，重新扶立王子猛为周王。

然而叛军并没有放弃，很快卷土重来，单穆公与伯蚠的政府军被击溃，前来救援的九州戎人也被击败。这里有个现象很有意思，在春秋时代，也是民族大融合的时代，曾经被华夏族视为洪水猛兽的戎狄，此时已经开始与华夏族融合，甚至成为保卫周王室的一股力量。

王子猛在返回王城后的一个月去世，有可能死于叛军之手。他的弟弟王子匄被立为天子，史称周敬王。

有剽悍的晋军参战，周政府军无疑具有相当大的优势，频频对王子朝叛军发动进攻，叛军控制下的据点一个个被拔除。到公元前 519 年初，政府军基本收复失地，在这样一种大好形势下，周敬王与单穆公却做出一个致命的错误决定。

周敬王向晋国方面通报，鉴于叛乱基本被平定，要求晋国从周王室的领地撤军。在周敬王看来，兄弟都靠不住，也不能过分依赖诸侯国，不然平定叛乱后，晋国军队赖着不走可怎么办呢？

晋国方面倒中规中矩，好吧，你让我撤，我就撤了。正月初九，晋军全部撤出周王领地。

然而周政府对形势的判断完全错误，他们低估了叛军的力量。

当时拥戴王子朝的政府官员不在少数，看来王子朝还是个比较有能力的人。正当他被晋军与政府军联手打得走投无路时，情况忽然出现大逆转。尹邑是周王室一座重要城池，暗中支持王子朝的尹圉设计诱杀拥护周敬王的刘佗，扯起叛乱的旗帜。

单穆公与伯蚠兵分两路，进攻尹邑，被叛军打得大败，这一战，成为周王室内乱的转折点。

此时支持王子朝的势力也在王城内大搞破坏，单穆公与伯蚠商量后，觉得王城也不保险，这里支持叛军的力量很强大，还是先撤出王城，护送周敬王前往刘邑。

王子朝又回到王城，住进王宫，自立为王。

这样，周王室便形成两王并存的局面。王子朝占据王城，宣称自己为合法政府，并对周敬王连续发动进攻。战场呈一边倒的局面，很快王子朝就控制周王室的大部分土地。

王室的内战，令诸侯国不知所措，中小诸侯都看晋国的态度。

晋国政府也迟疑了，因为现在出现两个周王，究竟哪个才是合法政权呢？最初是王子猛与王子朝之争，王子猛是太子，可是在周景王晚年时，想立王子朝为太子，只是因为突然病死没有实现。现在情况更复杂，王子猛死了，他的弟弟当了周王，只能流亡在外，王子朝也自立为周王，这件事，不好办。

晋国政府决定派人前往周地考察。公元前518年，晋大夫士弥牟奉命前往调查。到了王城时，他并不进城去，而是在城外向老百姓询问对两个并存王室政权的看法。调查的结果是，老百姓普遍拥护周敬王，反对王子朝。

周地的平民拥护周敬王，是因为在他们看来，周敬王是合法政权，而王子朝是篡位谋权的野心家。其实王子朝之所以能势力盖过周敬王，在于他得到多数官僚阶层的拥护，不过民众未必得到他的恩惠。

士弥牟将调查结果回报晋国政府，晋顷公决定支持周敬王的政权，认定王子朝的政权为非法，拒绝接待王子朝派出的使臣。

晋国的这一立场，对流亡中的周敬王是一粒定心丸。

第二年（公元前517年），由晋国大夫赵鞅主持国际会议，商量安定周室的事宜。

这次会议做出两项决议：第一，各国政府必须向流亡的周敬王提供粮食；第二，计划次年出兵，武力护送周敬王重返都城。

但是晋国遇到一件尴尬的事情。到了春秋末期，周室早已经形同虚设，对各诸侯国来说，周王只是象征性的存在，谁会去理会他的死活呢？况且晋国的国际地位也在下降，霸业摇摇欲坠，齐国已经不把晋国的命令当回事了，拒绝参加这种会议。齐国控制下的莒、郯、徐等国，没有一个参加会议。

宋国代表乐大心也给晋国一个难堪，公然表示不能为周王室提供粮食，他的理由是：“周王室是主人，我们是客人，哪有主人指使客人的道理？”宋国是深受战祸的国家，乐大心的意思很明白，以前我们宋国被人攻打时，你周王室在哪呢？有没有提供给我们援助呢？你是天下之主，我们有难，你不来帮忙，现在你有难，反倒要我们帮忙，没门！

晋国大夫士弥牟气坏了，跳起来骂道：“自从践土会盟以来（践土之盟是公元前632年由晋文公主持的诸侯大会），一百多年的时间，盟军在共同行动中，宋国哪一场战争没有参加？哪一次结盟不参与？现在已经决议要共同安定周王室，你们怎么可以逃避？公然违背‘国际大会’的决议精神，这样不行吧？”

宋国被迫接受协议，但从这件事可看出，晋国这个霸主已经当得十分勉强了。

周敬王的流亡政府不断地遭到进攻，晋国却迟迟不出兵。单穆公急了，派人向晋国政府求援。

公元前516年七月间，在叛军的围攻下，周敬王被迫放弃流亡政府所在地刘邑。王子朝的军队占领刘邑后，将这座城池烧为灰烬。周敬王夺路而逃，一直逃到滑邑。滑邑就是当年的滑国，以前被秦国给灭了，但秦军灭滑后返回途中被晋军在殽山设伏歼灭，后来滑国便成了周室的一个地盘。

在周室频频告急的情况下，晋国终于出兵了。荀跞、赵鞅率晋军进入滑地，迎接狼狈不堪的周敬王，并且派兵防守战略要地阙塞，以防止王子朝军队的突入。

在晋军的支持下，周敬王于十月十六日在滑地集合流亡政府军，准备与晋军联手，打回王城。在晋军的参战下，联军打得十分顺手，十一月十一日，荀跞、赵鞅指挥的晋军取得重大的胜利，夺取巩邑。

强大的晋军很快改变战争的局面，原来效忠于王子朝的召伯盈突然反戈一击，将王子朝赶出王城。王子朝与一帮大臣狼狈逃往楚国。

十一月二十三日，周敬王终于回到首都，重新执掌大权。大功告成后，晋军只留下成公般率领的一部分军队，协助戍守，其余全部撤回国内。

但是周室的内战，并未因此而结束。

王子朝逃亡到楚国后，发表一份声明，谴责周敬王政权的两个核心人物：单穆公与伯蚠，认为这两个人“搅乱天下，倒行逆施”，并批评晋国政府出兵协助他们，乃是放纵这些野心家无边的欲望。同时，王子朝也为自己政权的合法性做出辩护，周朝的立储原则是：“如果王后没有嫡子，就选立年长的庶子，如果遇到庶子的年龄相同，则选立有德者。”由于周景王嫡子早夭，只能在庶子中选择接班人，王子朝认为自己作为庶长子，理所当然是王位的继承人。可是当年周景王在世时，并没有将王位传给他呀，所以王子朝指出："王不立爱，公卿无私，古之制也。"意思就是天子在选立接班人时，要考虑制度规定，而不能出于自己的偏爱；公卿大夫在拥立王位继承者时，不能掺杂自己的私心。这是周代数百年来的一个不变的原则。其实是王子朝暗中批评周景王在立储上的失误。

这份声明，是王子朝为自己政权合法性的辩解，可是他做错了一件事。他在这份声明中，除了攻击单穆公与伯蚠外，还责备晋国政府没有道义原则。鲁国大夫闵子马评论说："王子朝一心想当天子，既批评周景王，又得罪了晋国，无礼到极点，就算文辞再精彩，又有什么用呢？

周敬王政府开始对王子朝集团打击分化，追随王子朝逃亡的一些周室大夫，向周敬王政府投降，其中包括王子朝的重臣尹氏固。

不料到了公元前 513 年，在单穆公与伯蚠的策划下，周王室逮捕并杀害一批以前追随王子朝的官员，包括反正的尹氏固，还有将王子朝驱逐出都城的召伯盈。

周王室这一屠杀行径，不能不说十分短视，其后果就是使得王子朝的旧臣铤而走险，重新走上叛乱之路。在尹氏固、召伯盈被杀之后，王子朝害怕遭到报复，索性起兵，占据郓地，与周室抗衡，但是周室军队很轻松地镇压了这次叛乱。

为了防止叛乱分子东山再起，晋国组织各诸侯国的军队轮流戍守周领地。周政府一方面害怕叛军卷土重来，一方面也担心诸侯军队长期驻扎在此，尾大不掉，便向晋国提出来，不如让各国出人力来帮助修筑城墙，这样就可以免除各国守戍之苦。

晋国执政魏舒同意了，便向各国分配修城任务。这次筑城中，齐国仍然缺席，故意等到筑城结束后，才姗姗来迟，这是挑战晋国的霸权。

周敬王政权得到晋国的支持，又在诸侯国协助下修筑起坚实的城防，王子朝想要复辟，难度很大，除非依靠楚国的帮助。

然而令人没有料想到的是，在公元前 506 年，楚国居然被吴国打得大败，甚至首都也被吴军攻占，楚昭王落荒而逃，曾经是巨无霸的楚国，几乎亡于吴军之手。在这么一种情况下，楚国自保不暇，更谈何来帮助王子朝复辟呢？

吴军击破楚国，这为周王室铲除心腹之患创造了难得的机会。周王室借着楚国战败之机，派人潜入楚国，杀死王子朝，割下他的脑袋。

王子朝死了，周王室自以为可以高枕无忧，其实不然。很快，周敬王与其官员又将开始新一轮的流亡生涯。

王子朝之死，又一次点燃王室内战的战火。

公元前 504 年，王子朝的余党在儋翩的领导下，对周敬王政权发难。这次叛乱的爆发，有着深刻的“国际政治”背景，儋翩的反叛，得到郑国政府的鼎力支持，而郑国也成为入侵周室的主力军。

楚国在吴楚战争中的惨败，预示着一个新的混乱时代到来。郑国借楚国惨败之机，吞并一直倚靠楚国生存的许国，并且支持王子朝余党在周室王畿制造动乱，并进攻周领地的冯、滑、胥靡、负黍、狐人、阙外六座城邑。郑国此举，公然与支持周王室的晋国政府唱对台戏，也是挑战晋国在中原的霸权。

晋国一方面指使鲁国出兵攻打郑国，另一方面派兵入援周室。然而周敬王在叛军的进攻下，惶惶不安，他仓促逃出京城，又一次开始流亡生涯。

儋翩的叛军在公元前 503 年初攻占仪栗后，成为强弩之末，晋国出兵是周王室反败为胜的关键因素。四月，单武公（单穆公的儿子）与刘桓公（伯蚠的儿子）率周室军队在穷谷一役中挫败叛军的进攻，此役成为周室内战的转折点。这年年末，在晋国将领籍秦的护送下，周敬王重新返回国都。

第二年（公元前 502 年），单武公率军攻克叛军控制的重要城邑谷城，紧接着又占领简城；而刘桓公则收复仪栗，又在盂邑击败叛军。至此，周室内乱全部结束，这场内乱从公元前 520 年爆发，至公元前 502 年结束，时间跨度长达十九年，是周室历史上最严重的一场内乱。晋国在霸业式微之时，在勤王事业上仍然取得重大胜利。只是周王室已经彻底没落了，在中原的政治影响力，尚不及一个中等诸侯，这也使得晋国政府“尊王”的胜利，并没有带来实质好处。

第十七章　东南战争

一、权力更替

公元前 546 年的弭兵之会，楚国人至少在表面上讨到便宜了。

弭兵之会确定了两霸四强的原则，两霸就是晋国与楚国，四强就是晋、楚、齐、秦。除了这四个强国之外，其他参加会议的诸侯国，必须要同时向晋国与楚国朝贡，楚国的喽啰国少，晋国的喽啰国多，所以这一决议，对楚国人是有利的。

第二年（公元前 545 年），根据弭兵大会的决议，一些中原国家就开始向楚国朝贡。首先是郑国，郑国派子太叔前往楚国，楚国政府却将他拒之门外，认为他的级别不够，必须得郑简公亲自前来才行。

子太叔据理力争，认为根据弭兵大会的决定，郑国要朝楚，但并没有明文规定要国君亲自前来。楚康王不理他，子太叔没有办法，只好回国，由首相子产陪同郑简公亲自出访楚国。

楚康王从一开始，就想以强硬的手段，来树其权威。

在郑简公之后，鲁襄公、宋平公、陈哀公、许悼公等，也相续前往楚国，准备朝见楚康王。可这位一心想立威称霸的楚王，却在这个时候一命呜呼。

宋国使团听到楚康王去世的消息后，向戌马上掉转马头开溜，他对宋平公说："我们就是为楚王而来的，不是为了楚国。自己饥寒都顾不上，谁还顾得上楚国呢？还是回去让老百姓休养生息吧。"宋平公一听，就不去楚国朝见了。

向戌是国际弭兵运动的发起者与倡导人，虽然被迫接受楚国提出的必须朝见的条件，但宋国向来是晋国的铁杆追随者。这回遇到楚康王去世的消息，正好省去一番应付，这也说明中原诸侯国对朝楚是心怀不满的。

楚康王去世后，他的儿子郏敖继任楚王，同时任命叔父王子围为令尹。王子围是楚共王的儿子，楚康王的兄长，在楚国政坛根基很深，为人精明，权力欲强。当时正出使楚国的郑国大夫子羽预测说："松柏之下，小草是不能繁殖的。"言外之意，王子围势力根深枝旺，而楚王郏敖不过是株小草罢了。

果然，在郏敖继位后的第二年（公元前 543 年），王子围就陷害并处死对他权力威胁最大的芀掩。芀掩时任大司马，在楚国官职中，地位仅次于令尹。芀掩死后，国家的军事力量也掌控在王子围手中。他野心勃勃，打算取代郏敖，成为楚国的国王。

两年后，王子围出使郑国。他到郑国有两件事：第一，迎娶郑国大夫公孙段的女儿为妻。第二，参加在郑国虢地举行的"国际会议"。

这次"国际大会"，共有十个国家参加，主要议题是重申弭兵会议的精神。

在上次的弭兵会议中，晋国是吃了亏，做出重大让步。这一次，晋国大夫祁午对赵武说，这次会议，晋国应该争先歃血，要争坐第一把交椅。赵武仍然按照上一次盟会时的做法，把第一把交椅让给楚国。

王子围刚在郑国娶了美女，又为楚国争得头把交椅，心中好不得意。他甚至穿着国君才能穿的服饰，还有两个甲士持戈侍立于身旁，威风凛凛，俨然是国君的模样。

在会议上，发生了一件事。当时鲁国出兵攻打莒国，侵占郓地，莒国代表在会议上对鲁国的侵略行为表示抗议。王子围便以大会主席的身份，对晋国首相赵武说："这里还在召开会议重申弭兵精神，鲁国便悍然入侵莒国，亵渎盟约，罪不容恕，应该把鲁国代表逮捕并处死。"

鲁国出席会议的代表是叔孙豹。在中原诸侯中，鲁国对晋国算是比较忠心的，赵武的随行人员乐桓子赶紧前去通知叔孙豹，暗示他要花银子贿赂王子围。叔孙豹拒绝了，对于鲁国出兵攻打莒国，他认为这是因为两国存在领土争端，是历史遗留问题，并不是鲁国有意要违背弭兵会议的精神。

面对这种僵持局面，晋国首相赵武当然不能任由楚国令尹王子围擅杀鲁国代表。他以讨好的语气对王子围说："鲁国叔孙豹称得上是贤明的人，您赦免他，就是安抚贤能之士。如果楚国能赦免有罪的国家，又奖赏贤能之士，那么诸侯有谁不欣然归服呢？"

晋国与楚国势均力敌，从赵武的语气中，很明显感觉到晋国外交的软弱性，实际上是对楚国的一种屈服。接着，赵武又解释鲁国攻打莒国的原因："诸侯边境上的城邑，时而归属这国，时而归属那国，并非固定不变。自从天子暗弱，诸侯争先扩张，交替主持结盟，难道还能保持边境线的一成不变吗？要担任盟主，就得抓大放小，边境被侵犯的事情，哪个国家没有过呢？这些事情，哪个盟主能彻底解决呢？所以莒国边境的冲突，楚国还是不要过问的好，鲁国与莒国在郓地上的争端，由来已久，只要对莒国没有重大的危害，就不要干涉。您还是好好考虑一下。"

其实楚国人哪里真心要维持"国际正义"呢？只不过知道鲁国是晋国的亲密盟友，王子围只是想杀鸡给猴看，打击一下晋国的威风，凸显楚国在国际事务中的领袖地位罢了。现在晋国首相赵武言辞谦恭，已经让楚国挣足了面子，他当然懒得去理会鲁莒领土争端，放过了鲁国代表叔孙豹。

王子围骄横跋扈，不可一世，当时很多人预言他有取代楚王郏敖的野心。王子围的郑国之行，收获很大，既娶了郑国美女，又在国际大会上压过晋国，风光得很。回到国内后，他便开始积极筹划篡位夺权的计划。

首先，他把楚国实力派人物公子黑肱与伯州犁二人调到楚郑边界，让他们二人主持修筑边境三座城邑的城墙。此举引起郑国民众的恐慌，很多人认为楚国将对郑国用兵。郑国首相子产却一眼洞悉王子围此举的目的，既然王子围刚与郑国通婚，而且刚出席"国际会议"，重申弭兵精神，这时对郑国用兵的可能性相当小，那为什么要在边境线上大搞军事工程呢？子产分析道："看来楚国令尹王子围在国内将有大动作，他把公子黑肱与伯州犁两人调到边境上主持军事工程，无非是想要调虎离山，借机铲除两人。楚国将发生内乱，但不会影响到郑国的。"

子产不愧是春秋后期杰出的政治家之一，见识非凡，而且很快他的预言就得到证实。

这一年的年末，楚王郏敖病倒了。

王子围认为这是一个杀君夺权的良机。他取消出访郑国的计划，返回郢都，假装探望楚王郏敖的病情。进了王宫后，他把卫兵调走，换成自己人，然后走进楚王的寝宫。郏敖的病情不轻，他躺在床上不能起身。这时寝宫里悄无一人，王子围悄悄走近，手上拿着一条绳带，一下狠心，勒住楚王的脖子。楚王郏敖虽然病得很重，但生存的本能使他拼命地挣扎，想叫唤，却叫不出声。王子围用尽全身的气力，慢慢楚王的挣扎越来越弱，最后停止，死了。

楚王郏敖在位总共四年，这四年里，楚国的政权其实操控于王子围之手。所以郏敖死后，也没有得到应有的谥号。

王子围弑君后，迅速控制王宫，派人杀死郏敖的两个儿子，以绝后患。楚国右尹子干逃出郢都，出奔晋国；在楚郑边界主持修筑军事工程的公子黑肱逃往郑国避难，伯州犁是楚国三朝重臣，他拒绝逃跑，最后被王子围派人杀害了。

王子围清除异己势力后，终于实现篡位称王的野心，史称楚灵王。

楚灵王野心勃勃，篡位称王后，仍然不满足，还要当天下的霸主。

楚灵王三年（公元前538年），楚灵王派伍举出使晋国，目的是要征得晋国的同意，由楚国主持召开诸侯盟会。

晋平公当然不肯答应，司马侯对晋平公说："楚王现在自大狂妄，也许上天想让他的野心得逞，他以后会怎么样，现在不好说。晋楚两国谁能称霸，这得看上天的帮助，我们还是同意他召集诸侯峰会，再慢慢观察时局的变化。如果楚王能推行仁德，不要说诸侯国，就算我们也要归附他；如果他一味暴虐荒淫，楚国人都会抛弃他，又有谁来跟我们争夺霸权呢？"

这一番话，实际上可以看出弭兵运动后，晋国官员对楚国的一种畏惧心理。

晋平公听后颇不服气，他说："我们有三个优势。其一，我国地形险要，易守难攻；其二，我国盛产马匹，可以维持一支强大的兵力；其三，我国内政稳定，而楚国、齐国政局动荡。有这三个优势，我们用得着害怕谁啊？"

司马侯听完后回答道："您说的三个优势，其实是三个危险。为什么呢？九州大地上险要的地形，像四岳、三涂山、太室山、阳城、荆山等，这些分布在各个诸侯国，并不是独晋国所有；要说盛产马匹，冀州以北是盛产良马的地方，可是那里并没有产生强大的国家。倚仗地势险要与盛产马匹，是不可能巩固一个国家安全的，自古以来都这样。所以先王靠仁义道德来取得神灵的护佑与民众的支持，而不依靠险要地形与马匹。至于邻国的内乱，我们也不能高兴，有的国家多难兴邦，比如齐国有公孙无知的内乱，然后有齐桓公的兴起；我国有里克、丕郑的动乱，然后有晋文公的霸业；有的国家即便没有内乱，例如卫国与邢国在没有国内动乱的情况下，也曾被狄人灭国。您如果想依赖这三个所谓的优势，而不实施仁义道德、修明政治，危亡都来不及挽救呢，还谈何成功呢？所以您还是同意楚王的要求吧。”

司马侯的话，显然是有所暗示的。影响晋国对外称霸的原因，已经不全是楚国的强大，更严重的是内部权力的明争暗斗加剧了。在这样的背景下，晋平公仍不采取措施稳定国内政治，而一味要与楚国竞相争霸，这无疑是不明智的。

晋平公最后同意楚国召集“国际会议”的要求，不过出于保住面子，晋国将缺席这次会议。

当时郑国首相子产正在楚国访问，楚灵王问他：“您看晋国会同意我召开“国际大会”吗？”

子产回答道：“会的。因为晋国国君贪图安逸，没有进取心，而晋国大臣们又多为自己打算，没有人愿意出来辅佐国君。”

楚灵王还不放心，又问：“那么各诸侯会出席会议吗？”

子产又答道：“会来的。根据弭兵大会的决议，各诸侯国有朝楚的义务，为什么不来呢？不过有几个国家可能不会来，鲁国、卫国受到齐国的威胁，曹国受到宋国的威胁，邾国受到鲁国的威胁，这几个国家，需要晋国的保护，在外交上都是属于亲晋派，这些国家不会参加，其他国家都会来的。”

事实再次证明子产敏锐的政治眼光。公元前 538 年夏季，楚灵王在申邑召开“国际峰会”，参加会议的有十一个诸侯国以及淮夷部落。

这并不是楚国召集的第一次“国际会议”。在公元前 589 年，楚国令尹子重曾经在鲁国的蜀城召集一个由十四个诸侯国参加的会议，但是那次会议的级别并不是最高的，只是大夫级的“国际会议”。这次楚灵王召开的申邑会议，却是属于最高级别的峰会，前来参加会议的十一个诸侯国中，除宋国国君因故缺席，由宋国太子作为代表外，其余十个诸侯国，全部是国君亲临。主持如此高级别的“国际大会”，对楚国来说，是第一次。

楚灵王作为东道主，对这次大会的举办动了颇多的心思。长期以来，楚国一直被视为南蛮国家，随着楚国与中原国家往来的增多，其“去蛮夷化”的倾向越加明显。但是由于文化的差距，在接受中原礼仪文化方面，楚国还是显得落伍的。

为了在主持“国际会议”时，不被各诸侯国耻笑，楚灵王还放下架子，向宋国的向戌与郑国的子产虚心求教“国际会议”中的各种礼仪。向戌与子产这两位政治家都没有吝惜，把大国与小国交往中的六种礼仪一股脑儿地传授给楚灵王。

楚灵王有模有样地学习中原礼仪，到了会议召开时，他担心自己的做法有失，还特地让宠臣伍举在一旁随时纠正其礼仪上的错误。不料楚灵王与各国君主会见结束时，伍举一直站在一旁，一声没吭。事后楚灵王便以责备的口气对他说：“怎么你自始至终都没有提醒我呢？”伍举的回答颇有意思，他说：“这六种国际交往礼仪，我从来就没有见过，又怎么给您纠正呢？”

看来楚国想要融入中原文明圈，还得多多努力哩。

楚灵王虽然表面上谦虚地学习中原的礼仪，但他只学到形式，并没有学到真正的精神。很快，他就暴露出骄横跋扈的一面。

他有三件事做得大失人心。第一件事，宋国参加会议的代表是太子子佐，由于当时交通条件不发达，迟到了。楚灵王耍大牌，不肯接见宋国太子，跑去打猎了。第二件事，参加会议的徐国国君，他的母亲是吴国人，而楚国与吴国一直是敌对的，楚灵王便一口咬定徐国国君对楚国怀有二心，在开会期间，把他逮捕了。第三件事，在会议过程中，楚灵王总是流露出骄傲自满的神情，对各国代表有点不屑一顾。

宠臣伍举提醒他说：“要得到诸侯国的拥戴，言行必须要合乎礼仪，这是赢得尊敬的原因所在。以前夏桀、商纣、周幽王曾经召集诸侯，但在列国面前表现骄纵，最后都失去诸侯国的拥护。如今大王您有些言行不合礼仪，这样要让诸侯国心服口服，恐怕很难了。”

楚灵王唯权力是尊，哪里理会什么礼义道德呢，不听。

对于楚灵王在申邑会议上的表现，各国政治家也有评论。子产对向戌说：“楚国没什么可担心的，楚王对外骄纵，对内不听劝谏，我看不用十年，肯定要倒台。”向戌听后直点头，也评论说：“是呀，我看他也撑不了十年。现在楚王的恶行还没有充分暴露，等到充分暴露后，他一定会被抛弃的。”两位大政治家在这点上形成共识，楚灵王十年内必倒台，事实是不是这样呢？楚灵王在公元前 529 年垮台，距申邑会议召开的公元前 538 年，时间正好九年多，看来子产与向戌在这个判断上，可以打满分了。

很快，楚灵王便暴露出穷兵黩武的一面。

在弭兵大会之后，晋国一味对楚国忍让，这加剧了楚灵王的野心膨胀，特别是楚国主持召开申邑“国际峰会”后，更加不可一世。

在申邑会议中，楚灵王强行通过一项决议，就是准备发动对吴国的战争，并且要求与会诸侯国派兵参加。根据公元前 546 年在宋国举行的弭兵会议精神，各诸侯国之间停战休兵，可是并不包括吴国在内。楚国发动对吴国的战争，并不违背弭兵会议的决议。

快速崛起的吴国已经成为楚国的心腹之患，但是自吴王诸樊在公元前 548 年攻楚之战中阵亡后，吴国与楚国已经有十年没有爆发大规模战争。自从弭兵后，楚国与晋国的争霸告一段落，而且还捞了个诸侯盟主，可以调动这些诸侯国的军队，在楚灵王看来，这是对吴国进行致命打击的最好时机。

申邑会议在夏季召开，到了秋季，楚灵王已经做好对吴战争的准备。

弭兵运动并没有实现真正的弭兵，东南战场的烽火将熊熊燃起。

二、穷兵黩武

南方的雨季过去了，秋高气爽，收获的季节又来临了。

楚灵王也要把这年的秋季当作自己军事的收获季节，他不经意之间流露出得意忘形的表情，如今辖下的这支军队，阵容实在太强大了。除了一直笑傲江湖、令人闻风丧胆的楚兵团之外，还有其他诸侯国拼凑起来的联合作战部队，旌旗猎猎，一路向东，杀奔吴国。

楚灵王此行的目的，是拔除吴国的朱方城。

朱方城的主人，并不是一个吴国人，而是齐国流亡的政客，谁呢？就是曾在齐国政坛叱咤风云的庆封。自从齐国四大家族联手，打垮庆氏集团后，庆封被迫逃亡到吴国，在吴国受到礼遇，吴王将朱方城赏赐给他作封地。这个庆封倒是颇有本事，有生意头脑，会理财，很快，他就富可敌国。

当然，吴国政府把朱方城赏赐给庆封，也有自己的意图。

庆封在齐国当权的时间很久，垮台之后，其党羽很多都逃到外国。这样他在各国有很多眼线，吴国政府就是利用庆封这伙流亡政客，收罗各国的军事情报，特别是晋国与楚国的动向。庆封到底是出卖什么军事情报给吴国呢？史书上没有明确的记载，据笔者推断，除各国的军事部署、兵力、武器配置等情报之外，可能还有军事技术。吴国原本是一个军事技术很落后的国家，在巫臣出使吴国时，带了三十辆兵车，吴国人看得目瞪口呆，可见其技术之落后。可是到春秋晚期，吴国的军事技术已是一流水平，其铸剑（铁剑）技术最好，水师也最强大。当时铸铁技术最高的国家有晋国、齐国，而水师发展最早的是楚国，因此有可能吴国政府通过庆封获得大量的军事技术情报。

正因为如此，楚灵王把伐吴的目标锁定在朱方城，就是要消灭庆封集团，掐断吴国的军事情报来源。

庆封的本事，也就是搞搞政治阴谋，敛敛财、搜集些情报，说到行军作战，却非所长。楚灵王派大将屈申率前锋部队，猛攻朱方城，庆封哪里抵挡得住，很快城池被攻破，他本人被楚军俘虏，跟随他的齐国流亡分子，则被一网打尽。

看来齐景公应该给楚灵王写一封感谢信，为齐国政坛除去一大隐患。

楚灵王首战得胜，非常高兴，准备公开处死庆封，以鼓舞士气。

庆封被五花大绑，拉在马车上示众。这个可怜的家伙，想当年在齐国作威作福时，何尝想过自己结局是这样呢？楚灵王有意要羞辱他，故意在处决之前，拉出来游行，不仅要游行示众，还强迫庆封本人要高声认罪，要他这样喊：“我是齐国大罪人，我杀害自己的国君，还欺负国君的孤儿，强迫大夫们要服从于我。”

楚灵王想羞辱庆封来立威，不料事情并不如他想象的那样。庆封虽然要被处死，可是他心想：你把我拖出来游行，我就要报复一下，你不是要我喊吗？那我就喊吧。他憋足劲高喊道：“王子围是大罪人，他杀了自己的国君，篡位夺权，还强迫各诸侯国屈服于他。”

楚灵王一听，哎，庆封居然用这个机会来痛骂自己，这还了得，自己岂不在诸侯国军队面前出丑了？情急之下，他赶紧下令，游行取消，立即处死庆封。

本来想立威，岂料出了大丑，这就是楚灵王的闹剧。

攻克朱方城后，楚灵王并没有继续深入进攻吴国，而是率联军一举消灭附近一个小国：赖国。这又是一次恃强凌弱的非对称性战争，战斗没有任何悬念，赖国投降了。

赖国国君披头散发，把自己反绑，口里含一块玉璧，出城来降，随行的官员光着膀子，抬着棺材跟在后面。

楚灵王不知道要怎么办，他问身旁的伍举。伍举跟他说："以前楚成王攻伐许国时，许僖公也是这样来请降的。成王亲自给他松绑，收下玉璧，烧了棺木，以示接受投降。"看来楚国虽然向往中原的礼仪文明，但对这么复杂的东西，还确实有点弄不明白。

吞并赖国后，楚灵王下令动员民众，在赖国的土地上修筑城池，将其作为进攻吴国的桥头堡。

楚灵王的东征，尽管取得破朱方、灭赖国的胜利，却把楚国拖入战争的泥潭中。显然，雄心勃勃的他严重低估吴国的军事力量。

吴国的反击速度快得惊人。

对于楚国人所说的吴国政府利用庆封窃取军事情报的说法，吴王馀祭发表讲话，宣称："庆封是在走投无路的情况下投奔吴国的，吴国把他封在朱方城，只是表明我们不仇视有才之士。"

楚国在秋季发动侵吴战争，吴国在冬季展开大规模的报复。

楚兵团以骁勇而著称，而吴国兵团之勇猛有过之而无不及。

在刺骨的寒风中，吴国军队越界作战，进攻楚国本土，接连攻下棘、栎、麻三座城邑。楚国为之震动，不得不在夏汭、钟离、巢邑一线构筑防御工事，以防备吴军继续深入。

这一年冬季，气候有点反常，楚国东部发生严重的水灾。这次水灾迫使吴国军队放弃进攻，同时楚国在赖的筑城工程也被迫停止。

此时九州大地上的战争，已经从中原战场转向东南战场，吴楚之间的战争，成为春秋末期最激烈的战事。

为了打败吴国，楚灵王花一年时间做精心准备。

公元前 537 年，楚灵王发动第二次伐吴战争。

楚军的阵容堪称强大，除了楚兵团外，还有七个诸侯国派出军队助阵，这七个国家是蔡国、陈国、许国、顿国、沈国、徐国、越国，除此之外，还有东夷部落的军队。

虽然楚军来势汹汹，但吴国可不是好对付的。吴国军队的厉害，主要有两个方面：第一，吴军非常勇猛，当时吴国崇尚勇武；第二，吴国在对付楚军上，有一套行之有效的战术，讲究机动灵活，在战术上颇多创新，虽然相关的史料缺失，但吴国后来能产生孙武这样伟大的军事天才，这绝非偶然。

得悉楚军东进的消息后，吴国实施一系列佯动。楚国大将薳启彊一看，吴军出动了，可又不是冲着楚军来的，他不禁心里呵呵一笑，吴军肯定是畏惧楚军的强大，不敢来交战。于是他下令，部队火速前进，跟踪追击。部队一路追踪到一处称为鹊岸的江边，却只顾着追赶敌军，无意间露出破绽。其实吴军正是以运动战的方式牵着楚国人跑，然后伺机反击，薳启彊的部队根本没有防备，被吴军打得丢盔弃甲，狼狈而逃。

楚军首战败北，楚灵王很生气，正在气头上，忽然有人来报："吴国派一名使者前来，说是要犒劳我们的军队。"楚灵王问："来的人是什么身份呢？"勤卫兵回答说："他自称是吴王的弟弟蹶由。"

楚灵王一听火了，吴王在这个时候派弟弟来我这儿，不是存心看笑话吗？我干脆将他抓起来，杀了祭鼓。

他把蹶由抓起来，准备拉出去砍了，用血来祭战鼓。他先被带到楚灵王的跟前，楚王问他："你倒是有种，敢一个人跑这里来，寡人且问你，你来之前有没有占卜一下吉凶呢？"

蹶由虽然被绑着，但他神色自若，从容地回答说："当然是吉利了。吴王听说贵国要向我国用兵，先占卜一下，占卜的结果，说要派人前来犒劳楚军，顺便观察一下大王是不是生气了。如果大王友好地欢迎我，那么我国就会放松警惕，这样距离灭亡就近了。现在大王雷霆大怒，又把我抓起来，准备杀了祭战鼓，现在我国就会高度戒备。我国虽然弱小，但只要严阵以待，还是自信可以阻止贵国的进攻。我们占卜的是国家的前途，而不是我区区一人的命运，现在你把我杀了，换来我国的高度戒备、众志成城，难道还有比这个更吉利的事情吗？今天我出使楚营而被杀，大概吴国要取得战争的胜利吧，这就是吉利的兆象。”

这一番话，令楚灵王大为震惊。一个吴国的使者，国王的弟弟，位高权重，可以这样置生死于度外，丝毫不顾及个人的安危，只在乎国家的利益。这样的对手，是最可怕的，他收敛杀心，取而代之的是尊敬。此时他终于明白一件事，为什么吴国可以在诸多国家中脱颖而出，成为楚国最强劲的敌人，不在于人多地广，不在于武器精良，而在于国人之素质，在于视死如归、勇往直前的国家精神。

吴国已经做好充分的战备，楚军无机可乘，楚灵王放弃继续进攻的念头，只是在坻箕山进行一次盛大的阅兵，以显示楚国的武力，然后把蹶由作为俘虏带回楚国，大约是想研究一下吴国人的国民精神吧。

楚灵王精心准备一年之久的伐吴战争，最终无功而返。

又过了一年。

公元前 536 年，徐国太子仪楚前往楚国进行友好访问。

在两年前的申邑会议时，由于徐国国君的母亲是吴国人，身上有吴国的血统，楚灵王怀疑他背地里与吴国有不可告人的关系，把他抓了起来。之后，徐国为了表示对楚国的效忠，出兵参加楚国征伐吴国的战争，可是楚灵王仍然疑神疑鬼。这一次，他又故技重演，把徐国太子仪楚抓起来。

仪楚凭着自己的聪明机智，逃回徐国。楚灵王不甘心，认定徐国必定会背叛，不如先下手为强，他派遣大将薳洩率一支军队，突袭徐国，想乘虚而入，端掉徐国。在这个情况下，徐国只有一个选择，就是向吴国求援，楚国人苦苦相逼，看来不反也得反了。

吴国的反应相当迅速，马上出兵救援徐国，吴楚之间的战争再次爆发。为了占领徐国，楚国令尹子荡率领主力部队，攻入吴国，企图迫使吴国从徐国境内撤军。

然而楚国人又一次失算了，吴军不仅没有从徐国撤军，反而凭借积极灵活的战术，在房钟一役中，重挫楚军，还俘虏了楚灵王的弟弟弃疾。

楚国令尹子荡吃了败仗，为了推卸责任，将过错推到将领薳洩身上，指责他没有在徐国战场发动攻势，给吴军造成两线作战的压力。子荡以作战不力为由，处死薳洩。从这件事上，不难看出为何楚国与吴国作战屡战屡败。吴国有蹶由这样的人物，为了国家利益，不计个人生死得失，而楚国却充斥着像子荡这样只顾自己利益的人，焉能不败呢？

楚国又一次劳师无功，损兵折将，黯淡离开战场。

与吴国开战三年，楚国不仅在战场上失利，还花费巨大的人力物力，用于防备吴国可能发动的军事报复，可谓得不偿失。楚灵王并没有反省战败的原因，他仍然以诸侯盟主的身份沾沾自喜，在国内大修土木，奢侈无度。

耗费巨大人力财力及数年时间修筑的章华宫终于落成了，这座章华宫是做什么用的呢？说来令人不可思议，楚灵王在宫内收容很多逃亡分子，大约是想利用这些逃亡分子组建一支敢死队吧。这些逃亡分子中，形形色色的人都有。

楚国大夫无宇有一个看门人，犯了法，畏罪逃到章华宫，楚灵王照样接纳。无宇带着一帮人到章华宫门外，要求抓捕罪犯，负责宫中守卫的官员不但拒绝交出逃犯，还指责无宇道："你居然敢到大王的宫中抓人，你的罪可大了。"不容分说，命令卫兵把无宇逮捕，交给楚灵王。

楚灵王正在喝酒，听宫内侍卫的汇报后，他很不高兴，对无宇说："你怎么敢到我宫中来抓人呢？"

无宇抗辩道："我不到宫中抓人，要去哪儿抓人？周文王曾经制定法令，对逃亡者要进行大搜捕，所以他能得到天下；楚文王也曾制定打击窝藏的法令，窝藏者与盗贼同罪。现在有逃犯躲到宫中，就不能抓捕，还赦免其罪，这样国家的政令怕是有缺失吧？"

楚灵王听完后，没话可说，把无宇释放，并准许他逮捕逃到章华宫的犯人。

过了不久，章华宫的配套建筑章华台也修建完毕，楼台高耸，甚是壮观。独赏乐，与人赏乐，孰乐呢？自个儿欣赏，楚灵王总觉得少了些什么，不够气派，因此想听听来自各方的赞赏声，便向各诸侯发出邀请，前来楚国欣赏这座旷世建筑奇观。

岂料楚灵王大失所望，没有一个诸侯前来，太扫兴了。时任太宰的薳启彊见楚灵王十分尴尬，便自告奋勇地说："我可以把鲁国国君请来。"他写一封信给鲁昭公，先说一通楚鲁两国的传统友谊，然后邀请鲁昭公前来楚国访问。

鲁昭公这次没法拒绝，因为上次申邑会议时，鲁国已经缺席了，只好强打精神，到楚国与楚灵王一起欣赏他的章华台。

这件事情，说明了一个事实，楚国这个所谓的盟主，其实并没有令诸侯心服口服。表面上各国对楚灵王毕恭毕敬，内心里却瞧不起他的为人，认为他没有道义，劳民伤财，只是为了满足自己的私欲，谁也不愿意与他靠得太近。

鲁昭公到楚国后，楚灵王很高兴，好歹来了一个人，便在章华台上摆酒宴相迎，一边喝酒，一边欣赏章华台精美奇瑰的楼榭。酒喝几杯下肚，楚灵王心血来潮，对鲁昭公说：“您远道而来，够朋友，所以我要送个礼物给您，楚国有一个宝贝，是一张宝弓，称为大屈弓，我把这宝弓送给您。”说罢让人把大屈弓扛出来，当场送给鲁昭公，鲁昭公受宠若惊，连连道谢。

宴会结束后，楚灵王睡了一大觉，醒来便后悔了。这张大屈弓，是楚国的宝物，他自己十分喜欢，在半醉半醒间一时意气送给鲁昭公，想想真不划算。

太宰薳启彊察言观色，知道楚灵王舍不得宝弓，便说：“大王放心，我去把这张弓要回来吧。”怎么要回来呢？当面向鲁昭公讨，这当然不行，都当礼物送人了，还有讨回来的道理吗？那样做岂不让人耻笑吗？

薳启彊有办法，他前去拜会鲁昭会，一见面就说道：“我特地来向国君祝贺。”鲁昭公一听，心里十分不解，便问道：“你祝贺我什么呢？”

薳启彊说：“楚王送给您的大屈弓，这可是一件宝物。不瞒您说，晋国、齐国与越国对这宝弓都梦寐以求，但楚王并没有送给他们，而是送给您了，我岂不要向您祝贺呢？不过——”他顿了顿，接着说：“这三个国家都想把宝弓据为己有，您可得好好保管，万一把它给弄丢了，那可对不起我们大王哦。”

鲁昭公听后吓了一大跳，没想到这张弓倒是烫手的山芋，拿在手上还要提心吊胆的，何苦呢？不如还给楚国，倒省却一番心思哩。便对薳启彊说：“哎，既然是这么件宝物，我也用不着，不如还是留在楚国吧，这样安全些。”

薳启彊半推半就，最后收回大屈弓。

这件事又可以看出楚灵王的另一侧面，假豪爽，真小气，怪不得各路诸侯都跟他保持距离，不即不离。

对于诸侯国的冷漠态度，楚灵王心知肚明。作为一个崇尚武力的统治者，他认为原因出于弭兵停战。停战的结果，就是楚国无法炫耀武力，没有武力威慑，诸侯国当然就三心二意了。楚国并不是完全没有发动战争，与吴国的战争仍然时断时续地进行，但是连吃败仗后，这样的战绩，实在拿不出手，只是让其他国家在一旁偷笑罢了。

跟吴国打仗打不赢，跟中原诸侯又有弭兵协议，不能轻易开启战端，那楚国凭什么来威慑诸侯国呢？

就在这个时候，一个机会出现了。

楚灵王七年（公元前 534 年），陈国爆发政变。陈国执掌大权的公子招与公子过，杀死陈国太子，并逼使陈哀公上吊自杀。

楚灵王笑了，这不是一个很好的出兵借口吗？

楚国大军以平定陈国内乱为由，火速进攻陈国，仅仅用两个月的时间，迅速平定陈国的内乱。楚灵王出兵陈国，并不是要维持国际正义，扶植一个新政权，而是干脆把陈国吞并了，将其土地设为楚国的一个县。

这是一场赤裸裸的侵略战争，公然违背了弭兵协议的精神。

但是没有诸侯国出来指责楚国，其中的原因是晋国没有出面抗议。弭兵运动之后，晋国在对外争霸上，十分被动，让人觉得霸气不再，对楚国的种种要求，一味忍让。晋国没有抗议还有一个原因，陈国长期以来是楚国的喽啰国，它被兼并一事，在晋国人看来，只是楚国集团内部的问题，并没有影响到晋国的利益。

晋国都不出面，其他诸侯国更没法反对，事不关己，高高挂起。不仅如此，楚国吞并陈国后，鲁国、宋国、郑国、卫国还都派人前去拍楚灵王的马屁。

这下楚灵王来精神了，你看看，原来请这些国家前来参观章华台，大家都不想来，现在楚国胳膊一舞，还不是乖乖来了吗？看来要赢得诸侯的尊重，还得看谁的拳头硬。

中原诸侯对楚国采取观望的绥靖政策，没有积极抵制楚国扩张侵略的野心，这令人联想到两千多年后的第二次世界大战欧洲战场，面对德国对外蚕食政策，英、法等国也是采取观望的态度，最后使德国的野心急剧膨胀。

楚国也是如此，扩张的野心不断地膨胀。

有吞并陈国的经验后，楚灵王小心翼翼地先四处张望一下，发现没人吭声，这下子胆子更大了，开始把目光瞄准第二个国家：蔡国。

楚灵王先派人给蔡国送了厚礼，盛情邀请蔡灵侯到楚国访问。蔡灵侯带七十名卫士，前往楚国。楚灵王假装盛情款待，酒席过半时，埋伏在两侧的楚国甲士突然杀出，把醉醺醺的蔡灵侯捆绑起来，七十名卫士也被解除武装，成为俘虏。

这是一起十分恶劣的绑架案，楚灵王作为一国之君，居然在外交场合干这种下三滥的勾当，无疑是令人震惊的。不仅如此，绑架蔡灵侯二十二天后，楚灵王竟然下令将他及七十名卫士一同处死。

楚灵王不是第一次做这种绑架的事，他曾先后绑架过徐国的国君与太子，但这次不仅绑架，还撕票了。不仅撕票，他还要灭了蔡国！

楚军大举围攻蔡国，蔡国危在旦夕。

所有诸侯国都震惊了，现在就看晋国政府怎么表态。

晋国政府还犹豫不决。元帅韩起并不想卷入与楚国的战争中，只要援救蔡国，势必要与楚国开战，那就意味着晋楚弭兵协定废除了。

韩起举棋不定，这时晋上军司令荀吴拍案而起，这位晋国名将、攘夷英雄厉声对元帅韩起说："既不能救陈国，又不能救蔡国，谁还会归顺我们呢？晋国的表现实在太懦弱，作为诸侯盟主，却不能拯救这些国家，那还要盟主干什么呢？"

然而荀吴的慷慨陈词，并没有让韩起坚定与楚国开战的决心，这位十分保守的元帅优柔寡断。在这么关键的时候，不是迅速做出决定出兵，而是召集鲁、齐、宋、卫、郑、曹、杞七个国家开会，商量救援蔡国的问题。

你想想，晋国都没有决心开战，何况是其他国家呢？因此这次会议商量来商量去，也没商量出个结果，最后只做了一个滑稽的决定：由晋国政府派一名官员，前去楚国求情，请求楚灵王放蔡国一马。

晋国的软弱性，尽显无遗。注意哦，晋国既不是去恐吓楚国，也不是去抗议，而是去求情。楚灵王二话没说，一口回绝晋国政府的请求。

晋国的无所作为，导致蔡国陷入孤军奋战的境地，经过七个月艰苦卓绝的抵抗，蔡国终于被楚军攻破。蔡国太子被楚灵王下令处死，而且还拿来当作祭品，下场凄惨可怜。

这样，继陈国之后，蔡国也被灭了，成为楚国的一个县。

楚灭陈、蔡，实是暴虐者的胜利、野心家的胜利、蔑视国际公法者的胜利、强权者的胜利，其胜利根本原因乃是中原诸侯的不作为，使楚灵王弃休战协议于不顾，诸国弭兵的和平局面遂为弱肉强食之自然法则破坏殆尽了。

然而春秋时代，毕竟不同于后日的专制时代，楚国虽强，却不能钳制天下，能灭人之国，却不能禁锢人心；陈、蔡虽弱，犹然可奋力一搏，以争国家的二次独立。

三、楚灵王之死

毫无疑问，楚灵王是一个好战分子。

灭掉陈、蔡两国之后，他下令在陈、蔡两地以及北部的不羹（包括东不羹、西不羹两城），重新修筑坚固的城墙，每座城池配备有一千辆战车，四座城池总计有四千辆战车，这个数量可以看出楚国军事力量的强大。

楚灵王沉浸在胜利的喜悦中，他问右尹子革："以前诸侯害怕晋国，疏远我国，现在我们在北方四城便拥有四千辆战车，你看诸侯是不是会怕我？"

子革讨好他说："光是这四座城池的力量就让人害怕了，何况是整个楚国呢？他们一定会害怕的。"

确实，此时楚国的力量是令人畏惧的，其对手晋国也感受到空前的压力。两年后（公元前 529 年），晋国出动四千辆战车，在邾南大阅兵，以威慑诸侯，这似乎是对楚国人施压中原诸侯国的一种回应。

楚灵王还有一种失落感，因为在与吴国的交锋中，楚国并没有占到任何便宜。不仅如此，原本投靠楚国的徐国，反倒投靠吴国了。在五年前（公元前 536 年）讨伐徐国的战争中，楚军被吴国人打得大败。对楚灵王来说，这是耻辱。

雪耻的机会来了。

如今北方四城高高耸立，北线无忧，楚国可以心无旁骛地投入与吴国的战争中。当然，首先要灭掉徐国，报一箭之仇。

灭蔡后的第二年（公元前 530 年），楚灵王派荡侯、潘子等将领，出击徐国，自己则屯兵于乾谿，作为前锋军队的后援。

螳螂捕蝉，黄雀在后。楚灵王没有意识到巨大的危险正在临近，危险不是来自吴国或其他外部的力量，而是在楚国内部。

在楚灵王亲征徐国时，楚国内部爆发叛乱。

这场叛乱蓄谋已久，起因是楚灵王得罪太多人了。自从他即位后，一味对外扩张，内政则采取高压手段，早已引起一批臣僚的强烈不满。被迫害过的薳居、许围、蔡洧、蔓成然四家组成联合阵线，暗中策划叛乱。如今楚灵王离开首都亲征徐国，正是发动叛乱的最佳时机。

参与叛乱的人中，甚至还有一名越国大夫，他叫常寿过。以前常寿过曾代表越国参加楚国主持的国际会议，在会议上遭到楚灵王的羞辱，因此他也带着一批人，前来为反灵王阵线助威。

叛军偷袭固城，攻克息舟，并修筑城堡，准备与政府军决一死战。

与此同时，蔡国复国运动沉渣泛起，最后与楚国国内的叛乱汇合成一股洪流。

蔡国复国运动的关键人物是观从。

观从原本是楚国人，他的父亲观止在楚康王当政时被处死，他便流亡到蔡国，在蔡国大夫朝吴手下当差。蔡国被楚国灭亡后，观从一心要拯救蔡国，争取第二次独立。他听到楚国爆发反政府叛乱，十分激动，对朝吴说："机不可失，如果不争取独立，蔡国将没有复国的机会，请让我试一试吧。"

自从被楚国吞并后，蔡国改为蔡县，最高长官由楚灵王的弟弟熊弃疾担任。要谋求蔡国独立，必须得到熊弃疾的支持。

这几乎是一件不可能完成的任务。因为熊弃疾不仅是楚灵王信任的人，而且他也是灭陈之战与灭楚之战中的楚军总司令。想要策反熊弃疾，可能吗？朝吴对此深表怀疑。观从是个意志坚定的人，只要有一线希望，他就不会放弃。

首先，要让楚灵王的两个政敌返回国内。

这两个政敌，其实也是楚灵王的弟弟：子干（公子比）与公子黑肱。当初楚灵王发动政变夺权时，子干逃到晋国，黑肱逃到郑国，到现在已经流亡十二年了。

观从伪造一份蔡县最高长官熊弃疾的文书，大意是说准备推翻灵王的统治，希望两位哥哥能回来协助。子干与黑肱两人看了后，信以为真，便满怀希望地前往蔡县，他们没有见到熊弃疾，却见到一张陌生的面孔……

观从这时已经秘密组织一支复国军，但他位卑言轻，要有人出面主持大局。子干与黑肱是楚国王子，身份尊贵，有号召力，况且两人都是楚灵王的死敌，自然成为主持大局的人选。子干与黑肱却不干，在他们看来，这支微不足道的复国军，要对抗强大的楚国政府军，那是痴人说梦。

不干也得干——观从一声怒吼。

在观从的武力胁迫下，子干与黑肱两人被迫同意与观从组成统一战线。

复国军开始行动了。复国军偷袭蔡县最高长官熊弃疾的府衙，当时熊弃疾正在吃饭，忽然见一大群人冲杀进来，心里吓坏了，把碗筷一扔，从后门逃走。

观从头脑灵活，擅长搞阴谋。他进了府衙后，便在地上挖个坑，杀了一头牲口，放进一份事先准备好的伪造盟书，这是春秋时代盟誓的标准程序。办妥之后，他召集市民，宣布说："蔡县最高长官已经召回子干、黑肱两位公子，并且立了盟约，准备把他们送回楚国，以武力推翻现在暴虐的国君。"

这时，观从的老上级朝吴站出来呼吁说："如果你们想为暴君白白送死，那就选择袖手旁观。如果你们想恢复蔡国，求得安定，那就支持最高长官，向暴君开战吧。"

复国那可是神圣使命，这些蔡国遗民热血沸腾，纷纷表示支持伟大的复国运动。

楚灵王虽然在蔡县驻扎不少兵力，但这些兵源主要都是由以前的蔡国人组成的。如今在观从与朝吴的煽动下，都倒向复国军，蔡县最高长官熊弃疾成了光杆司令。

熊弃疾陷入两难境地，要镇压复国军吗？现在没有兵力，怎么镇压？逃回楚都吗？那也不行，观从既伪造了所谓的盟书，又公开宣称他与子干、黑肱结盟，要杀回楚国，如果这时回去，楚王会信任他吗？

进不得，也退不得。再看看国内的形势，叛乱正在蔓延，国家正陷于危险中，这个时候，楚灵王却还热衷于讨伐徐国。识时务者为俊杰，如今四面楚歌，楚灵王的统治已摇摇欲坠，不如就跟蔡国复国军联手，杀回楚国，说不定还有一线生机哩。

熊弃疾向观从伸出友谊之手，一个更广泛的反灵王阵营形成了。

凭借自己的影响力，熊弃疾成功地说服陈、不羹等城的驻军参加讨灵王的军事行动，并且把楚的喽啰国许国、叶国也拖下水。光是陈、蔡、不羹这些城池就拥有四千辆战车，楚灵王原本打算以此强大的力量来威慑诸侯，不想这些城池竟然倒戈一击，加速楚灵王的覆灭。

国内的叛乱势力也与熊弃疾合流，一支强大的军队迅速向郢都推进。

根据事先达成的协定，倒灵王行动成功后，陈与蔡将复国。挺进到郢都郊外后，陈军、蔡军打出本国的旗号，在神圣使命的召唤下，士气更加旺盛。

熊弃疾是楚军中的名将，他并没有急着攻城，因为他深知郢都的防御工事极其坚固。以前令尹子囊在伐吴失利后，警告下任令尹子庚，一定要加固郢都的城防，这本来是为了对付吴国，不料吴军尚未打到郢都，叛军先来了。郢都不是一座容易攻陷的城池，如果不能迅速拿下，楚灵王一旦从徐国前线回师，后果不堪设想。在这种情形下，熊弃疾决定智取郢都，他派两名心腹秘密入城，买通太子身旁的侍卫，刺杀主持郢都防御的太子。政府军群龙无首，首都一片混乱，反政府军里应外合，很快便攻克郢都。

进军郢都的军事行动中，熊弃疾是灵魂人物，如果没有他参加，反政府军绝不可能在如此短的时间内取得重大战果。但是子干、黑肱、弃疾三兄弟中，子干最为年长，弃疾最年幼，因此攻入国都之后，熊弃疾没有成为楚王，而是由子干继位为王，黑肱为令尹，熊弃疾为司马。

政变成功了。

但是还不彻底。因为楚灵王还没死，他还握有一支强大的军队。

在得知国内政变的消息后，楚灵王大惊失色。情况紧急，他已经来不及召回在徐国前线作战的部队，自己匆匆率驻扎在乾谿的战略预备队，火速返师。

可是熊弃疾的出手更快。

控制郢都后，熊弃疾马上派观从为特使，前去见楚灵王，告知郢都已沦陷的消息。显然，熊弃疾希望楚灵王能知难而退，选择逃亡之路，

观从是蔡国第二次独立的英雄，同时也是一名鼓动家，他借着见楚灵王的

机会，偷偷地在政府军中散布小道消息："先归顺新政府者，可以保有官职家财，后归顺者将被处于劓刑。"楚军官兵听了都很害怕，大量开小差，偷偷溜走了。

楚灵王的军队行进到訾梁时，士兵们跑得差不多了。

这下子楚灵王彻底泄气了。突然间，他发现自己成了孤家寡人，这个以冷酷著称的君主，心里流露出罕见的人情味。他想着自己的儿子们，一种父爱涌上心头，他是多么地爱他们啊，却从来未尝说出来，如今儿子们个个死于非命，再也没有机会表白了。他心里感到一阵苍凉，一不小心，从马车上摔落在地，但他没有在意，只是抬头问身边的侍从："别人也会像我一样怜爱自己的儿子吗？"

一位老侍卫官回答说："有些人对儿子的爱还超过您呢。唉，我老了却没有儿子，看来将会被弃尸在沟壑了。"

楚灵王若有所思，似有悔意地说："我杀了那么多人的儿子，能不落到这一步吗？"

他的亲信、右尹子革安慰说："您可以先在郢都郊外等等，打探一下国人的民心向背吧。"

"唉，众怒难犯啊。"楚灵王此时倒颇有自知之明，早知今日，何必当初呢？

子革又建议："不如先找个大的城池躲躲，然后向诸侯求援。"

大城？楚灵王苦笑了，还有哪个大城听命于我？"都背叛了！"他挤出了几个字。

"不行的话，就直接逃到国外吧，看看哪个大国能出兵相助。"

"哎，我的运气就到此为止了，还是不要丢人，自讨侮辱了。"他已经沮丧到极点。

楚灵王什么也不听，子革一转身，溜了，向新政府投降去了。

天地茫茫，竟无容身之地。楚灵王沿着汉水而下，惶惶如丧家之犬。总算还有一个人惦记着这位落难国君，忠心耿耿的申亥费了好大的力气，终于找到楚灵王，并把他安置在自己的家中。

灰心丧气的楚灵王，失去了往日的锐气，权力没了，财富没了，女人没了，什么都没了，活在世上还有什么意思，还有何脸面呢？结束了，人总有个归宿吧。

五月的一天，申亥一如往常推开房门，他看到楚灵王壮硕的身躯在空中摇晃着，套在脖子上的绳索悬在横梁之上……

楚灵王就这样死了。

他得到“灵王”的恶谥，这并不意味他的帝王生涯一无是处。楚灵王时代，楚国又恢复了几分霸气，在外交中让晋国占不到便宜，他雄心勃勃，疯狂扩张，差一点就成为一代霸主。他的失败在于树敌过多，敌人来自国内的叛乱者，来自陈、蔡的复国分子，同时还有他的三个弟弟。

其实楚灵王并非没有机会东山再起，他完全可以隐忍含垢，依靠喽啰国的力量卷土重来，但他心虽黑，脸皮却不够厚，最终只是项羽一类的人物，被历史无情地淘汰了。

楚国的内战结束了，可是政坛并不平静。

权力斗争还在持续着。

子干、黑肱、熊弃疾三人联合起来，推翻楚灵王的统治。在这场战争中，熊弃疾功劳最大，楚王位却落在子干手中，因为他是哥哥。

显然，熊弃疾对这样的权力分配是不满的，他开始在新政府中清洗楚灵王的旧臣，大量提拔自己的亲信。对此，富有谋略的观从看出苗头，他对楚王子干说：“如果不把弃疾铲除了，您一定是会招灾的。”

楚王子干还是念及兄弟之情，不忍心下手。

观从叹了一口气说：“你不忍心，别人未必不忍心。我是不能再待下去了。”他明智地远离政治斗争的旋涡，以免惹祸上身。

不出观从所料，熊弃疾开始向国王的宝座发起冲击。

当时楚国人都还不知道楚灵王的下落，更不知道他已经上吊自杀。每天晚上，总有人搞恶作剧，高喊说：“国王回来了。”搞得人心惶惶。熊弃疾正好借助国人的这种恐慌心理，策划一场阴谋。

有一天晚上，熊弃疾指使亲信大造谣言，呼喊：“国王进城了。”这个谣言很快就传开了，全城混乱不堪。这时，他又派蔓成然前去见子干、黑肱，慌慌张张地对两人说：“国王已经进城了。熊弃疾已经被杀死，乱兵很快就杀进来。你们可要做好打算，如果不想受到凌辱而死，就自行了断吧，乱兵四处暴虐，如洪水烈火，现在已经没办法了。”

刚刚说完，就只见外面乱成一片，只听有人喊道：“弟兄们都到齐了吧。”

然后又是一片兵戈声。

子干、黑肱两人见乱兵已经杀到门口，断然无生还的可能，与其被羞辱而死，不如自己了断吧。两人默默地拔出剑，然后剑锋一闪，从脖子处喷出两道血柱，死了。

其实所谓的乱兵，不过是熊弃疾导演的一出戏。

这是一次完美的政变，杀人，但手不沾血。

略施小计的熊弃疾成了楚王，他把自己名字改了，叫熊居，他就是有名的楚平王。

楚平王是个颇有才能、有作为的君主。上台后，他首先承认陈、蔡两国的独立，缓解楚国与诸侯国之间的矛盾；其次，他大力推行新政，扭转楚灵王时代的苛政，而代之以宽松的政策，政府救济穷人，赦免罪人，提拔人才。有一个例子可以看出楚平王的胸襟。在倒灵王的战争中，最大的功臣是观从，但他却曾经劝子干杀死熊弃疾（即现在的楚平王），楚平王不仅没有问罪，反而许诺他："你有什么要求，我都可以满足你。"

在楚平王的努力下，楚国的动荡局面结束了。

楚平王松了一口气，他想起还有一支楚国军队在徐国作战。当时楚灵王为了打击吴国，发动讨徐战争，但徐国还未拿下，国内便爆发内乱，致使前线部队指挥官一时不知所措。如今楚灵王死了，新政府应该要召回这支军队。

很快，楚平王便收到一个令人沮丧的消息：入侵徐国的楚军，几乎全军覆灭。原来在撤军途中，吴国突然出兵，在豫章截断楚国兵团的退路。在凶悍吴军的猛攻之下，楚军很快崩溃了，楚军将领荡侯、潘子、司马督等五名指挥官全部被俘，只有少数人逃回楚国。

自从吴楚战争爆发以来，面对吴国咄咄逼人的气焰，南方巨鳄楚国开始显得力不从心，而吴国则一步步地从东方小国崛起为超级强国，成为春秋末期的一个奇迹。

第十八章　气吞万里：吴楚大决战

一、长岸水战

在春秋前半叶，吴国是默默无闻的小国，它的崛起速度之快，令人瞠目结舌。

吴国的雄起，在于其坚强勇悍的精神。

自吴王寿梦挥鞭，鲸吞蚕食周边蛮夷后，吴国明君辈出，他们的开拓勇武精神，堪媲美楚国早期君王。寿梦去世后，长子诸樊继位，在皋舟之役中重创楚军，使楚国令尹子囊留下遗言："一定要在郢城筑城，以防备吴人。"公元前 548 年，诸樊进攻楚国时，中箭身亡。诸樊的弟弟馀祭继承父兄的事业，开疆拓土，于公元前 544 年向南进攻越国，不想被越国俘虏刺杀身亡。馀祭的弟弟馀眛（又称为夷末、夷眛）继承王位。

馀眛在位十七年，在这段时间，吴国面临楚国巨大的军事压力。向戌弭兵后，晋楚两霸停止战争，这使得楚国得以腾出手来，全力进攻吴国。楚灵王上台后，雄心勃勃地发动对吴国的战争，在战争的初期，取得了一系列战果，攻占朱方城，并处死客居于此的齐国流亡政客庆封。但是吴国人很顽强地顶住楚国的攻势，使楚军多次无功而返。

在中原诸侯眼中，吴国人虽然悍勇，但对之抱有轻视之心，认为这是一群没文化的蛮夷，故而在盛况空前的弭兵大会中，都没有邀请吴国参加。

然而吴国并非如中原人所想象的那么落后。

公元前 544 年，即弭兵会议后两年，由于吴王馀祭被刺身亡，馀眛继位，便派弟弟季札出使诸侯国，向列国通报吴国新君上台的消息。

这是一次文化之旅，也是一次外交攻势。

季札是吴王寿梦的小儿子，博学多才，热爱中原文化，并有深入的研究与不俗的见解。吴王寿梦非常喜欢这个儿子，想让他继承王位，但季札拒绝了，坚持由长兄诸樊继承王位。为了达成老国王的遗愿，吴国的王位兄死弟承，他的三位哥哥都想让季札成为吴王。

这次出使列国，季札要让中原诸国改变对吴国的印象。

第一站便是礼乐文明的活化石鲁国。季札非常激动，提出要求，观看聆听周朝的舞蹈与音乐。鲁国的叔孙豹让乐师们演唱数十首歌，这些都是季札在吴国所未曾听过的，但他却能作出十分中肯、贴切的评价。

比如说听了《周南》《召南》后，季札便评道："美哉！基业已奠定，但还没完成，百姓勤劳而无怨言。"听了《王风》后，他又评说："美哉！有忧思之情，但心无恐怖，这大概是周室东迁后的歌曲吧。"听了《齐风》后，他评道："美哉！宏大而广博，这是大国的音乐，大概是姜太公的国家吧，国家前途不可限量啊。"听了《秦风》后，他说："这就是西方的音乐吧，宏大到了极点，这大约是周室的旧乐吧。"

季札总共点评了十六首歌曲以及六段舞蹈，评论相当精彩，以至于史书《左传》中把他的这些评论全文记载。这显示了季札深厚的礼学素养，以及作为政治家的独到见解。

季札的精彩点评，不能不使鲁国执政叔孙豹对他刮目相看。一直以来，鲁国自以为是仁义文化最为完备的国家，对吴国这种后起之国嗤之以鼻，看不起。但季札完全改变了鲁国人的偏见，原来吴国不仅武力强大，文化也未可小视哩。

离开鲁国后，季札又先后出使齐国、郑国、卫国、晋国，每到一个国家，他便与政要们会晤，点评时政。季札虽然僻处东南，但对各国政治形势了如指掌。

在齐国，他会见晏子，劝晏子把封邑与权力归还公室。晏子听从他的劝告，后来栾氏、高氏与陈氏、鲍氏大内斗时，晏子得以躲过灾祸，并且劝说陈文子还权于齐景公，此举使齐国得以复兴。

在郑国，季札会见子产，并预言子产会执政，后来果然如他所料。

在晋国，季札会见赵武、韩起、魏舒，对三人的才华倍加欣赏，并预言晋国的权力将集中于三家，这后来又成为事实。

这些都证明季札惊人的判断力与过人的智慧。

这次外事访问，大大提高了吴国的国际声望与地位，吴国进一步从封闭走向开放。也正因为如此，才不断有来自各地的人才涌入吴国，包括后来举世闻名的大军事家孙武。而这正是吴国能在春秋末期雄霸天下的原因之一。

公元前 529 年，吴国人给楚国沉重一击。

这一年楚灵王远征徐国，后院起火，弟弟熊弃疾联合陈、蔡复国武装及国内叛乱分子，攻占郢都。楚灵王自杀身亡后，进攻徐国的楚军不得不撤兵，善于捕捉战机的吴王馀昧果断地出兵，截断楚军退路，打了一场漂亮的伏击战，几乎全歼楚国远征军。

紧接着，吴军大举出动，攻占楚国的州来城。

吴军果然厉害。

楚国令尹蔓成然脸上挂不住，他主动请缨，东讨吴国。作为名将出身的楚平王，对战争的理解要远远超过蔓成然。两个国家的交锋，不仅比拼军队的战斗力，也是比拼两国的实力。楚国虽强，但刚经历内战与政变，元气大伤，况且吴军挟全歼侵徐楚军、攻克州来之余威，兵锋极盛，诚不可与之争锋。

对蔓成然的请战，明智的楚平王摇摇头说："不穀即位不久，尚没来得及安抚百姓、祭祀鬼神，整饬军备，安定国家。此时贸然出击，倘若无功而返，民怨沸腾，得不偿失，还是等等吧。"

为了重振旗鼓，楚平王励精图治，分贫振穷、养老疾、宥孤寡、救灾患、赦罪戾、禁治奸邪、举拔贤能，同时加强军备、交好邻邦，使百姓得以休养生息。在经历内忧外患后的楚国，渐渐恢复元气。

在楚国致力于内政建设时，吴国政局发生了一些变化。

公元前 527 年，吴王馀昧去世，在位共十七年。自吴王诸樊后，吴国的权力交接都是兄死弟承，这是因为当年吴王寿梦想要传位给小儿子季札，但季札坚决推辞，将王位让给哥哥。他的三个哥哥先后成为吴王，按照这样的顺序，这回应该是季札称王了。

季札仍然拒绝了，为了彻底避开权力场，他逃走了。

季札为什么不想当国王，这是一个不好回答的问题，最可能的一种情况，是他热衷于文化研究，想置身于政治旋涡之外。虽然他聪明睿智、有过人的判断力，但其性格未必能使他成为一名好君王，也许他有自知之明。在历史上，我们发现很多在艺术、文化领域有特殊才能的君王，在政治上却一塌糊涂。显然，季札宁可当一名哲学家，也不愿成为君王。

不管出于什么理由，季札的逃走产生一个严重的问题：谁是合法的王位继承人呢？

两个竞争者出现了：公子光与公子州于。

公子光是吴王诸樊的儿子，州于是吴王馀昧的儿子（有史料称州于是吴王寿梦的庶子，季札的庶兄），这两人都颇有才华，都有资格称王。但是吴王馀昧刚去世，既然弟弟不接受王位，那儿子继承算是天经地义的。

就这样，州于成了吴王，称为吴王僚。

然而公子光对此极其不满。在他看来，当年自己的父亲为了实现祖父吴王寿梦的遗愿，才将父死子承的传统修改为兄死弟承。现在季札逃走了，国家的权力理所当然应该回到自己手中。

一直以来以精诚团结著称的吴国政坛，开始出现一道裂缝。

自从公元前549年楚国人第一次使用舰船发动水面战争以来，善于学习的吴国人很快也组建起一支水上军事力量，以抗衡楚国水师。

吴王僚上台后第二年（公元前525年），他迫不及待地发动对楚国的战争。在吴楚争锋中，主动权开始操纵在吴国人手中，而一向咄咄逼人的楚国人成了防御的一方。吴国的这次进攻，最大的亮点就是以战船为主战力量，溯长江而上，攻略楚国。

自从州来被吴军攻占后，楚平王忍辱负重，以退为进，等待雪耻的一天。经过四年的准备，楚国的国力恢复到楚灵王时代的水平，完全有能力击败吴国。

每次战争之前，总是要求神问卜。楚国令尹阳匄占卜的结果，是作战不利，这时司马子鱼拍案而起，大声喝道："我军处于上游，吴军处于下游，有何不利？况且按照惯例，应该是由司马占卜，我请求重新占卜。"

子鱼唤来卜师，对他说："我率部属冲锋拼死一战，楚国大军随后跟上去，希望能大获全胜。”言下之意，是以自己的一死，换来战争的胜利。卜师重新占卜，结果是吉利的。

楚国水师沿长江而下，迎战吴国水师。

这是一次水面大战。春秋时代频繁的战争，也使得军事思想、军事技术、军事艺术不断得到发展，这是一个富有创造力的时代，竞争与创新成为时代的主潮流。

吴国水师由公子光统率，向西航行，而楚国司马子鱼则率楚国水师，顺流而下，在长岸（今安徽当涂西南），两支水军相遇了。

水面战斗对吴楚双方都是一个新的挑战。为了击败楚国水师，吴国造了一艘大船，称为“馀皇”，这艘船造于吴王馀昧时，曾经是馀昧的座船。但是从地利上看，无疑对楚国人是有利的，因为楚国水师处于上游，而吴国船只则在下游，楚国船只顺流而下，在速度与冲击力上，要胜过吴国。

大战打响了。

楚国司马子鱼抱着必死的决心，身先士卒，其他楚军官兵无不感奋，争先恐后向前冲。以勇猛著称的吴国人也被楚国人的拼命精神吓住了，两军在长江江面上混乱地厮杀，士兵们的鲜血染红了江面……

勇敢的子鱼战死了，楚军却大获全胜，还虏获吴国的主力战船“馀皇”号。他们将“馀皇”号拖上岸，在船四周挖了深沟，并派人严加看守。

吃了败仗后，公子光没有灰心丧气。他是一个意志坚强、雄心勃勃的人，绝不轻易认输，如果就这样败回国内，连与吴王僚竞争的资本也没有了。他决定要反戈一击，夺回“馀皇”号，于是召集残兵败将，打气说：“‘馀皇’号战船，是先王的座船，现在被楚国人虏获了，这是我一人的罪过吗？你们大家也有罪。现在我们应该将它重新夺回来，以功赎罪。”

大家都表示：行，你是公子，又是统帅，该怎么办就怎么办吧。

要夺回“馀皇”号战船，不能力敌，只能智取，楚国水师强大，吴国根本不是对手。公子光先派三个壮士，悄悄潜伏在“馀皇”号附近，并且跟他们交代接头暗号，暗号就是“馀皇”。

夜半三更时，公子光率吴军悄悄地接近“馀皇”号战船，此时看守此船的部队（包括随国军队与一部分楚军）已经进入梦乡。根据事先的约定，公子光喊了三声“馀皇”，潜伏的三名特工相续回应，这既是给吴国水师做导航，同时也扰乱楚军的视听。

楚国守备部队被惊动了，马上派出巡查队，顺着声音的方向，抓住这三名特工，并立即处死。这个时候，公子光的主力部队已经登岸，向楚军发起冲锋。守卫“馀皇”号战船的一部分兵力是战斗力不强的随国士兵，一听吴国人打来了，拔腿就溜，楚营大乱。

公子光以迅雷不及掩耳之势，夺回“馀皇”号后，立即拖下水，然后顺流而下，逃回吴国，楚国人追之不及矣。

公子光的奇袭，使吴军挽回一些颜面，可是长岸水战仍然以楚国的胜利而告终。

隐忍负重的楚平王不失时机地出兵，重新从吴国人手中夺回州来。

吴王僚刚刚上台两年，就把先王的胜利果实丧失殆尽了。

楚平王的战略是在东面与北面采取守势，在南面采取攻势。

此时的楚国已显得日薄西山，东线面对吴国巨大的军事压力，使楚国基本上已经放弃北争中原的长期政策。甚至连小小的许国，楚国也觉得没有力量保护。在楚共王时代，许国由于受到郑国的欺负，被迫整个国家迁入楚国境内，而许国的原来土地被郑国所吞并。以前一直被楚国欺负的郑国，在子产执政期间，国家稳定，军事力量不弱，这居然使楚国人感到一种威胁。楚国左尹王子胜建议说：“许国与郑国是世仇。如今郑国与晋国交好，一旦郑国在晋国人的帮助下进攻许国，楚国就要损失土地了。郑国的军力不容小视，许国也不能再次被吞并，最好的方法是把许国迁移到更远的地方。”楚平王听从左尹的建议，将许国迁往析地。对郑国这样二流的国家，楚国都颇为头疼，可见在吴国的打击下，楚国兵力开始显得捉襟见肘。

公元前 523 年，楚平王又下令在北方郏邑修筑城池，此举仍然是为了应对北方郑国可能发动的攻势。鲁国大夫叔孙婼对此事一针见血地评论说：“楚国的用意已经不在称霸诸侯，仅仅是为了自保罢了。”

在北线加强防御的同时，楚平王在东部加固州来的防御工事，预防吴国人对州来的再次打击。为了与吴国缓和紧张的关系，楚平王还主动释放被楚国扣押达十五年之久的吴国大夫蹶由。

当然，楚平王并非没有雄心壮志，他只是想将扩张的矛头，对准南方力量薄弱的蛮夷。在北线、东线采取守势的同时，楚国积极向南方进取，强大的水师向南方挺进，攻打濮部落。

楚平王是一位有作为的国王，但称不上是明君，他的私心最终给楚国酿成大祸，差点让楚国遭到灭国之运。

在还没当上国王之前，平王熊弃疾有一回到蔡国，与郹阳长官的女儿有私情，两人同居，生了一个儿子熊建。后来熊弃疾夺权成为楚平王，便立熊建为太子，并给他配备两位老师，太子师伍奢，少师费无极。伍奢是个耿直的大臣，而费无极则是个典型的奸佞小人，太子熊建十分信任伍奢，对费无极则有一种说不出的厌恶，自然十分疏远。

费无极心里对太子熊建恨之入骨，处心积虑想报复，在公元前 523 年，一个机会出现了。

这一年，为了加强与秦国的战略伙伴关系，楚平王打算与秦哀公结为姻亲，便派费无极到秦国，请求秦哀公将公主嫁给太子熊建。秦哀公痛快地答应了。费无极见到秦国公主，顿时眼前一亮，这位公主年轻貌美，他马上想到一个恶毒的计划。

费无极知道楚平王有一大弱点：好色。回国后，他悄悄地对楚平王说："秦国公主的美貌天下无双，大王不如自己娶了。"然后他大力渲染秦国公主的沉鱼落雁、闭月羞花之容貌，把楚平王听得心都痒了。

秦国公主到楚国后，还没进太子熊建的洞房，先进了楚平王的洞房。费无极真的没有骗自己，秦国公主果然美色天下无双，楚平王哪里肯舍得呢？就这样，他霸占自己的儿媳妇。这件事让太子熊建非常难堪，颜面扫地，而费无极却在一旁暗自发出几声不怀好意的冷笑。

对父亲霸占太子妃的做法，熊建很不爽，这是人之常情，但他更痛恨背后那个挑拨者费无极。从这一天起，他不想再见到费无极那可恶的面孔。

费无极心里明白，一场战争已经开始了。如果熊建还是太子，总有一天将继承王位，成为一国之君，那么谁将成为这场没有硝烟战争的胜利者，那是一目了然的事情。不行，一定不能让熊建继续当太子，必须想方设法，除去这个心腹大患。

一场针对太子熊建的阴谋开始了。

二、伍子胥的出逃

楚平王霸占太子妃后，太子熊建的生母蔡氏开始失宠。

对太子来说，这是个危险的信号。

费无极毫不犹豫地抓住这个机会，第一个步骤是调虎离山，让太子熊建远离郢都。他假意向楚平王献策："晋国之所以能称霸中原，是因为其地理位置接近中原，而楚国则居僻陋之地。如今之计，应该加强楚国北方的力量，将北方城邑城父（今河南宝丰县东四十里）扩建，派太子镇守，加强与中原诸国的联系，大王安心收拾南方，这样楚国可以称霸天下了。"

楚平王哪里意识到费无极在秘密策划一个大阴谋，他还对这个建议大为赞赏，便下令让太子熊建以及太子师伍奢即刻启程，前往城父。

紧接着，费无极开始第二个步骤。

在熊建离开郢都、前往城父后，费无极便开始频频在楚平王面前进谗。楚平王自从儿子手中抢得秦国公主后，对她倍加宠爱，费无极便悄悄地告密说："太子因为秦国公主，对大王有怨恨之心，大王您得防着点才行。"楚平王听了之后脸有愠色：我是国王，太子还想造反不成？

费无极见楚平王愤怒了，添油加醋地说："如今太子镇守城父，手握重兵，又与各诸侯国交好，恐怕要造反作乱。"

楚平王听了心里一沉，脸色十分难看。费无极太了解楚平王，他当年就是以武力发动叛乱，打倒楚灵王，并逼死另两位哥哥，才得以登上王位。有其父就有其子，老子当年这样干，儿子今天就不会这样干吗？楚平王的手在微微颤抖，这一切，都被费无极看在眼中。

显然，楚平王相信费无极的判断。他先把太子师伍奢召回，质问道："太子是不是想谋反？"

伍奢听了一怔，但很快就反应过来，心知一定是费无极中伤陷害，他斩钉截铁地答道："绝无此事。大王何故轻信奸佞小人的谗言，却要疏远自己的骨肉呢？”

这时费无极在楚平王的耳边低语：“大王要是不下定决心，他们就要动手了，我听说晋国与齐国都表示，要扶植他们成立政权，到时大王被活捉，那就后悔莫及。”

费无极说得有模有样，楚平王深信不疑。与其等待太子造反，不如先发制人，他马上下令将伍奢逮捕，关进大牢，然后派人秘密给城父驻军司令（城父司马）奋扬送去密令：立即逮捕太子，就地正法。

奋扬接到密令后，大吃一惊。他知道太子被人陷害，面对楚王的命令，又不能不服从，要怎么办？他想了个办法，先派人紧急通知太子，让他赶紧逃跑，然后自己再带人慢吞吞地前去拿人。当然，当他到太子府时，太子早已逃之夭夭了。

太子逃到宋国。这使楚平王更加相信，太子企图谋反是铁板钉钉的事实，而伍奢就是太子谋反的帮凶。

楚平王想处死伍奢，费无极却阻止道：“大王莫急。”别以为费无极突然良心发现，他只是内心有所不安，因为伍奢有两个非常出色的儿子，如果要杀伍奢，那斩草得除根，一定要把他的两个儿子诱骗到郢都，一同处决。

说起伍奢的两个儿子，一个名伍尚，是楚国棠县的地方官，另一个名伍员，就是后来大名鼎鼎的伍子胥。伍尚为人温文儒雅，富有仁爱之心，相比之下，伍子胥则发扬蹈厉，性情豪迈，文武双全。费无极与伍奢共事日久，自然对伍家兄弟的才华有很深的了解，如果贸然处死伍奢，那么伍尚与伍子胥必然要逃难出国，而且一定会逃到吴国，因为吴国是楚国最大的敌人。倘若吴国得到伍氏兄弟，必然如虎添翼，到时楚国危矣，楚国一旦顶不住，他费无极也没好下场。

不能不说，费无极有远见。

明知伍氏兄弟有雄才，却要一网打尽，不得不说，费无极是祸国之奸人。

费无极给楚平王献策：“伍氏兄弟都很有才，不如以赦免其父的名义，把他们诱骗回郢都，不然的话，将来必为楚国之患。”

楚平王点了点头，便派人前去召回伍尚与伍子胥，对他们说：“你们如果回来的话，就赦免你们父亲。”

这种有条件的赦免，明摆着就是一个巨大的陷阱。

只要落入陷阱之中，再凶猛的野兽也只能坐以待毙。

伍子胥是一头雄狮，他不愿意坐以待毙。他对哥哥伍尚说道："大哥不要轻信楚王的话，楚王畏惧我们俩的勇武，势必不敢杀了父亲，大哥如果贸然前去，那就必死无疑了。"

伍尚是个大孝子，他泪眼汪汪地说："父子情深，父恩难报。只要能再见老父亲一面，就算是死，也没有遗憾了。"

伍子胥对哥哥的性格很清楚，知道无法说服他，便长叹一声："唉，与父亲一起被杀，试问如何使冤情昭白于天下？不能洗清不白之冤，不能报杀父之仇，这是天大的耻辱。哥哥如果一意孤行，要回到郢都，子胥就在这里与哥哥诀别了。"

听到这里，伍尚流下热泪说道："我的才能不如你，我能为父亲而死，你能为父亲报仇。如今楚王有赦令，即便只有渺茫的希望，也不能不争取；如果父亲被杀，不能不复仇。父亲不能抛弃，我选择回到郢都；沉冤不能不雪，你选择去吴国吧，只有吴国能帮助你完成复仇的使命。"

此地一别，便是永别了。伍子胥恁是坚强的汉子，也忍不住油然而生悲凄之心，他抓住伍尚的手说："哥哥你就要走了，我不能照顾你了。但愿上天保佑你安然无恙，不然你想追悔也来不及了。"

伍子胥连夜逃出棠县，伍尚则跟随楚王的特使回到郢都。

不出伍子胥所料，伍尚此去，只有死路一条。

被囚禁在大牢中的伍奢，在心里无数次地祈祷，希望两个儿子能逃得远远的，不要中了楚王的计。可是他对自己的儿子太了解了，他知道，伍尚一定会来，而伍子胥一定会逃走。当伍尚被带入大牢时，伍奢没有感到意外，当他看到伍尚只身前来，竟然发出会心一笑："哈哈，子胥果然逃走了。楚王与费无极恐怕要吃不下饭了。"

几天后，伍奢与伍尚父子俩被斩于街市。

伍子胥背着弓箭单身逃亡。

楚平王很快便派出军队，追捕伍子胥。追兵找到他的妻子，追问伍子胥的下落，其妻说："他已经逃跑了，大约走了三百里吧。"楚军快马急追，聪明的伍子胥避开大道，穿越无人的沼泽区，楚军追到沼泽地时，马匹无法通行，只得悻悻而归。

伍子胥起初并没有听哥哥的规劝逃往吴国，而是逃到宋国，因为太子熊建被费无极设计陷害后，流落到宋国。他一路向北，在路上正好遇到好友申包胥，两人相见后，伍子胥恨恨地说："楚王杀害我的父亲与兄长，你说我要怎么办？"申包胥长叹一声说："唉，我要是怂恿你报仇，就是对楚国不忠；要是劝你不要报仇，那就是对朋友不义。你走吧，我说不上话了。"

伍子胥咬牙切齿地说："父母之仇，不共戴天。对于楚王犯下的罪行，我一定要报仇，以雪父兄之耻。"

申包胥心里明白，伍奢、伍尚父子是无罪冤死，可是自己作为楚国大夫，国家利益高于一切，他便对伍子胥说："你要是能灭掉楚国，我就能保存楚国，你要是危害到国家，我就将使它转危为安。"

两个好友之间有分歧，道不同不相为谋。伍子胥拱手与申包胥告别，头也不回，大步流星地向前走，终于到了宋国。

伍子胥找到太子熊建，他向太子建议，借助诸侯的力量，返回楚国，重新夺回权力，杀死费无极。

但伍子胥来得不是时候，这一年（公元前 522 年），宋国爆发内战。以华亥、华定为首的华氏家族公然叛乱，与宋元公分庭抗礼。乱邦不入，危邦不居，伍子胥认为继续待在宋国太危险，便携太子熊建逃到郑国。

郑定公对楚国太子熊建非常敬重，以上宾之礼待之。熊建为了得到大国的支持，前往晋国会见晋顷公。郑国自从子产执政后，便以独立的姿态出现在国际政治舞台上，在晋国人看来，郑国是越来越不听话了，晋顷公动了歪念头，想乘机吞并郑国。正好熊建来访，他便对楚太子说："现在郑国人很信任你，如果太子能作为内应，帮我灭了郑国，我就把郑国封给你。"

熊建听罢大喜，遂回到郑国，秘密策划与晋国军队里应外合，推翻郑国政府。不过世事难料，熊建的阴谋泄露了，郑国首相子产以迅雷不及掩耳之势，逮捕并处死熊建，粉碎其阴谋。

还算伍子胥反应机敏，他带着熊建的儿子熊胜，急急逃出郑国。

原本想依靠楚太子熊建实现报仇之梦，如今太子被杀，复仇之路将更加曲折难行。可这并没有令伍子胥灰心丧气。现在只有一条路可以走，那就是到吴国，只有吴国，才有实力灭楚。

伍子胥带着熊胜又悄悄潜回楚国，打算越过楚吴交界处的韶关（今安徽含山县北）进入吴国。此时楚平王布告全国，张贴捉拿伍子胥，所以一路凶险异常，伍子胥不敢走大路，只走小路，白天找个偏僻的地方躲起来，到了晚上才出行，就这样风餐露宿，到了韶关。

由于韶关是战略要冲之地，盘查十分紧，伍子胥尽管很小心谨慎，但还是碰上楚国官吏。这些官吏们认出伍子胥便是张榜捉拿的要犯，正打算一拥而上将其活捉，伍子胥反应非常机敏沉着，他从容不迫地对一个头目说："你知道楚王为什么要抓我吗？因为我有一颗宝珠。现在我已经把这颗宝珠弄丢了，要是你抓我的话，我就咬定是你独吞了这件宝物。"

韶关是偏远地区，这里的小官当然对权力高层内幕知道得不多，一时间被伍子胥吓住了，不知所措，索性将他放跑。伍子胥虽然凭借机警躲过一难，但行踪暴露了，他知道用不了多久，楚国追兵一定会赶来。过了韶关，前面还有一条河，河的对岸才是吴国的地盘。伍子胥不敢大意，他带着熊胜，直奔河岸。

果然不出所料，楚国的追兵很快就赶到了。江水挡住伍子胥的去路，岸边是一片茫茫的芦苇丛。水面很阔，水很深，怎么办？似乎冥冥之中有天意的安排，此时突然有一条船出现，这船不大，撑篙的船夫年纪有点大，头戴着斗笠，船板上散落着渔网，一望可知是一名渔翁。

这条小船逆水而上，伍子胥大喜，喊了两声："渔父渡我。"

渔翁听到了，正要把船撑过来，此时他发现附近的芦苇丛中有几双窥视的眼睛，再定睛一看，这些人身着戎装，正是楚国的士兵，看来正在芦苇丛中搜寻那位喊话者。其实渔翁的出现，并非什么天意，他知道伍子胥要渡河逃往吴国，特地在此迎候。这位渔翁是什么人，现在已经无法知道了，可能与伍家有某种关系，也可能是一个同情伍家遭遇的正直人士，所以不惜冒着生命危险，前来搭救伍子胥。

察觉到芦苇丛中有楚国巡逻兵后，渔翁担心伍子胥暴露，急中生智，便唱起歌来："日月昭昭乎寖已驰，与子期乎芦之漪。"芦之漪就是芦苇的岸边，这是告诉伍子胥，你不要过来，就在芦苇岸边等我。

伍子胥是何等聪明的人，一听明白了，便在岸边找了个地方躲起来，等着渔翁前来。渔翁把船撑到岸边，左右观察一下，又唱道："日已夕兮予心忧悲，月已驰兮何不渡为？事寖急兮当奈何？"这是告诉伍子胥，事情紧急了，快点上船吧。伍子胥与熊胜从藏身处出来，投以感激的目光，然后跳上船，躲进船舱中。

船离了岸，直奔向江中，伍子胥从船舱的小孔往外一望，楚国的追兵已经到了岸边，心里暗暗叫道："好险。"不多时，这一叶小舟载着伍子胥渡过河，到了河对岸。伍子胥喘了一口气，终于逃过一劫了。此时他才发现自己已是饥肠辘辘，已经好些天没有吃东西了。

渔翁也看出来了，他把船系在岸边的一棵树下，然后对伍子胥说："你们在树下等我吧，我去弄点吃的来。"说罢大踏步往前走去。伍子胥不禁满腹疑惑，这个渔翁帮我渡河，不但没有收钱，反倒要给我找吃的，天底下有这样的好心人吗？莫非他别有用心，想乘机向官府告发，好独吞赏银？不行，我得躲起来，看看他到底想干什么。

伍子胥与熊胜躲到芦苇深处。过了一会儿，渔夫回来了，手里拿着一碗麦饭，还有鲍鱼羹与一壶饮料，但找不着伍子胥。他知道伍子胥饿坏了，没有气力走远，肯定是害怕而躲到芦苇丛中，便高喊道："喂，芦中人，芦中人，你出来吧，你不是一位走投无路的贤士吗？"

躲在芦苇丛中的伍子胥见渔翁果然是一人回来，便放下心，走了出来。渔翁说道："我看你面有饥色，所以去给你弄点吃的，你为何要怀疑呢？"这下子伍子胥有点不好意思，看来自己是以小人之心度君子之腹。他尴尬地说："人家说性命操之于天，今天我的生死都在您老人家手上，又岂敢怀疑呢？"

老人家听了呵呵一笑，招呼伍子胥前来用饭。伍子胥饿坏了，接过饭后，狼吞虎咽，不一会儿的工夫，吃得一粒米不剩。再往前就是吴国，伍子胥对这位渔翁深怀感激之意。他想，我堂堂男儿，不能这样一走了之，得报答老人家才行，他随身所带的，没有什么值钱的东西，除了一把家传的宝剑。

伍子胥解下宝剑，对渔翁说："老人家，这把宝剑是先父的遗物，剑上刻有北斗七星的图样，价值百金，今天我就把这宝剑送给您，以报答救命之恩。"老渔翁没有接受，他一捋胡子，笑道："老夫听说楚王下了命令，凡捉拿伍子胥者，赏粟米五万石，并授爵位。老夫又岂是贪图你的宝剑呢？"

一听到这里，伍子胥大感意外，他脱口而出：“老人家已经知道我是谁？”渔翁点点头，又说道：“此剑既是你家的宝物，你便带着上路吧，得赶紧走，不要停留，不然楚兵很快就来了。”

伍子胥向老人家一拜，抱拳问道：“敢问老人家贵姓？”老人家答道：“你是芦中人，我是老渔翁，还要问姓干什么呢？”伍子胥满怀感激，就此向老人家道别，刚走几步，想起一件事，便回头对老渔翁说：“老人家，有件事还得麻烦您一下，这些锅碗盆子，请您藏好了，不要让楚兵发现。”

老渔翁说：“行，您就放心吧。”说罢将伍子胥吃过的碗壶埋在地下。伍子胥这才放心了，他刚往前走没几步，听到背后水面上有些声响，转身一看，只见老人家没了身影，那条小船翻在水面上，底朝天摇摇晃晃的。原来老渔翁怕伍子胥不放心，把船弄翻了，自溺于水中，这样再无人知晓伍子胥渡河潜逃的消息了。

看来这位老渔翁并不是一个普通的人，估计也是一名死士，因为他这一死，身世也就成了一个谜。

伍子胥的心被震撼了，他默然无语，遥向小船拜了几拜，一阵唏嘘，然后起身拍拍灰尘，大步流星，向吴国边境走去。

一路上风尘仆仆、长途跋涉的伍子胥疲惫不堪，饱一顿饥一顿，原本壮硕的身体也迅速消瘦了，染上风寒，非常虚弱，沿途以乞讨为生。作为一名武士，这实在是很丢人的事，可是父兄大仇未报，再苦再累，也得忍着。就这样，靠着非凡的意志力，吃尽苦头后，他终于抵达吴都。

其实以伍子胥的身份，完全可以进入吴国后便申请政治避难，因为吴国与楚国是敌对国，一定会乐意收留他的。他并没有这样做，因为他不单纯是逃难，更重要的是要复仇，要借吴国人之手报复楚平王。他混居于市井之间，是要了解吴国的国情，并暗中观察，什么人可以帮他完成复仇的心愿。

他把自己打扮成流浪汉的样子，披头散发，疯疯癫癫，光着脚，把脸涂黑了，在市井之间行乞。要为人之所不敢为，就必须先忍人之所无法忍。吴国都城来了这么一个疯子，很多人围在市井间看热闹，这时有位管理市场的官吏正好路过，这个人有个本事，擅长看相。他一眼看到伍子胥，暗暗称奇，只见这个疯疯癫癫的家伙，身高一丈，身材壮硕，虽然装疯，而且涂黑了脸，但印堂发亮，双目炯炯有神，两道眉毛上挑，眉间距比一般人要宽。根据一些野史的记载，称伍子胥“眉间一尺”，双眉之间有一尺宽，当然这是夸张之辞，不然那就不是人，是怪物了。

这位官吏一见伍子胥，知道他肯定不是个普通人，自言自语道：“我相过很多人，但从来没有见到这样奇特的面相，难道他是别国的亡命之臣吗？”他心里怀疑眼前这个人，就是楚国的伍子胥。为什么这位官吏会这样猜测呢？这位官吏本来是管理市场的，市场商人多，南来北往的人都有，早有传言，说楚国的伍子胥被楚王迫害，家破人亡，逃往国外。前段时间，在楚国边关韶关出现过，很可能要逃到吴国。又有一些商人到过楚国，见过伍子胥的画像，虽然画得不一定很像，但一个突出的特点就是两眉间距很宽。这些信息，这位官吏都有所耳闻，结合他的相人本领，他认为此人便是伍子胥。

看来吴国人才也是不少的，伍子胥虽然装疯卖傻，可还是被认出来了。那名官吏把这事报告给吴王僚，并且建议说：“大王应该召见他。”吴王僚上台后，就被楚平王反戈一击，不仅在长岸水战中败北，而且州来城也被楚军收复，这些年他颇有些郁闷，如今楚平王的死敌伍子胥逃亡到吴国，焉有不用之理呢？

吴王僚马上传令，召伍子胥入宫。

那位史不载其名的市场管理官吏慧眼识英雄，认出伍子胥，并引荐给吴王僚。吴王僚一见到伍子胥，就对其非凡的相貌留下深刻的印象，此时伍子胥洗去尘垢，穿着整洁的衣服，眉宇之间透露着一股豪迈的英气，这是英雄的本然面貌。

吴王僚甚是喜欢伍子胥，两人促膝长谈，这一谈便是三天。伍子胥文武双全，口才也很好，反应机警，思维敏捷，与吴王僚畅谈天下大事，尤其对楚国的情况了如指掌，知无不言，言无不尽。说了三天，伍子胥没有说过一句重复的话，每句话都切入重点，分析入微。吴王僚对他的才华非常惊叹，感慨道：“真是一位贤士呀。”

此后，吴王僚频频召伍子胥入宫，每次交谈都收获良多。别看伍子胥是个武夫，其实他有细腻的一面，他想借助吴国为父兄报仇，可是他没有明说。对吴王僚而言，他只是个外国人，报私仇这种事不能轻易说。伍子胥换了一种方式流露这种想法，他知道吴王僚喜欢自己，于是在谈吐之间，便处处表现出其气壮山河、威武豪迈的英雄本色，偶尔提及自己的身世，便对楚平王有一种咬牙切齿的仇恨。吴王僚也是个聪明之人，他明白伍子胥的真实想法，是想要吴国起兵攻打楚国，以报杀父之仇。

可是吴王僚让伍子胥失望了。他并没想着为伍子胥报仇，其实这也是可以理解的，作为一国之君，怎么可能因为一个外国人的私人恩怨而大动干戈呢？

吴王僚的态度，给了另一个人可乘之机。

这个人就是公子光。

自从吴王僚即位后，公子光心怀不满，他认为自己才是王位的合法继承人。公子光是一个有理想、有抱负的人，表面上他对吴王僚毕恭毕敬，没有泄露自己的野心，但暗地里却物色天下英雄为己所用，以培养自己的势力。

对于伍子胥这样文武双全的人才，公子光怎么可能视而不见呢？他暗地里向伍子胥示好，经常请他上府中喝酒，又送给他不少礼物，把他当作知心朋友。公子光心知伍子胥急着要报仇雪恨，他不失时机地暗示，如果自己是吴王，一定会帮他完成复仇心愿。

公子光的话，有弦外之音。

伍子胥是何等聪明的人，一听就明白，公子光有篡位之心。

经过几次的交谈，伍子胥对公子光的为人有所了解。公子光绝非等闲之人，他有雄心壮志，有一种霸气，善于用人，礼贤下士，内心中潜伏着一种强大的冲动，他的能量远远未释放出来，仍在悄悄地蛰伏，一旦有一个不受限制的表演舞台，他的激情会淋漓尽致地转换为霸业。伍子胥对公子光很欣赏，因为他明白一件事，心灵的力量是无穷尽的，就像自己，为了复仇，颠沛流离、九死一生，无悔无憾；他也洞悉到公子光的内心，同样有着一种强大的力量，这是对权力的追逐，对伟大事业的向往。

对于吴国内部的权力斗争，伍子胥并不关心。他关心的是，谁能帮助自己完成心愿。在他心中，不断地权衡吴王僚与公子光这两个人，他知道自己得选择一个人帮助自己完成复仇大业。吴王僚这个人，并不能说是个昏君，他还是有虚心纳才的雅量，可是论及野心勃勃，他就不如公子光。伍子胥要把赌注押在谁的身上呢？他思前想后，最后下定决心，把赌注押在公子光的身上，他得先帮助公子光夺取权力，实现霸业，同时借助公子光的力量，杀回楚国，报杀父之仇。

有了这样的想法，伍子胥得有所作为。吴王僚想让伍子胥当官，他推辞了，这是一种态度，既然想与公子光联手，就必须与吴王僚保持一定的距离，不然得不到公子光的信任。伍子胥隐居起来，耕田种地，似乎超然于政治旋涡之外，其实他的真正用意，是在市井之间物色勇士，准备推荐给公子光，让他有机会除掉吴王僚，自立为王。

表面上平静的吴国政坛，实际上已经暗流涌动。

三、失衡的天平

时光荏苒，转眼三年过去了。

这一年是公元前519年，即吴王僚八年，楚平王十年。自从吴王僚上台以来，吴国对外战争乏善可陈。六年前的长岸水战败给楚军，继而又丢失占领四年之久的州来城，对于这样的战绩，吴王僚着实深感惭愧，有辱先王们的伟大声誉。他觉得有必要再次发动对楚国的战争，重新夺取州来城。

吴国为这次战争做了充足的准备，吴王僚御驾亲征，公子光则担任前敌总指挥。在出征之前，公子光没有忘记伍子胥，因为伍子胥对楚国的情形太了解了，得向他咨询一下，听听他的建议。

这对伍子胥是个好消息。他一直担心一件事，怕楚平王早死，他恨不得亲手宰了楚平王。如今吴国人要进攻楚国，这是一个好兆头，虽然自己无法亲自披甲上阵，与楚平王的军队作战，但他仍可以助公子光一臂之力。

伍子胥对公子光是知无不言，言无不尽。他满腹文韬武略，对楚国军事实力了如指掌，既深知其优势所在，又洞悉其劣势所在。他逐一向公子光解说，从楚国的攻守战法到指挥员的作战风格，从楚国的防御设施到其喽啰国的虚实。

公子光听完后大喜，收获良多，真不虚此行。他向伍子胥拜谢道别后，便匆匆赶回军营，一边走一边思考作战计划。

从吴王寿梦以来，吴楚两国交锋数十年，互有胜负，谁也没法完全占据上风，棋逢对手，平分秋色。两国有很多共同点：蛮夷色彩比较浓厚，极其尚武，有称霸的雄心。但从最近十余年的交锋来看，吴国是比较积极主动的，而楚国则偏重于防御。

吴王僚亲自率领大军，奔袭州来城。

自从收复州来城后，楚平王预感到吴国人势必不会善罢甘休，下令重筑州来城。经过几年的建设，州来成为一座坚固的军事堡垒。不过对于筑城这种消极防御能产生多大成效，在楚国内部是有争议的，沈尹戌（沈尹是官名，戌是姓）一针见血地指出："楚国一定会战败的。"为什么说楚国一定会战败呢？他分析说："现在楚国政府没有致力于安抚民众，而是大费民力筑城，挑拨吴国人来进攻，能不失败吗？"

一个手下的侍从不解地问道："楚王这些年致力于振贫穷、养老疾、宥孤寡、救灾患，这样可以算是安抚民众吧。"

沈尹戌用略带着冷嘲热讽的语气说："什么才算是安抚民众呢？如今王宫开支无度，生活奢侈，民众的徭役很重，四处筑城，很多人都活活累死，这样算安抚百姓吗？"

看来楚平王虽然是个有作为的君主，也发布过一些人道主义的政策，但楚国的现状是，百姓的生活质量仍然不高，辛苦操劳，心中不免有怨言。这在一定程度上影响了政府的威信，是一个不好的信号。

吴国大举进攻州来城，州来城战事吃紧，守军赶紧向郢都求援。

楚平王一听，心里暗想：吴国也太猖狂了吧，自从长岸水战后，寡人对吴国人的嚣张一直是克制的，还将俘虏归还吴国。吴国人竟然不识好歹。那好，敬酒不吃吃罚酒，这次得好好教训一下才行。

想到这里，他马上召见令尹阳匄、司马薳越，任命两人为正、副司令，统率精锐楚军前往救援州来城。同时派出使节，前往征召喽啰顿国、胡国、沈国、蔡国、陈国、许国同时出兵。

在楚国一方，七国联军的阵营堪称庞大，旌旗猎猎，车轮滚滚，光队伍便绵延十余里，战车上千辆，士兵们戎装在身，手持利刃，杀气腾腾，向着州来城的方向急行军。

此时已有探子将楚军的动向报告给吴王僚。吴王僚留下一部分人马监视州来城，其余精锐阻击楚国援军。吴军在钟离（今安徽凤阳东北）驻扎，同时派出探子，打探楚军的情况。

楚国人的运气不太好，在临战关键时刻，总指挥阳匄不幸染病身亡。阳匄是楚国令尹，相当于首相，地位高、有威信，他的死对楚军的士气是一大打击。死在大战前夕，显然不是一个好征兆。阳匄死后，副指挥薳越便成了楚军的统帅，薳越是司马，相当于国防部长，他是个有才华的人，但出身低微。在楚军将领中，有很多人是贵族出身，心里瞧不起薳越，经常跟他唱对台戏，不听他的指挥。

在吴国一方，吴王僚也有些心虚。楚军在人数上是占优势的，除了楚军外，还有其他六个小诸侯的军队，人多势众。吴王僚心里颇有不安，是否要将军队孤注一掷地投入决战呢？他下不了决心。

这时，公子光挺身而出，他对吴王僚说："敌军虽然人多势众，可存在两大致命的弱点。第一，追随楚国出战的喽啰国，与我们无冤无仇，只是因为害怕楚国勉强出战罢了。在这六个喽啰国中，顿、许、蔡这三个国家对楚国政府早有怨恨之心，胡国与沈国的国君都年纪轻轻，没见过战争的残酷，而陈国总司令也不过是个无能之辈罢了。有什么好担心的呢？第二，楚军虽然英勇善战，但阳匄突然病死，已经严重影响军队的士气，薳越根本没办法指挥其他将领，没人愿意听他的命令。虽七国参战却各自心怀鬼胎，前线将领不能令行禁止，从这两点看来，我们完全可以打败楚军。"

公子光之所以能如此精辟地分析敌军的弱点，很明显他从伍子胥那里打听到很多情况，才胸有成竹。

吴王僚问道："那依你之见，这仗要怎么打呢？"

公子光答道："应当要避实击虚。我们先派出一部分精兵，向胡、沈、陈三国军队发动进攻。这些都是乌合之众，势必率先逃跑，只要这三国军队逃走，顿、许、蔡三国军队一定会跟风逃走。这些喽啰国败走后，楚军也会全线崩溃。为了迷惑敌人，我们得使些诡计，派一些战斗力较弱的部队充当头阵，将精兵置于第二线，麻痹敌军，使之产生轻敌思想，便可出其不意，攻其不备。"

吴王僚一拍大腿，大喊道："好。"

七月二十九日，吴军从钟离出发，行进到鸡父（今河南固始县南），与楚国援军遭遇。吴楚战争史上著名的鸡父战役开始了。

吴王僚采纳公子光的计策，先派出一支乌合之众打头阵。这支乌合之众是由三千名囚犯组成，吴国人口并不是很多，出征时把监狱里的囚犯也编入军队中，立功赎罪。这些囚犯本身并没有接受过多少军事训练，军装穿得歪歪的，行动也没有章法，队列混乱。乌合之众率先向胡、沈、陈三国军队发起攻击。

胡、沈、陈三国的将领一看，嘿，瞧吴国这阵势，战斗力实在很一般，便出击迎战，果不其然，吴国先锋三千人很快被击败了。三国士兵哪里肯放过立功的机会呢，纷纷争着抢俘虏，很快军队就没有阵形了。此时吴国的第二梯队已经到达，这是最精锐的部队，中军由吴王僚亲自指挥，右军由公子光指挥，左军由掩馀指挥。

正忙着抓俘虏的胡、沈、陈三国军队被突然出现的吴军主力打晕了头，自己反倒成为吴军的俘虏。在吴国凌厉的攻势下，胡、沈两国的国君都成为阶下之囚，陈国的总司令也未能逃脱被俘的命运。

首战告捷后的吴军，将胡、沈两国的俘虏释放。这些俘虏一溜烟跑了回去，对顿、蔡、许等国的军队说："快逃吧，我们的国君都完蛋了。"

顿、蔡、许三国本来对这场战争就不热心，一听说胡、沈两国君的下场，哪里肯恋战呢，便掉转马头，一溜烟逃得无影无踪了。

楚军司令薳越本来就指挥不动自己帐下的将军们，现在一看连友军也逃得一个不剩，而吴国大军正掩杀过来，他慌乱之下，赶紧下令撤兵。可是吴国人已经杀到跟前，楚军大乱，溃不成军……

鸡父之役，吴军大获全胜。

这是一场以少胜多，以弱敌强的战役，此役也成为吴楚战争的一个转折点，此后吴国牢牢地控制了战争的主动权。

鸡父之战结束后，突然有一位不速之客前来拜见吴王僚。这位不速之客是楚国废太子熊建的母亲蔡夫人的心腹。

自从熊建被费无极设计陷害后，被迫流亡他乡，最后在郑国被杀。熊建的儿子熊胜与伍子胥一同流亡到吴国，熊建的母亲则回到自己的老家：蔡国的郹城。儿子之死，对她的打击很大，她思前想后，决心要远远地离开楚平王，逃到吴国去。可是她只是一个弱女子，不可能像伍子胥那样长途跋涉到吴国，只能借助吴国政府的帮忙。

吴王僚听完后，心里想着蔡夫人既是楚平王的王妃，又是前太子的生母，要是她能投降吴国，那岂不是对楚平王一次大的打击吗？要派人前去蔡国接应蔡夫人，并不是一件容易的事，因为要穿越楚国人的地盘。吴王僚沉思片刻，认为这个险值得一冒，他让吴国太子（史书记载太子名为诸樊，与前任吴王同名）亲自负责这件事。

吴国太子带着一帮人，乔装打扮后出发了，避开楚国军队，潜入蔡国。根据事先约定，吴太子在晚上到郹城外，蔡夫人派人为他们打开城门，这支吴国特种部队便进了城，并将蔡夫人偷偷地接出城，在夜色的掩护下，向东而去。

很快，郹城人发现蔡夫人失踪了，这还了得！蔡夫人可是王妃啊！这事报到楚国司马薳越那里。薳越刚在鸡父吃了一场败仗，情绪本来就十分低落，觉得对不住楚王的重托，没想到现在一波未平，一波复起，楚王的王妃居然跟着吴国人跑了。他马上下令，全力拦截，务必要追回蔡夫人，不能让她跑到吴国去。

可是楚国人的动作慢了。

吴太子的这支秘密部队护送楚王妃，昼夜疾行，不走大道，以避开楚国兵马，终于成功地将蔡夫人带到吴国。

楚国司马薳越面如土色，他踉踉跄跄，从墙上拔出宝剑，准备自裁谢罪。他的部下吓了一大跳，抢下他的剑，劝道："不如我们出兵攻打吴国，或许可以将王妃抢回来。"薳越已经沮丧到极点，摇摇头说："我们已经打了一次败仗，要是再败一次，就算到九泉之下，我也是个罪人。如今又丢了王妃，我没脸活下去了。"他默默地走进房内，关上大门，一会儿从屋内传出一些声音。部下们踢开大门，看到薳越已经悬梁自尽了。

楚平王也十分郁闷，鸡父大战失利，令尹阳匄病死，王妃逃到吴国，如今司马薳越也死了。曾经强大无比的楚国，现在怎么啦？

子常被任命为新的令尹，他是前令尹子囊的孙子。子囊在临终前，曾经留下遗言："一定要在郢都筑城。"这是深刻地预感到吴国将成为楚国的心腹大患。子常上台后，遵先祖的遗嘱，大力修筑郢都的城防。

很明显，在吴楚战争中，楚国已经开始被动防御了。楚国土地十分辽阔，而且郢都距离吴国也相当远，但却将国防重点放在郢都的防御上。这不能不说，楚国人在心理上已经遭到重创，再也没有当年雄视天下的气魄，开始变得畏首畏尾，苟且偷安了。

当年批评楚平王修筑州来城的沈尹戌再次对子常筑城郢都的策略提出强烈的批评，他认为：“如今因害怕吴国人，而在郢都加固城防，把防御线缩小到了国都，这样郢都能不丢失吗？我国自先王若敖、蚡冒到武王、文王，国土面积不过百里，当时都把防御线布置在边境线，从来没有考虑在国都设防。如今楚国国土有数千里，却大力在国都设防，想要用这种方法来苟且偷安，又有可能吗？”

从沈尹戌的批评可以看出，一个国家的实力，并不在于国土的大小，楚国扩张时期，土地面积并不大，但却有一流的雄心，而如今楚国有辽阔的土地，却失去最重要的东西：雄心壮志。

在之后的一年，两国没有爆发大规模的战事，但边界线上的磕磕碰碰在所难免。

话说在吴楚边境线，吴国的卑梁与楚国的钟离相邻，这两个地方桑蚕业发达，养蚕的人很多，桑树就成了重要的资源。为了争夺桑树，两座城邑就相互攻打，吴国一方打不赢，卑梁城被楚国人攻破。

吴王僚听到边邑被破的消息后，大为恼火。刚想出兵攻打楚国的钟离城，此时却接到消息：楚国舟师已顺流而下，直抵吴国边境。

楚国舰队来干什么呢？

在楚平王统治时期，吴楚有两次大战。在长岸水战中，楚国人赢了，在鸡父之战中，楚国人输了。看来在陆战上，楚军的战力已经不敌吴军，不过楚平王还有一张王牌，就是楚国强大的水师。

吴楚水路相通，楚国在上游河段，占有地利。楚平王大举出动舟师东下，意在对吴国进行战略威慑，同时炫耀武力。

这支水师沿江而下，在吴国边境附近逗留，以窥吴疆。其实楚国人根本不敢贸然发动对吴国的战争，楚平王只是想证明一下，自己仍然是南方的霸主，我水师来了，你吴国人敢迎战吗？不错，吴国人确实不敢迎战，因为在水面作战上，楚国还是略胜一筹。

楚平王的舟师抵达圉阳（今安徽巢县南）后，耀武扬威一番后，便启程西返了。

对于楚平王这次无聊的举动，沈尹戌很不以为然，他分析说："如今当务之急应该要安抚民众，楚王却劳师远征，招惹吴国人。一旦吴国人反击，楚国边境又没有防备，这能不丢失城池吗？"

事实果然如沈尹戌所料。楚平王的舟师刚刚西返，吴国的反攻就开始了。

吴王僚派公子光为统帅，挥师进攻楚国边邑钟离城。这次进攻，吴国人是蓄谋已久的，不仅是要报复钟离楚军攻破吴国边邑，还有一个很重要的原因，这里是重要的桑蚕养殖区，经济地位是很重要的。

此前由于楚平王率舟师东进，吴国严加防备，因此钟离楚军将领判断，吴国根本不可能那么快就易守为攻。然而出其不意、攻其不备一贯是公子光的作战手段，吴军以迅雷不及掩耳之势，跨过边境线，猛攻钟离城，钟离城很快便失守。公子光得寸进尺，挥师再战巢邑，又一次大获而归。

楚平王本来想卖弄武力，不想却丢了两城，很没面子。

喜欢点评时事的沈尹戌又评论说："国君的一次轻举妄动，就导致两座城池被攻破，要是再来几次，我看连郢都都要丢失了。"

面对吴国人凶悍的攻势，楚平王手足无措，只好继续延用下策：筑城。楚国又在州屈、丘皇、巢、卷四地筑城，可怜楚国的百姓们，陷入无休止的筑城工程中。

楚平王显然没有意识到，他正在把楚国拖入无底深渊，不过他也永远不会知道了。在大动民力筑城后一年，他就死了。他的死，对自己并不是件坏事，毕竟他不会亲眼看到吴国兵马杀进郢都。

楚平王之死，让一个人痛哭了。

这个人就是流亡到吴国的伍子胥。哭，不是悲伤，而是失落。楚平王死了，他再也没有机会手刃仇人。他发呆半晌后，对跟随流亡的熊胜说："楚王死了，我们复仇的心愿不能完全实现了。"说完后，他走进房间，闭着门，熊胜听到几声低沉的哭声。

楚平王死后，太子熊轸继位，史称楚昭王。

吴王僚可不管什么"不伐有丧之国"的规矩，他见楚平王刚死，楚国政局不稳，便派掩馀、烛庸率领大军，进攻楚国的六邑（今安徽六安东北）及潜邑（今安徽霍山县北）。

自从向戌弭兵后，东南成为战争最频繁的地区，吴楚交战不断升级，中原诸国对此都采取观望的态度。为了争取中原诸侯的支持，吴王僚派自己的叔父、资深政治家季札再度出使中原诸国。当年季札为了让位，躲了起来，坚决不当吴王，直到吴王僚上台后，才又返回，他是吴国一位十分令人尊敬的重量级人物。

新上台的楚昭王对吴军的入侵十分重视，派出多路兵马驰援潜邑。一直被闲置的战略家沈尹戌终于有机会出场与吴军较量了，他被提拔为左司马，率精锐的王家骑兵队，马不停蹄，赶往穷地（今安徽霍邱西南），布置防线，阻击吴军。同时，左尹郤宛、工尹寿也率一支军队，抄截吴军的后路。

吴军处境大为不妙，遭到楚军的前后夹击，进退两难。

正当掩馀、烛庸两人陷入困境时，此时却从后方传来一个惊人的消息：吴王僚被刺身亡！

吴国政局突变！

这是怎么回事呢？

四、刺客列传：专诸刺王僚

吴王僚被刺，乃公子光精心策划的阴谋。

自从吴王僚继位后，公子光一直耿耿于怀，他认为自己才是合法的王位继承人，吴王僚却近水楼台先得月。十二年来，公子光一直处心积虑培植自己的势力，他韬光养晦，就是想有朝一日能取代吴王僚，抢回君主宝座。

在公子光的政变密谋中，逃亡到吴国的伍子胥扮演了重要的角色。伍子胥满脑袋都是复仇的念头，他对吴国政局冷眼旁观，在吴王僚与公子光两人之间做出选择。最终他选择了公子光，因为公子光有才干、有野心，有成为一代雄君的潜质，是一个可以帮助他完成复仇心愿的最佳人选。

公子光对伍子胥推心置腹，伍子胥则对公子光效忠，为其策划发动政变，他设计几个方案，最后敲定一个最佳方案：刺杀吴王僚。

要刺杀吴王僚绝非易事。吴王僚对公子光是有戒心的，平素出行，都有大队人马护卫，根本难以下手，而且吴王僚也是个勇士，武功高强，对付平常的刺客，绰绰有余。那么，如何刺杀，又派谁去刺杀呢？

伍子胥想到一个人。

此人名叫专诸。

伍子胥是怎么认识专诸的呢？这话还得从他刚逃亡到吴国时说起。

当年伍子胥落荒逃到吴国境内时，路上遇到有人要打架，他便凑在一旁观看。只见其中一名大汉，身材魁梧，肌肉发达，史书上写着“虎膺熊背”，看来是个练过健美的人，他的眉额突出，眼眶深陷，闪着一道凶猛的目光，令人不寒而栗。这位壮士也不知为何缘故，跟人结了梁子，准备以武解决，双方摆开架势。壮士大喝一声，冲上前去，气势有如排山倒海，拳头还没打到，已经把对方怔住了。就在这个关键时刻，突然有个女人站出来喊道：“住手，不要打了，回来吧。”那壮士打到一半的拳又硬生生地收了回去，然后二话不说，转头就走。

看到这种情况，伍子胥有些惊奇，便上前与他打招呼，请问壮士的高名。壮士拱手答道：“我叫专诸。”伍子胥不解地问道：“我看您刚才打架那气势如排山倒海，怎么听到一个女人叫话就中途退出呢？”

专诸端详了伍子胥一下，回答说：“看您风尘仆仆，虽然有几分劳累，却是英雄好汉模样，怎么说话这样浅陋呢？刚才喊话的人是我的妻子，能屈于一人之下者，必能伸于万人之上。”

伍子胥听后十分佩服，便与专诸交为朋友。

如今伍子胥知道公子光密谋除掉吴王僚，他便想到专诸，专诸有万人不敌之勇，势必能助公子光一臂之力。于是伍子胥把专诸推荐给公子光。

公子光见到专诸后，以礼相待，推心置腹，认为专诸是个有义之人，可以信得过，便把刺杀吴王僚的计划和盘托出。他对专诸说：“看来老天爷特地让您来帮我完成继承王位的重任。”

专诸听后很不以为然，他反问道：“吴王馀昧去世后，吴王僚是他的儿子，继承王位天经地义，公子为什么要杀他呢？”

对于吴国政坛内幕，专诸显然并不很知情，公子光愤愤地说：“先王寿梦有四个儿子，大儿子诸樊是我的父亲，二儿子馀祭，三儿子馀昧，小儿子季札。因为先王认为小儿子季札最有才能，想传位给他，但季札不接受，便把王位传给我的父亲诸樊。父亲去世后，又把王位传给弟弟馀祭，馀祭又传位给馀眛，馀眛去世后，季札仍然不愿意继承王位。这样一来，我作为嫡长子诸樊的儿子，自然是合法的继承人。僚凭什么抢去本应属于我的东西呢？如今朝中大臣，都是僚的父亲、吴王馀眛的亲信，我势孤力单，不能指望朝中大臣的支持，只能私下求助于党羽，否则我是不会甘心的。”

专诸显然并不愿意卷入政治斗争中，他又说道：“您为什么不派人委婉劝说吴王僚呢？让他知道国家应该是属于您的，何必要用刺杀这一极端手段呢？”

与公子光相比，专诸在政治上还是幼稚的，他是权力外的人，当然不明白权力超越亲情。公子光故作可怜状说：“吴王僚贪婪恃勇，现在得到好处，当然不愿意拱手相让，所以我才要寻找可以患难与共的勇士，齐心协力除掉吴王僚，只有您能明白这个道理。”

专诸又说道：“您说的话真是太露骨了。”

公子光答道：“这件事关乎国家的命运，我不能不做，现在我是把性命交到您的手里。”

专诸沉默了片刻。是的，他确实无意理会公子光与吴王僚的纷争，但是公子光礼贤下士，推心置腹，正所谓“士为知己者死”，这是时代的观念，他只是乡村鄙夫，却能得到公子的器重，他不能不感到一种骄傲。他抬起头，以坚定的目光看着公子光说：“好，请您下命令吧。”

公子光大喜，但他还没想出一个完善的计划，因而说道：“现在时机还未成熟。”

专诸已经下定决心，要帮助公子光完成大业，他提出自己的看法：“要刺杀君主，首先要能接近他，得寻找他所喜欢的东西。吴王僚喜欢什么呢？”

公子光想了想，答道：“他喜欢吃各种美味佳肴。”

专诸一听，心里有主意了，又问：“哪一种佳肴是他最喜欢的？”

“烤鱼。”

“那好，请让我先花点时间学习烤鱼。”

专诸回家打点行李，到太湖去学习烤鱼技术。

转眼间几年过去。

到公元前515年，吴王僚派弟弟掩馀、烛庸出兵攻打楚国，不想却遭到楚军的前后夹击，进退两难。而这个时候，吴国政坛重量级人物，吴王僚与公子光的叔父季札正在中原诸国访问，伍子胥敏锐地发现，这是干掉吴王僚的最佳时机。

伍子胥便跑去对公子光说：“吴王伐楚，他的两个弟弟现在都困在楚国，吉凶未知。现在可以动手，机不可失，时不再来。”

公子光点点头，便召见专诸，对他说：“如今两位王弟被困在楚国，而季札还未归国，这是我夺回王位的最好时机。这件事能否成功，关键在您身上。”

专诸答道：“不错，现在吴王僚把两个弟弟与将军们都调到楚国战场，朝中力量薄弱。这时我们发难，他是没有能力阻止的。”

如何刺杀吴王僚呢？公子光把整个计划跟专诸说一遍，专诸听后直点头。这个计划就是设下鸿门宴，邀请吴王僚出席，由专诸在酒宴上刺杀吴王。

这个行动有一个很大的风险，吴王僚是个很谨慎小心的人，而且壮硕有力，武艺高强，如果不能一刀刺死，那就没有第二次机会了。

公子光要孤注一掷。

当吴王僚接到公子光的请柬时，他心有狐疑，对老母亲说：“公子光设了酒宴，请我去参加，会不会有什么变故呢？”

母亲也觉得公子光在这个时候设宴，似乎别有用心，便提醒吴王僚说：“公子光最近心情好像不太好，常有怨气，你还是小心点的好。”

吴王僚不想出席，又不好拒绝，为了谨慎起见，他特地带了精锐的卫队，卫兵们都手执武器，从王宫一路排到公子光家门口。不仅如此，吴王僚还穿上带有三层铁片的优质铠甲，以防万一。

酒宴设在公子光家中，吴王僚与公子光坐在上座，阶下的座客多是吴王僚的亲信。由于不信任公子光，吴王僚的贴身卫士在宴会上手握长戟，站在他的两旁，看这个架势，想要在酒宴上刺杀吴王僚，确实并非易事。

公子光已下定破釜沉舟的决心。

在公子光家中的客厅下，有一个隐蔽的地下室，他把铠甲武士埋伏在此。只要等他一声令下，武士将从地下室冲出来，对吴王僚的人马格杀勿论。事情成败与否，关键要看能否成功刺死吴王僚，刺杀的重任落在专诸的身上。

为了能一击致命，公子光物色了一把无坚不摧的宝剑：鱼肠剑。

鱼肠剑相传为越国欧冶子所铸。欧冶子是春秋时期最伟大的铸剑师之一，吴越文明虽然落后于中原，但自春秋后期起，其制造工艺技术突飞猛进，此间最著名的宝剑，多出自吴越。欧冶子铸剑技术之高，冠绝天下，其所铸之剑有龙渊剑、泰阿剑、工布剑、湛卢剑、纯钩剑、胜邪剑（亦称豪曹剑、磐郢剑）、鱼肠剑、钜阙剑，都是中国历史上赫赫有名的宝剑。公子光从欧冶子手中弄到了鱼肠剑，这是一把短剑，剑身上有纹理。这把剑，也称为鱼藏剑，名字的来源，大约就是专诸将这把短剑藏在鱼身之中，故而得名。

却说公子光宴请吴王僚，酒席上觥筹交错，但大家各怀鬼胎。酒过三巡后，公子光假装脚疾发作，起身离开座席，悄悄地绕到后厅，打开暗门，进了地下室。这时，专诸出场了。

只见专诸打扮成厨师模样，端着一盘烤鱼上厅堂。烤鱼的香味立刻弥漫整个宴席，吴王僚最喜欢吃烤鱼，闻着香味快流口水了。上厅堂前，卫兵们照例搜身，没有发现专诸身上有任何兵器，这才放他进去。

其实专诸是有备而来的，他的武器就藏在鱼身之中，就是那把无坚不摧的鱼肠剑。专诸沉着冷静，没有丝毫的怯意，他大踏步走上台阶，站到吴王僚面前。鱼的香气更浓了，吴王僚根本没有在意这位厨师，只留意着盘中的鱼。

这是一条大鱼，从鱼肚子处被切成两半。专诸将烤鱼置于案台，对吴王僚说："请让我为你掰开鱼。"说完后，专诸用手将鱼的上半部掀开，吴王僚突然觉得眼前寒光一闪，在鱼肚内，分明是一把寒气逼人的短剑。

吴王僚两侧的卫士十分尽责，当他们看到寒光一闪时，马上意识到不好，立即挥动长戟，朝专诸胸前刺来。这时专诸已操起短剑，这个动作，他已经经过无数次的训练，从掰鱼到握剑，动作一气呵成，他眼睛的余光已经发现有两把长戟朝自己的胸膛刺来，他没有躲避，只要闪身一躲，吴王僚就有时间逃走了。

专诸没有丝毫的迟疑，他抢一个时间差，以迅雷不及掩耳之势，握剑直刺向吴王僚的前胸。只听"扑"的一声，吴王卫兵的长戟已刺进专诸的胸膛，紧接着"咔啦"一声，专诸的肋骨被刺断。几乎与此同时，专诸的鱼肠剑与吴王僚胸前的三层铁甲发生轻微的金属碰撞声，这把宝剑很轻松地刺穿三层铁甲，几乎准确无误地刺进其心脏，并毫不费劲地从后背穿出。

两声惨叫。

一声是专诸发出的，一声是吴王僚发出的。

紧接着是一片哗然、嚣乱与惊呼。

吴王僚的臣属、卫兵明白了，这是一次谋杀。吴王僚一死，大家都乱了套。

这时公子光马上下令，躲在地下室的甲士全部出动，血洗宴会大厅。群龙无首的吴王卫队早就混乱不堪，要么被杀，要么束手被擒，而吴王的亲信们，则全部被乱兵杀死。

公子光用专诸一条命，换了吴王僚一条命。

专诸是中国历史上最著名的刺客之一，但他的死，说白了，只是政治斗争的牺牲品。只是我们从专诸身上，可以看到春秋时期勇士的风采，他的镇定与从容不迫，确实体现了一名顶级刺客的英雄本色。

吴王僚死后，公子光自立为王，他就是春秋末期最杰出的吴王阖闾。

为了报答专诸，吴王阖闾封给他儿子一块地，并且任为客卿。

其实吴王阖闾还有一个担心，就是正在出访中原诸国的季札。季札并没有想到，当年自己拒绝担任国王，却引起吴王僚与公子光的兄弟相残。当他听到国内发生政变后，便匆匆返国。吴王阖闾还得作作秀，他拜见叔父季札，解释刺杀吴王僚的原因，并表示愿意将王位拱手让给季札。

其实他心里很明白，季札根本无意染指王位，否则他早就是国王了。

季札叹了一口气，说道："我能埋怨谁呢？只要你不废弃先王的祭祀，能一心侍奉社稷，那你就是我的国君。谁当国君，我就服从谁，这是做人的原则，我只能哀悼死者，而侍奉生者了。"他跑到吴王僚的墓地前，以臣子的身份，向死去的吴王汇报出使的情况，然后痛哭了一场。

吴王僚被刺后，正在楚国境内作战的掩馀、烛庸面临楚军夹击的困境，在得知国内政变爆发后，两人无心作战。他们都是吴王僚的弟弟，担心遭到吴王阖闾的暗算，便私下一商量，这仗不能打了，吴国也不能回了，索性还是逃亡吧。两人弃军而逃，一个逃往徐国，一个逃往钟吾国。入楚作战的吴国军队，四处溃散，一部分向楚国投降，另一部分则逃回吴国。

自此，吴王阖闾掌握大权。

弑君夺位的他，总是觉得心里不踏实，特别是吴王僚有一个儿子，名为庆忌，其勇武天下无双，政变后逃到卫国。此人不除，永无宁日呀，吴王阖闾杀心再起：必须干掉庆忌！

五、刺客列传：要离刺庆忌

庆忌堪称吴国第一勇士，生得一副钢筋铁骨，力大无比，有万夫莫敌之勇。他不仅力气大，还十分敏捷，徒脚奔跑可追逐野兽；高速飞翔中的小鸟，他可以迅雷不及掩耳的速度抓住。不仅如此，他还有超强的耐力，可连续奔跑百里以上。

吴王僚被刺杀后，阖闾控制朝廷，庆忌情知不是对手，便急忙逃出吴都。阖闾为了斩草除根，亲自率一部人马，驾着四匹马拉的战车，前往追赶。庆忌勇猛，阖闾不敢与之近身肉搏，只是远远放一记冷箭，但庆忌伸手一抄，竟然把箭接住，其反应的敏捷程度，的确骇人听闻。

庆忌成功逃脱了，这对吴王阖闾绝不是好消息。

夜长梦多，吴王阖闾食不甘味睡不香，经常派人打听庆忌的动向。庆忌逃到卫国后，与各诸侯往来频繁，显然他是想借诸侯的力量，重振旗鼓，杀回吴国。

不行，不能让庆忌有翻身的机会。

阖闾想到伍子胥。在这个时候，伍子胥是他唯一能信任的人。他召伍子胥进见，开门见山地说："现在我接到情报，公子庆忌与诸侯们有秘密的行动，我为此事睡不着觉，吃不下饭。您曾经帮我物色专诸刺杀吴王僚，现在我想把庆忌的事交给你去办。"

伍子胥其实并不喜欢刺杀这种不入流的手段，既不光明正大，又不磊落，着实称不上英雄之举。如果说杀吴王僚时，是因为敌强我弱，还勉强说得过去。如今阖闾是一国之君，却要用暗杀这种下三滥的手段，就过分了。听了吴王的话后，伍子胥皱起眉说："我曾经与大王在密室中图谋刺杀吴王僚，这已是对君主不忠，现在又要杀他的儿子，这样恐怕有违天意吧。"

阖闾笑道："以前周武王讨伐商纣，岂不是对君主不忠？杀了纣王后，后来又杀了纣王的儿子武庚，民众并没有丝毫怨言。我效法周王，怎么可能违背天意呢？"这是在给伍子胥一个杀人的理由。

搬出周武王、周公的旧事，阖闾显然比伍子胥心里要明白，什么是对，什么是错，但这并不是一个问题。重要的是，作为一个君主，他必须要果断，绝不可犹犹豫豫，做得对也罢，做得错也罢，总比迟疑不决要好。阖闾给了伍子胥一个杀人的理由，一个在良心上过得去的理由。

果然不出阖闾所料，伍子胥很快表态了："我既然追随大王，还有什么好担心害怕的呢？我这里倒是有个人选，可以为大王除掉庆忌。"

阖闾听了十分高兴，便问："此人是否人高马大，勇健过人呢？"

"不。只是个身材瘦小的人。"

"那怎么行，庆忌有万夫不当之勇，岂是瘦小之人可以算计的呢？"

"此人虽然瘦小，但做起事来，有敌万人之勇。"

"还有此等人啊，你且说说，他叫什么名字呢？"

"他名叫要离。"伍子胥把要离的故事，一五一十地说给吴王阖闾听。

原来伍子胥在隐居后，十分留意民间勇武之人，他听到一则关于要离的故事。

有一回，要离去参加一个朋友的丧事，在吃饭的时候，遇到一位齐国剑客，名叫椒丘䜣，在饭桌上漫无边际地自吹自擂。

他吹牛说，有一回他在河边喂马匹喝水时，河神突然冒出来，夺走他的马匹。他一怒拔剑，跳进水中，与河神大战好几天，在战斗中，自己还受了伤，一只眼睛瞎了。

这位齐国剑客只顾着吹牛，没有把在座的其他人放在眼中，神情十分傲慢。这时要离正好坐在椒丘䜣的对面，对他这种漫天吹牛十分厌恶，便开口说："我听说勇士的决斗，与神鬼作战时绝不转动脚跟后退，与人作战时绝不说太多的废话。活着出去，死着回来，也决不受人凌辱。你自吹与河神决斗时的勇气，可是你既丢了马，又瞎了一只眼睛，这是一名武士的耻辱。你不仅没有与河神战斗到死，反而贪生逃走了，现在不仅不知羞耻，还在这里吹牛，在我们面前还神色傲慢哩。"

剑客椒丘䜣听后脸色变青了。他勃然大怒，一看对面所坐之人，不过是个身材短小之徒，便恶狠狠地瞪了要离一眼，放话道："小子，你等着瞧！"说罢怒气冲冲拂袖而去。

要离回到家里后，对妻子说："今天我侮辱了齐国剑客椒丘䜣，他走的时候心怀怨恨，天黑后，必定会找上门来。你晚上不要关门，我坐等他的到来。"

要离的妻子听后十分害怕，又没有办法，便把家里的大门打开。

到了晚上，椒丘䜣果然跑到要离家中。

大门敞开着，椒丘䜣很奇怪，便闯进去。穿过院子，厅堂的门没有上门闩，他推门进去，穿过厅堂后，看到有一间卧室里灯火亮着，门没有关，要离披头散发正躺着。椒丘䜣大喜，便偷偷地接近他的卧室，然后敏捷地跳进去，一手抓住要离的头发，另一手抽出利剑，狞笑道："你小子今天犯了三个错，你知道吗？"

要离面无惧色，从容回答道："我不知道。"

椒丘䜣细数道："你吃饭时在众人面前羞辱我，这是第一错；回到家大门也不关，这是第二错；睡觉时也没有防备，这是第三错。你犯了这三大错，死了也不要埋怨谁了。"

要离不仅没有害怕，反而仰头大笑，把椒丘䜣搞得莫名其妙。要离正色地说："我并没有三大错，而是你有三大羞愧。你可知道？"

椒丘䜣被他问得一怔，脱口而出："死到临头还嘴硬，你且说来听听。"

要离回答道："我在大庭广众之下羞辱你，你却不敢当场报复，这是第一件可羞愧之事；你闯入我家门时，蹑手蹑脚，不敢出声，不敢堂堂正正地挑战，这是第二件；你揪住我的头发，拔出剑后，才敢跟我说话，很明显是心虚，这是第三件。你这三件事都不光明正大，却在我面前耍威风，这岂不是太卑鄙了吗？"

椒丘䜣自诩为天下剑客，勇敢过人，不料被要离这么一说，倒觉得自己确实心虚。反倒要离表现得从容不迫，即便利刃加颈，也没有丝毫惧色。相比之下，谁才是真正的勇者，这不是一清二楚的吗？椒丘䜣真的觉得羞愧了，他把利剑一扔，叹了一声说："我自以为是天下最勇敢的人，没有人敢轻视我，不想要离的勇敢却在我之上，真是天下壮士呀。"说罢他头也不回，离开要离家，此后再也不敢吹嘘自己的本事了。

阖闾听了要离的故事后，觉得有必要见见这位勇士，便对伍子胥说道："那我得摆桌酒席，好好会会他了。"

伍子胥亲自跑去见要离，以敬仰的态度说："吴王闻先生高义，想见您一面。"要离觉得有几分意外，伍子胥便向他挑明来意，希望他能协助吴王，刺杀庆忌。

英雄无用武之地，是勇士们最大的悲哀。人都是需要得到他人的认可，被人意识到价值，要离浪迹于市井之间，别人不明了他的勇气与胆量，只有两人明了，一个是椒丘䜣，另一个便是伍子胥。伍子胥亲自来访，这使要离在心理上已经视其为知己，“士为知己者死”，现在有一个机会做一件轰轰烈烈的事情，不再平凡，在血光中实现自己的人生价值，他又何乐而不为呢？

要离几乎没有迟疑就答应伍子胥，他一定会刺杀庆忌。

伍子胥带着要离去见吴王阖闾，吴王第一眼看到这位所谓的“勇士”时，不禁大失所望，要离不仅瘦小，还弱不禁风的样子，似乎只要轻轻一阵风，就可把他吹倒了。吴王阖闾看了伍子胥一眼，含有责怪的意思，怎么推荐这么个人呢？伍子胥并没有反应，阖闾只好问要离：“先生是干什么的呢？”

要离回答道：“臣住在吴国都城以东千里的地方，大王有命，臣岂敢不尽力呢？”

吴王阖闾半晌不说话，要离看出吴王的心思，便进言道：“听说大王担心庆忌，我可以杀掉他。”

杀掉庆忌，说得容易，阖闾对要离一点信心也没有，他说道：“庆忌之勇，冠绝天下，而你这么一个瘦弱之人，怎么可能杀死他呢？”

要离固执地说：“只要大王想要用我，我就有办法杀了他。”

阖闾怫然道：“你把庆忌当作什么人。他不仅骁勇，而且很聪明。如今他落魄了，投奔诸侯国，但对诸侯却不一味奉承谦卑，可见他是个胸有大志之人。”

要离急了，他抢着说：“我有办法。首先我得赢得庆忌的信任，只要大王给我扣上一些罪名，让我出国逃亡，庆忌就会相信我了。”

阖闾摇摇头说：“庆忌不会那么笨，他一定会通过各种方法调查您的事情。”

要离以深沉的声音答道：“那就请大王杀死我的妻儿，并且在街市上将他们的尸体焚烧，挫骨扬灰，并以千金悬赏抓捕我。这样一来，庆忌必定不会起疑心。”

此言一出，吴王阖闾与伍子胥大为震惊。

从来没有人像要离这样，想出将自己的妻儿挫骨扬灰这么残酷的苦肉计。为了成就所谓惊天动地的事业，要离确实冷酷得令人发指，他这样做，无非想证明自己才是天下第一勇士。与其说要离被吴王阖闾所利用，不如说他为了证明自身价值，达到了不择手段的地步。伍子胥一听立即喝道：“那不行。”

要离顿首道：“我听说过这样的话：‘安其妻子之乐，不尽事君之义，非忠也；怀家室之爱，而不除君之患者，非义也。’家庭是小，君国是大，请大王成全。”

酷爱游侠精神的司马迁在其巨著《史记》中，专设《刺客列传》，要离却被排斥在外。在司马迁看来，刺客的精神在于以弱锄强的侠义精神，吴王阖闾之刺庆忌，乃是以强击弱，而要离为了成就自己的名声，不惜牺牲家人生命，实在与侠义精神沾不上边，只能说是个偏执狂。对此，后世梁启超曾有评论：“要离之事业，非有益于国而至湛弃其无罪之妻子，以长君之恶，君子弗称也。”

吴王阖闾绝非善辈，既然要离自己提出苦肉计，他也不必感到有良心上的不安：“那好吧，就依你所说的。”

过了不久，吴国政府给要离扣了个罪名，要离闻风而逃。他的妻子子女则被吴王下令逮捕，在闹市上公开处决，并挫骨扬灰。

这一切，都是吴王阖闾与要离共同导演的戏。

假戏却是真做。

要离的妻儿，到死时都不知道是怎么回事，还以为要离真的犯下什么滔天罪行。做一名狂热武士的妻子与儿女，有时是一种不幸。

离开吴国后，要离扬言与吴王阖闾有不共戴天之仇，这是说给庆忌听的。经过辗转，要离最终到了卫国，求见庆忌，庆忌没有疑心。

见了庆忌后，要离咬牙切齿地说：“吴王阖闾昏庸无道，王子您是知道的。如今我妻子子女无罪见诛，在街市上被挫骨扬灰，此仇不报非君子也。吴国现在的国情，我略知一二，希望可以借助王子之勇，擒获阖闾。王子何不乘此机会，率部打回吴国去呢？”

庆忌因父亲吴王僚被杀一事，对阖闾恨之入骨。他频繁与中原诸侯接触，想借助诸侯的力量杀回吴国。现在要离前来投奔，其家人被杀于街市，这是吴人皆知的事实，他对要离没有丝毫的怀疑，认为要离是个可以信任的人。

要离的计谋实现了，他得以潜伏在庆忌的身边。

庆忌开始招募雇佣兵，并亲自训练。三个月后，这支雇佣军出发了。到了长江岸边时，庆忌找来一些船，士兵们纷纷上船，横渡长江。愈到江心，江风愈烈，船在江中摇摆着，要离手握着一把矛钩，坐在庆忌身边。他思忖着最佳动手的时机，因为庆忌勇健过人，他只有一次行刺的机会，而且必须要一刺致命。

要离是一名勇士，但并不是个武艺高强的人，由于身材瘦弱，他的力气并不大。为了达到最佳的行刺效果，他非常聪明，选择站在庆忌的上风向，这样可以借助强劲的风力，增加矛钩的冲击力。

庆忌并没有意识到危险的临近。他是一个磊落的人，用人不疑，疑人不用，况且要离的遭遇，使他有几分同情，完全不相信要离竟然会是吴王阖闾派来的刺客。船行至江心时，庆忌一边抬头欣赏滔滔长江水，一边若有所思，根本没注意要离已执着矛钩站在他背后。

庆忌一点戒备心也没有，这正是下手良机！

要离举起矛钩，用尽全身的力量，顺着风向朝庆忌的后背狠狠地扎去。矛钩深深地刺入庆忌体内，只听得“啊——”的一声惨叫，一股殷红的鲜血喷出。然而庆忌并没有马上死掉，他太强壮了，一回头转身，以困惑不解的眼光瞪着要离，然后身子一摆，将矛钩甩掉，一伸手，抓住要离。要离站不稳，一下跌倒在船上，庆忌趁势揪住他的头发，把他的头拉到船缘，一用劲按到水里，然后又拔出来，再按进水里。折腾几次后，要离已经呛了不少水，直喘大气。

庆忌的伤口处鲜血不断地涌出，他忍住剧痛，把要离的脑袋顶在膝盖上，愤怒地说：“阖闾杀你家人，我欲为你报仇，你为何要杀我？”看来庆忌不想死得糊里糊涂，他一定要刨根究底知道事情的真相。

要离突然狂笑了几声，说道：“那只是我的苦肉计罢了，欲为君王除患，何惜自己的家人。”

庆忌不禁长叹一声道：“你能忍辱负重，还敢以兵刃加之于我，真是天下的勇士。”

这时庆忌的侍卫们拔出剑，准备结果要离的性命。庆忌的脸色越发苍白，他感觉自己的气力正在一点一滴地消失，但他还是用尽全身力气说：“不要杀他。这是天下的勇士，怎么可以在一天之内，杀了两位天下至勇之人呢？”

说完后，庆忌又对手下说道：“我活不了了，你们把他放了吧，让他回到吴国，以表彰他的忠心。”说完后，庆忌的脑袋一歪，死了。

如果以人格来论，庆忌无疑是一位真正的勇士，能够从容释放杀害自己的凶手，这样磊落的胸襟，试问有几人可达到呢？只可惜他生不逢时，纵有盖世武功，终无用武之地，成为政治斗争中的牺牲品。

要离没有被处死，庆忌死后，他的部下遵从其遗言，将要离释放了。

这个结果，并没有让要离高兴。他选择的是一条英雄之路，庆忌死了，他却活下来，而且是在敌人的宽大下活过来的，这不是他想要的。他一路走着，一路想着，走到半途时，停下来不再走了。

有一名跟随着他的随从问道："为什么不走啦？"

要离惨然叹道："我以妻儿之死效忠国君，这是不仁；为新的国君而杀死旧国君的儿子，这是不义。不仁不义，我怎么能苟且偷生于人世呢？我又有何面目来面对天下之士呢？"说完后，他跳入江中，此时的他生念已绝，只求一死。

可是要离没死，随从把他救上来了。

要离睁开眼睛，又看到蓝天白云，自言自语道："我能不死吗？"他的随从在耳边说："您先不要求死，回到吴国后，吴王肯定会给你加官晋爵的。"

要离笑了一下。自己的使命完成了，如果得到官爵，那岂不是让他人耻笑，自己以妻子儿女的生命来换取荣华富贵吗？他拔出利剑，先自断手足，然后伏剑自杀。

继庆忌死后，要离也魂归江河。

作为一名刺客，要离是个很复杂的人。武士的狂热，使他成为一个杀人的工具，虽然他自诩为一名真正的勇士，但实际上他远不如其敌人庆忌。庆忌更有君子风度，更有人情味，而要离则不免显得气量狭小，甚至冷酷无情。

庆忌之死，令吴王阖闾如释重负，最大的绊脚石搬掉了。但阖闾还不知足，因为还有两个隐患：吴王僚的两个弟弟掩馀与烛庸未除。

六、吴王阖闾

吴王阖闾既是一位雄才伟略的君王，也是一个冷血人物。

他先借专诸之手刺杀吴王僚，后又借要离之手刺杀庆忌，如今又把目光盯住逃亡在徐国与钟吾国的掩馀与烛庸，两人都是吴王僚的弟弟。

公元前512年，即吴王阖闾三年，吴国政府对徐国、钟吾国频频施压，要求两国分别交出吴国公子掩馀与烛庸。徐国与钟吾国都是小国，得罪不起吴国，便偷偷告知两位公子，两位公子走投无路，看来只能逃往楚国了。

楚昭王敞开胸怀，接纳了掩馀、烛庸两个吴国公子，将两人安置在养邑，并赐给大片土地。在楚昭王看来，如今吴王阖闾重用楚国叛徒，对楚国的虚实了如指掌，他也想通过接纳吴国公子，来掌握吴国的军事情报。

确实，在吴王阖闾的臣僚中，他最信任的两个人都是楚国人，这两个人是伍子胥与伯嚭。

在吴王阖闾夺权路上，伍子胥功不可没。阖闾即位后，即任命伍子胥为行人，即外交官，并参与政事，问他说："寡人想要富国强兵，称霸诸侯，不知要怎么做呢？"

伍子胥听后顿首道："我不过是楚国的逃犯，父兄惨遭杀戮，连尸骨都无人收葬，我蒙罪受辱，前来投奔大王。大王不加杀戮，已是知足，又哪敢参与政事呢？"

吴王阖闾笑道："要是没有先生相助，我恐怕还得带着兵在前线打仗呢，哪里可以得到王位呢？现在百废待兴，我诚恳地希望有您相助教导，您怎么说这样的话呢？"

其实伍子胥并非不想有一番作为，但他心有顾虑。正所谓鸟尽弓藏，兔死狗烹，如今阖闾已经实现称王的梦想，自己又立下大功，谁晓得下场是好是坏呢？他索性把话挑明了："我听说谋事之臣，在为君王排忧解难后，必定不被君王所重用。"

阖闾一听，心里明白了。他诚挚地对伍子胥说："先生怎么这么想呢？没有您，我就没有可以畅所欲言的人了。我虽然得到王位，但事业刚刚开始，我国僻处东南，地势险阻，气候潮湿，还有江河的水患，国家没有坚强的防御，民众没有依靠，没有建立储备，许多荒地未开垦。百废待兴，我正要向先生请教哩。"

这一番话，让伍子胥心里的石头落下了。他打心里觉得，吴王阖闾确实是位有着远大理想与抱负的君主。阖闾的事业，就是自己的事业，想到这里，他对阖闾说："要治理国家，首先得使国家安定，社会有秩序，民众各尽其职，然后才可以成就王霸之业。"

阖闾是真心向伍子胥讨教，并非纯粹作秀。他很明白，吴国虽然军事力量强大，但根基不深，还有许多东西需要学习，于是他又问：“具体要怎么样做呢？”

伍子胥提出十二字方针：“立城郭，设守备，实仓廪，治兵库。”这其实是把楚国经验搬到吴国，如果用后来孙子的话说，伍子胥的战略就是“先为不可胜，以待敌之可胜”。这样，楚国与吴国两个国家都拼命地筑城，筑城是一件很劳民伤财的事，可是效果有所不同。楚国是将筑城当作抵挡吴国进攻的防线，而吴国筑城则是作为一种战略威慑，从双方战略态势看，楚国仍然是消极防守，而吴国仍然是主动进攻。

为了打击对手，吴王阖闾大肆收留楚国的逃亡分子，伯嚭就是其中一人。

伯嚭是楚国三朝重臣伯州犁的孙子。二十多年前，王子围（楚灵王）发动政变，推翻楚王郏敖，诛杀伯州犁，伯嚭便逃到国外。吴王阖闾上台后，同样是楚人的伍子胥得到重用，伯嚭想碰碰运气，便前来投奔。

伍子胥在吴王面前大力举荐伯嚭。伯嚭的经历与他自己有类似之处，因而在内心深处，他把伯嚭当作同病相怜之人。初见伯嚭时，伍子胥仿佛看到自己的影子，有一种亲近感，觉得他是一个可以信任的人。

吴国大夫被离问伍子胥：“您为什么第一次见到伯嚭就信任他呢？”

伍子胥答道：“我们身世有相似之处，正所谓同病相怜，谁不爱自己的亲人，谁不怀念自己所思念的人呢？”

被离提醒伍子胥：“您所看到的只是外在的相似，伯嚭内心深处是不是跟您类似呢？”

伍子胥没想过这个问题，他答道：“这我就不知道了。”

被离叹了一口气，对伍子胥说：“您要小心点啊。依我观察，伯嚭眼光如鹰，走路时像虎，完全是一个追逐名利之人，他的性格跟您可不一样，您得小心点才行，不可太亲近了。”

这一番话，伍子胥并不以为然，他仍然向吴王阖闾举荐。伯嚭被任命为大夫，并很快成为吴王所信任的人之一。

掩馀、烛庸两人逃往楚国后，吴王阖闾归怒于徐、钟吾两国政府的通风报信，决心拿徐国与钟吾国开刀。

公元前512年冬季，吴国大军突然掩袭钟吾国。钟吾军队大败，君主成为吴军的阶下之囚。这是吴王阖闾夺位后的第一次大规模用兵，旗开得胜。

紧接着，吴军挟胜利之余威，又攻入徐国。徐国坚守都城，并派人紧急向楚国求援。楚昭王派遣沈尹戌率军驰援，然而还是慢了一步。

吴军的作战十分灵活，采取一种创造性的进攻方法：在山区截流筑坝，在河水积蓄到一定水位时，毁掉大坝，洪水奔腾而下，冲毁城墙，徐都成为一片汪洋之泽。

春秋末期的战争，比起前期，更多了几分残酷的色彩。

徐国君主无法再战，他将自己的头发剪断后，携妻带子，出城向吴王阖闾投降。吴王阖闾赦免徐国君主，并允许他流亡到楚国。

吴国开始显示出十足的霸气。

破钟吾、灭徐国后，吴王阖闾的目标直指楚国。阖闾下达军队动员令，筹备进攻楚国，可是命令下达后，却迟迟没有出兵。

原来阖闾心里有个疙瘩。他最信任的人是伍子胥与伯嚭，这两人都是被楚国政府迫害而逃亡到吴国的，与楚国政府有深仇大恨，两人都有极强的报复心理，不达目的不肯罢休。阖闾担心一旦伍子胥与伯嚭率领吴军深入楚国后，会过于冲动、感情用事，急于求成，如果这样的话，那么军队便很可能陷入灾难。

阖闾把伍子胥与伯嚭两人召来，问他们说："我想出兵攻打楚国，你们两位怎么看呢？"伍子胥与伯嚭都面带喜色说："我们愿意效劳。"阖闾没有回答，他站在高台上，南风徐徐，突然他迎风而啸，而后又一声轻叹，没有吭声。

伍子胥十分精明，他猜测到吴王阖闾的心思。不错，伍子胥确实恨不得杀回楚都，虽然楚平王死了，但也得把他的尸体挖出来羞辱一番。楚平王的儿子、孙子，这些王室成员也不是好东西，得抓起来出口恶气。他时常有意无意地透露出心中的熊熊怒火，而这正是吴王所担心的事。

当然，伍子胥有冲动的一面，也有冷静的一面。在摸准吴王的心思后，他提出一个非常理性的军事计划："楚国表面强大，其实内部混乱，掌权的人太多，却没有人敢于承担责任。在击败楚国之前，首先要先让他们疲于奔命，因而我们可以将军队分为三个部分，采取车轮战法，轮番出击，骚扰楚军。只要楚军一出动，我们就撤退，他们一撤退，我们又出动另一部分兵力骚扰。这样折腾几次，很快就会让楚国人筋疲力尽，到时我们再精锐全出，必定能大获全胜。”

这一番分析，展示了伍子胥的军事素养与卓越的眼光。

吴王阖闾听了之后大喜，立即采纳其建议，将吴军分为三个编制，轮番出击，果然如伍子胥所料，把楚军折腾得团团转。吴军牢牢地掌控着战场主动权。

经过数十年的奋斗，吴国在战火的洗礼下成为军事强国。当巫臣初使时，当时的吴国连兵车也没有，如今不仅拥有兵车、水师，还有第一流的兵器。

吴国的铸剑技术水平在诸侯国中是数一数二的，吴王阖闾对宝剑的酷爱，刺激了吴国铸剑技术的发展。颇令人惊讶的是，铸剑新技术最为领先的，居然是被视为蛮夷的吴、越。当时顶级的铸剑师，越国有欧冶子，吴国则有干将、莫邪。

据说欧冶子与干将是同门师兄弟，而莫邪则是干将的妻子。当时越国还是个弱国，吴国强大，越国人便献上三把宝剑。这三把宝剑很可能出自欧冶子之手。阖闾得到三把宝剑后，爱不释手，希望本国也可以铸出同样的旷世名剑。

铸剑的任务交到名匠干将手里。

干将采集优质的铁矿石及其他材料，铸成绝代双剑，一把称为干将，另一把称为莫邪。据说为了铸成这两把剑，干将的妻子莫邪把自己投入熔炉中，以身铸剑。这两把名剑是以莫邪的生命换来的，故而干将十分爱惜，只将其中的一把（莫邪剑）献给吴王阖闾，自己则保留了另一把。

得到宝剑莫邪后，阖闾爱不释手，又下令让国内能工巧匠制造金钩。阖闾对兵器的酷爱，成为吴国兵器制造热的催化剂。

金钩是什么东西呢？有史料记载，它是一种类似刀的武器，也有人认为金钩就是一种戈。在阖闾的大力支持下，吴国所制的金钩闻名天下，后来被称为“吴钩”。在古代诗词中，经常可以看到写有吴钩的诗句，比如李贺的诗“男儿何不带吴钩，收取关山五十州”；再如辛弃疾的“把吴钩看了，栏杆拍遍，无人会，登临意”。从这些诗句中，可以看出，吴钩在千年后仍然十分有名。吴王阖闾下令：“擅长制造金钩者，赏赐百金。”这么一来，吴国大批工匠都转向制造金钩。

铸剑制钩的背后，都体现了吴国军事装备技术的提高。

七、兵圣孙武

伍子胥是吴王阖闾称霸最重要的人物，他不仅自己是个优秀人才，而且慧眼识人，向阖闾推荐过很多人才，其中包括专诸、要离，但最重量级的人，却是举世闻名的兵圣孙武。

孙武的早年生活是个谜。

有史料称孙武是齐国人，其先祖是陈国流亡到齐国的陈完，与齐国权臣陈无宇属同宗；一种说法称孙武是陈无宇的后人，其说大抵不确切；也有史料称孙武是吴国人。不管哪一说法属实，有一点是明确的，孙武早年生活比较平淡无奇。他曾经有一段时间隐居在吴国，勤奋地钻研兵法，探讨总结春秋时期军事思想的发展，并提出自己深刻的见解，著成兵法书一册，这便是中国历史上不朽的巨著《孙子兵法》。

伍子胥在隐居期间，对吴国的逸士能人十分留意，并挖掘出许多人才。他可能读过孙武的某些著作，对其兵法思想极为叹服。可以说，伍子胥有伯乐之才，他意识到孙武是个帅才，可以帮助吴王成就霸业。

有一天，吴王阖闾邀伍子胥一起讨论军事。在交谈时，伍子胥提起孙武，并在阖闾面前七次举荐孙武。吴王并没有在意，他本人便是擅长将兵的名将，见伍子胥推荐一个从来没有指挥作战经验的隐士，心中不以为然，甚至认为伍子胥推荐孙武，不过是个借口罢了，其真实的目的是想提高自己在吴王心中的地位。

阖闾虽然心里是这么想，但没有说出来，既然伍子胥推荐了，那就召孙武前来吧，至少这也算是给伍子胥一个面子。

孙武来到王宫，阖闾以礼相待。当然，这是出于客气。吴王开门见山，向孙武询问兵法见解，显然是要试探一下孙武的兵学修养。

阖闾并没有意识到，他是幸运的人，因为他最早读完不朽的名著《孙子兵法》。孙武将自己写成的兵法书卷递交给吴王，阖闾开卷一阅，只见第一篇《始计》，开头写道："兵者，国之大事，死生之地，存亡之道，不可不察也。故经之以五事，校之以计，而索其情：一曰道，二曰天，三曰地，四曰将，五曰法。道者，令民与上同意，可与之死，可与之生，而不危也；天者，阴阳、寒暑、时制也；地者，远近、险易、广狭、死生也；将者，智、信、仁、勇、严也；法者，曲制、官道、主用也。凡此五者，将莫不闻，知之者胜，不知之者不胜。故校之以计，而索其情，曰：主孰有道？将孰有能？天地孰得？法令孰行？兵众孰强？士卒孰练？赏罚孰明？吾以此知胜负矣。将听吾计，用之必胜，留之；将不听吾计，用之必败，去之。”

看到这里，阖闾震惊了。

自从有文字以来，从来没有人把战争问题写得如此深刻、透彻！在此之前，阖闾自认为是个精通军事之人，而在孙武的文字面前，他才意识到自己只是会打仗，不能说领悟到了战争的真谛。对孙武的著作，吴王赞叹不已，他如饥似渴，一篇篇读下来，总共十三篇，分为《始计》《作战》《谋攻》《军形》《兵势》《虚实》《军争》《九变》《行军》《地形》《九地》《火攻》《用间》。既论及战略问题，也论及战术原则，简明扼要，字字珠玑。

阖闾读完后，心情舒畅，非常高兴，对于这本兵法书的价值，他没有丝毫怀疑。不过他更关心的是，孙武究竟只是一个纸上谈兵的人呢，还是一位可以担任统帅的将军呢？

他准备给孙武出个小小的考题。

吴王阖闾便问道：“先生的兵法，能否稍稍试验一下呢？”

孙武知道吴王心中有疑虑，便微微一笑说：“当然可以了，大王可以拿后宫的宫女来做个试验。”

阖闾一听乐了，战争是男人的事情，宫女弱不禁风，怎么受得了军事训练呢？嗯，好，既然你吹牛了，我就看看你的本事吧。于是他批准：“好吧。”

孙武又说：“臣有一个要求，请求大王让两位宠姬分别担任队长，各领一队。”阖闾一听，这要求不过分，批准了，行，照办。

演练的第一天，吴王亲自到场观看。

参加演习的宫女总计三百人，分为两队，每队一百五十人。这些平素花枝招展的女人们，全都穿着铠甲、戴着头盔，一手持着剑，一手持着盾。虽然身着戎装，却没有英姿飒爽，反而看起来有点不伦不类的感觉。这些没摸过剑的女人嘻嘻哈哈，觉得挺好玩的。

这时孙武站在台上，开始讲解操练要诀。队形的进退、变化主要以鼓声为指令，根据不同鼓声，前进或后退、左转或右转。孙武强调道："听到第一通鼓声，要精神振作，做好准备；听到第二通鼓声，要齐声呐喊着前进；听到第三通鼓声，要排列成为战斗队形。"

台上的孙武神色严肃地讲解操练要诀，台下的宫女们却嘻嘻哈哈的，看着对方穿着戎装的可爱模样，互相开玩笑，把这当作一场游戏。

孙武亲自擂鼓，娘子军对鼓声置若罔闻，一步也没走，只是捂着嘴偷笑。孙武又详细将动作要领重申一遍，并强调纪律的重要性。可是似乎没有起到效果，这群女人更是笑得合不拢嘴。

不仅宫女笑了，在台上看操练的吴王阖闾也不禁笑了。整个场面很滑稽，他不禁暗想：孙武哇孙武，你偏偏要选择宫女来训练，这回下不了台吧。

孙武并没有沮丧，他很有耐心地又一次重申军令与纪律。仍然是一样，台下只有一片嬉笑声。

这下子孙武愤怒了，他瞪大眼睛，怒发冲冠，猛吼道："把斧头与铁砧板扛上来。"

这时手下把斧头与砧板扛上来，看来孙武已露杀机。果不其然，只听得孙武说："倘若军纪不申，号令不明，这是将领的过错。如今我已经三令五申，而队伍却不执行命令，这就是队长的罪责。"说完后他一转身，问身边的军法官："按军法如何处置？"

军法官简洁地回答："当斩。"

孙武回过身，大声宣布，立即处死两队宫女的队长——吴王阖闾的两名爱姬。

此言一出，三百粉黛无颜色，而观摩者更是目瞪口呆。

吴王阖闾一听，坐不住了，马上派人快马从观看台前直奔到孙武的指挥台，向孙武传达吴王的命令："寡人已经知道将军能带兵了。这两个女人乃是寡人最宠爱的，要是没这两名爱姬，寡人吃饭都没胃口，将军斧下留人。"

孙武拒绝了，他声色俱厉地说："我已受吴王之命，封为将军，在军中执法，即使有君主的命令，也不能接受。"

说完之后，孙武下令军法官立即执法。两位貌美如花的王妃被拉到行刑处，头按在铁砧板上，两人顿失颜色，使劲地挣扎，但两个娇小的身躯，怎么挣脱得开几个彪形大汉呢？绝望之下，只得回眸看君王。此时吴王阖闾一看孙武来真的，早就跳了起来，猛吼道："斧下留人——"他浑身发抖，神态慌张，非常激动。

但是来不及了。

只见两把大斧劈下，血柱如花，两位绝色美女顿时魂归九天。

吴王阖闾一声惨叫，瘫倒在地。

这时孙武一登鼓台，举槌擂鼓。三百名宫女已是魂飞魄散，眼睛连眨也不敢眨，个个竖起耳朵，听着孙武的擂鼓声。随着鼓声节奏的快慢，或左或右，或进或退，转身回旋，每个动作都十分到位，井然有序，就像是经过多次训练似的。除了脚步声与剑盾的挥舞声外，两队女兵肃静无声。

操练相当成功，孙武径直穿过操练场，走到吴王阖闾面前。此时的阖闾神色恍惚，面带怒气，不抬头正眼看孙武。孙武面不改色，对吴王阖闾拱手道："军队已经操练完毕，请大王检阅。现在她们已经可以为大王赴汤蹈火，就是开赴战场也可以了。"

阖闾冷冷地说："我已知道你善于用兵了，可是我用不着她们，将军请将她们遣回吧，我不想检阅了。"

孙武也不是吃素的人，在威严的君主面前，他不卑不亢，不怕摸老虎的血口，带着冷讽的语气说道："大王只是喜欢我写的那些东西，其实并不想有实际的成效。"

很显然，君臣两人在斗气。

看到这里，站在一旁的伍子胥站出来说话，他对吴王说："如今大王思贤若渴，欲兴兵戈诛暴楚，称霸天下，立威诸侯。大王也看到了，孙武乃将才，除了他，还有谁能率领吴国军队跨越淮河、泗水，在千里之外行军作战呢？"

经伍子胥这么一说，阖闾心中的怨气渐渐消了。是呀，他不是一个安逸享乐之人，否则的话，可以安心地当吴国公子，何必冒着巨大的风险刺杀吴王僚呢？因为他有雄心壮志，称霸诸侯、一匡天下，这才是他人生的使命，不是吗？

自从与孙武见面后，阖闾为他渊博的军事知识、深邃的军事眼光所折服。今天孙武是过分了，敢于抗君命，杀了自己两个爱妾，可是他没有食言，他确实将一群弱不禁风的女流之辈，训练成为一支军纪严明、操练有素的军队，这能怪他吗？

唉，只可惜了两位爱妾，想了心疼。吴王阖闾毕竟不是凡人，也许有所失就有所得吧。想到这里，他转怒为喜，对伍子胥说："哎，若不是先生，我怕是要犯大错了。"于是礼待孙武，正式拜为将军。

孙武的加盟，使吴王阖闾如虎添翼。

在孙武与伍子胥的努力下，吴国制订了对楚的战争计划。这个计划，是在伍子胥原先构想的基础上再做修订，目的是以主动的出击，拖垮楚国人，并最终完成直捣郢都的战略计划。

八、疲于奔命的楚国

与吴王阖闾的励精图治相比，楚国却面临着内忧外患。

楚昭王上台伊始（公元前 515 年），便挫败吴国的入侵。由于吴国爆发吴王僚被刺事件，阖闾篡位，吴军统帅掩馀、烛庸逃亡，吴军大败。此役的胜利，让楚国人看到新政府的希望，然而很快，希望就破灭了。

郤宛是楚国最正直的大臣之一，也是挫败吴军入侵的英雄，深得国人的爱戴。可惜这么好的一个官，却难逃被栽赃陷害的下场。

陷害郤宛的人，就是伍子胥的仇人之一，楚国奸臣费无极。

楚平王死后，费无极仍然是政坛不倒翁，位高权重。担任左尹的郤宛以清正廉明而赢得国人的爱戴与拥护，这让费无极感到一种莫大的威胁。费无极做好事的本领没有，做坏事的恶点子特别多。他想来想去，想出一个办法，打算借令尹子常之手除掉郤宛。令尹在楚国是执政大臣，地位仅次于楚王，可子常比较平庸，他有个缺点，喜欢收受他人的贿赂，又容易听信谗言。

费无极便跑到子常那儿，对他说："郤宛想要请您喝酒。"子常一听有酒喝，心里很高兴，欣然答应。然后费无极又跑去对郤宛说："令尹打算到你家里去喝酒。"

郤宛一听，有点为难，他知道令尹子常是个贪财之人，大驾光临，自己总不能没有表示吧。他一向清廉，家中又不曾收藏什么宝物，怎么办呢？他便向费无极请教道："令尹大人要光临敝舍，我又没什么宝物可以进献的，那要怎么好？"

这一问，正中费无极的招，他狡黠地笑道："令尹喜欢收藏兵器，不如这样吧，你把家里的兵器拿出来，我帮你挑几件。"郤宛听后十分感激，便带着费无极到武器库里，挑了五件兵器及五副铠甲。费无极又假装热情，交代他说："你就把兵器放在家门口，令尹来的时候，你便可以趁机献上。"

郤宛是个心胸坦荡的人，哪里晓得这是费无极的阴谋呢？他还信以为真，把兵器放在大门口。

到吃饭的这天，子常备了车马，准备上郤宛家中。这时费无极急匆匆地跑来，神色慌张地说："您幸好还没走，要是去就遭殃了。我听说郤宛准备杀死您，他把兵器、铠甲都放在大门口，您可千万别去。还有哇，上次吴军入侵，郤宛率军截住吴军的退路，本来我们可以大获全胜的，可是关键时刻，他居然收了吴国人的贿赂，把吴军给放跑了。"

子常耳根子软，听了费无极的话后，满腹狐疑。他先派人前去郤家打探，探子回来禀报说，果然如费无极所说，郤宛在家门口放了武器。

好险啊，子常不禁暗自庆幸。郤宛敢胆谋反，他愤怒了，召来负责郢都防卫的将领鄢将师，命令他带着军队，前去捉拿郤宛。鄢将师其实与费无极是一丘之貉，费无极设下的这个阴谋，他也有份。得到命令后，鄢将师马上带着一队人马，杀气腾腾地奔往郤宛家中。

此时郤宛还在厅堂等候令尹大人大驾光临。他心里纳闷，这饭菜都快凉了，怎么令尹大人还没到呢？忽然听到门口有很多车马声，还以为是子常的兵马到了，不想这时家仆来报，郤宅已经被官兵包围了。鄢将师在门外叫喊着要捉拿阴谋造反的郤宛，并且说证据确凿，郤宛在门口放了一堆武器，就是想要谋害令尹大人。

郤宛明白了，这是费无极设下的一个大圈套。直到这个时候，他总算看清了费无极的狰狞面目，并清楚当年太子熊建、伍奢、伍子胥这些人被陷害，也都是这个奸臣的把戏。一切都太晚了，这时有理也说不清了。郤宛心知难逃一劫，与其遭辱被杀，不如自行了断吧。他默默地走进内屋，悬梁自尽。

郤宛自杀了，鄢将师还不肯罢休，他血洗郤宅，放一把火把郤家烧个精光。郤氏一家人全部被杀死，以及郤宛的亲信阳令终、阳完、阳佗、晋陈等人，也一个不留。

郤宛是楚国难得的清官，他的死，令楚国百姓民愤激昂。

郢都的民众异口同声，谴责令尹子常、费无极与鄢将师三人。子常这下子慌了，这个平庸的令尹不知道要怎么办。

这时，沈尹戌求见子常，子常像抓到一根救命的稻草似的，赶紧问沈尹戌："现在要怎么办啊？"

沈尹戌正色地说："左尹郤宛，根本没有犯什么过错，您却下令杀了他，以致国人纷纷指责，舆论无法平息，您却一点也没有想过补救的办法，这一点令人费解。"

子常赶紧问说："那我要怎么补救呢？"

沈尹戌皱皱眉头，又说道："费无极这个家伙，人人都知道是个恶人。当年陷害太子熊建，又杀害伍奢，逼使伍子胥出逃，一手遮天，欺惑国君。平王是仁君，性格温和，又能励精图治，本来成就应该在成王、庄王之上，就是因为信任费无极这个小人，才使楚国霸业凋零，得不到诸侯们的拥护。如今费无极又搞阴谋，陷害郤宛，还杀死很多无辜者，所以民众才反应强烈，这事件都涉及您身上了，您要是不亡羊补牢，还怎么当令尹呢？聪明的人铲除恶人来稳固自己，您却庇护恶人来危害自己，这岂不是太糊涂了？"

子常一听，豁然开朗，既然百姓对费无极、鄢将师两人深恶痛绝，自己就借这两个家伙的人头来平息民愤吧。

在沈尹戌的诱导下，子常做出一个正确的决定：逮捕费无极、鄢将师两人，就地正法，夷灭两族，以平民愤。

费无极玩尽权谋，最终还是逃脱不了一死。只是他一死，又让伍子胥心生遗憾，无法活扒其皮，生啖其肉。

虽然费无极得到应有的报应，可是楚国民众对新政府完全失去信任。楚国内部已是危机重重，而外部更是面临着吴国兵团前所未有的巨大压力。

公元前 511 年，吴国开始实施"伍子胥计划"。

这一年秋季，吴军以偏师伐楚，重点进攻夷、潜、六三邑。

楚国在国内防务上，存在的问题很多。令尹子常遵循其祖父子囊的遗言，将防御重点放在郢都，这使边境线上的兵力大为不足，这些兵力不仅要防止吴国的入侵，也要预防晋国为首的中原诸侯从北面突入。在防御吴国上，楚国重点是在东线筑城，但是东部城市距楚都远而距吴国近，很容易遭到吴国的突袭。一旦遇袭，中央军就要实施长途驰援。作为前楚国将领，伍子胥对这点看得十分清楚，因此他的计划就是不断袭扰，拖垮楚国主力。

吴军攻势凌厉，连续攻破潜邑、六邑。

果不其然，楚国派出沈尹戌率军东进，支援潜邑。吴国根本不想打一场硬仗，楚军来援，吴军就逃得无影无踪。

沈尹戌是楚军将领中的佼佼者。他对楚平王以筑城为主的防御模式一直是持批评态度，他洞悉伍子胥的战术，可是这种战术是难以破解的。最后他想了一个主意，将潜邑的居民迁移到南冈（今安徽霍山南），以避开吴军。

伍子胥调整战略方向，转而进攻楚国北部的弦邑（今河南息县南）。沈尹戌只好马不停蹄，驰援弦邑，到半途时，吴军又撤走了。

楚军主力疲于奔命，伍子胥的战略开始体现出威力了。

面对吴军的嚣张气焰，楚昭王气疯了。

屋漏偏逢连夜雨，吴国咄咄逼人的气焰，令楚国的喽啰国开始动摇。桐国率先背叛楚国，投入吴国的怀抱。

是可忍，孰不可忍也！

楚昭王豁出去了，准备易守为攻，进攻桐国与吴国。楚昭王任命大司马子期为主将，率军东征。子期是楚平王的儿子，战争经验丰富，伍子胥知道此人有几分本事，未可小视，便扬言："楚国如果任用子期为大将，我立马就可以将他擒杀。要是任用子常为大将，我就只好远远地躲开。"

楚昭王听到这个小道消息后，心里想：原来吴国人怕子常啊，那好，就改派子常为大将，出征吴国。

其实子常是个庸才，担任令尹期间，内政混乱，听信费无极的谗言杀死郤宛，在行军作战上，也是外行。子常被任命为远征军大将，正中了伍子胥的圈套。

吴王阖闾七年（公元前 508 年），子常率领楚军，气势汹汹地杀向吴国与桐国。其实伍子胥根本不把子常放在眼里，他开始布下大口袋，等待楚军钻进来。

伍子胥与孙武出动水师，出现在桐国北面，做出增援桐国的假象，暗地里却各率一支主力部队，潜伏在桐国南面的巢邑附近。子常根据情报，做出重大误判，以为伍子胥的主力在桐国以北，便在桐国以南发动攻势，这正中了伍子胥的诡计。

吴军两支主力突然杀出，大大出乎子常的意料。兵贵神速，在楚军反应过来之前，吴军已经在豫章（春秋时豫章包括汉水以东、长江以北大片地区）将楚军主力团团围困。子常的能耐，伍子胥是很清楚的。六年前吴王僚派两公子伐楚，吴军遭到楚军沈尹戌与郤宛两军的夹击而遭败绩。在那场战役中，子常作为令尹，扮演一个不太光彩的角色，他率楚国水师参加，中途却逃跑了。

就凭子常这种水平，如何与两位旷世军界奇才相较量呢？

在伍子胥与孙武的合击下，楚军大败而逃。吴军乘胜围攻巢邑，巢邑沦陷，守将公子繁成为吴军的俘虏。

楚国的东征，就这样以惨败而告终。

吴王阖闾被胜利冲昏了头脑，他对伍子胥、孙武说："如今楚国方败，内忧外困，我想乘胜追击，攻破郢都，你们看如何？"

出乎阖闾意料的是，两位名将均不认同他的计划。

孙武回答道："乘胜追击，并非常胜之道。"

吴王阖闾听不太明白，又问道："这是怎么说呢？"

孙武又补充说："楚国的军队，是天下最强的敌人。我们倘若轻敌冒进，远攻郢都，败亡的概率超过九成。要攻入郢都，必须要有天时的配合，现在还不是时候，臣没有把握。"

听了孙武的话后，吴王阖闾有几分失望，他转而问伍子胥："我想再次发动伐楚之战，怎么做好呢？"

伍子胥回答说："楚国令尹子常，是个贪婪却无能之辈，得罪了众多诸侯国，如今唐国、蔡国对他都十分不满。如果大王要打击楚国，应该先争取唐国与蔡国。"

这与孙武所说的"上兵伐谋，其次伐交，其次伐兵，其下攻城"的战略思想不谋而合，要打败敌国，外交攻势是重要手段之一。

说到这里，伍子胥详细讲述了唐、蔡两国与楚国的恩怨。

唐、蔡两国都是楚的喽啰国。有一回，蔡昭侯去楚国访问，他有两块贵重的玉佩与两件名贵的裘衣，他将其中一套玉佩、裘衣送给楚昭王。子常知道后，就向蔡昭侯索要另一套，蔡昭侯坚决不给。子常大怒，找了个理由，将他扣押在楚国好几年。后来，唐成公去楚国访问，他有两匹好马，其中一匹送给楚昭王，子常照例向他索要另一匹，唐成公很不高兴，不肯给，结果也被扣押了。后来唐国人、蔡国人暗地里把玉佩、裘衣、名马偷偷送给子常，这才使两位国君得以释放，但蔡昭侯与唐成公对子常恨之入骨。

蔡昭侯在回国途中，经过汉水时，向河神发誓，从今往后，再也不去楚国朝见。不仅如此，他还偷偷向晋国抛媚眼，把自己的儿子姬元作为人质送入晋国，以换取晋国的支持，并恳求晋定公发兵讨伐楚国。

看来在子常的执政下，楚国的内政外交都相当混乱。

正因为这个原因，伍子胥向吴王阖闾建议，拉拢蔡国与唐国，组成联合阵线，共同讨伐楚国，这样胜算就大大增加了。

吴王阖闾听后大喜，立即派伍子胥前往蔡国。

这时蔡昭侯正有些郁闷。

怎么回事呢？原来蔡昭侯投靠晋国后，打算依靠晋国人来报复楚国。晋定公特地召开一次盛大的“国际会议”，这次会议在召陵召开，故而又称为“召陵大会”。出席的国家有晋、齐、鲁、宋等十八个国家，此外周王室也派出代表出席。从参加会议的国家来看，堪称春秋时期最大的一次会议，会议的主题，就是讨论蔡昭侯提出的讨伐楚国的问题。

可惜的是，这次会议雷声大，雨点小。

作为诸侯盟主的晋国人，跟楚国人一样无耻。蔡国有求于晋国，晋国人想乘机捞一把，晋大夫荀寅向蔡昭侯索贿。蔡昭侯一听，气得不得了，当初就是因为楚国令尹子常贪得无厌，他才会投靠晋国，不想晋国官员一样的黑，一样的贪。对荀寅的不合理索求，蔡昭侯断然拒绝。

荀寅没捞到好处，便极力反对征伐楚国。他有两个理由：第一，晋楚有弭兵协议，晋国如果单方面破坏弭兵协议，会招来非议。第二，晋国在最近四十年，与楚国的对抗中，并没有占据上风。

其实不仅是荀寅，晋国多数官员也不想与楚国开战，虽说晋国仍然是中原盟主，可是其地位早已摇摇欲坠，谁也不想在这个时候，还与楚国大打出手。

规模空前的召陵大会，最后无果而终，晋国拒绝蔡昭侯讨伐楚国的提议。

蔡昭侯这回总算看清晋国人的嘴脸，郁郁寡欢地回到蔡国。

蔡国虽然只是小国，但蔡昭侯咽不下这口恶气，决计要报复。怎么报复？进攻楚国吗？那可不行，拿鸡蛋砸石头准会粉身碎骨。蔡昭侯瞄准一个小国，楚的喽啰沈国。

公元前 506 年夏季，蔡国军队突袭沈国。虽说蔡国军事力量平平，可是沈国更加不济。在蔡军的进攻下，沈国被攻破，国君被蔡军俘虏并处决，小小的蔡国居然吞并了小小的沈国。

楚昭王暴跳如雷，蔡昭侯是什么东西，也敢在太岁头上动土，打。别看楚昭王对吴国的入侵无可奈何，对付蔡国这样的小角色，他还是很自信的。

夏去秋来，楚国大举出兵，包围蔡国首都。蔡昭侯招架不住，想婴城固守，等待晋国来援。晋国人会来吗？他心里没有底。

晋国人没来，却来了一位不速之客。

来者正是吴国大将伍子胥。

此时伍子胥的身份是行人，即外交官。他偷偷潜入蔡国，会见蔡昭侯。伍子胥对蔡昭侯说："楚国暴虐无道，滥杀忠良，侵略诸侯，扣押羞辱您与唐侯，可谓不仁不义。吴王想要征伐无道的楚国，希望蔡、唐两国可以齐心协力，共谋大业。"

蔡昭侯此时处境困难，吴国前来拉拢，这仿佛是天上掉下的一根救命稻草，焉有拒绝的道理呢？他欣然同意，并让自己的一个儿子随伍子胥返回，入质吴国，这样算是与吴国结盟了。

这时，吴国的另一名使者也前往唐国，说服唐成公加入三国反楚同盟中，唐成公当然也爽快地答应了。

本来吴国在与楚国交锋中就占据上风，如今又有蔡国与唐国相助，打一场大歼灭战的时机成熟了。

此时楚国全力攻蔡，主力都集中在北线，显然对吴国人介入战争的可能性估计不足。这正是吴国的最佳机会，可以出其不意，攻其不备，在运动战中歼灭楚军的有生力量，夺取郢都就成为可能了。

阖闾按捺不住心头激动，立即下令全军总动员。他亲自担任统帅，帐下将领包括伍子胥、孙武、伯嚭、夫概（阖闾的弟弟）。为了达成战争的突然性，吴军选择走水路，以舟师溯淮河而上，悄悄地进入蔡国境内，然后弃船登陆，取道豫章，向西挺进。

春秋末期规模最大的一场战争，就此拉开帷幕。这场战争，彻底改写楚国与吴国的命运。

九、柏举之战

蔡国的参战，是吴军取得胜利的保障。

首先，蔡国牵制了大量楚军。在吴军登陆淮河南岸时，楚军已经在蔡国作战三个月。季节已由秋入冬，天气严寒，楚军已露疲态，战斗力下降；而吴国军队则锋芒毕露，士气高昂。其次，蔡国成为吴国远征军的后方补给基地，对于长途奔袭的吴军来说，没有可靠的补给，是难以实现持久作战的。

蔡国都城在淮河北岸，吴军在淮河南岸登陆，与此同时，位于淮河西南的唐国也起兵响应。前方作战的楚军形势一下子恶化了，如果不火速撤退，吴军与唐军将切断其退路。吴国主力的突然出现，令楚国人大吃一惊，慌忙从前线撤军，并一路撤到汉水西岸，以汉水为天险，布置防线。

吴军的出击，解了蔡国之围。蔡、唐两国军队与吴军会合后，挺进到汉水东岸，与楚国军队隔江对峙。

吴王阖闾这次千里大跃进，深入楚国境内，确实出乎楚国人的意料。楚军统帅仍然是平庸的子常，统帅无能，并不等于手下将领无能。楚国最优秀的将领、战略专家沈尹戌就是佼佼者，他认真地分析吴楚两军的分布态势，找到吴军致命的弱点所在。他认为，吴国之所以敢大胆深入楚国腹地，其一，是凭借水师的优势，一旦打不赢，可以从淮河逃回吴国。其二，是掌握了蔡国这个后勤补给基地。如果以一支奇兵，出其不意奔袭停留在淮河南岸的吴国水师，再控制住几个重要隘口，便切断了吴国人的退路，同时也切断其补给线，那么深入腹地的吴军，便会成为楚军的瓮中之鳖。

沈尹戌向子常建议说："您指挥大军沿着汉水设防，力阻吴军渡河。我赶往方城山，率驻扎在方城山外的全部兵力，摧毁淮水上的吴国水师，然后控制住大隧、直辕、冥阨三个隘口，截断吴军的退路。到时您率军渡过汉水，向吴军正面发动攻击，我从侧翼出击，必定能大获全胜。”

沈尹戌不愧是楚军中最有才华的将领。确实，吴国冒着巨大的风险，在千里之外的楚国腹地作战，一旦不利，将面临惨败的结局。

楚军统帅、令尹子常批准沈尹戌的计划。沈尹戌没有逗留，立即出发，前往方城山收拢北方楚军。

吴、楚大军在汉水对峙，对远道而来的吴国兵团而言，十分不利。孙武在兵书中曾写道：“兵闻拙速，未睹巧之久也。夫兵久而国利者，未之有也。”在敌国作战，持久战是非常不利的，他主张打速决战。可是楚国人依托大河天险，倘若只守不攻，吴军在兵力不占优势的情况下，贸然渡河进攻，将陷入十分被动的局面。

关键时刻，楚军统帅子常犯下一个大错。

时值冬季，下起冬雨。楚国将领武城黑（武城是地名，黑是其名）十分担忧一件事，吴国的战车是用纯木制的，而楚国的战车还套有皮革。显然，楚国战车比较舒适、豪华，可是这个时候不是比较谁的战车值钱，而是比较谁的战车更实用。蒙上皮革的战车，有一大缺点，就是怕水，老天不配合，下起雨了。武城黑便对子常说：“我们的战车怕雨淋，持久作战不利，不如速战速决。”

武城黑的说法，听起来有点道理，但他只是注意武器层面的小事，并没有关心大的战局，缺乏战略眼光。

另一个人想法更歪了。大夫史皇偷偷地对子常说：“现在国人大多不喜欢您，而喜欢左司马沈尹戌。如果左司马在淮河打垮吴国水师，占据隘口，从背后打败吴国人，他就成为战争的唯一英雄。您可一定要先发制人，速战速决，否则令尹这个职位可保不住。”

史皇不考虑国家的利益，只想着讨好上级，提出这种非常危险的建议，是很不负责任的。子常听完后，捋了捋胡须，点了点头：“嗯，你说的有道理。”

子常擅自改变原定的作战计划，只是为了不想让沈尹戌一人独抢风头。

大批楚军开始渡过汉水，进攻吴军。楚国人的主动进攻，对吴王阖闾来说正中下怀，为了诱敌深入，吴军假意后撤。孙武在兵法书上曾写道：“兵者，诡道也。故能而示之不能，用而示之不用，近而示之远，远而示之近。利而诱之，乱而取之，实而备之，强而避之，怒而挠之，卑而骄之，佚而劳之，亲而离之，攻其无备，出其不意。”

吴军故意示弱，目的就是将楚军引诱到对吴军有利的战场。

子常可不这么想，他还以为吴国人胆怯了，赶紧下令急追。吴军大踏步地后退，从汉水退至大别山附近的柏举。在楚军追击过程中，与吴军交锋三次，但三次都没有打赢。子常心里也充满疑惑，吴军的战斗力并没有减弱，为什么大踏步后撤呢？这里怕有问题。他觉得有些不妙，打算见好就收，静观其变。

这时，史皇又跳出来，对子常说：“这个时候怎么可以撤呢？国家安定的时候，您追求权力，国家有难时，您却要逃跑，能逃到哪呀？这次战争，是您得罪蔡、唐两位君主招惹来的，现在正是立功赎过的大好机会。”

子常听到这话后，心里也觉得不好意思。得了，还是硬着头皮上吧，在楚国境内作战，有天时地利，我就不信吴国人是打不垮的。

想到这里，子常又掉转马头，进逼柏举，与吴军对峙，厉兵秣马，准备展开一场大厮杀。

十一月十八日，柏举之战打响。

这一天清晨，吴王阖闾的弟弟夫概自告奋勇，请缨出战。他对哥哥说：“楚国令尹囊瓦（即子常）是个不仁不义之人，他的部队并没有必死的战斗精神。我们先集中力量，打击囊瓦的部队，他的士卒必定落荒而逃，到时再以主力攻击其他部队，肯定能大获全胜。”

阖闾不同意，认为夫概的方案过于冒险。

夫概是个勇敢的人，坚信自己的判断。阖闾否决了他的提议，他不甘心，决定自己冒险一试，便对手下的官兵说：“作为臣子，只要是正确的事就要去做，不必等待君王的命令。我决心已下，今天即使我战死，吴军也可以攻破楚都。”说完后，他擅自下令，将自己麾下的五千人投入战斗，猛扑子常的部队。

果然不出夫概所料，子常权力欲强，私心甚重，他的部下都不愿意为他死战。双方刚一交锋，楚军便士气凋零，吴军则气贯如虹，有猛虎下山之势，令人望而生畏。楚军很快便涣散了，被夫概打得落花流水。

此时阖闾见夫概旗开得胜，马上下令全军投入战斗。伍子胥、孙武、伯嚭等人率麾下部队向混乱的楚军阵营发起总攻，楚军防线顿时崩溃。

贪生怕死的楚军总司令子常，一见大势不好，扭头便走。他不敢逃回郢都，怕楚昭王找他算账，索性逃到郑国去了。

那位怂恿子常抢功的史皇，一心想要速战速决，结果只是速死罢了。他的兵车部队几乎全军覆没，而他本人则战死。

楚国的两个主将，一个逃了，一个死了，整个军队混乱不堪，没命地逃跑，吴军则在背后死咬不放，一直追到清发河。

楚军士兵正忙着渡河，吴王阖闾打算一鼓作气，将楚军歼灭在河的东岸。在柏举之战中立下头功的夫概又提出自己的看法，他对阖闾说："困兽犹斗，何况是人呢？如果逼得太急，他们一定会拼死一战，那我们一定会战败的。现在楚国人正忙着渡河，不如先让一部分人渡过去，这样大家的心思就完全在逃跑上，没有斗志可言了。"

看来吴国确实是人才辈出，夫概在军事指挥上也颇有天赋，注重战争心理，判断十分精准。这一回，阖闾听从夫概的建议。

吴军放慢追击的步伐，使得楚国人喘了一口大气，开始争先抢渡清发河。大约一半人渡河了，另一半人留在岸边焦急地等候着。这时，吴军开始进攻，留在河岸边的楚国人，又一次遭到大败，多数被杀或被俘。

从楚武王以来，楚国军队从来没有像现在这样落魄。那支曾经让诸侯国胆战心惊的铁血雄狮哪去了呢？经历百年霸业后的楚国，已经江河日下，而新兴的吴国则以气壮山河之势后来居上。

楚军的厄运还没有终结。

吴军渡过清发河后，仍然穷追不舍。这时楚军一身疲惫，饥肠辘辘，正想坐下来好好吃一顿饭时，吴军的兵马又杀到了。楚国人如惊弓之鸟，扔掉手中的饭碗，跳上战车，慌乱而逃。吴国人到时，楚军的饭菜还热气腾腾的，正好被吴国士兵饱餐一顿。

吃饱喝足的吴国人斗志昂扬，越战越勇，而楚国人精疲力竭，连逃跑的速度都慢了下来。很快，吴国兵团在雍澨河追上楚军，又打了一仗，没有任何悬念，楚军再度大败。

楚军的主力几乎被消灭殆尽。

吴国兵团五战五胜。第一战是吴军从汉水撤向柏举，挫败子常军的三次进攻；第二战是柏举之战；第三战是清发河之战；第四战是追击战，楚军弃食而逃；第五战是雍澨河之战。吴军已经逼近楚国的首都郢城。

自令尹子庚始，楚国历届政府都把郢都筑城作为防御吴国的重要手段。郢城的城防是很坚固的，可是楚军主力大部分被消灭于郢都之外，只有坚固的城墙，却没有英勇善战的士兵。

楚昭王做梦也没有想到，吴国人就这样杀到了郢都。

溃败的速度令人无法想象。这一天是十一月二十七日，距离柏举之战，仅仅过了九天。英勇的吴国兵团，只用九天，便从大别山横扫楚国腹地，兵临郢都城下。

这时楚昭王才意识到，自己成了楚国历史上最窝囊的一位君王。他失去了信心，也失去了勇气，第一个念头就是：逃。

想当年，楚武王、楚文王、楚成王、楚庄王等先王，都是亲自战斗在第一线，以藐视一切敌人的自信与勇气，才造就楚国长盛不衰的霸业。这一切，如梦亦如幻，已渐行渐远，遥不可及矣。

这些伟大先王的后代子孙，却在吴国兵团兵临城下时，选择了逃跑。楚昭王在逃跑上还是有创意的，他放出一群大象，在大象尾巴上点火，大象疼痛难熬，没命地往前奔，冲进吴军的阵地。吴军虽然是百战之师，也被这些发狂的大象吓坏了，纷纷躲避巨无霸的践踏。这样，楚昭王得以乘吴军混乱之机逃离郢都。

谁说楚昭王没有智慧呢，他这大概是属于狗急跳墙的本领。

第二天（十一月二十八日），吴王阖闾大摇大摆地进入郢都。

曾经战无不胜的楚国，首都竟然连像样的抵抗也没有，就这样轻松沦落了。

这并不意味着战争的结束。

故事说到这里，我们似乎漏掉一个人，就是打算偷袭吴国水师的楚国名将沈尹戌。沈尹戌分兵北上后，纠集驻扎方城山的军队，准备从背后袭击吴军。他万万没有想到，子常竟然冒冒失失地出击，在柏举遭遇惨败，而吴军以雷霆万钧之势，从大别山一路横扫到楚国郢都，势如破竹。

很显然，沈尹戌精心设计的计划已经泡汤了。令尹子常逃了，楚昭王也逃了，沈尹戌没有逃，楚国总算还有硬汉，他立即挥师南下，企图重新夺回郢都。

沈尹戌的兵团挺进到雍澨河，在这里与吴军遭遇。这时吴军横扫楚国，自然不把沈尹戌的部队放在眼中，一开始便发动凌厉的攻势，沈尹戌沉着冷静，指挥军队反攻，在浴血奋战中，他身受重伤，终于打败吴军。这也是吴王阖闾入楚以来的第一场败绩。

雍澨河距离郢都不远，首都沦陷、君王逃跑、主将重伤等一系列消息，严重打击楚军的士气。即使沈尹戌以惊人的意志力，裹创坚持在第一线指挥作战，可是已经无法扭转败局。他的军队与吴军交锋三次，每一次他都增添几处新伤，楚军被迫撤退。

沈尹戌重伤在身，已经无法走动。他是一个很有荣誉感的军人，宁死也不愿意成为吴国人的俘虏，他对部下说："我快不行了，有谁可确保我的脑袋不落入敌人之手？"部将们面面相觑，这时有一个人走出来，说道："我的地位轻卑，可以接受这个任务吗？"沈尹戌一看，这人叫吴句卑，他点了点头，对他说："哎，以前我没有重用你，看来错了，你可以的。"说完后，他又叹息一声："唉，我再也没有用了。"说完后，举起宝剑，往脖子上一抹，魂归天国矣。

沈尹戌是平王、昭王时代楚国最杰出的军事家，可惜的是，楚国大权落入一帮无能的小人之手，遂使他英雄无用武之地。不过他仍然是真正的武士，比起子常、史皇等，不知要强上多少倍呢。他死后，吴句卑割下他的头颅，用布裹好，然后悄然离去。

在父兄被杀十六年后，伍子胥终于杀回来了。

他是一个复仇者，也是一个叛国者。找谁报仇呢？当年杀死其父兄的元凶楚平王、费无极都死了，怎么办？死了也得报仇。

伍子胥把楚平王的坟墓挖开，将平王的尸体拖出来，以鞭尸的方式发泄自己的仇恨之火。他狠狠地鞭尸三百下，还不解恨，又抬起左脚，狠狠地在尸体上踹了几脚。仍然不解恨，伍子胥又用手挖出楚平王的眼珠，嘴里还怒气冲天地骂道："谁让你听了那些阿谀奉承的话，杀死我的父兄，制造天大的奇冤呢？"

楚平王的尸体被鞭打，还被挖了眼珠，死后受尽伍子胥的凌辱。伍子胥还不知足，毕竟楚平王只是一具死尸，对他的凌辱毫无知觉。不行，不能就这样了却恩怨，父债子偿，楚平王死了，他的儿子楚昭王要偿命。

楚昭王侥幸逃跑，可他逃得很急，只带着自己的妹妹，没带上后宫的妻妾。伍子胥不能杀楚昭王报仇，那也得羞辱一下才行，他动了一个坏主意。怎么羞辱楚昭王呢？那就是霸占他的后宫。但伍子胥毕竟是个臣子，不敢自己动手，便怂恿吴王阖闾。阖闾一听，何乐而不为呢？于是强暴了楚昭王夫人。

伍子胥也不甘落伍，又怂恿孙武、伯嚭等人，一起强奸了子常、司马成等人的妻妾。

阖闾、伍子胥等人强暴楚国君臣的家室，这件事过分了。

虽然楚国民众对楚昭王、子常等人是没有好感，但是对于吴国人的倒行逆施与暴行，更加深恶痛绝。吴国的暴行，只能激起楚国人的同仇敌忾，同时也为吴国的兵败埋下伏笔。

其实楚国的实力并未真正削弱到不堪一击的地步，吴军之所以轻松占领郢都，还是有一些运气的成分，子常的无能也是造成楚兵惨败的原因。但要注意的一点是，在吴军夺取郢都之后，大部分的楚国国土，仍然是控制在楚国人手中。

对楚国人来说，国家面临着前所未有的危局，谁能挺身而出，力挽狂澜呢？

十、郢都失而复得

一国之君楚昭王逃到哪去啦？

早已习惯荣华富贵的楚昭王，不得不体会人生的辛酸。逃出郢都后，他漫无目的地流窜，先是向西到了睢水，又向南进入云梦泽。云梦泽是一片沼泽地带，这里是群盗出没之地，楚昭王在郢都时，没有把这些强盗放在眼中，现在失魂落魄，才真切地感受到社会的不太平。

晚上，楚昭王一行人就在云泽梦搭了个简易的帐篷，虽然简陋不堪，总算有个睡觉之地。不想入夜后，云梦泽的强盗们突然杀出来。这些强盗大约也不晓得他们面前的人，就是楚国的统治者，其中一名小喽啰操着一把戈，冲着楚昭王跑过来，挥戈朝他的脑袋猛劈过来。楚昭王吓得身体发软，两脚不听使唤，眼看就要命丧戈下时，突然一个人奋不顾身地扑到昭王前，用后背替昭王挨了这一戈。这个人是寝尹王孙，他这一扑，救了楚昭王的命。

强盗们被打退了。楚昭王心里一想，本想逃到云梦泽中，可以躲避吴军，不料却遇到强盗，哎，哪里才是安身之所啊？在云梦泽北，有一郧县，对，就先到郧县去躲躲吧，至少那里还有楚国官员接待，不必在大泽中风餐露宿。

郧城的长官叫鬬辛，鬬辛是鬬成然的儿子。鬬成然就是蔓成然，他曾起兵反楚灵王，在楚平王杀兄政变中扮演重要角色，后来他自恃居功至伟，无法无天，迫使楚平王狠下杀手，将他处死。不过楚王并没有赶尽杀绝，考虑到鬬成然曾立下的功勋，封他的儿子鬬辛为郧公，迁移到郧城。

鬬辛有个弟弟，名叫鬬怀，他听说楚昭王逃难来到郧城，便纠集一批人，磨刀霍霍，准备趁机干掉楚王。鬬辛见弟弟杀心大起，吃惊地说："你想干什么？"鬬怀吐了一口恶气说："当年楚平王杀了我们父亲，现在我杀他的儿子，这有什么不行呢？"

恩怨分明、有仇必报，是楚国男儿的一大特色。

鬬辛大怒，制止道："君主杀臣子，怎么可以记仇呢？君令就是天命，父亲死于天命，能怨恨谁呢？楚王大权在握时你不敢报仇，如今落难了你想乘机杀他，畏强凌弱，这算什么英雄好汉呢？乘人之危乃是不仁，干出抄家灭族的事乃是不孝。你如果莽撞行事，我先杀了你。"

话虽这样说，鬬辛还是很担心自己的弟弟会对楚昭王下毒手，看来不能久留在郧城。他悄悄地带着楚昭王一行人，离开郧城，前往随国避难。

这时吴王阖闾已经打探到楚昭王逃到随国，便派一支军队追赶。到了随国后，吴国人威胁随国政府说："汉水流域原本是周室姬姓子弟的封国，后来全被楚国吞并了。现在上天降罪于楚国，贵国居然收容楚王，这岂不是愧对周室吗？如果你们交出楚王，汉水以北的地盘，都归你们所有。"

随国只是个小国，吴国人的要求，让随侯很是为难。这时形势对楚昭王来说，十分凶险，吴国人已经到随国宫殿前，而楚昭王则躲在宫殿后，楚昭王的哥哥公子期说："现在事情紧急了，还是让我来扮作楚王，把我交给吴国人吧。"

楚昭王犹豫不决时，有一臣下名叫鑪金，他站出来说："这不是上策，上策是让随国政府拒绝吴国人的要求。"话虽这样说，可是如今人为刀俎，我为鱼肉，主动权不掌握在自己手中。鑪金自告奋勇，游说随侯道："随国只是个弱小之国，又靠近楚国，却一直存活到今天，这都是得到楚国庇护的。随国与楚国历代都有盟约，到现在也仍然是同盟的关系。吴国人的要求，您得三思而行。”

随侯一听，心里掂量一下：虽然郢都陷落了，可是瘦死的骆驼还是比马大，楚国还是得罪不起的。想到这里，他便以占卜不利为由，婉言拒绝吴国人的要求，并说道：“吴国所忧虑的，并不是楚王一人，倘若吴国把楚国灭了，我岂敢不听吴王的命令呢？”

显然，随侯回答得很有水平。如果吴国人没有实力灭楚国，那对不起，我不能交出楚王，否则日后会倒霉的；如果你们有实力灭了楚国，那也不必在意区区一个楚王。吴国人听后也没办法，现在虽破郢都，但孤军深入，不宜得罪随国，只好悻悻而去。

楚昭王在随国安顿下来后，公子期返回楚国，召集各地部队，准备反击吴国侵略者。与此同时，楚昭王的另一个哥哥子西也收编柏举之战后溃败的楚军残余，扯起抗战的旗帜。

吴国兵团在此时却犯下一个严重的战略失误。

占领郢都后，吴军并没有乘胜进击，扩大战果，反而北上进攻郑国。进攻郑国，是伍子胥的主意，其实也是他的私心。

伍子胥是一个有仇必报的人，他强烈的报复心，既成就了伟大的事业，同时也成为其绊脚石。当各地楚军开始团结在公子期与子西的周围，坚持抗战时，伍子胥却提出北上攻略郑国。当年伍子胥与太子熊建逃亡到郑国时，熊建因密谋勾结晋国人夺取郑国，被郑定公与子产擒杀，伍子胥被迫出逃吴国。这对伍子胥来说，也是一大深仇，非报不可。

吴军北上，郑国震动。这时郑定公已死，在位的是郑献公，你想想，强大得令人畏惧的楚国，那么轻松便被吴军攻下郢都，以郑国的实力，如何抵挡得住吴国人呢？他便下了一道命令：“有谁能击败吴军，我愿意与他平分郑国。”

有一个人慨然应允，他对郑献公说：“我有办法让吴国人退兵，而且不用动一刀一枪。”郑献公听后，将信将疑，不晓得这个人究竟是有天大的本领呢，还是有刀枪不入的法术？现在也顾不上这么多了，既然此人这样自信，就让他去试试吧。

伍子胥正率军准备渡河，突然见江心漂来一叶小舟。舟上是一名艄公，这名艄公一边摇着船，一边哼着歌，朝伍子胥的方向划来。划到近处时，只听艄公在船上高喊道："芦中人——"伍子胥听后心里一怔，想起往事，当年自己从楚国逃往吴国时，对自己有救命之恩的老渔夫，正是这样称呼他的，他赶紧抬头一看，以吃惊的口气问道："你是什么人？"

艄公回答道："我是老渔翁的儿子。我父亲死后，我便到了郑国，国君听说吴军来犯，十分恐慌，便发令全国，有谁能使吴军退兵，愿意与他平分郑国。我想起父亲与您曾有一面之缘，并非想得到荣华富贵，只是恳求您能保全郑国。"

伍子胥恩怨分明，有怨必报，有恩也必报。他没想到在这里竟然遇到恩公的儿子，百感交集，感叹地说："唉，当年要不是你父亲的救命之恩，我哪有今天。苍天在上，我岂敢忘了此恩情呢？"

说完后，伍子胥又向艄公致谢一番，率军回去了。由于艄公的出面，郑国免除了一场兵祸之灾。

这是一个很有戏剧性的场景，但史书的记载却令人有几分狐疑。根据史料所述，当年老渔翁救了伍子胥后，便沉船自尽了，倘若如此，这事情便只有伍子胥知情，老渔翁的儿子又从何而知呢？或者是老渔翁沉船后并未死，又将此事告诉儿子了？这些已经说不清道不明了。

放弃攻打郑国，回到郢都后，伍子胥便准备集中力量打击楚国残余部队，然而，良机错失了。楚国搬来救兵，秦国军队开始增援楚国了！

自从秦穆公后，曾经盛极一时的秦国渐渐地被遗忘了。其实秦仍然是一个强大的国家，只是有晋国这头猛虎死死挡住其东进的步伐，使得秦国在春秋中后期扮演着一个不太重要的角色。可是这匹西域之狼，注定要创造历史的。

一直不理世事的秦国，怎么突然卷入吴楚战争呢？

这都是申包胥之功。

当年伍子胥逃亡时，与申包胥有一次对话。申包胥曾说："你要是能灭掉楚国，我就能保存楚国，你要是危害到国家，我就将使它转危为安。"

吴军破郢后，申包胥逃出郢都。他思前想后，能拯救楚国的，只有秦国。楚国有很多喽啰国，但这些小国没有实力，在楚的盟国中，只有秦国最强大。而北方的晋国也好，齐国也罢，都乐得坐山观虎斗，不可能出兵相援的。

申包胥是个坚强的人，他昼夜驰行，脚板裂开了，咬紧牙坚持住，膝盖骨磨损过度，撕下衣裳裹住，就这样一路奔向秦国。

秦哀公是个沉湎于酒色的君主。这也难怪，那么多年没打过大战，难免有松懈之心，况且秦国已经很久没有干涉过其他国家的内政。他听到申包胥借兵的请求时，无动于衷，懒得理睬。

秦国与楚国的关系，向来比较密切，时不时有通婚之举。不仅如此，两个国家也是同盟伙伴，秦国曾经几次出兵，与楚国协同作战。如今楚国有难，秦哀公却想置身于事外。

秦哀公退朝了，申包胥还站在殿内，不肯退下。拉他他也不走，没办法，只好任由他站在大殿上。申包胥靠着墙，越想越伤心，最后禁不住大哭。这一哭，不得了，哭了七天七夜，不仅哭，还绝食，饭也不吃，觉也不睡。

哭也是一大本事，在某些时候，还能发挥不小的作用。

秦哀公最后受不了，他又出来见申包胥。七天的时间，秦哀公也想了些事，一旦楚国被吴国所灭，毫无疑问吴国将成为最强大的诸侯，将直接威胁到秦国的南部。吴王阖闾乃是狞猛枭鸷之英雄，野心勃勃，意欲成为天下霸主，倘若有机会的话，吞并天下，亦未可知。申包胥也看出秦哀公所虑，又说道："吴国乃是夷邦，贪婪无度，如果与贵国为邻，势必成为大患。趁现在吴国还未完全占领楚国，贵国若能出兵拯救，楚国将世代侍奉秦君。"

曾几何时，楚国还是超级强国，呼风唤雨，如今却只能低声下气地向秦国求援，兴衰嬗变，沧海桑田，历史使人为之浩叹。

秦哀公思忖片刻，说道："你且回去休息吧，等我决定了便通知你。"

申包胥一听急了，叩首道："国王流亡于草莽之间，没有安身之地，我作为臣子，哪敢安心地休息呢？"

这下子秦哀公被打动了，他不禁吟起《无衣》诗，这首诗是这样写的："岂曰无衣？与子同袍。王于兴师，修我戈矛，与子同仇！岂曰无衣？与子同泽。王于兴师，修我矛戟，与子偕作！岂曰无衣？与子同裳。王于兴师，修我甲兵，与子偕行！"意思很明显，秦哀公决心要出兵了。

申包胥一听，急忙跪倒在地，向秦哀公磕九个响头，这时的他已经虚弱到极点，心里的大石头落地后，再也挺不住，晕倒在大厅之上……

秦哀公派遣大将子蒲、子虎率五百辆战车驰援楚国。

秦军入楚后，与公子期的抵抗力量会师，进攻吴国人控制的沂地。沂地的吴军指挥便是在柏举之役中立下赫赫战功的夫概。

狡猾的秦国人还是耍了些心计，他们不愿意打头阵，便对公子期说："我们不了解吴国人的战法。"公子期明白，秦国人把硬仗先留给楚国人，但他没有怨言，毕竟这里是楚国，楚国人理所当然要为国家而浴血奋战。自从郢都沦陷后，伍子胥对楚平王鞭尸解恨，吴国将领们又强暴楚王及大臣们的妻妾，这些倒行逆施，激起楚国人的同仇敌忾。楚军官兵恨透吴国人，大家都跃跃欲试，誓将侵略者赶出国门。

公子期的军队率先对吴军发起进攻，夫概率军迎战，两支军队正杀得难解难分时，秦军参战了！以凶猛剽悍著称的秦国军队，突然出现在吴军的侧翼，五百辆战车掀起漫天尘埃，夫概大惊失色，这时吴军顶不住了，开始后撤。

秦楚联军乘胜追击，大获全胜。

对吴王阖闾来说，坏消息一个接一个地传来。

越国乘吴军主力在楚，突然出兵进攻吴国本土，后方吃紧，这对前线作战的吴国军队十分不利。在楚国战场上，夫概战败后，子西率领的另一支楚国抵抗力量在军祥一带大败吴军。紧接着，秦楚联军奔袭唐国。唐国是吴国的盟友，小国寡民，焉能抵挡得住虎狼之师，很快便被灭掉了。这样一来，吴国失去了一条臂膀。

还有更坏的消息。

吃了败仗后，吴王的弟弟夫概偷偷地溜回国内，趁王兄以及重臣都在楚国，他居然自立为吴王。这个消息传到郢城后，阖闾大为震惊，本来战场上的节节失利就让他很烦恼，没想到给自己致命一击的，竟然是自己的弟弟。

夫概怎么突然想称王呢？柏举之战的胜利，他是大功臣，这也使他沾沾自喜，自认为才能不在其兄之下，王者之位，能者居之，既然阖闾能从吴王僚手中夺得王位，我夫概又怎么不行呢？利令智昏，遂铤而走险，控制国都，自立为王。

冷酷无情的阖闾没有丝毫迟疑，他将楚国的战事托付给伍子胥、孙武、伯嚭等人，自己率一部分精兵杀回吴国，吴国的内战爆发，兄弟变成仇人的故事再度发生。

夫概高估了自己的实力，他的这支军队在楚国吃了败仗后，士气低落，再加上吴人大多心向阖闾，很快，战争成一边倒的格局。夫概战败了，吴王阖闾铁石心肠，非置他于死地不可，无奈之下，大概选择逃命，逃到楚国，向楚昭王投降。

吴国的内战，使得身陷楚国战场的吴军处境更为不利。

唐国被灭后，秦楚联军大举南下，直逼郢都，仍然是楚军打头阵，秦军作策应。伍子胥、孙武等人率军在雍澨迎战楚军，由于吴王阖闾带走一部分军队，吴军在人数上处于劣势，但是伍子胥、孙武都是一代名将，其高超的指挥艺术体现得淋漓尽致，使得处境艰难的吴军赢得了一场胜利。

楚军先锋被迫撤退，但这并没有改变吴军被动的局面。随后赶到的秦国兵团，兵强马壮，是一支生力军。即使兵圣在此，也无法扭转战局，吴军终于被打败了。

双方各败一场，旗鼓相当，两军还在雍澨一线对峙。楚军统帅子期是一位名将，当年伍子胥担心他执掌军权，巧用计谋让楚昭王起疑心，而用子常代替子期。现在子期回来了，这是伍子胥不愿意看到的。子期果然在打仗上有一套本领，他详细侦察吴军的阵地，制定了一个火攻的战术。

子期的作战计划遭到另一位楚军将领子西的反对。子西认为，楚军刚吃了败仗，战场上的战士尸体还没有收敛埋葬，他们为国家战死荒野，如今用火攻战术打击吴军，势必要把这些死难将士的尸骨也一同焚烧，这样做，很不人道。

子期并不这样认为，他对子西说："国家要是完蛋了，大家都难逃一死，不能因为爱惜死者，就牺牲生者。死者若是地下有知，肯定会支持我们打击侵略者，死者要是没有任何知觉，我们又何必要爱惜这些尸骨，而放弃打败吴国的机会呢？"

子西听后，无言以对，于是楚军纵火，火借风势，向吴兵营蔓延，同时楚国士兵英勇地发起冲锋，吴国人又一次被打败了。

再往后退，就是楚都郢城，是固守郢城，还是放弃呢？伍子胥、孙武、伯嚭三人一起讨论，伍子胥说："楚国人虽然打败我们，可是我们实力并没受到重创。"言外之意，就是还能继续打下去。这时孙武站起来说："我们西破强楚，逐楚王，掘平王墓，割戮其尸，这已经足够了。"

在孙武看来，吴国已经给楚国致命一击，自从楚国雄霸南方以来，从未遭此重创。虽然要灭掉楚国已经不太可能，但其伟大的勋绩，足以写进历史。

伍子胥点点头道："自有霸业以来，从来没有哪个臣子能够这样报仇雪恨，我们可以走了，没有什么遗憾了。"

于是吴军放弃固守郢城，伍子胥与孙武率领剩余的吴国士兵，返回国内。

这是春秋末期最重要的战争之一，虽然吴国未能全胜，但仍然是一次伟大的胜利。这也使吴王阖闾成为春秋时代的霸主之一，后世也有人将其列入"春秋五霸"，他是当之无愧的。自楚武王奠基楚国以来，已经过了两百年，而吴国则兴起不到八十年，便一举打败老牌霸国，奠定东南霸主的地位，这不能不说是个奇迹。

楚昭王又回来了。

人非物也非。原本繁华的都城，在经历战火后，已经毁坏严重，喧嚣的市井变得冷清，到处是残垣断壁，众多乌鸦停留在枝头、屋顶上，令人有不祥之感。宫殿虽然完好，可是在楚昭王眼里，好像陌生了，这真的是他熟悉的王宫吗？王宫的后妃们，面带惭色，她们成为这场战争的牺牲品。

楚昭王觉得眼睛模糊，他突然有一种恍若隔世的感觉。从逃出郢都到重新归来，整整一年的时间，这一年是何等艰辛。他不仅对宗庙深感耻辱，对不起伟大的先王，还回想起失魂落魄的流亡生涯，九死一生哪。在云梦泽差点被强盗砍死，在郧城鬬怀想要他的命，逃命到随国后，吴国追兵又差点逮到他。

凶狠的吴国人终于跑了，虽然破碎的国家还要时间来恢复，但好歹没有遭到亡国的下场，这还算是不幸中的万幸。申包胥、鬬辛等人受到奖赏，申包胥认为自己乃是为国家效力，不是为了个人的荣华富贵，便逃进山里，当了隐士。

但是楚国的地位已经一落千丈。

在楚昭王回到郢都的第二年（公元前 504 年），一向畏惧楚国的郑国居然大举用兵，一举消灭许国。楚国只是干瞪眼，并没有出兵干涉，实际上楚国是自顾不暇了。

对楚国人来说，吴国的威胁还没有停止。

吴国人又卷土重来。

公元前 504 年，吴王阖闾派遣太子终累率领军队再度攻入楚国。楚昭王任命潘子臣、小惟子率楚国舟师迎战。但今非昔比，经历战争创伤的楚国并未恢复元气，吴国舟师在淮水大败楚军，楚国水军的七名高级将领全部被俘。

楚国又一次陷入恐慌之中。

此时秦国军队已经撤回国，楚国只能孤军奋战，所有人都担心楚都沦陷的悲剧重演。在卫国战争中立下大功的子期临危受命，出任楚军陆军总司令，楚昭王希望这位名将能阻止吴军深入。可是事与愿违，拥有伍子胥、孙武等一大批将军的吴国兵团战无不胜，在繁扬（今河南新蔡北），吴军又一次大败楚军。

吴军锋芒毕露，楚国已经不是吴国的对手。楚昭王做了一个无奈却也是明智的选择：迁都。自公元前 689 年楚文王迁都于郢，至今已有一百八十五年，这也是楚国最光辉灿烂的时代，但那是祖辈的荣誉，当楚国再度迁都时，已是从巅峰重重地摔下。新上台的楚令尹子西并不泄气，他给自己打气说："现在可以有所作为了。"当国都迁到鄀城后，子西励精图治，大力改革政治，安定百姓，终于使楚国获得喘息之机。

吴国人在水、陆两次战役中大获全胜后，也没继续深入。显然，在孙武等将领看来，越深入敌国，抵抗就会越强，而且吴国大后方还受到越国的袭扰，一旦战争沦为持久战，对吴军是相当不利的。

这样，吴、楚两国大规模交战告一段落，楚国已成江河日下之局，而吴国则如日中天。与此同时，同样僻处东南的越国对吴国构成越来越大的威胁，东南战争的重心，将逐渐转移到吴、越两国的交锋。

我们暂且将吴、越的故事放在一旁，来看看混战中的中原。

第十九章　北方的混战

一、三桓驱逐鲁昭公

一部春秋历史，就是一部权力不断下移的历史。

春秋初期，天子失道，权力由天子下移到诸侯，周王室实际上失去对诸侯的控制力，春秋的乱局，正是因此而开始。到春秋中期，中原大部分诸侯国的君主也失去对国家的控制力，权力下移到卿大夫；到春秋晚期，甚至有些国家的卿大夫也失去权力，大权掌握到家臣手中。

这是一个大动荡的时代，诸侯国内部斗争达到白热化的程度，首当其冲的，便是君主与卿大夫之间的冲突。这种君臣冲突，在鲁国表现最显著。

郑国有“七穆”，鲁国有“三桓”。三桓就是季孙氏、叔孙氏、孟孙氏三大家族，这三大家族均是鲁桓公的后代，故名为“三桓”。三桓的来源，始于庆父、叔牙、季友，此三人的故事，前文有提及。庆父这一族称为孟孙氏，叔牙这一族称为叔孙氏，而季友这一族则称为季孙氏。

自鲁僖公之后，三大家族世代为卿，执掌朝政。三大家族中，又以季孙氏（简称季氏）的势力最强大。鲁成公在位期间（公元前590—前573年），季氏大权独揽。鲁成公去世后，新上任的鲁襄公年幼，季氏更进一步控制朝政。在这一段时间里，季氏家族出了一个非常杰出的人物，这个人就是季文子。

季文子在鲁宣公、鲁成公、鲁襄公三代执政时间长达三十三年。在执政期间，他有许多令人称道的事情。“三思而后行”就出自季文子，这也表明他在执政上的谨慎态度，没有因为自己位高权重而飞扬跋扈，不可一世。同时，作为鲁国最有权势的一人，季文子简朴廉洁，“家无衣帛之妾，厩无食粟之马，府无金玉”。在当时贵族竞先奢侈的情况下，这点是难能可贵的。但是他的这一姿态也引来非议，认为是作秀表演，季文子对此的回答是：“吾观国人，其父兄之食粗而衣恶者犹多矣，吾是以不敢。人之父兄食粗衣恶，而我美妾与马，无乃非相人者乎！且吾闻以德荣为国华，不闻以妾与马。”

季文子对鲁国政治贡献颇多，在他死后，仲孙蔑（孟孙氏）、叔孙豹相继执政。“三桓”家族的势力越发强大。

公元前562年，季武子（季文子之子）向执政的叔孙豹提议，将鲁国的军队扩编为三军，“三桓”家族各执其一。这是鲁国历史上划时代的一个事件，国家的军队便完全掌握在三大家族手中，卿家的势力远远超越公室。

公元前546年，鲁国参加“弭兵之会”，诸侯国之间停止战争，实现和平，宽松的外部环境，却激化了国内的矛盾。

根据弭兵会议的协定，鲁国必须前往朝楚。公元前545年，鲁襄公动身出发前往楚国进行友好访问，并于次年夏返回鲁国。刚走到半路上，就传来消息：执政的季武子趁国君出国访问，把隶属于公室的卞邑收归已有。季武子派部下公冶前来报告说：“听说卞邑的官员想要叛乱，我率部前往讨伐，现在已经占领卞邑。”

鲁襄公不无怨气地说：“他想要满足自己的私欲，却借口守官叛乱，这样欺骗我，可见对我越来越疏远了。”看来这个国君对季氏的野心倒是一目了然。他叹一口气，转头对公冶说：“我还可以回国吗？”

公冶叩首道：“您是国君，鲁国就是您的，谁敢违抗您呢？”鲁襄公露出一丝苦笑，谁敢违抗呢，不就是你的主子季武子吗？心里这么想，没敢说出来。

其实公冶本人心里也很矛盾，他也看不惯季武子的所作所为。回国复命后，他将采邑退还给季武子，不再走进季孙氏的家门，并说：“欺骗自己的国君，何必派我去呢？”

鲁襄公萌生不想回国的念头，觉得索性就客居在楚国好了，总比回去当木偶好一些。但在大夫荣成伯的劝说下，他总算继续上路，回到鲁国。

一个国君，还有这样无奈的时候。

无奈就无奈吧，干脆啊，就纵情享乐吧。鲁襄公心里这样想，既然“三桓”家族要掣肘，那么自己就图个快活算了。回到鲁国后，他开始大建土木，依照楚国宫殿的样子，建成一座“楚宫”，自己躲在里面声色娱乐，不闻政事。三年后（公元前542年），在美女与美酒陪伴下的鲁襄公身体终于垮了，在“楚宫”中一命呜呼。

鲁襄公死后，季武子立公子裯为国君，是为鲁昭公。

此时鲁昭公已经十九岁，却像长不大的孩子一样，喜欢玩。在葬礼期间，他没有表现出悲伤之情，反倒有点不耐烦，穿着丧服到处玩，弄得脏兮兮的，连换了三套衣服。就这样一个人，居然当上鲁国的国君，季武子看中他这个德性，以便可以轻松控制他。

“三桓”家族中，季孙氏最有势力。季武子对“三分公室”的结果不满意，三分公室，使季孙氏、叔孙氏、孟孙氏各拥有一军，实力相当。季武子认为自己家族理应要比叔、孟两家拥有更多的权力，他想方设法要进行权力的重新分配。

公元前537年，三大家族重新洗牌。原来三分公室时，鲁国建三军，即上军、中军、下军，现在在季武子的主持下，将中军裁撤掉，剩下两军，分为四股。季氏分得两股，叔氏与孟氏各得一股。这次分赃行为，又被称为“四分公室”。“四分公室”的结果，“三桓”家族除了掌握国家的军队外，也控制绝大部分的税赋，只有一小部分税赋上交给公室，这样一来，鲁国公室的权力更加微弱。

鲁国号称周礼最完备的国家，现在也陷入礼乐崩坏的时代，诸侯凌驾于周王之上，世卿又凌驾于诸侯之上，整个社会发生了翻天覆地的变革。

“三桓”日强，公室日弱，三大家族与国君之间的矛盾，迟早是要爆发的。

鲁昭公二十五年，即公元前517年，公室终于有反击的机会。

季氏家族得罪太多人了。

此时季氏掌门人是季平子，这家伙喜欢玩斗鸡，鲁国大夫郈昭伯也喜欢斗鸡，季氏想了个办法，给鸡套上皮甲，郈氏的鸡就斗不过。后来郈氏想出一个办法，在鸡脚上装上铜爪子，铜爪鸡最终把皮甲鸡打败了。这本来只是个游戏，但季平子却认为郈氏出老千，很生气，仗着自己的势力庞大，硬是把房子建到郈氏的地盘上。季、郈两家就这样结仇了。

同时与季氏家族结仇的还有臧氏家族。臧昭伯是鲁国大夫，他的族人臧会犯了事，逃到季氏家，臧昭伯派人前去抓捕。季平子大怒，这是我季家，你们臧家的人竟然敢跑到这里抓人，未免不把我放在眼里，一怒之下，把臧家前来抓人的头头给扣押了。这样，臧家与季家也结了仇。

不用说这些大夫，就是鲁昭公，季平子也没有把他放在眼里。有一次，鲁昭公要在襄公庙搞一场祭祀活动，根据礼仪，要表演万舞助祭。万舞需要三十六个人来跳，结果到场的只有两个人，其余舞者都跑到季平子家中去了。

臧昭伯利用这件事，对季平子的行为表现不满，他批评季平子，无疑说出许多官员的心声。一场针对季氏家族的阴谋开始了。

鲁昭公二十五年（公元前 517 年）九月，鲁昭公与郈昭伯、臧昭伯等人对季家发起突然进攻，包围季府。

季平子根本没有料到，这个傀儡君主会采取破釜沉舟的方式，公然挑起公室与世卿家族的战争。他没有任何防备，虽然季氏的势力很强大，但就现在的局面，季府已经被团团围困，外无援兵，被攻陷是迟早的事情。

季平子一边指挥家兵负隅顽抗，一边试图与鲁昭公谈判。他登上高台，冲着鲁昭公喊道："您还没有调查臣的过失，就派兵前来讨伐，我有一个请求，让我先避居到沂水畔，等待您的调查结果。"好汉不吃眼前亏，季平子心想，一定得先稳住鲁昭公，拖延时间。

不想鲁昭公不吃这一套，现在优势在手，决不能让季平子有喘息之机，再说了，开弓没有回头箭，他一口回绝季平子的请求。

季平子又喊道："要不然请您把我流放到费地吧。"现在保命要紧。

鲁昭公还是不吭声。

季平子又高声喊："不然我带着五辆车子，逃亡到国外，这样行吧？"

鲁昭公还是不答应。他心里想，你季某人都已经是瓮中之鳖，现在轮不到你来讨价还价，看寡人如何来收拾你这个胆大狂妄之辈吧。

鲁昭公手下子家子说话了："国君您还是答应他的要求吧。季氏在鲁国执政很久了，在民间有很深的根基，而且党羽甚多，这些人会不会起来造反现在还不好说呢。"鲁昭公好不容易有这么一个机会可以铲除季氏，说什么也不肯答应。旁边的郈昭伯又煽风点火地说："一定要杀了季氏。"

现在摆在鲁昭公面前的，还有一个难题，就是如何来处理"三桓"中的其他两大家族：孟孙氏与叔孙氏。

郈昭伯自告奋勇，愿意前往劝降孟孙氏的掌门人孟献子。

这时季孙氏受到围攻的消息传到叔孙氏家中，叔孙氏的掌门人叔孙昭子到外地出差，家臣司马鬷戾召集部下，商量要怎么办，部下们一声不吭。现在掌门人不在，万一站错立场，那可是掉脑袋的事情，所以大家都不说话。

司马鬷戾便说道："我是叔孙氏的家臣，国家大事，不是我要考虑的，但我得考虑叔孙家的利益。季家现在有难，季氏被消灭对我们有没有利呢？"

部下们你一语我一语说开了："唇亡则齿寒，没有季氏就没有叔孙氏。"

司马鬷戾拍案而起："好！既然如此，我们就前去救援季氏吧。"

说罢，司马鬷戾马上命令集合军队，解季氏之围。包围季家的昭公亲兵以为大局已定，有的士兵把身上的皮甲解了下来，拿着箭袋正蹲在地上呢。不想此时叔孙氏的军队突然杀过来，从西北角突破公室亲兵的防线，进入季家，与季氏军队并肩作战。

此时郈昭伯已经抵达孟孙氏家中，孟献子老奸巨猾，面对突如其来的局面，他有点不知所措，一边虚与应付郈昭伯，一边派人观察叔孙氏家族的动向。一会儿工夫，家丁前来报告，叔孙氏的军队已经出动，与公室武装交战了。"三桓"家族中的两家已经公然与鲁昭公作战，孟献子也不能袖手旁观。他站起身来，马上下令逮捕并杀害前来劝降的郈昭伯，然后孟孙氏的军队也整装出发。

鲁昭公对季氏的战争，最后演变为对"三桓"家族的全面战争。

鲁国的主要武装力量都控制在"三桓"手中，现在叔孙氏与孟孙氏全部表明立场，与季氏并肩作战，这么一来，这场战争的形势就一边倒了。

公室军队很快被打垮了。

此时鲁昭公不得不考虑退路，子家子站出来说："现在唯一的办法，就是参与事变的大夫赶紧逃亡他国，国君您就说是受到大夫们的挟持，这样季氏不敢对您怎么样的。"

鲁昭公叹一口气，郁闷地说："我是不能再忍受了。"

身为国君，被“三桓”压制了二十五年，是可忍，孰不可忍，实在是忍无可忍啊。要逃就大家一起逃吧。鲁昭公与臧昭伯一起去祖庙里拜别祖宗，然后踏上逃亡之途，他们前往齐国寻求政治避难。

此时的齐国正处于齐景公时代，齐景公雄心勃勃，欲恢复齐桓公时代的霸业。当他听说鲁国发生动乱，鲁昭公前来投奔时，十分兴奋，这可是一个染指鲁国的良机。他当即准许鲁昭公等人居住在齐国的阳州，并划拨一千社（二万五千户）给鲁昭公，并且对他说：“寡人将率领军队跟随您，听从您的命令，您的忧虑，就是寡人的忧虑。”

话说得很好听，这是典型春秋时代外交语言罢了。齐景公目的很明确，就是武力干涉鲁国内政，帮助鲁昭公回国夺取政权，从而实现齐国在东方的霸业。

没什么远大志向的鲁昭公为能受到这样的待遇感到惊喜。但跟随鲁昭公一起流亡的子家子不那么乐观，他认为齐景公是一个没有信用的人，这样做的原因，不过是想让鲁昭公成为齐国的臣子，不如前往晋国求援，晋国毕竟是诸侯盟主。但是鲁昭公不听。

“三桓”家族内部也有分歧。

在内乱爆发时，叔孙氏的掌门人叔孙昭子正在外地出差，其家臣司马鬷戾自作主张，使叔孙氏卷入这场内战，站在季氏一边驱逐鲁昭公。叔孙昭子回到国都后，对逐君一事深感震惊，他赶紧前往拜访季平子。

季平子心里也很矛盾，因为鲁昭公被逐，这件事在国际上影响很大。齐景公已经公然宣布支持鲁昭公，而宋元公也正在为鲁昭公回国复位一事而奔走。在鲁国，季平子势力熏天，但是面对诸多诸侯国的介入，他一时失去了主意。就在这个时候，叔孙昭子前来求见，他仿佛抓到一根救命稻草，急急忙忙出来见叔孙昭子，神色紧张地说：“您说我要怎么办呢？”

叔孙昭子也流露出无奈的神色：“您驱逐了国君，现在成为国际知名人物，我看以后子孙也会记得这个事，这不是很可悲吗？你能怎么办呢？”

季平子听了赶紧又说：“哎，假如我还有机会改正自己的错误，全心侍奉国君，那就像俗话说的起死回生了。”

叔孙昭子回答道：“如果您是这样想的话，我愿意前往齐国，劝鲁昭公回来。”

这样，叔孙昭子动身前往齐国的阳州，拜见鲁昭公。鲁昭公接见叔孙昭子，叔孙昭子表明来意，并说："季氏知道自己的过错，想要接您回国，使鲁国得以安定。"鲁昭公心有余悸，没有直接答复。

就在叔孙昭子与鲁昭公密谈的同时，以子家子为首的强硬派拒绝与"三桓"势力妥协，他指示公室亲兵埋伏在叔孙昭子回去的路边，准备杀死他。鲁昭公得到密报后，连忙嘱咐叔孙昭子改道回国，这才避开刺客的暗杀。

虽然鲁昭公没有明确表态，但是叔孙昭子认为只要季平子有诚心让国君返回，那么一定有机会的。回国后，叔孙昭子很快就失望了，季平子的态度发生了微妙的改变。首先，季平子担心鲁昭公回国后，会对季氏家族进行清洗。其次，作为诸侯盟主的晋国对鲁国这一重大事件迟迟没有表态，显然晋国无意卷入其中，这又给季平子吃了一颗定心丸。

叔孙昭子对季平子态度的改变感到绝望，他不愿看到鲁国的内乱，让巫师来为他祈死。不久，叔孙昭子去世，实际上他是选择一条慢性自杀的路。

叔孙昭子之死，意味着"三桓"与鲁昭公之间的妥协企图最终破灭。

第二年（公元前516年），齐景公武力干涉鲁国内政，发兵攻打鲁国，夺取郓地。

鲁昭公等人便从齐国境内的阳州移居到鲁境内的郓地，齐景公准备派遣大军，武装护送鲁昭公返回鲁都，重登君位。

季平子见形势很紧张，从军事实力上说，鲁国并不是齐国的对手，要用武力来抗拒齐军，并不现实，只能通过智取。

首先要买通齐国的高层。季平子派人贿赂齐国大夫梁丘据，梁丘据收下钱财，就跑去对齐景公说："主公想要武装护送鲁国国君回国，可是将领们都不肯尽力，主公知道这是为什么吗？"

齐景公说："是呀，这是怎么回事呢？"

梁丘据又说道："并不是将领们不执行主公的命令，但有件事很奇怪。叔孙昭子想接纳鲁国国君，没有生病就死了；宋元公想为鲁国国君复位而奔走，前往晋国，半路上也死了。臣在想，是不是因为鲁国国君得罪什么鬼神，或遭到上天的唾弃呢？"

看来齐景公有些迷信，这个弱点，让梁丘据抓住了。

齐景公想了想，好像梁丘据说的有点道理，可是既然大军都出动了，也不能食言啊，他便问梁丘据：“那你说怎么办？”

梁丘据答道：“不如这样，我们的军队随鲁国国君先打一仗，如果打赢了，主公就可以命令继续前进；如果没打赢，那说明鲁国国君真的被上天抛弃了，主公也不必再兴师动众。”

齐景公觉得有道理，便要求前线将领积极备战。

在鲁国方面，季平子也进行军事动员，郕邑大夫公孙朝自告奋勇请战。

公孙朝对季平子说：“我有办法打退齐军，不过我想用假投降的方法来迷惑敌人，如果您同意我的计划，我愿意以自己的儿子作为人质。”

如今鲁国内战，公孙朝说要用假投降的办法，怕季平子多疑，索性先提出来，让儿子做人质，以让季平子放心。季平子一听，用人不疑，疑人不用，我要是扣留你的儿子，人家当我气量太小。他呵呵一笑，对公孙朝说：“人质就不必了，我相信你。”

公孙朝动身出发，到郕邑后，派人与齐军取得联系，说：“我准备举城投降贵军，请你们派军前来接收吧。”

齐军将领一听，非常高兴，便兵临郕邑，只等着公孙朝开城投降。此时齐军士兵把马匹拉到淄水边饮水，不料郕邑的鲁军突然杀出来，齐军一阵慌乱，落荒而逃。公孙朝已经做好战斗的准备，他又派人通知齐军：“我是想投降，但是众人不肯，我也没有办法。”于是鲁军出城，与齐军在一个名为炊鼻的地方打了一仗。虽然齐军在实力上胜过鲁军，但鲁军备战充分，而齐军则过于松懈，炊鼻一役，双方势均力敌，没分出胜负。

由于齐军没有打胜仗，齐景公就依照梁丘据的建议，将军队撤回国内。

齐军一撤，鲁昭公返回鲁都的时间便遥遥无期，只能求助于诸侯盟主晋国。

又过了一年，时间是公元前 515 年。

晋国士鞅主持召开一次多国会议，会议的内容之一，就是处理鲁昭公的问题。在会议上，宋国与卫国都表明立场，坚决要求将鲁昭公送回鲁都。

宋国与卫国都没有想到，鲁国的季平子事先备了一份厚礼贿赂士鞅。士鞅收人钱财，与人消灾，他对宋国、卫国代表说：“季平子并没有什么过错，鲁君却要讨伐他，他自动请求放逐、逃亡，都没有得到同意。鲁君后来没有打败他，就自己流亡到国外。你们看，季平子事先并没有做任何防备，居然迫使鲁君逃亡，这是上天救了他。再说了，叔孙氏担心祸及自己，选择站在季平子这边，这是上天的意志。鲁君请求齐国的帮助，都三年了，还是没能成功，为什么呢？因为季平子深得民心，做好了抗战十年的准备，有上天的帮助，有民众的支持，有坚守的决心，有诸侯的权势。”

士鞅顿了顿，瞪了宋、卫代表一眼，用吓唬的口气说：“我看这件事情不好办哪。你们二位都是为国家考虑，想送鲁君回国，其实这也是我的想法。那么这样吧，就让我跟你们二位一起去包围鲁国，如果事情不成，就死在鲁国好了。”

宋、卫两国代表一听，吓了一跳，既然士鞅都说到这份儿上了，好像拯救鲁国就是去送死一样。罢了，大国都不想去，小国有什么好考虑的呢？两位代表拜别士鞅，然后派人转告鲁昭公，说我们尽了力，可是人家晋国不答应，这事办不了。

对于鲁昭公来说，还有更坏的消息。

晋国拒绝出兵援助后，季平子派家臣阳虎会同孟孙氏的首领孟献子，进攻鲁昭公所在的郓地。鲁昭公率亲兵与“三桓”军队作战，又吃了败仗。

在此后几年里，鲁昭公一直寻求齐国、晋国的援助，但都没有结果。直到公元前 511 年，事情终于出现转机。晋顷公去世后，新上任的晋定公准备使用武力手段，帮助鲁昭公重新夺权。

晋国执政士鞅与季文子关系不错，再加上季文子时不时给他送些好处，自然要袒护这位鲁国执政。士鞅站起身来，对晋定公说：“我们可以先召季氏前来，如果他拒绝，就是没有人臣之礼，到时再讨伐他，这叫先礼后兵，怎么样？”

晋定公哪里知道士鞅用心良苦呢？他还以为士鞅这样说有道理，便点点头道：“行，就先派人去召季氏前来吧。”

士鞅派出心腹赶在晋国使者前抵达鲁国，给季平子通风报信，并且跟他说：“您一定得来，我担保您不会出事。”事到如今，季平子也只能冒险一试。

季平子动身前往晋国，晋定公指派荀跞与季平子交涉。

荀跞见了季平子就劈头问道：“国君要我来问问你，你为什么要把自己的君主赶跑呢？有国君却不侍奉，对此周室可是有处罚规定的。”

季平子遵照士鞅的提示，事先作一番秀，戴着白布帽，身穿麻布衣，光着脚，这身打扮就像罪犯似的。他拜倒在地，对荀跞说：“侍奉君主，是臣下的本分，臣下也希望鲁君能早日返回朝中。如果鲁君认为我有罪，我愿意被囚禁起来，等候鲁君的调查；如果鲁君能考虑季氏先祖对鲁国的贡献，不断绝季氏的子嗣，免臣下一死，不让臣流亡他国，这个大恩大德，臣下将至死不忘。”

说得一把鼻涕一把泪，似乎自己委屈得很。其实季平子暗中得到士鞅的授意，表面上答应可以迎鲁昭公回国，但有两个条件：第一，要鲁昭公赦免其死罪。第二，不能把他赶到国外。季氏权倾朝野，只要他还待在国内，鲁昭公仍然只是个木偶。

荀跞把季平子的话上报给晋定公。晋定公一看，这个人认错态度良好，过去的罪行，不予追究了。当然，这里也有士鞅保护的因素。

既然季平子表示愿意迎回鲁昭公，晋定公便派荀跞作为晋国特使，与季平子一起前往鲁昭公居住的乾侯，准备接鲁昭公回到鲁都。

回去还是不回呢？

这是个问题。

鲁昭公召来手下一帮大臣，商讨要怎么办。强硬派的子家子又跳出来说：“主公，您一次的羞辱都不能忍受，终身的羞辱反而可以忍受吗？”

其他人说：“要不要回去，就只有一句话，就是一定要驱逐季氏。”

荀跞对鲁昭公说：“我们国君很关注鲁国的政局，季氏现在认错了，您还是回去吧。”

晋定公是答应季平子两个条件的：其一是保全生命，其二是不遭放逐。鲁昭公心知肚明，只要季平子不除，自己回国后，不也还要受到他的掣肘与控制吗？所以他语气坚决地对荀跞说：“感谢贵国君看在晋鲁两国传统友谊的份儿上，对我这个逃亡在外的人施予恩惠，准备让我重新回国祭扫宗庙。可是我不能再看到那个家伙，我以河神的名义起誓，我再也不想见到那个家伙了。”那个家伙就是指季平子。

荀跞把耳朵掩起来，不想听了，回头便走，边走边说：“晋是盟主，如果你不能回国，那我们得负责任；至于你们内部的矛盾，那不是我们所敢揣测的，我现在就回去交差。”

出门后，荀跞对季平子说："你的国君现在还余怒未消，我看你还是先回国去吧。"

就这样，晋国对鲁国的调解最终还是失败了。

鲁昭公最终没能回国，第二年，他病死在异国他乡。

鲁昭公事件，折射出春秋末期的时代巨变。自从骊山事变，周王朝进入春秋时期，诸侯争霸，王权被架空，权力不断下移。在诸侯国内部，也出现与周王室相同的尴尬局面，权力从国君转移到卿大夫，鲁昭公被逐事件，是这个权力格局巨变中的一个缩影。不独鲁国，包括晋国、齐国、郑国、卫国、宋国等中原国家，莫不出现相同的局面。只有周边的新兴半夷狄色彩的国家，像楚国、秦国、吴国，君主专制相对稳定。这就是孔夫子所说的"礼崩乐坏"。这种局面的出现，有其渐进的过程。当时的政治背景是分封制，在周王朝，诸侯有自己的国家，在诸侯国内部，卿大夫有自己的领地与私家军队，权力并不集中于君主。卿大夫在国家政治中的地位越来越高，发言权越来越大，最终形成尾大不掉的格局。

卿大夫擅权，有其积极的一面。卿族为了掌握权力，大力推行改革，促进经济发展，强化法律，最成功的例子就是子产在郑国的改革，这些措施无疑使国家与民众受益。同时，有些卿族采取讨好民众的手段，比如鲁国的季氏家族，齐国的陈无宇，都通过惠及百姓提高自己的政治声望。季氏之所以能成功驱逐鲁昭公，有其必然因素。我们来看看晋国的赵简子与史墨的精彩评论。

赵简子问史墨（晋国史官）："季氏逐君，百姓还是愿意顺从他，诸侯国也默认了，鲁君死在异国他乡，也没有人追究季氏，这是为什么呢？"

史墨回答说："季氏家族辅佐鲁国君主，已经有很长时间了，国内百姓顺从他，不也是很自然的事吗？鲁国历代君主都有很多过失，或者安逸享乐，或者放纵无度，或者没有礼法，而季氏历代勤政为国，老百姓早就忘记国君了。即便鲁君死在异国他乡，又有谁同情他呢？国家社稷没有固定不变的拥有者，君臣之间没有固定不变的地位，一切都是相对的，自古以来就是如此。尧、舜、禹三位圣王的后代子孙，现在也差不多都是平民百姓了。鲁国君主大权旁落，到现在已经是四代，老百姓都不知道有国君的存在，那国君又凭什么拥有国家呢？"

史墨的评论很深刻，他的原话是"社稷无常奉，君臣无常位"，这是一种远见卓识，作为一名通晓历史的史官，对过去的历史烂熟于心中，早看透了事实真相，勤政为民者才能真正得到国家，史墨通过三王的例子，也证明世袭制度并非天道规律。

鲁昭公之死，使得鲁国的权力斗争暂告一个段落，但这远不是终点。

二、反晋联盟

在鲁国内乱的这段时间里，周王室也爆发一场大规模的内乱（公元前520年—前502年）。在这场动乱中，周敬王的军队在晋国人的支持下，打败王子朝的叛军，迫使王子朝逃亡楚国。可是王子朝运气欠佳，公元前506年，吴军攻破郢都，楚昭王落荒而逃，王子朝失去楚国政府的庇护。一直视王子朝为眼中钉的周敬王乘机派人潜入楚国，杀死王子朝，并割下他的脑袋。

周敬王自以为王子朝一死，便可高枕无忧，谁知反倒掀起另一波反叛高潮。公元前504年，王子朝的余部再次发动叛乱，他们的幕后支持者便是郑国。在晋、楚的霸业夕阳西下之时，便是大兼并时代的开始。一直致力于独立外交的郑国人敏锐地嗅出政治新气味，在吴军击破郢都后，郑国人不失时宜地吞并归附于楚国的许国，并且支持王子朝余党进攻周王室，以掌握国际政治话语权。

郑国政府不仅支持叛乱，还亲自发动对周王室的入侵，连续攻克周王室辖下的六座城邑。这分明是与支持周王室的晋国分庭抗礼。

此举无疑大大激怒了晋国人。晋定公勃然大怒：郑国越来越嚣张了，连霸主也不放在眼里！晋国人的反应相当迅速，晋军马上入驻周王室领地，遏制郑军的攻势。同时，晋军司令士鞅指示鲁定公，立即率鲁国军队入侵郑国。

中原的乱局初现端倪。

鲁定公是鲁昭公的儿子。鲁昭公被"三桓"驱逐后，客死他乡，"三桓"家族便立其子公子宋为君，史称鲁定公，这使鲁国的内斗暂时告一段落。

接到晋国指示后，鲁定公不敢怠慢，亲自率领军队，借道卫国，对郑国发动军事打击，夺取郑国的匡邑。

可是偏偏节外生枝。

鲁国军队从卫国借道，仗着有霸主的命令，无视卫国主权，入境时不向卫国政府打招呼，得胜归来后更是趾高气扬，大摇大摆地从卫国都城南门进去，东门出来，如入无人之地。

憋足一口气的卫灵公再也受不了，心里大怒："我卫国怎么说也是堂堂一个诸侯国，竟然被鲁国人如此戏弄，老子颜面何存呢？"他杀机顿起，恶从胆边生，再也坐不住了，"噌"地跳起来，马上命令手下大将率军队，前去截杀鲁军。

在大臣叔文子的苦苦劝谏下，卫灵公在最后关头，还是召回军队，咽下这口恶气。然而在他内心深处，埋下了对晋国与鲁国不满的种子。

中原联盟已经出现严重的裂痕。

自力更生的郑国人摆脱晋国控制的愿望十分强烈，并选择公然与晋国对抗，卫灵公也蠢蠢欲动。这一切，都被老谋深算的齐景公看在眼里。

在齐景公看来，取代晋国的时机成熟了。当然，晋国并没有像楚国那样遭到外敌的重创，可是内部斗争严重削弱其实力。在向戌弭兵后的四十年里，中原诸国的相互攻伐大大减少，这使中小诸侯国们有时间大力发展武器装备，缩小与强国之间的军事差距，晋国对中原诸侯的控制越来越不得心应手。

齐国的崛起，是晋国霸业的最大威胁。在齐景公统治时期，齐国国力得到长足的进展，加上有晏婴、司马穰苴这样优秀的文臣武将为辅，齐国在东方疯狂扩张，先后取得讨伐徐国、莒国的军事胜利，同时武装干涉鲁国内政，这些都暴露出齐景公的勃勃野心。

南方楚国已经失去霸主地位，北方的晋国还能扛多久呢？

齐景公心里构想一个庞大的计划：拉拢鲁国、郑国、卫国，组成四国同盟，共同抗衡晋国。郑国与卫国相对容易争取，鲁国就有点难度了。这是因为齐国与鲁国在历史上关系错综复杂，并且存在领土纠纷。欲将取之，必先予之，齐景公还是有些谋略的，他慷慨地将齐国所占领的郓、阳关两地归还给鲁国，以博取鲁国人的好感。

公元前 503 年秋，齐国首先与郑国结盟。显然，打出反晋旗帜后的郑国，十分需要有一个强大盟友的支持，齐景公又怎么会错失良机呢？他亲自前往郑国，与郑献公达成盟约，齐郑联盟宣告成立。与此同时，齐景公又向卫灵公与鲁定公抛出橄榄枝，邀请他们参加结盟会议。

卫灵公对晋国早心怀不满，可是卫国亲附晋国多年，一直是晋国坚定不移的追随者，亲晋派势力在国内根深蒂固。要背叛晋国，势必要遭到大臣们的强烈抵制。怎么办呢？这个卫灵公，从他的谥号中就可以发现，是个荒淫之君，肚子里的歪点子多。他想来想去，想出一个狐假虎威、借刀杀人的伎俩。国内亲晋派以大臣北宫结为领袖，卫灵公要叛晋附齐，首先得除掉这个眼中钉。他假意派北宫结出使齐国，又暗中跟齐景公打招呼。齐景公心领神会，在北宫结出访齐国时，突然将其逮捕，并派出军队兵临卫国，以震慑卫国的亲晋派。这时卫灵公便召集群臣，宣布要脱离晋国联盟，加入齐郑联盟中。这些大臣虽然大多不愿意亲附齐国，可是现在齐军兵临城下，也只能勉强捏着鼻子，不吭声了。

这样，卫国与齐国结盟。

不过齐景公还是遇到小小的挫折。

策反鲁国失败了。其实这也并不意外，齐鲁历史恩怨并不是一日之间可以化解的。自春秋以来，两国爆发过无数次的边境冲突，总的说来，鲁国是十分被动的，因为其军事实力远远不如齐国。在鲁国有难时，晋国总是施予援手，因此亲晋成为鲁国的一项长期国策，也是保全国家的最好办法。

恩在先，威在后。齐景公恩威并施，先是把郓、阳关归还鲁国，可鲁国还不肯结盟，那就别怪我手下无情了。

齐国军队很快便攻入鲁国，这是对鲁国的一次警告。

鲁国人仗着有晋国撑腰，居然自不量力地对齐国发动报复之战。公元前502年春季，鲁定公亲自率领大军，围攻齐国边境城邑阳州。鲁国军队的纪律确实太差，大家并没有急着攻城，反而懒洋洋坐着聊天。当时鲁国有一名勇士，名叫颜高，他有一把强弓，大家便拿他的弓来当话题，讨论说："颜高这把弓，至少要有六钧（一百八十斤）的力才使得了。"有些人不信，便纷纷抢着看，乱哄哄的一片。城上的齐军一看，正好可以趁乱出击，便一窝蜂地杀出来，鲁军大败。鲁军将领冉猛一看顶不住，假装腿部受伤，乘机先溜了。这样懒懒散散的军队怎么可能有战斗力呢？

吃了败仗后，鲁定公还不服输。

几个月后，鲁军卷土重来，又越境攻打齐国边邑廪丘，这次还带来攻城的冲车。借着冲车的威力，鲁国人攻破廪丘的外城。齐国守军一看外城被攻破，索性放马杀出来，与鲁国人展开肉搏战，这时鲁军吓坏了，撒腿便溜。溜得最快的，又是那个叫冉猛的将领，他急匆匆地从督战的阳虎身旁跑过，阳虎假装没看到他，只是大声说："要是冉猛在这里，齐军一定会败北的。"冉猛一听，心里颇为得意，一时间不由得涌出一股英雄气概，便停下脚步，转过身又冲向齐军。阳虎的激将法有点效果，不料冉猛一股脑儿地往前冲时，却发现别人都在逃跑，心里犯嘀咕："我出什么风头哇，人家一称赞我，我尾巴就上天，这样送命可不值，还是跑吧。"于是他来了一次假摔，假装被绊倒，然后嘛，就受伤了，一瘸一拐地逃了。阳虎看了大骂道："他娘的，都是装出来的。"

打仗都弄虚作假，那打不赢也是正常了。

鲁国人自不量力，齐景公可不客气了。

齐国大军反客为主，攻入鲁国。鲁定公慌了手脚，唉，早知如此，何必去惹齐国呢？没办法，只得向晋国求援。

晋国很明白鲁国的地位。自从晋文公开创霸业以来，中原联盟从未像今天这样脆弱，齐国已经同卫国、郑国签订同盟条约，还控制邻近的小国。一旦鲁国也被齐国拉拢，那将意味着晋国的势力将被扫出东方，这岂是心高气傲的晋国人所能忍受的呢？

很快，晋军总司令士鞅便做出决定：出兵援助鲁国。

晋国的出兵，使鲁国局势转危为安。但士鞅对时局深表担忧，齐国扩张得太快了，如果不能全力遏制，连鲁国都可能被纳入其势力范围。

上兵伐谋，其次伐交。晋国人深明此道理，但在进取的态度上越来越保守，逐渐失去往日的霸气，他们的精力都消耗在内部斗争中。在平定栾盈叛乱中有着过人表现的士鞅，如今已经荣升为晋军总司令，他深感肩上责任重大。

晋国出兵援鲁，还有另一个目的，就是与卫国签订盟约，将卫国重新拉入晋阵营中。卫国的地理位置正好夹在晋、鲁之间，对晋国来说，失去卫国，将失去鲁国。谁去与卫国交涉呢？有两个人自告奋勇，一个叫涉佗，一个叫成何。

这两个家伙都很傲慢，到卫国后，出言不逊，显然不把卫国放在眼里。卫灵公摇摆不定，他已经同齐国签订盟约，心里又有些畏惧晋国，特别是士鞅大军援鲁抗齐，兵力强大，要是他拒绝的话，很可能遭到晋国人的报复。左思右想后，卫灵公还是决定先跟晋国签约吧，静看时局发展。

到签约时，按照规矩，涉佗与成何只是晋国官员，而卫灵公是一国之君，地位不相称，礼仪上也是有所差别的。涉佗与成何却傲慢地说：“卫国大小只不过与我国一城邑相等罢了，怎么能当一个诸侯国来看待呢？”卫灵公心里很恼怒，又不好发作。到歃血为盟时，涉佗又故意推了卫灵公的手，表示看不起他。

这下子卫灵公忍无可忍了。

卫灵公知道，朝中大臣有很多是亲晋派，上一次他与齐景公订立盟约时，许多人便心怀不满。不要看卫灵公是个荒淫之君，其实他心里头还有蛮多的鬼点子，如果要鼓动国人反晋，首先就要有一个充分的理由，如今晋国代表傲慢无礼，便成了最好的理由。

为了向亲晋派大臣表示自己的不满，卫灵公卖了个关子，与晋国代表签约后，他便逗留在郊外，不回都城了。这些大臣很奇怪，问他为何不进城呢？卫灵公把晋国代表如何羞辱他的事一五一十地说出来，并说道：“我被羞辱没关系，但令国家也蒙羞，愧对祖宗。这个国君我也不当了，你们还是另选一个君主吧。”

事关国家荣誉，这些亲晋派人士，对涉佗、成何的做法也非常气愤，义愤填膺，都说道：“这是卫国的耻辱，不是您一人的责任。”这时卫灵公又故意添油加醋地渲染一番，又对大臣们说道：“晋国代表还跟我说，让我的儿子及诸大臣的儿子到晋国去当人质。”这不分明是对卫国的不信任吗？这下子，连最铁杆的亲晋派人士，也不敢吭声了。

卫灵公从大家脸上的神情中，看出反晋的时机成熟了，便召集国人集会。在大会上，卫灵公的亲信王孙贾问众人：“假若我们背叛晋国，要是晋国五次出兵讨伐，会有什么后果呢？”大家纷纷表态说：“即便晋国发动五次进攻，我们仍然有力量继续抵抗。”

看来卫国人还是蛮自信的。

听到这里，卫灵公沾沾自喜，现在国人亲晋的心态已经完全转变了。这时王孙贾便充满激情地说：“既然这样，我们就跟晋国断交。要是实在抵抗不了，再交出人质不迟。”大家纷纷举手叫好。

这样，卫国正式与晋国决裂。

晋国总司令士鞅对卫国的突然转向大为震惊，他想采取补救办法，挽回与卫国的关系，但卫灵公骄傲地拒绝了。

事到如今，晋国不惜一战了。

公元前 502 年秋季，晋军总司令士鞅挥师攻打郑国，围攻虫牢；之后又折向卫国，对卫国发动军事打击。

为了夹击郑国与卫国，士鞅又对鲁国政府提出要求，出兵攻打卫国。鲁国大夫季桓子、孟懿子率军队杀入卫国。此时郑国与卫国已经分别同齐国建立同盟关系，由于晋、鲁的施压，这两个国家迅速团结起来，郑国政府与卫国政府在曲濮达成盟约。这样，齐、郑、卫铁三角同盟正式建立。

三国同盟的形成，宣告北方以晋国为主导的格局已经完全被破坏，晋国的霸业陷入低谷，而齐国的地位则稳步上扬。

随着郑国、卫国的相续离去，鲁国成为晋国最重要的盟友。可是鲁国的政坛并不平静，这个礼义之邦的内政，已经混乱到无以复加的地步。

三、鲁国阳虎之乱

这个时代，正是伟大哲人孔子生活的时代。

孔子的很多政治主张，都有其深刻的社会根源，只有了解这个时期的鲁国政治历史，才能明白孔子思想中的现实主义色彩。孔子的政治学说，有一点便是强调等级秩序，齐景公曾向他问政，孔子说："君君，臣臣，父父，子子。"意思就是君臣、父子各尽其职，不僭越等级秩序。这种思想产生的社会背景，正是当时礼义文化已经败落，而有"礼义之邦"之称的鲁国，更是礼义衰败的一大写照。

前文曾说过，春秋的历史，便是一部权力不断下移的历史。自骊山之变后，周王丧失统治权，诸侯霸主成为实际的发号施令者。而在诸侯国内部，国君的权力也不断遭到卿大夫的蚕食，晋有"六卿"、郑有"七穆"、鲁有"三桓"。到了孔子生活的时代，鲁国更进一步，权力落到"三桓"家族的家臣手中，这确实是很耐人寻味的事。

鲁国君臣斗争的高潮，便是鲁昭公被"三桓"势力所驱逐，最终客死他乡。"三桓"家族中，以季氏家族的势力最大。公元前 505 年，执政数十年之久的季平子去世，这位驱逐鲁昭公的权臣是鲁国的实际统治者。但是季平子做梦也没有想到，他死后，季氏家族的权力竟然被家臣控制。

这个家臣就是鲁国政坛重要人物阳虎。

自从鲁国“四分公室”后，季氏家族掌握鲁国一半的军队，另一半掌握在叔、孟二氏手中。在与鲁昭公的内战中，三大家族又不得不倚重家臣，故而这些家臣又逐渐掌握军权，其政治话语权自然水涨船高。

阳虎便是这些家臣中出类拔萃的一人。

季平子死后，握有兵权的家臣阳虎与掌控财权的家臣仲梁怀两人不和，矛盾颇深。阳虎心怀不满，打算把仲梁怀赶跑，正巧在这个时候，仲梁怀得罪了镇守费邑的鲁国大夫公山不狃。公山不狃很愤怒，便亲自跑去见阳虎，对他说：“您还打算要赶走仲梁怀吗？我跟你一起干。”

阳虎一听，好哇，正求之不得呢。有公山不狃的加盟，阳虎的胆子更大了。要赶跑仲梁怀并不是很容易的事，因为他是季家新掌门人季桓子的宠臣。阳虎便与公山不狃合计，索性上演一出逼宫的戏，把季桓子软禁起来。

这年九月，阳虎与公山不狃联合起来，发动兵变，把季氏掌门人季桓子软禁，一举控制季氏家族，并且赶跑仲梁怀。

阳虎的兵变，引起季氏族人的反抗。这位铁血家臣一点也不手软，他软禁季桓子的堂兄公父歜，杀死季氏族人公何藐，并赶走季氏的亲戚秦遄，强迫季桓子与之达成权力移交协定。

一日之间，季氏的权力落入阳虎手中。

由于季氏是鲁国的实际统治者，此时的阳虎便是鲁国的无冕之王。

这就是春秋时期奇特的“陪臣执国命”。

不能不说，阳虎是个很有本领的人。

阳虎的早年生活，我们知道得不是很多。他在季氏家当家臣的时间很长，至少有三十年以上，他是一步一步地掌握季氏的大权。“三桓”家族与公室的内战，使“三桓”家臣们的权力急剧上升。因此季平子去世后，阳虎就把季氏的权力牢牢控制住了。

这时鲁国出了位有名的大学问家，这就是千古圣哲孔子。孔子当时四十七八岁，正值盛年，因为学识渊博而声名鹊起，可是他只是一位民间学者，没有一官半职。阳虎掌权后，没有忘掉这位大学问家，他想请孔子出山，封给他官职，希望以拉拢文化名人的方式，提升自己的声望。

可是孔子不愿意。这里有两个原因：第一，孔子与阳虎的政见不同。孔子的政治观念，是维持一个有秩序的制度，君君臣臣，如今却是陪臣执国命，权力倒悬，这不是孔子希望的。第二，孔子与阳虎有一些过节。这事发生在三十年前，当时孔子十七岁，季平子设宴款待鲁国士人，孔子前往赴宴，但阳虎却不让他进门，对他说："季氏宴请士人，但不包括你。"显然当时阳虎作为季氏家臣，有点盛气凌人。

不过今非昔比，孔子已经是名满天下的大学问家，而阳虎以陪臣的身份执国命，显然是不合法的。阳虎想要巴结一下孔子，以彰显自己的气度，提高人气。孔子为人比较精明，他既不愿意为阳虎办事，也不愿采取断然拒绝的方式，索性就避而不见。阳虎有心计，既然你不来，我就主动些吧。

阳虎派人送一只烤乳猪给孔子，他了解孔子，这个礼义文化的热衷者，不会收下乳猪后不吭声，至少也会回谢一下。果不其然，来而不往非礼，但孔子又不想见阳虎，怎么办呢？老夫子想了个办法，先派弟子打探阳虎的消息，等到阳虎外出不在家时，他才大摇大摆地到阳虎府上回访，当然啦，他没见到阳虎，但这样也算走过场了。不料孔子从阳虎家出来时，却在半路上遇到阳虎，这是偶遇呢，还是阳虎故意安排的呢？这就说不清楚了。

阳虎远远看到孔子，就向他打招呼："来来来，我有话要跟你说。"孔子这回没办法，硬着头皮过去。阳虎故意跟孔子兜圈子，问他说："胸有韬略，却听凭自己国家混乱，这样的人算得上仁义吗？"孔子回答说："那当然不可以。"阳虎又问："想要在政治上有所作为，却屡屡错失良机，这样的人算是明智吗？"孔子又答道："当然不可以。"孔子心里明白，阳虎说的这种人，指的就是自己。

聪明人说话，不必点破。阳虎是聪明人，孔子也是聪明人，大家都心知肚明，心照不宣。阳虎提醒说："日子一天天地过去，时间可是不等人哪。"言外之意，孔夫子你已经快五十了，再不出山，以后也没机会了。

孔子虚与应付说："好，我准备出去做官了。"

不过还没来得及等孔子出山，鲁国的内战爆发了。

自从控制季氏权力后，阳虎在鲁国政坛上呼风唤雨。他野心勃勃，甚至逼迫鲁定公、季孙、叔孙、孟孙与之签订协议，实际上是想使自己执政合法化。

阳虎得势后，连“三桓”家族的某些成员，也想投靠他。季氏族人季寤、公鉏极，叔孙氏族人叔孙辄、叔仲志等人，都争先恐后地巴结阳虎。这也使得阳虎有点得意忘形，他打算要终结“三桓”当权的历史。

当时“三桓”家族的领袖分别是：季桓子、叔孙州仇、孟懿子。虽然阳虎同“三桓”签了协议，巩固自己的权力，可这只是权宜之计，毕竟“三桓”统治鲁国的时间超过百年，根深蒂固，若不彻底铲除，终究有后患。

阳虎的如意算盘是：以投靠自己的季寤取代季桓子，以叔孙辄取代叔孙州仇，自己则取代孟懿子。孟氏比较难对付，在“三桓”家族中，只有孟氏没有哪个族人或家臣投靠阳虎。阳虎心想，老子整掉孟氏后，索性就自己取而代之。

要打垮“三桓”并非易事，得寻找其弱点。“三桓”在国内最有争议的一件事，莫过于当年驱逐鲁昭公，致使鲁昭公客死他乡。为了打倒“三桓”，阳虎便开始大张旗鼓地在鲁昭公身上做文章，为鲁昭公翻案平反，这既是争取民众支持的手段，也讨好了国君鲁定公，因为鲁定公便是昭公的儿子。

阳虎把兵变的时间，定在定公八年（公元前 502 年）十月三日。他的计划，是先在蒲圃设一个酒宴，邀请季桓子赴宴，并在宴会上干掉他，然后调集战车部队，进攻叔、孟二氏，一并铲除“三桓”。

在兵变前一天，孟氏家臣公敛处父嗅出一些火药味。他发现驻扎在都城的季氏军队（由阳虎掌控）开始进入戒备状态，便起了疑心，向孟懿子报告说：“季氏军队进入戒备状态，这是怎么回事？”孟懿子很吃惊地说：“我不知道这回事呀。”公敛处父一听，便判断这事必定是阳虎的阴谋，便警告孟懿子：“我看将发生叛乱，这件事会波及您，您还是先准备一下，我先去召集军队，明天前来与您会合。”孟氏的领地在成邑，要调集成邑的军队，需要一些时间。孟懿子果断地挑了三百名强壮的家仆、马夫，假装在孟府门外建房子，其实是预防阳虎发兵突袭。

第二天，阳虎按照预定计划，上门请季桓子到城郊的蒲圃赴宴。行到半途时，季桓子觉得不对劲，他的马车四周都被一群全副武装的卫兵所包围，前面是阳虎的马车，后面是阳虎的弟弟阳越。这哪里是像赴宴呢，赴鬼门关还差不多。

季桓子坐在车上，心里越发狐疑，周围这些人，没有一个是他的亲信，除了他的马车夫林楚之外。季桓子便悄悄地对马车夫林楚说："你的祖辈们都是季氏的家臣，你也一直忠心耿耿，现在情况有异，你要不要帮我呢？"林楚这时也发现有一股杀气，他回头对季桓子说："好像太迟了吧。如今阳虎执政，全国都得听他的，如果有敢违抗的，那只能是死路一条。我就算死了，也对您没有任何帮助哇。"

季桓子压低声音说："现在还不算晚，你能把我送到孟氏那里吗？"他心里很清楚，"三桓"家族中，季、叔两家已经有大批人投靠阳虎，只有去孟氏那儿才比较安全。

这时季桓子的性命，就掌握在林楚手中。幸好林楚比较忠心，答道："我愿效死报答您，只是能不能成功，我没有把握。"

季桓子把心一横，事到如今，只能赌一把，他只说了两字："走吧。"

只见林楚突然把缰绳一拉，马匹掉转个方向，从队伍中横冲出来，朝另一个方向跑了。这时队伍中有人大喊："季氏跑了。"在后面压阵的阳越一看，喊了一声：追！

林楚驾着马车，箭一般的狂奔，阳越带着一班人在后面紧追不放。季桓子的马车朝着孟懿子的宅第飞奔，阳越从后面放箭，但没有射中。

这一天，孟懿子格外谨慎。他一面指挥三百壮士在门外假装建房子，一面注意观察周围的动静。这时有人来报，季桓子的马车朝这里跑来，后面还有追兵。孟懿子明白了，看来公敛处父的判断没错，果然出事了。

孟懿子马上命令三百名壮士停止建房子，等季桓子的马车进了宅院后，关闭大门。阳越当然不肯放过季桓子，带着手下人攻打孟府。孟氏的三百名壮士躲在大门后，从门缝处用弓箭还击，有一名壮士射出的箭不偏不倚地射中阳越的心窝，他闷头倒下，死了。

季桓子跑了，自己的弟弟被射死，阳虎恼羞成怒。既然孟氏有所防备，他心里想，不如先攻打没有戒备的叔孙州仇。于是他掉转马头，攻打叔氏府第，叔孙州仇很快成为阶下之囚。阳虎一不做，二不休，又闯入宫中，劫持鲁定公。

可是阳虎犯了一个大错，他给了孟懿子喘息之机。

孟懿子的家臣公敛处父已经率领成邑的部队，开入都城。阳虎赶紧派人阻击，双方在南门发生激烈的交战。阳虎的军队被打败了，退到一个名为棘下的地方，再度交锋，再败一局。

阳虎一看不对劲，心想：来者不善，善者不来啊，看来孟家早有提防，既然打不赢，罢罢罢，还是先离开都城吧。

不过阳虎也煞是镇定，并没有慌慌张张地逃跑，而是先去鲁定公的宫中，搜罗宝物，找到一块宝玉，还有一把宝弓，便顺手一拎，拿了就走。走到一条巷子后，他找个地方睡了一大觉，吃饱喝足后，才大摇大摆地准备离开。他的手下都很惊慌，说："快走吧，追兵快来了。"阳虎故作镇定地说："他们听到我逃跑的消息，高兴都来不及，哪里有空来追我呢？"这时有人喊："哎，那不是公敛处父吗？他们追来了。"阳虎一看，呀，赶紧上车，逃命去也。

阳虎逃到讙邑与阳关，这里是他的地盘，准备以此二城为基地，与"三桓"集团相抗衡。

实际上，在首都发动兵变失败后，阳虎一下子失去掌控国家的权力，这已经注定其失败的结局。

"三桓"之间也是有矛盾的。在这个以武力决定一切的年代，孟氏家臣公敛处父建议自己的主人乘机处死季桓子，这样孟氏便可坐大。这个建议把孟懿子吓坏了，他担心公敛处父自作主张，便把季桓子放回家。

其实孟懿子的做法是明智的，因为当前大敌乃阳虎。自从阳虎掌权以来，已经有五年了，"三桓"被压得抬不起头，现在正是翻身解放的大好机会，怎么可以置大敌于不顾，而先内讧起来呢？

"三桓"家族又一致对敌，联合进攻阳虎盘踞的阳关。阳虎抵挡不住，他索性一把火烧毁城门，攻城的"三桓"军队大乱，阳虎乘机突围，一股脑儿地逃到齐国。

阳虎在这场赌注中输了个精光，但他不甘心认输。逃到齐国后，他见了齐景公，说道："只要您能借点兵力给我，我三次出兵，就可以摆平鲁国。"阳虎口才很好，齐景公听得一愣一愣的，准备借兵给他。这时，一个人出来阻止了。

这个人就是齐国政坛重量级人物鲍国，他对齐景公说："阳虎别有用心，不可以相信他。他本来是季氏的家臣，却打算杀死季桓子，危害鲁国，这就是个小人。主公想一想，阳虎这种人，忘恩负义，没有一点仁义道德，哪一天他得势了，说不定要颠覆齐国呢。”

齐景公听了流出一身冷汗，哎，差点中了阳虎的奸计，他赶紧问鲍国：“寡人要怎么办？”鲍国出主意说：“不如把他抓起来，流放到齐国东部，远离鲁国，这样他就无所作为了。”齐景公听完后点点头说：“此计大妙。”

这样，阳虎被抓起来。他听说齐景公要把自己流放到东部，便想了个办法，故意说：“如果要流放我的话，就流放到东部吧。”齐景公听到这话后，心里纳闷：阳虎脑袋瓜聪明，不知又想出什么阴谋诡计，不能上他的当，他想去东部，我偏要把他关在西部（西部靠近鲁国）。

阳虎被流放到西部后，想办法逃跑，只是运气不佳，又被抓了回来，关在齐国都城临淄。但是阳虎又一次上演越狱的惊险一幕，并成功逃出齐国，逃到晋国，投靠赵鞅。这个非凡的人，虽然在鲁国内斗中最后一败涂地，可老虎离山，仍然没有变成一只小兔子。他顽强地东山再起，在晋国赵鞅幕下，为赵氏集团的崛起出过不少气力。这是后话，此处先不说。

四、夹谷之会

齐国曾经三次向晋国的霸权发起挑战，无一例外以失败而告终。

到齐景公时，齐国与郑国、卫国建立起铁三角同盟，实力大大超过之前的齐顷公、齐灵公、齐庄公时代。齐景公雄心勃勃，曾经在晋昭公面前表现出“欲取而代之”的雄心，如今条件渐趋成熟。

阳虎从齐国逃跑，投奔晋国，这给了齐景公出兵的口实。

公元前 501 年秋季，齐景公亲自率军，对晋国发动进攻，目标是晋国城邑夷仪。齐国复兴与报仇雪耻的强烈愿望，激发了国人对战争的狂热。

在齐国将士中，有一名叫敝无存的武士，临出征时，正打算要结婚。听到要与晋国开战的消息后，他毅然放弃新娘子。他说：“这次出征，要么战死沙场，要么立功归来。倘若有幸活着回来，我一定要娶望族高氏、国氏家的女儿。”他把打仗看成是人生的一个机会，为了表示决心，他把未过门的新娘子送给弟弟。敝无存跟随大军攻打晋国夷仪。他豁出命了，战斗时冲锋在前，率先登上云梯，冲上夷仪城墙，设法打开城门。不过，他最终无法完成心愿，在城门下，他战死了。

敝无存的勇敢精神，激励了齐国将士。

东郭齐是另一名勇士，作战骁勇。他推一部云梯准备登城，要找一个伙伴来掩护。有个名叫黎弥的勇士便说："我跟你一起上，登上城墙后，你在左翼，我在右翼，等其他人都登上城，我们再下去。"东郭齐说："好。"于是他奋勇登城，上城后在云梯左翼与守军交战，不想黎弥临阵畏敌，又顺着云梯溜下城。东郭齐一人苦战，守护云梯，直到战友们都上了城。晋国守军害怕了，弃城而逃。

齐军旗开得胜，占领夷仪。尽管只是一场小战役，仍足以鼓舞士气。与齐国结盟的卫灵公跃跃欲试，出动军队卷入这场战争。

不过，夷仪之战的失利，并没有重创晋军实力。晋国统帅部调兵遣将，在中牟一带部署一千辆战车，严防齐军的进攻。

卫灵公亲率五百辆战车，准备强行通过中牟，与齐军会师。驻扎在中牟的晋军将领打算迎战，从卫国叛逃到晋国的褚师圃建议说："卫国虽是小国，但国君亲自率军前来，士气旺盛，不一定打得赢。齐国刚刚攻克夷仪，颇为骄傲自满。齐侯已经回国，现任指挥官威望不够，不如攻打齐军，一定可以取得胜利。"

其实卫国军队的战斗力，未必如褚师圃说的那么强。作为流亡在外的卫国人，褚师圃内心深处不想伤害同胞，不愿看到自己国家的男儿血流成河。

晋国人听从褚师圃的建议，转而进攻齐国军队。果然，被胜利冲昏头脑的齐军，低估了晋军的力量，遭反戈一击后仓皇而逃。

齐晋之间的较量，双方各胜一场，算是扯平了。

即使如此，齐景公仍然十分满意。确实，他有理由感到欣慰，这是一次旗鼓相当的较量，况且齐国人是主动进攻的一方。更重要的是，齐国不再是孤军作战，有自己的盟友助阵。这些都说明一个事实：晋国统治中原的历史已经一去不复返。

中原政局已经发生了微妙的变化。

齐景公在伐晋一役中，没有占到便宜，但是在外交上却大获全胜。继卫国、郑国之后，鲁国终于也和齐国握手言和，这对晋国来说，不啻为当头一棒。

阳虎之乱后，齐国逮捕阳虎，而晋国收容了他，这无疑使鲁国对晋国人深感不快，而对齐国产生好感。不过，真正使鲁国向齐国靠拢的，是鲁国政要们都意识到，晋国已经雄风不再，虽然齐国的军事力量未必超过晋国，但齐国处于上升期，而晋国却已经处于下落期了。

公元前 500 年，齐、鲁两国之君会于夹谷，在这次历史性的会议上，鲁国大司寇孔子大放异彩。

孔子怎么突然成为鲁国大司寇呢？

这事还得从阳虎说起。

孔子一直声名卓著，却没有机会当官，直到阳虎掌权后，才力请孔子出山。孔子对阳虎“陪臣执国命”的僭越颇为反感，虚与应付，后来阳虎兵变失败，此事便不了了之。虽然孔子一生都讨厌阳虎，但这件事说明阳虎其实颇有雅量，有政治家的心胸，不管他是否真的认为孔子有治国本领，至少对于这位国际文化名人，表现出应有的尊敬。阳虎的态度，对孔子的仕途有很重要的影响，他突然成为政坛大红大紫的人物。阳虎逃跑后，孔子的命运也发生了转折，无论是鲁定公还是“三桓”集团，都不能无视他的存在了。

孔子的机会来了。

公元前 501 年，孔子出任中都宰。他担任中都宰大约一年，据一些资料记载，他在任中都宰期间：“制为养生送死之节，长幼异食，强弱异任，男女别途，路无拾遗，器不雕伪。为四寸之棺，五寸之椁，因丘陵为坟，不封不树。行之一年，而四方诸侯则焉。”政绩还是比较明显的，一年后，他又升迁为司空、大司寇。

就在这个时候，鲁国向齐国伸出和解之手。

作为鲁定公的左右手，孔子参加了夹谷之会。

鲁国与齐国一直是宿敌，选择和解之路，对鲁定公来说，是不得已的办法。鲁国的军事实力远逊于齐国，以前仗着有晋国人撑腰，鲁国倒也狐假虎威，时不时对齐国发起反击。如今齐国越来越强，甚至主动进攻晋国。晋国虽然打败了齐国的进攻，却没有展开报复战，晋国的内部激烈斗争，大大制约了其对外扩张的霸业。卫国、郑国已经与齐国结盟，鲁国成为齐国与卫、郑之间的夹心饼干，既然晋国心思已经不放在中原霸业上，对鲁国来说，与齐国结盟，便成了唯一的选择。

齐景公不是一盏省油的灯。

显然，齐国想从夹谷之会中，捞取更多的好处。当齐景公听说陪同鲁定公前来的人是孔子时，他开始动歪主意了。

齐景公与孔子是老相识。他第一次见孔子，是在二十年前（公元前520年），当时孔子三十岁。那年齐景公出访鲁国，听说孔子学问很大，便跑去向他请教。齐景公一心想恢复齐国的霸业，他提的问题跟霸业有关：“秦穆公当时国家又小又偏，怎么能建立霸业呢？”孔子回答说：“秦穆公虽处偏远小国，但志向高远，行为端正。我举个例子吧，比如说秦穆公提拔五羖大夫百里奚，把他从奴隶中解放出来，跟他谈了三天三夜，之后就让他执政。从这点来看，称王也是可以的，称霸有点太小了。”这一番话，给齐景公留下很深的印象。

五年后（公元前515年），由于鲁昭公被逐，鲁国政局动荡，孔子便跑到齐国。齐景公很高兴，请教他说：“如何治理政事呢？”孔子回答很简洁：“君君，臣臣，父父，子子。”就是说，要严君臣、父子之礼。这些话，十分投齐景公的心意。他上台时，先受制于崔杼、庆封，后又受制于高、栾、陈、鲍四大家族，虽然靠晏子之谋，最终得以亲政，但想到这些权臣，心里还是掠过一丝寒意。

过了不久，齐景公又向孔子请教施政术，孔子说：“政在节财。”这个显然是有针对性的，齐景公比较奢侈，孔子的回答很有针对性。齐景公听后很佩服，他用对待鲁国执政季平子的礼仪来对待孔子，以示尊敬，并打算封给他一块地。这时，齐国宰相晏子出面制止，他认为孔子喜欢古代繁文缛节，不适合今天这个弱肉强食的时代，理想虽然高远，却不切合时宜。

此后，齐景公对孔子便日益冷淡，最后对他说：“我老了，不能再用你了。”孔子知道待在齐国没有机会了，便回到鲁国。

从齐景公与孔子的交往经历可以看出，他对孔子的态度是有一个变化过程的。起初他认为孔子是个大学问家，有深厚的政治学素养，后来却认为他是食古不化之人，不值得重用。

平心而论，孔子虽然食古，但未必不化。如果遇上盛世，他还是有治国的本领的，但在军阀混战的时代背景下，他鼓吹仁义的政治主张，完全被尔虞我诈、争雄斗霸的时代所唾弃。这样齐景公、晏子等人，不免把孔子看成是个书呆子。

夹谷会议前，齐国打探到孔子将作为鲁国主要谈判代表出席，便动了歪主意。黎弥对齐景公说：“孔丘这个人，懂得礼义，却没有勇气。我有一个主意，夹谷这一带，不是有一些原莱国的居民吗？我们怂恿他们劫持鲁国的国君，这样谈判时，鲁国人就很被动，到时我们提什么条件，他们都得接受。”

齐景公听后，连连称好。

其实黎弥小看孔子了。孔子是何许人也？他是鲁国著名勇士叔梁纥的儿子，当年在偪阳之役中，叔梁纥勇冠三军，手举城门，成为家喻户晓的大英雄。而孔子也得了点父亲的遗传，长得人高马大，力大无比，也可以举城门，而且通晓驾车、射箭，很精通武艺，只是孔子“不肯以力闻”，不愿意显示他的武力。时间长了，大家当他是个学问家，却忽视了他其实是武艺很高超的人。

鲁定公要动身前往夹谷，孔子对他说：“外交一定要有武力作为后盾，自古以来，诸侯离开国境，必定要带上武官，请您带上左司马、右司马。”司马是握有军权的武官。到了夹谷附近，突然有一伙人冲出来，原来是莱地的居民武装。莱以前是齐的邻国，后来被齐灵公所灭，有一部分莱国居民便迁移到夹谷这一带，齐景公暗中怂恿他们武装起来，劫持鲁定公。

虽然鲁定公带了卫队，但看来犯之敌人多势众，他有些害怕。再说了，这里毕竟是齐国境内，面对一群齐国暴徒，要不要反击，鲁定公显然有些迟疑。

孔子这个读书人，却展现出决断力的一面，他立即命令鲁定公卫队坚决还击，并护送鲁定公撤退到安全的地方。卫队终于击退来犯的莱地人，这使齐景公以非政府武装劫持鲁定公的企图破产。

到了夹谷后，孔子立即向齐国一方提出严重抗议：“现在两国和好，贵国竟然以蛮夷（指莱国）的俘虏前来挑衅，难道贵国就是用这种方式来号令诸侯吗？”齐景公听后脸色一变，干咳两声，皮笑肉不笑地说：“啊，看来是误会了，我马上下令让那些莱人通通滚蛋。”

经过一番谈判，齐、鲁双方达成盟约。狡猾的齐景公增加一个附加条款：倘若齐国军队出境作战，鲁国必须要派遣三百辆战车参战。

这个附加条款，无疑确立了齐国老大的地位，而鲁国不过是从属国，很显然，齐国称霸的野心一目了然。这个条款对鲁国非常不利，但在鲁弱齐强的背景下，鲁定公很难拒绝，孔子一样心知肚明，这是霸王条款，可是能怎么办呢？

孔子只能想办法挽回一些面子，减少鲁国的损失，他对齐景公说：“要我们听从贵国的命令，必须先把汶阳归还给鲁国。”汶阳是齐国所占领的鲁国土地，因此孔子据理力争。老夫子在外交上，也着实有一番本领，并不全是书卷气哩。

这个要求，合情合理，既然齐、鲁两国媾和，化干戈为玉帛，就必须要解决历史遗留问题。面对强势且傲慢的齐景公，孔子大胆地提出领土要求，这是需要勇气的，书生亦勇，虽千万人吾往也。

对齐景公来说，用土地换取霸业是值得的。其实齐景公并不是一个吝啬的人，当年为了拉拢鲁国，他就无条件地归还郓城、阳关二邑，后来卫国出兵协助攻打晋国，齐景公又把齐国西部的三座城邑拱手相让给卫国。在齐景公看来，只要能称雄于北方，甚至称霸天下，以区区一点土地为代价，值！

汶阳最终归还给鲁国。孔子为鲁国政府挣回一些颜面，在弱国外交中，他的表现已经可圈可点。不过最大获益者当然还是齐国，与鲁国结盟后，中原重要诸侯国除宋国外，几乎都被齐国括入囊中，而百年霸主晋国则失去对东方的控制权。

夹谷之会，是春秋后期一次重要的会盟，这次会盟，标志着齐国彻底走出晋国的阴影，经历齐顷公、齐灵公、齐庄公、齐景公四代君主的发愤图强，终于走上复兴之路，而晋国霸业凋零速度之快，则超出所有人的想象。

鲁国人牺牲一部分权益，换来与齐国的和解，外患暂时消除了，可是内乱却达到前所未有的地步。

五、孔子与“堕三都”

鲁国的权力结构颇为复杂，在阳虎掌权的五年里，家臣号令国家，成为春秋一道独特的风景线。阳虎兵变失败后，“三桓”家族重新掌权，然而家臣的势力依然强大。鲁定公在孔子的大力支持下，也努力从三大家族手中收回权力。鲁定公、“三桓”、家臣之间明争暗斗，孔子时代的鲁国，政坛上暗流涌动。

公元前 500 年，夹谷之会刚结束，鲁国便爆发侯犯叛乱。

侯犯叛乱，是鲁国“三桓”家族内部斗争的一个写照。

侯犯是叔孙家的家臣，叔孙家的领袖叔孙州仇与公若藐有仇，指使侯犯谋害公若藐。当时公若藐是郈宰，就是郈邑的长官；而侯犯是郈邑的马正，要杀公若藐，当然比较容易。可是侯犯一口拒绝，叔孙州仇没有办法，便雇一名刺客，刺杀公若藐。

公若藐被刺，使侯犯勃然大怒，他认为叔孙州仇是个无耻之徒，索性召集部下，占据郈邑，举兵叛乱。

郈邑是叔孙氏的封地，这是又一起家臣反抗主公的叛乱。叔孙州仇马上联合孟懿子，率军镇压侯犯，然而郈邑的防备森严，叔孙州仇无法攻克，情急之下，他请求齐景公出兵相助。齐景公乐意出兵，并不是他助人为乐，而是想通过讨好“三桓”家族来增强对鲁国政府的控制力。

即便有齐军参战，叔孙州仇仍然没法取得进展，郈邑固若金汤，岿然不动。叔孙州仇有点泄气，这时驷赤前来见他。驷赤曾经当过郈邑的工师，是个有谋略的人。叔孙州仇像见到一根救命的稻草，赶紧上前拉着他的手道：“唉，现在郈邑叛乱了，这不仅是我家族之祸，也是国家之祸啊，您说要怎么办？”

驷赤对叔孙州仇说：“那让我去试试吧。”叔孙州仇听了大喜，赶紧向驷赤拜谢。

驷赤一个人进了郈邑，他与侯犯曾是同僚，关系不错。驷赤对侯犯说：“你现在孤零零的，夹在齐、鲁之间，日子肯定长不了。你为什么不投靠齐国，有了这座靠山，以后就不怕了。”

侯犯一听说得有道理，便派人前去见齐景公。而这时，驷赤便在郈邑城中广散谣言，称侯犯准备把郈邑交给齐国人，齐国人将会把居民统统赶走，并声称齐军马上要来了。郈邑城中的百姓一听，这还了得，等齐国军队一来，我们都成为难民了。大家群情激昂，纷纷拿起武器，杀到侯犯家中，把大宅团团围住。

这下子可把侯犯吓坏了。

这时驷赤还假意操了一把弓，准备要跟民众开战，侯犯赶紧阻拦道：“不行啊，他们人多势众，我看还是逃吧。”

侯犯打开家门，跟民众谈判，对他们说：“郈邑不会交给齐国人的，你们也不会流离失所。放心吧，现在既然你们信不过我，那就让我离开这里，这样行吧？”这些个百姓心里一想，你侯犯要走，这最好不过了，不过不能要花招。

于是侯犯把家里所有财物都打包，装在车上，然后离开郈邑。郈邑是一座设计严密的城市，有好几圈城墙，都设有城门，百姓们手上拿着武器，跟着侯犯，怕他要花招。侯犯每通过一个城门，百姓便把这个城门关上，直到他的车队全部离开最后一道城门，大家总算放心了。

看来驷赤明白一个道理：人民是有力量的。

依靠人民的力量，侯犯被驱逐了，他逃入齐国。

侯犯之乱，再次暴露出家臣对“三桓”家族的威胁。

经历阳虎之变与侯犯之乱后，“三桓”势力已显疲态，致力于匡扶公室的孔子乘机抛出“堕三都”的主张。

三都指的是季氏、叔孙氏、孟氏三大家族的领地费邑、郈邑、成邑。所谓“堕三都”，就是拆毁这三座城邑。孔子为什么要“堕三都”呢？他理想中的社会，应该是一个有秩序的和谐社会，君主位于权力金字塔的顶部，下面是卿大夫、吏、平民等，这个权力是逐级下降，各等级的人都尽自己的职责。现在社会变样了，先是周王失礼，权力落到诸侯手中，既然僭越制度的潘多拉盒子打开了，社会秩序开始混乱，大家都要争权夺利。于是乎卿大夫想方设法架空君主，成为国家实际的统治者。不幸的是，卿大夫又被家臣架空，家臣反倒成为执国命之人。在孔子看来，社会乱了套，尤其是鲁国。必须要扭转这种颠倒的社会秩序，这便成为这位圣人的政治理想。“三都”在城市建设上，都大大超越礼制的标准。根据礼制，大夫之城不超过百雉，而费邑、郈邑、成邑的面积，已大大超标。这三座城邑不称为“三城”而称为“三都”，就说明“三桓”势力实际上左右着鲁国的政局，他们的领地就像陪都一样。

孔子很讲究正名，他说：“名不正，则言不顺；言不顺，则事不成；事不成，则礼乐不兴；礼乐不兴，则刑罚不中；刑罚不中，则民无所措手足。”所以他为政的首个出发点，便是正名，“三都”就是属于名不正，大违礼制。要扭转权力倒悬的局面，要加强公室的集权，就必须要拆毁三都，这样乱臣贼子就恐惧了。这是孔子的想法。

那么季氏、叔孙氏、孟氏会眼睁睁地看着自己的领地被拆毁吗？“堕三都”是否切实可行呢？会不会遇到“三桓”的强大阻力呢？对此，孔子是有所考虑的，他认为胜算还是挺大的，为什么呢？因为“三桓”也遇到尴尬的事，他们对三座城邑的控制力越来越弱了。

“三都”究竟是谁的三都呢？

阳虎的出现，绝不是一个特例，而是“三桓”政权衰落的缩影。“三桓”对自家的城邑已经失去控制力：叔孙家的郈邑，刚刚发生叛乱；季氏家的费邑，掌握在家臣公山不狃的手中；孟氏家的成邑，掌握在家臣公敛处父的手中。

孔子“堕三都”的主张，得到“三桓”家族的默许。此时的“三桓”、鲁定公、孔子坐在同一辆车上，孔子的意图是重振公室的雄风，而“三桓”则想借助孔子，铲除尾大不掉的家臣势力。想法不同，但目标却是一致的，这是心照不宣的默契。

在“三桓”的默许与孔子的支持下，公元前498年，鲁定公宣布“堕三都”的命令。

第一座被拆毁城墙的城市是郈邑。这次拆除行动没有遇到麻烦，因为郈邑刚刚经历侯犯叛乱，叔孙州仇显然已经把这座城堡看成叛乱的堡垒。侯犯虽然逃跑，但他的那些部下还在，叛乱随时可能重演。与其这样，不如睁一只眼闭一只眼，让孔子去把郈邑拆了吧。

第二座被拆毁的城堡是费邑，但这次并不太顺利。

费邑是季氏的领地，为了取得季桓子的同意，孔子还是颇有心计的，将自己的得意门生子路安排到季氏家中，担任季家总管。子路是孔门中最勇敢的人，他利用职务之便，与季桓子商讨拆毁费邑的事宜。季桓子对费邑长官公山不狃早就非常不满，当年公山不狃与阳虎相勾结，发动兵变，囚禁季桓子，这个耻辱，他怕是一辈子也忘不了。如今阳虎败逃了，公山不狃依然占据着费邑，拥兵自重。孔子要拆费邑，季桓子心里舒服，他甚至一马当先，自己带着军队到费邑去主持拆城行动。

公山不狃早把费邑当作自己的地盘，如今季桓子居然联合孔子来拆城，这不是存心跟自己过不去吗？老子偏不让你拆。公山不狃索性带着军队出城，把季桓子赶跑了，这样还不解恨，主持拆城的鲁定公、孔子还在国都哩，要是不把鲁定公、孔子这些人都赶跑，这城迟早要被拆了的。

一不做，二不休，公山不狃干脆把费邑军队开到鲁都。长期以来，鲁都的防卫是很薄弱的，因为鲁国的军队基本上都被“三桓”瓜分了，“三桓”的军队又被家臣们所掌控。公山不狃的军队杀入都城里，这下子鲁定公、季桓子、叔孙州仇、孟懿子这四大巨头都惊慌失措，不知如何才好，只得先逃入季桓子府中。这时叛军又杀到季氏家中，在季府，有一座高台，叫武子之台，本来是季家饮酒作乐的地方，现在成为抵抗叛军的堡垒。

叛军攻势如潮，眼看形势岌岌可危。

这时挺身而出的，居然是大学者孔子，当然他现在的身份是鲁国大司寇。孔子带着军队赶到武子之台，增援鲁定公。这时叛军开始仰攻，箭矢如飞，有几支已从鲁定公身旁掠过，把他吓得脸色发白。孔子赶紧命令申句须、乐颀两位将领率军冲下高台，与叛军血战。正所谓置之死地而后生，政府军英勇抗击，居然打败了叛军。此时鲁都的百姓也纷纷拿起武器，赶来支援政府军，看来当时百姓还是很有政治意识的，在百姓与政府军的联手反击下，公山不狃的叛军被彻底打垮了，他逃到齐国避难。

费邑的城墙也被拆毁。

如今郈邑、费邑都被拆了，“堕三都”的计划完成过半，就只剩下孟氏的领地成邑。

“三桓”集团向来是共同进退的，季氏、叔孙氏都拆城了，孟懿子当然也无话可说。有一个人有意见，他就是孟懿子的家臣、成邑长官公敛处父。

比起季桓子与叔孙州仇，孟懿子实在有理由感到欣慰。在阳虎一手遮天的时代，季氏与叔孙氏两个家族都出了不少败类，投靠阳虎，但孟家呢？一个也没有。在阳虎试图发动兵变时，是谁成为中流砥柱呢？当时季桓子一路狂逃到孟家，叔孙州仇还成了阳虎的俘虏，孟懿子则因为忠诚的公敛处父及时率领成邑军队赶到，才赶跑阳虎，挽救了“三桓”的命运。侯犯、公山不狃先后叛乱，只有孟氏内部没有叛乱。

这一切，都要归功于公敛处父。

如今“三桓”势力今非昔比，经过阳虎、公山不狃造反后的季氏，已经没有什么实力，“三桓”之中，能取代季氏的，只有孟懿子。

说实话，孟懿子并不想拆毁成邑，因为孟氏还是比较稳定的，特别是成邑长官公敛处父，并没有阳虎、侯犯、公山不狃等人的劣迹，这个人还是靠得住的。然而郈邑、费邑先后被拆，成邑能独存吗？

成邑长官公敛处父怒气冲冲地跑来找孟懿子，一见面就说：“成邑不能拆。”孟懿子叹了口气说：“现在郈邑、费邑都拆了，成邑不拆怎么行呢？”公敛处父反驳道：“成邑是鲁国边境重镇，倘若拆毁，齐国的军队便可以长驱直入，直接威胁鲁都。”

孔子要“堕三都”，是因为这三座城堡非常坚固，易守难攻，担心一旦有叛乱，政府军将望而兴叹。显然，孔子的想法是攘外必先安内，这个想法也无可厚非，在齐、鲁夹谷会盟后，鲁国受到齐国军事威胁的可能性很小了。但是公敛处父说的也有道理，国家安全绝不能寄托在别人身上，鲁国"堕三都"是自毁长城。

当然，公敛处父未必完全是公心，他应该也是有小算盘的。作为成邑长官，要是城被拆毁了，不消说手上的权力就大打折扣。孟懿子听了他的话后，一声不吭，公敛处父又说："成邑乃是孟氏的坚强后盾，没有成邑，便没有孟氏。你只要不吭声，保持沉默就行，我不会让他们拆城的行动得逞。"

面对鲁国政府强拆行动，公敛处父决心以武力抗拒。

成邑的强硬态度，使鲁国政府大为恼火，鲁定公亲自率领政府军进攻成邑。我们不得不说，鲁国政府军的战斗力实在太差，在国君的亲自指挥下，成邑仍然毫发无损，鲁定公只得干瞪眼。从这里可以看出，鲁国"三都"确实在城防建设上有独到之处，这也是孔子担心的，一旦君主与这些国内实权派对抗，是丝毫不占优势的。

"堕三都"最终只堕了两都，成邑的高大城墙仍然岿然挺立着。

孔子这一旨在打击"三桓"及其家臣势力的宏伟蓝图，最终没能实现。后世儒者们都景仰孔子在"堕三都"中体现出来的大政治家风范，当我们详察史实时，发现这一行动的得益者，却是"三桓"集团。

季桓子利用鲁定公与孔子的拆城，打垮了长期盘踞在费邑的公山不狃。虽然费邑名义上是季氏的领地，实际上早成为家臣的天堂。拆毁费邑，他并不觉得心疼，相反，让家族内部的反叛者失去了一个军事基地。同样，叔孙州仇的郈邑也早就落入家臣之手，借政府拆城行动，也消除侯犯重返郈邑的后患。

与季氏、叔孙氏相比，孟氏没有家臣的反叛，当然不愿意拆城。因此，在"堕三都"一事上，表面上看孔子是取得一些成就，拆毁两城，但说句不好听的，这只是为"三桓"打工罢了。从这个意义上说，在搞政治阴谋上，孔子还是学究味浓了点，终究斗不过这些老奸巨猾的政客。

季桓子、叔孙州仇都利用孔子达到目的，孔子的好运也差不多到头了。

"三桓"对孔子的政治主张心知肚明。这个家伙的目的便是翦除权臣势力，重树君主权威，强公室弱私门，将权力归还鲁定公。“三桓”是不会让孔子得逞的。

一旦失去“三桓”的支持，孔子还能做什么呢？

鲁定公十三年（公元前497年），以季桓子为首的“三桓”集团，开始架空孔子。这一年，齐景公送八十名女乐给鲁国政府，季桓子接受了，并且与鲁定公终日沉迷于女乐美酒之中，由此看来鲁定公的定力也不行。鲁定公本来就权力有限，手头上那一丁点儿军队，在内战中都没有打过一场漂亮的仗，这时又被季桓子以酒色歌舞引诱，原本那点被孔子点燃的斗志也很快消失得无影无踪。

连鲁定公都不支持，孔子怎么跟“三桓”斗法呢？难不成靠他手下那千把个学生？这时门生子路跑来跟孔子说：“夫子可以走啦。”孔子舍不得走，想到自己宏伟的政治抱负就这样泡汤，他心有不甘，便对子路说：“先等等看吧，很快就要郊祀了，如果祭祀完后，会把祭肉分给我，就说明他们还想让我干，那我还会留下来的。”

季桓子主持郊祀，孔子眼巴巴地等着祭肉，左盼右盼，终于没有等到。在他看来，这是一个信号，鲁国政府已经排挤他了，他已经无用武之地。于是乎孔子带着自己的一帮学生，离开鲁国，开始周游列国。

随着孔子的离去，鲁国的改革也戛然而止，政出“三桓”的局面并没有得到根本改变。

六、赵鞅力挽狂澜

晋国内斗的传统源远流长，一百多年下来，好多曾经显赫一时的名门望族消失得无影无踪。不过倘若与春秋晚期的内斗相比，那么以前的故事未免显得小巫见大巫。内斗最终也葬送了曾经笑傲江湖的霸主晋国。

春秋末期晋国大内斗的导火线，是赵鞅杀赵午。

经过几代人的火并，晋国形成六大家族掌控大权的局面。这六大家族分别是赵氏、魏氏、韩氏、中行氏、知氏、范氏（士氏）。六大家族轮流执政，自向戌弭兵后，晋国的历代执政分别是赵武、韩起、魏舒、士鞅、荀跞（知跞，又称知文子），基本上轮流坐庄，这就是有晋国特色的六卿制度。

荀跞执政时，赵鞅为副执政，虽然地位上略逊于荀跞，但他正值盛年，有雄才伟略，锋芒毕露，风头反倒盖过荀跞。

公元前 497 年（这一年孔子从鲁国出走），晋国发生赵鞅杀赵午的事件。

事情的起因是这样的：三年前，卫国叛晋，投靠齐国，并出兵攻打邯郸。赵鞅率领晋军进攻卫国，卫灵公害怕了，便送五百户人给赵鞅，以换取和平。起初，赵鞅将五百户人安置在邯郸。过了三年，他打算将这些人转移到自己的领地晋阳，便指示邯郸大夫赵午去办这件事。

赵午是赵鞅的同宗。他回到邯郸后，与父亲兄弟商量这事。大家都反对，认为这五百户都是卫国人，要是迁到晋阳，会影响与卫国的外交。在当时劳动力就是一笔资源，赵午家族估计是想独占这五百户人家，找了借口拒不执行赵鞅的命令。

赵鞅发怒了，赵午胆敢抗命不从。他索性派人将赵午抓到晋阳，关入监狱。赵午的随从涉宾到狱中探监，狱卒们要他解下佩剑才可以进入监牢。涉宾不肯，双方就起争执。赵鞅是赵氏宗主，他认为赵午公然挑衅自己的权威，连他的随从都狂妄嚣张，一怒之下便处死赵午。

就算赵午有嚣张行为，也罪不至死。赵鞅为了一己之私，滥杀无辜。赵午死后，悲愤的涉宾回到邯郸，扶立赵午的儿子赵稷为邯郸城主，起兵反叛，声讨赵鞅。晋国的内战遂爆发。

赵鞅是个英武果断、才干非凡之人。年纪轻轻时，父亲赵成便去世，他接替父亲成为晋六卿之一，在政坛上活跃了二十多年，地位不断上升，最终成为晋国中军副帅兼副执政。当邯郸叛乱的消息传来时，赵鞅没有丝毫迟疑，马上下令平定叛乱，并派遣上军司马籍秦率军攻打邯郸。

谁也没有想到，这场由邯郸引发的叛乱，竟然是晋国大内斗的序幕。

六大家族中的中行氏、范氏拒绝围剿邯郸。原来赵午与中行寅（即荀寅，攘夷英雄荀吴之子，中行氏与知氏均为荀氏之分支）关系密切，他是中行寅的外甥。中行寅早就对赵鞅的锋芒毕露心怀不满，如今外甥无辜被杀，更让他大为震怒，他秘密联络范吉射（即士吉射，士鞅之子），联合反对赵鞅。中行氏与范氏有姻亲关系，范吉射一口答应中行寅的请求，两大家族遂开始集结军队，准备进攻赵氏。

赵鞅手下有一位谋士，名叫董安于，是一个有勇有谋的人。他打探到中行氏、范氏准备联手倒赵时，便匆匆跑去见赵鞅，力劝道：“现在中行氏、范氏准备与邯郸联手，我们还是先发制人吧。”

赵鞅对形势的严重性估计不足，只是轻描淡写地说道：“晋国有国法，先造反作乱者死，我们还是后发制人吧。”董安于心里一想，都什么时候了，还搬起法律条款，这可不是一般人的造反作乱，而是权倾晋国的两个大家族。于是他又对赵鞅说：“与其让叛军先发制人，使得生灵涂炭，不如让我一人承担率先发难的罪名，请您务必同意我。”赵鞅默然不言，董安于只得悻悻而退。

赵鞅不肯先发制人，中行寅与范吉射却不管那么多，他们联手向赵氏发动进攻。令赵鞅没有想到的是，在此关键时刻，他派往镇压邯郸的上军司马籍秦竟然临阵倒戈，加入中行寅与范吉射的反赵阵营中。

籍秦的倒戈令反赵联盟军的实力大大增强，赵鞅的军队很快被打败了。赵鞅落荒而逃，逃到自己的领地晋阳。

面对赵氏、中行氏、范氏三家的内战，知、韩、魏三大家族不可能袖手旁观，是支持赵鞅呢，还是声援中行寅与范吉射？三家心里都有一个小算盘。

韩氏家族领袖韩不信（韩起的孙子）与中行寅有矛盾，魏氏家族的领袖魏曼多（魏舒的孙子）与范吉射有矛盾。看来晋国六卿之间的矛盾是由来已久，因此韩不信与魏曼多选择站在赵鞅一方。

晋国元帅知跞（荀跞）的态度很重要，毕竟他是晋国的实际执政者。知跞有自己的打算，他有一名亲信，名叫梁婴父，深得其信任，知跞有意将他扶植为六卿之一，取代中行寅。而此时，范氏家族中一位名叫范皋夷的族人，因为与范吉射不合，便前去投靠知跞，希望能取代范吉射，成为晋国六卿之一。这样，知跞便自然而然地站在反对中行寅、范吉射一方。

知跞、韩不信、魏曼多三家便联合起来，共同声讨中行寅与范吉射。

三大家族推举知跞为代表，前去见晋定公。面对晋国几大家族的大火并，晋定公六神无主，不知如何是好。正好这个时候，知跞前来求见，晋定公赶紧起身迎接。知跞对晋定公说：“以前晋国君主曾经发布法令，率先发动战祸者要处死。如今中行寅、范吉射、赵鞅目无国法，开启战端。现在赵鞅已经被赶到晋阳，而中行寅、范吉射却没有受到惩罚，这样有失公平，请下令驱逐中行寅与范吉射。”

知跞对赵鞅与中行寅、范吉射两方各打五十大板，其实暗中是帮助赵鞅，打击中行寅与范吉射。

晋定公一听，也对，现在赵鞅逃了，中行寅与范吉射气焰嚣张，那可不行，得打击一下他们。于是发布命令，对中行寅、范吉射发动进攻。

这下子热闹了。

晋国六大卿家，全部卷入内战。知跞、韩不信、魏曼多共同出兵，声讨范吉射与中行寅，但没料到范氏、中行氏的军队竟然十分顽强，挫败了三家联军的进攻。

在这场较量中，范吉射与中行寅显然处于不利的境地，两家对抗四家，况且对方还打着晋定公的大旗，师出有名，怎么办呢？范吉射与中行寅两人坐下来商量，认为知跞控制晋定公，大有挟天子以令诸侯之势。看来最好的办法是把晋定公抢过来，只要自己掌握住晋定公这张牌，便可以控制政治舆论。

这个决定，遭到高强的强烈反对。高强就是在齐国四大家族内斗中，败北逃亡的那个家伙，现在成为范吉射与中行寅的参谋人员。他指出："如今知、韩、魏三家内部并不团结，如果逐一击破，是可以打赢的，到时晋侯自然在你们的掌控之中。如果现在攻打晋侯，那只能促使知、韩、魏三家的团结。"

正所谓当局者迷，旁观者清。经历过齐国内斗的高强，显然更加明白，晋国内部家族斗争的激烈，远甚于齐国，知、韩、魏三家貌似团结，其实各自有小算盘，只要分别对待，挑拨离间，是可以瓦解其阵营的。但范吉射与中行寅并没有看到这一点，他们急于求成，想要扭转政治上的被动局面，不惜铤而走险。

然而，不出高强所料，中行寅与范吉射很快陷入困境之中。他们联手进攻晋定公，无疑使他们成了叛逆的角色，国人们都站在晋定公一方，反对中行寅与范吉射。在知跞、韩不信、魏曼多三家的反击下，叛军终于战败了。

中行寅、范吉射落荒而逃，逃到朝歌。

如何处置赵鞅呢？

韩不信与魏曼多出面为赵鞅求情，但知跞颇为老奸巨猾。在知跞看来，赵鞅的势力显然已经对自己构成威胁，如果轻易赦免，不足以打击赵氏。但也不能把赵鞅列入黑名单中，因为韩不信与魏曼多都替他说话，倘若一意孤行，那就得罪两大家族了。

知跞给赵鞅出了一道难题。他把开启战端的罪责，归结到赵鞅心腹谋臣董安于身上，认为是董安于的挑拨造成中行寅与范吉射的叛反，要求严惩治罪。

赵鞅心里犯难了，董安于忠心耿耿，智勇双全，如果给他治罪，不仅有昧良心，杀有功诛无辜也足以令手下人寒心。这时董安于听到风声，他自己站出来，对赵鞅说："如果我的死能使赵氏的地位稳定，那有什么好吝惜的呢？再说我也活了一大把年纪，够本了。"回到家中后，董安于悬梁自尽，以死报赵鞅。

董安于之死，令赵鞅深感内疚，但如今他身陷危局，只能委曲求全。他向知跞报告说："您要求严惩董安于，现在他已经死了。"

知跞心里偷着乐，因为董安于之死，对赵鞅绝对是重大打击。于是他又假装慷慨，与赵鞅和解，并结为同盟。

范吉射与中行寅逃到朝歌。朝歌是春秋时期的一座名城，原本是卫国的首都，后卫国受狄人入侵，卫懿公被杀，朝歌破败，卫国迁都，作为名城的朝歌便结束其光辉的历史。如今范吉射与中行寅在内战中战败，退居朝歌，这里又成为一个政治中心。

晋国爆发内战，对雄心勃勃的齐景公来说，那是最好不过的消息。他高兴得跳起来，让晋国人去内耗吧，无论哪一方取得胜利，都将使晋国元气大伤，而齐国将成为最大的受益者。齐景公立即与鲁定公、卫灵公紧急会晤，商量向范吉射、中行寅提供军事援助的事宜。

对晋国人来说，更要命的是，一直摇摆不定的宋国，这时见虎落平阳，宋景公与齐景公在洮地举行会议，宋、齐两国结盟。

郑国政府也宣布，支持中行寅、范吉射对抗晋国政府军。

反晋的力量还在积蓄，曾经被荀吴打趴在地的狄人，也收容中行氏、范氏的部将，并且派出军队协助他们杀回晋国。

一时间，晋国政府陷入晋文公以来最大的尴尬境地，中原诸侯国几乎都反叛了。霸主的威风不再，而齐国风头大有盖过晋国之势。

晋国元帅知跞要向诸侯国证明，晋国即便成了一头瘦死的骆驼，也仍然比马要大。

中行寅与范吉射的部将析成鲋、小王桃甲逃到狄人区后，在狄人的支持下，杀气腾腾地杀回绛都。然而在晋国政府军的反击下，狄人仍然难逃失败的命运。一战下来，狄人不支撤走，析成鲋与小王桃甲成为两位光杆司令，一人逃到周王室避难，另一人则逃到朝歌，投奔范吉射与中行寅。

但是晋国面临的危险还未过去。

中行寅与范吉射收拢旧部后，以朝歌为基地，开始进行反扑。反政府军又一次杀回国内，直逼晋都。中行寅、范吉射之所以在吃了败仗后还有恃无恐，正是因为背后有包括齐、郑、鲁、卫、宋诸国的强有力支持。郑国政府更是一马当先，派出一支军队，与中行寅的反政府军并肩作战。

历史开了个大玩笑。曾几何时，各诸侯国唯晋国马首是瞻，只有晋国政府干涉他国的内政，何时轮到他国来干涉晋国的内政呢？

历史是残酷的，强与弱不是永恒不变的，最强大的帝国，也终究有凋零的一天。

晋国由盛转衰，这是不可逆转的趋势，不过这个衰落速度是缓慢的，一百多年的雄厚积累，也不可能在一夜之间荡然无存。

在知跞、赵鞅等的指挥下，晋国政府军顶住巨大的压力，先是在潞地大败中行寅、范吉射的反政府军，俘虏重要将领籍秦、高强。紧接着，晋军乘胜追击，又在百泉取得一场辉煌的胜利，打败协助中行氏、范氏的郑国兵团。

晋国政府军尽管连战连捷，但是漫长的战斗，使得双方都有些筋疲力尽，战局也出现胶着状态。

公元前 494 年，晋国内战已进入第四个年头。

显然知、赵、魏、韩四大家族无论在兵力上还是在财力上都占有上风，这场旷日持久的内战，对中行氏、范氏一方十分不利。

与中行氏、范氏并肩作战的，还有赵稷、涉宾控制下的邯郸城。邯郸叛乱是晋国内战的序曲，政府军用三年多的时间，仍然无法攻克邯郸。在中行寅、范吉射已露疲态的情况下，邯郸城也岌岌可危。

齐景公准备再度干涉晋国内战，他与卫灵公会晤后，组建起一支齐卫联军，驰援邯郸城，打败围攻邯郸的晋军，并乘胜包围晋国的城邑五鹿。

晋国内战已经演变为一场小型的“国际战争”。

救援邯郸成功后，齐景公在晋国的乾侯城又一次与卫、鲁、鲜虞（狄）等国家政要碰头，讨论下一次的计划。在会议上，齐景公认为必须对晋国政府继续施压，以缓解中行寅、范吉射的军事压力。会议达成协定，齐、卫、鲁、鲜虞四国军队共同出兵，参加对晋战争。

在四国联军的猛攻下，晋军放弃棘蒲城。

晋国的军事战略，向来是以积极主动著称的，而且晋国将领也有很高超的战略、战术水平。面对齐、卫、鲁、郑、鲜虞轮番干涉，赵鞅力主先发制人，不能躲在国门内消极防御。赵鞅的提议得到其他将领的认同，于是他便集结兵马，准备直接进攻中行寅与范吉射的老巢：卫国的朝歌。

赵鞅把打击目标直接对准朝歌，这是一步好棋，同时也是一步险招。

说好棋，是因为攻敌要害之处，黑虎掏心，一举端掉叛军的老巢，这才是决定性的胜利。只要打掉朝歌，占据邯郸等地的叛军就要面临被切断外援的危险。说险招，是因为朝歌的叛军有齐、卫、郑等国的支持，赵鞅必须要做好以一国之力迎战中原诸雄的准备，倘有一丝疏忽，可能全盘皆输。

这是一场大赌局。

但是赵鞅的运气不错。公元前 493 年，晋军还未进攻朝歌时，传来卫灵公去世的消息。卫灵公是反晋先锋，他的死，引发卫国的一场权力之争。

卫灵公夫人就是著名的南子，孔子周游列国时，曾经在卫国待过，见过南子。南子是个多情的女人，嫁给卫灵公后，还私下与老情人相会。这件事让卫国太子蒯聩知道了，太子觉得十分羞耻，便打算杀死南子。机警的南子看到太子眼色不对，赶紧逃走，太子追了上去，南子便一边逃往卫灵公处，一边喊道：“太子要杀我了。”卫灵公听见后跑出来，并下令逮捕太子，太子蒯聩知道事情不成，转身便跑，一溜烟逃往宋国。这是发生在公元前 496 年的事。

三年过去了，老迈的卫灵公终于死了，他当国君整整四十二年。临死前，卫灵公打算立庶子公子郢为继承人，可是公子郢拒绝了。南子害怕太子蒯聩回国，便宣布由公子郢继位，不想他仍然拒绝了。这下子糟了，国不可一日无君啊，君位不能总空着，怎么办呢？公子郢说，这样吧，前太子蒯聩的儿子还在国内，不如先立他为国君吧。

南子一听，心里不太乐意，因为蒯聩是她的死敌，现在立死敌的儿子为国君，对自己不利。不过如今也没办法，她转念一想，反正蒯聩儿子年幼，也就是个摆设罢了，这样大权不是还操纵在自己手里吗？行，那就立个小娃娃吧，便同意公子郢的建议，这个小娃娃史称卫出公。

儿子成了卫国的国君，老子却在国外流浪，这像话吗？前太子蒯聩当然不甘心，他得回卫国去，可是执掌大权的南子怎么会让他回呢？

卫国内部的矛盾，给了赵鞅一个绝佳机会。他马上派人找到蒯聩，并说晋国可以武力护送他返回卫国。蒯聩听了十分高兴，便欣然与晋军同行。

公元前 493 年夏，赵鞅率晋军向卫国戚城挺进。快到戚城时，天色已暗，晋军迷路了，赵鞅忧心忡忡，这时有一个人站出来说："先渡过黄河，然后向南行进，就可以抵达戚城。"赵鞅一看，是从鲁国叛逃而来的阳虎。

自从在鲁国发动兵变失败后，阳虎逃到齐国，被齐景公软禁，他费了九牛二虎之力，两度越狱，奇迹般地逃跑了。到晋国后，他对晋国六大卿家的内斗冷眼旁观，最后发现赵鞅最有潜力，便前往投靠。赵鞅雄心勃勃，觉得阳虎是一代枭雄，收罗到门下，总有一天会为自己的霸图有所贡献的，便收留阳虎。

这件事传到孔子耳中后，孔子叹息一声说："赵氏看来会出乱子。"在孔子看来，阳虎这种人就是投机倒把、以下乱上之徒，赵鞅收留他一定会倒霉的。赵鞅的一些部下也有些担心，劝说道："阳虎是窃权高手，您可得担心哪。"赵鞅呵呵一笑说："阳虎之所以可以窃权，那是因为别人有机可乘，只要我让他没有机会，他怎么窃权呢？"这番话，实见赵鞅之雄气与自信，他深信可以驾驭这位桀骜不驯的奇才。事实证明，圣人孔子对政治的判断，并不一定高明，相反赵鞅才高明。这不，在赵鞅迷途之时，阳虎站出来指点迷津了。

在阳虎的指引下，晋军终于到了戚城之下。

天色已黑，戚城的城门已经关闭，赵鞅心生一计，决定要智取。怎么智取呢？赵鞅想了一个办法，他让蒯聩摘去帽子，用白布裹在头上，装成服丧事的模样，另外又派八名士兵，也穿着丧服。这样，九个披麻戴孝的人就哭哭啼啼走到城门下，在城下喊话。城头上的守卫一看，这些是什么人哦，便高声问话。蒯聩一把鼻涕一把泪地答道："我们是从卫都来的，老爹死了呀——"又猛号几声。城头上的人听了觉得怪可怜，便打开城门，让他们进来。岂料周围早埋伏许多晋兵，一起冲了进来，守城卫兵一看傻了眼，好心办坏事了，只得缴械投降。

这样，赵鞅兵不血刃，夺取戚城。

戚城位于朝歌与齐国之间，可见赵鞅的战略便是要切断朝歌反政府武装与齐国的联系。在反晋集团中，以齐、卫、郑三国最为坚定。卫灵公死后，卫国发生了微妙的变化。卫出公年幼，政权掌握在灵公夫人南子手中，而卫出公的父亲蒯聩又站在晋国一方，显然这使得卫国政府进退两难。援助范、中行集团的重任，自然落在齐、郑两国身上。

齐景公显然也意识到赵鞅的威胁。倘若没有齐、郑等国的军事援助与财力援救，范氏、中行氏集团是撑不了多久的，面对赵鞅的步步紧逼，齐景公必须出手。他与郑国政府商量后，最后双方达成一致意见：齐国人出钱粮，郑国人出兵，援助范吉射、中行寅集团。

齐景公深知此番作战的重要性。倘若赵鞅被打败，无疑齐国坐定中原第一把交椅，为此他不惜下血本，提供一千辆车的粮食，这可不是一个小数目。从齐国前往朝歌，得从戚城附近通过，就必须要防止粮食落入赵鞅之手，为此，郑军提供护送任务，由子姚、子般率领一支颇为精锐的战车部队押运粮草。说实话，郑军的战斗力还是不差的，同时，据守朝歌的范吉射也派出一支军队前往接应。

这批粮食物资能否顺利运抵朝歌，直接关系到中行氏、范氏集团的生死存亡。赵鞅显然不可能轻易让庞大的粮食车队顺利地从眼皮底下通过，因而战争的焦点，便集中在粮草的争夺上。

不过赵鞅却有一个担心。

晋国远征军的战车数量并不多。根据晋军探子发回的情报，负责押运粮草的郑国兵团，拥有大量战车，在数量上远远超过晋军。战车是春秋时代最重要的攻击武器，也是衡量一个国家军事实力的标志，尤其在平原地区作战，战车更是突显其重要性。在内战之前，晋国拥有战车数量超过四千辆，雄居中原诸国之首。然而内战爆发后，一部分战车被反政府武装所控制，另外，知跞有意坐山观虎斗，晋国的军事力量并非倾巢而出，主要是赵氏所属的军队，这自然大大影响赵鞅的兵力。虽然赵鞅的战车数量并不多，但晋国有一个优势，军事将领的指挥水平以及整体作战水平，都要高于郑国军队。

又是阳虎向赵鞅出谋献计。

阳虎建议道："敌人的战车数量比我们多，我看最好的办法是采取心理战，把旌旗遍插在战车上，虚张声势，对敌军产生一种威慑力，这样郑国士兵必定会有畏惧之心，打胜仗就有把握了。"这位被称为鲁国乱臣贼子的人，确实有鬼才的一面，脑瓜子灵活，很有计谋。

赵鞅听后大喜，他收留阳虎确实是一个十分正确的选择，当年的投资如今取得回报了。他马上传令，依阳虎的建议，在战车上遍插旌旗，然后杀出戚城，截击郑军护送的粮草车队。

这时粮草车已经行抵戚城附近，朝歌的范吉射深知赵鞅必定会截击，他也亲自率领一支军队准备在此接应车队。

一场大战不可避免。

出战之前，赵鞅举行一次誓师大会，并且发表一番慷慨激昂的演说，他说道："范氏、中行氏大逆不道，有违天命，杀戮百姓，想窃取晋国大权，杀害国君。而郑国人助纣为虐，支持叛臣，与晋国君主对抗，实毫无道义。如今我威武之师，顺应天命，听从君主之号召，张扬德义之精神，为国家洗清耻辱全在此一举。在战场上克敌立功者，上大夫可受封一县，下大夫可受封一郡，士可得十万亩田地，庶人工商可以享受士的待遇，奴隶可以恢复自由。"

赵鞅的这些承诺，无疑大大鼓舞士气，这不仅是为国家而战，也是为自己的前程而战，从上到下，没有不摩拳擦掌、跃跃欲试的。

八月七日（公元前 493 年），战斗拉开序幕。

赵鞅的兵车在队伍前头，给他驾车的是邮无恤，担任战车右护卫的是卫国前太子蒯聩。与身经百战的赵鞅相比，蒯聩没见过什么大世面，他站在战车上，抬头看到对面的郑国兵团，车辚辚马萧萧，雄赳赳气昂昂，看来子产的改革使郑国的军事力量跃升到一个新的高度。蒯聩看得有点心慌，竟然两腿发软，"咕咚"一声，摔到车下。你想想，赵鞅的战车是在队伍的前头，蒯聩这一摔下来，全军上下都看到了，他觉得羞愧难当。驾车的邮无恤伸出手，把蒯聩拉上车，蒯聩还没来得及道谢，邮无恤就使白眼，对他说："你真是个女人样。"

蒯聩上车后，赵鞅在战车上，检阅即将参战的部队。口才一流的赵鞅开始给部队鼓气，他先列举晋军中一位名为毕万的已故战斗英雄，对全体士兵说："毕万原本是个平常百姓，但在战场上作战勇猛，参加过七次战役，每次都有俘获敌人，最后晋升为一员将领，统领百辆战车，后来得以善终。这就是大家的榜样，诸位努力吧，只要你足够勇敢，是不会死在敌人之手的。”

这时因腿发软摔下车的卫国前太子蒯聩也念念有词地祷告说：“晚辈蒯聩斗胆昭告列祖列宗：如今郑国助纣为虐，追随叛军，晋国有难，不能平息叛乱，派赵鞅征讨。我不敢自求安逸，要拿起戈矛参加战斗，列祖列宗若有在天之灵，请保佑我在战斗中能生还，使敌人不能伤我筋，断我骨，毁我容，助我成就大事，勿令先祖蒙羞。”看来蒯聩决心要以自己的英勇表现，驱散恐惧，一雪耻辱。

赵鞅身先士卒，他的战车冲锋在前，后面的战车紧紧跟从，车上旌旗摇曳，雄壮威武。郑国人一眼望去，只见得晋国军队旗帜飘飘，数不清到底有多少人，多少车。晋国与郑国曾多次交锋，战绩上有着压倒性的优势，这也使郑国士兵在心理上有恐惧感。

在兵力不占优势的情况下，赵鞅仍然果断地发起进攻。

两军开始混战了。赵鞅的战车是指挥车，他一边冲锋，一边擂响战鼓，指挥军队作战。他理所当然成为郑军攻击的主目标，在战斗中郑军箭矢如雨，有一支箭射中赵鞅的肩膀，他“哎哟”一声，血从铠甲中渗出。这时有一辆郑国战车冲过来，一个郑国将领冲着赵鞅便是一戈，赵鞅躲过这锋利的戈刃，却一个踉跄倒在车上。这时战车右卫蒯聩挥戈与郑国战车大战，他大吼一声，使出浑身解数，见招拆招，要以勇敢来补救自己的形象。在蒯聩的英勇还击下，赵鞅终于得救了，可是他战车上的帅旗，却被郑国人抢走。即便如此，赵鞅仍然裹创犹战，强打精神，擂响进攻的大鼓。

统帅的表现，令晋国士兵大为感奋，更加精神抖擞，奋勇向前，一鼓作气打垮郑国兵团。在战斗中，与郑军并肩作战的范氏集团将领赵罗被晋军俘虏，齐景公耗费血本所提供的一千辆车的粮食，全部落入晋国人之手。

这是一场重大的胜利。

蒯聩准备乘胜追击郑国兵团，赵鞅说：“这样就行了。”在他看来，齐、郑的这次援助行动已经失败了。

不过晋军将领公孙龙却不肯轻易收手，到了晚上，他率着自己麾下的五百名私人武装，突袭郑军营地，一直杀到郑军统帅子般帐前，夺回赵鞅的帅旗。

粮草被夺的消息传到齐国，齐景公两眼发直。

此时的齐景公已经在位五十六年，他是春秋时期在位时间最长的君主之一，在半个多世纪的时间里，他一心想取代晋国，重树齐国霸业。只是如今已经垂垂老矣，如果不能借晋国内乱这个机会，一举打垮晋国，那他还是心有不甘。

没想到郑国人这么不顶用，齐景公有点后悔。早知如此，当初应该派出齐国的军队押运粮食，而不能交给郑国人，丢了一千车粮食，郑国人一点也不会心疼的。

接下来要怎么办？齐景公决定再做一次反击，他派人前往卫国，会晤卫国政要，要求联合出兵攻打赵鞅所占据的戚城。按理说，卫出公是蒯聩的儿子，而蒯聩在赵鞅的阵营，哪有儿子打老子的道理呢？可是卫出公是灵公夫人南子所立，如今只不过是个傀儡，哪有真实的权力呢？南子十分害怕蒯聩回来，她非阻止不可。这样，卫国与齐国共同出兵了。

公元前 492 年，齐卫联军对戚城发动春季攻势。

赵鞅早料到齐景公不甘失败，迟早要卷土重来，早就严阵以待。精于谋略的晋国人深知瓦解反晋联盟的重要性，对赵鞅来说，北方的鲜虞人是心腹之患。鲜虞是狄人国家，在荀吴攘夷战中，鲜虞曾经遭到晋军的重创，但顽强地生存下来，晋国始终无法将其消灭，鲜虞后来有一个比较广为人知的名称：中山国。在晋国内战前期，鲜虞是支持范吉射、中行寅的反政府武装，并且曾经伙同齐、鲁、卫等国一起进攻晋国。赵鞅认为，鲜虞是一个狄人国家，与齐国、卫国等中原国家并没有很深的关系，只不过是因为有共同的敌人，才结为一伙。如果与鲜虞化敌为友，那么不仅可化解恩怨，甚至还可以助晋国一臂之力呢。

在晋国的外交攻势下，鲜虞人捞到不少钱财，自然而然退出反晋同盟。当齐卫联军进攻戚城时，赵鞅一面指挥军队顽强抵抗，另一面则要求鲜虞出兵增援。得人钱财，给人消灾，鲜虞的军队大举增援戚城，与晋军里应外合，终于打败齐国兵团。

没有赵鞅的坚忍，便没有晋军的胜利。

赵鞅此番出征，承受着巨大的压力。首先，面对以齐国为首的多个国家联合干涉，来势汹汹，倘若不能顶住，便只能退回晋国，如此一来，反晋力量势必更加强大；其次，在国内赵鞅处境也不妙，晋国元帅兼执政知跞对他有很强的防备心，一旦赵鞅兵败，很可能遭到知跞的暗算，所以他只能胜，不能败，否则赵氏家族在晋国将失去立足之地。

齐国连败两局后，年迈的齐景公失去斗志，他没有想到落魄中的晋国，仍然是一块难啃的骨头。

失去中原诸侯支援的范吉射、中行寅，只得将兵力龟缩于朝歌，企图负隅顽抗。

公元前 492 年冬季，对中行寅来说，这注定是个难熬的冬天。赵鞅对朝歌的总攻开始了，晋军发动凌厉的攻势，并很快从南面突破叛军的防线，占据南外城。叛军收缩防线，退入内城，中行寅心里暗暗盘算，如今城中既没粮草，兵力也不足，外城又被攻破，看来守是守不了，三十六计，走为上策。要走到哪去呢？叛军还有一个基地，就是赵稷与涉宾所占据的邯郸城，对，就逃到那儿吧。

中行寅让士兵出外城与赵鞅的军队交锋，自己却偷偷从北门溜掉。你想想，在关键时刻，主将都溜了，其他人哪里还有心恋战呢？朝歌很快被赵鞅的军队攻陷，范吉射步中行寅后尘，也逃往邯郸。

以范氏、中行氏为首的武装集团已日薄西山，叛乱的两大基地只剩下邯郸，形势对叛军相当不利。

取得朝歌会战胜利后，赵鞅的军队休整一段时间，很显然，进攻邯郸的战役很快就会打响。大战之前，总是一片平静，但此时的齐景公心情却一点也不平静。他两度增援朝歌，都被赵鞅打败，可见齐国虽然复兴，可在军事实力上，仍然不是强悍晋国兵团的对手。一旦邯郸再被攻陷，晋国的内战就结束了，他就无法利用范吉射、中行寅等叛乱分子来遏制晋国。

齐景公又一次出动大军，包围晋军驻防的五鹿，声援邯郸。

对齐军的威胁，赵鞅没有畏惧。他多次与齐军交锋，知道齐国人的战斗力不行，尤其是缺少富有指挥才能的将领。齐景公本想通过围攻五鹿，牵制赵鞅兵团进军邯郸，可是赵鞅不为所动。公元前 491 年深秋，赵鞅兵团对邯郸的进攻开始了。

自从赵鞅率师出征朝歌，至今已经三年。这三年时间里，赵鞅在极其艰难的情况下，以一敌多，与齐、郑、卫等国军队及叛军集团浴血奋战，如今胜利的曙光已现。

邯郸的叛军抵挡了两个月，最终没有盼到齐军的来援，只得举白旗投降。范吉射、中行寅逃往鲜虞，邯郸叛军首领赵稷则逃到临城。

齐国人的反应速度太慢了。直到邯郸陷落后，齐国兵团才加快进军速度，在将领国夏的指挥下，接连攻陷邢、栾、鄗等八座城池，并将中行寅、范吉射从鲜虞迎接到一座名为柏人的城邑。

不屈不挠的赵鞅并没有就此罢休，他要一举端掉叛军最后的堡垒：柏人。

公元前 490 年，新年伊始，赵鞅兵团挺进柏人。这座小城池根本无法顽抗，中行寅、范吉射不得不再度逃亡，他们逃进齐国。齐景公接收他们两人，但中行氏、范氏这两大曾显赫一时的名门望族，从此在晋国被轻轻抹去了。

从赵鞅杀赵午引发邯郸兵变以来，这场内战总共持续八年时间，这也是晋国历史上最大规模的内战。这场内战使晋国的政坛发生巨变，六大家族执政的平衡局面被打破，只剩下知、赵、韩、魏四家，其中又以知、赵二氏最强，这为未来知、赵两家反目成仇埋下伏笔。

这场内战之所以旷日持久，与反晋联盟对叛军的支持是分不开的，其中以齐国最为积极。齐景公试图与晋国争夺中原霸业的野心显露无遗。赵鞅在危难关头挺身而出，以坚忍不拔的意志，顶住反晋联盟的轮番进攻，并最终铲除以范吉射、中行寅为首的叛军集团，居功至伟，使得晋国避免重蹈楚国的覆辙。晋国仍然是中原最强大的国家，但其霸业也与南方的楚国一样凋零了。

不过赵鞅有功也有过，毕竟这场内战的导火线是他点燃的。但是这场内战是早晚要到来的，这是制度使然。卿大夫分权轮流执政的制度，使得晋国的内忧一直甚于外患，家族内斗传统由来已久，这些不稳定的因素随着时间的推移，矛盾将愈演愈烈。中行氏与范氏的叛乱是晋国内斗的一个缩影，如果不是赵鞅力挽狂澜，晋国可能会提前分裂。

晋、楚的鼎盛时代一去不复返，谁会是新的霸主呢？

第二十章　最后的霸业：吴越春秋

一、阖闾之死

越国位于吴国南面，一直是默默无闻的小国，吴国崛起后，两国的冲突日益增多，这才使越国渐渐地为人所了解。

根据一些史书的说法，越国是历史悠久的国家，立国始于夏代。夏朝少康帝统治时，把自己的庶子无馀分封于越，这便是越国的雏形。当时越国是一个文化、经济都很落后的地方，百姓住在山上，过着半耕半猎的生活。无馀到这里后，入乡随俗，因而越国虽然有中原文明基因，但大体上说，是个蛮夷之国，没有什么君臣观念。

从一开始，越国落后的经济文化，就决定其政治结构十分简单。国君主要的事情，就是安排祭祀祖先大禹的宗庙。在其他方面，没有中原诸侯国那种森严的等级制度，君主不过是个名义上的领袖罢了。从无馀开始，传十几代后，最后一代越国君主觉得自己一点权力也没有，不好玩，跟老百姓没什么两样，索性也不当国君，就降级当了平民。这样，越国回到原始氏族的状态，其实只能叫部落，不能叫国家。

此时已进入春秋时期，楚国在南方开疆拓土，吞并许多蛮夷部落，像越国这样没有一个政府组织的部落，是很难幸免于难的。时势造英雄，越国历史上第一位英雄无壬应运而生，他是个颇有权谋之人，炮制了一些神话。传说他一出生就会说话——伟大人物总要制造出一些异于凡人的事迹，制造一种雾里看花的朦胧感与神秘感。他又自称是无馀的后代，也就是大禹王的后代，这个反正也没有确凿的证据，但大家相信他。于是被废弃的大禹庙又重新修饬，无壬也被众人顶礼膜拜，推为国君。

越人之所以要拥戴无壬为君主，也是形势所逼。倘若延续这种无组织的松散社会，那么越人将在竞争的大潮中一败涂地。

无壬是新越国的建立者，但越国的力量仍是微不足道的。又过了数代，到允常时，北方的吴国开始强大起来。吴国相续涌现出吴王寿梦、吴王诸樊、吴王阖闾等雄主，并且开始积极扩张。这时的越国，注定无法置身于残酷的竞争之外。

越国君主允常是个很有魄力的人，他即位的时间不太清楚，但有一点是可以肯定的，就是他在位的时间很长，而越国也迅速从一个落后的国家，一跃成为军事强国。

越国的成长壮大，是与吴国的战争分不开的。

公元前 544 年，吴王馀祭率领大军南征越国，有一部分越国士兵被俘虏。其中一名俘虏被抓去看守吴王座船，有一天晚上，吴王馀祭站在船上欣赏风景时，这个俘虏冷不防冲出来，刺杀了馀祭。这似乎可以证明越人相当的强悍勇武，即便成了俘虏，也要拼死报仇。

为了抵抗吴国的侵略，越国自然选择楚国为后盾。楚灵王为人傲慢无礼，对越这样的小国自然不看在眼里。有一次，楚灵王召集诸侯会议，在会议上羞辱越国大夫常寿过。公元前 529 年，常寿过终于找到报复的机会。这一年，楚国爆发反对灵王的叛乱，常寿过也率一支军队声援叛乱者，在这次叛乱中，楚灵王丢掉王位，并最后被迫自杀。

楚平王即位后，越国多次出兵，支持楚国打击吴国。显然，对于越国来说，邻近的吴国才是最可怕的对手。但是吴国太厉害了，特别在吴王阖闾统治时期，拥有像伍子胥、孙武这样的天才将领，越国已经无法与吴国争锋。允常便讨好吴国，向吴王阖闾赠送了几把宝剑。

令人惊讶的是越国的铸剑技术在当时中国居于领先水平，特别是出了一名伟大的铸剑师欧冶子。越国君主允常将欧冶子所铸的三把名剑送给吴王阖闾，阖闾对宝剑情有独钟，当年他刺杀吴王僚时所用的鱼肠宝剑，便是出自欧冶子之手。即便如此，宝剑外交仍然未能缓和吴越的敌对。公元前 510 年，吴王阖闾要求越国出兵协助攻打楚国，遭到允常的拒绝，阖闾马上与越国翻脸，挥师入侵越国，攻破越国城池槜里。自此，吴越两国关系又恶化了。

公元前 506 年，吴王阖闾与伍子胥、孙武等人在柏举之战中大破楚军，赢得吴国历史上最伟大的一场胜利。紧接着攻破楚都，楚昭王逃荒而逃，楚国危在旦夕。允常乘吴国军队主力全部集中于楚国战场，国内防备空虚之机，率领越军突袭吴国，此时秦国出兵支援楚国，使得吴军陷入腹背受敌的困境中，吴王阖闾不得不撤出楚国战场。

经此一役，越国便成为吴王阖闾的眼中钉、肉中刺。

幸运的是，吴王阖闾并没有马上攻伐越国，在他看来，越国目标太小了。阖闾是一个有雄心壮志的人，他绝不仅仅只想在东南一隅称王称霸，而是有席卷天下的野心。

那阖闾的目标是谁呢？是北面的齐国。

这时齐国已经公然叛晋，并开始经营自己的势力范围。在阖闾看来，齐景公算不得英雄。为什么呢？齐国国力虽然大有发展，却未能恢复到齐桓公时的全盛，而齐景公也只能算有作为的君主，不能算是伟大的君主，因为他的权力基础并不牢固。陈氏（即田氏）家族的崛起，已是尾大不掉之势，表面上齐景公风光无限，实际上有洞察力的人都察觉到齐国公室统治根基的脆弱。

吴王阖闾开始策划攻打齐国的事宜。齐景公听到风声，心里有些慌张，这时吴军如日中天，刚大破强楚，令楚国蒙受数百年来所未尝有的耻辱。面对如狼似虎的吴国兵团，齐国人顶得住吗？齐景公没有胜算，何况齐晋争霸战刚刚开始，要是吴国人卷进来，他的计划势必被完全打乱。

齐景公颇为明智，他要与吴王阖闾化敌为友。为了表示诚意，他把女儿送到吴国，作为人质。这一招果然有效，齐景公的女儿年轻漂亮，也聪明，吴王阖闾非常喜欢她，把她当作女儿看待。后来阖闾索性派人前往齐国，向齐景公提出来，把女儿嫁给吴国太子波。齐景公答应了，这样齐、吴两国的关系好转，吴王阖闾也放弃了攻打齐国的念头。

不过天有不测风云，婚后不久，齐国公主因思乡心切，日夜啼哭，竟然病倒了。吴王阖闾很心疼这个儿媳，便特地筑了一个望齐门，让儿媳到城门上游玩。可是这招也没有用，公主的心病越来越重，最后竟然郁郁而终。更糟的是，她的丈夫太子波也病死了，不知是不是思念亡妻的缘故。

太子波一死，不用说，围绕太子位的争夺又明刀暗枪地展开了。

夫差是阖闾的次子（一说是太子波的儿子），按理说，他的机会是最大的。吴王阖闾一直没有表态，夫差心里着急了。他想来想去，只有一个人可以说服吴王阖闾，此人就是吴国最大的功臣伍子胥。夫差便时不时跑到伍子胥家中，对他说："现在父王要立太子，除了我之外，还有谁有资格呢？这事要拜托您了。"

伍子胥为人性情豪爽，加之夫差平日里跟他关系不错，便拍着胸脯说："你放心，现在吴王还没有定下太子人选，只要我进宫就可以说服他。"夫差听完后，连连道谢。

果然，吴王阖闾召伍子胥入宫，商量太子人选。伍子胥便说道："如今太子波英年早逝，大王要另立太子，按长幼次序，最适宜的人选，莫过于夫差。"阖闾叹一口气道："唉，夫差这个人，冥顽不仁，我是怕他没有能力继承大统啊。"

知子莫若父，在对夫差的了解上，伍子胥不及吴王阖闾，他强谏道："夫差对人友善，讲信用，言行举止也比较端正，恪守礼义，并没有什么过失呀。"伍子胥看到的是夫差表面的温文儒雅，而阖闾却看到夫差的骨子里有很多缺点，有小聪明却没有大智慧，外表温和实则内心狭隘。

阖闾没有坚持己见，大约他认为夫差虽然不是一个特别合适的人选，但能得到伍子胥的全力辅佐，仍然是有希望的。

就这样，夫差被正式册立为太子。

转眼间已经是公元前 497 年。

这一年，越国君主允常去世，他是越国历史上一位十分杰出的领袖，在他统治时期，越国已经从一个默默无闻的小国，成长为东南地区重要的国家。允常死后，其子勾践继位，自号为王，故而史称越王勾践。

勾践是一位非常出色的君王，他雄才大略，性格坚忍不拔，善于用人，富有领袖气质，同时也有极其冷酷的一面，他是春秋时代伟大的人物之一。

吴王阖闾听到允常的死讯后，认为消灭越国的时机成熟了。

公元前 496 年夏季，吴王阖闾率领大军南下，企图征服越国。在他看来，灭掉越国是轻而易举之事，这支虎狼之师，连楚国都差点被其所灭，何况是小小的越国呢？可是阖闾低估了越王勾践的本领。

面对来势汹汹的吴军，越王勾践没有惊慌失措，没有一丝胆怯，他立即率领大军迎击，双方在槜李（今浙江嘉兴西南）一带陈兵相向。

勾践远望吴军兵阵，确实倒吸了一口冷气。只见吴军兵强马壮，武器精良，排开的阵势暗含着千变万化，深谙兵法的勾践一看就知道，这支军队是由天才将领训练出来的。谁说不是呢？训练出这支无坚不摧军队的人，便是光耀史书的兵圣孙武。勾践心里明白，这是一场硬仗。

吴王阖闾与越王勾践均被列入春秋五霸，可见两人在雄心与霸气上，均不分伯仲，究竟鹿死谁手，这还得看运气与勇气。

显然，吴国的军事实力要胜过一筹。此时的吴王阖闾西破强楚，北压强齐，大有称霸诸侯之气势，而越王勾践才即位，还没有尽显其才华。俗话说得好，初生牛犊不怕虎，明知敌强我弱，勾践豁出去了。

越军率先发起进攻。由勾践精心挑出的勇士组织成敢死队，奋不顾身地杀入吴军阵营，但是吴国人很快就让越国人见识到其过硬的军事水平。越国人的两拨进攻，并未能冲散吴军的阵形。正如前鲁国名将曹刿所说，一鼓作气，再而衰，三而竭，吴王阖闾耐心等待越国的第三拨进攻，只要吴国人顶住了，越军势必士气涣散，不能再战。

怎么办？

越王勾践灵光一闪，他知道对手的防守太强了，如果这样强攻，绝对不是吴军的对手，到时越国人疲惫不堪时，吴军一反击，就全完蛋了。不能采用常规战术，必须要以险取胜，以奇取胜，要赌上一把。

怎么赌？

勾践使出的这一招，是任何人都不会想到的！越军第三拨攻击开始了，派上场的都是囚犯，大概都是些战斗中违反军令被判死刑之人。这些人冲到吴国人面前，吴国人正准备举戈还击，不想骇人的一幕出现了。这些囚徒士兵停下脚步，把剑拔出来，不是要朝吴国人砍杀哦，而是把剑架在自己的脖子上，冲着吴国人说：“两国交锋，我等作战不力，罪不容赦，特前来送死。”说罢这批人竟然一个个拿起剑往脖子上抹，一道道血柱染红剑刃，一条条生命在瞬间化为乌有。

吴国人看呆了，吴王阖闾张大嘴，半天没反应过来。自从吴国崛起以来，东征西讨，吴国兵团的勇敢精神天下无双，连以勇悍著称的楚国兵团都自叹弗如。这回吴国人开眼界了，他们遇到一群更不怕死的人，不，应该称一群疯子吧，竟然漠视生命到这种地步，可谓旷古未闻。

从越王勾践驱使一批死囚在吴军面前表演集体自杀，也可以看出这位君主冷血到何等程度，他导演了这出没有人想象得出的死亡游戏，只有一个目的：把吴国人吓破胆。这些杀人无数的吴国士兵，早习惯了战场的冷酷无情，但眼睁睁看着一群战士集体自杀，这种对心灵的震撼力，仍然是前所未有的。

吴国人吓呆了，这使勾践达到了目的。他马上下令大军全体出动，以迅雷不及掩耳的速度，猛冲向敌阵。深受刺激的吴国士兵好像突然丧失了战斗力，整个阵地很快被越军突破，紧接着指挥系统失灵了。吴王阖闾没有料到会是这样的结果，他极力想稳住军队，重振士气。这时突然一辆越国战车冲过来，战车上的将领灵姑浮挥舞大戈，朝阖闾脑门劈过来。阖闾一闪身，脑袋没被劈着，但戈顺势落下，正好砍中他的大脚趾。灵姑浮把戈往回一抽，硬是把阖闾脚上的鞋子给扯下来了。

阖闾一受伤，这下子吴国人更乱了，纷纷后撤。越王勾践乘胜追击，吴军大败。

槜李之役，既是越王勾践的成名之战，也是吴王阖闾的滑铁卢之战。

如果仅仅是一场败仗，吴国损失也不算很大，但这场战役却使吴国失去一位伟大的英雄。受伤后的阖闾为自己低估对手而愧恨不已，这加重了他的脚伤，加上天气炎热，他的伤口感染化脓，最后竟然无药可治，死于回师途中。

一代雄君吴王阖闾就这样死了，死得有点窝囊，还不如他所刺杀的吴王僚，好歹死于名剑之下，而他居然是被一把戈砍死的，而且是砍在大脚趾上。

创业未半，中道崩殂，出师未捷身先死。阖闾死难瞑目，因为他的事业正值巅峰，若假其天年，必定是天下霸主，然而人算有胜于天算乎？

阖闾自刺杀吴王僚篡位，总计在位十九年，他是一位英明的君主，吴国本是一个文化较落后之国，偏处东南，人才匮乏，而阖闾能以宽大的胸襟，收容楚国的流亡人士伍子胥、伯嚭，重用来自齐国的孙武，以楚、齐来的人才来压制楚、齐两国，用人而不疑，从这点上看，他颇有秦穆公当年的风范。孙武初见阖闾，即杀其爱妾以立威，阖闾不仅没有报私怨，反而任命他为大将，斯亦可窥其容人之雅量。

二、勾践身陷虎穴

吴王阖闾死后，太子夫差正式继承王位。

槜李一战虽然败北，但吴军的军事力量仍然十分强大。阖闾为夫差遗留下雄厚的资本，包括一支能征善战的部队，以及一大批非常优秀的军事将领。这使得吴国的霸业，并未因此而凋零。

上台伊始，夫差还是励精图治的，他立志要为父亲报仇雪恨。

从春秋的历史可以看到，这个时代复仇观念是很强的，特别是南方的楚、吴、越这些国家，保留更多远古时代的精神传统。为了表示父仇不共戴天，夫差想出一个自我激励的办法。他派人站在院子里，每当路过时，这人便对他大声喝道："夫差！你忘了越王杀害你父王吗？"注意哦，这里不是称呼他"大王"，而是直呼其名。夫差每次都以恭敬严肃的态度回答说："我不敢忘。"就这样，夫差时时不忘提醒自己。整整两年的时间，他养精蓄锐，目的就是一举击灭越国，以报父仇。

夫差的表现，显然令伍子胥等一大批老臣感到由衷的欣悦，大家都觉得吴国还有希望，上下一心，同仇敌忾，准备一雪耻辱。

经过两年的准备，夫差认为伐越的时机成熟了。

公元前 494 年，吴王夫差率领精兵，杀入越国。越王勾践对吴军的入侵早有准备，在此之前，他就曾想先发制人，日夜勤练兵马，所以要打败勾践，也不是易事。

刚开始时，夫差觉得很不顺心，有点倒霉。天公不作美，狂风大作，吴国的战车被风刮倒，绳子断了，马匹惊慌失措，四处乱跑。有些骑兵便跃上马背，要制服这些疯马，却被无情地掀翻在地，活活地摔死。整个吴军乱得像一锅粥。渡河的船只也被狂风打个稀巴烂，小一点的船只被巨浪吞没，沉入江底，大的船只被卷到岸上。

这些都令夫差心烦意乱，军队的士气也很低落。抵达槜李时，这里就是当年吴王阖闾打败仗之处，吴军上下更有一种恐慌感。这时越国兵团发起冲锋，吴国人初战不利。身心疲惫的夫差趴倒在营帐中，一会儿工夫便睡着了。突然间，只听得他大叫一声，声音充满恐惧，左右大惊，夫差喊道："快去叫伍子胥来。"

伍子胥进来后，夫差抓住他的手，气喘吁吁地说："我刚才做了个梦，梦到井水满了，好多水溢出来，越王跟我在抢一把扫帚，还要拿着扫帚打我。我看我们大概是要遭殃了吧，还是赶紧班师回国吧。"说到这里，突然听到对面越国兵营中发出阵阵的叫喊声，夫差更吓坏了，以为越国人就要进攻。

其实夫差这是心病，因为以吴王阖闾之强，尚且败在勾践手下，夫差潜意识中，有点怕打败仗，越怕就越心虚，所以才做了这么个梦。

伍子胥心里明白，大敌当前，统帅要是有这种消极的心态，那一定是打不了胜仗的，他得扭转夫差的消极想法。伍子胥文武双全，不仅打仗厉害，对经典也深有研究，他对夫差说："您不必担心，您这个梦啊，说明越国必败。您梦到井水溢出来，这说明水多，吴国在北，从五行上说，属水，越国在南，属火，水可以克火，您还担心什么呢？再说说这个扫帚，就是彗星啊（扫帚星），以前周武王讨伐商纣时，彗星出现，周便取代商，进入一个兴盛期。现在您得赶紧下令，出击越军，那么越国必定遭殃，而吴国将兴盛矣。"

这一番话，其实也是伍子胥急中生智编出来忽悠吴王夫差的。夫差有心病，得以心药来治，给伍子胥这么一说，夫差的慌张情绪渐渐消除，原来这个梦不是噩梦，而是吉梦啊，那好吧，既然吉利，就跟越国决一死战吧。

在伍子胥的指挥下，吴军开始反击，并且很快便体现其强大的战斗力，越军挡不住，败走了。紧接着，吴越两军在夫椒（今浙江绍兴北）展开大战，这一仗，越国军队大败。

夫椒失守后，越国的都城危在旦夕。

勾践心里盘算一下，越都肯定保不住，与其死守，不如先保全实力，争取与吴国谈和。勾践率五千名甲士，上会稽山打游击，一边继续顽抗，一边派人联络吴国实力派权臣伯嚭，试图与吴国媾和。

按道理说，勾践是夫差的杀父仇人，不共戴天，这种血海深仇怎么能化解呢？勾践的谋士文种却不这样认为，他看清吴王夫差的本质："细诬而寡智，信谗谀而远士，希须臾之名而不顾后患。”就是说夫差爱面子，耳根子软，喜欢听别人谗谀拍马，没什么大智慧，沽名钓誉，没有长远的目光。这些弱点的存在，就使得谈和存在可能，当然，这需要有一个能谗谀拍马的人去游说夫差，谁呢？文种认为可以从伯嚭下手。

伯嚭与伍子胥、孙武并列为吴王阖闾麾下三大谋臣。我们前面说过，他是楚国大夫伯州犁的孙子，跟伍子胥一样，也是因为受迫害而逃往吴国的，正因为命运相似，伍子胥在吴王阖闾面前大力举荐，这才使他得以平步青云。伯嚭有些才华，见多识广，口才特别好，有过目不忘的本领。在阖闾伐楚一役中，他贡献很大，战后被任命为太宰。自从吴王阖闾死后，伯嚭便野心勃勃，开始排斥伍子胥，并依靠他三寸不烂之舌，在吴王夫差面前又是拍马又是讨好，以巩固自己的权势，故而夫差对他特别信任。

文种悄悄前去见伯嚭，当然少不了重重地贿赂一下。得人钱财，给人消灾嘛，伯嚭便跑去跟吴王夫差说：“大王现在攻破越都，勾践那小子完蛋了，躲到山里去了，现在想跟我们媾和。”夫差一听，这哪行呢？这是杀父仇人啊。伯嚭又说，对啊，正因为是杀父仇人，要是一刀宰了，那有什么意思呢？不如同意他求和，要他到吴国去当奴仆，给大王您当牛做马，好好羞辱一番，这岂不痛快吗？

夫差一听，心里好高兴，对，要是一刀杀了岂不是便宜这家伙，我得让天下人瞧瞧，让这个曾不可一世的勾践为我牵马，为奴为仆，这么一来，天下诸侯都要在我脚下战栗。

吴王夫差同意了，条件就是勾践必须离开越国，到吴王宫当苦役。

这个投降条件很苛刻。

越国将士没法接受，勾践却准备接受。在勾践看来，越国战败了，吴国太强大，如今只剩下五千人在会稽山上打游击，迟早会被消灭掉。不错，以一个君主的身份，去给另一个君主当苦役，这确实是难以忍受的，特别在春秋时代，人的荣誉观念很强，如此受辱，不如一死了之。可是倘若就这样一死了之，难道不也是一种耻辱吗？

勾践从来不是贪生怕死之辈，他是一名真正的战士，流淌着武士之血。在他看来，死只是昼夜事，忍辱负重保存社稷江山，这才是英雄之所为。留得青山在，不怕没柴烧，只要时机成熟，他还可以东山再起。他愿意豪赌一次。说实话，这种豪赌风险巨大，一旦离开越国到吴国当苦役，便是猛虎离山、蛟龙离水，生死不掌握在自己手中，万一夫差反悔或动了杀机，他会像一只蚂蚁一样轻而易举地被揉死，还要留下投降不光彩的名声。可是名声与国家利益，孰轻孰重呢？

这种心理上的巨大落差，不是平常人所能接受的。想当年，连叱咤风云、雄极一时的吴王阖闾都败在自己的手下，如今却要从国王的宝座一下跌落到为奴为仆，这种感觉，就像从巅峰坠入深谷，直线落体，就像从天堂跌入地狱，难以超生。

伟大人物与凡人的区别，在于内心深处有一种强大的信念，有一种坚持。勾践的信念就是屈辱只是暂时的，他会有反败为胜的一天，没有这种信念的支撑，任何人也无法接受人生的巨大落差。

勾践接受夫差开出的投降条件，夫差带着一种征服者的喜悦与骄傲。对夫差来说，征服的乐趣并不在于杀死敌人，而是让敌人在自己脚下屈服、颤抖。可他并没有意识到，这个敌人将会多么危险。

夫差没有看出来，伍子胥却看出来了。

伍子胥匆忙跑去见夫差，他先说了一个故事，这是夏朝少康的故事。夏是中国第一个王朝，在夏朝的漫长历史中，曾经发生过一次大动荡，又一度亡国，后来夏禹的玄孙少康在极其艰难的情况下，由弱转强，反败为胜，一举重夺大权，这就是著名的“少康中兴”的故事。伍子胥拿少康的例子说给夫差听，是别有用心的。在他看来，勾践就是少康的后代，而且他比当年的少康拥有更多的资本，如果不斩草除根，势必后患无穷。

夫差正陶醉在征服的喜悦之中，对伍子胥所说的故事，根本就不以为然，不听劝谏。伍子胥十分生气，拂袖而出，叹道：“越国倘若以十年时间积蓄实力，再以十年时间教导民众，二十年以后，吴国大概要沦为一片沼泽废墟吧。”

越国投降了，作为代价，越王勾践及其夫人得以奴仆的身份入质吴国。

临行的这天，诸大臣以及残余的数千名将士，到浙江岸边相送。这一天，天空阴云密布，江面上也凉风阵阵，更为这次临别饯行蒙上一层悲壮的色彩。越王勾践举起酒杯，想对自己的属下说几句临别之言，突然间却悲从心生，唉，此入吴国，福祸谁知？生死谁卜？能不能活着回来，还是未知数，生死事小，社稷事大，倘若此去一别，便是客死他乡，又怎么对得起先祖苦创奠基之事业呢？想到这里，勾践再也止不住眼泪哗哗地流下。

大夫文种看到这种情况，他走向前，为勾践祷祝，他的祝词是这样的："皇天佑助，前沉后扬。祸为德根，忧为福堂。威人者灭，服从者昌。王虽牵政，其后无殃。君臣生离，感动上皇。"

文种这些话，倒是闪烁着辩证法的光芒。祸兮福之所倚，福兮祸之所伏，今天吴国威风凛凛，明天可能就要亡国，今天我们弱小，但明天会变得强大。

越王勾践听到这里，仰天长叹，沉默片刻后，他说道："我继承先王的事业，守卫国家疆土，在诸位大臣的努力下，幸而保全先王的陵墓。如今我要去吴国当人质，这真是奇耻大辱，令天下英雄所笑，这是我的过错呢，还是诸位大夫的过错呢？我不知要归咎于谁，请你们各抒己见吧。"

这时大夫扶同站出来，大声说道："您这话说得太没水平了。以前商汤曾被囚禁在夏台，改头换面讨好夏桀；周文王曾被囚禁在石室，对纣王俯首帖耳表示顺从。这两位伟大的先王，委屈自己，最后都得到上天的眷顾，商汤没有因为身陷囹圄而忧伤，文王没有因为遭到囚禁而绝望，您又何必深以为耻辱呢？"

臣僚的信心，使勾践感到一丝温暖与心安，只要君臣能上下一心，那么越国总有复兴的时日吧。在他离开后，谁有能力来管理越国呢？这是勾践最放心不下的事。他抬起头说道："我就要动身前往吴国，国家大事要拜托诸位，请你们各抒己见吧，我看看要怎么安排各项工作。"

大家一致推荐由文种来总理国家事务，范蠡则追随勾践入吴国。

文种与范蠡两人，可以说是越王勾践的左膀右臂，有趣的是，他们与伍子胥一样，都是来自楚国。我们先来了解一下越国这两位名臣的故事。

楚国一直是人才辈出的地方，这也从一个侧面说明楚国何以能称霸南方二百年。到春秋中后期，楚国的政治制度开始僵化，失去其原先活泼、开放、进取的面貌，从而导致人才的大量外流，巫臣到晋国，伍子胥到吴国，文种、范蠡到越国。

范蠡出生于楚国宛城一个偏远的村庄，世代务农，祖上没有人当过官，是一个再普通不过的家庭。他小时候便表现出与众不同的一面，时而像患上痴呆症，一言不发，时而又清醒，对时事有一种敏锐的洞察力，大家把他当作一个怪人，一个疯子。文种则是楚国大夫，被委派到宛城当官，他是一个求贤若渴的人，很细心地在宛城寻觅人才，听别人说这里有个时痴时狂的怪才，便前去拜见范蠡。

令文种没有想到，这一天范蠡并没有表现出怪异的一面，而是穿得整整齐齐，说话文质彬彬，一派君子的风度。文种向范蠡讨教治理城邦的方法，范蠡侃侃而谈，从治理宛城说到王霸之道，两人越谈越开心，越谈越兴奋，相互倾慕，惺惺相惜，这样便成为好朋友。从此以后，两人便时常相聚，讨论国家大事，并对楚国的现状深为不满。自楚灵王以来，国内政治每况愈下，楚平王继位后又逼走太子，处死伍奢，伍子胥逃亡到吴国，佞臣费无极当道。说起这些，两人都觉得十分痛心，想来想去，待在楚国也没有前途，反观吴、越等国，国君奋发有为，招贤纳士，生机勃勃，两人私底下一商量，不如前往吴、越，日后肯定大有前途。

范蠡既没当官，家中又没什么可以眷恋，说走就走。文种是楚国大夫，地位并不低，可是他毅然与范蠡一同上路，怀着一颗希望之心，来到吴国。

到吴国后，范蠡与文种觉得没有机会，因为这时同样来自楚国的伍子胥、伯嚭正受吴王重用。伍子胥有经天纬地之才，如果两人继续待在吴国，那没有出头之日。要到哪去呢？这时勾践在越国继位，励精图治，对，就到越国去吧。范蠡便对文种说："吴、越两国，风俗相同，地理位置也相近，不入吴国则入越国。"这样两人便到了越国。

果然，范蠡、文种两人的到来，得到越王勾践的器重。由于文种原本是楚国大夫，有丰富的从政经验，勾践便把朝政交给他管理，文种如鱼得水，把朝政打理得井井有条，范蠡则管理宫外之事，同样取得不俗的成绩。

如今勾践要入质吴国，把国家大事交给文种，他放心，把范蠡带在身边出谋划策，他也踏实。在安排善后事宜后，勾践与夫人以及范蠡，便动身前往吴国。

前来送行的群臣都难过得掉下眼泪，勾践抬起头，望着天上云卷云舒，若有所思，自言自语道："每个人都害怕死亡，而我听到死亡时，内心深处竟然没有一丝恐惧。"在这个几乎是生死离别之际，勾践忽然体悟到生死的奥秘，他像是一位得道的高僧，在刹那间看破生死的界线，心无挂碍，无有恐惧。

这说明他是真正的英雄。

勾践迈着稳健的步伐，大步流星地走上停泊在河边的船只，背后哭声一片。但他始终没有回头，他不想在心灵深处留下一丁点儿的彷徨与迟疑，因为他要去的地方，是狼穴虎洞，只要有一丝的沮丧之心，都可能摧垮精神的支柱。只有忘掉过去的尊贵与尊严，将它们锁在心灵深处，才有可能在绝境中求生存。

不是每个人都像勾践那样有着死寂般的冷静，勾践夫人是一位很有修养的女人，才华横溢，从一国之后，沦落到为奴为婢，这种天壤之别深深刺激了她。作为一个女人，她无法做到像勾践那样深沉，她站立在船头，以悲伤的声音吟唱一首歌：

“仰飞鸟兮乌鸢，凌玄虚号翩翩。集洲渚兮优恣，啄虾矫翮兮云间。

任厥兮往还。妾无罪兮负地，有何辜兮谴天？……心惙惙兮若割，泪泫泫兮双悬。”

越王勾践听了夫人所唱的怨歌后，心中不由得一阵心酸。他自己可以坦然面对危局，坦然面对生死，可是让自己心爱的女人卷入其中，他有一种深深的歉意。但是勾践很快从这种心酸中走出，这个时候不能有任何消极的心态，必须以积极的心态面对现实。他抬起来，充满坚定的信心说：“我有什么可担忧的事呢？我有那么多忠心辅佐的大臣，这就是强健有力的翅膀。”

入质吴国，无异于羊入虎穴，九死一生。勾践有充分的心理准备，谋事在人，成事在天，倘若天意只能是死路一条，他也坦然接受。此时此刻，他已经看破生死，如果能侥幸生还，他一定会投入全部的心血，致力推翻吴国，因为他是英雄。

勾践到了吴都，见到夫差，跪下磕头，拜了两次，态度极为谦卑，自称臣下：“东海贱臣勾践，上愧皇天，下愧后土，不自量力，竟与大王为敌，犯下滔天之罪。幸赖大王不计前嫌，赦免我的罪过，判我服劳役。蒙大王厚恩，勾践才得以暂时保全性命，不禁感激涕零，也深有愧意。臣勾践叩头顿首谢恩。”说完后，又磕了个头。

夫差喜欢这种感觉。他的对手、敌人匍匐在脚下，恭敬而谦卑，这无疑使他的虚荣心得到极大的满足。其实夫差回国后，对于没杀勾践有些后悔，因为他曾经发誓要为父亲报仇。他对勾践说：“我对你的处置看来是错了，你有没有想过杀死我父王的深仇大恨呢？”勾践一听，夫差有悔意，是生是死，只能看天意了，他便叩头道：“臣如果该死，也只好死了。只希望能得到大王的原谅。”

这时一人再也忍不住了，跳出来吼道：“越王现在到了我们土地上，就像羊入栅栏，正好可以宰了吃一顿，岂可错失这个机会？”夫差回头一看，原来是伍子胥。自从上台以来，夫差越来越不喜欢伍子胥，因为他说话太直，听起来很刺耳，老是跟自己唱对台戏。伍子胥是个很倔强的人，在楚国时如此，在吴王阖闾面前如此，在夫差面前也如此。不同的是，吴王阖闾雄才伟略，虚怀若谷，可以容纳伍子胥的桀骜不驯，而夫差却小肚鸡肠，喜欢听奉承拍马的话。

夫差听了不高兴，怫然说道：“古训说：杀降杀服，祸及三世。我可不是爱惜越王而不杀他，而是怕得罪上天，姑且赦免其死罪吧。”这时善于拍马屁的伯嚭也站出来说：“伍子胥看问题目光短浅，不懂得定国安邦的大道理。大王自有主见，不必理会小人的胡言乱语。”伍子胥听后气得发抖，青筋暴露，半天说不出话。

夫差被伯嚭一拍马屁，还真自以为是个心胸豁达的明君哩，便仁慈地免除勾践一死，将他流放到灵岩山下的石室，让他驾车养马。

勾践得以逃过一劫，性命暂时无虞。苟且偷生并不是他的追求，他必须得找机会离开吴国，只有回到越国，才可能东山再起。他把雄心壮志锁在内心最深处，小心翼翼地藏起来，绝不外露，以免招来杀身之祸。夜深人静之时，心里的烈火便熊熊而起，他的雄心并没有泯灭，反而在遭遇挫折后，更加坚强如铁。

耐心等待吧！他在心里暗暗地说道。

三、耐心总有回报

勾践的生平，犹如一本伟大的励志书，书写一段不朽之传奇。如何在逆境中奋起，如何在绝望中生存，如何在失败中前进，当人生陷入低谷时，要以怎样的心态去面对未知的险境呢？当勾践不得不接受命运安排，从一国之君沦为奴仆时，他会怎么做呢？

从越王到奴仆，这是人生的奇耻大辱。吴王夫差就是要以这种方式来摧毁他的意志，羞辱他的人格。我们不能说夫差的做法完全错了，纵观中国历史，有几个人在丢失王位后还能东山再起呢？春秋被灭的国家多了，没有一个国君可以推倒重来。在夫差看来，勾践已经是彻底完蛋了，这一想法是很正常的，可是他忘了一件事，勾践与其他亡国之君有什么差别。以吴王阖闾的雄才，都败在勾践手下，足以说明他并不是一位普通的君主，能战胜伟大国王的人，必定也是伟大的英雄。这一点，伍子胥看明白了，夫差却没有看明白。

当夫差赦免其死罪时，勾践便胜了一局。夫差完全没有意识到，这个匍匐在自己面前的人，将是多么可怕。最可怕的人，是那种将自己完全伪装起来，让你永远看不透其内心的人，因为这种人表面可以很和善，很谦卑，很顺从，但这些都只是掩饰，掩饰的背后是一种巨大的自制力以及坚忍不拔的意志力。勾践仿佛是一只披着羊皮的狼，你以为他是一只温顺的羊羔，那就大错特错了。他只是耐心地蛰伏，一旦卸下羊皮外套，就会露出狼的本性，张牙舞爪，给你致命的一击。

勾践似乎接受了自己的新角色，每天拿着扫帚清扫落叶尘埃，给马匹喂食，为吴国官吏驾车。无论在夫差使者面前还是在看守士兵面前，他都一副毕恭毕敬的模样，身上穿着粗布衣，脚底是破草鞋，即使把他扔到人群之中，也看不出他的与众不同。只有一件事情，勉强显示出他与普通差役的不同，那就是在他身边，一直有一位忠心的跟随者，这个跟随者就是与他同行的范蠡。

夫差早听闻范蠡的贤良，知道他早年时曾想投奔吴国，建立奇功伟业。夫差觉得很奇怪，以范蠡这么精明的一个人，为什么要死心塌地跟随一个毫无希望的亡国之君呢？为了展示自己招贤纳士的胸怀，夫差给范蠡传达了一个信号。

在勾践服苦役三个月后，夫差召他入宫。勾践见到夫差后，匍匐在他身前，范蠡也跪下。夫差要让勾践难堪，他让范蠡站起身来。你看，以前都是臣子跪着，君王站着，现在越王勾践跪在地上，范蠡却挺直身躯站着。你勾践是不是心理不平衡，是不是觉得受辱啦？夫差就像一位导演一样，喜欢这样的恶作剧效果。

吴王想要劝降范蠡，便说道：“现在越国完蛋了，你和你的主人都成了吴国的奴仆，你不以为耻吗？寡人十分器重你，只要你能改过自新，弃越归吴，寡人便赦免你的罪过，还让你在吴国当官。”范蠡委婉却坚定地拒绝了，回答道：“我在越国时没能尽责，以至于与大王兵革相持，现在得罪了吴国，君臣都成了吴国的俘虏。承蒙大王不杀之恩，使我君臣得以保全性命，干这些扫地牵马的粗活，就已经知足了。”

吴王夫差没什么耐心，听范蠡这么一说，心里有些不高兴，没好气地说：“既然你不肯弃越归吴，那我还将你放逐到石室。”说罢起身走了。勾践与范蠡又被带回到石室。

转眼三年过去了。

在这三年时间里，勾践似乎适应了奴仆的角色。混在一群奴仆之中，你也认不出来他曾经是一位国王。如今的他打扮与一般的下人无异，衣着简陋，腰间系着短裙，头上扎着粗布头巾。夫人也一样，下着没有镶边的裙子，上着一件短衣袄，与乡下村姑无异。每天起来后，勾践就铡切草料喂马，夫人则在一旁取水、清马粪、扫地板。

勾践心里很明白，这里是吴国，每天都有暗探侦察他的一举一动，他不能有一句怨言，不能有一丝不高兴的神情。自制力超强的越王，天天都是和颜悦色，整整三年时间，没有表现过一次愤怒与生气，甚至脸上看不到一点怨恨的神色。每一天，他都如履薄冰，如临深渊，能坚持下来的唯一原因，是坚信终有走出囹圄的一天。

付出终有回报。勾践的低三下四，不仅使夫差丧失警惕心，甚至还产生了同情心，打算要释放他回国。夫差是一个复杂的人，一方面他想效法前世的圣王以德服人；另一方面，他却缺乏真正广博的心胸，错把沽名钓誉看作宽容。如果夫差真正像古代圣王一样，就不会以种种手段羞辱越王勾践，既羞辱了勾践，又自认为有容人雅量，这是一种矛盾的性格。

吴王的念头，遭到伍子胥的强烈反对。伍子胥向来都视勾践为最危险的敌人，这位吴国元老级的将军有着一颗铁石心肠，绝非仁慈之辈，而是典型以牙还牙、以眼还眼的报复型人物，复杂的人生经历使他有冷漠、残忍的一面。当年攻破郢都时，伍子胥鞭尸楚平王，强暴楚国大臣的妻女，这一切暴行都源于他偏执而狂热的复仇心理。他之所以能报大仇，要感谢的第一个人便是吴王阖闾，这位他所崇敬的君主却死于勾践之手，令他不能不对勾践有着一种强烈的敌意。

也许是英雄才能窥视英雄的内心。在伍子胥看来，越王勾践越是低调，越清晰地表明这个对手的可怕，低调的背后是一种巨大的意志力，这种力量一旦爆发出来，便是足以颠覆吴国的巨大能量。伍子胥能一眼看穿勾践，是因为他深信勾践与自己是同一类型的人物，而且勾践更有优势，因为他是一位君主。

伍子胥声色俱厉地告诫夫差："以前夏桀囚禁商汤，纣王囚禁周文王，都没有将对手诛杀，结果夏桀被商汤所杀，商朝为周王所灭。现在大王您囚禁越王勾践，却不肯下毒手。我看大王深陷迷途，恐怕要步夏桀、商纣的后尘了。"这里可以看出来，伍子胥的观念，是一种强权思想，他把暴君被推翻的原因，归结为没有果断地铲除政敌。

伍子胥虽坦率耿直，却犯了一个错误。他把夫差的所作所为，拿来与夏桀、商纣这些亡国之君对比，这是沽名钓誉的夫差所无法忍受的。不用说，夫差对伍子胥越来越反感，这一切，被伯嚭看在眼中。

伯嚭站出来维护夫差的面子，他冷冷地对伍子胥说："以前齐桓公出兵救援燕国，返回时燕庄公送到齐国境内，齐桓公把燕庄公所走到之地，割让给燕国，从而赢得诸侯的美誉。宋襄公非得等到楚军渡河后才交战，后人也赞扬他的道义。如今大王不计前嫌，要赦免释放越王，这种功德远在五霸之上，名声将超越历代圣王。"

你瞧，伯嚭的话，听起来多么舒服。这让夫差心里觉得好温暖。夫差心想，这个可恶的伍子胥把我比作夏桀、商纣，伯嚭却说我超越历代圣王。

由于伍子胥的强烈反对，夫差释放勾践的打算不得不置后。

这消息传到勾践耳中，勾践不禁心中一喜。

机不可失，必须要抓住机会从吴国脱身。要怎么办呢？正好在这个时候，吴王夫差病倒了，三个月未能痊愈。勾践想借此机会，向夫差表示自己的忠诚，他找来范蠡，要他帮忙出主意。范蠡吞吞吐吐的，似乎有话要说，但又迟疑不定。

勾践是何等人，他知道范蠡想必是有主意，但有顾忌，便说道："我之所以身陷死地而未死，那都是你的功劳。我看你欲说还休，似乎颇有犹豫，有话就尽管说，不论可行不可行，先听听你的想法。"

范蠡这下子才放胆说出自己的想法："要逃离吴国，最重要的是取得吴王的信任。现在吴王久病不愈，大王您可借此机会前去问候，为博取其信任，见到吴王后，取他的粪便尝一尝，然后再看看他的脸色，就向他拜贺说，这病死不了，很快就会好的。这样的话，等他的病一旦痊愈，便对大王深信不疑，您还有什么担忧的呢？”

勾践一听，眉头皱了一下，心里很不舒服。虽然自己被软禁，可名义上还是一国之君。不要说堂堂越王去尝吴王的粪便，就算是一个奴隶，一个下人，要他去尝别人的粪便，也是一种奇耻大辱，不是吗？不要说去尝粪便，就是想象那场景，也足以令人作呕，这范蠡出的是什么馊点子呢？

勾践就是勾践。什么叫“忍人之所不能忍，为人之所不敢为”呢？要达到目的，可以不择手段，要博取夫差的信任，还有比这更感人、更直接的办法吗？自己这三年来，低三下四，在吴王面前为牛为马，受尽羞辱，为的是什么？不就是希望有一天能东山再起，报仇雪恨吗？三年都熬过来了，再忍一回又如何？

豁出去了！第二天，勾践向伯嚭提出请求：“囚臣勾践想要进宫为吴王探病。”伯嚭便请示吴王夫差，夫差同意了。

两人来到吴王夫差宫中寝室前。伯嚭让勾践先在门口等着，自己进去通报。进了门后，正好夫差刚蹲完便桶起身。伯嚭是一个比较取巧的人，为了彰显他的忠诚，他以太宰的身份，亲自提着便桶出了大门。

站在门外的勾践赶忙迎上去，冲着伯嚭说：“太宰请留步。请让我通过粪便来判断一下大王的病情吧。”伯嚭听了一怔，还没愣过神来，勾践便伸手从便桶中沾一点粪便，然后将手指放入口中，用舌头尝一下。这下差点没让伯嚭当场吐出来，勾践却若无其事的样子，他像是细细品尝，忽然脸上现出欣喜之情，高兴地说：“真是可喜可贺呀。”

伯嚭是丈二金刚摸不着头脑，这时勾践说：“请让我亲自对吴王说吧。”他洗了手漱了口后，入室拜见吴王夫差，见面时便说：“囚臣勾践祝贺大王，大王的病很快就会痊愈。”

夫差病了三个月，精神着实有点不振，将信将疑地问：“你怎么断定我的病很快会痊愈呢？”

勾践答道：“越国有会闻粪诊断病情的人，我曾学了一点点。粪便的味道，会因时节不同而不同，顺时气则说明身体正常，如果是逆时气，那就危险了。刚才我私下尝了一下大王的粪便，味道苦且辣、酸，这种味道与现在春夏时气是相应的，这说明大王身体很快就能康复。”

这下子夫差感动了。在他看来，通过三年劳动改造与思想教育，勾践这个甲级战犯终于洗心革面了。他不仅屈尊干下人的粗活，甚至还心甘情愿亲尝粪便，忠心可嘉。

对勾践来说，这是一次赌局。要是夫差的病没有好起来，他的努力就完蛋了。他必须赌，这是一次表现“忠心”的机会，不能错过。夫差被感动了，他被特许离开软禁的石室，住在王宫中，仍然管养马的事。勾践还是付出了代价，他亲尝粪便后，留下一个后遗症，总是觉得自己满口的熏臭味，这也说明他那若无其事的一尝，其实是克服了多少心理上的痛楚。

皇天不负有心人。

自从勾践尝粪后，夫差的病，居然鬼使神差地好起来了。这下子夫差非常高兴，完全康复后，他大办宴席，特别邀请勾践参加。在酒宴上，夫差对群臣宣布说:“今天我特地给越王安排朝北的座位，大家要以贵宾之礼来对待越王。”

吴国君臣上下，纵情饮酒，只有一个人闷闷不乐，此人就是伍子胥。他眼看夫差一步步地落入勾践的圈套中，又听不进劝谏，心里非常不痛快。当他听吴王宣布要把勾践当贵宾时，一气之下，索性跑掉，离开王宫回家去了。

这一幕被伯嚭看在眼中。在吴国大臣中，伯嚭是太宰，伍子胥是国相，两人都是元老级人物，位高权重。以前两人也是好朋友，但自从夫差上台后，伯嚭一味溜须拍马，讨好夫差，谋私利，不以国家为重，这使得伍子胥看不起他，两人的矛盾便迅速升级，明争暗斗。

伍子胥酒宴还没结束就溜了，这下子让伯嚭有发挥的机会，他以冷嘲热讽的语气对夫差说：“真奇怪啊，没仁德的人溜了，有仁德的人都留了下来。伍相国是刚毅而勇猛之人，却没有侍坐陪酒，大概是看到在座有这么多仁义之士，他自感惭愧吧。”夫差也瞧见伍子胥溜走，溜就溜呗，反正老子早就瞧他不顺眼。听到伯嚭这番讽刺的话，真是说到自己心里去了，夫差便应和一句:“说得好！”

没有伍子胥在场，就没有不和谐的声音，这让勾践感到愉快。勾践与范蠡不失时宜地站起身，举起酒杯为吴王献上祝辞：“大王延寿万岁，长保吴国。四海咸承，诸侯宾服。觞酒既升，永受万福。”这些话，把吴王乐得找不到北，可是勾践更乐，只有把你灌迷糊了，我才有翻身的机会。

这一天的酒宴，大家觥筹交错，皆大欢喜。

第二天，伍子胥又来了。他虽然酒宴半途溜了，但是打听到勾践那一番祝辞。他一大早便到王宫，入见夫差，劈头便说：“大王昨天瞧见没有？勾践表面上说得一套溢美之辞，其实内怀虎狼之心，矫揉造作，不过是为了保全自己罢了。大王您喜欢图一时之快乐，却不考虑千秋万世的基业，放弃忠直之言，偏听馋夫之语，这样一来可就危险了。以前夏桀明知自己危险，却找不到自救的办法，明知前面有白刃，却没办法躲开。愿大王以此为鉴，迷失不远能及时回头，那还是有希望的。”

伍子胥有一个毛病，他可能自己也不太清楚，他怎么老是拿桀啊、纣啊来跟吴王夫差比呢？他不知道吴王的脾气吗？当然，伍子胥与伯嚭的不同正在于此，他看不惯伯嚭的溜须拍马，自己的语气虽然尖刻，但拳拳之心溢于言表，吴王应该可以明白。可是他错了，吴王不仅不明白，反倒失去了耐心。

夫差以挖苦的语气说：“寡人病了三个月，没有听到相国一句问候的话，也没有吃到相国进献的食物，我看相国心里是根本没有寡人。你作为臣子，这样难道算是忠诚吗？你再看看越王，率臣民归顺于我，自己甘愿当奴仆，妻子当婢女，却一点怨气也没有。我生病的时候，他甚至亲尝粪便，又把国库里的金银财宝拿来作为礼物进贡，可见他是仁慈忠信的人。我要是听你的话，把他给杀了，那我岂不是太糊涂？相国大概是想逞个人的快意吧。”

伍子胥听得差点没有把肺气炸了，他强捺怒心，耐下心来又说道：“大王！您完全说反了！您怎么会认为勾践做这些事是出于仁慈忠信呢？他能屈身为奴仆，这说明他深谋远虑；进贡大量珍宝却没有怨气，是欺骗大王；亲尝粪便，那是要得大王之心啊！越王越谦卑，说明他机谋越深，吴国危险了。大王您要明察，不然等到社稷变成荒丘，宗庙遍布荆棘时，后悔也来不及了。”

夫差把袖子一甩，不耐烦地说：“相国不要再说了，我没有耐心听了。”说罢拂袖而去。

伍子胥望着吴王的背影，他突然觉得周围的一切都变陌生了，而自己垂垂老矣，在吴王眼中，他已经什么都不是了。

伍子胥的努力失败了，吴王夫差最终释放勾践。临行前，夫差还为勾践设酒宴饯行，并说道：“寡人今天赦罪于你，让你回到越国，你得记得这份恩情。”越王勾践诚惶诚恐，倒地磕头谢道：“承蒙大王怜悯，让我得以生还，我与范蠡、文种等人，定为大王尽忠效死。苍天在上，臣不敢忘恩负义。”夫差都被自己的仁慈感动了，他说道：“君子一言九鼎，你走吧，好好努力吧。”

勾践又磕了两个响头，跪在地上不起。对他来说，已经演了三年的戏，现在戏要结束了，不可在最后关头暴露自己的内心。吴王夫差还当真以为勾践心悦诚服，上前扶起勾践，把他拉到马车边上。这时勾践才假装依依不舍地上了车，范蠡手持着马鞭，挥鞭一吆喝，车子缓缓地远去。

吴国群臣都拜贺夫差的英明仁德，唯独伍子胥满怀惆怅，他知道，猛虎一旦放出囚笼，很快就会露出凶狠的本性。

勾践的马车一直行到三津渡口，已经看不到吴国的君臣了。回想起这三年忍辱负重、苟且偷生的日子，他忍不住眼泪掉下来，泪水顺着脸颊一滴一滴地落下，打湿了衣裳。他望着无垠的天空，为生命的无常感慨万千：“哎！我受尽困厄，谁想竟然能活着渡过这条河。蒙上苍眷顾，生还故乡，可谁晓得还有没有后患啊。”

范蠡先跳下来，扶着勾践下车，并说道：“大王不要有疑虑。只要两眼向前看，沿着路一直走，越国会得到上天的保佑，而吴国肯定要受到惩罚。”

过了三津渡口后，又前行一段路，到了浙江边上。这时的天空澄澈而蔚蓝，清风扑面而来，越国的江山已入眼中。勾践与夫人按捺不住激动之情，感叹道：“我本来已经绝望了，以为与越国万民永别，岂料到今天又回来了，可以重建家国了。”

这下子，勾践泪如泉涌，他赶紧以袖遮面。三年来他每天掩饰着自己的内心，今天他终于可以把压抑许久的心情，以泪水的方式，尽情地释放。

勾践回国，举国狂庆。臣民们相信这位伟大的统治者，一定会带领他们，使越国走出困境，打拼出一片新天地。

四、卧薪尝胆

勾践虽然回到越国，但要复仇并非容易的事。

自兵败后勾践入质吴国，越国实质处于亡国状态，只是赖几位忠臣的努力，保全了越国的臣民。吴王夫差实质上把越国当作一个附庸国，划拨给勾践的土地，只有区区方圆百里，甚至一座像样的城池也没有。而越国以前国库的钱财，几乎都拿去贿赂吴王了。如今的越国，既弱且穷，想要打败吴国，不啻为天方夜谭。

如果畏难而退，那他就不是勾践。

既然上天可以使自己死里逃生，这不是预兆着自己肩负一个更大的使命吗？在经历那么多的挫折后，他的心志坚强如铁，绝不轻言放弃。梦想虽然远在天边，但只要一步一步地走下去，终究会越来越近。

百废待兴，千头万绪，从哪里着手呢？

面对破败的国家，勾践首先想到的是建筑一座新城，有新的城市，才有政治中心，国家才有凝聚力。虽然国家民力、财力都不足，可是范蠡还是很出色地完成了筑城的任务。城不大，但设计颇为精巧，分为内城与外城，外城筑有城墙，但在通往吴国的西北角却不筑城墙，这是做给吴国人看的，表示说我们越人对吴国不设防，你们不用担心。

新的城市建成了，越人有了更好的生活环境，但同时也容易令人产生好逸恶劳的懒惰习性。勾践在吴国过了三年非人的生活，现在他又是一国之君，拥有权力与财富的统治者，对他来说，真正的考验到来了。是选择花天酒地的生活来补偿往日的空虚呢，还是坚定意志继续为伟大的事业奔波呢？

人往往不是败给对手，而是败给自己。真正的敌人，是薄弱的意志力。美好的生活会一点一滴地侵蚀掉一个人的锐气，深悉人性弱点的勾践对此深有体会，他如履薄冰，小心翼翼地避开舒适的陷阱。

力量来源于信念。为了不让安逸的生活冲淡雪耻之心，勾践以苦行僧似的自律严格要求自己。

“卧薪尝胆”这个典故已经成为古代励志的典范，也让我们见证一个伟大人物非凡的品格。自新城建成后的第一天，勾践便开始每天上朝处理政事，他谨慎而小心，对外不求奢华，对内不敢放纵自己。他还觉得不够，必须要日日、时时警惕自己，因为人很容易健忘。还记得夫差吗？当年夫差为了报父仇，每天要求下人提醒自己，不可忘父仇。可是后来他被胜利冲昏头脑，他忘了，甚至把勾践给放跑了。勾践要报仇，就不能像夫差那样健忘，他想出了个办法。

他在自己房门处悬挂苦胆，每当进出房间时，就用嘴去尝尝胆汁的苦味。十分苦，味道十分倒胃口，可这总比当年为了逃离吴国尝粪便要好吧。尝到这个苦味，就不会忘掉当年的耻辱。不仅房门悬着苦胆，在勾践的座位旁，也悬着一颗苦胆，当他休息的时候，便凝视着苦胆，时刻提醒自己，现在不是享乐的时候，而是奋斗的时候。饭前照例要先尝一口胆汁，自言自语地说："你忘了自己受的耻辱吗？"

他的动力来源于雪耻报仇之心，这与伍子胥很类似。孔子曾说："知耻近乎勇。"有荣辱感才能产生强大的勇气。"尝胆"不是一种作秀，不是表面文章，而是意志的强化。为了杜绝奢华与舒适所带来的负面影响，勾践对自己的要求到了苛刻的地步。他的生活俭朴到极点，作为一国之君，亲自拿着锄头耕地，他的夫人亲自纺织，平时的伙食都是粗茶淡饭，没有肉，身上没有一件华丽的衣着。

他比任何一个臣民都勤苦，下人都睡着时，他还在夜以继日地工作，思考着国家的未来，呕心沥血。睡意袭来之际，他用辣蓼来刺激眼睛，以免自己睡着。在他的床上，没有褥垫，只铺些柴草。这些还不够，为了磨炼自己的意志，他甚至采取极端的方式。在寒冷的冬天，他抱着冰块，用意志力去战胜严寒；在炎热的夏天，他反倒生起火炉，为的是让身体能适应更恶劣的环境。

勾践不可动摇的意志，是越国得以复兴的保证。

虽然他无时无刻不忘雪耻，但勾践深知复仇并不是一年半载能实现的，必须耐心地等待。吴国仍然是最强大的国家，如果不能很好地处理与吴国的关系，越国将再次被吴国人颠覆。勾践继续讨好夫差，自己穿普通的衣料，却将上等葛麻织成的布料进贡给吴国。越王谦卑的态度，令夫差龙颜大悦，忽然又觉得自己是与商汤、周文王能相媲美的明君，便慷慨地赠予土地，使得越国的土地从方圆百里拓展到八百里。

这么一来，勾践已经恢复大部分的国土。越国的土地原本方圆上千里，如今虽然还未完全恢复到以前的水平，但对勾践来说，这已经是一大胜利。作为报答，勾践又送给吴王葛布十万匹、优质蜂蜜九大桶、精美彩色竹器七个、狐狸皮五张、箭竹十船。这下子夫差更神气了，善于拍马屁的部下纷纷称赞吴王的仁德天下无双，只有伍子胥愤而离开朝廷，跑回家里，他气坏了。夫差不仅放虎归山，还让勾践砥砺前行，在伍子胥看来，吴国是迟早要完蛋的。

吴王夫差被一群拍马奉承者包围，而越王勾践的身旁则是一群精诚团结的贤臣。在越国臣僚中，最著名的人物有范蠡、文种、计倪等。为了进一步迷惑吴王，勾践甚至不发布任何政策法令，这只是做做表面文章，让夫差掉以轻心。暗地里他则大力充实府库，开垦田地，缓刑薄罚，减轻赋税，使百姓富实安定，国家逐渐强大。

春秋是一个极富荣誉感的时代，勾践虽然逃离虎口，但每每思及以前“遁弃宗庙，身为穷虏，耻闻天下，辱流诸侯”的经历，报仇的烈火便熊熊燃烧。这个大耻不报，他在各诸侯面前抬不起头。

吴国还是那么强大。虽然伍子胥渐渐失宠，以伯嚭为代表的一群溜须拍马之臣充斥朝中，但吴国还没有衰微的迹象。吴王阖闾所建立的军队制度与伍子胥推广的政策教化，仍然发挥着重要的作用。在诸侯国中，吴国是最强大的，晋国与楚国都走下坡路了，齐国也因为齐景公的去世政局变得扑朔迷离。

要凭越国之力打垮吴国，谈何容易！

事在人为。

机会有时并不是等来的，而是创造来的。

要打败吴国，就必须要削弱吴国的力量，勾践与文种设计出一个精巧的方案。文种对勾践说：“吴王夫差喜欢建造宫殿楼台，不断地征用民工。我们可以利用他的这个癖好，让吴国大建土木，以弱其力。”

这是一个阴谋。这种阴谋在后来的战国时代还一再出现，最著名的一个例子，就是韩国派著名的工程师郑国潜入秦国，为秦国开通一条水渠，目的是为了耗费秦国的人力物力。韩国人最后失败了，勾践却成功了。

要怎么做，才能打动吴王大兴土木呢？文种建议，寻找山中珍奇木材，作为礼物送给吴国，吴王看到名贵木材后，必定想大建亭台楼阁。勾践派三千人深入山林，花一年时间，终于找到两棵珍稀树种，这两棵树，粗二十围，高五十寻（一寻为八尺）。找到这两株奇树后，勾践让能工巧匠将树木经过雕琢打磨上色，制成十分华丽精美的装饰物，并进贡给吴王夫差。

果然不出所料，夫差得到这些珍贵木器后，非常开心，打算建造一座姑苏台，将这些精美的木制装饰品安装在楼台之上。为了能配得上这些名贵的木头，夫差在建筑材料上更加考究，光是收罗建台的材料，便花去三年的时间。这座壮观的姑苏台，最终在五年后建成，楼台很高，登台后周围两百里方圆之地，可一览无遗。这个庞大的工程，使吴国付出了巨大的代价——“行路之人，道死巷哭，不绝嗟嘻之声，民疲士苦，人不聊生。”

勾践的目的达到了。

紧接着，勾践又针对夫差的另一个弱点展开攻势：好色。

当然，这也不是夫差一人的弱点，所谓“英雄难过美人关”，大多数男人都有这毛病。勾践在吴国待了三年，对夫差的品性，了解颇多，他问文种：“吴王荒淫无度，沉湎于酒色之中，疏于政事。我打算利用他这个缺点，不知您有什么计谋没有？”

文种说：“吴王好色，而太宰伯嚭又是个巧言谄媚之人，投夫差所好，如果我们进献美女，他们一定会接受。大王可在民间寻找两位绝色女子，进献给吴王。”

越国这个地方，山清水秀，自古以来，还真是出美女的地方。话说在越国境内，有一座山名为苎萝山，山下有两个村庄，一个在东边称为东村，一个在西边称为西村。西村有一个女子，名字叫夷光，这是个很勤劳同时很漂亮的少女，平常帮家人卖柴草，回家后又到溪边去浣洗衣裳，因为她是西村施家女子，所以后来被称为西施。

西施与汉代的王昭君、三国的貂蝉、唐代的杨贵妃并称古代四大美女。其实西施长什么样子，后人也无从得知，但可以说明她确实是一位绝色美女。她原本过着平凡无奇的生活，但在不小心之间，卷入政治旋涡之中。

同样改变越国命运的，还有另一名女子，此人叫郑旦，也是苎萝山的居民，同样是个美女，只是她的知名度远不及西施。

当勾践见到这两位绝色美女时，心里也不禁一怔，可是他很快就摆脱自己感性的一面。他是一个意志极其坚强的人，特别是胸怀大志，为了理想，为了实现自己的目的，他不会因为女人而破坏自己的计划。

得到西施与郑旦后，勾践并没有立即送给夫差。光有绝色倾国之貌是不够的，还必须要培养其内在气质之美。首先是从外表上打扮这两个美女，穿上绫罗绸缎后，美女更加光彩照人。勾践又找来美容师与礼仪师，教她们如何化妆，如何走路更显得轻盈而优雅。为了让她们熟悉宫中各种礼节，勾践又在会稽东部一座小丘上修筑一土城，又被称为“美人宫”，内有亭台楼阁，让西施与郑旦两人居住。有时也让两人到都城内，熟悉各种建筑、里巷。

西施与郑旦的任务，就是送给夫差后，以美人计迷惑吴王，让他荒于政事。说白了，两个美女都是怀有特殊使命的间谍。

勾践做了精心的准备，耗费三年的时间包装两位美女。经过严格训练后的美女，无论外貌、气质、举止，都超凡脱俗，宛若天仙。这里我们也可以看到，勾践是何等的耐心，何等的深谋远虑。

现在已经是时候了。勾践派范蠡前往吴国，向夫差进献两位美女。夫差大为高兴，宣美女进殿，只见西施与郑旦凌波微步、衣裳飘飘而至，再定睛一看，那美貌，可谓是沉鱼落雁、闭月羞花，把夫差看得是两眼发愣。

正当夫差心花怒放之时，有一个人出来泼冷水。谁呢？当然是那个讨厌的伍子胥，他又开口说话："大王，不可接受这两名女子。"夫差一听气急败坏，吼道："又怎么啦？越国进献两个女人，说明勾践对吴国忠心耿耿啊。"

伍子胥可不管那么多，脱口就说："贤臣是国家之宝，美女是国家之祸。以前夏桀因为妹喜而亡，商纣因为妲己而亡，周幽王因为褒姒而亡。大王如果接受这两位美女，一定会遭殃的。"

夫差最不喜欢伍子胥这套说辞，怎么这家伙向来都把自己比作夏桀、商纣、周幽王呢？为什么不说商汤、周文王、周武王这些明君呢？他扭过头去，不理睬伍子胥。

伍子胥的据理力争，除了让夫差对他更加讨厌外，没有一点效果。吴王夫差还是收下了勾践送出的这份厚礼，这正中了越王的圈套。果不其然，西施与郑旦很快就成为吴王最宠爱的女人，日日宴饮，夜夜笙歌，不知今夕何夕了。

勾践就像一个耐心的猎人一样，要捕捉到猛兽，必须牺牲诱饵，他所进贡的稀贵名木也好，美女也罢，都是扔出去的诱饵，目的是让对手失去应有的警觉心。

当然，要削弱吴国的力量，越国不能一味地给予，也要适当地索取。

勾践谋吴，是有明确的计划的。从这个意义上说，吴国虽然得到《孙子兵法》，而勾践才是兵法的实践者。"上兵伐谋"，他将孙子这个重要战略思想发挥得淋漓尽致。

公元前 484 年，这是勾践归国后的第六年，他与文种再次联手设计了一个大阴谋，这个阴谋是要从吴国购买大量的粮食。购买粮食怎么是个阴谋呢？请看勾践是怎么做的。

在春秋时期，粮食是最重要的战略物资之一。吴国地处鱼米之乡，一般来说，粮食是不缺乏的，而越国的地理条件就略差了。可是越国并不缺粮，这主要得益于勾践采纳大夫计倪的建议，鼓励种植，大建粮仓，从公元前 486 年到前 484 年两年时间里，粮食储备增长了五倍。既然不缺粮，为什么还要向吴国购买呢？一方面，这是对吴王夫差的心理试探，看看他是不是对越国有戒备之心；另一方面，为了备战，越国的粮食储备多多益善。当然，勾践还有另一个不为人知的阴谋，此后文再说。

文种奉越王之命，前往吴国求购粮食。他对夫差说："越国地理环境不好，地势较低，容易受旱灾与涝灾的影响。今年粮食减产，百姓饥饿，希望能向大王购买些粮食。我们保证明年一定归还，恳请大王救援。"

夫差根本没有意识到这是个陷阱，这些年来，越国大量进贡珍稀物品，当然还有美女，这使他认为勾践对吴国忠心耿耿哩，现在既然越国受灾，提供救援物资，理所当然。他很爽快就答应了。

举国浑浊，只有伍子胥一人清醒。他又跳出来，要制止吴越粮食交易，他警告道："粮食是一国之本，卖粮食给敌国，是资助敌人，对自己不利。越国一帮臣僚如范蠡等人，都是有大智慧的人，善于出谋划策，我看越国前来购粮只是个借口，实际上是来探测我国的虚实。我们应该要乘他们受灾之际，出兵消灭他们，而大王却反倒给他们送粮食，这岂不是颠倒是非？"

吴王夫差早已养成习惯，伍子胥反对的，他偏要做，对着干。他没好气地说道："越国有难，我资助粮食，我对他们有恩，他们必报我以义，我德行昭昭，有什么好担心的？"

伍子胥的努力还是付之东流了。吴王夫差征收上万石谷子，交给文种，并嘱咐说："这次我可是顶住臣下的议论，才能把粮食卖给你们，你们等明年粮食收成，一定得按时归还。"

文种连连称谢，并保证来年一定准时奉还。

一年过去了。

越国人果然没有食言，粮食如数归还，还挑了上等品。不过勾践偷偷做了手脚，他将谷子蒸熟后，才送去给吴国。吴王夫差一看越国送来的谷子，颗粒饱满，他不禁暗想到，看来越国的土地肥沃，谷子的品种优良，如果种在吴国，那肯定能大丰收。于是夫差便交代伯嚭，把这些种子拿去播种。

吴国人上当了。这些蒸熟的种子怎么可能生根发芽呢？种下去的谷子全部烂死，粮食迅速减产，曾经是鱼米之乡的吴地，饥荒大规模地蔓延。

吴王夫差被勾践暗算了。夫差却没有把这当回事，因为他正雄心勃勃，意欲称雄中原，完成号令天下诸侯的旷世霸业。

我们不要忘了，吴国的军事力量，已经足以傲视天下了。

五、艾陵之战

吴王夫差在刚上台的那几年，还是奋发有为的，他打败越国，并迫使勾践称臣，入质吴国，捍卫了吴国东南霸主的地位。

在这段时间里，北方晋国爆发内战，齐国借机干涉晋国内政。在赵鞅的杰出领导下，晋军打败叛乱的中行寅、范吉射，并成功地阻击齐国。然而经此一役，晋国与齐国均元气大伤。晋国已经失去中原霸主的地位，齐景公的去世，也意味着齐国短期的霸业渐渐偃旗息鼓了。

中原一向是霸主们争夺的战场，如今随着晋、齐的衰落，谁能逐鹿中原呢？

夫差的答案是：舍我其谁。

破楚服越之后，吴国俨然成了南方新霸主，确实也只有吴国有实力问鼎中原。夫差雄心勃勃，欲伐齐攻晋，称霸中原。他首先在邗地（位于扬州附近）筑城，开凿一条人工运河，称为邗江，又称邗沟，南引长江水，经高邮向西，入射阳湖，又延伸到淮河，这是中国最早的运河。这条运河开凿的目的，主要是为了通漕运，运输粮食与其他物资。

吴国的利爪伸向中原，夫差的第一个目标，便是实力较弱的鲁国。

吴王夫差八年（公元前 488 年），吴王夫差与鲁哀公在鄫城举行最高级别的会晤。夫差根本不把鲁国放在眼中，在会议中，夫差提出一个十分无礼的要求，令鲁国用“百牢”之礼。什么叫“百牢”呢？就是在宴会中，牛、羊、猪各百头。这有什么讲究呢？当然有了。周代有一套十分完整而严格的礼制，周天子宴请诸侯时，礼制是“十二牢”，就是牛、羊、猪各十二头。夫差一下子狮子大开口，要用“百牢”之礼。

吴国是继楚国之后，又一个僭称王号的国家，这说明吴国根本不理会名存实亡的周天子。周室已凋零不堪，还有“十二牢”的礼制，我吴国如日中天，“百牢”之礼就是我规定的，看你鲁国人从不从？

以前鲁国仗着有晋国这座大靠山，可晋国乱了；后来投靠齐国，可齐景公死了。如今的鲁国宛如一片飘零之叶，无依无靠，面对强横的吴王夫差，鲁哀公也只有学习“阿Q精神”，一方面对吴国的要求唯唯诺诺，另一方面则诅咒道：“吴国快要灭亡了。”

吴国利用这次会议捞到不少好处，最重要的一点，是将鲁国的邻国邾国划入吴国的势力范围内。

这件事在鲁国国内引起轩然大波。要知道鲁国内政，一直是由“三桓”家族掌控大权，孔子曾经想扭转这种权力倒悬的格局，可是最终他失败了。当吴国以外交手段，步步紧逼时，鲁国执政季康子把傀儡君主鲁哀公推到前台，但鲁哀公居然把邾国的保护权划给吴国人，这岂不是断了鲁国的扩张之路吗？

季康子不打算承认这份由国君缔定的协定。夫差与鲁哀公的鄫城会晤刚刚结束，季康子担心吴国抢先一步控制邾国，便迫不及待地大举用兵，进攻邾国。

邾国的军事实力是不如鲁国的。邾国拥有六百辆战车，而鲁国拥有八百辆，实力上有一定的差距。邾国大夫茅夷鸿便对邾隐公说：“这下糟了，还是快向吴国告急吧。”邾隐公是个大昏君，他说道：“鲁国击柝之声都听得到了，而吴国还远在两千里之外呢，现在告急，没三个月的时间吴军是来不了的，有什么用呢？况且我们自己就挡不住鲁国人吗？”

邾隐公显然有自信，鲁军打到城门外时，他还气定神闲地听乐钟演奏。鲁国人一下子就攻破邾都，这位自负的君主成了阶下之囚。

值得庆幸的是，邾国还有茅夷鸿这样的爱国者。他逃往吴国，并游说吴王夫差出兵拯救邾国。针对夫差好大喜功又好面子的特点，茅夷鸿一见面就说：“鲁国仗着人多势众，欺负邾国，明摆着就是不把大王放在眼里。夏季刚与大王签订协议，秋天就违背条约，这分明是藐视大王您。”

被茅夷鸿这么一激，夫差的面子挂不住了。鲁国人也太不讲道义了，还自称是礼仪之邦呢，呸！不教训一下鲁国人不行。

夫差当即答应，出兵讨伐鲁国。

吴国之所以能强大，有一个原因是广泛接纳各国的人才。曾经在鲁国发动叛乱的公山不狃，在失败后逃到吴国，这时夫差有志于北伐鲁国，便找来公山不狃咨询。

公山不狃虽然以前在鲁国占山为王，搞叛乱，骨子里却还是一个爱国者，如今吴王夫差想要颠覆鲁国，他绝不做帮凶。他先是跟夫差说："大王想要攻打鲁国，准会失败的。为什么呢？鲁国与晋国、齐国之间关系紧密，唇亡则齿寒，晋国与齐国一定会救援的。"

夫差本来就不把晋国、齐国放在眼中，听了公山不狃的话后，他不以为然地说："这您别操心，您只需给吴军带路就行了。"

好吧，带路就带路吧。公山不狃心想，我就带他们走险路，鲁国会怎么样，这得看运气了。这位爱国者就将吴国人领到一条崎岖难行之路，一路上巴不得有鲁军埋伏在此。可是，公山不狃的计划却因为一个偶然事件而落空了。原来有一个家伙因为一件小事，曾被鲁国地方官员给抓起来，他小肚鸡肠，自告奋勇给吴军带路。吴军在这家伙的带领下，一路攻下武城、东阳，在夷地大败鲁国军队。

显然，鲁国军队不是经验丰富、训练有素的吴国军队的对手。在此时，有谁能挺身而出，扶大厦于将倾，力挽狂澜呢？

鲁国将领微虎是一个勇敢的人，既然正面战场不能取得胜利，那便采取刺杀的手段吧。当时吴国兵团屯兵泗上。微虎打算夜袭吴军营地，擒贼先擒王。他挑选了三百名体格强壮的勇士，其中包括孔子的学生有若，组成一支敢死队，准备干掉夫差。

不要看鲁国军事力量不怎么样，但它是盛产勇士之国。夫差打听到消息后，心里也很慌张，担心深更半夜的，项上人头突然不翼而飞。他一个晚上换了三个住处，用这种土办法来预防敢死队的突击。

这支敢死队向吴王夫差传递了一个消息：鲁国人虽然打败仗，但还没打垮，士气还是高涨的。夫差对手下人说："看来我们还不能奢望得到鲁国。"在远离本土之外作战，一定要强调速战速决，可是鲁国人顽强的抵抗精神，让夫差打起退堂鼓了。

夫差主动与鲁国媾和，鲁国人当然求之不得，双方签订停战协定。

过了不久，邾隐公被释放回国，然而，吴王夫差却以邾隐公不行仁义为理由，出兵讨伐邾国，倒霉的邾隐公又一次成为俘虏。夫差也没杀掉邾隐公，但将他囚禁起来，与外世隔绝，并立新国君邾桓公。这样，吴国完全控制了邾国。

吴国势力的北扩，使其与齐国的矛盾剧增，吴齐战争已是不可避免了。

这时，一个战争借口出现了。

被囚禁的邾隐公逃走了。他先是到了鲁国，鲁国人可没敢给自己找麻烦，拒绝收留；邾隐公又逃到齐国，齐悼公接纳了他。

意图实现中原霸图的夫差，马上利用这事大做文章，吴国精锐部队立即北上，同时拉拢鲁、邾、郯等国同时出兵，发动伐齐之战。

这次战争有一大看点，吴国不仅出动精锐的陆军，同时出动水师参战，这是中国历史上第一次海陆协同作战。吴国将领徐承，在中国历史上默默无闻的名字，却是第一个有历史记载的海军将领，他率领船队从海上发动进攻。水师最早是出现在吴楚战争中，但作为沿海国家，齐国也不甘示弱，建立了一支海上力量。两支舰队在黄海展开了一次大战，这次具有划时代意义的海战，史书中却没有留下详细的作战过程，只知最终齐国海军挫败了吴国海军。

海上战斗的胜利，并不能减轻齐国在陆地战场上的劣势。自从齐景公死后，齐国的政权又一次被权臣掌控，一度复兴的齐国霸业很快又走向凋零。更严重的是，齐国陷入三面受敌的尴尬局面，既要面对晋国的报复，又得提防吴国的扩张，同时还有鲁国的威胁，甚至一向安全的沿海，由于海上攻击战术的出现，也变得不那么安全了。

面对强悍的吴国兵团，齐国人并不打算血战到底。权臣要牺牲国君来保全国家，一起弑君案发生了，齐悼公被谋杀！

热衷于表示自己仁德的吴王夫差，果然恪守“不伐有丧之国”的政治传统，他不仅下令退兵，还为齐悼公之死哭丧三日。

此时中原的局面，只能用一个“乱”字来形容。

为了让历史背景更加清晰，长话短说。吴国退兵后，一向不太遵守道义传统的晋国人却为齐悼公之死幸灾乐祸。赵鞅率领晋国军队，一路东进，侵入齐国，攻城略地。面对晋国人的猖狂，齐国人却将怨气倾泄到鲁国人身上，毕竟软柿子好捏嘛。

公元前 484 年，齐国出动大军，攻打鲁国。跟鲁国相比，齐国的军事优势还是很明显的。关键时刻，孔子的学生冉求挺身而出，拯救了鲁国军队。他统率鲁国左翼部队在右翼部队溃逃的情况下，以大无畏的精神血战到底，最终打败了齐国人。

齐国的冒失出击犯了一个大错。此时的鲁国已经同吴国坐在同一辆战车上，野心勃勃的吴王夫差，又岂能容忍齐国染指鲁国呢？

夫差厉兵秣马，打算再伐齐国。

凭借着几代先王打下的坚实基础，吴国在春秋末期大放异彩。夫差却以为是自己的英明领导，才使吴国傲视群雄。作为一名深谋远虑的战略家，伍子胥忧心忡忡，吴王的战略方向完全是错误的，吴国的心腹之患，不是北方的齐国、晋国，也不是西部的楚国，而恰恰是其邻居越国！在勾践一次次的进贡之下，夫差早对越国失去了提防之心。

伍子胥心知自己的进谏不会有任何效果，强烈的责任心又使他责无旁贷地向夫差掏出心窝话："勾践乃是虎狼之敌，此人不死，迟早会危害到吴国。对吴国来说，越国才是心腹之患，齐国顶多是小小的皮肤病罢了。大王应该放弃攻打齐国，集中力量消灭越国。"

这番进谏无异于对牛弹琴，夫差嗤之以鼻。

伐齐之役终于在五月如期进行。夫差亲任总司令，会同鲁国军队，大举进犯齐境。这次齐国人不甘示弱，迎战于艾陵，春秋后期最大的一次战役打响了。

吴鲁联军编成四军：中军由夫差亲自指挥，上军司令胥门巢，下军司令王子姑曹，右军司令展如。

齐国则以三军迎战：中军司令国书，上军司令高无丕，下军司令宗楼。

开战前，夫差担心盟友鲁国不肯卖力，便回头看了下鲁军统帅叔孙州仇道："你担任什么官职？"叔孙州仇回答道："在下是司马。"司马相当于国防部长，而夫差则是一国之君，从地位上来说，夫差是君，叔孙州仇是臣。

君对臣，当然有一种优越感，他慷慨地赠送叔孙州仇一副铠甲与一把剑，并说道："那你认真履行贵国君交给你的任务，以恭敬之心完成使命吧。"

叔孙州仇一时间竟然不知如何来回答夫差了。要知道鲁国一直是礼仪文化最发达的地方，按道理说，要论起冠冕堂皇的礼节性语言，鲁国人是最拿手的。可这是孔夫子所说的“礼仪崩坏”的年代，大家顾着争权夺利，把礼仪扔到脑后了。就在叔孙州仇发愣时，幸好站在一旁的子贡——孔子的高徒出来圆场了。他走上前替叔孙州仇说：“州仇敬受铠甲。”叔孙州仇这才赶紧向吴王拜谢。

提振鲁国人的士气后，吴王夫差下令发动进攻。

应该说，吴国军队在战术水平与战斗力上，要远远超过齐国军队。齐军虽然不能说是弱旅，但是在勇猛善战方面，似乎一直乏善可陈。

吴国首先以右军迎战齐国上军，以上军迎战齐国中军。双方互有胜负，吴国右军打败了齐国上军，但作为齐军精锐的中军，则打败吴国上军。但是很快，吴国人机动灵活的战术体现出优越性了，夫差统率的中军是一支机动后备兵团，同时也是吴军的主力，他耐心地等待着战机的出现。

眼看着齐国人的左翼被打垮了，夫差这才果断地将中军投入战斗，与上军夹击齐国中军兵团。齐军的战略预备队下军则受到吴国下军的牵制。

在勇猛的吴国士兵面前，国书统领的齐国中军终于顶不住了。更糟的是，国书在战斗中被吴军所俘虏，这么一来，齐国兵败如山倒。齐军将领公孙夏、闾丘明、陈书、东郭书等人，都沦为阶下之囚。强悍的吴国兵团会同鲁国兵团，穷追猛打，齐国人丢盔弃甲，落荒而逃，一路上遗弃战车无数，还有累累被杀死的或被马车践踏而死的齐国士兵尸体。

吴国大获全胜！

此役吴国人光是缴获的皮革战车便有八百辆，这个数量已经相当于鲁国的战车总数了，另有三千颗首级，血淋淋地证明了吴国的胜利。

艾陵之役的完胜，令吴王夫差更加不可一世。

这时他想起一个人：伍子胥。这个老汉当时一直要劝阻老子北伐齐国，现在看到了吧，事实证明我是对的，他是错的！既然自己的领导正确而英明，就得让那个老汉见识一下，羞辱羞辱他。

夫差召来伍子胥，在他面前展示艾陵之战的巨大战果。他心里想，这次你得认错了，没有你伍子胥，我夫差照样能打胜仗，你老了，朽了，没用了。

可是不曾想到，顽固的伍子胥只是轻描淡写地说："大王不要高兴得太早了。"夫差一听，无名之火"噌"的一下冒出来了，他愤怒了，咆哮了："你这个老东西，除了会把寡人当作夏桀、商纣、周幽王之外，你就没看出寡人的优点吗？寡人服鲁伐齐，这是何等霸业雄图，何等的英雄之举，比起父亲阖闾王，也不见得逊色，你就不能嘴软些吗？"

夫差的暴怒，令伍子胥深陷绝望。夫差看到的是一个顽固的老家伙，伍子胥看到的是一个冥顽不化的君主。每当吴国向北挺进一步，就意味着危险多了一分。危险不是来自北方，而是来自南方，来自一个阴险而坚忍不拔的敌人。这个敌人，伍子胥太了解了，因为他知道一个拥有不可打垮的意志力并拥有权力的人，其力量足以扭转乾坤！

总有一天，吴宫的华丽亭台，会被乱草所埋没，喧嚣的城市会变成死寂之地。倘若时光可以倒流，伍子胥会选择再一次流亡，就像当年他从楚国流亡到吴国一样，他会选择一个能让自己大有作为、绽放光芒之地。可是无情的时光，在他脸上刻下抹不走的皱痕，而这片貌似欣欣向荣的土地，又留下他太多的奋斗足迹，他倾注一生打造一个强大的帝国，这个帝国却忘记了他的贡献，忘记了他耐人寻味的警告。

老了！伍子胥在心里第一次感到人生的无助，生命的意义似乎在这一刻停止了，虽然鼻孔的气息还在分分秒秒地进出，生命之魂魄却没有安身立命的场所了。

沉默沉默沉默！沉默中的伍子胥突然拔出剑，把吴王夫差吓了一跳，这个疯子难不成想弑君吗？伍子胥没有移动脚步，似乎陷于沉思，夫差明白了，老家伙想自裁了。下意识里，夫差命令左右上前，制止了老将军非理性的冲动。

与其说夫差因为关爱而挽救伍子胥，不如说他不想让血溅宫廷这种晦气冲走了胜利的喜气。不是仁慈，而是迷信。

有人却想置伍子胥于死地。

伯嚭视伍子胥为眼中钉。权力与富贵，总是容易让人忘记旧日曾受过的恩情。如果没有当年伍子胥的极力推荐，伯嚭如何能一步步地走上权力之巅呢？只是一向善于识人的伍子胥，这回却看走眼了，他只看重伯嚭的才华，却没有看清他阴险的一面。为了权力，伯嚭不惜降低人格，以溜须拍马迎承的手段，取得夫差的信任，举朝之中，敢于叫板他的，只剩下伍子胥了。

在伯嚭看来，伍子胥最大的缺点，在于他不懂得如何讨好君主。你就说伐齐这件事吧，夫差在艾陵之战中大获全胜，伍子胥说什么呢？“不要高兴得太早了。”这是多么傻的人啊！

一个人有弱点，就容易对付了。伍子胥得罪夫差那么多次，藐视国君，为什么夫差还能容忍呢？要知道伍子胥的地位并不是靠拍马屁得来的，而是实实在在的埋头苦干。夫差也不是傻瓜，他总算还明白一件事，伍子胥虽脾气不好，但还算忠诚。如果说以前因为勾践的事情，夫差还能放任伍子胥，那么这次反对伐齐，着着实实地把夫差气坏了。

奸佞之辈最擅长察言观色。伯嚭不失时机地进谗，从往至今地细数伍子胥的恶行。他的言辞显然是经过精心设计的，第一句便是：“大王以为伍子胥是个忠厚之人，可其实他是个残忍的人。”要知道忠厚是夫差容忍伍子胥的底线，而伯嚭却要一举攻破这条底线。吴王夫差听了不禁一怔，伯嚭不露声色地继续说道：“当年伍子胥父亲、哥哥被逮捕，伍子胥弃之不顾，自己一个人逃跑了。这种人，大王以为他会为您竭忠尽力吗？”

父兄都不顾的人，会顾及君王吗？这些话像一支战车部队的冲击，动摇了夫差的心理底线。伯嚭又进攻夫差心灵深处的另一痛处：“大王想攻打齐国，伍子胥拼命劝阻。结果怎么样呢？大王大获全胜。他认错了吗？他不仅不认错，反倒在心里埋怨大王了。”精确制造的言辞攻击，又一次击中目标了。

这些话，把夫差那种难受的心理又调动起来，暴怒之火又燃烧了。伯嚭的进攻还未结束，他要彻底颠覆伍子胥的形象，他郑重地警告夫差：“大王不可不防伍子胥，他一定会作乱。”

虽然夫差并没有表态，可是伯嚭从他略带茫然的面部表情中，知道自己已经在大王心里埋下一颗炸弹，这颗炸弹很快就会引爆了。

夫差打出最后一张牌，他派伍子胥作为特使，前往齐国谈判。

伍子胥带上自己的儿子，动身出发了。对于自己的判断，伍子胥从来没有动摇过，吴国最大危险来自越国，而非齐国。一次次的劝谏，面对吴王一次次冷漠的眼神，伍子胥真的已经绝望。那次自己没有自裁成功，一半是因为夫差的及时阻止，另一半是他还有一件放心不下的事情——他要为伍家留根苗。他不能想象，一旦吴国变成一片废墟，那位越国之王能不斩尽杀绝吗？

他不失时宜地利用出使齐国的机会，把儿子托付给齐国望族鲍氏。这一切当然没有逃脱吴王密探的耳目，他还没有归国时，消息早就传到夫差的耳中。

夫差被彻底地激怒了。他把这件事与伯嚭所进谗言联系起来，竟然如此巧合吗？伍子胥把儿子托付给敌国的大臣，这不是想阴谋作乱吗？当他把伍子胥这些年来的进谏换个角度思考，越发觉得自己的逻辑清晰无误。为什么伍子胥要力主杀勾践呢？不是害怕我夫差以德服人吗？不是不愿意看到吴国更加强大吗？为什么要反对攻打齐国呢？现在不是清楚摆在那儿吗？他都为儿子办了齐国的绿卡，下一步不是想要作乱吗，甚至要投降齐国吗？

吴王庆幸自己在关键时刻，看清伍子胥的真面目，他眼里露出杀机。聪明的伯嚭抓住机会，火上浇油，这回伍子胥死定了！

完成外交任务后，伍子胥回到吴国，他很快嗅出异样的政治气味。如今他已经没有放心不下的事，没有顾虑，心境一片澄然。夫差经过复杂的内心交战后，终于咬牙跺脚地做出一生最难的决定：他派人给伍子胥送去一把宝剑，赐死！这个外表强悍、内心软弱的君王，不敢直面伍子胥，他宁可待在王宫中以惴惴不安的心情等待着，也不愿在伍子胥最后锐利的目光下，暴露自己内心深处的惊慌失措。

伍子胥望着夫差赐死的宝剑，居然放声大笑，这笑声让吴王使者听得不寒而栗。伍子胥抚摸宝剑，在刹那之间，他的脑海中浮掠过许许多多的往事，似乎漫长而坎坷的一生，在短短的几秒中，又重现在记忆中，那些往事似乎久远，又似乎恍如昨天刚发生，一切都那么清晰可见。他冲着宝剑说话，实际上是冲着夫差说话："我先是辅佐你父亲称霸，后又立你为王。当初你要把吴国一半土地分给我，我没有接受。如今你反倒听信谗言，要置我于死地。唉，没有我，你一个人还能撑得起吴国的大厦吗？"

他转过身，以平静的目光看了使者一眼，说道："我死后，请你把我的眼睛取出来，置于城门之上，我必定可以看到越国军队攻入城内的一天。"

说罢伍子胥把剑一横，切开自己的喉咙，鲜血涌出并很快染红了脚下之地。死，对伍子胥来说，从来不是可怕的事情，他不能说没有遗憾，在最后那刻，他觉得自己像一片浮云，像一片落叶，没有可以依托的归宿。楚国是他的祖国，可是他背叛了，吴国是他的第二故乡，可是他被遗弃了。

英雄总是寂寞，因为他们超越了世俗。

六、螳螂捕蝉，黄雀在后

夫差要证明自己。

证明没有伍子胥的吴国，仍然是最强大的。

弩还是强弩，只是飞行一段时间后，很快就要落地了。他还有一年多的时间，享受最后的盛宴。

打败齐国后，吴国俨然成为中原新的领袖。领袖不是自封的，必须要有人承认。令夫差感到郁闷的是，中原诸侯似乎有意抵制吴国。其实原因很简单，中原诸侯国即便在军事上落于下风，在文化上仍然保持一种优越感。以礼仪文明自居的中原城邦，打心里瞧不起吴国这个暴发户。

夫差陶醉在征服的快乐之中，他梦想着超越齐桓公、晋文公、楚庄王这些伟大君主的事业，他的底气来自吴国雄厚的军事实力，十三万大军是他手中的王牌。不过他并没有意识到，自从吴王阖闾以来，这支四处征战、所向披靡的常胜之师，其灵魂人物就是被他赐死的伍子胥，是伍子胥培育了这支军队，并带给它无上的荣光。与奉承逢迎的政客们不同，军队自将领及士兵，对伍子胥敬若神明。铁师的缔造者却无缘无故被谗致死，这样的结局，令所有人为之心寒。士气已凋，人心已散，同样是精良的武器，同样是驰骋的战车，却是不一样的战斗力。

当怨气从底层向上蔓延时，夫差没有任何察觉。他坐得太高了，从来只是仰视着天空，不会俯视苍生。当帝国之基开始动摇时，他却抬来一架梯子，要爬向更高之处，甚至他想飞，飞越前人的巅峰。

有理想甚好，有抱负甚好，有雄心甚好。可是倘若不强基固本，再高的理想、抱负、雄心，统统会摔得粉身碎骨。

夫差没有发现根基已松动，没有发现越国虎视眈眈、摩拳擦掌，他只想着让中原诸侯们屈膝在自己脚下。此刻他忽然觉得自己似乎化身为神，他的存在，是要让天下人景仰、崇拜与敬畏。

可事实与想象差距甚远。

吴王夫差要过把盟主的瘾，大国召不来，先召小国吧。于是鲁国、宋国、卫国这些国家接到通知，参加老大吴国主持召开的会议。

以前吴国曾经派一名使者出使卫国，卫出公把他杀了，这下子就得罪吴国了。如今夫差要召开会议，卫出公不禁要为自己的人身安全担忧。卫国的大臣们有的人说去不得，去了必自受其辱；有些人则认为吴国如日中天，齐国都被打败了，这尊菩萨得罪不起。这么折腾来折腾去，最后卫出公还是决定出席会议。

卫出公姗姗来迟，这正好给了夫差报复的借口。虽然尚未结盟，可是夫差已俨然以盟主身份自居。卫出公拖拖拉拉，开会迟到，这不是公然藐视盟主吗？不惩罚一下，如何树立盟主的威严呢？吴国军队包围卫出公的住所，准备抓人。

吴国人的蛮横，引起了鲁国人的反感。以辩才著称的子贡游说吴国权臣伯嚭说："这次卫君参加会议，在国内有很大争议，如果吴国贸然逮捕卫君，势必使卫国大权落入反吴派手中，这样对吴国有什么好处呢？再说了，召集诸侯开会，却扣留国家元首，这样做的后果只能使列国感到担惊受怕，吴国要称霸难矣。"

在鲁国人的抗议下，吴国最终释放卫出公。虽然夫差风光了一把，可是煞费苦心召开的会议，没有取得任何成果。鲁国、宋国、卫国三国却借此舞台，背着夫差偷偷签订三国秘密盟约，同时又异口同声地拒绝与吴国结盟。

看来夫差这个盟主只能算是个"伪盟主"，没有人愿意自掉身价，与他结盟。

对这样的结果，夫差显然十分不满意。

小国是看大国脸色的，中原大国非晋即齐，现在齐国已经被吴国打败，倘若能压服晋国，那中小诸侯国就会乖乖送上门来了。

做事，就要做大事。吴国与晋国有共同敌人，那就是齐国，这是两国谈判、结盟的基础。如果能得到晋国的默认，成为盟主，夫差的霸业之梦就可实现。在经历内乱后，晋国失去往日的雄风，可是瘦死的骆驼比马大，晋国人仍然是那么自大与傲慢。相比之下，夫差更有傲慢的资本。晋国与楚国抗衡一百年，却从来没能真正打败楚国。看看后起之秀的表现吧，吴国差点就让楚国亡国。光凭这点，晋国人不得不对吴国的实力做一个全新的评估。

夫差向晋定公发出邀请，双方定于黄池（今河南封丘西南）举行两国元首会晤，参加会议的还有鲁哀公与周室卿士单平公。

公元前 482 年，黄池会议召开。

夫差为这次“国际会议”做足准备，他的目的十分清晰，就是取代晋国，成为新的盟主。为了争夺话语权，夫差以武力为后盾，他率领精锐部队北上，以增加谈判的筹码。精锐尽出后，吴国本土守备空虚，在夫差看来，南方已没有哪个国家可能对吴国构成威胁，然而事实证明，这一冒失的做法，最终葬送了吴国的运途。

危险正是来自邻国越国。

伍子胥的预言渐渐成真。

勾践的耐心终于得到回报。越国的低调让吴王夫差对这个诡异邻国的阴谋视而不见，并屡屡中招。先是大兴土木，建宫筑台，耗尽民力；后又穷兵黩武、频频用兵；更致命的是误信谗言，冤杀伍子胥，自毁长城。貌似强大的吴国，实则为纸老虎，虽然张牙舞爪，外表嚣张，却掩饰不住外强中干的实质。

在黄池会议召开前一年，吴国遭遇大饥荒，这次饥荒正是勾践一手导演的杰作，还记得他借粮的故事吗？归还粮食时，勾践已经做了手脚，那些都是蒸熟的谷子，吴国却以此谷子播种，来年颗粒无收。到这个时候，夫差还没有足够的觉醒，没有了伍子胥的叨叨絮语，充斥在他耳边的尽是奉承讨好的马屁声音，今天说你英明神武，明天吹你德比尧舜、功追文武，夫差还能不飘飘然吗？什么饥荒，再饥也少不了吴宫宴席上的鸡鸭鱼肉。对越国暗中发轫的事实，却一个字也没人提起，倘若谁冒失地认为越国已经是吴国的危险，那岂不是责怪元首当年释放越王绝对是个错误吗？英明的领袖怎么会犯错呢？他还要向中原盟主的宝座冲刺呢。

螳螂捕蝉，黄雀在后。夫差张开利爪，欲在黄池会议上与晋国人唇枪舌战来确定谁是强者中的强者，而勾践这只黄雀却不露声色在远处凝望，他要在最恰当的时间，以出其不意的方式，给对手以致命一击。

躲在黑暗中的敌人才是最可怕的，因为你没有察觉到他的存在。在夫差眼中，勾践是曾经的手下败将，劳动改造后改过自新、对吴国忠心不贰的臣仆。越国根本不配当一个对手，吴国的对手，应该是曾经有过齐桓公的齐国，曾经有过楚庄王的楚国，曾经有过晋文公的晋国。打败楚国了，当然这是父辈的荣誉；打败齐国了，可惜伍子胥对这次胜利嗤之以鼻；只要再吓倒晋国，吴国将雄霸天下。

夫差没有想到一件事，两面派勾践在他看不到的那一面，做了多少事情。越国的武装人数已经有五万人之众，对于方圆千里这样一个不算大、人口不算多的国家，这是不可小觑的力量，相比会稽兵败时的残兵败将五千人，已经增长十倍之多。在夫差左拥西施、右抱郑旦、宠幸佞臣，自毁良将之时，越王勾践却反其道而行，他卧薪尝胆以励其志，君臣上下同心，遍寻天下奇士，积蓄力量。

能量的累积，势将有爆发的一天。

越国的计划周密细致，在伍子胥被杀，吴国闹饥荒之时，勾践觉得时机成熟，但他并没有鲁莽行事，而是谦虚地询问范蠡的意见。范蠡明智地阻止了，他指出最佳的时机，应该是在吴王北上参加黄池会议，届时势必国内空虚，那时出击才有绝对的把握。

从谏如流的勾践不在乎多几分耐心，而这种耐心终于得到回报。

夫差带着最精锐的部队，北上黄池，留守国内的多是老弱之兵。勾践再次询问范蠡，这次范蠡给了一个明确的答复："可伐矣。"

越国军队倾巢而出，包括陆军四万，水兵两千，亲兵六千，其他军事人员一千人，总计四万九千人（一说四万六千人）。这支崭新的军队，作战力绝对一流。

为了提高军队的作战力，勾践聘请著名剑客越女传授剑法。据说越女乃一名奇女子，剑术精妙，可以一敌百。勾践在军中大力推广越女剑法，强化士兵的技击水平。同时，勾践还重用一名伟大的射手，此人名为陈音，原本是楚国人。陈音在越军中推广弩的使用。弩是一种先进的武器，便于携带，容易使用，在春秋时期的战争中，弩的使用并不很多，这可能跟早期弩工艺上的缺陷有关。作为一种远程攻击武器，弩的射程不如强弓，在以车战为主的春秋时代，其效用有限。弩的制造技术以楚国最好，后由于楚国人才大量外流至吴、越，吴、越对弩的使用渐多，在吴国《孙子兵法》中便提到弩，而大范围使用则是在越国。陈音出身于弓匠世家，经过前几代人的积累，他的制弩技术已经是独步天下，而越国与其他国家不同，战车部队并不强大，更多以步兵为主，这就使战斗中短兵相接的情况更多，这样便于携带的弩机便有推广的可能。在陈音的努力下，越国的弩兵发展十分迅速，这也是越国得以打败吴国的一个重要原因。

越国兵团兵分两路：一路由勾践亲自统率，另一路则由畴无馀、讴阳统领。六月十一日，越军誓师出征。十天后，即六月二十日，畴无馀、讴阳这一路兵团在姑苏城郊与吴国太子所部交锋。越军出师不利，畴无馀、讴阳都成了吴军的俘虏。就在吴军即将大获全胜时，勾践率领的主力部队及时赶到战场，战场上的形势很快就发生变化了。

吴国太子不敢恋战，退守姑苏城。

第二天（六月二十一日），吴军再次出城与越军交战，这回吴军可倒霉了，吃了个大败仗，吴国太子与几名大将被俘虏。剩余的吴军部队只得退出姑苏城，同时快马向正在黄池开会的吴王夫差告急。六月二十二日，勾践的军队开进姑苏城，占领吴国的首都。

从勾践出兵，到占领姑苏城，仅短短十几天的工夫，越军取得令人刮目相看的辉煌战绩。十年磨一剑，韬光养晦，终于利剑出鞘，勾践吹响了复仇的第一声号角。

一封封的告急信快马加鞭递送到夫差的手中。

此时的夫差正在谈判桌上与晋国人唇枪舌战，战斗方酣，突然急信如雪花般飞来，他内心大怔，却仍强打精神，装作若无其事的模样。

首都都沦陷了,他怎么还沉得住气呢？对夫差来说,面子太重要了。说实话，他到现在还弄不明白，越国怎么突然反了，自己不是一再称赞勾践的忠诚吗？勾践竟然趁自己不在时突然袭击，越国的军队怎么一下子变得那么多、那么强呢？夫差已无暇多想。他的第一念头，不是赶紧回师消灭勾践，而是封锁消息。他祭出鸵鸟战术，一头扎进沙堆里，看不到就当没发生。

他自己要装作看不到，也不让别人看到。谁知道内幕呢？国内派来的七批信使。夫差下令将这七名信使全部处决，不能让消息泄露。与其说夫差的镇定是为了稳定军心，不如说他是不想让人看他的笑话。不是笑话吗？勾践一反，说明什么？说明他以前的一切判断都是错的，他杀伍子胥也是错的，他要对这件事负责，自己就是罪魁祸首。不仅部下会看笑话，诸侯们更巴不得看笑话，你还要争盟主吗？自己的大后院都着火了，老巢都被占了，有什么资本呢？夫差没有想到在前线拼死作战的部队，没有想到陷入兵灾的百姓流离失所，他全部的心思都只想到自己，国家比不上他的面子，丢不起人哪。

黄池会议上，由于吴、晋两国在许多问题上要协商，会议沉闷而冗长。夫差每天都像在煎熬，他必须要争取在会议上取得重大成果，这样才能弥补被勾践攻破首都的损失，或者说，这样才能让他挽回点颜面。时间变得如此漫长，一直到七月六日，总算与晋、鲁等国达成协议。此时距离吴都被破，已经过了十四天。

在签订盟约的那一天，一个问题出现了，谁才是老大呢？根据惯例，主盟者先歃血，这下子吴、晋各不相让。你说兵强，我说马壮；你是老牌霸主，我是后起之秀。到底谁更强，鬼才知道，没在战场上一决雌雄，谁愿承认对方更强呢？争来吵去，最后打出祖宗的王牌，吴国人说："于周室，我为长。"什么意思呢？原来吴国的建立者吴太伯，乃是周王朝的开山鼻祖周文王姬昌的爷爷古公亶父的长子。看到了吧，吴国抬出祖宗十八代，来证明自己应该是老大。晋国人不甘示弱，说："于姬姓，我为伯。"同样打出祖宗来，晋文公当年被周天子任命为侯伯，后来历代晋国君主都继承这个封号，侯伯就是"诸侯之长"。看到了吧，我们是周天子御封的老大。

公说公有理，婆说婆有理。

晋国代表赵鞅不高兴了，他见天色已晚，再拖下去，这盟约签不了，索性对同僚司马寅说："我们干脆击鼓列阵，跟他们干一仗，这样就可以分出谁先谁后。"司马寅说："且慢，待我去侦察一下吴方的动静吧。"不一会儿工夫，司马寅跑回来说："我刚才详细看了吴王的脸色，气色惨淡，黯然无光，大约吴国是遇到什么灾祸吧。吴国人性情不够沉稳，喜怒形于色，忍耐力不强，我看他们的好运长不了。我们还是先让让他们吧。"

最后晋国人让步了，让吴国人先歃血为盟。

吴王夫差自认为这是外交上的重大胜利，似乎他真的盖过晋国人的锋芒，成为无可争议的霸主。可事实是怎么样呢？这几乎是夫差最后一次在"国际政治舞台"上露面，因为以后他没有机会顾及中原，争得一个主盟身份，对国家有何益呢？对他夫差有何益呢？除了满足虚荣心外，什么都没有。

直到黄池会议结束后，夫差才匆匆率军返回国内。此时的他已经不再踌躇满志，吴国已被越军蹂躏大半，按道理说，吴国虽然吃了败仗，但军队至少还有十万人以上，仍然两倍于越军。倘若夫差奋起勇士之心，反击越国，并不是没有胜利的可能。然而，夫差回国的第一件事，竟然是派人与勾践媾和。

看来他真的心虚了。

因为这太出乎他的意料了。他没有料到越国军队这么多，这么强，只用短短十几天时间便攻破吴都。勾践背后的暗算，打乱了他的全盘计划。他的黄粱美梦在黄池几乎成了现实，眼看就要雄霸中原，连不可一世的晋国人都让步了。勾践这个跳梁小丑居然在背后捣乱，让自己蒙羞。如今夫差陷入两难的境地，如果与越国开战，势必两败俱伤，就算勉强赢得胜利，自己经营多年的北方霸业，就得拱手让出。

他没有英雄断臂的勇气，既想维持在中原的利益，同时又避免与越国的战争，媾和便成为唯一的手段。

勾践又是怎么想的呢？他很想复仇，十年的忍气吞声，终于在一朝之间得到彻底的释放，一向唯唯诺诺的他，终于可以昂首挺胸，对吴王夫差说“不”，这是何等的酣畅淋漓，何等的痛快。不用再伪装，不用再披着羊皮，露出自己的狼性吧，让敌人惊恐战栗吧。勾践是个极其理性的人，他自忖四万多人，也未必能打赢夫差的十万大军。君子报仇，十年不晚，既然已经等了十年，何妨再等等呢？

越王勾践接受夫差的媾和，这已经是一大胜利。越国一战摆脱受吴国奴役的地位，当吴国在中原耀武扬威之际，越国却与之分庭抗礼了。

撤出吴都后，越国军队心满意足地凯旋班师。

这不是结束，而仅仅是开始。

七、摧枯拉朽的灭吴之役

夫差本该好好反思，可是很遗憾，我们没有在史料中发现这位自以为是的君王，有什么亡羊补牢的措施。

历史总有嘲讽的时刻。当夫差费尽心思争取到“伪霸主”的地位时，吴国却永远失去争雄中原的机会，即便貌似一头凶猛之虎，也不要忘了周围的群狼环伺。“巨无霸”楚国并不想让世人忘掉它的存在，接替楚昭王的楚惠王在自敛其锋、韬光养晦九年后，突然向吴国发难。既然有勾践的第一击，等待吴国的还有第二击、第三击……

楚国大军在被遗忘多年后，突然在公元前 480 年大举讨伐吴国，一直攻打到桐汭（今江苏高淳南）。夫差忽然意识到自己这个南方霸主的根基多么脆弱，他很快展开反击，以牙还牙，吴军直逼楚国城池慎邑，然而缺乏伍子胥的吴国兵团，似乎再也寻不回胜利的灵感。在慎邑之战中，吴国人不得不再次吞下失败的苦果。

侥幸的是，楚国人很快陷入一场内乱，打败吴师的白公胜突然作乱（白公胜就是前楚太子熊建的儿子熊胜，当年与伍子胥一起逃到吴国），他以献捷为名，领兵入郢都，杀死楚国令尹、司马，劫持楚惠公。白公胜的叛乱后来被镇压下去，但内乱毕竟使楚国伤了元气，攻伐吴国的计划不得不搁浅。

避免两线作战，对吴国是个好消息，可是夫差仍然没有一丝进取精神，他仍然迷恋着驼鸟政策，把头往沙堆一埋，世界就太平了？他为何在勾践攻破吴都后，不采取任何报复措施呢？或者他心里想，释放勾践是自己的决定，倘若出兵讨伐，不正印证自己的错误吗？而他是一个死不认错的人。

夫差的消极，甚至让越国人也十分不解。勾践心里十分纳闷，自从撤兵后，他一直认为吴国人将随时展开报复，可是夫差只沉湎于美女与美酒，整个国家根本没有进入战备状态。

越国的忧患意识要远远强过吴国，文种告诫勾践："我本以为吴王会报复，入侵我国境，他却休兵不战，且毫无戒备，把我们抛之脑后。但我们绝不可因此而懈怠。"

一个懈怠之国与一个进取之国，谁会是胜者，这不是显而易见吗？

在吴国荒于守备的同时，越国人却以如临大敌的严肃，厉兵秣马，整军待战。论国力，越国不及吴国，论资源，越国不及吴国，论兵力，越国亦不及吴国。以弱敌强，胜算几何呢？坚强的勾践心里没底。

一个人的到来，坚定了勾践伐吴的决心。

这个人便是拯救楚国的英雄申包胥。还记得吗？当年吴王阖闾、伍子胥、兵圣孙武以雷霆万钧之势，蹂躏楚国，正是申包胥只身入秦，搬来救兵，最终把楚国从死亡的边缘拯救回来。公元前 479 年，申包胥作为楚国特使出使越国，勾践大喜过望，亲自向他请教。

勾践虚心请教道："吴国暴虐，欲毁我社稷宗庙。我想顺天承命，讨伐吴国，如今车马、兵甲、士卒都准备完毕，能否攻打吴国，还请先生赐教。”

对于吴国当年践踏楚国，作为爱国者，申包胥也巴不得能干掉吴国，以雪国耻。可是借第三国来雪国耻，这非英雄所为，所以对勾践的请教，他避而不答，只是委婉答道：“我不知道。”

别人不知道申包胥的本事，求贤若渴的勾践心里却十分清楚。申包胥以前是伍子胥的好友，而吴国的军事建制，基本上是沿用伍子胥遗留下的方法，从某种意义上说，申包胥对吴国人的军事是十分了解的。

勾践吃了个闭门羹，但没有放弃。他一而再、再而三地坚持，希望能得到申包胥的指点，申包胥再不说几句话也不好意思，便答道：“吴是个强国，又能从诸侯那里得到贡赋，敢问大王，您凭借什么与之争锋？”

想了片刻后，勾践答道：“有酒有肉有饭，我必定与身边的人共同分享，吃饭不讲究美味，不沉湎于美乐美酒，一心只为报复吴国。”申包胥听完后说：“好倒是好，不过光凭这点，还不能打败吴国。”

勾践又说道：“在越国，有人生病我就会问候，有人死亡我会安葬，敬老扶幼，养育孤儿，问疾民间。”

申包胥答道：“好是好，还不够。”

勾践又说道：“我修令宽刑，施民所欲，去民所恶，表彰其善，宽待其恶。”

申包胥仍然说：“好是好，还不够。”

勾践仍然绞尽脑汁地挖掘，又想到一点：“越国之中，富者我安之，贫者我与之，救其不足，裁其有余，使贫富都能得到好处。”

申包胥仍说：“好是好，还不够。”

勾践又说道：“越国南面是楚，西面是晋，北面是齐，春秋时节，我总要向大国赠送皮币、玉帛、美女以示臣服，不敢中断，只希望能达到报复吴国的目的。”

申包胥这下子满意了，他点点头说：“好哇，您说的这些已经足够了。不过战争不是光凭这些就能打赢的。对于战争，最重要有三个方面，第一是智谋，第二是仁爱，第三是勇气。没有智谋，就不懂什么是正确的，就无法度量天下众寡强弱之势；没有仁爱，就不能与军队同甘共苦；没有勇气，就没有下达大战略的决断力。”

越王勾践的耐心终于有回报，申包胥言简意赅，不要小看这短短的几句话，这是他非凡思想的超级浓缩。每一句话的背后，都暗含着深刻的内涵。如若常人看来，以为不过是寻常之老生常谈，而只有像勾践这样苦苦思索之人，才能在一瞬间通过他的言语，将自己杂乱无章的想法拼凑为一个清晰可见的整体思路。

春秋时代最为荡气回肠的灭吴之役拉开序幕。

当然，这并不仅仅只是一场战役，而是跨六年之久的漫长战争。

勾践的一柄宝剑保存至今，令人震撼的是，经历两千年之久的宝剑，依然寒光逼人，岁月使宝剑的主人早已尸骨无存，而无生命的器物从某种意义上说，生命力更加强大。这把千年宝剑容易令人回想起那段峥嵘的战争岁月，仿佛还在诉说着英雄不朽的伟绩。

这一年是勾践十九年，公元前 478 年。经过十数年的漫长蛰伏，宝剑终于要出鞘了。

笠泽位于今淞江入太湖处，很快鲜血将染红平静流淌的河水。迟钝的夫差，总是因为慢半拍的反应陷于被动，直到勾践大举用兵，他似乎才明白，这个曾经拜倒在自己脚下的人，其实是故意掩盖内心的雄心壮志。伍子胥的声音仿佛萦绕在耳边："勾践乃虎狼之人。"夫差很快把伍子胥的身影又踢出自己的脑海，老子不信，就凭勾践这个贱人，也能兴风作浪？

两军隔江对峙，彩旗飞舞。白天谁也没有发起进攻，渡江进攻无疑容易落入下风。夜晚降临，平静的夜色无法掩盖杀戮的气氛，双方比拼的是胆气与智慧。夫差的智慧是否消沉在一群佞臣的马屁声中，溶化于飘香的美酒中，迷失在美女西施的怀抱中呢？他没有积极进攻，只是守株待兔。

可是勾践这只兔子绝不会自己撞死在树干上。黑夜是一面盾牌，可以遮住敌人的视野，勾践秘密派出两支小分队，从左右两翼渡河，击鼓声与呐喊声打破夜的沉默。此时吴国士兵并没有进入梦乡，他们严阵以待。夫差对战局的判断只能说出自本能的反应，他相信战鼓声的方向，即越军主攻的方向。作为一名统帅，这显然不算是高明的判断。吴国人兵分两路，试图拦截从两翼渡河的越国士兵，可那只不过是勾践虚张声势的伎俩，真正的主力却潜伏在吴军的正面。

夫差中了勾践调虎离山之计，将精锐调去迎击越军在左、右两翼的佯攻。这就是申包胥所说影响战争胜负三因素中的第一因素：智谋。在智谋的较量中，勾践占得先机，当吴军中军力量薄弱之时，越军主力部队及时渡河，以黑虎掏心之势，对吴国中军部队发动强有力的进攻。

战场上的强弱并没有常态。勾践以军事欺骗手段，使得越军从整体劣势转化为局部优势。这么一来，战场态势完全倒向越国人。夫差亲自指挥的中军，很快被打得七零八落，而指挥中枢一旦失效，就演变为一场大溃败。

这是一场关键的战斗。与公元前482年伐吴之役不同，这次勾践面对的是最精锐的吴国兵团，这支兵团有着令人胆战心惊的辉煌历史，其鼎盛之时，几乎是天下无敌。勾践把这支铁军打垮了，此时的他毫不怀疑，消灭吴国已是指日可待。

勾践要把战略欺骗进行到底。

他最担心的事，莫过于有一天夫差突然觉醒。如果夫差能痛定思痛，励精图治，凭借雄厚的积累，吴国很快会卷土重来。最好是让这位昏君永远沉醉在温柔乡中，不愿直面现实。勾践要放松夫差紧绷的神经，让他自以为高枕无忧。

笠泽战役后二年（公元前476年），越王勾践出人意料地出兵攻打楚国。在此之前，越与楚的关系不错，两国互有使者往来，而勾践更是不耻下问，向楚使申包胥求教伐吴之计，怎么吴国未灭，反倒攻起楚国呢？

这仍然是谋略！

不能不佩服勾践非常出色的战略思想。越国悍然攻伐楚国，实际上只是雷声大，雨点小，小打小闹。目的何在呢？是表演给吴国人看的，勾践假装已经志不在吴了。这是一个很冒险的举动，虽然越军只是做做样子，但仍然激怒了楚国，楚国毫不客气地反击。不过在勾践看来，楚国的反击更好，这样一来，吴王夫差更加相信，越国的主攻目标已经是楚国。

夫差又上当了。

高明的谋略，总能牵着敌人的鼻子走。夫差的分析，只是寻常人的思路，岂能理解大谋略家的真实意图呢？

夫差的无所作为，丧失了可能反败为胜的最后机会。吴国一些大臣、公子开始对夫差的政策提出批评，他们企图铲除吴王身边的佞臣，与越国媾和。可是计划并没有成功，恼羞成怒的吴王夫差处死了这些密谋者。

几年来吴、越军事力量此消彼长，吴国人在频频的战败中早已士气涣散，朝中没有正直之士来力挽狂澜。反观越国，则愈战愈勇，愈战愈强，自信力也愈强。

可以毕其功于一役矣。

公元前475年，勾践对吴大举用兵，势如破竹，包围吴都。吴王夫差龟缩在都城内，尽管吴国军队拼命反击，却始终打不破越军铁桶般的合围。曾经飞扬跋扈的夫差如今神色沮丧，对前景一片悲观，他缺少勾践那种坚忍不拔的意志，在一帆风顺时他不可一世，到了逆境的考验时，他却只能以女人与美酒来消遣心中的郁闷。

也许还有一根救命的稻草，就是向诸侯国求援。能与越国一较高低的国家，只有晋、齐、楚等少数几个大国，齐国与楚国都是吴国的宿敌，当然乐得袖手旁观，怀揣着幸灾乐祸的居心。晋国或许可以出手相援吧，毕竟在黄池会议上，晋国与吴国有过同盟协定啊。此时晋国执政赵鞅已经去世，他的儿子赵无恤面临两难的局面，既想遵守晋吴盟约，又想出兵援救吴国。可是晋国内部争权夺势已进入白热化阶段，在这种背景下，出兵援吴显然又不合时宜。赵无恤最终只是选派亲信前往吴国，向夫差说了一通不疼不痒的话："如今君王有难，无恤我本应不避劳苦，只是出兵援吴，不是晋国能力所能达到的。"

赵无恤的态度，彻底粉碎了吴王夫差的希望。夫差转赠一盒珍珠给赵无恤，并自言自语道："勾践肯定想让我活着，好让我受羞辱，我一定不会有好下场。"

这句话，弥漫着悲观的色彩。

统帅的悲观是致命的，因为这种悲观的情绪很容易向下传导，最终使全军乃至全国人民对胜利都毫不抱有希望。

这场围困战旷日持久，从公元前475年的冬季，一直延续到公元前473年的冬季，整整两年之久。

无论是吴国还是越国，都被这场战争拖得筋疲力尽。这场战争实质上已经是夫差与勾践两人意志力的较量，在勾践铁一般的意志力面前，夫差只能是失败者。

勾践的决心是不可动摇的。在这两年时间里，除了大举用兵之外，他还积极发动外交攻势，通使聘鲁，这也是越国与中原各国外交往来的开端。与鲁国建交后，勾践又扶植被夫差推翻的邾隐公复辟，使得邾国脱离吴国，转而投奔越国的怀抱。在积极的外交攻势下，吴国在外交上完全被孤立，在没有任何诸侯声援的情况下，陷入孤军奋战的尴尬境地。

在战场上，吴军连连败北，顽强的越国军队终于攻破姑苏城，夫差被迫躲进姑胥山中。失魂落魄、信心全无的夫差只得派人向勾践请降。十九年前，勾践兵败入质吴国，为奴为仆，十九年后，情形完全逆转了，今天的勾践成为征服者、胜利者。这么一种充满传奇色彩的经历，比小说更加曲折精彩，在中国历史上，甚至是世界历史上，能做到这种人生命运大逆转的英雄，也是凤毛麟角的。

夫差还残留有一丝侥幸，当年他饶过勾践一死，希望这种恩情能得到勾践的垂怜，让吴国能守住自己的宗庙，作为回报，吴国君臣愿意竭心尽力效忠越王，为越王效犬马之劳。

勾践心里涌出一丝恻隐之心，夫差近乎哀求的话，让他回想起十九年前的旧事，他能死里逃生，除了凭借自己的机智与隐忍之外，确实与夫差的保护是分不开的。多少次伍子胥欲置他于死地，最终都是夫差拯救了他。只有濒临过绝境的人，才能理解濒临绝境者的心理，对夫差的求生欲望，勾践并不陌生，他也曾经奴颜婢膝，夹起尾巴做人。一丝怜悯掠过心头，几乎要同意夫差的投降请求。

范蠡却反对这种妇人之仁，他警告说："当年上天要把越国赐给吴国，可是吴国不接受；如今上天要把吴国赐给越国，我们不可违背天命。大王卧薪尝胆，图谋吴国二十年，如今大功将成，岂可一念之差而前功尽弃呢？"

勾践长叹一声道："我想听你的话，可是我做不到。"

春秋是相对文明的时代，杀害与自己地位相同的君主，在这个时期是极少见到的。吴、越虽为蛮夷之邦，可仍深受中原文明的影响。勾践最后选择一个折中的方案，他赦免夫差之死，但拒绝其保留宗庙社稷的条件，即吴国从此消失在诸侯国的行列，放逐吴王到海岛，并供三百户人家让夫差使唤。

在勾践看来，这样做仁至义尽了。

然而这个方案与夫差保留国家的初衷相去甚远。注重面子的夫差无法接受，作为一个曾经雄霸天下的君主，仿佛从天上跌落至深渊，并只能靠着敌人的施舍苟延残喘，无东山再起的希望。突然间夫差感到一种从心底冒出的悲戚，恍惚中他在黑暗里见到一双锐利的眼睛，那不是伍子胥的双眼吗？似乎是哀悯，又似乎是嘲笑，耳畔像是有声音在回荡着："你也有今日，活该！"

他没有勇气去面对余下的漫漫人生，没有勇气在世人的嘲笑中蜗居海岛。我是君王——内心的呼喊却没有得到任何回音，昔日的王者，今日已经是别人案上的鱼肉。夫差要为自己找到最后的归宿，他无力回天，但可以像君王那样有尊严地死去。他拜谢越王勾践的使者道：“天降祸于吴国，早晚都是个死字。是我自己毁了宗庙社稷，吴国的土地臣民，尽为越国所有，我老了，不能侍奉越王了。”

他生命的最后一刻，保有一丝勇气从容赴死。面对死亡的结局，他第一次忏悔，尽管内心的悔意来得太迟，但还是终于分辨出善恶忠奸，他发出最后的一句话：“我后悔当初没有听伍子胥的话，才使自己陷于如此凄惨的境地。我没有面目在九泉之下见到伍子胥。”说完后取帛布蒙住双眼，伏剑而死。

夫差死后，八面玲珑的伯嚭没能逃脱惩罚，他被严厉的勾践下令处死，罪名是“不忠于己君而外受重贿”。

勾践是春秋时期最后一位伟大人物，与他艰苦卓绝的奋斗相比，即使是经历坎坷的晋文公也相形见绌。从他始履君位，其命运便与吴国息息相连，初出茅庐的他一开始便崭露锋芒，他如狮子般的勇猛，如猎豹般的敏捷。绝伦的勇气与非凡的胆略，使他在面对一代霸主吴王阖闾时，竟然没有一丝畏惧，而他的敌人曾经让楚国君臣在其脚下战栗恐惧。就像年轻的大卫飞出石块打倒巨人一样，勾践凭着一腔血性竟然让一代霸主折戟沉沙。一鸣惊人的英雄壮举只是他复杂人生的序幕，幸运之星不会每次降临，当失败终于来临的那天，他又表现出能屈能伸的韧性一面，忍辱含垢，收敛光芒，在隐忍中走向成熟。十数年如一日，卧薪尝胆，忍人之所不能忍，砥砺意志，发愤图强，谁说天命不可改变，谁说人生不可以掌控，有志者事竟成，他以完美的结局，诠释生命的真谛。

越国命运的惊天逆转，给平淡的春秋末期政坛带来璀璨之光，给中国历史留下一段精彩的传奇，给后人提供一个励志的样板。

与越国相比，此时的中国大地，无论是中原还是荆楚，都陷入三百年来最沉闷的时刻，然而在沉闷的外表之下，却是暗流涌动，各个国家都酝酿着惊天变局。山雨欲来风满楼，沉闷正是暴风雨来临前的征兆：晋国的分裂已初现端倪，楚国正艰难地复兴，齐国的权力将易手，悄无声息的秦国很快会重现政治舞台。

一个时代即将终结，而另一个时代即将开启。

尾声　诸神的黄昏

三百年的春秋史，霸业为先。

从郑庄公牛刀小试，驰骋中原始，一代代的霸主，你方唱罢我登台。真正的霸业，肇始于齐桓公，他高举“尊王攘夷”的大旗，九合诸侯，一匡天下，开创春秋霸业的模式。然而真正的重头戏，却是晋、楚百年争雄，这两个国家均人才鼎盛，明君辈出，势力此消彼长，实力不分伯仲，晋国的杰出君主有晋文公、晋襄公、晋悼公等，而楚国亦涌现楚武王、楚成王、楚庄王等一代枭雄。晋楚争霸，将春秋之勇武精神推向极致。

弭兵之会终结两强相争的格局，齐、吴、越的相续崛起，打破了长期以来北晋南楚的局面。齐景公阻击晋国的霸权，而吴王阖闾则以气贯长虹之势，捣破楚都，几灭强楚，吴国之霸业由此树立。越王勾践则上演最精彩的谢幕之剧，从而登上春秋霸业的最末班车。

这是个混乱的时代，这又是一个自由的时代；这是打破旧秩序的时代，这是建立新秩序的时代；这是铁血与权谋交织的时代，这也是文明与智慧发展的时代。

春秋开启了诸侯间的兼并战，大鱼吃小鱼，小鱼吃虾米，而这又为战国时代更大规模的兼并战打下基础。与战国相比，春秋时期更富有一种古代武士的浪漫色彩，在血腥厮杀的同时，又披上一层文明的袈裟，虽然战争频繁，但绝少后世的残酷与灭绝人性，礼义精神仍是此期战士们坚守的道德底线。

霸业渐近尾声，我们来看看诸神们在春秋舞台上的最后演出。

内斗不断的晋国无法捍卫自己的霸主地位。自晋文公、晋襄公之后，晋侯与周王一样，丧失领袖的权威，大权在握的卿家成为政坛的核心力量。卿家与君主、卿家与卿家之间的斗争，构成一部晋国史的主旋律。家族之间的分权与竞争，既有积极的一面，也有破坏性的一面。从积极的意义上说，竞争机制使得晋国存在某种贵族民主制的色彩，优胜劣汰的达尔文法则确保政治领袖由最优秀的人才担任，历任执政者几乎没有一个属于庸才，新陈代谢维持着晋国政治的新鲜血液。

可是破坏性的恶果又是显而易见的。流血政变充斥着晋国的宫廷，晋灵公与晋厉公先后被弑，曾经盛极一时的狐氏、先氏、郤氏、栾氏等家族纷纷消失在政治的舞台上。大浪淘沙之后，晋国六卿成为知、中行、范、赵、韩、魏六大家族的专利。从物理学上讲，三角支撑最具有稳定性的平衡，是否受此影响，西方近代政治学也提出三权分立，并以实践证明它的有效性。倘若这个由物理学与政治学推衍出的理论有某种正确性，显然晋国的六卿制仍隐藏着巨大的不稳定。

果然，范氏与中行氏率先发难，最终却使这两个家族遭遇灭顶之灾。赵鞅以坚忍的意志，铲除叛乱集团，这样辉煌的成就，理所当然令他在知跞去世后，接任晋国执政。范氏与中行氏的覆灭，六卿制变为四卿制，赵、知、韩、魏四家垄断国家权力。明争暗斗的传统并没有改变，实力较弱的韩、魏两家只能当陪衬的绿叶，红花主角则是赵氏与知氏二家。

赵鞅在执政十七年后，于公元前 476 年寿终正寝，权力的轮盘由赵氏手中又传递到知氏。知瑶又称为知伯或知伯瑶，他坚强勇敢、崇尚武力、雄心勃勃，同时又狂妄自大、盛气凌人。在知瑶专政的时代，晋国的中原霸业回光返照，公元前 472 年与前 471 年，两度讨伐齐国，捍卫晋作为军事强国的地位。

知瑶执政期间，赵氏仍不动声色扩充自己的力量，赵鞅的继承人赵无恤于公元前 473 年兴兵灭代国，代国之地遂成为赵氏的私家地盘。经历无数次的内斗与相互倾轧，卿家之间没有信任可言，知瑶与赵无恤的性格堪称两个极端，知瑶飞扬跋扈，而赵无恤隐忍负重，这似乎注定两人只能是对手与竞争者。

大权在握的知瑶占有先手的优势，权力被他滥用于对他人进行人身侮辱与攻击。他居高临下，口无遮拦，曾当面羞辱赵无恤："你丑而无勇，何以成为赵氏的继承人呢？"另一次在酒宴之上，知瑶借着醉意向赵无恤灌酒，不知有意还是无意，还拿着酒樽打他。士可杀不可辱，赵氏家臣们愤怒了，群情激昂，不惜与知氏决一死战。赵无恤深知时机未成熟，此时发难，无异以卵击石。他的隐忍功夫堪比勾践，只是淡然地说："先父立我为继承人，只因为我能忍辱负重。"

忍辱负重在嚣张的知瑶看来，只不过是胆小鬼的托词、懦夫的借口。强势的赵氏都甘拜下风，韩氏与魏氏，知瑶又岂放在眼里呢？

野心急剧膨胀的知瑶，终于干了一件看似精明实则愚蠢的事情。公元前455年，知瑶狮子大开口，同时向韩氏、魏氏索地。实力不如人的韩虎、魏驹夹起尾巴做人，将一部分土地拱手相让。尝到甜头的知瑶不知收敛，反倒得寸进尺，又索地于赵无恤。土地乃是生存之本，忍无可忍的赵无恤断然拒绝知瑶的无理索求。气急败坏的知瑶诉诸武力，率韩、魏之师讨伐赵无恤。

寡不敌众的赵无恤退守晋阳，知、韩、魏三家合兵围困。晋阳之围持续三年之久，苦苦支撑的赵氏孤立无援，生死存于一线之间。知瑶为迅速解决晋阳，引汾河之水灌城，城中巢居而处，悬釜而炊，财食将尽，士卒病羸。关键时刻，“多行不义必自毙”的传统格言似乎再次得以印证。为扭转危局，赵无恤兵行险着，游说韩、魏两家，晓以唇亡齿寒的道理。知瑶的恶行终于得到报应，韩虎与魏驹的突然倒戈，令战场形势发生不可思议的逆转。赵、韩、魏的联手，使知瑶眼看就要到手的胜利演变成大溃败，这位独断专行的晋国执政竟落得个身首异处的下场。

家底雄厚的知氏从此在晋国消失，曾经煞费苦心经营的地盘，成为赵、韩、魏三家瓜分的战利品。虽然晋国还顽强地存在半个世纪之久，但“三家分晋”的格局已基本定型。公室的地盘已被压缩到仅有绛、曲沃等地，而赵、韩、魏三家势力盖过晋侯，并最终成为战国时代七雄中的赵、韩、魏三国。

与晋国的命运相仿，齐国的卿家势力也盖过公室。

齐景公之死是齐国政治之转折。即便是他统治的半个世纪里，陈氏家族（即田氏）仍然是左右齐国政局的一大势力。当年陈无宇联合鲍氏家族打垮栾、高二氏，归政于齐景公，这种以退为进的明智选择确保了陈氏家族在齐国的声望与影响力。

作为外来移民的后裔，陈氏家族自公元前672年由陈国迁居于齐，到齐景公去世这一年，即公元前490年，已整整过去一百八十二年。第一代移民陈完因为受赐田地，故而又称“田氏”，对于这一家族，史书有时称为陈氏，有时称为田氏，名不同而实相同。时间的流逝淡化了陈氏家族外来移民的色彩，如果说陈无宇还认为在齐国的根基尚浅，那么到其子陈乞时，陈氏家族已经深深扎根在齐国大地上了。

陈乞延续父亲的策略，施恩惠于百姓，这为家族赢得良好的口碑。齐景公去世后，国政却仍然由国氏、高氏等老贵族把持。到新旧交替的时候，作为新贵的陈氏要从老贵族那里争取更多的政治话语权。凭借着陈氏家族在齐国民众中崇高的声望，陈乞振臂一呼，国人响应，驱逐执政的国夏、高张，立齐悼公，而陈乞出任齐相，独揽大权。

权力场上的高歌猛进，却不能掩饰对外战争的羸弱。公元前485年，吴王夫差大举伐齐，惊慌失措的陈乞竟然谋杀齐悼公以谢吴师，君主成为权臣手中可随时撕毁的纸牌。然而妥协并非制胜之道，在第二年的艾陵之役中，齐国仍然一败涂地。唯一让陈乞感到幸运的是，勾践在南方发动的攻吴战争，不经意之间拯救了齐国。

陈氏家族在政坛上一手遮天，俨然已是无冕之王。陈乞的儿子陈恒，重演父亲弑君的“壮举”，公元前481年，齐简公成了陈氏家族的又一牺牲品。比之晋国，齐国的君主显然更有如坐针毡的不安全感，从齐襄公到齐桓公，从齐庄公到齐悼公，如今又轮到齐简公，弑君游戏的流行，显然暗示着权力悄悄地转移了。

由于习惯的因素，我们把陈氏改称为田氏，陈恒改称为田恒，他的另一个名字叫田常。田恒是田氏最终得以代齐的关键人物，他执政齐国二十九年，并延续陈无宇、陈乞的惠民政策，减轻剥削，争取民众，杀尽公族中之强者，扩大田氏封邑，封邑面积大于齐国公室，终使齐政皆归田氏。

半个多世纪后，到公元前391年，田恒的曾孙田和终于捅破薄薄的窗户纸，迁齐康公于海上，田氏由是独占齐国。这已是战国时期的事了。

我们再来看看南方楚国的艰难复兴。

自从吴王阖闾攻破郢都后，曾经盛极一时的楚国在鬼门关口绕了一圈又生还，大难不死的楚昭王知耻而后勇，痛定思痛后走上重振雄风之路。楚昭王深知无法与吴国做正面对抗，便将矛头对准邻近的诸侯与蛮夷部落。公元前496年，楚国将顿国从地图上抹去；公元前495年，楚灭胡国；公元前491年，讨伐蛮夷，俘其君臣，大获全胜。经历阵痛后楚国人又重新寻回扩张的激情。

楚昭王将复兴的大棒交到楚惠王手中，可是一场兵变差点让楚国陷入灾难之中。兵变主角白公胜（即熊胜），是前楚太子熊建之子，当年与伍子胥一同逃亡到吴国。多年之后，楚惠王特许他回国，并封为白公，算是对太子熊建所遭遇的不公正待遇平反。熊胜的父亲死于郑国人之手，他与伍子胥一样，身上流淌着复仇的血液，为报父仇，多次要求出兵讨伐郑国，然而令尹子西不仅未应允，还与郑国缔结同盟。

恼羞成怒的熊胜将一腔怨气倾泻到令尹子西身上。在雇用刺客刺杀子西失败后，熊胜不惜铤而走险，以政变的方式来取对手的人头。公元前479年，熊胜找到一个进军郢都的机会。这一年，他打败吴国人的入侵，便以献捷为由，挥师入郢。楚惠王迎来的不是卫国英雄，而是一群叛逆者。熊胜的军队迅速控制首都，杀死楚令尹子西、司马子期，并劫持楚惠王。

庆幸的是，自幼漂泊他乡的熊胜在国内缺乏深厚的根基，而楚国向来不乏智勇双全的英雄。叶公沈诸梁成为稳定国家的中流砥柱，他率军队进入郢都，王师的到来得到国人的鼎力支持，势单力薄的熊胜终于败走，走投无路之下，他只有绝望地选择自杀。

总有人不自量力，小小的陈国借楚国内战之机，竟然不知天高地厚，冒冒失失地进攻楚国。趁火打劫的结果是偷鸡不成反蚀把米，实际上陈国不仅是蚀把米，而是葬送了整个国家。楚国在平定熊胜之乱后，立即挥舞武士之刀，杀气腾腾地劈向陈国，这雷霆万钧之势，是陈国人无法招架的。公元前478年，陈国成为楚国利齿血口下的又一牺牲品，陈闵公成了刀下之鬼，国家也随之被楚国所吞并。

在之后的三十年里，楚国表现出令人不可思议的低调，几乎在“国际舞台”上消失，既不与晋、齐争雄中原，也不与越国角力东方。楚惠王是长寿的君王，统治楚国超过半个世纪，他韬光养晦，似乎与世无争，只是埋头于闭门造车，超然于竞争之外。直到三十年后，楚国才又让天下人眼前一亮，再度出鞘的宝剑比以往更加寒气逼人。

公元前447年，楚惠王即位四十二年后，开始他一生最辉煌的扩张。楚国的战车践踏蔡国的土地，这个在西周初便建立、历史悠久的诸侯国，又被楚国人括入囊中。两年后，又一个古老的诸侯国被楚国所吞并，这便是以“杞人忧天”的故事闻名的杞国。屡屡得手后的楚国，继续向东扩张，目标直指江淮以北之地。在越国灭吴后，勾践未能尽征服该地之各部落，楚惠王以一往无前的意志，武力征服，东拓领土至泗水之上，尽有江淮以北之地。

此时距吴楚柏举之役，已整整过去六十年。曾经的敌人吴国早已如云烟散去，而奋斗不息的楚国人又回来了。楚惠王以半个世纪的艰辛打拼，打造出一片新天地，这也使得在战国时代，楚国仍是七雄之一。

不是每个国家都有楚国的幸运，春秋最后的霸业是勾践创造的，但越国的霸权只是昙花一现。

平心而论，越国只是僻处东南的小国，地小人稀，文明落后，难成气候，越国的奇迹只是因为有勾践这样的旷世英雄。灭吴之役，使越国迅速取代吴国而成为军事力量最强的国家，勾践不失时宜地会齐、晋诸侯于徐州，并致贡于周，开始将东南夷国的影响力渗透到中原大地。全然落魄的周元王封勾践为伯，这意味着周王室承认越为诸侯之长，只是这种任命象征性的意义大于实际意义。但是勾践慷慨的施舍仍然赢得诸侯们的尊重，他以淮上之地与楚，归还吴国所侵占的宋国土地，将泗水以东六百里之地划给鲁国。这样大手笔的赠送，巩固了越国在江淮东部的霸权地位。

自灭吴之役后，越国衰落的征兆初显。首先是第一谋士范蠡悄然离去，他辅佐勾践二十余年，功劳赫赫。这个明智的人深知“兔死狗烹，鸟尽弓藏”的至理，越王复仇心愿以遂，称霸之业已成，功成名就之后，能共苦的人未必能共乐。盛名之下，难以久居，他急流勇退，云游四方，最后落脚于齐国陶地，开始他人生第二次创业。精于政治谋略的他，在经商上亦有超人的天分，竟然在商场上所向披靡，富甲一方，号为“陶朱公”。

另一名大功臣文种则下场悲惨，他的好友范蠡曾写信给他，提醒说越王“可与共患难，不可与共安乐”。文种却自恃功劳甚大，不愿像范蠡那样洒脱而去。果然如范蠡所料，勾践的猜忌心日甚一日，当年文种为灭吴提出九策，而勾践仅用其三策便大功告成，他不能不提防着文种以同样的手段来对付自己。勾践的一席话暗藏杀机：“当年你的九策，仅用三策就破强吴，还有六策尚在，希望你到九泉之下，用这些计策对付吴国的祖先。”并赐送一柄属镂之剑，文种明白越王欲置己于死地，最终只得以伏剑而死的方式，来结束自己生命。

越国的人才与勾践的意志，是这个东南小国得以威慑天下的原因所在。当这两大元素不复存在时，越国走向衰弱似乎是必然的趋势。公元前 464 年，一代伟人勾践与世长辞，我们不能奢望他的继承者有着他因坎坷而磨砺出的坚强品质，能小心翼翼地维持国祚已属幸运。

进入战国时代的越国失去与诸雄抗衡的资格，在公元前306年，终亡于楚国人之手，这时离勾践去世已经过去一百六十年。

春秋史是从平王东迁的公元前770年始，然而何时结束，却有不同争议。一般的看法是结束于公元前476年，不过这个时间段的划分并没有特殊的历史事件，只是以周敬王去世作为一个时代的标志。考虑到春秋后期周王实际毫无作用可言，这种划分时代的方法显然只有某种政治上的象征意义。也有人认为春秋应划到公元前453年，这一年晋国赵、韩、魏三家颠覆知瑶，为晋国三分奠定基础。如果以司马光《资治通鉴》的划分法，则是在公元前403年，赵、韩、魏被册封为诸侯、以“三家分晋”为跨入战国时代的标志。

众说纷纭，笔者无可适从，窃将春秋结束的时间，将传统的公元前476年略延长至公元前473年，是年勾践灭吴，这使得春秋后期最重要的历史事件不至于因人为而尴尬地被分割在两个不同的时代。总的说来，春秋大约延续三百年的时间，而战国则大约延续二百五十年，这样略可以说春秋与战国是平分秋色吧。

春秋是一个大变革的时代，这个变革是全方位的，也是意义深远的，同时也充满探索、创新的精神。“天无二日”的一王独尊局面被彻底打破，取而代之的是一种以霸主为主导的政治新格局，在春秋霸主中，最著名的有齐桓公、晋文公、秦穆公、楚庄王、吴王阖闾、越王勾践等，除此之外，郑庄公、楚武王、楚成王、晋襄公、晋景公、晋悼公、齐景公等也有过不俗的表现。春秋的亮点在于君王并非绝对的主宰，贵族阶层对国家的影响力时常超过君王，如晋之六卿、郑之七穆、鲁之三桓，还有宋国华、向二族，以及最后夺取齐国的田氏（陈氏）家族，均为强势之贵族。国与国之间有力量之角逐、霸业之更替，国家内部则是君臣之争、贵族间的倾轧。

与后来乱世如南北朝、五代十国不同，春秋时期混乱的表面下，实际上是饱含生机与活力，君与臣、臣与臣之间的相互牵制，反倒形成一种平衡机制。权力导致腐败，绝对的权力导致绝对的腐败。权力有了制衡的力量，这种机制具有非独裁性的色彩，因此整个社会未脱离文明的框架，绝不似其他乱世时代，暴君横出，践踏人性的尊严。在三百年的春秋史中，国家林立，涌现的君主与权臣不计其数，但真正称得上暴君的，非常少。传统的礼仪文化虽然衰落，但仁义的精神仍被奉为圭臬。

如果我们做一个不太贴切的对比，春秋时代略近于近代欧洲，各国为生存空间而战，既有野蛮的一面，亦有文明的一面，新的思想层出不穷。春秋时期的法、道、儒三家对中国影响至深至远的思想，已初步确立。管仲与子产的重法精神，比起战国时期的商鞅、韩非子，多了几分理性与人性；老子留下五千字的真言，成为博大精深的道家思想不朽的源泉；孔子的儒学思想虽然在他生前未能大放光芒，但却成为其后两千年中国政治思想的定海神针。

春秋是开放的社会，华夷之辨，不在血统，而在文明。华夏族的开放心态，使其可以融合诸多少数民族，楚、吴、越这些蛮夷之国，最终都成为华夏文明的组成部分，这也是华夏民族大发展的时代，更呈现强势文明之优势。勇敢与坚强成为这个大民族奋发进取的力量来源，春秋的史诗，无处不写着“勇敢”的字样，他们表现出来的大无畏精神，完全不亚于荷马诗章下所歌颂的英雄，赵氏孤儿、伍子胥复仇、勾践卧薪尝胆等脍炙人口的故事，是春秋血性浓缩的写照。

春秋之史事，有终结之时，这本小书也将曲终收拨。以短短数十万字，要收藏三百年之震荡曲折之故事、百十号英雄人物的非凡人生，势必是挂一漏万，所以坚持者，盖以为能做些许投石问路的粗活、抛砖引玉的铺垫。笔者深信不疑者，故事有结局，而那勃勃生机之时代所孕育的精神之光，却没有停泊的终点。